Ignatianische Schulpastoral und Kollegsseelsorge
NACH DEN STERNEN GREIFEN

Konzeptionelle Erwägungen und Konkretisierungen

Dissertation zur Erlangung des Doktorgrades der Theologie
eingereicht am 31. März 2009 bei Prof. Dr. Dr. Klaus Kießling
am Institut für Pastoralpsychologie und Spiritualität
an der Philosophisch-Theologischen Hochschule Sankt Georgen Frankfurt am Main
von P. Philipp Johannes Görtz SJ, Elisabethstr. 18, 53177 Bonn / Bad Godesberg

ISBN 978-1-4457-8546-2

2., veränderte Auflage, Bonn 2010

Inhaltsverzeichnis

Einführung

Von Ignatius von Loyola wird berichtet, dass er in Rom nachts oft draußen saß und den Sternenhimmel betrachtete. Und schon ganz am Anfang seines geistlichen Weges, als er sich noch auf dem Krankenlager befand, war es für ihn „die größte Tröstung, die er empfing, [..] den Himmel zu schauen und die Sterne. Dies tat er viele Male und über lange Zeit; denn dadurch verspürte er in sich einen sehr großen Eifer, Gott unserem Herrn zu dienen. Er dachte viele Male an seinen Vorsatz und wünschte, bereits ganz gesund zu sein, um sich auf den Weg zu machen"[1]*. Es waren nicht so sehr die unendlichen Weiten des Universums oder die Schönheit der Sterne, die ihn beeindruckten. Er war vielmehr erfüllt von der Größe und Schönheit sowie von der Liebe und Fürsorge dessen, der all das erschaffen und so wohl geordnet hatte (s. Ps 147). Von ihm, seinem Herrn und Gott, wollte er sich führen lassen, in seine Schule wollte er gehen und von seiner Pädagogik wollte er lernen*[2]*, um ihm je besser zu dienen und den Menschen je mehr zu helfen.*

Wer immer pädagogisch und/oder seelsorglich mit jungen Menschen zu tun hat und will, dass Kinder und Jugendliche wachsen und reifen und ihren eigenen Weg finden, der muss an sie „glauben und sie ermutigen, nach den Sternen zu greifen". In Anlehnung an Ignatius betont Peter-Hans Kolvenbach (Generaloberer 1983 – 2008), wie wichtig für Heranwachsende die Ermutigung ist, weil er davon überzeugt ist, dass in ihnen ein Potential liegt, das geweckt und gefördert werden muss. Das Potential junger Menschen besteht seiner Meinung nach darin, dass sie offen dafür und neugierig darauf sind, nach den Quellen des Lebens zu suchen, die in ihnen das „Interesse an existentiellen Fragen" wecken und die Faszination „von Visionen, wie es einmal sein könnte". Die eindringlichste und zugleich zurückhaltendste Form der Ermutigung besteht im Vorleben der eigenen Vision vom Leben und in der Bereitschaft dafür Rechenschaft abzulegen, davon Zeugnis zu geben und einladend darüber zu sprechen.

Die Vision, welche die Gesellschaft Jesu für die Schülerinnen und Schüler an ihren Schulen hat, zielt darauf, dass diese „ein tiefes und allgemeines Mitgefühl für die Nöte ihrer Mitmenschen" erwerben und dass sie sich bilden und bilden lassen „zu Männern und Frauen für Frieden und Gerechtigkeit", die daran mitarbeiten, die Welt zu verändern und aus dem Glauben heraus am Aufbau des Reiches Gottes mitwirken.[3]

Die Vision, dass junge Menschen zu ermutigen sind, nach den Sternen zu greifen, steht am Anfang aller Überlegungen zur Konzeption einer ignatianischen Schulpastoral/Kollegsseelsorge und beinhaltet etwa folgende Fragen: Wie muss *ignatianische Schulpastoral* konzipiert sein, dass Heranwachsende[4] nach den Sternen

1 BP 11.

2 s. BP 27.

3 s. Kolvenbach 1993, 123. Für eine ausführliche Analyse des gesamten Zitats s. Kap. 3.2. Ältere Zitate sind weitestgehend der reformierten deutschen Rechtschreibung angepasst. Aufgrund der besseren Lesbarkeit wird im Folgenden nur die männliche Sprachform verwandt.

4 In erster Linie hat Schulpastoral Schüler (Kinder und Jugendliche) als Zielgruppe bzw. Adressaten, dann aber in Abstufung auch Lehrer, Erzieher, Eltern, ehemalige Schüler, die Schulleitung

greifen und über sich hinauswachsen können? Was gehört in eine Konzeption von Schulpastoral, die sich der Jesuitenorden als Träger von drei Kollegien[5] in Deutschland zu eigen machen sollte? Wie könnte eine Konzeption von Kollegsseelsorge für ein konkretes Jesuitenkolleg aussehen? Welche schulpastoralen Konzepte dienen Schülern und anderen Adressaten für ihr menschliches, geistiges und geistliches Wachstum? Und welche schulpastoralen Angebote und Maßnahmen tragen dazu bei, dass eine Schule bzw. ein Kolleg der Gesellschaft Jesu humaner, sozialer, gerechter und offener für die Frage nach Gott wird?[6]

Hintergründe

Dem Kern nach sind das keine neuen Fragen. Schon kurz nach der Ordensgründung (1540) ging es den ersten an Schulen und Kollegien arbeitenden Jesuiten neben intellektueller immer auch um religiöse Bildung und darum, *den Seelen zu helfen*, also Seelsorger für die ihnen anvertrauten Menschen zu sein. Im Dienste dieses *iuvare animas*[7] und im Sinne der *Geistlichen Übungen* des Ignatius von Loyola (1491 – 1556) fragten sie: Was hilft den Menschen, den Willen Gottes für sich und ihr Leben zu finden sowie Gott mehr zu lieben und ihm besser zu dienen? Juan Alphonso de Polanco (1512 – 1576) war der Meinung, dass es „allgemein gesehen in der Gesellschaft Jesu zwei Weisen gibt, den Nächsten zu helfen: die eine besteht darin, in den Kollegien die Jugend in Literatur, Lernen und christlichem Leben zu erziehen, und die zweite darin, an jedem Ort jeder Art von Personen durch Predigen, Beichthören und andere Mittel zu helfen, entsprechend unserer üblichen Weise des Vorangehens." Und er ergänzte: „Jeder Jesuit muss seinen Teil an der Last der Schulen mittragen"[8]. Den Menschen helfen zu wollen, war für Ignatius deswegen so wichtig, weil er während seiner Zeit in Manresa (1522) sel-

---

und in gewissem Maße auch das nicht-pädagogische Personal (s. Kap. 4.4 und 5.2).

5 In Deutschland bestehen 2009 drei Jesuitenkollegien (Bad Godesberg, Berlin und St. Blasien, das Kolleg in Kopenhagen gehört ebenfalls zur Provinz der deutschen Jesuiten). Dazu kommen drei weitere Schulen (Büren, Dresden und Hamburg), die ehemals von Jesuiten geleitet wurden und nach wie vor eine gewisse »ignatianische Prägung« haben. In Österreich zählen zwei Schulen dazu, eine in Linz, die andere in Wien.

6 Zum gesamten Fragekomplex s. Gundo Lames, der darauf hinweist, dass im Rahmen der Schulpastoral Fragestellungen auftreten, etwa „wie Schulseelsorge selbst zu einem Symbol des Heils bzw. der radikalen Zuwendung zu den Menschen in der Schule werden kann, oder wie sie das, was sie tut, auch mit dem Willen Gottes identifizieren kann oder wie sie mit den pluralen Selbstdeutungen der Menschen in der Schule so umgehen lernt, dass sie selbst dabei mit sich identisch bleibt, der einzelne nicht indoktriniert werden muss und die Schulseelsorge in der einen Schule formal vom gleichen Geist beseelt ist wie in der anderen Schule, auch wenn die materiale Ausprägung völlig unterschiedlich ist" (Lames 2000b, 283).

7 In den Gründungstexten der Gesellschaft Jesu ist das *iuvare animas* (häufig auch in der spanischen Version als „ayudar las almas" zitiert) von zentraler Bedeutung: Nach den *Formulae Instituti* ist die Gesellschaft Jesu zum „Fortschritt der Seelen in Leben und christlicher Lehre" (FI 1) errichtet. Die *Geistlichen Übungen* beschreiben das Ziel, zu dem der Mensch geschaffen ist: „Gott unseren Herrn zu loben, ihm Ehrfurcht zu erweisen und zu dienen und mittels dessen seine Seele zu retten" (GÜ 23). Und in den *Satzungen* der Gesellschaft Jesu wird als „Ziel dieser Gesellschaft" bezeichnet, dass die Jesuiten sich neben „der Rettung und Vervollkommnung der eigenen Seelen [...] mit derselben Gnade inständig [..] bemühen, zur Rettung und Vervollkommnung der Seelen der Nächsten zu helfen" (Sa 3).

8 Polanco (Brief vom 10. August 1560), M Paed 3, 305 – 306, zitiert nach O'Malley 1995, 233.

ber Hilfe erfahren hatte, als Gott ihn auf eine Weise geführt[9] hatte, die es ihm ermöglichte Jesus persönlich nachzufolgen. Die ihm gewährten geistlichen Einsichten und befreienden Erfahrungen wollte er weitergeben, weswegen er zunächst Einzelne zu *Exerzitien*[10] anleitete und sich später mit seinen ersten Gefährten besonders der Katechese für Kinder und einfache Leute[11] zuwandte. Sowohl die *Formulae Instituti* als auch die *Beschlüsse der sieben Gefährten* trugen dazu bei, dass der Erziehungsauftrag sogar in die Professformel gelangte, in der jeder Jesuit „immerwährende Armut, Keuschheit und Gehorsam und diesem entsprechend besondere Sorge um die Erziehung der Kinder“[12] (Sa 527) verspricht.

Ein Blick in die Geschichte der Jesuitenkollegien[13]*:* Obwohl die ersten Gefährten frei sein wollten von Institutionen, die sie binden und in ihrer Mobilität behindern würden, waren sie bereit, gleich welche Mittel anzuwenden, um den Menschen zu helfen. So entsprach Ignatius bereits 1548 der Bitte der Stadtväter von Messina, dort ein erstes Kolleg zu gründen, an dem Jesuiten junge männliche Laien unterrichteten. Bis zu seinem Tod (1556) unterhielt die Gesellschaft Jesu 40 Kollegien, die nach Maßgabe der *Satzungen*[14] geführt wurden, wobei die Ausrichtung der Schulen dieselbe zu sein hatte, wie die des Ordens; „den eigenen Seelen und denen der Nächsten zu helfen, das letzte Ziel zu erreichen, für das sie geschaffen worden sind“, wozu „außer dem Beispiel des Lebens Lehre und eine Weise, sie vorzulegen, notwendig sind“ (Sa 307). Dadurch war die Gesellschaft Jesu früh zu einer Gemeinschaft geworden, „die durch Bildung Seelsorge betrieb [...]: Bildungsarbeit war eine apostolische Arbeit des Ordens“[15].

Im Jahr 1599 wurde die *Ratio Studiorum*[16] veröffentlicht, eine sehr allgemein gehaltene Studienordnung, die die Erziehungs- und Bildungsarbeit an den Kollegien regelte. Neben dem Unterricht der verschiedenen Wissenschaften, der sich am *modus parisiensis*[17] orientierte, waren die Unterweisung in geistlichen Dingen und

---

9 Zur Pädagogik Gottes s. BP 27: „In dieser Zeit behandelte Gott ihn auf die gleiche Weise, wie ein Schullehrer ein Kind behandelt, wenn er es unterweist.“ Ignatius lernte immer besser seine inneren Regungen bzw. seine Geister zu unterscheiden (s. Kap. 3.2.5), was ihm dabei half, sich aus seiner anfangs zwanghaften und asketischen Haltung zu lösen.

10 Obwohl im Eigentlichen nicht Erfinder der Geistlichen Übungen, hat Ignatius „ihnen aber Gestalt und Dynamik verliehen“ (Lambert 2008b, 55) und sie für „das Allerbeste [gehalten], was ich in diesem Leben denken, verspüren und verstehen kann, sowohl dafür, dass sich der Mensch selber nützen kann, wie dafür, Frucht bringen und vielen anderen helfen und nützen zu können“ (Br 11, BU 33). Eine knappe Darstellung, worin *Exerzitien* bzw. *Geistliche Übungen* bestehen und was sie anzielen, findet sich im Anschluss an die Thesen 3a und 3b in Kap. 3.

11 s. Kehl 1990, 557 – 569.

12 s. dazu die in die Satzungen eingeschobene Anmerkung (Sa 528), die davor warnt, diesen einfachen und niedrigen apostolischen Dienst gering zu schätzen bzw. aufzugeben.

13 Ausführliche historische Untersuchungen zur Erziehungsarbeit der ersten Jesuiten finden sich u. a. bei O'Malley 1995, 233 – 281; Haub 1999, 343 – 351 sowie in Grundzüge jesuitischer Erziehung 1986, 169 – 198.

14 Teil IV. der Satzungen regelt in erster Linie die „Unterweisung derer, die in der Gesellschaft behalten werden“ (Sa 307), nimmt in den dortigen Kapiteln 7 und 11 – 17 jedoch deutlich Bezug auf diejenigen Studierenden, die nicht zur Gesellschaft Jesu gehören.

15 Kessler 2000, 48.

16 Zur Ratio Studiorum s. auch Kap. 3.1.

17 Im Gegensatz zum *modus italicus*, der auf die Heranbildung von Fachgelehrten und Pflege der wissenschaftlichen Forschung abzielte, wurde beim *modus parisiensis* auf die Erziehung und Bil-

die seelsorgliche Begleitung von Anfang fester Bestandteil des christlich-humanistischen Curriculums. Zum spirituellem Programm gehörten neben häufiger Beichte und Kommunion sowie täglichem Gebet und regelmäßiger Gewissenserforschung, dass Schüler Teile der Geistlichen Übungen machten und sich – ihrem Alter entsprechend – in Werken der Barmherzigkeit übten. Neue seelsorgliche Akzente setzte Johannes LEUNIS (1535 – 1584), als er 1563 seine besten Schüler um sich sammelte, „um sie außerhalb des schulischen Unterrichts zu einem ernsten religiösen Streben anzuhalten und sie auch ins Gebet einzuüben“[18]. Die *Marianischen Kongregationen,* die daraus entstanden, nahmen in ihrer ganzheitlichen Ausrichtung[19] das vorweg, was später als Schülerseelsorge bezeichnet wurde.

Über die Jahrhunderte wandelte sich die Art der Seelsorgstätigkeit an den Schulen. In den 1950/60ern wurde versucht, einzelne Schüler für Exerzitien im strengeren Sinne und ganze Klassen für eher niederschwellige Besinnungstage zu gewinnen.[20] In Bezug auf die Entwicklung »von der Schülerseelsorge zur Schulseelsorge« spielten Alfonso PEREIRA (1917 – 1991) und Clemente PEREIRA (1911 – 1990) eine wichtige Rolle. Mit zahlreichen Schriften erfüllten sie das Gebetsapostolat mit neuem Leben und wollten in den sogenannten *Religiösen Schul-Wochen* „nicht nur einzelne Schüler, sondern alle Schüler in ihrem »Milieu« in einer außerordentlichen Schulung zur Erneuerung“ anregen. In Form der *Werktagsheiligung* sollte „die ganze Schule erfasst werden, damit der Geist der Schule religiöser und die Atmosphäre reiner werde“[21].

Kollegserziehung und Schulseelsorge der Gesellschaft Jesu heute: Schaut man heute in die Jesuitenkollegien, so entdeckt man ein Sammelsurium schulseelsorglicher Angebote und schulpastoraler Maßnahmen. Die *Marianischen Kongregationen* sind abgelöst durch Jugendverbände (J-GCL, KSJ etc.), die vor allem auf dem Sektor der Freizeitbetreuung Kinder- und Jugendgruppen anbieten, worin durchaus ein konkreter schulpastoraler Dienst gesehen werden kann.[22] Aus den *Religi-*

---

dung zu einer christlichen Persönlichkeiten Wert gelegt. Geeignete Mittel zum Erreichen dieses Ziels sah man im selbstständigen Lernen und darin, dass die Schüler durch Übungen, Disputationen und Repetitionen angehalten wurden, den Lehrstoff häufig und auf vielfältige Weise zu wiederholen und zu verinnerlichen (s. O'MALLEY 1995, 250ff sowie HAUB 1999, 347f).

18 BLEISTEIN 2000, 209. Zu den *Marianischen Kongregationen* s. außerdem BATLLORI 1990, 320ff.

19 Dazu gehörte die Förderung der Frömmigkeit, der künstlerisch-musischen Bildung und des apostolischen Einsatzes sowohl von Einzelnen als auch von Gruppen.

20 Für diese Unterscheidung plädiert Georg MÜHLENBROCK 1961, v. a. 186ff. Angeregt durch das Vatikanum II, besonders durch die Konstitution Perfectae Caritatis, die die Orden aufforderte, sich wieder verstärkt auf eigenen Wurzeln zu besinnen (s. PC 16), bekamen die Geistlichen Übungen des Ignatius auch für die Jesuitenkollegien eine neue Bedeutung.

21 PEREIRA, Clemente 1960, 226. *Religiöse Schul-Wochen*, denen sich bis in die 1960ern auch viele staatliche Schule öffneten, dauerten jeweils von Montag bis Samstag. Die Schülerschaft wurde in Unter-, Mittel- und Oberstufe eingeteilt und getrennt zu jeweils zehn Vorträgen, die sich thematisch am *Prinzip und Fundament* und an der *Ersten Woche* der Exerzitien, sowie an Zeitfragen und Jugendproblemen orientierten, eingeladen. Neben den täglichen Vorträgen und Gottesdiensten, Zeiten der Stille und Gelegenheiten zur Beichte lief der Fachunterricht mehr oder weniger normal weiter. Zu den Prinzipien gehörten ein ökumenischer Charakter, die Freiwilligkeit der Schüler zur Teilnahme an allen Veranstaltungen und die Einbeziehung der Lehrer (nur an den Vorträgen durften diese nicht teilnehmen) sowie der Eltern besonders in Form von Elternabenden (s. auch PEREIRA, Alfonso 1968 sowie RÜTTIGER 2004, 35ff).

22 s. dazu ZIMMERMANN 1999 sowie die Dokumentation von JUNG/KITTEL 2004.

ösen Schul-Wochen wurden Besinnungstage bzw. Tage religiöser Orientierung. Exerzitienähnliche Angebote oder Exerzitien für Einsteiger gibt es meist in der Oberstufe, vor dem Abitur bzw. um den Übersteig in die Zeit nach der Schule »ins Gebet zu nehmen«. Die neue Akzentsetzung schlägt sich auch in zahlreichen Veröffentlichungen der letzten Jahre nieder, die sich unterschiedlichen Aspekten der Schulpastoral widmen.[23] Ausgehend davon scheint es mir angebracht, danach zu fragen, wie sich Schulpastoral in heutigen Jesuitenkollegien gestalten sollte, wovon sie profitieren und was sie selber von ihrem Proprium in die allgemeine Diskussion um Schulpastoral einbringen könnte.

Vorgehensweise

Ein bestimmendes Gliederungsmerkmal der vorliegenden Arbeit stützt sich auf die Unterscheidung von *Konzeptionen* und *Konzepten*.[24] Obwohl die Fachliteratur keine eindeutige Definition vorgibt, versteht man darunter im Allgemeinen „mehr oder weniger klare Ideen" bzw. Überlegungen, „die eine Sache inhaltlich prägen, strukturieren und ihr Richtung geben, wobei der Begriff »Konzeption« eine leichte Tendenz zu mehr Grundsätzlichkeit hat"[25]. Pedro Graf und Maria Spengler unterscheiden zwischen: Konzeptionen auf Trägerebene, Konzeptionen auf Einrichtungsebene sowie Konzepten.[26] Wozu es Konzeptionen und Konzepte überhaupt braucht und warum deren Entwicklung zum Teil notwendig ist,[27] hat vielfältige Gründe: Die Entwicklung einer *Gesamtkonzeption* kann der Erschließung eines neuen Arbeitsfeldes oder der Grundlagenarbeit dienen, bzw. neue Projekte »von unten« auf der Leitungsebene aufgreifen und durch Rahmenbedingungen »von oben« sanktionieren bzw. systematisch voranbringen.[28] Die Entwicklung einer

23 s. dazu v. a. Rüttiger 1992, *Studieneinheiten Fort- und Weiterbildung Schulpastoral*, StE I. – X. 1997ff, Lames 2000b, Burkard 2002, Jung/Kittel 2004 und Seibt 2008 sowie diverse Veröffentlichungen v. a. in »engagement«, »Katechetische Blätter« und »Lebendige Seelsorge«.

24 Was die Terminologie anbelangt, so folge ich Graf/Spengler 2004 und nicht Gabriele Rüttiger (in StE VII. 2002), die nur ansatzweise auf Graf 1996 Bezug nimmt und entlang der unterschiedlichen Ebenen von Schulpastoral zwischen Konzeptionen, Konzepten und Situationskonzepten unterscheidet. Inhaltlich liegen beide nahe beieinander, allerdings ist m. E. der Terminologie von Graf/Sprengler aus sprachlogischen Erwägungen aufgrund ihrer größeren Präzision der Vorzug zu geben.

25 StE VII. 2002, 10. Konzeptionen und Konzepte sind vorläufiger Art, werden prozesshaft entwickelt, setzen in der Gegenwart an und reichen mit ihren Ideen in die Zukunft, sind stets von Neuem zu überprüfen und deswegen nie als abgeschlossen bzw. fertig zu erachten. Dabei sind sie konkreter als eine *Vision* und offener als ein *Plan*, welche im Rahmen der Konzeptentwicklung einerseits den *Anstoß* und andererseits die *Umsetzung* bezeichnen.

26 *Gesamt- oder Trägerkonzeptionen* stehen für „verbindliche Grundsatzdokumente selbstständiger Träger sozialer Dienste", *Einrichtungskonzeptionen* für „verbindliche, programmatische Selbstdarstellungen einzelner sozialer Einrichtungen" und *Konzepte* für „Entwürfe für neue Maßnahmen oder Projekte" (Graf/Spengler 2004, 15f). Hieraus ergibt sich eine hierarchische Struktur, zu deren Merkmal gehört, dass eine *Einrichtungskonzeption* unter Wahrung des Subsidiaritätsprinzips in die höhergeordnete *Trägerkonzeption* eingebunden sein muss – analog dazu ein *Konzept* in die übergeordnete *Einrichtungskonzeption*. In Anlehnung an Lames 2003, 135 könnte man Konzeptionen und Konzepte auch systemtheoretisch verorten, insofern Konzeptionen zum System der Organisation und Konzepte zum System der Interaktion zählen.

27 Zur Entstehung bzw. Entwicklung von Konzeptionen und Konzepten s. StE VII. 2002, 20ff.

28 Praktisch bedarf die Entwicklung einer Trägerkonzeption einer *Vorbereitungsphase*, in der der

Einrichtungskonzeption kann einer Einrichtung helfen, den übergeordneten Träger über die eigene Tätigkeit dezidiert zu informieren, um z. B. Zuschüsse zu erhalten, neue Adressaten zu werben oder um die Rahmenbedingungen einer sich verändernden Situation anzupassen.[29] Das Erstellen von *Konzepten* professionalisiert die eigene konkrete Arbeit und ermöglicht, eine zielgerichtete Planung mit situationsangemessener Flexibilität in ein gutes Gleichgewicht zu bringen, was dabei hilft, eine Maßnahme adressaten- und zielorientiert vorzubereiten, durchzuführen, zu reflektieren und gegebenenfalls zu präsentieren.[30]

Übertragen auf den Bereich der Schulpastoral bedeutet das: Obwohl oder vielmehr weil an einzelnen Schulen, auch an Jesuitenschulen, in den letzten Jahren schulpastoral/schulseelsorglich vor Ort viel Gutes entwickelt, durchgeführt und eingerichtet wurde, ist es um so wichtiger, die vielen Einzelmaßnahmen zu sichten, zu bündeln und in ihrer Gesamtheit kritisch zu beleuchten. Dabei ist das Ziel „nicht die ideale Theorie der Praxis oder ein utopisches Handlungsmodell, sondern die möglichst geeignete Handlungskonzeption“[31].

Für eine kritische pastoral-theologische Theorie von Schulpastoral wird es hilfreich sein, auf die Unterscheidung zwischen *Trägerkonzeption*, *Einrichtungskonzeption* und *Konzept* zurückzugreifen (s. Abb. 1), um klar zu haben, welche Ebene mit welchen Aufgaben befasst sein muss, welche Vorgaben sie jeweils zu formulieren bzw. zu beachten hat und welchen Grad an Verbindlichkeit sie jeweils einfordern darf und soll. Des Weiteren kommt es darauf an, die verschiedenen Ebe-

---

zuständige Träger meist eine repräsentative Projektgruppe beauftragt, einsetzt und mit einer präzisen Aufgabenstellung betraut. In einer *Entwicklungsphase* geht es darum eine Situationserhebung durchzuführen, eine Zielformulierung zu entwickeln und konkrete Handlungsschritte zu benennen – nicht in einem linearen Nacheinander, sondern mittels gegenseitiger Beeinflussung. Wichtig ist eine Rückkoppelung an die Basis, um höhere Akzeptanz zu erreichen und um den Realitätsbezug nicht zu verlieren.

29 Praktisch geschieht die Entwicklung einer *Einrichtungskonzeption* ebenfalls in einer Vorbereitungs- und einer Entwicklungsphase. Hinzu kommt, dass hier eine gegebenenfalls vorliegende *Trägerkonzeption* miteinzubeziehen ist und dass die Formulierungen wesentlich konkreter sein müssen. Sowohl für die Entwicklung einer *Träger-* als auch für die einer *Einrichtungskonzeption* gilt, dass sie in gewissen Abständen überprüft und – wenn nötig – fortgeschrieben bzw. korrigiert werden.

30 Das Erstellen eines *Konzeptes* zielt auf eine ganz bestimmte einzelne Situation. Neben einer gründlichen Situationsanalyse ist es wichtig, sich der Motive und Ziele einer konkreten Maßnahme bewusst zu werden. In der praktischen Durchführung bedarf es sodann der Festlegung auf Handlungsschritte, Methoden und ein Zeitraster. Wesentlicher Bestandteil sollte schließlich die Reflexion sein, um das Konzept zu optimieren (s. dazu auch Hochstaffl 1999, 330ff).

31 Karrer 1999, 212. Bei der Entwicklung von Handlungskonzepten sind zunächst die Praktiker, als die Experten vor Ort, gefragt, die „mit verschiedenen Möglichkeiten innerhalb ihres konkreten Praxisfeldes“ experimentieren und dadurch „ständig ihr Repertoire an Erfahrungen, Kompetenzen und Wissen“ erweitern sowie „situationsbezogen passende Lösungen“ finden. Da sie allerdings nicht selten unter hohem Leistungs- und Zeitdruck stehen, geschieht es, „dass nur noch reagiert wird, dass entweder ohne ein reflektiertes Konzept [im Sinne einer Konzeption] gehandelt wird oder aber zu den schnellsten und nächstliegenden Lösungen gegriffen wird, die möglicherweise umfassendere Lösungskonzepte ausschließen“ (Klein, Stephanie 1999, 261f). Aus diesem Grund braucht es die sogenannten Theoretiker, die die Aufgabe haben, „die Praxis dadurch zu unterstützen, dass sie die sozialen Felder, Problemkonstellationen und Konflikte, die Handlungskonzepte und immanenten Theorien analysier[en] und für die PraktikerInnen durchschaubar mach[en] sowie dass sie in der Praxis entwickelte innovatorische Handlungskonzepte erheb[en], reflektier[en], veröffentlich[en] und dadurch Informationen für die Erarbeitung von neuen Konzepten vor Ort zur Verfügung stell[en]“ (ebd., 260).

nen miteinander sowohl strukturell als auch inhaltlich zu vernetzen, sie auf eine vorausgehende Situations- und Zielgruppenanalyse festzulegen, zielorientiert auszurichten und regelmäßig zu überprüfen. Wichtig ist schließlich das Wissen darum, dass die Erstellung von schulpastoralen Konzeptionen und Konzepten sowohl eine Innen- als auch eine Außenwirkung hat[32] und dass das je eigene Profil eines Schulträgers bzw. einer Schule dazu berechtigt oder gar verpflichtet, durch Setzung von Schwerpunkten geschärft zu werden.

Träger-Konzeption	Konzeption ignatianischer Schulpastoral	Deutsche Provinz der Jesuiten	Kap. 4
Einrichtungs-Konzeption	Konzeption von Kollegsseelsorge	Aloisiuskolleg (AKO)	Kap. 5
Einzel-Konzept	Konzepte einzelner schulpastoraler Angebote	Schule, Internat ...	Kap. 5.5

Abb. 1

Aufgabenstellung

Aufgabe der vorliegenden Arbeit wird es sein, die neueren Entwicklungen im Bereich der Erforschung der Schulpastoral mit Erkenntnissen aus der Entwicklungspsychologie bzw. mit Dokumenten zur ignatianischen Pädagogik in Beziehung zu setzen und daraus den *Entwurf einer Konzeption ignatianischer Schulpastoral* im Sinne einer *Trägerkonzeption* zu erarbeiten, die im Sinne einer *Einrichtungskonzeption* auf ein konkretes Jesuitenkolleg »übertragen« werden soll. Dazu sind Grundzüge schulpastoraler Angebote und Maßnahmen auszuarbeiten, die Schüler dabei unterstützen sollen, nach den Sternen zu greifen und ihrer Bestimmung nach mehr und mehr Mensch zu werden: Mensch für andere und mit anderen, Mensch mit einer persönlichen Identität und Menschen auf der Suche nach Gott.

Gegliedert ist die Arbeit grob in drei Teile.

- **Teil I**: Der Anweg ist ein dreifacher: Entwicklungspsychologie und Religionspädagogische Psychologie sowie Schulpastoral und ignatianische Pädagogik werden auf ihren jeweiligen Gehalt hin befragt. Kapitel 1 untersucht zwei Standardwerke und bringt sie miteinander in Verbindung. Sie markieren den Untersuchungsgegenstand und das Forschungsfeld: junge Menschen (ein besonderer Akzent der Untersuchung liegt auf Gymnasiasten) in ihrem allgemeinen Heranreifen und in ihrer Glaubensentwicklung. Dabei wird zu fragen sein, wie man beides begünstigen und fördern kann, und was Ziele religiöser Entwicklung und Bildung/Erziehung sind. (Dieses erste Kapitel fällt deswegen etwas umfangreicher aus, weil es Zweierlei untersucht: zum einen das, was sich einer allgemeinen Entwicklungspsychologie des Menschen zusammenfassen lässt, zum anderen das, was sich im Anschluss daran als religiöse Bildung darstellt.) Kapitel 2 untersucht drei kirchliche Standardtexte zur Schulpastoral und verknüpft sie mit weiterer Literatur. Dabei wird zu fragen sein, welches die allgemeinen Grundlagen

32 Förderung der corporate identity (nach innen) und Öffentlichmachen des Profils (nach außen) eines Schulträgers, einer Schule bzw. einer konkreten Einrichtung bzw. einer Einzelmaßnahme.

von Schulpastoral sind. Kapitel 3 untersucht zwei Grundlagentexte des Jesuitenordens und verbindet sie mit weiterer Literatur, wobei zu fragen sein wird, welches die Grundelemente ignatianischer Bildung/Erziehung sind.

- **Teil II**: Die drei Anwege münden in einem kompakten, übersichtlichen Mittelteil, in dem ein Entwurf vorgelegt wird, aus dem später eine *Konzeption ignatianischer Schulpastoral* werden kann. Kapitel 4 erstellt auf der Metaebene eine allgemeine Konzeption ignatianischer Schulpastoral, die Leitbildcharakter hat, kurz und prägnant gefasst ist. Eine schulpastorale Konzeption für Jesuitenkollegien bzw. für Schulen ignatianischer Prägung fehlt in derartiger Form bisher.
- **Teil III**: Der Schlussteil widmet sich der Entwicklung einer *Einrichtungskonzeption* von Kollegsseelsorge an einem konkreten Kolleg und sucht Wege in die Praxis, die wiederum reflektiert auf die Theorie zurückwirken sollen. Kapitel 5 wendet die allgemeine Konzeption auf ein konkretes Jesuitenkolleg an. Aus diesem Grund werde ich für das Schuljahr 2008/09 am Aloisiuskolleg in kleinem Umfang schulpastoral tätig sein und versuchen, in Zusammenarbeit mit Lehrern/Erziehern sowie in Absprache mit der Schul-/Kollegsleitung die Entwicklung einer schulpastoralen Konzeption zu initiieren und exemplarisch einige Angebote in der Praxis zu begleiten. Dieser Prozess wird in die Arbeit wieder eingebracht, um weitere Fragen anzustoßen und weitere schulpastorale Angebote anzudenken.

Eingegrenzt wird die vorliegende Arbeit dadurch, dass sie weder rein literarisch noch ausschließlich empirisch angelegt ist.[33] Im theoretischen ersten Teil der Arbeit wird der aktuelle Stand der entwicklungspsychologischen, der schulpastoralen und der ignatianisch-pädagogischen Forschung dargestellt. Auf diesem Hintergrund wird im mittleren Teil der *Entwurf einer Konzeption ignatianischer Schulpastoral* erarbeitet und vorgelegt. Manche Teilaspekte der genannten Bereiche können dabei nur erwähnt oder kurz behandelt werden, wobei die angegebene Literatur es ermöglicht, vertieft weiterzuforschen.[34] Im praxisorientierten Schlussteil wird eine Situations- und Zielgruppenanalyse durchgeführt, um herauszufinden, wo und wie Schulpastoral vor Ort ansetzen muss, um nicht an der Realität und den Bedürfnissen der am Schulgeschehen Beteiligten vorbeizugehen. Doch auch hier bleibt es der weiteren Forschung überlassen, auf breiterer Basis empirische Daten zu erheben – etwa in Form von Quer- bzw. Längsschnittstudien.[35] Weitere Ein-

33 Die Fallen, die es zu vermeiden gilt, sind eine »praxisvergessene Theorielastigkeit« bzw. ein »theorievergessener Pragmatismus« (s. Karrer 1999, 199).

34 Interessant wären detailliertere Untersuchungen zu besonderen familiären Konstellationen (s. Kap. 1.1.2.1), zu Phänomenen des Mobbings/Bullyings (s. Kap. 1.1.2.5), zu verstärkt auftretenden Krankheiten von Heranwachsenden oder zu Fragen, die sich mit dem Aufbau von Identität, Selbstwertgefühl und religiöser Überzeugungen beschäftigen.

35 Interessant wären Studien darüber, inwiefern die dauerhafte Teilnahme an und die regelmäßige Inanspruchnahme von Angeboten ignatianischer Schulpastoral sich auf die Religiosität eines jungen Menschen auswirken oder ob die Schule, einzelne Klassen und vielleicht sogar einzelne Familien mittel- bzw. langfristig davon profitieren können. Die Studie eines australischen Jesuiten (s. Hayes 2006), der untersuchte, welche Schwierigkeiten sich bei in der Implementierung *Ignatianischer Pädagogik* (s. Kap. 3.1.2) ergeben und welche Chancen darin zugleich gesehen und wahrgenommen werden, wurde in der vorliegenden Arbeit bereits berücksichtigt.

grenzungen erfährt das Thema insofern, als dass ein besonderer Fokus auf die primäre Zielgruppe (Gymnasialschüler) gerichtet wird und dadurch, dass der *Entwurf einer Konzeption ignatianischer Schulpastoral* zunächst auf die Jesuitenkollegien in der Bundesrepublik Deutschland zielt, wobei sich die meisten Erkenntnisse sicherlich auf Schulen ignatianischer Prägung und weitere ähnlich geartete Schulen in Mitteleuropa und darüber hinaus übertragen ließen.[36]

36 Begreift man ignatianische Schulpastoral an Jesuitenkollegien „nicht bloß als konstruktiv-kritische Alternative“ (StE I. 1998, 90) zur sonstigen Schulpastoral, kommt ihr in der zukünftigen Diskussion vielleicht eine inspirierende Funktion in Bezug auf Theoriebildung und Konzeptentwicklung zu, so dass Schulpastoral an öffentlichen Schulen davon profitieren könnte.

TEIL I – ANWEGE

1 Allgemeine Entwicklung und religiöse Bildung Heranwachsender

<u>These 1a</u>: Schulpastoral/Schulseelsorge hat es vorzugsweise mit jungen Menschen zu tun, die sich in einem Entwicklungsprozess vom Kind zum Erwachsenen befinden. Um Heranwachsende in ihrer Individuation, Sozialisation und in ihrem Wachsen im Glauben begleiten und unterstützen zu können, müssen die in der Schulpastoral Tätigen um die vielfältigen Faktoren wissen, die solche Prozesse beeinflussen. Dabei helfen Erkenntnisse aus Entwicklungs- und Lerntheorien, die auf empirischen Studien beruhen, zum Teil auch aus Stufenmodellen, die um eine Systematik bemüht sind.

<u>These 1b</u>: Eine wissenschaftlich anerkannte Herangehensweise besteht im Arbeiten mit Entwicklungsaufgaben, zu deren Bewältigung religiöse Erziehung/Bildung in mehrfacher Hinsicht einen wichtigen und fördernden Beitrag leisten kann. Die ersten Ergebnisse der vorliegenden Arbeit haben skizzenartig Ziele religiöser Entwicklung und Sozialisation zu umreißen, wie sie im Rahmen von Schulpastoral/Schulseelsorge von Bedeutung sein werden.

<u>These 1c</u>: Um eine Konzeption ignatianischer Schulpastoral entwerfen zu können, ist es wichtig, zu verstehen, wer die Kinder und Jugendlichen bzw. wer die Schüler von heute sind, was sie denken, fühlen und glauben, womit sie sich beschäftigen und was sie beschäftigt sowie in welchen Lebensräumen sie sich bewegen und leben. Darum sollen einige Erkenntnisse der Pubertätsforschung, der religionspädagogischen Psychologie und der Soziologie herangezogen werden, die es ermöglichen, den Heranwachsenden auch unter humanwissenschaftlicher Hinsicht wahrzunehmen und zu betrachten.

1.1 Entwicklungspsychologische Aspekte nach H. Fend

Kapitel 1.1 versucht, eng orientiert an Helmut FENDS (geb. 1940) Standardwerk »Entwicklungspsychologie des Jugendalters«[37], das sich mit einer Vielzahl von Entwicklungstheorien befasst, die allgemein-menschliche Entwicklung mit Annahmen eines immanenten Entwicklungsplans, mit Ansätzen eines sozialisationstheoretischen Paradigmas und schließlich anhand eines handlungstheoretischen Paradigmas zu erklären und darzustellen. Dabei richtet Letzteres die Beobachtung detailliert auf „Lebensbewältigungsprozesse von Jugendlichen" und versteht Entwicklung als Prozess, der vom Heranwachsenden selbst getragen und gestaltet wird, „dessen Verlauf aber von den personalen und sozialen Ressourcen abhängig

37 Helmut FEND stützt sich dabei auf mehr als zwei Jahrzehnte eigene wissenschaftliche Forschungsarbeit (s. FEND 1990 – 1998, Entwicklungspsychologie der Adoleszenz in der Moderne, Bde. 1 – 5), bei der ca. 2000 Jugendliche von der 6. bis zur 10. Klasse in einer Längsschnittuntersuchung jährlich getestet wurden.

ist, die für die Bewältigung von Entwicklungsaufgaben zur Verfügung stehen“[38]. Mehrere Traditionen aufnehmend, gliedert Fend sein Lehrbuch in Anlehnung an einen Gedanken von Johann Pestalozzi, dass „der Mensch ein Werk der Natur, der Gesellschaft und seiner selbst sei“[39], in drei Hauptteile: In Kürze seien wesentliche Aspekte des *biologisch-genetischen Paradigmas* mit seiner Suche nach einem inneren Entwicklungsprogramm nachgezeichnet, ebenso Aussagen des *kontextuellen Paradigmas* mit seiner Darstellung der Kontexte von Entwicklungsprozessen sowie des *interindividuellen/interaktiven Paradigmas* mit seinen handlungstheoretischen Modellen von Entwicklung. Hinzu treten Ergänzungen und durch neuere Erkenntnisse.

1.1.1 Entwicklungsdynamik der Person

Endogene Theorien betrachten die Jugend als Werk der Natur. Ihr kann man sich nähern, indem man sich auf die Suche nach dem *inneren Entwicklungsprogramm* dieses Lebensalters macht. Biologen sprechen bei der zu untersuchenden Lebensphase von der Pubertät und interessieren sich besonders für die körperlichen Veränderungen und die biologischen Entwicklungsprozesse des jungen Menschen. Psychologen hingegen bezeichnen diese Lebensphase zumeist als Adoleszenz und richten ihr Augenmerk auf „Besonderheiten der psychischen Gestalt und des psychischen Erlebens im Rahmen eines Entwicklungsmodells“[40]. Ihnen gemeinsam ist die Ansicht, dass die Jugendphase Teil eines immanenten Planes menschlicher Entwicklung ist.

1.1.1.1 Entwicklungsteleologie

Die Psychologin und Therapeutin, Charlotte Bühler (1893 – 1974), ging von der Grundannahme aus, dass jede menschliche Entwicklung einer inneren Gesetzmäßigkeit folge. Sie sei zielgerichtet, strebe auf das reife Erwachsenenalter zu und besäße auch in der Jugendphase einen bestimmten Entwicklungssinn. Mangels verwertbarer empirischer Daten griff sie auf Tagebuchnotizen Jugendlicher zurück, die sie analytisch auswertete. Dabei fragte sie sich, warum es im Leben von Menschen unserer Kultur eine Phase mit einem klaren Beginn und einem relativ klaren Ende gibt, in der sie anfangen, die Erfahrungen und Empfindungen ihres eigenen Er-Lebens in einem Buch schriftlich niederzulegen. Tagebuchschreiben interpretierte sie als Ausdruck einer Sehnsucht nach einem gegengeschlechtlichen Du in einer Situation der Isolierung, wobei das Einsamkeitserlebnis auch zur Entdeckung des eigenen Ich beiträgt.[41] Als erstes Ergebnis bleibt festzuhalten, dass die „dominante alterstypische Emotionalität“ des Jugendalters die Sehnsucht ist,

38 Fend 2003, 21f. s. dazu auch Oerter 1978 und Olbrich 1985.

39 Fend 2003, 20.

40 Fend 2003, 22f.

41 Ralf Gaus stellt das Tagebuchschreiben in Anlehnung an Günter Mey in den Zusammenhang von subjektiver Konstruktion der eigenen Identität durch Narration. Im Gegensatz zum Erzählen, das wesentlich auch interaktionalen Charakter hat, geschieht das Schreiben von Tagebüchern als Monolog bzw. Selbstnarration, bei dem Heranwachsende „sich selbst zuwenden, reflektieren und nach Sinn und Zielen suchen“ (Gaus 2007, 135).

sie „ist die Grundemotion der seelischen Pubertät. Einsamkeitsgefühle und Weltschmerz kommen als Varianten hinzu.“[42] Die Analyse der Inhalte bestätigten BÜHLERS erste Ergebnisse. Für das jugendliche Erleben filterte sie typische Elemente[43] heraus, die sie systematisch in Bezug setzte „mit einem allgemeinen theoretischen Konzept des Lebenslaufs und der Persönlichkeit“, indem sie sie mit „verschiedenen Funktionsbereichen des Psychischen [...], der Entwicklung des Intellekts, des Willens und des Gefühlslebens“, korrelierte. Auf diese Weise verdichteten sich in ihrer Forschung Hinweise auf das „Entwicklungsgesetz des Jugendalters“, zu dem im Zuge der *Ichsetzung*[44] die Neukonzeption des Ich gehört.[45]

Lange vor ERIKSON und anderen Psychoanalytikern beschreibt BÜHLER die Jugendzeit als einen Lebensabschnitt, der zum Ganzen des menschlichen Lebenslaufs gehört und daraus seinen Sinn bekommt, was dazu führt, dass sie auf zwei Entwicklungslinien aufmerksam machen kann: Zum einen findet in der Jugend ein sozialer Entwicklungsprozess statt, in dem Stufen der Freundschaft, der Schwärmerei, des Flirtens und der Jugendliebe unterschieden werden können.[46] Zum anderen ist es die sachlich-leistungsorientierte Entwicklung des Menschen, in der sie Stufen des Spiels, der Hobbys, der Aufgaben und des Berufes unterscheidet. Wie die soziale Entwicklung auf Beziehungsreife teleologisch ausgerichtet ist, so wird bei der sachlich-leistungsorientierten Entwicklung die Tatreife angezielt, zu der der Heranwachsende gelangt, indem er in der Jugendphase „ernsthaftes Schaffen in den Mittelpunkt rückt“ und sich der Suchbewegung stellt, „in welchen Aufgabenbereichen man seine berufliche Bestimmung sieht“[47].

1.1.1.2 Feinstruktur der Adoleszenzentwicklung

Der Psychoanalytiker und Kinder- bzw. Jugendpsychologe Peter BLOS (1904 – 1997) erweiterte vor allem in den 1970/80ern das psychoanalytische Modell[48] dahingehend, dass er analog zur Entwicklung des Kindes auch beim Jugendlichen von verschiedenen gesetzmäßig aufeinander folgenden Phasen ausging, die ihn

---

42 FEND 2003, 49.

43 Die grüblerische Wendung auf sich selbst; die ausschließlich der eigenen Innerlichkeit zugekehrte Haltung; das Gefühl der Trennung von außen, der Einsamkeit und der Sehnsucht; die Selbstreflexion und die Suche nach Sinn und Zielen; die ersten Generalisierungen von Lebenserfahrungen; die Rekonstruktion der eigenen Biografie und die Antizipation von Zukunft.

44 Merkmale der *Ichsetzung*: Ungleichheit zwischen dem, was geäußert und dem, was empfunden wird; Entfalten des Selbst-Ideals und bewusstes Entdecken der biografischen Perspektive.

45 s. FEND 2003, 50ff.

46 Zur sozialen Entwicklung schreibt BÜHLER: „Auf diesem allgemein menschlichen Weg ist die Liebe ein Gemeinschaftserlebnis, nach welchem die Adoleszenz gebieterisch fordert. Ihr zuerst ist die volle Erfüllung des mit der Pubertät aufsteigenden Ergänzungsbedürfnisses bestimmt, und wo die volle Erfüllung ihr versagt bleibt, wird jede Pubertätssehnsucht mit hinein in das kommende Leben genommen. Ich und Du und die Formen der Zweisamkeit, das sind die neuen sozialen Erlebnisse der Reifezeit“ (BÜHLER 1967, 172).

47 FEND 2003, 53. Dass weibliche Pubertätsverläufe eher auf Ergänzungsbedürftigkeit ausgerichtet seien und männliche eher auf Tatreife, lässt Charlotte BÜHLER nur in graduellem Maße gelten, was deutlich macht, wie weit diese Pionierin der Entwicklungspsychologie ihrer Zeit voraus war.

48 Obwohl Peter BLOS mit Sigmund und Anna FREUD in engem Kontakt stand und auf deren Theorien aufbaut, ist es im Hinblick auf den Umfang dieser Arbeit nicht möglich, ihre Werke darzustellen. Einen kompakten Überblick dazu liefern z. B. KIESSLING 2004, 173ff und FLAMMER 2002, 54ff.

zur erwachsenen Persönlichkeit führen. Für ihn stand „die Triebstruktur im Vordergrund [..], die in der Pubertät gewichtige Veränderungen erfährt“. Der Prozess »libidinöse Besetzungen-Abwehrstrategien-Symptombildungen« mündet „in eine Reorganisation der psychischen Struktur, die die Psychoanalyse mit den Begriffen des Es, des Überich, des Ich und des in der Adoleszenz entstehenden Ich-Ideals, anschaulich geschildert hat“[49]. Die Stärke seines Ansatzes gegenüber denjenigen anderer Psychoanalytiker besteht darin, dass er von der Normalentwicklung Jugendlicher ausgeht, nicht von klinisch betrachteten Formen der Fehlentwicklung.

Im Folgenden sei „die komplexe psychische Dynamik in den verschiedenen Phasen der zweiten seelischen Geburt“ dargestellt, die Blos für den Übergang von der Kindheit zur Adoleszenz auf dem Weg zur erwachsenen Reife annahm:

- Die **Latenzzeit** (mittlere bis späte Kindheit) stellt eine Phase der Stabilität und der psychischen Konsolidierung dar: Die Triebstruktur ist an viele Außenaktivitäten gebunden, die Identifikation mit den Eltern ermöglicht stabile Verhaltensregulierungen und das Ich kann sich differenzieren und entfalten. Intensiv durchlebt und nicht verkürzt, bildet diese Phase eine gute Basis für die Bewältigung neuerlich aufbrechender Konflikte in der Adoleszenz.
- In der **Präadoleszenz** (10 bis 12 Jahre) lassen sich erste Verunsicherungen beobachten, u. a. durch Vorformen genitaler Sexualität. Als Abwehrmechanismus dient das Distanzieren gegenüber allem Gegengeschlechtlichen.
- In der **Frühadoleszenz** (13 bis 15 Jahren) zeigen sich Symptome von Regression, Abgrenzung und Phantasiebildung. Libidinöse Bindungen richten sich weg von den Eltern hin auf Objekte, die faktisch unerreichbar sind.
- Während der **mittleren Adoleszenz** (15 bis 17 Jahre) wird eine neue seelische Strukturierung vorgenommen, in deren Verlauf das Überich durch das Ich-Ideal ersetzt wird. Die Frage nach der Identität wird zentral, der gesteigerte Triebdruck aktiviert u. a. autoerotische bzw. narzisstische Phantasien und die „vorübergehend »frei vagabundierende Libido« sucht jetzt immer gezieltere Affektbesetzung“ vor allem beim jeweils anderen Geschlecht.
- Die **späte Adoleszenz** (18 bis 20 Jahre) ist gekennzeichnet durch aktive Identitätsarbeit, wobei das Ich-Ideal „nicht mehr in überhöhten Phantasien von der Realität entrückt, sondern stärker mit dem realen Ich integriert“ ist. In der Regel gewinnt die psychische Struktur wieder klarere Konturen, „die libidinöse Besetzung anderer Personen wird eindeutiger“ und durch frühere Abwehrstrategien entstandene Symptombildungen lösen sich auf.
- In der Moderne konstatiert man auch eine Phase der **Postadoleszenz** (21 bis 25 Jahre), in der sich die Identitätsarbeit vom „Umbau der psychischen Struktur“ auf konkrete Formen der Lebensbewältigung verlagert.[50]

49 Fend 2003, 90.

50 s. Fend 2003, 91ff. Die ungefähren Altersangaben wird man mittlerweile wohl etwas früher anset-

Blos registrierte auch Formen der Fehlentwicklung, welche seiner Meinung nach vor allem durch Verfrühung bzw. extreme Verzögerung beim Übergang in die nächste Entwicklungsphase verursacht werden. Eltern ermutigte er, dem eigenen Urteil zu trauen, damit sich die Heranwachsenden an ihnen abarbeiten können. Von der Gesellschaft verlangte er, sie müsse den Heranwachsenden glaubhaft machen, dass jeder von ihnen bedeutsam ist und gebraucht wird sowie dass seine produktive Mitarbeit erwartet und gewünscht wird.

1.1.1.3 Strukturgenetisches Entwicklungsmodell

Jean Piaget (1896 – 1980), von Ausbildung Biologe, arbeitete in seinen frühen Jahren im Bereich der Erforschung kindlicher Intelligenz, ehe er in den 1920ern seine Aufmerksamkeit auf eine Erkenntnistheorie richtete, „die sich auf die ontogenetische sowie auf die phylogenetische Entwicklung des Denkens" gründete. Obwohl er nie Psychologie studiert hatte, führten ihn sein interdisziplinäres Interesse und seine Studien kognitiver Prozesse des Kindes zu einer Entwicklungstheorie, die er als »épistémolgie génetique« bezeichnete.[51] Er kam auf die geniale Idee, eine anerkannte Methode auf den Kopf zu stellen und sich nicht dafür zu interessieren, „was Kinder in einem bestimmten Alter können, sondern was sie nicht können". Er fragte also: „Gibt es Obergrenzen der Leistungsfähigkeit von Kindern in bestimmtem Alter, Obergrenzen, die von einer altersspezifischen kognitiven Struktur vorgegeben sind?"[52] Für seine Überlegungen wurde die Unterscheidung zwischen Inhalten und Strukturen des Denkens zentral. Er war weniger daran interessiert, *was* ein Kind dachte, als vielmehr *wie* es dachte. Ausgehend davon entwarf er eine *Stufentheorie der kognitiven Entwicklung*, die auf ein ausgereiftes Erwachsenendenken zustrebt, das er als qualitatives Endstadium beschreibt:

- **Sensumotorische Stufe** (bis etwa zum 18. Lebensmonat): Der Säugling kann weder sprechen noch Dinge bezeichnen. Dagegen fängt er an, Zusammenhänge zwischen der *sensorischen* Wahrnehmung eines Dinges und dem, was man mit diesem Ding *motorisch* machen kann, zu entdecken. Sein *Egozentrismus* verwehrt es ihm, seine Umwelt aus der Perspektive eines anderen Menschen wahrzunehmen. Auch kann er von Dingen, die er nicht unmittelbar wahrnimmt, keine dauerhafte Existenz annehmen.
- **Prä-operationale Stufe** (2 bis 7 Jahren): Durch den Spracherwerb und die Existenz innerer Bilder gelingt es dem Kind, Objekte intern zu repräsentieren bzw. symbolisch zu vergegenwärtigen. Das Kind kann noch nicht operationalisieren, weil es noch nicht fähig ist, zu dezentrieren, d. h., es kann sich noch nicht von seiner Fixierung auf das jeweils augenfälligste Merkmal eines wahrgenommen Objektes denkerisch lösen, sondern konserviert vielmehr dieses spezielle Merkmal, auch wenn sich das Erscheinungsbild verändert.[53]

---

zen, da die Pubertät immer früher einsetzt (s. Kap. 1.1.1.4).

51 s. Kiessling 2002b, 19ff und 2003, 50 – 60 sowie umfassend Buggle 2001.

52 Fend 2003, 120f.

53 Stufen der Konservierung veranschaulicht Jean Piaget anhand von Zahlenexperimenten und Versuchen mit Flüssigkeiten, Maßen, Gewichten und Volumina (s. Fend 2003, 123, Abb. 1.19).

- **Konkret-operationale Stufe** (7 bis 11 Jahre): In der Grundschulzeit kann das Kind logische Operationen bewältigen, Konservierungsaufgaben lösen und Invarianzen erkennen. Dennoch bleibt es, wegen mangelnder Fähigkeit zur Abstraktion bzw. zur Hypothesenbildung, immer noch stark auf konkrete Bezüge und Anschauungen angewiesen.
- **Formal-operationale Stufe** (ab etwa 11 Jahre): In der einsetzenden Adoleszenz transformiert sich das Denken qualitativ, insofern es dem Heranwachsenden gelingt „formallogisches Denken, mathematisches und hypothetisch-deduktives Denken“[54] zu operationalisieren.

Der Übergang von einer Stufe zur nächsten geschieht durch *Selbstorganisation* bzw. geht in einem *Selbstregulationsprozess* vonstatten, in einer voranschreitenden *Äquilibration* zwischen *Assimilation* und *Akkomodation*.[55] Kritik richtet sich gegen PIAGETS Behauptung, zu den Merkmalen der Stufen gehöre unabdingbar, dass sie hierarchisch geordnet, sequentiell und invariant seien sowie vor allem dagegen, dass er einen kontinuierlichen Übergang von einer Stufe zur nächsten verneine.[56] Zunehmend angefragt werden des Weiteren seine Altersangaben für das Erreichen spezifischer Fähigkeiten. Neuere Untersuchungen haben gezeigt, dass viele Entwicklungen heutzutage früher einsetzen, als zu PIAGETS Zeiten beobachtbar gewesen sein dürfte. Positiv zu würdigen ist, dass PIAGETS »Kompositionsidee« unter praktischen und didaktischen Gesichtspunkten brauchbar ist, denn seine „Überzeugung, dass der Mensch die Welt konstruktiv erobert respektive sie an seine Schemata assimiliert und dass er im Umgang mit der Welt immer differenzierter und beweglicher wird, deckt offensichtlich sehr viel Entwicklungsrealität ab“[57]. Für unsere Untersuchungen bleibt ein abschließendes Zitat von FEND von Interesse: „Die Adoleszenz bietet nach Piaget neue Möglichkeiten, Beziehungen zur Welt und zu sich selbst herzustellen. Der Jugendliche entwirft die Welt nicht mehr wie das Kleinkind nach inneren Bedürfnissen und Phantasien, er passt sich ihr auch nicht mehr in Bezug auf die konkreten Umweltgegebenheiten kritiklos und distanzlos an, wie es das Kind in der Primarschulzeit tut. Der Adoleszente entwickelt vielmehr gleichzeitig ein distanziertes und generalisiertes Verhältnis zur Umwelt.“[58]

1.1.1.4 Jugendalter als biologisches Phänomen

Betrachtet man die Jugend als Werk der Natur, kommt man nicht umhin, Tendenzen der körperlichen Entwicklung von Jugendlichen zu skizzieren, die als Umwandlungsprozess am augenscheinlichsten zutage treten. Anfang (beschleunigtes

54 KIESSLING 2004, 197. Der Heranwachsende kann nun „Sets von Kombinationen bilden und systematisch ausschöpfen“ sowie „Aussagen über Regelmäßigkeiten“ (FEND 2003, 123f) systematisch manipulieren.

55 Nach PIAGET ist auf den verschiedenen Stufen eine natürliche Tendenz mitgegeben, Ungleichgewichte zu überwinden, indem organismische Strukturen entweder bewahrt werden und sich der Mensch diesen anpasst oder dass er eben diese selber aktiv verändert.

56 Diese Kritik aufnehmend, entwickeln nordamerikanische Gruppen um Kurt W. FISCHER und Robbie CASE die Stufentheorie PIAGETS weiter (s. FISCHER, Kurt W. 1980 und 2007 sowie CASE 1985).

57 FLAMMER 2002, 51.

58 FEND 2003, 124f.

Wachstum, beginnende Entwicklung der Geschlechtsreife bzw. hormonelle Umstellungen) und Ende (Aufhören des Wachstums bzw. volle Fortpflanzungsfähigkeit) der Pubertät lassen sich biologisch definieren. Betrachtet man die Entwicklung von Mädchen und Jungen zugleich, so erstreckt sich mittlerweile die Phase pubertärer Prozesse auf das gesamte zweite Lebensjahrzehnt.

»Die Hormone spielen verrückt!« Diese Aussage von Eltern, deren Kinder mitten in der Pubertät sind, ist weit verbreitet. Tatsächlich ist es vorwiegend das endokrine System (der vernetzte hormonale Regelkreis) der die somatischen Veränderungen erzeugt, die man mit dem Phänomen der Pubertät beschreibt. Die Beziehungen zwischen Hypothalamus, Hypophyse und den Keimdrüsen sind weitestgehend erforscht; man weiß, dass dabei verschiedene Organe auf streng hierarchische Weise miteinander vernetzt sind. Die Auslösung puberaler Prozesse entzieht sich bis dato allerdings einer exakten naturwissenschaftlichen Beschreibung, so dass man nur einige Faktoren benennen kann, die dafür verantwortlich sind.[59] Festzuhalten bleibt, dass das „endokrine System [..] offensichtlich ein genetisches Programm [ist], das zwar nach einem endogenen Plan funktioniert, aber ein »Fenster« zur Außenwelt hat“[60], wovon im Folgenden die Rede sein soll.

1.1.2 Entwicklungsprägung durch Kontexte

Exogene Theorien betrachten die Jugend als Werk der Gesellschaft. Ihr kann man sich nähern, indem man nach den *sozialen Kontexten von Entwicklungsprozessen* dieses Lebensalters fragt. Soziologen sprechen bei der zu untersuchenden Lebensphase von der Jugend bzw. von jugendlichem Verhalten, Denken und Empfinden, die von außen geprägt werden und von ihrem jeweiligen Bedingungskontext her zu interpretieren sind. Neben historischen Bedingungen, die hier nur am Rande interessieren, sind es vor allem die Beziehungsnetze, in die Jugendliche unter modernen Lebensverhältnissen eingebunden sind und die einen immensen Einfluss auf deren Entwicklung bzw. Sozialisation[61] haben, welche besondere Aufmerksamkeit verdienen. Ausgangspunkt der Betrachtungen ist die offene, moderne und plurale Gesellschaft, auf die Kinder und Jugendliche vorbereitet werden bzw. in die sie ohnehin hineinwachsen.

1.1.2.1 Elternhaus, Familie und Generationen

Die psychologische Familienforschung hat gezeigt, in welch großem Maß Kinder von ihren Eltern und ihrer Familie geprägt werden. Auch für die Entwicklung Jugendlicher gilt, dass die Familie erhebliche Sozialisationseinflüsse ausübt und ihre Sozialisationsleistung nach wie vor aufgewertet wird, obwohl in der Jugendphase Ablösungsprozesse einsetzen. Intergenerationale Interaktionsbeziehungen kommen auch deswegen in den Blick pädagogischer Forschung, weil sich der familiäre Kontext von Entwicklung in den letzten Jahrzehnten erheblich verändert hat.

59 s. Fend 2003, 109 – 113.

60 Fend 2003, 113.

61 Unter *Sozialisation* ist die Persönlichkeitsbildung zu verstehen, die durch Interaktion mit spezifischen Bedingungen sozialer, materieller und kultureller Art entstehen. Der Fokus hier richtet sich auf die für die Sozialisation besonders wichtigen Interaktionen mit anderen Menschen.

Kleiner gewordene Familien, Patchwork-Familien und Zwei-Generationen-Haushalte sind Merkmale der »modernen Familie«. Dazu kommen geringer werdende Geschwisterzahlen[62], eine zunehmende Stabilitätsschwäche von Ehen[63] und daraus resultierend eine wachsende Zahl Alleinerziehender[64]. Neben alternativen familiären Lebensformen, die eine immer breitere gesellschaftliche Akzeptanz erreichen, sind Kinder und Jugendliche vermehrt konfrontiert mit destabilisierenden Faktoren des Zuhauses, wie Arbeitslosigkeit, Alkoholismus oder psychischen Krankheiten ihrer Eltern, Armut, Vernachlässigung oder Gewalt in der Familie.[65]

Mit Verlängerung der Schul- und Ausbildungszeit geht eine Ausdehnung der Jugendphase einher, was dazu führt, dass Heranwachsende, vor allem ökonomisch bedingt, länger im Elternhaus verweilen. Interessanterweise führt dies nicht notwendig zu häuslichen Spannungen und Konflikten. Ganz im Gegenteil, eine überwiegende Mehrheit von Jugendlichen bezeichnet ihr Verhältnis zu den Eltern als gut bis sehr gut.[66] Dazu trägt sicherlich auch bei, dass diese in Deutschland einem wachsenden Bedürfnis ihrer Eltern nach emotionaler Nähe ausgesetzt sind, denn das Eltern-Kind-Verhältnis hat sich dahingehend gewandelt, dass es „partnerschaftlicher, argumentativer und transparenter geworden“[67] ist. Dazu passt die Beobachtung, dass sich auch die Erziehungsziele verlagert haben: Ging es früher darum, zu Fleiß, Bescheidenheit, Bedürfnislosigkeit, Sparsamkeit und Zufriedenheit zu erziehen, geht es heute um den Erwerb von Kompetenzen und Qualifikationen, um Leistungsfähigkeit und Flexibilität. Ähnliches ist mit Werten geschehen: Galten früher Charakterstärke, Übereinstimmung mit den Ansichten der Eltern sowie

---

62 2003 lebten etwa 15 Millionen Kinder unter 18 Jahren in Deutschland, davon ein Viertel als Einzelkinder, knapp die Hälfte mit einem Geschwisterteil, ein Fünftel zusammen mit zwei Geschwistern und 8,6 % mit drei oder mehr Geschwistern (s. DESTATIS 2004).

63 Die Scheidungsrate in Deutschland betrug für das Jahr 2005 etwa 52 % (auf 388.451 neue Eheschließungen kamen 201.693 Scheidungen). In den letzten 15 Jahren stieg die Scheidungsrate von unter 30 % auf über 50 % (s. DESTATIS 2006d). Welche Auswirkungen auch sogenannte »gute Scheidungen«, bei denen die Trennung der leiblichen Eltern einvernehmlich und ohne größere Konflikte geregelt wurde, auf Kinder und Jugendliche haben, hat Elizabeth Marquardt 2007 beschrieben. In ihrer Studie macht sie darauf aufmerksam, dass Scheidungskinder tendenziell früher erwachsen werden (müssen) und dass sie mit Fragen und Problemen eher konfrontiert und allein gelassen werden als Kinder aus »intakten Familien«, was u. a. Konsequenzen auf die Entwicklung ihrer Identität, ihrer Moralvorstellung und ihres Glaubens hat.

64 2003 gab es in Deutschland etwa 1,5 Millionen Alleinerziehende (davon mehr als 90 % Frauen), bei denen etwas mehr als ein Fünftel aller Kinder unter 18 Jahren lebten (s. DESTATIS 2005a und 2003).

65 Bei häuslicher bzw. familialer Gewalt, insbesondere bei Gewalt gegen Kinder, werden vier Formen unterschieden: „Körperliche Misshandlung, psychische Misshandlung, sexueller Missbrauch und Vernachlässigung“ (Melzer/Lenz/Ackermann 2002, 839). Aktuelle Daten sammelt das Informationszentrum Kindesmisshandlung/Kindesvernachlässigung, das im Rahmen des Deutschen Jugendinstituts dabei ist, Ursachen, Auswirkungen und Entwicklungen häuslicher Gewalt zu untersuchen (s. dji 2006). s. dazu auch die neueste Studie KFN 2009, 51 – 56 und 80f.

66 Die Familie bildet für die Mehrheit der Jugendlichen nach wie vor „den wichtigsten sozialen »Heimathafen«, von dem aus sie die anderen Lebenswelten erschließen“ (Shell-Jugendstudie 2006, 49). Mit Zunahme der Höhe der sozialen Schichtenzugehörigkeit haben Jugendliche ein besseres Verhältnis zu ihren Eltern und sind mit deren Erziehungsstil zufriedener und eher geneigt, eigene Kinder ähnlich zu erziehen.

67 Fend 2003, 149. Zu beachten ist, dass ein zu partnerschaftliches Eltern-Kind-Verhältnis zuweilen in emotionale Abhängigkeit führen kann (s. Winterhoff 2008 und 2009).

soziale und weltanschauliche Einordnung als Werte, so sind es heutzutage vorrangiger die eigenständige Meinung, die Fähigkeit zur Eigeninitiative und die selbstverantwortliche Lebensgestaltung. Auch in der Art der Vermittlung dieser Werte fand eine Veränderung statt, weg von der moralischen Unterscheidungsfähigkeit zwischen Gut und Böse hin zum autonomen Gewissen und zu ethischer Reflexionsfähigkeit.

Die Art, wie Eltern sich ihren jugendlichen Kindern zuwenden, entscheidet stark über deren Einstellung zur Zukunft. So verfügen „Jugendliche, die in der Familie soziale und emotionale Unterstützung erhalten, über eine klare Lebensplanung und Zukunftsvorstellung", wohingegen solche, die diesbezüglich vernachlässigt werden, stärker gegenwartsorientiert sind und die Auseinandersetzung mit der Zukunft eher scheuen.[68] Das Elternhaus bildet nach wie vor eine wichtige Rückmeldeinstanz, denn Eltern „repräsentieren in ihren Botschaften über die Akzeptanz des Kindes sowohl ihre Zuneigung zum heranwachsenden Jugendlichen als auch das normative Bild, zu dem sich die Heranwachsenden entwickeln sollten"[69].

1.1.2.2 Nachbarschaften und soziale Kontaktfelder

Kinder und Jugendliche wachsen heute unter Bedingungen dichter Bebauung, kontrollierter Plätze und einer breit ausgebauten Infrastruktur im Sport- und Freizeitbereich auf. Das Alltagsleben ist von einer starken Alterssegregation geprägt und ist außerschulisch auf individualistisches Handeln bzw. auf Zweier- und Dreierfreundschaften ausgerichtet. Die Tendenz geht zur intensiven Zeitnutzung, die schon in früher Kindheit ein Zeitmanagement nötig macht, denn bereits Kinder und noch mehr die Jugendlichen haben viele feste Termine in meist mehreren Vereinen, bei vielgestaltigen kulturellen Veranstaltungen und attraktiven Freizeitangeboten. Naturerfahrungen und weitgehend unbeaufsichtigter Aufenthalt im Freien sind weniger bedeutsam geworden. Allgemein lässt sich feststellen, dass Jungen, besonders der unteren Mittelschicht bzw. auf dem Land, eher im Freien aktiv sind, wohingegen Mädchen, besonders in der Stadt, u. a. aus Angst der Eltern, dass ihr Kind (sexuell) belästigt wird, sich eher im Haus betätigen.

68 s. Ecarius 2002, 536. Für sozial benachteiligte Jugendliche gilt, dass sie „seltener als andere Jugendliche über gute Unterstützungsnetzwerke innerhalb und außerhalb der Familie" (Shell-Jugendstudie 2006, 63) verfügen.

69 Fend 1990, 241. In Bezug auf die sozialisatorische Bedeutung der Eltern und der Familie muss man berücksichtigen, dass für die Weitergabe von Werten weniger die Instruktion der Eltern als vielmehr „ihr tatsächliches, sinnhaftes Verhalten für die Sozialisation der Kinder relevant" ist. Des Weiteren ist klarzustellen, dass „Sozialisation keine einseitige Kausalbeziehung, die von den Eltern ausginge, sondern ein interaktiver Prozess" ist und dass dieser wiederum „nicht als Summe der Handlungen Einzelner, sondern als ein komplexer, systemhafter Zusammenhang zu begreifen" (Geulen 2002, 97) ist. Nicht näher eingegangen werden kann auf die Bedeutung unterschiedlicher Geschwisterkonstellationen für die Sozialisation des Einzelnen und welche Rolle andere Familienmitglieder dabei spielen, s. dazu Toman 2002.

1.1.2.3 Schulisches Umfeld

Mit dem Ausbau des Bildungswesens[70] ist die Adoleszenz in der Moderne „zu einer von Arbeitszwängen befreiten und von Lernmöglichkeiten und Lernaufträgen bestimmten Altersperiode geworden“[71]. Schule ist in der Moderne nicht nur anspruchsvoller Lernort, dessen Anforderungsniveau in allen Schulformen gestiegen ist, sondern auch Lebensort, in dem sich die „traditionelle Distanz zwischen Schülern und Lehrern“[72] verringert hat und die Beziehungen persönlicher geworden sind. In der Postmoderne kommt hinzu, dass Schule weltanschaulich, ethnisch und religiös plural ist und auf einer Vielfalt von schultheoretischen Voraussetzungen beruht, die es unmöglich machen, eine einheitliche Schultheorie zu erstellen. Konsens ist, dass Schule die ganze Gesellschaft repräsentiert und als ein Ort »gesellschaftlicher Zukunft« gilt. Ihre Doppelaufgabe besteht darin, zu lehren und zu erziehen. Darüber hinaus hat sie für das soziale Miteinander zu sorgen, soll sich als eigenständigen Lebens- und Erfahrungsraum darbieten und darf nicht in sich geschlossen bleiben. Die Bildungsdebatte der letzten Jahre hat allerdings gezeigt, dass von Seiten der Wirtschaft immer wieder versucht wird, Schule zu vereinnahmen, indem man vorgibt, die Entwicklung Jugendlicher müsse auf den Aufbau ökonomischer Selbstständigkeit zielen, wozu in Schule und Ausbildung spezielle Qualifikationen zu erwerben seien.[73] Aus entwicklungspsychologischer Perspektive gilt es, solch einseitiger Verzweckung von Schule entgegenzutreten, indem man zeigt, dass zur Zielrichtung der Entwicklung auch Individuation, Sozialisation und Kulturvermittlung gehören, welche ebenfalls in der Schule vermittelt werden.

Dass Schule als Lernort nicht nur positiv besetzt ist, zeigen Studien, die Daten zur Schulzufriedenheit bzw. Schulunlust von Schülern erheben, schulischen Problemen Jugendlicher nachgehen und deren psychischen und physischen Auswirkungen analysieren sowie solche, die sich mit dem Phänomen der Gewalt an Schulen, Formen des Mobbings bzw. Bullyings und beschäftigen.[74]

---

70 Obwohl das Schulsystem der Bundesrepublik Deutschland aufgrund der Kulturhoheit der Länder sehr heterogen ist, besucht jeder Heranwachsende mindestens neun Jahre lang eine Schule. Nimmt man die Zeit an weiterführenden Schulen und eventuelle Studienzeiten hinzu, so zeigt sich, dass häufig bis ins Alter von 25 bis 30 Jahren eine Bildungseinrichtung besucht wird, so dass man von einer massiven Ausdehnung der Jugendphase sprechen kann.

71 Fend 1990, 241.

72 Fend 2003, 153. Dies bestätigen auch die bisher vorliegenden PISA-Studien (Baumert 2001 und Prenzel 2004), die als „schulische Leistungsforschung auch die familiären und sozialen Lebensverhältnisse, die Lebensbedingungen von Jugendlichen, Freizeit und Freunde mit einbezieht“ (Helsper/Böhme 2002, 567).

73 Theodor W. Adorno warnt vor der Instrumentalisierung von Bildungsprozessen und erkennt in der Zweckorientierung und Parzellierung derselben, sowie im Verwertungsaspekt und der Vermarktung, denen diese unterworfen sind, die Gefahr, die von einer *Halbbildung* ausgeht, welche das Entstehen neuerer Formen der *Allgemeinbildung* verhindert (s. Adorno 1997).

74 s. insgesamt Kap. 1.1.3.3. Mit Verlängerung der Schulzeit und dem zunehmenden Relevanzverlust schulischer Leistungen für zukünftige Lebenschancen geht eine weiterhin wachsende Schulunlust unter Schülern einher (s. Helsper/Böhme 2002, 581ff). Dazu tragen auch das Leistungs- und Selektionsprinzip sowie der Verdrängungswettbewerb um Chancen am Berufsmarkt bei, die Schüler vielfach unter Druck setzen und nicht nur zu Versagensängsten führen, sondern auch zu realem Misserfolg. So konnte gezeigt werden, dass schulischer Misserfolg nicht nur das Selbstgefühl von Schülern mindert, sondern auch zu sozialer Ausgrenzung führt und die psychische und

Zum Kontext Schule gehören konkrete Rahmenbedingungen: Schüler besuchen ihre Schule in der Regel von Montag bis Freitag, an weiterführenden Schulen nicht nur vormittags, sondern häufig auch nachmittags; Fahrt- und Wartezeiten sowie Zeiten für häusliche Schularbeit sind noch dazuzurechnen. Der Schulalltag ist meist durch den Regelunterricht und die 45-Minuten-Schulstunde im Klassenverband strukturiert. Klassenstärken können erheblich schwanken, der oberste Teiler liegt bei 33 Schülern[75], die durchschnittliche Klassengröße an öffentlichen Bildungseinrichtung im Sekundarbereich I bei knapp 25 Schülern[76]. An den meisten Schulen wird gleichberechtigt koedukativ[77] unterrichtet, benachteiligt werden allerdings weiterhin Schüler gemäß ihrer schichtenspezifischen bzw. ethnischen Herkunft[78]. Ein wenig überraschend ist schließlich, dass Schüler in allen Schularten mittlerweile mehrheitlich von Lehrerinnen unterrichtet werden.[79]

1.1.2.4 Peergroups, Cliquen und Freundschaften

Die Ausdehnung der Schulphase und die zunehmende Bedeutung der Schule als Lebensort haben dazu geführt, dass Jugendliche immer mehr Zeit miteinander verbringen, was wiederum einen signifikanten Anstieg von Mitgliedschaften in Cliquen und Gruppen Gleichaltriger im Freizeitbereich bewirkt hat. In ihnen ist es möglich, soziale Anerkennung zu sammeln, unterschiedliche Rollen auszuprobieren und eine eigene Identität auszubilden. Als Gegenkraft zum Elternhaus und zur

körperliche Verfassung Heranwachsender negativ beeinträchtigt (HURRELMANN 2007, 61 – 101). Obwohl Gewalt an Schulen immer wieder medienwirksam inszeniert und aufbereitet wird, lässt sich ein allgemeiner Anstieg wissenschaftlich-empirisch nicht belegen. Schülergewalt ist nur z. T. ein schultypenspezifisches und altersabhängiges Phänomen (s. HOLTAPPELS/HEITMEYER/u. a. 2006 sowie KFN 2009, 57 – 63 und 86 -91), aber es darf nicht übersehen werden, dass mehr als jeder zehnte Schüler Opfer von Bullying (eine Form angstmachenden und ausgrenzenden Mobbings unter Schülern) in der Schule bzw. in der Klasse wird (s. BÖDEFELD 2006, 23ff).

75 s. DESTATIS 2006b und 2006c sowie KMK 2006/7.

76 In privaten Bildungseinrichtungen liegt die Klassengröße etwas höher, bundesweit bei etwa 26 Schülern, in Nordrhein-Westfalen allerdings bei 29,3 Schülern (s. StÄBL 2007, 102).

77 Obwohl der Anteil der Mädchen in höheren Schulen den der Jungen mittlerweile übersteigt (2006 besuchten 47 % aller Mädchen, aber nur 40 % der Jungen das Gymnasium, s. Shell-Jugendstudie 2006, 67), kommt es nach wie vor zu geschlechtsspezifischen Benachteiligungen: „Trotz besserer Schulleistungen weisen Mädchen eher ein geringeres Selbstbewusstsein als Jungen auf, unterschätzen die eigene Leistungsfähigkeit und bleiben in ihrer Selbsteinschätzung stärker an schulische Leistungen gebunden, während Jungen schulische Leistungsprobleme außerschulisch kompensieren können" (HELSPER/BÖHME 2002, 573).

78 Obwohl die Chancengleichheit im Bildungssektor (Zugang zu Bildung bzw. Durchlässigkeit der Bildungsinstitutionen) in den letzten Jahren verbessert wurde, ist „Schule eine Institution der Reproduktion sozialer Ungleichheit geblieben, eine Instanz sozialer Schließungsprozesse vor allem für Jugendliche aus Arbeiter- und bildungsfernen Milieus und Migrantenkinder". Dabei ist allerdings zu betonen, dass schulische Bedingungen „für die Bildungskarrieren Jugendlicher gegenüber außerschulischen, schicht-, milieu- und familienspezifischen Faktoren" eine wesentlich geringere eigenständige Relevanz aufweisen (s. HELSPER/BÖHME 2002, 575). Genau dies bemängeln auch die PISA-Studien am deutschen Schulsystem (s. BAUMERT 2001, 228 und 490ff). Zur Chancengleichheit in Bezug auf schulische Bildung s. auch HOLTAPPELS 2002, 304ff.

79 Auch an Gymnasien stellen Frauen mittlerweile die Hälfte des Kollegiums. Dabei ist jedoch immer ein hoher Anteil von Teilzeitkräften zu berücksichtigen (s. DESTATIS 2006a). Weibliche Lehrkräfte stellten 2005 bundesweit im Sekundarbereich I einen Anteil von 60,1 % der Lehrenden, im Sekundarbereich II waren es immerhin noch 45,8 % (s. StÄBL 2007, 111).

Schule dienen sie häufig der Ausbildung eigener Normen und Stile, was unter Umständen dazu führen kann, dass Klassen sich spalten oder aber solidarisieren.

Im außerschulischen Bereich bietet die Freizeit viele Gelegenheiten, sich in der Clique zu treffen, einander zu kontaktieren[80] und gemeinsam etwas zu unternehmen. Formelle Freizeitorte sind Vereine und jugendverbandlich organisierte Gruppen[81], wobei „Jugendliche in ihren Freizeitorientierungen heute gebrauchswertorientierter sind und ein dienstleistungsorientiertes, keineswegs mehr ein milieugeprägtes Mitgliedsverständnis“[82] entwickeln. Informelle Gleichaltrigengruppen tendieren mehr zu lockeren Szene-Verbindungen, nicht so sehr zu personell und sozial festen Peergroups. Während sich Freundschaften unter Jungen vorrangig über sportliche Betätigung, gemeinsames Videosschauen und Computerspielen sowie über Freizeitaktivitäten im Technik- und Motorbereich konstituieren und eher temporär begrenzt sind, legen Mädchen mehr Wert auf musische Aktivitäten, Shoppen und miteinander Telefonieren, d. h., ihre Freundschaften bieten eher einen Raum, um Unsicherheiten oder Probleme auf der Beziehungsebene zu bearbeiten, schließen Formen von Körperlichkeit und Zärtlichkeit mit ein und sind in der Regel dauerhafter angelegt.

Freundschaften befinden sich in der Jugendphase im Wandel. War in der Kindheit vorwiegend die geschlechtshomogene Schar von Gleichaltrigen bei den meisten Kindern von hoher Bedeutsamkeit, so ziehen sich Pubertierende daraus häufig zurück und knüpfen „neue gefühlsintensive Bande zu ausgelesenen Freunden“[83]. Obwohl die meisten Jugendlichen angeben, sie hätten einen wirklichen Freund, berichten mehr als ein Drittel der Jungen und mehr als die Hälfte der Mädchen, dass sie sich häufig oder zumindest gelegentlich einsam fühlen – für sozial integriert hält sich im Alter zwischen 13 und 16 Jahren etwa nur jeder Fünfte. Gegengeschlechtliche Beziehungen entwickeln sich äußerst unterschiedlich, wobei allgemein zu beobachten ist, dass sie sich in den letzten Jahrzehnten deutlich vorverlagert haben, was wohl mit der früheren sexuellen Entwicklung einhergeht.

1.1.2.5 Medien und Konsum

Neben Beziehungsnetzen haben weitere Faktoren sozialisierenden Einfluss auf Jugendliche. Materielle Rahmenbedingungen, zu denen die Wohnung, andere Gebäude und das Wohnumfeld sowie Spielzeug und materielle Ressourcen zählen, sind zwar stark schichtenspezifisch bedingt, trotzdem lässt sich allgemein sagen, dass Jugendliche heutzutage urbaner geprägt sind und über ein wesentlich höheres Finanzbudget frei verfügen können als frühere Generationen.[84] Kulturelle Bedin-

80 Der Kontakt zu Freunden geschieht immer noch meist in Form von *face-to-face*-Kontakten, jedoch erfreut sich die Tele-Kommunikation wachsender Beliebtheit (s. JIM-Studie 2006, 14). Laut Gaus ist der verbale Austausch sozial-interaktionell von Bedeutung, da Jugendliche bei der eigenen narrativen Konstruktion, die wesentlich zum Aufbau von Identität beiträgt, „auch auf die narrativen Konstruktionen von anderen Jugendlichen zurückgreifen“ (Gaus 2007, 132).

81 Klassische Jugendverbandsarbeit erreicht zurzeit nur noch etwa jeden zehnten Jugendlichen. Zu kirchlicher Jugendverbandsarbeit s. Kap. 1.2.2.1.

82 Thole 2002, 673. Zu Freizeitverhalten und Milieuprägung s. auch Milieustudie U27 2007.

83 Fend 1990, 103.

84 s. Thole 2002, 663ff.

gungen, vor allem in Form von Medien, Freizeit und Konsum, haben auf Jugendliche erhebliche Wirkung. Die Basisstudie »JIM 2006« zum Medienumgang 12- bis 19-jähriger in Deutschland spricht von einem sehr stabilen Freizeitverhalten Jugendlicher in den letzten Jahren.[85] Den meisten Jugendlichen steht heute über Milieugrenzen hinweg „fast das gesamte Repertoire der Unterhaltungselektronik zur Verfügung“[86]. Bildungsabhängig bleibt allerdings der Zugang zu Printmedien, die vorrangig von Gymnasiasten gelesen werden – dies gilt mit deutlichem Abstand auch für Bücher.[87] Fragt man Jugendliche, auf welches Medium zu verzichten ihnen am schwersten fällt, so erhält man von etwa einem Viertel den Computer (bei Jungen mehr als ein Drittel) zur Antwort, gefolgt vom Fernseher, dem Internet (bei Gymnasiasten etwa ein Viertel) und dem MP3-Player (bei Mädchen mehr als ein Fünftel). Zur absoluten »Mediengrundausstattung« gehört mittlerweile das Handy; mehr als neun von zehn Jugendlichen besitzen ein eigenes, geben dafür monatlich im Durchschnitt 20 Euro aus[88] und nutzen dieses täglich mehrfach vorrangig für Telefonate, SMS und zum Fotografieren/Filmen.[89]

Obwohl behauptet wird, dass die meisten Jugendlichen spielerisch, selbstbewusst, kompetent und verantwortungsvoll insbesondere mit den neuen Medien umgehen[90] und diese dazu nutzen, ihre Alltagserfahrungen auf angemessene Art zu be- und verarbeiten, ist nicht von der Hand zuweisen, dass der Umgang damit auch problematisch sein kann und erhebliche Gefahren in sich birgt. Zum einen verbrin-

85 Nicht-mediale Freizeitaktivitäten Jugendlicher beziehen sich demnach v. a. auf Treffen mit anderen, Sporttreiben, Faulenzen, Unternehmungen mit der Familie und Musizieren (s. JIM-Studie 2006, 6). Signifikante geschlechtsspezifische Unterschiede bestehen weitestgehend nur beim Sport, den Jungen häufiger ausüben, wohingegen Mädchen lieber malen, basteln und shoppen. Mit zunehmendem Alter verlagert sich das Interesse weg von Familie/Sport, hin zu sozialen Kontakten mit Gleichaltrigen und Formen des Ausruhens und Nichts-tuns. Die Shell-Studie 2006, 77ff unterteilt Jugendliche aufgrund ihres Freizeitverhaltens in vier Gruppen: *Kauflustige Familienmenschen*, *Technikfreaks*, *gesellige Jugendliche* und *kreative Freizeitelite*.

86 JIM-Studie 2006, 8ff. Zum häuslichen Alltagsbild gehören „Fernseher, Handy, CD-Player, Computer, Videorekorder und Internetzugang“ (ebd.), auch MP3-Player, Digitalkameras, DVD-Player, UMTS-Handys, Videospielkonsolen und PlayStations sind mittlerweile weit verbreitet.

87 Bildungsspezifische Unterschiede zeigen sich beim Besitz eines Computers/Laptops und beim Zugang zum Internet, wo Gymnasiasten jeweils vor Real- und Hauptschülern rangieren (s. JIM-Studie 2006, 12). Allgemein kann man sagen, dass die meisten Jugendlichen regelmäßig fernsehen, sich am Computer unterhalten bzw. beschäftigen und Musik hören. Immer noch deutliche Zuwachsraten gibt es bei der Nutzung von Computern, dem Internet und MP3-Playern (ebd., 13). Der Computer wird vorrangig im Zusammenhang mit dem Internet genutzt, zu jeweils etwa einem Fünftel für Spiele und zum Lernen/Arbeiten, wobei die jüngeren Jungen mit Abstand am häufigsten spielen und ältere Mädchen vermehrt daran arbeiten (ebd., 35).

88 Die Ausgaben für das Handy nehmen mit dem Alter zu, ebenso die Bereitschaft, einen speziellen Fest-Vertrag abzuschließen, bei dem wesentlich höhere Kosten anfallen. Dabei geraten Mädchen und Nichtgymnasiasten häufiger in die Lage, ihre Rechnung und noch mehr das Aufladen ihrer Prepaid-Karte nicht mehr bezahlen zu können (JIM-Studie 2006, 48f).

89 Interessant ist das Handy v. a. wegen seiner *Multifunktionalität*. Jugendliche nutzen es nicht zur Tele-Kommunikation, sondern auch zum Fotografieren, Filmen, Musikhören sowie zum Verwalten von Adressen und Terminen. Zur handelsüblichen Ausstattungen gehört darüber hinaus meist noch die Fähigkeit über Infrarotschnittstelle bzw. Bluetooth Daten auszutauschen, ins Internet zu gehen und neuestens auch fernzusehen (s. JIM-Studie 2006, 50ff).

90 s. Treumann/Meister/u. a. 2007. Zum Umgang mit dem Medium des Radios hat Gaus in seiner Dissertation dargelegt, dass Jugendliche eine ihnen eigene Verkündigungs-Kompetenz besitzen, die medienpädagogisch unterstützt und gefördert werden kann (s. Gaus 2007).

gen viele Jugendliche viel Zeit mit und vor diesen Medien[91], was der Unterhaltung und Entspannung dient bzw. der Kontaktaufnahme oder der Arbeit – bei extensiver Nutzung entstehen allerdings auch bei Jugendlichen Formen von Abhängigkeit und Sucht[92]. Zum anderen gehen von den neuen Medien Gefahren aus, etwa die steigende Verfügbarkeit, Verbreitung und Mobilität von Gewalt- und Pornovideos per Handy auf dem Schulhof[93] oder sexuelle Belästigung im Chatroom[94]. Viele Heranwachsende sind sich über den Ernst solcher Erfahrungen zum Teil gar nicht im Klaren, sondern ordnen dies als »virtuelle Spielerei« ein und meinen, sie könnten davon jederzeit Abstand nehmen und sich ausklinken. Prävention auf diesem Gebiet muss deutlich machen, dass medial vermittelte reale Gewalt nichts mit Spaß zu tun hat, sondern dass sie im Gegenteil verletzt, entwürdigt und missbraucht.[95]

Schließlich sind legale und illegale Drogen ein Faktor, der sich problematisch auf die Entwicklung Heranwachsender wirkt. Während der experimentelle und gemäßigte Konsum von Tabak und Alkohol scheinbar zum Erwachsenwerden dazugehört, „ist habitueller und exzessiver Konsum psychoaktiver Substanzen meist Indikator einer Störung der normalen Entwicklung im sozialen, psychischen und körperlichen Bereich“ und gehört in der Regel „zu den nach »innen« gerichteten,

---

91 Der tägliche Fernsehkonsum liegt bei durchschnittlich mehr als zwei Stunden am Tag. Bei der Programmpräferenz dominieren v. a. die Privat- und Musiksender (s. JIM-Studie 2006, 23ff und Thole 2002, 670f). Bei Computernutzern zeigt sich ein ähnliches Bild: Jungen sitzen durchschnittlich knapp zweieinhalb Stunden an der Tastatur, mit zunehmendem Alter länger, Gymnasiasten etwas weniger (JIM-Studie 2006, 31ff).

92 Christian Rittelmeyer präsentiert mehrere Studien, die zur Annahme Anlass geben, dass die »Bildschirmkultur« zur „Schädigung der geistigen, sozialen und körperlichen Entwicklung von Kindern“ (Rittelmeyer 2007, 59ff) beiträgt. Er beklagt, dass Heranwachsende schon früh und intensiv aggressiven und schnell wechselnden Bildern und Reizen (»rapid-fire culture«) ausgesetzt werden, mehrere unterschiedliche Dinge gleichzeitig tun und anstatt dessen das zweckfreie, spontane Spiel vernachlässigen. Dies führt seiner Meinung nicht nur zu einer erweiterten Medienkompetenz bzw. einer rascheren Bildauffassungsgabe, sondern eben auch zu reduzierter Kreativität, zu einer niedereren Abstraktions-, Imaginations- und Kritikfähigkeit und hat Auswirkungen bis dahin, „dass sich bei Heranwachsenden durch massive Einflüsse insbesondere der elektronischen Bildmedien neue Formen der Hirnarchitektur herausbilden“ (ebd., 18).

93 Per Handy werden Filme mit pornografischem Inhalt und sogenannte »Snuff- oder Happy-Slapping-Videos« (reale Gewalttaten, die z. T. von den Jugendlichen selbst gefilmt werden) angeschaut und weitergegeben. Mehr als jeder zehnte Junge gibt an, solche Filme selbst schon erhalten zu haben und jeder fünfte hat schon gesehen, dass Schlägereien gefilmt wurden (s. JIM-Studie 2006, 53ff). Je früher, häufiger, andauernder und intensiver derartige Inhalte konsumiert werden, desto größer ist die Wahrscheinlichkeit, dass sich dies negativ auf die Hirnentwicklung auswirkt und feste Strukturen und Muster geschaffen werden, die nur schwer durchbrochen, gelöscht oder durch neue ersetzt werden können (s. Besser 2007). Zum Phänomen sexueller Gewalthandlungen im Kontext *neuer Medien* s. auch Enders 2007.

94 Jeder zweite jugendliche Chatroom-Nutzer berichtet von unangenehmen Kontakten im Chat, besonders Mädchen geben an, mehrfach sexuell belästigt worden zu sein. Äußerst beunruhigend ist, dass knapp zwei Drittel aller Nutzer im Chat von Fremden nach persönlichen Daten gefragt wurden und immerhin ein Viertel der Jugendlichen diese Daten auch weitergegeben bzw. sich mit Fremden getroffen hat (s. JIM-Studie 2006, 43ff und Schindler 2007).

95 Zur Stärkung der Medienkompetenz (s. Treumann/Meister/u. a. 2007) müssen Präventionsangebote akzeptieren, dass Jugendliche von den *neuen Medien* fasziniert sind. Sie müssen mehr informieren als abschrecken oder verbieten, die Widerstandskraft Heranwachsender stärken und verwirrte Normen korrigieren. Schließlich müssen Kindern oder Jugendlichen, die selber als Täter auffallen, klare Grenzen gesetzt werden (s. Enders 2007).

rückzugsorientierten Formen der Problemverarbeitung"[96]. Sozialen Einfluss auf die Initiierung und Habitualisierung des Trinkens bzw. Rauchens hat zuerst das familiäre Umfeld,[97] mit zunehmendem Alter dann die Peergroup. Darüber hinaus tragen emotionale Regulationsprozesse zum Konsum legaler Drogen bei. Obwohl Jugendliche seit 2001 kontinuierlich immer weniger rauchen[98] und obwohl der Konsum sogenannter Alcopops weiterhin rückläufig ist,[99] stellen Tabak und Alkohol wegen ihrer großen Verbreitung, leichten Zugänglichkeit und hohen gesellschaftlichen Akzeptanz weiterhin die gefährlichsten Drogen dar, denn „mittel- und langfristig können sie zu Abhängigkeit führen, was v. a. im Fall des Alkoholismus mit psychovegetativen Störungen, Lern- und Konzentrationsproblemen und erheblichen Beeinträchtigungen und Blockierungen der weiteren Persönlichkeitsentwicklung einhergehen kann."[100] In Bezug auf illegale Drogen ist zwar insgesamt ein Rückzug im Vergleich zu den 1990ern zu verzeichnen, das Alter beim Erstkonsum von Cannabis hat sich allerdings deutlich auf durchschnittlich etwa 14 Jahre nach vorne verlagert.[101]

1.1.3 Entwicklungsaufgaben

Interaktive Theorien betrachten den Jugendlichen als Werk seiner selbst. Sie nehmen an, dass dieser sowohl einer inneren Entwicklungsdynamik ausgesetzt ist als auch von äußeren Kontexten geprägt wird. Ihm nähern sie sich, indem sie *handlungstheoretische Modelle von Entwicklung* dieses Lebensalters untersuchen, welche von selbstständigen Verarbeitungsprozessen des Individuums ausgehen und dabei nach Verarbeitungsformen innerer und äußerer Handlungsbedingungen und deren Niederschlag in der Persönlichkeit fragen. Verhaltens-Psychologen sprechen bei der zu untersuchenden Lebensphase von der Adoleszenz. Interaktiv heißen diese Theorien, weil in ihnen psychologische und biologische Modelle der Person/Anlage mit kontextuellen Modellen der Umwelt interagieren. Fend lenkt sein Augenmerk auf das handlungsorientierte Paradigma, in dem die zwei Vorgängerparadigmen »aufgehoben« sind: Endogene und exogene Perspektiven werden in eine interaktive Theorie eingebracht. Die menschliche Entwicklung wird nun nicht mehr nur deskriptiv und theoretisch analysiert, sondern normativ weitergeführt. Angezielt wird eine pädagogische Leitidee, die besagt, „dass es im Prozess

---

96 Palentien/Leppin 2002, 879ff. s. dazu auch Raithel 2005 und Hurrelmann 2007, 169ff.

97 Noch nicht vollständig geklärt ist die Annahme genetischer und frühkindlicher Prädispositionen.

98 BzgA 2007a, 5. Zu berücksichtigen ist allerdings, dass das Shisha-Rauchen zugenommen hat, von Jugendlichen jedoch als kaum schädlich eingeschätzt wird.

99 Nach einem generellen Rückgang des Alkoholkonsums von 2004 auf 2005 kam es im Jahr 2007 wieder eine deutliche Zunahme. Jugendliche sind von Alcopops wieder verstärkt auf „Bier, bier- bzw. weinhaltigen Mischgetränken sowie Spirituosen" (s. BzgA 2007b, 19) umgestiegen.

100 Palentien/Leppin 2002, 884.

101 Der Konsum von legalen Drogen (Einstiegsalter ca. 12,5 Jahre) und der Einfluss der Peergroup fördert den Einstieg in den Konsum illegaler Drogen. Dass auch illegale Drogen zur Alltagserfahrung Jugendlicher gehören, lässt sich daran ablesen, dass knapp die Hälfte von ihnen bereits Drogen (hauptsächlich Cannabis) angeboten bekommen und knapp ein Drittel diese auch probiert hat. Zu den stärker Gefährdeten zählen männliche Jugendliche, Gymnasialschüler der Sekundarstufe II sowie Berufsschüler (s. BzgA 2004; neuere Daten finden sich in KFN 2009).

der Entwicklung um eine immer stärkere »Ermächtigung« der Person geht, selbstverantwortlich ihre Entwicklung zu gestalten“[102].

Eine interaktive Entwicklungstheorie beobachtet zunächst alltägliche Handlungen, „die Veränderungen des Menschen, Einflussstrukturen und Dispositionsbildungen transportieren“[103], stellt diese in ein Verhältnis zu internen Voraussetzungen und kulturellen Kontexten und untersucht schließlich die altersspezifischen Entwicklungsaufgaben[104], die der Adoleszent zu bewältigen hat. Auf die Frage, wer ihm diese Entwicklungsaufgaben stellt, stößt man auf eher implizite denn explizite Erwartungen der Umwelt, der Gesellschaft und der Erwachsenen (speziell der Lehrer, Erzieher und Eltern)[105]. In Abgrenzung zu expliziten Entwicklungsnormen ist allerdings in Anlehnung an Rolf Oerter zu betonen, dass Entwicklungsaufgaben zugleich eine individuelle Setzung des Jugendlichen sind: Sie hängen ab von seiner individuellen Leistungsfähigkeit, von pluralen soziokulturellen Normen, mit denen er konfrontiert wird und von selbst gesetzten individuellen Zielen.[106]

Die im Folgenden dargestellten Entwicklungsaufgaben nach Fend[107] scheinen mir von besonderer Relevanz im Hinblick auf heutige Schüler an weiterbildenden Schulen in Deutschland. Sie decken das Spektrum des sozialen Kontextes weitge-

102 Fend 2003, 205. Eine unter Entwicklungspsychologen breit anerkannte Annahme besagt, dass „der Mensch generell als aktiver Gestalter seiner Entwicklung angesehen“ (Oerter/Noam 1999, 46) wird und dass er seine Konstruktionsleistung zugleich auf sein Handeln und die Formung seiner Umwelt ausdehnt (s. Oerter/Montada, 1995, Mönks/Knoers 1996, Trautner 2003 u. a.).

103 Fend 2003, 221.

104 Drei Bereiche von Entwicklungsaufgaben der Adoleszenz lassen sich unterscheiden, ein intrapersonaler (innere Veränderungen), ein interpersonaler (soziales Beziehungsgefüge) und ein kulturell-sachlicher (kulturelle Ansprüche). Zusammengehalten werden sie durch die „übergeordnete Anforderung der Identitätsbildung. Robert Havighurst entwickelte als erster ein Konzept von Entwicklungsaufgaben, in welchem der Lebenslauf als eine Folge von Problemen und Anforderungen – entstanden durch eine besondere Kombination von innerbiologischen, psychologischen und sozio-kulturellen Einflüssen – beschrieben wird, denen sich ein Individuum gegenüber sieht und die es in einem bestimmtem Lebensabschnitt bewältigen muss. „Eine »Entwicklungsaufgabe« ist eine Aufgabe, die in oder zumindest ungefähr zu einem bestimmten Lebensabschnitt des Individuums entsteht, deren erfolgreiche Bewältigung zu dessen Glück und Erfolg bei späteren Aufgaben führt, während ein Misslingen Unglücklichsein, Missbilligung durch die Gesellschaft und Schwierigkeiten mit späteren Aufgaben zur Folge hat“ (Havighurst 1956, 215). Die weiterhin zunehmende gesellschaftliche Ausdifferenzierung, Pluralisierung und Individualisierung führt dazu, dass von „destandardisierenden und entstrukturierenden Tendenzen einer individualisierten, patchworkartigen Jugendphase“ (Ferchhoff 1999, 82) die Rede ist, die es hinsichtlich der Entwicklungsaufgaben nahe legen, auf eine Altersnormierung zu verzichten. Zu Veränderungen von Entwicklungsaufgaben vom Kind über den Adoleszenten hin zum Erwachsenen, s. auch Dreher/Dreher 1985a und 1985b.

105 Erwachsenen Personen schätzen es am meisten, wenn Entwicklungsaufgaben eher verfrüht gelöst werden. Akzeptiert wird auch deren Bewältigung zum gesellschaftlich erwarteten Zeitpunkt bzw. das Nichtlösen-können mangels Kompetenz. Auf Ablehnung stößt ein Jugendlicher, wenn er sich willentlich weigert, seine Entwicklungsaufgaben anzugehen (s. Stangl 2007). Wie Jugendliche in Angst geraten, wenn es ihnen nicht gelingt, anstehende Entwicklungsaufgaben hinreichend zu bewältigen, s. Kiessling 2008a.

106 s. Oerter 1978, 78 bzw. Oerter/Noam 1999, 60f.

107 Meiner Ansicht nach überschneiden sich einige der bei Fend genannten Entwicklungsaufgaben so sehr, dass ich sie zusammengezogen habe. Daraus ergibt sich eine geraffte Gliederung, die zuerst den weiten Bereich des Körperlichen behandelt, zweitens den der Beziehungen, drittens den der Bildung und schließlich den der Identität.

hend ab, rekurrieren auf Gesetzmäßigkeiten der inneren Entwicklung und nehmen Bezug sowohl auf die häufigsten Herausforderungen und Probleme des Alltags von Jugendlichen[108] als auch auf die *ko-konstruktiv*[109] einzusetzenden personalen und sozialen Ressourcen der Problembewältigung, der Normalentwicklung und der Risikoentwicklung, die ihnen zur Verfügung stehen.

1.1.3.1 Umgang mit inneren Veränderungen

Umgang mit dem Körper: Mitten in der Schulkarriere einer Schülerin bzw. eines Schülers verändert sich mit einem mal etwas, was bisher eher langsam und kontinuierlich gewachsen war. Der Körper zeigt Anzeichen einer selbst-beobachtbaren und massiv geschlechtsspezifischen Metamorphose vom Kind zum Erwachsenen, die viele Jugendliche so erleben, „dass der Körper mit ihnen »Dinge macht«, die ihnen bisher unbekannt waren und dass der Körper mehr Macht über sie hat als sie über ihn“[110]. Was im Körper eines Jugendlichen genau vorgeht, lässt sich nicht simplizistisch beschreiben, sondern stellt vielmehr eine „komplexe Struktur hormoneller Veränderungen, der Entwicklung sekundärer Geschlechtsmerkmale und der Entfaltung der Reproduktionsreife“[111] dar, wobei der Zusammenhang von Hormonen und Verhalten[112] nicht abschließend geklärt ist.

Ein interaktives Verarbeitungsmodell geht davon aus, dass Jugendliche puberale Prozesse (endogene körperliche Veränderungen, die in einem komplexen Umfeld erfolgen und sozialen Reaktionen ausgesetzt sind) wahrnehmen und subjektiv interpretieren. Je nachdem, in welchem Maße ein Jugendlicher über persönliche und soziale Ressourcen verfügt (Selbstbewusstsein und soziale Unterstützung), kann er ein mehr oder weniger positives Konzept der eigenen Attraktivität entwickeln, was sich wiederum auf sein emotionales Befinden auswirkt. Darüber hinaus versuchen die meisten Jugendlichen das eigene äußere Erscheinungsbild aktiv zu gestalten[113] und sich zu »inszenieren«, um den eigenen Körper zur Kontaktaufnahme

---

108 Empirische Studien, die die Häufigkeit von Alltagsproblemen/-ereignissen beschreiben, wurden im deutschsprachigen Raum von der »coping«-Forschung vorgelegt (s. Thomae 1983, Olbrich 1985 und Seiffge-Krenke 1984 und 1995).

109 Unter *Ko-Konstruktion* versteht man Konstruktionsprozesse von Informationsverarbeitung, Handlungskompetenzen und Funktionssystemen, die durch soziale Interaktion initiiert werden. Individuelle Entwicklung gelingt nur in Auseinandersetzung des Individuums mit seinen sozialen Kontexten und mit Hilfe von Ko-Konstrukteuren (s. dazu Oerter/Noam 1999, 45 – 78).

110 Fend 2003, 225.

111 Fend 2003, 225.

112 In der Hormon-Verhaltens-Forschung gibt es mehrere Modelle, „die komplizierten Wechselbeziehungen zwischen biologischen Prozessen und psychischen Folgen zu analysieren“: 1. Hormonelle Veränderungen bewirken Veränderungen in bestimmten Verhaltensweisen. 2. Bestimmte Verhaltensweisen haben Auswirkungen auf die Hormonproduktion. 3. Anstelle eines Modells von Ursache und Wirkung tritt ein Verarbeitungsmodell (Annahme von Interdependenzen zwischen Hormonen, sozialen Reaktionen und subjektiven Verarbeitungsprozessen), welches „die Person selber zum Träger der eigenen Entwicklung erklärt“ und davon ausgeht, „dass die verschiedenen Entwicklungsprozesse über die bewusste Verarbeitung der verschiedenen pubertären Prozesse verlaufen“ (Fend 2003, 226ff).

113 Eine große Mehrheit der Jugendlichen benützt selbstverständlich Körperpflegeprodukte, stylt sich gerne und achtet darauf, körperlich fit zu bleiben. Auch das Körperempfinden in Bezug auf Gewicht, Schönheit und Wohlbehagen ist von Bedeutung, besonders bei den Jugendlichen, die einen

einzusetzen, was sich auf die soziale Stellung und Akzeptanz auswirkt. Gelingt dieser Prozess in den Augen des Jugendlichen, so wird dies sein Selbstbewusstsein stärken, wenn nicht, so so drückt sich dies in mangelnder Selbstakzeptanz aus und kann bis hin zu Depressionen führen.

In der Pubertät schenkt die Natur dem Heranwachsenden einen »neuen Körper«, den zu »bewohnen«, gelernt sein will. Dazu gehört, dass Jugendliche sich mit der eigenen Körperlichkeit und Geschlechtlichkeit auf der einen sowie mit Schönheitsidealen und Allmachtsfantasien auf der anderen Seite auseinandersetzen, ein diszipliniertes und zugleich natürliches Ess-, Hygiene- und Gesundheitsverhalten[114] einüben und sich genügend körperlich betätigen, was übrigens zum Aufbau eines positiven Selbstkonzeptes mit beiträgt.[115] Will der Heranwachsende bei der Verarbeitung seiner Pubertät selber Verantwortung übernehmen und will er diese rational und verantwortlich steuern und gestalten, so muss er lernen, auf verschiedene Ressourcen zuzugreifen und sich neue Fähigkeiten anzueignen: Er sollte sich von wohlwollenden Erwachsenen unterstützen lassen, statt sich zurückzuziehen und zu distanzieren, sich nicht allein über meinungsmachende Medien aufklären lassen, sondern fundierte Informationen z. B. von Eltern oder aus dem Sexualkundeunterricht annehmen, sich in gesundem Maße disziplinieren (lassen), statt herumzuhängen und sich treiben zu lassen und er sollte die häufig dramatische Kluft zwischen äußerem Verhalten und innerer Stimmungslage aushalten, annehmen, ausdrücken und nach und nach überbrücken.

Auch von Pädagogen, Erziehern, Lehrern und Eltern wird im Umgang mit den körperlichen Veränderungen bei Jugendlichen Einiges verlangt: Sie sollen sich über die Inhalte der Aufklärungsangebote von Medien, an denen sich Jugendliche orientieren, informieren, Hilfreiches betonen und unterstreichen, Ungenügendes ergänzen sowie Falsches richtigstellen. Wichtig ist, dass sie die Probleme und Nöte von Jugendlichen kennen und ernst nehmen, vor allem was den Entwicklungsvorsprung bzw. Entwicklungsrückstand[116] anbelangt; Frühentwickler nicht überschätzen, Spätentwickler nicht mehr als Kinder behandeln, sondern ihnen vermehrt Verantwortung übertragen. Besonders im Hinblick auf Schulklassen muss beachtet werden, dass der „Beginn der Pubertät [..] bis zu sechs Jahre differieren“[117] kann.

festen Partner haben (s. Jugendsexualität 2006, 66ff).

114 Suchtprävention spielt im Rahmen der Gesundheitsvorsorge eine bedeutende Rolle. Berücksichtigt man allerdings, dass der Konsum von Tabak und Alkohol „gesellschafts- und kulturspezifische Status- und Reifesymbole“ sind und so etwas wie Initiationscharakter besitzen, dann hat das „Erlernen eines verantwortlichen Umgangs mit psychoaktiven Substanzen [..] somit selbst den Charakter einer Entwicklungsaufgabe“ (Palentien/Leppin 2002, 883).

115 s. dazu Hurrelmann 2007, 178ff, Shell-Jugendstudie 2006, 89ff und Raithel 2005.

116 „Besonders bei Frühentwicklern und sich sehr spät Entwickelnden täuscht ein nach außen eher ruppiges, deviantes und cliquenbezogenes Verhalten mit viel Alkoholkonsum, mit Rauchen und Herumhängen darüber hinweg, dass die Stimmungslage dieser Jugendlichen nicht so rosig, sondern eher depressiv ist“ (Fend 2003, 252). Deswegen ist es um so wichtiger, dass erwachsene Bezugspersonen sich von Jugendlichen nicht abschrecken lassen oder dauerhaft zurückziehen, was häufig »unproduktive Bewältigungsstile« von Seiten Heranwachsender zur Folge hat.

117 Fend 2003, 244. Für den Sportunterricht bedeutet das etwa, dass nicht nur Kraft, sondern auch Geschicklichkeit zählen sollten und dass v. a. Spätentwickler nicht bloßgestellt werden.

Umgang mit der Sexualität: »Liebe, Sex und Partnerschaft« ist eine Thematik, die auf Besinnungstagen der Jahrgangsstufen 8 und 9 am häufigsten gefragt ist, wenn Jugendliche frei wählen können. Das ist für diese Altersgruppe nicht verwunderlich, sind doch die körperlichen Veränderungen eng mit der fortschreitenden Entwicklung der Sexualität verknüpft: die Intensität sexueller Bedürfnisse nimmt zu, Jugendliche werden reproduktionsreif und empfängnisfähig. Kaum etwas anderes ist in der Pubertät so interessant, als was man mit seinem Körper eben auch »machen« kann. Aus der Studie »Jugendsexualität 2006«[118] geht hervor, dass ein hoher Prozentsatz von Jugendlichen mit etwa 15 Jahren bereits sexuelle Erfahrungen gemacht hat, dabei weit weniger als die Hälfte aller Jugendlichen mit 14 Jahren noch über keine derartigen Erfahrungen verfügt.[119]

Kulturell unterliegt Sexualität normativen Regulierungen. War sie früher über Gebote und Verbote eher institutionell geregelt, so orientierte sie sich seit dem 19. bis in die Mitte des 20. Jahrhunderts immer stärker an persönlicher Zuneigung, die als Liebesbeziehung legitime Grundlage eines Eheverhältnisses wurde. In der modernen und postmodernen Gesellschaft verschiebt sich die normative Regulierung von Sexualität[120]; sie geschieht heutzutage „im Rahmen einer individualisierten Selbstentfaltungsmoral“[121].

Zur Integration der sexuellen Potenz und der kulturellen Normen in einer selbstverantworteten Persönlichkeit gehört, dass Jugendliche ausgehend von „den relativ unverbindlichen sozialen Beziehungen der Kindheit“ lernen, personale Intimbeziehungen zu „einer bestimmten Person des anderen Geschlechts“[122] aufzubauen. Als Entwicklungsaufgabe in Bezug auf den *Umgang mit Sexualität* resultiert daraus: Heranwachsende müssen ein Gespür dafür entwickeln, was für sie und den Partner gut und stimmig ist, was sie sexuell möchten und was sie zu geben bereit sind; sie müssen sich um »sexuelle Authentizität« bemühen. Wenn Sexualität nicht auf Sex reduziert werden soll, müssen sie fernerhin lernen, dass diese mit dem Bedürfnis zusammenhängt, geliebt und akzeptiert zu werden, mit Verantwor-

---

118 Zu den folgenden Angaben s. Jugendsexualität 2006, 74ff. Die in dieser Studie genannten Zahlen weichen z. T. erheblich von denen bei Fend ab, scheinen mir jedoch valider zu sein und werden weitestgehend von Neubauer 2002 bestätigt.

119 Gründe für sexuelle Nichtaktivität finden sich einerseits in einer verzögerten sexuellen Reife (Spätentwickler), andererseits darin dass Jugendliche ihren eigenen Körper nicht akzeptieren. Dazu kommt, dass man noch nicht den richtigen Partner gefunden hat, man zu schüchtern ist, man sich noch für zu jung hält oder schlicht ein geringes Interesse daran verspürt. Sexuelle Erfahrungen beschränken sich bei den meisten aufs Küssen und Schmusen, die Werte sinken beim Petting und werden noch geringer beim Geschlechtsverkehr. Explizite Koituserfahrungen beginnen mehrheitlich erst zwischen dem 16. und 17. Lebensjahr (s. Jugendsexualität 2006, 81), wobei die Anzahl derer auf niedrigem Niveau stabil bleibt, die beim ersten Mal nicht verhüten (♀ 10 %, ♂ 15 %). Gründe für den Verzicht auf Koituserfahrungen sind vorwiegend dieselben wie für sexuelle Nichtaktivität; hinzu kommt bei 22 % der Mädchen die Angst vor einer Schwangerschaft, bei Jungen sind dies nur 11 % (s. ebd., 114f). Angaben zu gleichgeschlechtlichen Erfahrungen sind mit Vorsicht zu interpretieren, da deren Nennung häufig von gesellschaftlichen Formen bzw. Moden der Akzeptanz oder Ablehnung abhängt.

120 Auslöser dafür waren, dass mit der »Pille« ein Mittel zur sicheren Empfängnisverhütung für alle verfügbar war und dass im Zuge der sogenannten »sexuellen Revolution« in der westlichen Gesellschaft eine Distanzierung von den Normen etwa der Kirche stattfand.

121 Fend 2003, 254.

122 Fend 2003.

tung und gegenseitigem Respekt sowie mit der Bereitschaft, eine soziale Bindung einzugehen, auch wenn diese in der Pubertät noch eher experimenteller Natur und in der Regel nicht auf Dauer angelegt ist.[123] Auch der Umgang mit äußerst problematischen Aspekten der Sexualität will gelernt und eingeübt sein: Formen sexueller Gewalt, Verführung und Missbrauch dürfen nicht verschwiegen oder ausgeblendet werden.[124] Jugendliche müssen sich ein Wissen um die Wirkung und Anwendung unterschiedlicher Verhütungsmethoden erschließen. Und schließlich müssen sie sich die Fähigkeit aneignen, darüber zu sprechen, wenn sie erniedrigt oder missachtet werden bzw. wenn eine Beziehung in die Brüche geht.

Aus pädagogischer Sicht ist es wichtig, dass neben der besten Freundin bzw. dem besten Freund auch Erwachsene[125] als authentische und unaufdringliche Ansprechpartner zur Verfügung stehen, die Jugendliche bei der Entwicklung eines soliden Selbstvertrauens unterstützen, was wiederum Grundlage dafür ist, verantwortungsvoll mit der eigenen Sexualität umzugehen, sie in soziale Bindungen zu verankern und in der Mitte des eigenen Selbstverständnisses zu platzieren. Nach wie vor gilt: „Aufklärung, Beratung und soziale Unterstützung tun hier weiterhin not“[126].

1.1.3.2 Umbau des sozialen Beziehungsgefüges

Bei der Entwicklungsaufgabe *Umgang mit der Sexualität* wurde deutlich, welche Rollen soziale Bindungen spielen und in welchem Maß gerade Eltern als Vertrauenspersonen zu Rate gezogen werden. Diese Beziehungen – nach innen zur Familie, besonders zu den Eltern, nach außen zu den Freunden – stehen in dem Maße, wie Kinder zu selbstständigeren und verantwortungsbewussteren Jugendlichen werden, vor einer Reorganisation. Diese Umgestaltung muss bewältigt und gestaltet werden und stellt demnach eine weitere Entwicklungsaufgabe dar.

Entwicklung der Eltern-Kind-Beziehung im Jugendalter: »Pubertät ist, wenn Eltern kompliziert werden!«, so lautet ein verbreiteter Schülerspruch, der das auf den Kopf stellt, was Eltern gegenüber ihren Kindern im Jugendalter empfinden. Was hier umgangssprachlich als Alltagsweisheit formuliert wird, deutet an, dass es bei der Entwicklungsaufgabe des *Umbaus von sozialen Beziehungen* nicht um einen einseitigen Prozess geht, sondern um ko-konstruktive Interaktionen[127] im Rahmen interner Vorgaben und kultureller Kontexte.

---

123 In Bezug auf Beziehungen in der Pubertät verlangt FEND von Jugendlichen, dass sie „lernen, sich bei Abstinenz gut zu fühlen, Sexualität noch zurückzustellen, aber trotzdem gute Beziehungen aufrechtzuerhalten, zu explorieren und dabei sichere Praktiken im Auge zu behalten, einen anderen zu erkunden und sich dann wieder lösen zu können“ (FEND 2003, 267).

124 Für Zahlen neueren Datums s. Jugendsexualität 2006, 119ff. sowie NEUBAUER 2002, 875f.

125 Heutzutage sind besonders die Eltern eine wichtige Vermittlungsinstanz in Sachen Aufklärung und eine Vertrauensperson für sexuelle Fragen. Über Verhütung wird meist im Schulunterricht informiert. Beratungsstellen sind zwar anerkannt, werden aber nur wenig genutzt und der Arzt (Frauenarzt) wird in der Regel erst ab 16 Jahren konsultiert (s. Jugendsexualität 2006, 6ff).

126 FEND 2003, 268. Dies unterstützen auch die Ergebnisse der Studie Jugendsexualität 2006, 50ff, derzufolge nur noch knapp dreiviertel aller Jugendlichen sich für aufgeklärt halten.

127 Zu beachten ist, dass die Konstruktionsbeiträge bei familiären Interaktionen nicht auf Symmetrie beruhen, sondern *asymmetrische Kompositionen* darstellen (s. OERTER/ NOAM 1999, 74). s. dort auch eine kurze Darstellung von *Familienentwicklungsaufgaben* (ebd., 71).

Interne Voraussetzungen zum Beziehungsumbau in der Pubertät sind bisher wenig erforscht.[128] In modernen und postmodernen Gesellschaften scheint es zwar auch eine interne Basis zu geben, jedoch „Eltern-Kind-Beziehung ist kein »Naturereignis«“[129]. Weit größere Auswirkungen haben historische und kulturelle Bedingungen. Das Eltern-Kind-Verhältnis hat sich in den letzten Jahrzehnten dramatisch verändert. Die traditionale »Kommandofamilie«, in der Kinder eine Art Altersvorsorge darstellten, die Autorität allein bei den Eltern lag und der Generationenkonflikt ein schier unausweichliches Phänomen war, wandelte sich im Zuge des Autoritätsverlustes der Eltern und einer emotionalen Intimisierung zur »Verhandlungsfamilie«.[130] Was Jugendliche wollen und dürfen, wird oft individuell und demokratisch ausgehandelt, wobei von einem „ko-konstruktiven Prozess der reziproken Sozialisation“ die Rede ist, „in dem sich beide Seiten gegenseitig beeinflussen und verändern“[131]. Mit Blick auf die strukturelle Situation, auf die legalen Verantwortlichkeiten, Ressourcen, Sanktionen und Rechte bleibt in der Familie oder zwischen Generationen dennoch ein asymmetrisches Verhältnis, welches auch in Aushandlungssituationen nicht ohne Konflikte abläuft. Wichtig ist, festzuhalten, dass Jugendliche vermehrt Eigenverantwortung für den Prozess ihres Selbstständigwerdens übernehmen und Eltern sie dabei begleiten, fördern und unterstützen.

Die hiesige Entwicklungsaufgabe zielt also auf die „Individuation der Heranwachsenden [..], die es ihnen ermöglicht, selbstständig zu leben und mit ihrer Herkunft verbunden zu bleiben“[132]. Wenn Jugendliche sich von ihren Eltern emanzipieren, beginnt ein Prozess von Interessenkonflikten[133]: Eltern wollen das Beste für ihre Kinder, die Jugendlichen dagegen wollen mehr Selbstbestimmung, mehr Freiheiten und Rechte. Ausgehandelt werden diese Konflikte in einem familiären Diskurs, der von Elternseite nicht interesselos geführt wird und aus individueller-persönlicher Sicht zumeist die optimale Entwicklung der Kinder zum Ziel hat.[134] Auf-

128 Untersuchungen des Verhaltens von jugendlichen Primaten und Jugendlichen »tribaler Kulturen« liefern Hinweise darauf, dass es „für den homo sapiens ein universelles Muster der Herauslösung des männlichen oder weiblichen Wesens aus dem alten Familienverband und der Gründung einer eigenen Familie“ (Fend 2003, 272) gibt. Dieses besteht darin, dass Sexualität im Sinne des Inzesttabus reguliert wird, indem v. a. die männlichen Heranwachsenden den Familienverband verlassen und – meist in Peergroups organisiert – neue Beziehungen suchen und aufbauen müssen, um sich »biologisch günstig« reproduzieren zu können.

129 Fend 2003, 296.

130 s. Van der Linden 1991. Obwohl Eltern zentral verantwortlich für ihren Nachwuchs bleiben und Kinder nach wie vor auf deren physischen Unterhalt angewiesen sind, werden Letztere immer »mächtiger«, da Eltern von der Zuwendungsbereitschaft ihrer Kinder emotional abhängig sind.

131 Fend 2003, 271.

132 Fend 2003, 274. Zu „Autonomie und Verbundenheit“ in der Familie s. Oerter/Noam 1999, 73f.

133 Gestritten wird v. a. über Schulleistungen, Ausgang und Freundschaften, Unordentlichkeit, Mithilfe im Haushalt sowie über Aussehen und Benehmen, wobei Jugendliche vornehmlich nach Selbstbestimmung und Freiheit streben, wohingegen Eltern stärker auf Kontrolle, gesellschaftliche Normen und Leistungsanforderungen achten. Die Art und Weise, wie die Konflikte ausgetragen werden, ist in der Pubertät häufig von Nörgeleien, Ungeduld, Missachtung, geringer Kooperationsbereitschaft und dem Nichtanhören der Meinung des jeweils anderen geprägt. Beziehungs- und autonomieförderlich ist ein Diskurs dagegen dort, wo beide Seiten sich bestärkend und wertschätzende äußern, auf die Meinung des anderen eingehen und geduldig zuhören.

134 Eltern müssen darauf achten, ihre Kinder zur Selbstständigkeit zu erziehen, die sie nicht mit einer egozentrierten Selbstbestimmung bzw. einer tyrannischen Autonomie verwechseln dürfen (s. Winterhoff 2008 und 2009).

gabe der Heranwachsenden ist es, Strategien zu entwickeln, um eigene Vorstellungen in diesen Diskurs einzubringen, sie durchzusetzen und umzusetzen. Dies gelingt ihnen um so besser, je mehr ihre Eltern das Gefühl haben, dass sich ihr Verhalten und die Ergebnisse, die sie damit erzielen, langfristig positiv auf ihre Entwicklung auswirken. Konfliktiv ist dieses Interaktionsgeschehen meist deswegen, weil ein großer Unterschied zwischen beiden Seiten besteht: Denn „Eltern sind brennend an positiven Beziehungen interessiert, die für sie und die Kinder emotional befriedigend sind", davon hängt ihre Lebenszufriedenheit entscheidend ab. Heranwachsende dagegen „betrachten das Leben mit ihren Eltern nicht als Ort der Erfüllung eines Lebensprojektes"[135]. Ihr Blick ist in die Zukunft gerichtet, und sie streben nach neuen Bindungen, nach Beziehungen zum anderen Geschlecht. Aus diesem Grund ist es wichtig, dass, wenn Kinder in die Pubertät kommen, sie und ihre Eltern die gegenseitigen Erwartungen und ihren Kommunikationsstil so reorganisieren, dass Verlässlichkeit und Anpassungsfähigkeit gleichermaßen gewährleistet sind. Als »normalverlaufend« kann man eine Eltern-Kind-Beziehung in der Adoleszenz dann bezeichnen, wenn Jugendliche ihre sozialen Aktivitäten auch nach außerhalb der Familie verlagern, wenn sie Selbstständigkeit und Selbstverantwortung gerade durch Konflikte hindurch erobern, wenn sie weniger emotional in die Familie investieren und die Beziehung zu den Eltern »zurückfahren«, und wenn Eltern mit der Zeit immer weniger Einfluss auf ihre Kinder ausüben.[136]

Pädagogisch betrachtet ist dieser Ablösungsprozess ein notwendiger Teil der Individuation von Heranwachsenden. Aufgabe der Eltern ist es, diesen als Neusynchronisierungsprozess zu erkennen und sich auf ihn einzulassen. Sie sind aufgefordert, den Weg ihrer Kinder mitzugehen, wenn diese in der Pubertät das Verhältnis von Nähe und Distanz, Autonomie und Abhängigkeit, Freiheiten und Pflichten neu ausbalancieren. Sie unterstützen ihre Kinder dabei, wenn sie in der Familie bei aller Streitkultur auch für konfliktfreie Zonen sorgen, wenn sie die eigene Kommunikations- und Verhandlungsfähigkeit sowie die ihrer Kinder fördern und gleichzeitig von ihrer Führungskompetenz Gebrauch machen, wenn sie gemeinsam mit ihren Kindern (bildungsintensive) Freizeit gestalten, weniger sanktionierend als vielmehr argumentierend vorgehen, einen Mittelweg finden zwischen Überbehütung und Desinteresse, wenn sie ihre Kinder über Zwischenstufen in die Unabhängigkeit entlassen, an der Lebenswelt ihrer Kinder interessiert sind und diese umgekehrt – zumindest partiell – auch an ihrer eigenen teilnehmen lassen und wenn sie den Jugendlichen vermitteln, dass auch deren Stimme Gehör findet und von Bedeutung ist. Wenn Eltern sich dabei Mühe geben und ihnen dies ansatzweise gelingt, haben sie die Chance, „zusammen mit ihren Kindern noch einmal jung zu sein" und die Individuation der Jugendlichen als eigene Entwicklungschance zu nutzen. Die Familie wird dann zu einem Ort, an dem Eltern zusammen mit ihren heranwachsenden Kindern „die schwierigen sozialen Kompetenzen der Lebensbewältigung und der Beziehungsarbeit"[137] einüben und ausüben

---

135 Fend 2003, 278. s. dazu Winterhoff 2008 und 2009.

136 Faktoren, die diesen Prozess beeinflussen, sind „die materielle und soziale Stellung der Familie, die familiären Bildungsressourcen, die mit Kindern investierte Zeit und die elterlichen Erziehungshaltungen im Sinne vertrauensvoller, optimistischer Haltung", nicht so sehr die Trennung/Scheidung der Eltern oder die Berufstätigkeit der Mutter (s. Fend 2003, 295).

137 s. Fend 2003, 303.

können, ohne Angst haben zu müssen, dass alles zerbricht, wenn dabei einmal etwas daneben geht.

Entwicklung von Freundschaften und Partnerbeziehungen: »Ein Freund ist ein Geschenk, das man sich selbst macht.« Auch beim Umbau von Freundschaften in der Jugendzeit geht es um – nun allerdings symmetrische und kooperative – kokonstruktive Prozesse. Freunde wollen gewonnen und Freundschaften müssen gepflegt werden. Freundschaften kommen nicht mehr – wie noch in der Kindheit – über Altersgleichheit oder nachbarschaftliche bzw. bekanntschaftliche Nähe zustande, sondern es ist so, dass Heranwachsende sich ihre Freunde verstärkt anhand von vermuteten Ähnlichkeiten hinsichtlich der Interessen und Einstellungen auswählen. Peer-Beziehungen sind Lernfelder gegenseitiger Achtung und Normen, der Zugehörigkeit zu einer Gruppe, des Informationsaustausches, der Selbstinterpretation und der Identitätsfindung.

Fragt man wiederum, worin die internen Voraussetzungen dafür bestehen, dass Freunde, Cliquen und Partnerschaften in der gesamten Jugendphase so wichtig werden, so ist festzustellen, dass sich die Libido verschiebt; weg von den Eltern, hin zu den Altersgleichen desselben Geschlechts und schließlich zu einem Partner des anderen Geschlechts. Vom Kontext her sind es vor allem die Schulen und innerhalb derer die Schulklassen, die ein weites Kontaktfeld bilden, das Jugendlichen erlaubt, sich in sozialen Beziehungen auszuprobieren. Ausgedehnte Medien- und Freizeitangebote und die gestiegene Mobilität wirken hierbei verstärkend. Neben der Ablösung vom Elternhaus gehört in der modernen Gesellschaft der Aufbau von Freundschaften zur Individuation. Dennoch darf nicht übersehen werden, dass damit eine „»generelle Entstrukturierung« der Gesellschaft" einhergeht, bei der Peergroups zwar Identifikationsmöglichkeiten bieten und Orientierung schaffen, dies jedoch weniger nach Erwartungen der Gesellschaft geschieht, sondern häufig von „hedonistisch-konsumativen Lebensvorstellungen"[138] geprägt ist.

Die Entwicklungsaufgabe bezüglich des *Umbaus sozialer Beziehungen* im Hinblick auf Freundschaften und Partnerschaft lässt sich folgendermaßen beschreiben: Heranwachsende müssen lernen, Beziehungen zu Altersgleichen[139] aufzubauen und aufrechtzuerhalten sowie diese gegebenenfalls auch wieder aufzugeben, um sich emotional wohl und nicht einsam zu fühlen.[140] Dabei wird von ihnen gefordert, dass sie sich einüben, einander zu respektieren und die Perspektive anderer zu übernehmen, Interessen auszuhandeln und Meinungen auszutauschen. Sie müssen sich in gewissem Sinne von ihren Eltern ablösen und gleichzeitig das neu errungene Verhältnis von Eigenständigkeit und Gemeinschaftlichkeit immer wieder austarieren. In Beziehungen zu Gleichaltrigen haben sie die Chance, zum Auf-

138 FEND 2003, 305.

139 Zu unterscheiden ist zwischen flüchtigen Bekanntschaften, Kumpels, (besten) Freunden, Cliquen, mehr oder weniger organisierten Gruppen (Jugendgruppen, Sportvereine) und schließlich der Schulklasse. Damit Individuation einen erfolgreichen Verlauf nehmen kann, sollten Jugendliche sich ein möglichst breitgefächertes Beziehungsnetz »erarbeiten«.

140 Auf der Metaebene hat die „Kooperation zwischen Gleichaltrigen [..] aber offenbar eine noch allgemeinere Bedeutung, denn bestimmte Begriffe können nur in der Interaktion von Gleichaltrigen aufgebaut werden. Zu ihnen gehören das Verständnis von Gerechtigkeit, von Moral und Freundschaft." (OERTER/NOAM 1999, 74).

bau der eigenen Identität, provisorisch verschiedene Rollen auszuprobieren und sich die Fähigkeit anzueignen, soziale Beziehungen zu gestalten, in denen es um Bindung, Verantwortlichkeit, Fairness und Intimität[141] geht. Diese Chancen müssen sie aktiv ergreifen und nutzen. Schließlich soll in diesem Lernfeld prosoziales Verhalten eingeübt und praktiziert werden, was sich wiederum positiv auf die Akzeptanz durch andere bzw. auf das Selbstwertgefühl auswirkt und eigenes Dominanzverhalten konstruktiv reguliert.

Bei alledem dürfen aber nicht die risikoreichen bzw. devianten Verhaltensweisen übersehen werden; so demonstrieren Meinungsführer – besonders wenn sie unbeliebt[142], sozial uninteressiert und aggressiv sind – häufiger Distanz zur Schule und allgemeine Disziplinlosigkeit, sie neigen eher zum Rauchen sowie zum Alkoholkonsum und haben eine tendenziell stärker belastete Beziehung zu ihren Eltern. Ebenfalls nicht zu vernachlässigen sind Phänomene sozialen Ausschlusses vor allem im Kontext der Schule; so gelten Schüler als randständig, die in der Klasse kaum auffallen, die ohne Freunde sind und zu keiner Clique gehören.[143] Ihr Verhalten ist zumeist ambivalent: Auf der einen Seite sind sie schüchterner, fühlen sie sich wenig akzeptiert und es gelingt ihnen nicht, prosozial zu agieren, auf der anderen Seite sind sie eher »brav« und angepasst. Problematisch wird dies für die Entwicklung von Jugendlichen dann, wenn sie auch außerhalb der Schule nicht integriert sind, denn dies wirkt sich langfristig negativ auf das Selbstbewusstsein aus.[144]

Jugendliche in Beziehungsstrukturen zwischen Eltern und Freunden: Wenn Jugendliche in ihrer Entwicklung vor der Aufgabe stehen, ihre sozialen Beziehungen einerseits zu den Eltern, andererseits zu den Freunden zu reorganisieren, lässt sich dies mit Hilfe von Gegensatzpaaren beschreiben: Ablösung-Aufbau, asymmetrisch-symmetrisch, gegeben-aufgegeben. Nicht mehr haltbar ist die These, dass Peers einen vornehmlich negativen Einfluss haben und in Konkurrenz zu den Eltern treten. Es scheint vielmehr so zu sein, dass je nach Art der Erfahrungen emotionaler Einbindung, die Kinder zu Hause machen, diese sich entsprechend auf die

---

141 Freundschaften offerieren einen geschützten Raum, in dem Jugendliche miteinander vertraut werden, sich einander öffnen und solidarisch zueinander sind. Sammeln sie hierbei gute Erfahrungen, so werden als nächstes „sehr viele »uneigentliche« und »versuchsweise« Kontakte zum anderen Geschlecht“ (Fend 2003, 312) aufgebaut und die Reaktion der eigenen Gruppe geprüft. Erst dann wagen sie Schritte in die Paarbeziehung, in der Treue und Zuverlässigkeit, Zuneigung und Verliebtsein dazu führen, dass diese immer intimer und exklusiver werden.

142 Beliebt sind Meinungsführer, die„sympathisch, kompetent und sozial eingestellt“ sind. Sie tragen zur „psychohygienischen Entlastung der ganzen Schulklasse“ (Fend 2003, 320f) bei, indem sie leistungsschwächere Schüler schützen, leistungsstärkere jedoch in Schach halten, damit diese durch Übererfüllung schulischer Erwartungen die schwächeren nicht an den Rand drängen.

143 In der Mehrzahl sind dies Jungen, häufiger Einzelkinder. Trennung/Scheidung der Eltern sowie Aufwachsen unter bescheidenen Bedingungen sind Faktoren, die Randständigkeit begünstigen.

144 Fend nennt zwei weitere Typen von Randständigkeit: 1. *Schulisch unbeachtet – außerschulisch in Cliquen*; diese Jugendlichen kompensieren ihr Unbeachtetsein durch Risikoverhalten und Neigung zu Devianz. 2. *Schulisch anerkannt – außerschulisch isoliert*; diese Jugendlichen (in der Mehrzahl Mädchen) gehören zwar zu den leistungsstärksten Schülern, haben allerdings ein geringeres Selbstbewusstsein und neigen nicht selten zu Depressionen (s. Fend 2003, 324).

Beziehungsgestaltung zu Gleichaltrigen auswirken. Daraus ergeben sich „idealtypische Konfigurationen der Beziehungen zu Eltern und Freunden“[145]:

- Jugendliche sind in beiden Kontexten gut integriert: Selbstbewusstsein, Sozialverhalten und Leistungsbereitschaft, positive Prognose.
- Jugendliche sind überhaupt nicht integriert: Mangelnde Beziehungs- und Integrationsfähigkeit, somatischen Auffälligkeiten und Schulängste.
- Freundschaften kompensieren belastete Beziehung zu den Eltern: Alterstypisches Risikoverhalten, um Prestige zu gewinnen, Distanzierung gegenüber schulischen Erwartungen.
- Außerhalb des Schutzraumes der Familie gelingt nur wenig Kontaktaufnahme: Schulisch und gesellschaftlich angepasst, deutlich reduziertes Selbstwertgefühl, Neigung zu Depressionen.

Abschließend seien einige pädagogische Interventionsmöglichkeiten genannt, die Jugendlichen helfen können, ihre Beziehungen positiver zu gestalten. Aggressive Heranwachsende sollen lernen, keine vorschnellen und falschen Schlüsse zu ziehen, wenn sie sich angegriffen fühlen, sondern überlegen und problematische Situationen verstehen lernen. Bei Impulsivität gehört das *Time-out* zu den wichtigsten Strategien, um Gefühle zunächst zurückzuhalten, sie in Ruhe zu interpretieren und dann nach geeigneten Lösungsmöglichkeiten zu suchen. Soziales, verantwortungsbewusstes und vertrauenswürdiges Verhalten, das sich beziehungsfördernd auswirkt, lernen Jugendliche am besten durch gutes beispielhaftes Vorleben. Ebenso können Jugendliche lernen, wie sie sich bei Kontaktaufnahme positiv einbringen und wie sie sich in Gruppen sinnvoll bewegen und klug verhalten. Auch bei dieser Aufzählung wird deutlich, welch wichtige Rolle beim Einüben und Erproben dieser Fähigkeiten Eltern spielen, an denen Jugendliche modellhaft lernen können, und was eine Familie mit Geschwistern ausmacht, die hierbei gleichsam als »Trainingslager« fungiert.

1.1.3.3 Umgang mit kulturellen Ansprüchen

Jugendliche sind in ihrer Entwicklung nicht nur mit Veränderungen in Bezug auf ihren Körper bzw. ihre sozialen Beziehungen konfrontiert. Sie müssen sich auch mit sehr konkreten Aufgaben auseinandersetzen, die die Gesellschaft vermehrt an sie heranträgt. Diese erwartet von ihnen, dass sie einen Schulabschluss machen, der sie dazu befähigt, eine Lehrstelle anzutreten oder zu studieren, um später einen Beruf zu ergreifen und ihre Existenz selbstständig zu bestreiten. Sie sollen sich so weit allgemein-bilden, dass sie sich in einer immer unübersichtlicheren Welt zurechtfinden und diese in Verantwortung für sich und für das Gemeinwohl mitgestalten. Die Entwicklungsaufgabe, die es zu bewältigen gilt, zielt auf einen selbstbewussten und eigenständigen Umgang mit Leistung, Ethik und Kultur.

Umgang mit Schule und Umbau der Leistungsbereitschaft: Jeder Schüler kennt das Sprichwort: »Nicht für die Schule, sondern für das Leben lernen wir«. In den höheren Klassen nimmt diese Volksweisheit immer plastischere Züge an, wenn

145 FEND 2003, 326f.

dem Heranwachsenden bewusst wird, dass er sich mit seinen schulischen Leistungen und mit zu erwerbenden Fähigkeiten auf seinen Ausbildungs- und Berufsweg vorbereitet oder sich diesen eben verbaut. Dass schulische Ziele sich allerdings darin nicht erschöpfen, zeigt das Zitat im Original: „Non vitae, sed scholae discimus.“[146] Vielleicht liegt in diesem Widerspruch ein kleines Körnchen dialektischer Wahrheit, dass Schule nicht allein eine Vorbereitungszeit auf das »Eigentliche« ist, sondern zugleich ein Lernort, der einen Wert an sich hat und der Gelerntes nicht nur einübt, sondern auch ausübt und anwendet.

Zu den internen Rahmenbedingungen beim Umgang mit Schule und dem Umbau der Leistungsbereitschaft gehört neben den kognitiven Leistungskapazitäten eine Bedürfnisdynamik allgemein-menschlichen Handelns, die auch für das Lernen gilt: Der junge Mensch will lernen, will etwas können und Leistung erbringen, er strebt danach, immer selbstständiger und kompetenter zu werden. Eine Motivation, die dieses Bedürfnis speist und zugleich fortführt, besteht darin, Gelerntes auch zeigen sowie beweisen zu wollen und zu können, um somit vor den anderen etwas darzustellen, anerkannt zu werden bzw. dadurch dazuzugehören. Daraus resultierend und wiederum darauf rückwirkend geht es Schülern darum, sich ein positives Selbstkonzept zu erarbeiten und die Selbstakzeptanz zu fördern, indem sie versuchen positive Reaktionen im Leistungsbereich (Noten, Lob der Lehrer oder Eltern) sowie in Form von sozialer Anerkennung (Beziehung zu Freunden oder zur Peergroup) zu sammeln und in ihr Selbstbild zu integrieren.

Kontextuell eingebettet ist die Entwicklungsaufgabe darin, dass Schule zu *der* Lebenswelt der Jugendphase geworden ist, in der Jugendliche nicht nur sehr viel Zeit verbringen und im wesentlichen ihr Beziehungsnetz aufbauen, sondern in der sie lernen, diszipliniert zu arbeiten, sich Fähigkeiten anzueignen, Potentiale auszuschöpfen und Leistung zu erbringen, sich mit anderen zu vergleichen, bewertet zu werden und nicht zuletzt miteinander zu konkurrieren.[147] Am Ende steht Schule also nicht nur im Kontext von Möglichkeiten und Einschränkungen produktiver Entwicklung, sondern vielmehr unter dem Druck der Selektion, „um die Zuordnung zu verschiedenen beruflichen Anspruchsniveaus einzuleiten“[148].

---

146 Seneca (Epistulae morales ad Lucilium, XVII, 106, 12), vom Kontext her allerdings ironisch.

147 Zur negativen Seite schulischer Beziehungsnetze gehört das Phänomen der schulischen Gewalt. Die medial breit vertretene These, dass diese in den letzten Jahren enorm zugenommen habe, ist zu pauschal. Was man sagen kann, ist, dass Haupt- und Sonderschulen tendenziell eine höhere Gewaltbelastung als Gymnasien aufweisen, dass harte physische Gewalt fast ausschließlich von Jungen, psychische und verbale Gewalt vermehrt von Mädchen ausgeübt wird und dass außerschulische Faktoren (Erziehungsmilieu, Peer-Sozialisation und Medienkonsum) einen stärkeren Einfluss auf schulische Gewalthandlungen haben, als innerschulische (u. a. Formen des Mobbings/Bullyings, s. Bödefeld 2006, 23 – 42). Dennoch ist auch das schulische Sozialklima von Relevanz, denn „restriktives Lehrerhandeln, negative Stigmatisierungen gegenüber Schülern, abwertende Haltungen von Lehrern, geringe Partzipationsmöglichkeiten für Schüler, inkonsistente, Vertrauen destruierende Lehrerhaltungen in Verbindung mit hohen Anforderungen und das Scheitern an schulischen Anforderungen fördern schulisches Gewalthandeln auf Schülerseite“ (s. Helsper/Böhme 2002, 583ff, s. auch KFN 2009, 57 – 63 und 86 – 91). Geeignete Mittel zur Gewaltprävention sind neben Formen der Schulentwicklung „Sozialtraining mit Schülern, Täter-Opfer-Ausgleich und Peer-Mediation, Curricula zum sozialen Lernen oder Trainingsprogramme für Lehrer etc.“ (Melzer/Lenz/Ackermann 2002, 858).

148 Fend 2003, 331.

Dennoch, auch der Schule ist ein Heranwachsender nicht wehrlos ausgeliefert, sondern er hat Möglichkeiten, die eigenen Lernprozesse aktiv zu beeinflussen und zu gestalten. Er steht vor der Aufgabe, die schulischen Lernangebote zunehmend selbstständiger optimal (engagiert und effektiv) zu nutzen. Selbstbestimmtes Lernen muss internalisiert werden; dazu bedarf es der Disziplin und der Fähigkeit, das eigene Potential zu reflektieren. In einem „Modell selbstregulierten Lernens“[149] zeigt FEND, dass Lernverhalten bzw. schulische Aufgabenbewältigung von drei Faktoren abhängen: von Motivationen[150], Attribuierungen[151] und Lernstrategien[152] der Schüler. Indem diese Faktoren zusammenspielen, berühren sie das Motivationssystem der sozialen und der individuellen Motivation. Entwicklungspsychologisch signifikant ist eine Wandlung der motivationalen Strukturen bei Heranwachsenden: Bis Klasse 5/6 kann man feststellen, dass Kinder allgemein Freude an Aktivität und am Lernen haben und ein Bedürfnis, dadurch auch sozial akzeptiert zu werden. Ab Klasse 6/7 verändern sich parallel zum Umbau der sozialen Beziehungen und zur Verringerung von Außenlenkungen auch die Einstellungen gegenüber schulischen Erwartungen und hinsichtlich der Lernorientierung.[153] In dem Maße, wie Schüler eigenständiger werden (sollen), werden sie auch (selbst-)kritischer[154],

149 FEND 2003, 335.

150 Dabei geht er „von einer Stufenfolge der Qualität von Lernanreizen“ (FEND 2003, 338f) aus, die dem Lernen Schubkraft geben: 1. externale Anreize (Angst vor Strafe bzw. Vermeidung von Konflikten), 2. extrinsische Anreize (Spaß am Wettbewerb, Genugtuung bei Kompetenzgewinn und Leistungssteigerung) und 3. intrinsischen Anreize (Freude am Lernen, ausgeprägtes Sachinteresse, persönlich zukunftsrelevante Lerngegenstände und -fortschritte).

151 Unter Attribuierungen sind hier Kognitionen zu verstehen, die zwischen Ursache und Wirkung von Handlungen und Vorgängen vermitteln sowie Konsequenzen haben für das Erleben und Verhalten des Schülers. Zur Bewältigung schulischer Aufgaben trägt bei, wie der Schüler Attribuierungen interpretiert, ob er sie den eigenen Begabungen zuschreibt, der eigenen Anstrengung, der Aufgabenschwierigkeit oder dem puren Zufall. Attributionsmuster, die typisches Verhalten immer wieder bestimmen, formen so etwas wie ein leistungsbezogenes Selbstvertrauen bzw. ein Selbstkonzept der eigenen Begabung (s. FEND 2003, 340ff sowie HECKHAUSEN/HECKHAUSEN 2006).

152 Lernstrategien und Lerngewohnheiten sind Instrumentarien, um bestimmte Zielsetzungen zu erreichen. In der Forschung liegt kein einheitliches Konzept von Lernstrategien vor. Unterscheiden kann man zwischen metakognitiven (planen, überwachen, regulieren), kognitiven (gliedern, wiederholen, memorieren, elaborieren, transformieren), motivationalen (sich motivieren, realistische Zielsetzung, günstige Ursachenzuschreibung und positive Selbstbewertung) und ressourcenbezogenen (Zeitplanung, Arbeitsumgebung, Lernpartner, Hilfsmittel) Lernstrategien (s. PINTRICH/DE GROOT 1990, 33 – 40, FRIEDRICH/MANDL 1992, 3 – 54 und BOEKAERTS 1999, 445 – 457).

153 Lernfreude ist bei Schülern der Primarstufe sehr groß, nimmt allerdings auch dort schon jährlich ab. Was einzelne Fächer anbelangt, so ist der Rückgang z. T. geschlechtsspezifisch bedingt. Ein wirklicher Einbruch findet in Sekundarstufe I statt, was auch mit dem Wohlbefinden in der Schule zusammenhängt: Sechstklässler geben noch zu knapp 70 % an, dass sie sich in der Schule sehr/ziemlich wohl fühlen, knapp ein Viertel fühlt sich mittelmäßig wohl. Ab Klasse 7 pendeln der obere und der mittlere Wert um 40 % – wenig bzw. gar nicht wohl fühlt sich mehr oder weniger jeder fünfte Schüler. Parallel dazu nimmt die Leistungsbereitschaft kontinuierlich ab und Disziplinprobleme treten vermehrt auf. Interessant ist, dass die Anstrengungsbereitschaft signifikant abhängig ist z. B. von der Attraktivität einer Schule (s. FEND 2003, 351ff).

154 Drei Viertel der Grundschüler schätzen sich hinsichtlich ihrer Leistungsbereitschaft noch als überdurchschnittlich gut ein. Diese Werte gehen im Verlauf der Schulzeit kontinuierlich zurück und nähern sich im Abgleich mit regelmäßigen Leistungsbeurteilungen einer realistischen Selbsteinschätzung. Leistungsbezogene Selbstkonzepte (in puncto Begabung, Handlungskontrolle, Zukunftsbewältigung, Leistungsangst, somatischer Belastung und Lebenszufriedenheit) und die davon abhängige Selbstakzeptanz sind bei Jungen allerdings deutlich eher im positiven Bereich als

wählerischer, differenzierter in ihren Interessen (in Bezug auf Lerninhalte sowie auf Lehrpersonen) und gegenüber allem Schulischen distanzierter. Diesen Umbauprozess müssen Heranwachsende als Entwicklungsaufgabe der Jugendphase annehmen und aktiv gestalten, indem sie sich zunehmend eigenverantwortlicher zeigen und sich selber regulieren, sich mit der Schule nicht mehr total identifizieren, Leistungsrückmeldungen ins eigene Selbst integrieren, schulischen (Miss-)Erfolg mit Selbstakzeptanz und Integrität zusammenbringen; indem sie weiterhin persönlichen Leistungseinsatz mit sozialen Haltungen in Einklang bringen, ihr konturierter werdendes Selbstbild zu einer Zielperspektive hin entwickeln, Interessenschwerpunkte setzen (mit Blick auf Berufsentscheidungen) sowie schulische Erfahrungen mit persönlicher Sinnorientierung verknüpfen.

Damit Jugendliche die Entwicklungsaufgabe *Umgang mit Schule und Umbau der Leistungsbereitschaft* positiv bewältigen können, ist es für die Stabilisierung der Anstrengungsbereitschaft pädagogisch hilfreich, wenn zwischen ihnen und ihren Eltern ein positives Verhältnis besteht, ihre Leistung reflektiert wertgeschätzt wird, in der Altersgruppe schulfreundliche Normen den Ton angeben, Lehrer ein hohes Schulengagement an den Tag legen und Schüler regelmäßig faktische Lernerfolge erzielen. Umgekehrt sind es am ehesten interpersonale Erwartungen und Haltungen, die den Aufbau eines positiven Selbstbildes der Leistungsfähigkeit und Begabungen beeinträchtigen können; wenn z. B. die Leistungsansprüche in einer Schule überhöht sind, die Lehrerschaft sich vorwiegend kühl-distanzierend verhält und Eltern mit den Leistungen ihrer Kinder permanent unzufrieden sind.[155] Schließlich bleibt wiederholt anzumerken, dass es in der Schule nicht nur um Leistungen des Einzelnen geht, sondern auch um komplexe Interaktionen einer Schulklasse, die je nach ihrer Normstruktur Schulerfolge entweder mit „sozialer Achtung oder sozialer Ächtung“ belegen kann. Aus diesem Grund gilt es darauf zu achten, dass Jugendliche sich um ein ausbalanciertes Verhältnis von Erwartungen der Mitschüler und denen der Schule bemühen, um ein Gleichgewicht „zwischen einer förderlichen Arbeitshaltung und einer solidarischen Hilfe zu halten“[156].

Berufswahl: »Arbeite und lerne und du kannst gar nicht verhindern, dass du etwas wirst.« Diese vielleicht etwas zu optimistische, jedoch weit verbreitete Einschätzung zeigt, wie eng *Schule und Lernen* mit *Beruf und Arbeiten* zusammenhängen. Insofern sich Heranwachsende in der Schule mit ihren Interessen und ihren Leistungen auseinandersetzen, bereiten sie sich auf eine individuelle Berufsentscheidung vor. Dabei besteht ein unübersehbarer Zusammenhang zwischen der Schulart, die einer besucht bzw. des Schulabschlusses, den einer erreicht (oder eben nicht) und dem Niveau zukünftiger Ausbildungs- und Berufswege. Obwohl

---

bei Mädchen (s. Fend 2003, 355ff).

155 Psychosoziale Problembelastung Jugendlicher, verursacht durch einen hohen schulischen Erwartungs- und Leistungsdruck, haben heutzutage Konjunktur. So leiden nicht wenige Schüler unter Schul- und Leistungsangst, unter Depressionen (zum seelsorglichen Umgang mit depressiven Menschen s. Kiessling 2002a, v. a. 279ff) und vielfältigen psychosomatischen Beschwerden, was u. a. zu einem Anstieg des Medikamentenkonsums v. a. bei Mädchen beigetragen hat. Hinzu kommt, dass Jugendliche mit solchen Problemen häufig ein verzerrtes Selbstbild und ein geringes Selbstwertgefühl haben (s. Helsper/Böhme 2002, 576ff).

156 Fend 2003, 367.

es in modernen Gesellschaften jedem Individuum frei steht, einen bestimmten Beruf anzustreben, bestehen nach wie vor viele Zugangsbeschränkungen, die erschweren, dies zu realisieren: Zum einen sind es die Weichenstellungen nach Klasse 4/6 bzw. 9/10, die in gewissem Maße Vorentscheidungen treffen, »was aus einem mal wird«, zum anderen spielt die Herkunftsfamilie dabei eine maßgebliche Rolle.

Die interne Entwicklung von Berufswünschen ist altersabhängig und wird gegen Ende der Schulzeit virulent. Welcher Art die Berufswünsche sind, ist dazu schularten- und noch mehr geschlechtsabhängig.[157]

Gegen Ende der Adoleszenz sind Jugendliche damit konfrontiert, ihren Berufswunsch in eine Berufsentscheidung zu transformieren und aktiv an der Umsetzung zu arbeiten.[158] Dies geschieht idealtypisch in mehreren Schleifen: Abtasten von Präferenzen, Abschätzen persönlicher Ressourcen und Prüfen von Chancen und Angeboten. Hilfreich sind dabei ko-konstruktive Prozesse, mit Einbeziehung von Eltern, Freunden, Lehrern oder Berufsberatern. Indem Jugendliche diese Entwicklungsaufgabe zunehmend bewältigen, bahnen sie eine berufsbezogene Indentitätsarbeit an, die sie noch länger begleiten wird.

Neben Politik und Wirtschaft, die die nötigen Rahmenbedingungen für deutlich mehr Lehrstellen und Arbeitsplätze schaffen müssen, sind Eltern, Lehrer, Berufsberater und die Arbeitsagentur gefordert, Heranwachsende auf vielerlei Weise zu unterstützen, mit ihnen entsprechende Ausbildungswege einzuschlagen bzw. sie in den Arbeitsprozess zu integrieren, ohne sie davon zu entbinden, bei der Suche und Umsetzung selbstverantwortlich zu bleiben und Eigeninitiative zu zeigen. Gute Ansätze dazu liefern z. B. berufsorientierende Schulpraktika sowie Informationsveranstaltungen bzw. persönliche Beratungen in Berufsinformationszentren.

Bildung: „Sich mitzuteilen ist Natur; Mitgeteiltes aufzunehmen, wie es gegeben wird, ist Bildung."[159] In dieser Aussage kann man eine Entwicklung erkennen, die ihren Ausgang darin nimmt, die eigenen Erfahrungen und Anschauungen unmittelbar zu kommunizieren, wie es Jugendliche unter Ihresgleichen gerne tun, indem sie sich etwa per Handy ständig mitteilen, wo sie gerade sind, was sie tun, wer bei ihnen ist, wie es ihnen geht und wie sie sich fühlen. »Von der Natur zur Kultur«, so definiert GOETHE das Ziel menschlicher Entwicklung; der Mensch soll zur Kulturfähigkeit heranwachsen, indem er lernt, reflektierte und tradierte Erfahrungen aufzunehmen. Dabei ist Bildung mehr als Faktenwissen und mehr als Kommunikation. Sie geschieht vielmehr in einem Vermittlungs-/Aneignungs-/ Verarbei-

---

157 Es ist offensichtlich, dass Hauptschüler eher handwerkliche und Gymnasiasten eher akademische Berufe anstreben. Beachtenswert ist, dass Mädchen eine viel geringere Auswahlmöglichkeit an Berufen haben als Jungen: „Zehn Ausbildungsberufe machen bei Mädchen etwa 90 % aller gewählten Angebote aus" (FEND 2003, 373). Bei Jungen sind es nur 50 %.

158 Haupt- und Realschüler sind, was ihr Alter und ihre geistige Entwicklung anbelangt, sehr früh gezwungen, sich mit der Berufswahl zu beschäftigen. Erschwerend kommt hinzu, dass weniger als die Hälfte von ihnen ihren Berufswunsch mit realistischen Angeboten in Einklang bringen können (s. FEND 1991, 74ff.) und stark „auf Konsum und risikoreiche Selbstdarstellung" (FEND 2003, 373) ausgerichtet sind.

159 GOETHE (Die Wahlverwandtschaften 2. Teil, IV), 223.

tungs- und Artikulationsprozess[160] und gipfelt in der allgemeinen Urteilskraft eines Menschen. Sie ist die Fähigkeit, Wesentliches von Unwesentlichem zu unterscheiden und Ersteres ernst zu nehmen. Erst dies hilft dem Heranwachsenden, sich in dieser Welt zurechtzufinden, sie zu interpretieren und sie letztlich selber mitzugestalten.[161]

Als Kontext von Bildungsprozessen gilt für Europa zu Beginn des 21. Jahrhunderts immer noch ein »Kanon kultureller Traditionen des Abendlandes«[162], wobei heftig gestritten wird, was Letzteres denn ausmache. Wichtige Linien kann man von jüdisch-christlichen Wurzeln über den Humanismus und die Aufklärung bis hin zur Postmoderne ziehen, zu deren Kennzeichen gehört, dass sie sich vor allem an der Vernunft orientieren und daran, dass ein friedliches Zusammenleben auf Toleranz und Konsens angewiesen ist. Die Auseinandersetzung mit Werken, Einsichten und Theorien, die daraus hervorgegangen sind, ermöglicht es Jugendlichen, „Weisen der Existenzerfahrungen und der Suche nach Sinn stellvertretend zu erleben“[163]. Obwohl die abendländische Kultur im europäischen Kontext der Bildungsvermittlung nach wie vor den Referenzpunkt darstellt, sind Heranwachsende heutzutage auch auf interkulturelles bzw. multikulturelles Lernen angewiesen, um sich in der weiten Welt bzw. im »global village« zurecht zu finden.[164] Einen weiteren Kontext der Weltorientierung bildet der große Bereich der Medien, zu denen Jugendliche meist ungehindert Zugang haben und von denen sie enorm beeinflusst werden. Die Hochkultur des traditionellen Bildungskanons bekommt hier Konkurrenz von Seiten der Spaß-/Konsum-/Freizeit- und Begegnungskulturen, die in der Jugendphase als sinnstiftend und identitätsbildend erachtet werden.

Kulturvermittlung geschieht in einem ko-konstruktiven Prozess, in welchem der Jugendliche vor der Aufgabe steht, sich durch Impulse von außen bilden zu lassen, indem er mittels Traditionen gegenwärtige Strömungen zu interpretieren und einzuordnen lernt, um so zu zukunftsfähigen und nachhaltigen Lösungen bzw. verantwortlichem Verhalten zu gelangen. Zugleich muss er sich Bildung persönlich aneignen, indem er die Inhalte, wie auch die Mittel von Bildung mit sich selber in Bezug setzt, denn Bildung „meint die Gewinnung des Selbstbezugs durch Weltbezug; die Bewährung des Subjektiven durch Sich-Abarbeiten am Objektiven“[165].

Zur Entwicklungsaufgabe *Umgang mit Bildung* gehört neben der politischen auch die religiöse Bildung[166]. Bei der Beschäftigung mit dem *Sinn des Lebens* stößt der Heranwachsende an die Grenzen menschlichen Denkens. Fragen nach den *ersten und letzten Dingen* werden von Jugendlichen unterschiedlich beantwortet und interpretiert; religiös, besonders wenn die Eltern ihre religiöse Überzeugung glaub-

---

160 s. KASCHOLKE 2006, 106ff.

161 Einen Überblick darüber, wie sich Jugendliche Bildung nicht nur in Bildungseinrichtungen, sondern auch im breiten Bereich der Freizeit aneignen, liefern KRÜGER/GRUNERT 2002, 496 – 510.

162 Zu einem solchen »Kanon der Hochkultur« s. SCHWANITZ 1999 und FISCHER, Franz Peter 2002.

163 FEND 2003, 382.

164 Zu interkulturellem religiösem Lernen s. GROSS 2003. Zu Möglichkeiten christlicher Erziehung in einer multikulturellen Welt s. ARZT 1999.

165 FROST 1994, 452, s. auch BUCHHEIM 1998.

166 Detaillierter und ausführlicher werden die religiöse Bildung, deren entwicklungspsychologische Implikationen und die sich daraus ergebenden Entwicklungsaufgaben in Kap. 1.2 behandelt.

würdig vermitteln, theistisch bzw. »säkular-religiös«, indem die Existenz einer höheren Macht angenommen wird. Die meisten Jugendlichen sind allerdings von rein innerweltlichen Erklärungen überzeugt und beantworten existentielle Fragen ausschließlich immanent. Weitaus umfangreicher behandelt FEND das Thema der politischen Orientierung. Das Fundament dazu bildet in der westlichen Gesellschaft ein Konsens hinsichtlich demokratischer Strukturen, die dazu beitragen, das gesellschaftliche Miteinander zu ermöglichen, es zu erhalten und weiterzuentwickeln. Obwohl der Konsens im Großen und Ganzen nach wie vor besteht, wird auch von Jugendlichen bemerkt, dass dieser mehrfach gefährdet ist; Interesselosigkeit an der Politik und Rückzug ins Private tragen dazu genauso bei, wie Arbeitslosigkeit und soziale Ungerechtigkeit sowie Umweltbelastungen, Fundamentalismus, Kriminalität, Terrorismus und die Angst vor Kriegen. Dazu kommt, dass das weite Thema *Sicherheit* in den letzten Jahren überproportional an Bedeutung gewonnen hat.

Wer den Menschen als »zoon politikon« bezeichnet, begreift den mündigen Bürger nicht als reines »Naturprodukt«; lange Lernprozesse ergänzen die Natur. Selbstständige Meinungsbildung geschieht dabei nicht im luftleeren Raum, sondern stets im sozialgeschichtlichen Kontext des politischen Systems, in dem einer aufwächst, sie ist beeinflusst von politischen Bildungsanstrengungen des Elternhauses, von der Schule und den Parteien.[167] Dennoch kann man auch von inneren Rahmenbedingungen der politischen Bildung in der Phase der Adoleszenz sprechen, wenn man einige Strukturmerkmale jugendlichen Denkens in Bezug auf die Politik beachtet: Tendenz zum Idealismus, Radikalismus und zum Utopischen, Widerwille vor Vereinnahmung, Neigung zur Selbstbezogenheit anstelle von Dienstbarkeit. Dazu kommt, dass Jugendliche im Rahmen ihrer kognitiven Reifung erstmals systematisch in Möglichkeitsräumen denken, dass sie abstrahieren und Hypothesen bilden können.[168] Und schließlich fangen sie nicht bei null an, sondern sind zumeist von zu Hause her durch politische Präferenzen emotional geprägt.

Zur Entwicklungsaufgabe der *politischen Bildung* gehört, dass der Heranwachsende mündig wird, indem er demokratische Normen (besonders das Grundgesetz) kennenlernt und die Grundwerte unserer Verfassung (Menschenwürde, Freiheit, Gerechtigkeit) akzeptiert. Er soll zunehmend über die politische Wirklichkeit der Bundesrepublik Deutschland Bescheid wissen und sich ein eigenes politisches Urteilsvermögen aneignen, um selber politisch handlungsfähig zu werden und für demokratische Werte sowie eine Verbesserung gesellschaftlicher Verhältnisse aktiv eintreten zu können. Ein geeignetes Übungsfeld dafür stellen neben Formen sozialen Engagements schulische Mitbestimmungsprozesse dar, in denen Jugendliche lernen, wie mühsam sich Zusammenleben zuweilen gestaltet, welchen Einsatz es

167 Allgemein lässt sich sagen, dass politische Grundüberzeugungen und selbst konkrete politische Inhalte und Meinungen sich vorwiegend im Elternhaus bilden. Lehrer haben dagegen kaum Einfluss darauf. Der Schule wiederum kommt eher die Rolle eines Forums zum Wissenserwerb und die eines Lernfeldes zum Einüben von Mitbestimmungsformen zu (s. FEND 1991, 232).

168 Zum Einfluss des Bildungsniveaus und der unterschiedlichen Schulformen auf die Entwicklung politischer Bildung s. FEND 1991, 168ff. Hauptschüler geben der Politik einen höheren Vertrauensvorschuss als Gymnasiasten, wohingegen diese ein höheres Potential an politischer Wachheit und demokratischer Urteilsfähigkeit mitbringen.

braucht, um Schwierigkeiten zu überwinden und wie wichtig es ist, faire Kompromisse zu schließen.[169] Als letztes geht es bei der Bewältigung dieser Entwicklungsaufgabe darum, nicht in Extreme abzugleiten, indem Jugendliche politischen Fragen und Anforderungen ganz aus dem Weg gehen (»Null-Bock-Mentalität« und Desinteresse) oder indem sie sich radikalisieren und zu Gewaltbereitschaft neigen (Rechtsradikalismus und Ausländerfeindlichkeit),[170] sondern den Willen aufzubringen, Politik konstruktiv und gesellschaftsfördernd mitzugestalten.

Auf dem Weg zum mündigen Bürger müssen Heranwachsende unterstützt werden. Neben der Familie, den Medien und der Politik liegt es an der Schule, „zur Sicherung der mentalen Infrastrukturen einer »civil society« beizutragen"[171], indem sie Wissen und Haltungen vermittelt. Noch wichtiger scheint allerdings die Erfahrung Jugendlicher, dass sie in unserer Gesellschaft gebraucht und in ihr aufgenommen werden, dass sie dort einen Platz finden und diesen mitgestalten können.

1.1.3.4 Identitätsarbeit – Entwicklungsaufgabe auf der Metaebene

Entwicklungsaufgaben lassen sich nicht isoliert voneinander bewältigen oder gar »abarbeiten«. Sie sind vielmehr eingebettet in einen größeren Prozess der Selbstwerdung der Gesamtpersönlichkeit, der ein Leben lang andauert und als Identitätsarbeit beschrieben wird. Nach Erik Erikson (1902 – 1994) gestaltet sich dieser in acht psychosozialen Stufen[172], innerhalb derer der Mensch phasenspezifische Krisen durchläuft, die durch Interaktionen mit seiner Umwelt ausgelöst werden. Gegensätzliche Anforderungen und Bedürfnisse müssen in ein und derselben Person bearbeitet und in sie integriert werden, damit diese mehr und mehr zu einer eigenverantwortlichen und selbstständigen Persönlichkeit wird.

Auf den ersten drei Stufen bilden sich das Urvertrauen eines Kindes, das Gefühl von Autonomie und die Erfahrung von Eigeninitiative heraus. *Die vierte Stufe*, auf der sich Kinder etwa zwischen Klasse 1 und 6 befinden, ist von einer hohen Lernaktivität und Aufnahmebereitschaft geprägt. Kinder wenden sich nach außen und der Realität zu, wollen ihr Können demonstrieren und eigene »Werke« erstellen und vollenden. In dieser Lebensphase ist es wichtig, dass Kinder gezielt gelobt und gefördert werden sowie lernen, mit Ausdauer und Fleiß an einer Sache zu bleiben und mit Widerständen bzw. Misserfolg umzugehen. *Auf der fünften Stufe*,

169 Zum politischen Lernen im Nahraum Schule s. Fend 1991, 177ff.

170 Zu Ausländerfeindlichkeit, Antisemitismus und Rechtsextremismus unter Jugendlichen s. KFN 2009, 113 – 127.

171 Fend 2003, 400.

172

Stufe 1:	Urvertrauen	vs.	Urmisstrauen	(1. Lebensjahr)
Stufe 2:	Autonomie	vs.	Scham und Zweifel	(2. bis 3. Lebensjahr)
Stufe 3:	Initiative	vs.	Schuldgefühl	(4. bis 5. Lebensjahr)
Stufe 4:	Werksinn	vs.	Minderwertigkeitsgefühl	(6. Lebensjahr bis Pubertät)
Stufe 5:	Identität	vs.	Identitätsdiffusion	(Jugendalter)
Stufe 6:	Intimität	vs.	Isolierung	(Frühes Erwachsenenalter)
Stufe 7:	Generativität	vs.	Stagnation	(Mittleres Erwachsenenalter)
Stufe 8:	Ich-Integrität	vs.	Verzweiflung	(Hohes Erwachsenenalter)

s. Erikson 1970 und 1975. Knappe und präzise Darstellungen der einzelnen Stufen finden sich u. a. bei Fend 2003, 404ff und Kiessling 2004, 175f.

die sich weitgehend über das Jugendalter erstreckt, geschieht ein grundlegender Perspektivwechsel: Der junge Mensch schaut auf und in sich: »Wie bin ich geworden?«, »Wie sehen mich die anderen – und wie sehe ich mich?« und »Was will ich werden – wonach strebe ich?« All diese nach innen gewandten Fragen münden in der einen nach der eigenen Identität: »Wer bin ich?«[173] Um diese Frage positiv und entwicklungsförderlich beantworten zu können, muss der Jugendliche lernen, sich selber zu vertrauen und gegenüber dem, was ihn zuinnerst ausmacht, treu zu sein, sich unabhängig zu machen von Klischees oder Außensteuerungen, sich für das einzusetzen, wovon er überzeugt ist und das aktiv zu gestalten, was von ihm erwartet wird und ihn voranbringt. Gelingt es dem Heranwachsenden nicht, eine biografische Kontinuität mit einem diskontinuierlichen Werden zur Synthese zu bringen, gerät er in eine Identitätsdiffusion. Folgen davon sind z. B. Unsicherheit (Gefühl der Scham, der Peinlichkeit, des Zweifels), Pseudoidentitäten (provokative und abgrenzende Selbstdarstellungen) und Arbeitslähmungen (Blockaden durch übersteigertes Ich-Ideal). Im Anschluss an Erikson besteht „für die Jugendphase die zentrale latente Aufgabe darin [..], dass der heranwachsende Mensch jetzt eine Position gewinnen muss, dass er sich zu erarbeiten hat, was er sein möchte, wie er sich sein Leben vorstellt und wie er in Loslösung vom Über-Ich der Eltern ein eigenes Ich-Ideal mit eigenen Vorstellungen und Lebenszielen aufbaut.“[174]

Auf den letzten drei Stufen wird die Identitätsentwicklung fortgeschrieben. Dabei steht der Mensch vor der Aufgabe, intime Beziehungen zu knüpfen und zu gestalten, generativ tätig zu sein und schließlich in einem Rückblick sein So-geworden-Sein sinnhaft zu integrieren.[175]

Im Unterschied zu Erikson wird heutzutage nicht mehr nach dem gefragt, „was substantiell Identität ausmacht“, sondern man fokussiert „vielmehr formal-strukturell die von Jugendlichen alltäglich geleistete Identitätsarbeit“ und wie sie damit umgehen. In Anlehnung an Heiner Keupp weist Ralf Gaus darauf hin, dass Identitätsarbeit „ein lebenslanger, dialektisch-interaktionaler und dynamischer Entwicklungsprozess“[176] ist, in dem Heranwachsende lernen sollen, Teilidentitäten miteinander zu verknüpfen sowie konkrete und aktuelle Situationen so zu deuten, dass sie sich als handelnd, Aufgaben bzw. Probleme bewältigend sowie reflektierend erleben können.

Eine interne Voraussetzung der Identitätsarbeit besteht in der Beschaffenheit des Selbstwertgefühls, wobei jeder, der den Prozess begleitet, beachten muss, dass

---

173 Zu diesen Fragen s. die Entwicklungsstufen der Identität als Authentizität bei Augusto Blasi. Danach bildet sich zuerst eine Rollenidentität (abhängig von sozialen Rollen und Erwartungen), die übergeht in eine beobachtete Identität (infolge von Introspektion und Abgleichen mit Reaktionen der Umwelt), welche sich weiterentwickelt zu einer erarbeiteten Identität (angeeignet durch eigenverantwortliche Auseinandersetzung mit Zielen und Idealen), die schließlich zur Identität als Authentizität (gewonnen durch die Erkenntnis des unabhängigen und »wahren Selbst«) führt (s. Blasi 1993, 126).

174 Fend 1991, 324f.

175 Die Identitätsentwicklung in der Adoleszenz hat James E. Marcia genauer untersucht. Mittels des *Identity-Status-Modells* unterscheidet er anhand des Ausmaßes an Bindungen und Explorationen vier Identitätszustände: 1. diffuse, 2. übernommene, 3. kritische und 4. erarbeitete Identität (Marcia 1980; s. auch Tücke 1999, S.292ff).

176 Gaus 2007, 114ff.

„nicht nur niedriges, sondern auch hohes Selbstwertgefühl [..] zu Selbstregulationsfehlern führen und selbstschädigendes Verhalten begünstigen“[177] kann, wenn die zu hohe Selbsteinschätzung eines Jugendlichen mit einer niedrigen sozialen Bewertung nicht mehr korrespondiert. Dahingegen wird sich ein „Selbstkonzept, das eigene und fremde Konstruktionsleistungen kommunikativ integriert“[178], eher förderlich auf die Erarbeitung der eigenen Identität auswirken.

Kontexte, die diese Erarbeitung beeinflussen, sind z. B. kritische Lebensereignisse. Sie stellen Stressoren dar, wenn sie unerwartet eintreten, und der Jugendliche darauf nicht vorbereitet ist (Scheidung, Krankheit, Tod, Missbrauch). Die Bewältigung solcher traumatischer Lebensereignisse kann sehr umfangreich sein und „bis zu einer völligen Umorganisation des Selbst sowie der Sicht von Mensch und Welt führen“. Entwicklungsförderlich dagegen können sogenannte „normative kritische Lebensereignisse“[179] (Schuleintritt, Prüfungen, Liebeskummer) sein. Für einen Jugendlichen werden sie zu Entwicklungsaufgaben, wenn er die Chance hat, sich – ehe sie eintreten – mit ihnen auseinanderzusetzen.

1.1.4 Zielrichtung humaner Entwicklung

In seinem Lehrbuch hat Helmut Fend gezeigt, dass kein Modell allein die psychische Entwicklung von Jugendlichen erschöpfend beschreiben kann. Immer geht es nur um Annäherungen bzw. um das Deutlichmachen einzelner Aspekte, die dazu beitragen, einen Gesamteindruck des Entwicklungsprozesses in der Jugendphase zu vermitteln.[180] Am überzeugendsten gelingt dies in der von ihm vorgelegten „integrierten Theorie der besonderen »Seelenstruktur« der Adoleszenz“[181], in welche Theorien über die Reorganisation des »Ich-Welt-Bezugs«, über den Umbau sozialer Beziehungen und über die Veränderung der Triebstruktur einfließen.

Entwicklungsaufgaben und Selbstwerdung: Ein Charakteristikum der Adoleszenz besteht darin, dass Heranwachsende sich erstmals bewusst in ein Verhältnis zu sich selbst und zu ihrer Umwelt setzen. Dieses reflexive Moment stellt Jugendliche vor die Herausforderung, an der eigenen Identität zu arbeiten, was von ihnen verlangt, altersspezifische Entwicklungsaufgaben zu bewältigen. Dabei entdecken sie, dass nicht nur ihr reales und ihr ideales Ich auseinandertreten, sondern dass sie auch unterscheiden müssen (und können) zwischen ihrem Inneren und Äußeren. Sie agieren nun nicht mehr so direkt, spontan und in Übereinstimmung mit sich selbst, wie sie dies als Kinder noch getan haben. Vielmehr erleben und betrachten

---

177 Oerter/Noam 1999, 64f. Selbstschädigendes Verhalten hat im Extremfall zur Folge, dass Jugendliche Suizid begehen. s. dazu Langer, Jürgen 2001, der Suizidalität bei Jugendlichen als Herausforderung für die Schülerseelsorge betrachtet.

178 Oerter/Noam 1999, 64f.

179 Oerter/Noam 1999, 61. Mit Bewältigung kritischer Lebensereignisse konstruieren Menschen Lebensstile und entwickeln existentielle, weiter indentitätsbildend wirkende Kernthematiken.

180 Auf die Risikoentwicklung und die jugendpädagogischen Konsequenzen, wie sie Fend im Anschluss beschreibt, werde ich an dieser Stelle nicht eigens eingehen. Beides wird dort in die Arbeit einfließen, wo es um konkrete Handlungsmodelle geht, die Jugendlichen helfen wollen, auch mit Problemen umzugehen.

181 Fend 2003, 413.

sie sich aus verschiedenen Perspektiven,[182] woraus wiederum eine neue Entwicklungsdynamik entsteht, die versucht, Kontinuitäten und Diskontinuitäten in einer authentischen Persönlichkeit zu integrieren.

Selbstständigkeit und Zielgerichtetheit: Ein Phänomen, das in der Jugendphase allgemein beobachtet wird, besteht in der wachsenden Selbstständigkeit und Eigenverantwortung. Jugendliche lösen sich vermehrt aus Abhängigkeiten, streben nach Autonomie und werden selbstregulatorisch tätig. Damit aus diesen Tendenzen ein aktiv mitgestalteter Prozess wird, müssen sie Zielperspektiven aufbauen und ihrer eigenen Entwicklung im Wissen um das, was sie sind, was sie wollen, was sie können und was ihnen möglich ist, eine Richtung geben.

Umgestaltung des Beziehungsgefüges: Zur Pubertät gehört des Weiteren die »Reorganisation der Libido«, die Transformation kindlicher Bindungen in eigenständigere Beziehungen zu Gleichaltrigen. Die Abnabelung von den Eltern spielt dabei eine ebenso wichtige Rolle wie der Aufbau von intimen Beziehungen und die Suche nach neuen Partnern. Doch auch hier gilt, dass die neu gewonnene und selbst erarbeitete Freiheit auf ein Ziel ausgerichtet wird, nämlich sich die „Fähigkeit zu neuen »attachments« an gegengeschlechtliche Partner“[183] anzueignen.

1.2 Religionspsychologische Aspekte nach B. Grom

Analog zum Vorhergehenden versucht Kapitel 1.2 die religiöse Dimension von Entwicklung darzustellen, indem Bernhard Groms »Religionspädagogischer Psychologie des Kleinkind-, Schul- und Jugendalters« als Leitfaden dient, der sich mit verschiedenen Theorieansätzen und Studien[184] religiöser Entwicklung, Sozialisation und Individuation beschäftigt. Das bedeutet, auch hier geht es darum, endogene (Tiefenpsychologie bzw. strukturgenetische Stufentheorien) und exogene Erklärungen (sozial-kognitive Lerntheorie bzw. Soziologie) heranzuziehen, diese pluralistisch-integrativ in eine interaktive Theorie religiöser Entwicklung »aufzuheben« und dabei Konsequenzen für die religiöse Bildung/Erziehung zu bedenken.[185] Obwohl die fünfte Auflage seines Buches vollständig neu gestaltet ist, indem vor allem gesellschaftliche Veränderungen und neue wissenschaftliche Erkenntnisse berücksichtigt wurden, hat Grom einige Kernüberzeugungen beibehalten, die bereits

182 Der permanente Perspektivwechsel zeigt sich bei Jugendlichen zum einen in einer differenzierten Innenwahrnehmung: »So bin ich – das ist mein wahres Selbst« bzw. »So möchte ich eigentlich sein – das ist mein ideales Selbst«, zum anderen in einer differenzierten Außendarstellung: »So zeige ich mich anderen – das ist mein präsentiertes Selbst« bzw. »So sollen andere von mir denken und mich sehen – das ist mein soziales Wunsch-Selbst« (s. Fend 2003, 415).

183 Fend 2003, 416.

184 Da die meisten von Bernhard Grom zitierten Studien die westliche Gesellschaft betreffen, beschäftigen sie sich in der Regel mit dem christlichen Kontext religiöser Entwicklung und erheben nicht den Anspruch, universal gültig zu sein. Auch die vorliegende Arbeit zur Untersuchung *ignatianischer Schulpastoral* zielt auf christliche (z. T. besonders auf katholische) Sozialisation, ohne jedoch Anliegen der Ökumene bzw. des interreligiösen Dialogs außer Acht zu lassen.

185 Um mit den Ausführungen zu Fends Lehrbuch zur Entwicklungspsychologie vergleichbar zu bleiben, wird Kap. 1.2.2, das sich mit religionssoziologischen Aspekten der Entwicklung befasst und deren soziokulturellen Kontexte untersucht, mit Ergebnissen aus Studien angereichert, die bei Grom nicht explizit angeführt werden.

in die Nähe schulpastoraler Prinzipien führen: Religiöse Bildung/Erziehung, so meint er, soll „eine »ganzheitliche« Religiosität" sowie „subjektives Wohlbefinden und »Heil«"[186] von Kindern und Jugendlichen fördern, indem sie deren Themen anspricht und ihnen bei der Bewältigung von Entwicklungsaufgaben hilft. Der religionspädagogischen Psychologie kommt die Aufgabe zu, psychologische Erkenntnisse heranzuziehen, mit Hilfe derer sich ethisch-religiöse Sozialisations- und Bildungsprozesse[187] beschreiben und erklären lassen sowie entsprechend optimierend bzw. präventiv etwa in der Schulpastoral eingesetzt werden können.

1.2.1 Religiöse Entwicklung der Person

Endogene Erklärungen gehen davon aus, dass auch die religiöse Entwicklung des Menschen in erheblichem Umfang Teil eines immanenten Planes ist und idealtypischen Gesetzmäßigkeiten unterworfen.[188] Zu diesen Erklärungen gehören etwa tiefenpsychologische Deutungsmuster, von denen eines in äußerster Knappheit dargestellt werden soll.

Die Medizinerin und Psychoanalytikerin Ana-Maria Rizzuto (*1932) entwirft im Rahmen ihrer klinischen Studie »The birth of the living god«[189] eine Objektbeziehungstheorie des Religiösen, deren Kernthese darin besteht, dass in westlichen Kulturen jedes Kind zwischen dem 2. und 3. Lebensjahr eine zumindest rudimentäre Gottesvorstellung ausbildet. Diese Gottesvorstellung (God representation), in die Aspekte sowohl eines Gottesverständnisses (God concept) als auch von Gottesbildern (images of God) einfließen, wird als *Übergangsobjekt* bezeichnet, gehört einem *intermediären Bereich* an und vermittelt zwischen einer subjektiven inneren Welt und der objektiven äußeren Wirklichkeit. Die Theorie von Rizzuto hat dort ihre Schwäche, wo sie versucht, einzelne religiöse Entwicklungsphasen[190] den Phasen der psychosexuellen Entwicklung nach Freud zuzuordnen. Besonders ihre Kernthese lässt sich weder verifizieren noch falsifizieren, da sie „auf so frühe (Vor-)Stadien sprachlicher und bildnerischer Ausdrucksmöglichkeiten"[191] zielt, dass sie sich jeder erfahrungswissenschaftlichen Überprüfung entzieht. Stärken bestehen dagegen darin, dass sie religionspädagogisch fordert, Kognitionen mit

186 Grom 2000, 9f.

187 Zur begrifflichen Definitionen von *Sozialisation*, *Erziehung*, *Unterricht*, *Lernen* und *Entwicklung*, die für die vorliegende Arbeit übernommen werden und in sie einfließen, s. Grom 2000, 11ff.

188 Zu den bedeutenden entwicklungspsychologischen Ansätzen religiöser Entwicklung gehören der von Ronald Goldmann, James W. Fowler, Fritz Oser und Paul Gmünder. Eine kompakte Übersicht bietet Kiessling 2003, 75 – 110, s. auch Schweitzer 1996 und 1999.

189 Rizzuto 1979. In ihrer Objektbeziehungstheorie greift Ana-Maria Rizzuto zurück auf Überlegungen des Kinderanalytikers Donald Woods Winnicott.

190 **Religiöse Entwicklungsphasen nach Rizzuto**

- *Orale Phase*	Symbiotische Einheit mit der Mutter und Grundvertrauen	(bis 2½ Jahre)
- *Anale Phase*	Entwicklung von Übergangsobjekten und Symbolisierung	(2½ bis 4 Jahre)
- *Genitale Phase*	Sublimierung sexueller Wünsche und Idealisierung	(4 bis 6 Jahre)
- *Latenzzeit*	Rekurrierung auf eigene Erfahrungen und Nüchternheit	(6 Jahre bis Pubertät)
- *Adoleszenz*	Ausbildung der eigenen Identität und Vernunft	(ab der Pubertät)

s. Rizzuto 1979. Knappe und präzise Darstellungen der einzelnen Phasen finden sich u. a. bei Grom 2000, 36f und Kiessling 2004, 213.

191 Grom 2000, 39.

Emotionen zu verbinden (Vermittlung von Glaubensinhalt und Glaubensrelevanz) und betont, wie wichtig soziale emotionale Beziehungen familiärer und außerfamiliärer Art für gelingendes Glauben-Lernen sind.

Auch die strukturgenetischen Stufenmodelle, die teilweise auf Erkenntnissen von Rizutto aufbauen und im Folgenden dargestellt werden, lassen sich unter die endogenen Erklärungsmodelle einordnen.[192] Um sie besser verstehen zu können, ist es wichtig, neben Piaget auch den Ansatz von Kohlberg in Grundzügen zu kennen.

Der Moralpsychologe Laurence Kohlberg (1927 – 1987) führte das dreistufige Konzept Piagets zur *Entwicklung des moralischen Urteils*[193] fort. In Interviews legte er 10 bis 16-jährigen Jungen Dilemmageschichten vor und beobachtete dabei drei Argumentationsniveaus, welche er jeweils in zwei weitere Stufen unterteilte.[194] Dabei kam er zu dem Schluss, dass „fortgeschrittenes moralisches Denken von fortgeschrittenem logischen Denken“[195] abhängt und auf höheren Stufen vermehrt verschiedene Gesichtspunkte einbezieht bzw. auf eine differenziertere Wertehierarchie zurückgreift. Zur Entwicklung des moralischen Urteils wird der Mensch angetrieben, indem ihm Widersprüche in eigenen Überzeugungen bewusst werden. Nach Kohlberg bilden die Stufen *strukturierte Ganzheiten* (innerhalb eines Niveaus sind die Antworten homogen), in ihrer Abfolge sind sie *unveränderlich* und *unumkehrbar* (Überspringen von Stufen und zurückfallen auf vorherige ist nicht möglich) und ihnen liegt eine *innere Hierarchie* zugrunde (Argumente niedriger Stufen sind verstehbar, Argumentieren ist höchstens auf der

192 Ihr Vorteil gegenüber anderen religionspsychologischen Forschungsansätzen, die „sich nicht selten in theorieloser Datensammelei und korrelationsstatistischem Spiel“ (s. Grom 1992, 13) verlieren, besteht darin, dass sowohl James Fowler als auch Fritz Oser und Paul Gmünder ihren empirischen Untersuchungen eine je eigene, umfassende *Theorie der religiösen Entwicklung* zugrunde legen, die sie im Verlauf ihrer Forschungsarbeit immer weiter modifizieren.

193 Diese ist nicht gleichzusetzen mit Piagets *Theorie zur kognitiven Entwicklung*, sondern nimmt für die moralische Entwicklung eher eine Stufenmischung an: 1. heteronome Moral (bis etwa 7 Jahre), 2. kooperativer Gerechtigkeitssinn und 3. autonome Moral (ab etwa 9 Jahre) (s. Piaget 2000 sowie Grom 2000, 49f). Ebenfalls immer wieder erwähnt wird ein Stufenmodell von Ronald Goldman, der „die religiöse Entwicklung vor dem Hintergrund der kognitiven Entwicklung Piagets betrachtet“ und für die religiöse Entwicklung drei Stufen annimmt: 1. Präoperationales/intuitives religiöses Denken (Buchstabentreue und Anthropomorphismen), 2. Konkret-operationales religiöses Denken (Gott als göttlicher Übermensch) und 3. Formal-operationales/abstraktes religiöses Denken (Symbolische Repräsentation Gottes). s. dazu auch Seel 1998, 54ff, Reich 2004, 123 – 137, Grom 2000, 55f sowie Kiessling 2003, 75ff und 2004, 215ff.

194 **Entwicklungsstufen des moralischen Urteils nach Kohlberg**
- *Präkonventionelles (egozentrisches) Niveau* (meist Kinder unter 9 Jahren)
  - Stufe 1: Orientierung an Strafe und Gehorsam
  - Stufe 2: Orientierung an instrumentellen Zwecken und naiv-instrumentellem Hedonismus
- *Konventionelles (soziozentrisches) Niveau* (meist Jugendliche und Erwachsene)
  - Stufe 3: Orientierung an interpersonellen Erwartungen, Beziehungen und an Konformität
  - Stufe 4: Orientierung an Recht und Ordnung und der Erhaltung des sozialen Systems
- *Postkonventionelles (universalistisches) Niveau* (einige Erwachsene, frühestens ab 23 Jahren)
  - Stufe 5: Orientierung an einem demokratisch entstandenen Gesellschaftsvertrag
  - Stufe 6: Orientierung an universellen ethischen Prinzipien

s. Kohlberg 1964 und Kohlberg/Colby 1986. Knappe und präzise Darstellungen der einzelnen Stufen finden sich u. a. bei Reich 2004, 137 – 143. und Grom 2000, 50ff.

195 Kohlberg/Colby 1986, 142.

nächst höheren möglich). Genau an diesen Annahmen entzündet sich allerdings immer wieder Kritik, die ihm vorwirft, er berücksichtige nicht, dass Kinder oder Jugendliche bei der Beantwortung unterschiedlicher Dilemmata kaum auf einer einzigen Stufe oder Zwischenstufe argumentieren würden. Des Weiteren wird bemängelt, er würde moralische Strukturen von deren Inhalten trennen, obwohl sie sich doch gegenseitig bedingten, er werde mit seinen ungenauen Messungen der Urteilsfähigkeit besonders junger Kinder nicht gerecht und er würde unterschiedliche kulturelle und geschlechtsspezifische Kontexte bei der Moralentwicklung zu wenig beachten bzw. diese gar verneinen.[196] Trotzdem bleibt festzuhalten, dass Schüler in ihrer moralischen Urteilsfähigkeit dazulernen, wenn im Unterricht über einen längeren Zeitraum konsequent mit Dilemmageschichten gearbeitet wird, wobei der Erfolg aus moralpädagogischer Hinsicht eher gering ausfällt, weil „zwischen moralischem Urteil und moralischem Handeln zwar eine gewisse, aber keine starke Übereinstimmung besteht“[197].

1.2.1.1 Entwicklungsstufen des Glaubens

Der Theologe und Entwicklungspsychologe James Fowler (*1940) entwirft eine ganzheitliche Theorie von »Stufen des Glaubens«[198], die er „als ein allgemein zum Menschen gehöriges, universelles und sich dynamisch entwickelndes Phänomen“ betrachtet. Aufbauend auf den Entwicklungstheorien Piagets, Kohlbergs und Eriksons geht es ihm um eine „vergleichende und kritische hermeneutische Theorie für die Untersuchung der Rezeption von Traditionen“, die auf alle Altersstufen angewandt, beim Erstellen von Lehrplänen berücksichtigt und in der seelsorglichen Beratung hinzugezogen werden kann. Die theologische Unterscheidung zwischen konkreten Glaubensinhalten (*beliefs*) einerseits und einem allgemeinen, vertrauenden Glauben (*faith*) andererseits, liefert ihm seinen Untersuchungsgegenstand: Es ist dies der Glaube, den er „als Vertrauen zu einem anderen und als Loyalität zu einem transzendenten Wert- und Machtzentrum“ bezeichnet, also die „grundlegendste Kategorie bei der Suche des Menschen nach einer Beziehung zur Transzendenz“[199], die der ganzen Person Orientierung verleiht bzw. Sinn und Ziel gibt. Dieser Glaube entwickelt sich nach Fowler in sechs Stufen:

- Vorstufe: **Undifferenzierter Glaube** (bis 3 Jahre): Das Kleinkind steht in einer wechselseitigen Beziehung zu seinen Eltern und bildet Formen „des Vertrauens, der Autonomie, der Hoffnung und des Mutes“[200] aus. Die Stärke dieser Vorstufe besteht in der Grundlegung des Glaubens als *Urvertrauen*. Die Gefahr dabei ist, dass genau dies misslingt.

---

196 Zur geschlechtsspezifischen Moralentwicklung s. Gilligan 2000.

197 Flammer 2002, 53.

198 Fowler 1991.

199 Fowler 1991, 35f. Methodisch arbeitet Fowler mit sogenannten *halboffenen Interviews* und versucht, jede Glaubensstufe anhand von sieben Aspekten (kognitive, soziale und moralische Entwicklung, soziales Bewusstsein, Wahrnehmung von Autorität und des Weltzusammenhangs sowie Entwicklung der Symbolfähigkeit) zu analysieren und zu beschreiben (s. dazu Grom 2000, 58, Trautner, Francesca 1996, 45 und Kiessling 2004, 218).

200 Fowler 1991, 138.

- Stufe 1: **Intuitiv-projektiver Glaube** (3 bis 6/7 Jahre): Ausgelöst durch das prä-operationale und egozentrische Denken produziert die Imagination des Vorschulkindes in einer ersten *Selbst-Bewusstheit* „langlebige Bilder und Gefühle [..], die ein stabileres selbstreflexives Denken und Bewerten später ordnen und aussortieren muss“[201]. Die Stärke dieser Glaubensstufe besteht darin, dass mittels der Einbildungskraft Bilder und Geschichten auf intuitive Art zu einer Einheit zusammengeschlossen und begriffen werden. Gefahren liegen darin, dass die Imaginationsfähigkeit des Kindes ausgenutzt wird bzw. dass sich Formen von Besessenheit durch angstmachende und zerstörerische Bilder ausprägen.
- Stufe 2: **Mythisch-wörtlicher Glaube** (ab 7 Jahre): Konkret-operationales Denken befähigt das Grundschulkind, eigene Erfahrungen narrativ auszudrücken bzw. „»stories«, Glaubensinhalte und Regeln zu übernehmen, die seine Zugehörigkeit durch die Gemeinschaft symbolisieren“[202]. Geschichten und Symbole werden eindimensional verstanden und wörtlich interpretiert, Handlungsträger sind anthropomorph, und die Welt wird wahrgenommen als eine, die allein auf Reziprozität beruht. Die Stärke dieser Glaubensstufe besteht in der Offenheit für Erzählungen, wodurch das Kind die eigene Erfahrung als sinnvolle entdecken und ihr Kohärenz verleihen kann. Gefahren liegen in einer pedantischen Wort-Wörtlichkeit und im übertriebenen Vertrauen auf eine simplizistische Reziprozität bezüglich der letzten Dinge.
- Stufe 3: **Synthetisch-konventioneller Glaube** (ab Pubertät): Einsetzendes formal-operatives Denken lässt den Jugendlichen implizite Widersprüche in den »stories« entdecken und ermöglicht ihm, durch wechselseitige Perspektivenübernahme neue Formen von Zwischenmenschlichkeit einzugehen. Unterschiedliche Werte und Informationen werden zu einer Weltanschauung synthetisiert, was allerdings in einem konformistischen Rückgriff auf anerkannte Autoritäten geschieht, da die jugendliche Identität ihrer selbst noch nicht sicher genug ist. Die Stärke dieser Glaubensstufe besteht in der „Bildung eines persönlichen Mythos [...] vom eigenen Werden in Identität und Glauben“[203]. Gefahren liegen darin, aufgrund von Hörigkeit in Abhängigkeit zu verharren oder dass enttäuschende zwischenmenschliche Erfahrungen auf den Glauben übertragen werden.
- Stufe 4: **Individuierend-reflektierender Glaube** (ab etwa 20 Jahre, wenn überhaupt): Konflikte mit bedeutenden Autoritäten, die Erfahrung der Relativität von Glaubensinhalten, der Abschied vom Elternhaus und das nun voll entfaltete formal-operationale Denken führen häufig zu Spannungen, die der Heranwachsende mit Hilfe seiner kritischen Vernunft zu lösen versucht, was sich in Bezug auf den Glauben meist entmythologisierend auswirkt. Die Stärke dieser Glaubensstufe besteht in der Fähigkeit, sowohl die eigene Identität als auch die eigene Weltanschauung kritisch zu reflek-

201 Fowler 1991, 150.

202 Fowler 1991, 166.

203 Fowler 1991, 191.

tieren und mit denen anderer zu vergleichen. Gefahren liegen in einem blinden Vertrauen gegenüber einem kritischen und häufig naturalistisch verengten Denken.

- Stufe 5: **Verbindender Glaube** (ab etwa 40 Jahre, wenn überhaupt): Die Einsicht in die Komplexität des Lebens drängt Menschen zur dialektischen Auseinandersetzung mit den zentralen Lebenswahrheiten und Fragen nach den letzten Dingen, mit den eigenen Überzeugungen und den Positionen anderer, wobei die Relationierung unterschiedlicher Traditionen dazu beiträgt, Gegensätze zu vereinen. Die Stärke dieser Glaubensstufe besteht in der Erkenntnis, dass Transzendentes sich nur partiell begreifen lässt und in einer neuen Anerkenntnis von Symbolen, Mythen und Ritualen mittels der *zweiten Naivität.* Gefahren liegen darin, in der Spannung zwischen Relativierungen (von Überzeugungen) und Loyalitäten (gegenüber Ordnungen und Institutionen) untätig bzw. zynisch und selbstgefällig zu werden.
- Stufe 6: **Universalisierender Glaube** (in seltenen Fällen): Zur Annahme dieser Stufe gelangt FOWLER nicht über seine empirischen Studien, sondern über die Beobachtung bedeutender religiöser Persönlichkeiten. Diese streben nach einer alles umfassenden Gemeinschaft, sind bereit zu einem radikalen Einsatz für Gerechtigkeit und Liebe und setzen sich selbstlos und leidenschaftlich für eine Welt ein, die in göttlicher und transzendenter Absicht zu verwandeln ist. Der universalisierende Glaube stellt „den normativen und deskriptiven Endpunkt der Glaubensentwicklung“[204] dar.

Kritische Anfragen an FOWLERS »Stufen des Glaubens« zielen auf eine mangelnde empirische Überprüfbarkeit seiner Theorie[205] und auf deren ungenügende theoretische Begründung: FOWLER verarbeitet ideenreich und assoziativ unterschiedlichste psychologische Traditionen und versucht, diese in einer Glaubensentwicklungstheorie zu integrieren, wobei die von ihm postulierte Ganzheitlichkeit einem kognitiven Überhang zum Opfer fällt. Die auf diese Weise »konstruierten Superstrukturen« sind skeptisch zu betrachten, da sie als hierarchische, invariante und irreversible Stufenfolge[206] nicht nur eine Überlegenheit der höheren Stufen implizieren, sondern zugleich den normativen Anspruch vertreten, zu den höchsten Stufen gelangen zu müssen.[207] Auch die Unterscheidung von Glaubensstruktur und

---

204 FOWLER 1991, 224. Diese These versucht FOWLER theologisch zu begründen, indem er auf Richard NIEBUHRS Vorstellung eines »radikalen Monotheismus« zurückgreift, der sich in einer biblischen, jüdisch-christlichen Reich-Gottes-Theologie entfaltet.

205 OSER/REICH bezweifeln die Validität der empirischen Stufenerfassung, „weil sie theologisch-normativ, sozial-affektiv und zugleich in einer Weise inhaltlich umfassend sind, dass sie nicht mehr präzise greifbar werden und zu vielen Spekulationen Anlass bieten“ (OSER/REICH 1992, 79). Auch GROM hegt Zweifel am Befund FOWLERS und resümiert: „Es gibt mehrere Hinweise auf das Vorhandensein von wichtigen Elementen der angenommenen Stufen, aber keinen stichhaltigen Beweis für die Kohärenz der Stufen und ihre Abfolge über die gesamte Lebensspanne.“ (GROM 2000, 62).

206 s. FOWLER 1991, 118f.

207 Die Versicherung FOWLERS, dass jede Stufe „das Potential für Ganzheit“ besitzt und dass es weniger darauf ankommt, auf die nächst höhere Stufe zu wechseln, als vielmehr die „Stärken und Gnaden“ (FOWLER 1991, 291) einer bestimmten Stufe voll zu verwirklichen und zu integrieren, mag

Glaubensinhalt überzeugt nicht, da sie von FOWLER nicht stringent durchgehalten wird: Zum einen ist die Struktur so weit, dass unter *faith* „praktisch jede auch explizit nicht religiöse Lebenseinstellung als Glaube bezeichnet werden muss“[208], zum anderen sind Stufe 5 und 6 so sehr von theologischen Implikationen geprägt, dass sich dort immer wieder auch Glaubensinhalte in die Struktur hineinmischen. Schließlich ist das Stufenmodell FOWLERS einseitig auf die individuelle Glaubensentwicklung ausgerichtet, versäumt Hinweise darauf, wie man Kinder und Jugendliche in ihrer Glaubensentwicklung fördern kann und übersieht Entwicklungschancen gemeinschaftlichen religiösen Lernens.[209] Positiv zu würdigen ist die Benennung von Stärken und Gefährdungen auf allen Glaubensstufen, worin erkennbar wird, dass jede einzelne Stufe einen Wert an sich hat und für den Aufbau eines eigenen Glaubens wichtige Erfahrungen vermittelt. Des Weiteren hilft sein Stufenmodell, allgemeine Aspekte der Glaubensentwicklung zu verstehen und Prozesse, in denen diese mit der Persönlichkeitsentwicklung einhergeht, in der Seelsorgepraxis zu begleiten und zu fördern.

1.2.1.2 Religiöses Urteil

Der Erziehungswissenschaftler Fritz OSER (*1937) sowie der Philosoph und Theologe Paul GMÜNDER (*1951) knüpfen an strukturgenetischen Stufentheorien (PIAGETS *Denkentwicklung* und KOHLBERGS *Moralentwicklung*) an und erweitern diese um eine »Theorie des religiösen Urteils«[210]. Ihren Untersuchungsgegenstand, die Religiosität als Beziehung des Menschen zu einem Letztgültigen/Ultimaten/Transzendenten bzw. zu Gott, verstehen sie als eigenständige Dimension menschlichen Denkens und Handelns, die zwar eine gewisse Denkentwicklung und Sozialisation voraussetzt, sich jedoch nicht weiter reduzieren lässt, sondern Ausdruck einer anthropologisch verankerten *religiösen Mutter-Struktur*[211] ist. Durch Internalisierung und Externalisierung kommen Transformationsprozesse in Gang, die maßgeblich daran beteiligt sind, dass sich das Verhältnis Mensch-Ultimates-Mensch in Form aufsteigender Stufen[212] so entwickelt, dass auf ihnen ein je angemesseneres Gleichgewicht zwischen religiös relevanten universalen Polaritäten[213] ermöglicht

---

deswegen nicht überzeugen, weil er zugleich immer wieder auf einen „fortschreitenden Prozess der Glaubensentwicklung“ bzw. auf eine „lebenslange Weiterentwicklung im Glauben“ (ebd., 311 – 314) drängt.

208 TRAUTNER, Francesca 1996, 51.

209 Zum Verhältnis von Glaubensentwicklung und (religiöser) Erziehung s. diverse Beiträge in: NIPKOW/SCHWEIZER/FOWLER 1988.

210 OSER/GMÜNDER 1996.

211 Der Begriff der *Mutter-Struktur* geht auf Nicolas BOURBAKI (Pseudonym für ein Autorenkollektiv von Mathematikern) zurück und bezeichnetet eine übergeordnete Strukturidee in der Mathematik. PIAGET nutzt diese Idee für die Entwicklungspsychologie, insofern er in ihr kognitive Grundstrukturen entdeckt, die nicht weiter hintergehbar sind (s. OSER/GMÜNDER 1996, 61ff).

212 Jede Stufe ist qualitativ von den anderen verschieden und bildet in sich eine strukturierte Ganzheit. Die Stufen unterliegen einer unumkehrbaren Sequentialität ohne Sprünge oder Regression, bauen hierarchisch aufeinander auf und (re-)integrieren frühere Stufen. Eine knappe Zusammenfassung der Stufen 1 – 5 und einen guten Überblick darüber bietet KIESSLING 2004, 229ff.

213 Methodisch arbeiten OSER/GMÜNDER mit semiklinischen Interviews. Anhand *religiöser Dilemmata* versuchen Probanden ein für sie auf ihrer Stufe je gültiges Gleichgewicht herzustellen zwischen acht gegen-poligen „Dimensionen kognitiv religiöser Spezifikation“ (OSER/GMÜNDER 1996, 31ff): 1. Heili-

wird und sich die Beziehung des Menschen zu einem Letztgültigen fortschreitend differenzierter, freier und intensiver gestaltet.

- Stufe 0: *Perspektive der* **Innen-Außen-Dichotomie**: In dieser vorsprachlichen Stufe nimmt das Kleinkind eine »vorreligiöse Haltung« ein und kann lediglich unterscheiden, dass es selber etwas tut oder von außen beeinflusst wird. Die Fähigkeit der Binnendifferenzierung unterschiedlicher Außenkräfte, ob also ein Mensch oder ein Letztgültiges auf es einwirkt, fehlt ihm.[214]
- Stufe 1: Perspektive des **Deus ex machina**: Das Kind externalisiert ein handelndes Letztgültiges, indem es dieses von anderen Außenkräften unterscheidet. Gleichzeitig internalisiert es, dass dieses aktiv in die Welt eingreift und den Mensch in allem unmittelbar führt. Dieser wiederum erfährt sich als abhängig und reaktiv und steht unter dem Erwartungsdruck, sich an der absoluten Heteronomie zu orientieren und im Sinne des Letztgültigen zu verhalten. Ein Stufenübergang bahnt sich dann an, wenn das Kind zwischen zwei Vorstellungen schwankt: dass es dem Letztgültigen bedingungslos ausgeliefert ist bzw. durch eigene Handlung auf dieses aktiv einwirken kann.
- Stufe 2: **Do ut des** – Perspektive: Der junge Mensch entdeckt, dass er das Letztgültige beeinflussen kann, da ihm Mittel zur Verfügung stehen (etwa Riten oder Gebet), die, wenn er sie richtig einsetzt, sanktionsmildernd, begünstigend oder präventiv wirken. Er kann sich nun selber artikulieren und dem Erwartungsdruck des Letztgültigen widerstehen und widersprechen, was ihn zu dessen Gegenpart macht. Ein Stufenübergang beginnt, wenn der junge Mensch merkt, dass es Dinge gibt, die unabdingbar geschehen, ganz gleich, wie er sich gegenüber dem Letztgültigen verhält.
- Stufe 3: Perspektive des **Deismus**: Der Mensch differenziert zwischen einem Verantwortungsbereich des Letztgültigen und einem der Welt, in der er sich absolut autonom und frei *von* Gott erfährt. Zwischen Transzendenz und Immanenz gibt es keinerlei kausale Zusammenhänge. Das Letztgültige, das nur noch als kontrafaktische Größe betrachtet wird, mag die Welt zwar erschaffen haben, hat sich daraus allerdings zurückgezogen und greift nicht weiter darin ein. Auf dieser Stufe formiert sich innerhalb einer *solipsistischen Ich-Struktur* die Ich-Identität des Menschen, die mit eigenen Entscheidungskompetenzen ausgestattet ist. Ein Stufenübergang zeigt sich, wenn dem Menschen die eigene Begrenztheit zum Teil bewusst wird und er zu ahnen beginnt, dass immanente und transzendente Wirkkräfte miteinander in Beziehung stehen.
- Stufe 4: Perspektive der **Korrelation** und des **Heilsplans**: Der Mensch externalisiert sein entscheidungsträchtiges Selbst, bringt dieses allerdings in

ges vs. Profanes; 2. Transzendenz vs. Immanenz; 3. Freiheit vs. Abhängigkeit; 4. Hoffnung/Sinn vs. Absurdität; 5. Vertrauen vs. Angst; 6. Dauer/Ewigkeit vs. Vergänglichkeit; 7. Unerklärliches/Magisches vs. funktional Durchschaubares; 8. Geschenktes vs. Selbsterarbeitetes.

214 Oser/Gmünder beschreiben an dieser Stelle wohl deswegen keinen Stufenübergang 0/1, weil auf Stufe 0 noch nicht von *religiösem Urteil* bzw. von *religiöser Entwicklung* die Rede sein kann.

einen Zusammenhang mit dem Letztgültigen, indem er Letzteres als Bedingungen der Möglichkeit von Autonomie und von Leben wahrnimmt. Der Mensch erfährt sich als frei *durch* Gott, betrachtet sich allerdings als Teil universeller Prinzipien, die in Form eines Heilsplans oder göttlicher Vorsehung angenommen werden und ihm Sinn und Orientierung geben.[215]

- Stufe 5: Perspektive **religiöser Autonomie** durch **unbedingte Intersubjektivität**: Der Mensch externalisiert Vorstellungen eines Heilsplans sowie die Bindungen an religiöse Institutionen und nimmt eine universale Perspektive ein. Das Letztgültige wird in der unbedingten Intersubjektivität erfahren und als absolute Freiheit und Bedingung der Möglichkeit endlicher Freiheit betrachtet. Im verantwortlichen zwischenmenschlichen Handeln, das vom Letztgültigen durchdrungen und transzendiert wird, wird der Mensch frei *für* Gott und kann (Heils-)Geschichte mitgestalten.
- Stufe 6: Perspektive **universaler Kommunikation** und **Solidarität**: Empirisch nicht zu belegen, aber systemlogisch unverzichtbar ist eine sechste Stufe, die notwendig ist, die weniger komplexen Stufen zu legitimieren und zu normieren. Die eigene, intersubjektiv konstituierte Freiheit orientiert sich an universaler Kommunikation und Solidarität sowie an der Beziehung des Menschen zum Letztgültigen, die ihn erkennen lässt, dass er nicht irgendwelche Imperative befolgen muss, sondern dass alles Fragmentarische voll integriert, und er selbst vom Letztgültigen unbedingt angenommen ist.

Anhand empirischer Untersuchungen[216] kommen Oser/Gmünder zu dem Schluss, dass höhere Stufen mit zunehmendem Alter erreicht werden und stabil bleiben. Die Stufenhöhe ist deutlich abhängig vom Bildungsgrad der Probanden, nicht aber von deren Konfessionszugehörigkeit oder Geschlecht. Ihre Stufentheorie wollen sie in einer Didaktik anwenden, die davon ausgeht, dass religiöses Lernen ein Operationsvorgang ist, der auf *religiöse Autonomie* zielt.[217] Einen konkreten Beitrag dazu liefert die Stufenlehre als diagnostisches Mittel, als Anregung zum optimalen Ausbau einer Stufe und in Form des Stimulierens religiöser Entwicklung.

Obwohl die Theorie von Oser/Gmünder den derzeit wohl bedeutendsten strukturgenetischen Ansatz in Bezug auf die religiöse Entwicklung darstellt, blieb sie nicht unwidersprochen.[218] Die beiden grundsätzlichen Anfragen lauten: Bilden die

215 Oser/Gmünder verzichten vermutlich auf die Beschreibung der Stufenübergänge 4/5 und 5/6, da die empirische Beweislage für die Stufen 5 und 6 äußerst gering bzw. nicht gegeben ist. Von Stufe 4 nahm Oser später an, dass sie ein *Denken in Komplementarität* voraussetzt, das den Menschen befähigt, gegenläufige Theorien miteinander zu koordinieren (s. Oser/Reich 1992, 65 – 99).

216 Gemeint ist eine Schweizer Studie mit 112 Personen (s. Oser/Gmünder 1996, 163ff).

217 Nach Oser muss die Religionsdidaktik die Fähigkeit der Schüler und den Schwierigkeitsgrad der Aufgabenstellung berücksichtigen sowie darauf hinwirken, dass Gelerntes häufig wiederholt wird und Transferleistungen erbracht werden (s. Oser 1988).

218 Am plakativsten formuliert Reto Luzius Fetz, der davon spricht, dass Oser/Gmünder weniger *Stufen der religiösen Entwicklung* als vielmehr „Stufen des Kontingenzbewältigungsurteils“ (s. Fetz/Bucher 1986, 221) erhoben hätten. Bernhard F. Hofmann kritisiert nicht nur die Forschungsmethode, sondern auch die Konzeption der Theorie in Form von Stufen, ihren universalen Geltungsanspruch und das theologische Konstrukt der Stufen 5 und 6 (s. Hofmann 1991, 253 – 290). Umfängliche kritische Literatur findet sich außerdem bei Beile 1998, 68.

einzelnen Stufen wirklich jeweils eine Ganzheit, die »transsituational konsistent« ist – und existiert eine Stufenabfolge und -hierarchie derart, dass auf der jeweils höheren Stufe die niederen vorausgesetzt sind bzw. integriert und differenziert werden? Problematisch an den Studien im Umfeld OSERS[219] ist zunächst die Erhebungsmethode und deren empirische Überprüfung, insofern der Verdacht besteht, dass mit Hilfe der Dilemma-Situationen weniger das *religiöse Urteil* als vielmehr die *logisch-kognitive Entwicklung* gemessen wird.[220] In den künstlichen Dilemmata, die vom Alltagsleben meist weit entfernt sind, geht es nur um einen engen Ausschnitt religiösen Verstehens und Erfahrens. Die Bereiche religiöser Motivation und religiösen Verhaltens bleiben außen vor. Zusätzlich wird kritisiert, dass die Dilemmata, zusammen mit den vorgegebenen »suggestiven« Fragen dazu beitragen, „hypothesengerechte, künstliche Antworten zu provozieren“[221]. Ebenfalls nicht geklärt ist der Unterschied von Inhalt und Struktur, der sich dort auflöst, wo »horizontale Verschiebungen« innerhalb ein und derselben Stufe eher die Inhaltsgebundenheit von Strukturen nahe legt.[222] Des Weiteren bleibt die Annahme, dass die aufsteigende Stufenfolge universal und unumkehrbar sei, fraglich, da nicht ausgeschlossen werden kann, dass es Menschen gibt, die dank religiöser Erziehung »höher« einsteigen bzw. Stufen überspringen, die aus soziokulturellen Gründen die Interview-Fragen als dualistisch verengt erachten, die nicht in die typische Krise von Stufe 3 geraten oder eben zu einer atheistischen Einstellung gelangen, obwohl keine unbewältigte Theodizeeproblematik vorlag. Mit GROM lässt sich schließlich sagen, dass OSER/GMÜNDER zum einen „den Einfluss der religiösen Erziehung und Überlieferung über Gebühr unterschätzen“, zum anderen den Erfolg einer mit der Dilemma-Methode arbeitenden Didaktik, was die „religiöse Sensibilisierung und Einübung von Verhalten“[223] anbelangt, überschätzen. Grundsätzlich positiv zu würdigen ist die Erkenntnis, bei allen religiösen Lehr-Lern-Prozessen auf die Fähigkeiten und Kapazitäten des Lernenden zu achten und die Aufgabenschwierigkeit so anspruchsvoll anzulegen, dass sie weder unter- noch überfordert, sondern einen Anreiz darstellt, sich fortzubilden und weiterzuentwickeln. Für die

---

219 Umfängliche Literatur zu verschiedenen Studien findet sich bei BEILE 1998, 61.

220 GROM zweifelt in diesem Zusammenhang z. B. die Annahme einer eigenen Mutterstruktur an und meint, dass sich „die bei Heranwachsenden beobachtbaren altersabhängigen Veränderungen des religiösen Denkens“ einfacher aus „dem Entwicklungsniveau des allgemeinen logischen Denkens“ (GROM 2000, 75) erklären lassen. Nicht verwunderlich ist dann, dass die meisten Probanden nach Erreichen des formal-logischen Denkens nicht über Stufe 3 hinauskommen. Eine Längsschnittstudie zeigt eindrücklich, dass „wenn die Jugendlichen einmal die Stufe 3 erreicht haben, [..] es kaum mehr Entwicklung“ (DI LORETO/OSER 1996, 73) gibt. Manche Autoren gehen so weit, OSER/GMÜNDERS Stufe 3 als »Entwicklungssackgasse« zu bezeichnen, weil „Erfordernisse und Gelegenheiten, über das Sakrale nachzudenken, und mit ihm zu interagieren“ (DÖBERT 1988, 157ff) rar werden und Entwicklungsschritte zu Stufe 4 mithin blockiert sind.

221 GROM 2000, 74.

222 Fraglich ist hierbei auch, warum die Stufen 1 – 3 es inhaltlich vorwiegend mit Kontingenzbewältigung und religiösem Autonomiestreben zu tun haben, die höheren Stufen hingegen mit prosozialem Verhalten und Intersubjektivität. Ebenfalls offen bleibt, wie Menschen, die sich als Atheisten verstehen, sich ein Letztgültiges vorstellen sollen. Der Begriff des *Ultimaten* bezieht sich bei OSER/GMÜNDER vorwiegend auf eine christliche Vorstellung eines personalen Gottes, was die postulierte Kulturunabhängigkeit und Universalität ihrer Theorie anzweifeln lässt.

223 GROM 2000, 78. Zum Einfluss religiöser Sozialisation auf die religiöse Entwicklung s. BUKOW 1989, 65 – 76.

Religionspädagogik entlastend ist die Erkenntnis und Einsicht, dass eine kritische Phase prinzipiell Bestandteil der religiösen Entwicklung sein kann und von Religionslehrern, Seelsorgern oder anderen nicht zu leichtfertig abgetan werden darf, in dem Sinn, dass sie versuchen, Jugendliche möglichst schnell zur nächsthöheren Entwicklungsstufe »hinüberzuführen«. Theologisch beachtenswert ist auf den oberen Stufen die Betonung der Intersubjektivität und des Mitwirkens des Menschen an der Schöpfung und dem Reich Gottes, worin sich für religiöse Bildung und Erziehung eine Zielperspektive zeigt.

1.2.1.3 Religiöse Emotionen

Den strukturgenetischen Theorien zur religiösen Entwicklung wurde mehrfach vorgeworfen, sie seien zu »kognitionslastig«[224], wohingegen den motivationalen und emotionalen Aspekten religiöser Entwicklung zu wenig Beachtung geschenkt würde. Diese Lücke versucht Hartmut BEILE zu schließen, indem er sowohl die religiösen Emotionen als auch die religiösen Kognitionen Jugendlicher untersucht. Dabei baut er auf der Theorie von OSER/GMÜNDER auf und behält deren Methoden weitestgehend bei.[225] Im Rahmen seiner Studie, versucht er, „die emotionale Bedeutung, die die Beziehung zum Transzendenten für die Jugendlichen hat, zu erfassen und die Beziehung zwischen religiösen Emotionen und dem religiösen Urteil zu beschreiben“[226].

Seiner Arbeit stellt BEILE drei Definitionen voran: Unter *Religiosität* versteht er „die Beziehung des einzelnen Menschen zu Gott oder dem Transzendenten“[227]. *Emotionen* sind seiner Meinung nach Gefühlsregungen, „die im Innewerden der emotionalen Bedeutung eines Ereignisses“[228] bestehen, wobei das emotionale Erleben vom Menschen in seiner leibseelischen Einheit und das zumeist passiv erfahren wird. *Religiöse Emotionen* schließlich „sind Emotionen, die der einzelne Mensch in seiner Beziehung zu Gott oder dem Transzendenten erlebt“[229], wohingegen *religiöse Kognitionen* das reflexive Moment in der Beziehung des Menschen zu Gott darstellen. Des Weiteren unterscheidet er zwischen *allgemeinen religiösen Emotionen*, „die von dem einzelnen Menschen auf Gott oder ein Transzendentes bezogen werden“ und *spezifisch religiösen Emotionen*, „die von dem einzelnen Menschen ausschließlich in seiner Beziehung zu Gott oder dem Transzendenten erlebt werden“[230].

---

224 Kritische Literatur findet sich u. a. bei BEILE 1998, 21.

225 Auch Hartmut BEILE konfrontiert seine Probanden in qualitativen Interviews mit Dilemma-Situationen, wobei er das sogenannte »Paul-Dilemma« (da diesem ein »Strukturalmuster der Stufe 2« zugrundeliegt, s. BEILE 1998, 70) zugunsten eines »Theodizee-Dilemmas« (s. OSER/GMÜNDER 1996, 207f und BEILE 1998, 249ff) ersetzt. Fraglich bleibt, woher BEILE die Altersangaben für die einzelnen Urteilsstufen hat (s. BEILE 1998, 56ff) und ob er diese auch ernst nimmt, ansonsten dürfte keiner der befragten 15 bis 20-jährigen Gymnasiasten auf Stufe 2, geschweige denn auf Stufe 1 getestet werden und der Anteil auf Stufe 4 müsste m. E. wesentlich höher liegen.

226 BEILE 1998, 21f.

227 BEILE 1998, 27.

228 BEILE 1998, 36.

229 BEILE 1998, 21.

230 *Allgemeine religiöse Emotionen* (Angst, Schuld, Wut, Vertrauen, Dankbarkeit oder Liebe) werden auch in subjektiv nicht religiös interpretierten Kontexten erlebt. Bei den *spezifisch religiösen Emo-*

Obwohl Beile versucht, unterschiedliche Emotionen bestimmten Stufen des religiösen Urteils zuzuordnen, ist der Ertrag seiner Arbeit diesbezüglich eher gering.[231] Sein Resümee, „dass Jugendliche allgemeine religiöse Emotionen und die Nähe Gottes häufig in Situationen der Not und der religiösen Praxis erleben", „spezifisch religiöse Emotionen und die Nähe Gottes [..] dagegen besonders in Situationen der religiösen Praxis und in der Natur erlebt"[232] werden, erscheint mir wenig aussagekräftig. Und fast selbstverständlich klingt die Erkenntnis, dass das „Eingebundensein in die religiöse Gemeinschaft und die Zustimmung zu deren Inhalten [..] das Erleben von religiösen Emotionen zu fördern" scheint. Dagegen werden die Behauptungen, dass im frühen Jugendalter die Kognition in Bezug auf die religiöse Entwicklung maßgeblichen Einfluss habe, „von Stufe 3 nach Stufe 4 [...] die Emotion die Rolle des »Entwicklungsmotors«" übernehme und „für den Übergang von Stufe 4 nach Stufe 5 des religiösen Urteils das selbstbestimmte Denken der Entwicklung förderlich"[233] sei, m. E. nur ungenügend erläutert bzw. bewiesen. Zu Beiles Verdiensten zählt, auf den emotionalen Charakter von Religiosität hingewiesen zu haben, was dabei helfen kann, im Bereich schulpastoraler Angebote darauf zu achten, dass religiöse Inhalte von Jugendlichen nicht nur kognitiv, sondern auch emotional aufgenommen und verarbeitet werden, und dass es im Kontext religiöser Bildung/Erziehung nicht nur auf religiöse Inhalte und Argumente, sondern mindestens ebenso sehr auf religiöse Erfahrungen ankommt. Obwohl die Jugendlichen in den Interviews gemeinschaftliches religiöses Erleben durchaus schildern, hat es Beile leider versäumt, den sozialen Charakter von Religiosität auch in der Theorie zu beschreiben, was nun in Ansätzen exemplarisch nachgeholt werden soll.

1.2.2 Religiöse Entwicklungskontexte

Da endogene Erklärungen die religiöse Entwicklung des Menschen in seiner Breite und Tiefe nicht hinreichend erklären können, ist es notwendig, exogene Erklärungen hinzuzuziehen. Grom fordert zwar, die von Piaget beschriebenen Entwicklungsprozesse zu berücksichtigen, allerdings unter Absehung der „Erweiterungen von Piagets Theorie der kognitiven Entwicklung zu moralischen und religiösen Stufenlehren"[234]. Wichtige Untersuchungsgegenstände in puncto religiöser Sozialisation und Bildung sind seines Erachtens Sozialisationsfaktoren, Erkenntnisse aus dem Bereich der Motivationsforschung und der Informationsverarbeitung,

tionen rekurriert Beile v. a. auf das *numinöse Gefühl* nach Rudolf Otto, auf die *religiöse Glückseligkeit* nach William James und auf das *religiöse Erleben* nach Dieter Wyss. Gefühle dieser Art werden nur in subjektiv als religiös interpretierten Kontexten erlebt (s. Beile 1998, 40ff).

231 In seiner äußerst knappen Zusammenfassung ordnet Beile die Stufen 1 – 4 verschiedenen Emotionen Jugendlicher zu: Stufe 1: religiöse Ängste und andere negative Emotionen infolge einer Verzögerung der religiösen Entwicklung; Stufe 2: „spontane Dankbarkeit, Angst und Stolz gegenüber Gott"; Stufe 3: religiöse Zweifel; Stufe 4: „wieder vermehrt religiöse Emotionen", wobei Jugendliche auf dieser Stufe erstmals „religiöse Sehnsucht und diejenigen spezifisch religiösen Emotionen [erleben], die durch ein gleichzeitiges Erleben von Glück und Schauer gekennzeichnet werden können" (s. Beile 1998, 224).

232 Beile 1998, 191.

233 Beile 1998, 219ff.

234 Grom 2000, 79.

weswegen zuerst in aller Knappheit die sozial-kognitive Lerntheorie BANDURAS kurz angeführt und in einem zweiten Schritt aktuelle soziologische Studien, die sich mit Religiosität Jugendlicher befassen, vorgestellt und miteinbezogen werden sollen.

1.2.2.1 Soziale Bedingungen religiöser Entwicklung

Der Psychologe Albert BANDURA (*1925) geht davon aus, dass Umwelt, Verhalten und Person sich zueinander reziprok verhalten, woraus er seine sozial-kognitive Lerntheorie ableitet, mit Hilfe derer erklärt werden kann, wie sich soziale Bedingungen auf religiöses Lernen respektive religiöse Entwicklung auswirken. Seine Grundthese lautet, dass der Mensch[235] lernt, indem er das Verhalten anderer beobachtet, dieses kognitiv verarbeitet und schließlich in sein Handlungskonzept einbaut. *Modell- bzw. Beobachtungslernen* geschieht mit zunehmendem Alter demnach nicht einfach durch »trial and error«, sondern durch Beobachtungseindrücke und Nachahmungshandlungen zwischen denen „kognitive Prozesse und Strukturen wie Einsicht, Denken, Erwartung und Sprache eine maßgebliche Rolle spielen“[236]. Bei diesen kognitiven Prozessen unterscheidet BANDURA eine Aneignungsphase, in der Aufmerksamkeits- und Gedächtnisprozesse ablaufen sowie eine Ausführungsphase, in der Produktions- und Motivationsprozesse in Gang kommen.[237] Obwohl sich der heranwachsende Mensch zunächst an übernommenen Konventionen orientiert und stets von sozialen Bedingungen abhängig ist, kann er sich durch Nachdenken mit seinem Verhalten selbst positionieren und dieses verändern, er ist fähig, sich selbst zu steuern und eigenverantwortlich zu handeln – das bedeutet, er ist »partiell frei«.[238]

Da die sozial-kognitive Lerntheorie Entwicklung und Lernen nicht nur als vielfältigen individuellen Lernprozess, sondern zugleich als Sozialisationsprozess versteht, geraten sozial-religiöse Bedingungen (etwa Lernorte der Glaubensvermittlung, aber auch materielle, geschichtliche und kulturelle Kontexte religiöser Erzie-

---

235 Nach Albert BANDURA ist der Mensch mit fünf Fähigkeiten ausgestattet, die ihm das Lernen erleichtern: mit der Fähigkeit zu symbolisieren, vorausschauend zu denken und Stellvertreter-Erfahrungen zu nutzen sowie mit den Fähigkeiten zur Selbstregulation und Selbstreflexion. Die einzelnen Fähigkeiten finden sich ausführlich beschrieben bei BÖDEFELD 2006, 185 – 195.

236 GROM 2000, 80.

237 *Aufmerksamkeitsprozesse*: Welche Aufmerksamkeit der Beobachtende einem Modell entgegenbringt, hängt ab von den Merkmalen des Modells (Deutlichkeit, Attraktivität, Komplexität, Verbreitung, Funktionalität) und denen des Beobachters (Wahrnehmungskapazitäten und -einstellungen, kognitiven Kapazitäten, Erregungsniveau, erworbenen Präferenzen), von der Beziehung zwischen beiden und weiteren gegebenen Situationsbedingungen. *Gedächtnisprozesse*: Wie das Beobachtete behalten wird, hängt davon ab, in welchem Maß der Lernende fähig ist, dieses in Gedächtnisstrukturen umzuformen bzw. symbolisch zu kodieren und als Erinnerung wieder zu aktivieren bzw. nachzubilden. *Produktionsprozesse:* Um beobachtetes bzw. modellhaft gelerntes Verhalten ausführen zu können, muss es vorher eigenständig geübt werden, was beim Lernenden bestimmte körperliche, motorische und transformatorische Fertigkeiten voraussetzt sowie die Fähigkeit der Selbstkorrektur. *Motivationsprozesse:* Ob der Lernende beobachtetes Verhalten weiterhin beibehält, hängt davon ab, wie er seinen Erfolg in Bezug auf seine Erwartungen reflektiert (*self-efficacy*). Im Erfolgsfall wird er versuchen, das neu gelernte Verhalten durch Wiederholung zu perfektionieren. Diesen Prozess unterstützen drei Formen von Verstärkern: äußere, stellvertretende und innere Anreize (s. dazu BANDURA 1986, 52).

238 s. BANDURA 1979, 202. Zu BANDURA s. GROM 2000, 79 - 85 sowie KIESSLING 2003, 41 – 46.

hung) neu in den Blick, wenn man untersucht, welche Faktoren einen Einfluss auf die religiöse Entwicklung Heranwachsender haben. *Sozial geleitetem Lernen* und einer *aktiven Entwicklungspädagogik* wird im Zuge dessen eine Bedeutung beigemessen und eine Berechtigung zugesprochen. Das ermöglicht, neben *religiöser Entwicklung und Bildung* auch von *religiöser Erziehung und formatio* zu sprechen, was für den weiteren Verlauf der Arbeit noch wichtig werden wird. Ebenfalls hohe Relevanz wird der Beantwortung folgender Fragen zugeschrieben: Inwiefern wird religiöses Verhalten modellhaft gelernt, angeeignet, nachgeahmt und mit zunehmendem Alter selbst gestaltet? Welche Folgen hat dieses Verhalten für die Religiosität? Kann auf diese Weise Gelerntes in späteren, vollkommen unterschiedlichen Kontexten wieder auftauchen und auf andere Bereiche übertragen werden? Welche Arten von Verstärkern begünstigen eine befreiende, lebendige und persönliche religiöse Entwicklung bzw. Sozialisation, die zugleich auf Weite, Tiefe und Kontinuität angelegt ist? Im Anschluss an Bandura geht Grom davon aus, dass Glauben-Lernen nachhaltig nur gelingt, wenn religiöse Fremdsozialisation eine entwicklungsfördernde Selbstsozialisation anregt und beide sich wechselseitig bedingen.[239] Fremdsozialisation[240] geschieht durch

- Lernen **am Modell**: Kinder wählen sich für die eigene religiöse Praxis und Religiosität Personen aus dem sozialen Nahbereich und deren Verhalten zum Vorbild. Sie schenken ihnen Aufmerksamkeit aufgrund ihrer Ausstrahlung, ihrer Kompetenz und Konsequenz und weil sie ihnen in gewissen Dingen ähnlich sind. Verstärkend wirkt, wenn Erwachsene glaubwürdig handeln und verlässlich sind sowie wenn sie sich bereithalten, über ihre Motivationen Auskunft zu geben. Auch Jugendliche orientieren sich an Personen, die sie beeindrucken, wählen diese jedoch sorgfältiger aus und sind insgesamt empfänglicher für Impulse, die sie zum Nachdenken anregen bzw. die ermutigen.[241]
- Lernen **durch Unterweisung**: Damit Heranwachsende Glaubenswissen kennenlernen und sich u. a. mit Hilfe dessen eine persönliche Glaubenspraxis aneignen können, braucht es adäquate *Instruktionsangebote*, die die Chance bieten, „religiöses Erleben und Handeln kognitiv in entwicklungsgerechter und relativ zusammenhängender Einsicht (Verstehen) zu verankern“[242]. Ethisch-religiöse Unterweisung darf dabei nicht erzwungen

239 s. Grom 2000, 89, Abb. 5.

240 Versteht man Fremdsozialisation als Teil des Bildungsprozesses, so lassen sich dessen soziale und instruktionale Bedingungen untersuchen. Reinhard Pekrun unterscheidet dabei zwischen dem Einfluss von Instruktion und Stimulation, Autonomiegewährung versus Kontrolle, Erwartungs-, Ziel- und Bewertungssturkturen, Verhaltensrückmeldungen und -konsequenzen, Induktion von Valenzen und Normen sowie distalen sozialen Umwelten (Pekrun 2002, 73ff).

241 s. Grom 2000, 90ff. Für die religiöse Entwicklung und Sozialisation Heranwachsender sind deren Eltern höchst bedeutsam und wirken dann positiv anregend und unterstützend, wenn sich an ihrem Verhalten Einsatz für Gerechtigkeit und Frieden, Hilfsbereitschaft und Wertschätzung des Glaubens ablesen lassen. Ebenfalls häufig als Modelle erachtet werden Lehrer, Katecheten und Gruppenleiter, die aufgrund ihrer Fairness, ihres Wohlwollens und ihrer Bereitschaft sich für ihren Glauben überzeugend engagieren und sich darüber auch mitteilen. Zur Notwendigkeit von Vorbildern beim Christwerden s. auch Biesinger/Schmitt 1998, 183 – 222 sowie Jaschke 1999.

242 Grom 2000, 93. Wer meint, er müsse sein Kind im Kontext des religiösen Lernens vor jeder Form illegitimer Machtausübung des Unterrichtens bewahren, muss sich darüber im Klaren sein, dass

werden oder als »Gehirnwäsche« empfunden werden, sondern muss vielmehr darauf achten, interessen-, entwicklungs- und voraussetzungsgerecht sowie kommunikativ, verdeutlichend und ganzheitlich zu sein.[243]

- Lernen **durch Fremdverstärkung und soziale Bestätigung**: Äußere Bedingungen und Einflüsse der sozialen Umwelt können bei der Glaubensentwicklung eine unterstützend Wirkung ausüben, die es zu fördern gilt. Haben sie jedoch hemmende Effekte, so sind diese zu vermeiden. Positiv verstärkend wirkt alles Atmosphärische, das im religiösen Kontext mit Wärme, Heiterkeit, Lebendigkeit, Besinnlichkeit und Menschlichkeit verbunden wird. Überwiegt das angenehme Empfinden, werden die Erinnerungen daran später häufig mit dem Inhalt verknüpft. Ähnliches gilt für das emotionale Sozialklima – in erster Linie innerhalb der Familie, dann im Freundeskreis und erst an dritter Stelle in anderen sozialen Gefügen. Ist dieses geprägt von Vertrauen, Partnerschaftlichkeit, menschlicher Wärme und einer Kultur der Anerkennung, so sind Heranwachsende nicht nur aufnahmebereiter, sondern nehmen ethisch-religiöse Überzeugungen wegen der persönlich erfahrenen Glaubwürdigkeit, Authentizität und Beziehungsangebote der Modelle an. Soziale Bestätigung ist für die Bildung von Werten und Glaubensüberzeugungen von großer Bedeutung. In unserer modernen, säkularen Gesellschaft haben religiöse Institutionen die Aufgabe, Plausibilität zu vermitteln und glaubwürdig Zeugnis abzulegen; gleichzeitig müssen sie sich mit den Phänomenen der Ausdifferenzierung, Individualisierung, De-Institutionalisierung und der religiösen Indifferenz auseinandersetzen.[244]

Aufgabe jeder Form von Fremdsozialisation muss es sein, die Selbstsozialisation Jugendlicher anzuregen, wodurch Glaubenswissen, Glaubenspraxis und eine Gottesbeziehung fester verankert und tiefer verwurzelt werden. Selbstsozialisation geschieht durch

- Lernen **durch Einsicht**: Kinder lernen erst allmählich, dass bei komplizierteren Aufgaben keine simplizistischen Lösungen genügen, sondern dass es darum geht, die Struktur einer Fragestellung zu erkennen und zu verstehen. Das gilt insbesondere für ethisch-religiöse Fragen und Aufgaben (etwa wer Gott und was die Schöpfung ist oder warum es gut ist, nach dem Liebesgebot zu handeln). Theologische Begriffe „erfasst das Kind erst, wenn es sie als Erklärungsbegriffe (Konstrukte) mit einer entsprechenden Einsicht und Deutung verbindet". Religiöses Verstehen kann man bei Kindern ab drei/vier Jahren anregen, indem man bei deren Vorwissen

---

er ihm somit „den sichersten und ökonomischsten Zugang" (ebd.) zu den eigenen Überzeugungen und die Teilnahme an der Kultur von erwachsenen Gläubigen verwehrt (s. dazu auch BIESINGER 2005).

243 s. dazu GROM 2000, 94ff.

244 s. dazu GROM 2000, 97ff. In ethisch-religiöser Hinsicht bleibt die Familie ein zentrales Sozialisationsfeld, das gefördert werden muss. Sie hat entscheidenden Einfluss darauf, inwiefern andere Lernorte des Glaubens fremd-verstärkend oder sozial-bestätigend auf die religiöse Entwicklung Heranwachsender einwirken können. Zur Relevanz des Lernortes *Familie* für die Praxis religiösen Lernens s. KIESSLING 2003, 134ff, für die Ausbildung von Ritualen s. JASCHKE 1999, 5-7.

anknüpft und neues Wissen intuitiv vermittelnd „als Erfahrungsdeutung und Lebenshilfe“[245] anbietet.

- Lernen **durch Selbstverstärkung**: Obwohl die Religionspädagogik kaum mit klassisch extrinsischen Selbstverstärkungsplänen arbeitet, scheint es nicht unwichtig, „dass Modellpersonen und Instruktion dazu einladen, das »Sich-lohnende« und Befriedigende sozialen und religiösen Handelns im eigenen Erleben zu entdecken, so dass es zu einem inneren Anreiz wird und stärker aus eigenem Antrieb aufrechterhalten und weiterentwickelt wird.“[246]
- Lernen **durch eigenes Handeln**: Jugendliche werden mündig, wenn sie von sich aus etwas selbstständig formulieren. Genauso erfassen Heranwachsende einen Sachverhalt besser, wenn sie etwas eigenständig in die Hand nehmen und in die Tat umsetzen. Analoges gilt – getreu dem Grundsatz *lex orandi lex credendi* – für unterschiedliche, aus eigenem Antrieb vollzogene Formen von Glaubenspraxis, die dabei helfen, Glaubenswissen zu internalisieren und eine persönliche Gottesbeziehung zu entwickeln.[247]

1.2.2.2 Jugendreligiosität

Aktuelle soziologische Studien zur Religiosität Jugendlicher in der Bundesrepublik Deutschland[248] setzen bei einer Analyse des Wertesystems Heranwachsender an. Allgemein lässt sich konstatieren, dass dieses in den letzten Jahren recht stabil geblieben ist. Neben einer Rückbesinnung auf »traditionelle« Werte bzw. Sekundärtugenden (etwa Fleiß, Ehrgeiz, Gesetz und Ordnung), lässt sich „bei den Jugendlichen aber keine Abkehr von »modernen« Selbstentfaltungswerten“[249] (etwa Unabhängigkeit und Kreativität) verzeichnen. Ganz oben rangieren soziale Werte (etwa Freundschaften, Partnerschaften und die Familie), die mittlerweile von den Befragten noch höher eingestuft werden. Der Gottesglaube als Wertorientierung spielt bei der Lebensgestaltung Jugendlicher eine untergeordnete Rolle und erzielt Werte unterhalb der Skalenmitte, deutlich hinter dem Gesundheitsbewusstsein und dem Sozialengagement. Darüber hinaus kann man sagen, dass die weibliche Jugend ein generell höheres Wertebewusstsein hat, besonders was die »übergreifenden« (etwa Gottesglaube, Gesundheits- und Umweltbewusstsein) und »sozialen« Werte anbelangt, wohingegen sich die männliche Jugend weitaus stärker an Formen des Materialismus' und Hedonismus' ausrichtet. Ein besonderes Verdienst der Shell-Jugendstudien 2002/06 besteht darin, dass sie aus den erhobenen Daten vier Wertetypen herausgearbeitet haben, die sich in ihrem Verhältnis zu Humanität bzw. Egozentrik auf der einen und zu Aktivität bzw. Passivität auf der anderen

---

245 Grom 2000, 110ff.

246 Grom 2000, 113.

247 s. Grom 2000, 114. Alle drei Formen der Selbstsozialisation fließen ein in die Überlegungen von Entwicklungsaufgaben, die von Heranwachsenden auch im religiösen Kontext zu bewältigen sind (s. Kap. 1.2.3). Zum Umgang mit Glaubenswissen in der Jugendpastoral s. Haslinger/Honecker 2002.

248 s. etwa die Shell-Jugendstudie 2006 sowie Gabriel/Hobelsberger 1994, Wippermann 1998, Ziebertz/Kalbheim/Riegel 2003 und Ebertz/Fischer 2006, für einen Überblick auch Failing/Heimbrock/ Lotz 2001. Zum Forschungsstand s. Daiber 1997 und Barz 2003.

249 Shell-Jugendstudie 2006, 175.

Seite unterscheiden. Dabei setzen sich die *pragmatischen Idealisten* verstärkt für das Humane ein und vertreten „ein besonders »reines« Werteverständnis, bevorzugt in Form von Bildungsstreben und kulturell-ästhetischer Aktivität, in gemeinnützigen oder kreativen Berufen sowie im freiwilligen bzw. ehrenamtlichen Engagement"[250]. Ihnen gegenüber stehen die *robusten Materialisten*, die eine egozentrische Lebenshaltung an den Tag legen und „vor allem die eigene Bedürfnisbefriedigung zum Maßstab ihres Handelns"[251] machen. Den aktivsten Wertetyp bilden die *selbstbewussten Macher*, die „einen breit angelegten Wertekanon, der die Scheidelinie zwischen Idealismus und Materialismus überbrückt, mit Energie und Tatkraft umsetzen"[252] wollen. Das Gegenbild dazu stellen die *zögerlichen Unauffälligen* dar, die gekennzeichnet sind durch eine passive bis apathische Lebenshaltung. Sie sind misserfolgsorientiert, „Ziele werden von vornherein niedrig angesetzt, um Enttäuschungen zu vermeiden. Es besteht die Tendenz zu einer Reduktion auf einem schmalen Set von Rumpfwerten"[253]. Ihnen fehlen die Impulse der anderen Wertetypen, weswegen bei ihnen auch der höchste Förderbedarf besteht, „wobei die Stärkung des Selbstbewusstseins und eine bessere soziale Integration wohl das Nötigste wären"[254].

Obwohl das Wertesystem Jugendlicher heutzutage vorrangig säkular ausgerichtet ist und Glaube sich weniger in Glaubensüberzeugungen oder einer religiösen Praxis, als vielmehr in einem Glauben an Werte und Ideale und an sich selbst ausdrückt, gibt es dennoch Berührungspunkte und Verknüpfungen mit expliziter Religiosität. Kirchennah gläubige Jugendliche vertreten „vermehrt pro-soziale und karitative Werte"[255], sind familien- und traditionsorientierter sowie eher bereit, sich freiwillig bzw. ehrenamtlich zu engagieren. Außerdem sind sie regelkonformer, streben stärker nach Sicherheit und legen häufiger eine gesundheits- und umweltbewusste Lebenshaltung an den Tag. Insgesamt lässt sich sagen, dass Jugendliche, die sich zum Glauben an einen persönlichen Gott bekennen, „mit ihren Wertorien-

---

250 Shell-Jugendstudie 2006, 187. Die *Idealisten* unter den Jugendlichen messen dem Bereich der Sekundärtugenden 2006 einen deutlich höheren Stellenwert zu als noch 2002. Das öffentliche Engagement und der Wille, sich gegen andere durchzusetzen, haben dagegen nachgelassen. Bei Mädchen machen sie mit 30 % den größten Anteil aus, bei Jungen mit 21 % nach wie vor den geringsten. Darüber hinaus ist die Zugehörigkeit zu diesem Wertetyp stark alters- und schulartenabhängig; ältere Jugendliche, Gymnasiasten, Studenten und Erwerbstätige sind stärker vertreten (s. ebd., 191ff).

251 Shell-Jugendstudie 2006, 187. Die *Materialisten* legen von 2002 auf 2006 ebenfalls bei den Sekundärtugenden zu, dagegen ist ein deutliches Nachlassen in den Bereichen Toleranz und Kreativität sowie bei öffentlichem Engagement zu verzeichnen. Die Zugehörigkeit zu diesem Wertetyp ist umgekehrt alters- und schulartenabhängig wie der der *Idealisten*. Mädchen haben hier mit 17 % den geringsten und Jungen mit 27 % den zweithöchsten Anteil (s. ebd., 191ff).

252 Shell-Jugendstudie 2006, 186f. Die *Macher* steigern sich von 2002 auf 2006 im Bereich der Sekundärtugenden und sind ebenfalls in den Bereichen Idealismus, öffentliches Engagement und Macht rückläufig. Insgesamt ist das der Wertetypus, der mit durchschnittlich 27 % alters-, geschlechts und schulübergreifend gleichmäßig verteilt ist, lediglich was die Milieuzugehörigkeit anbelangt, nimmt er proportional zur Höhe der sozialen Schicht zu (s. ebd., 191ff).

253 Shell-Jugendstudie 2006, 187. Die Werte der *Unauffälligen* schwanken um die Skalenmitte. Ein Zuwachs ist zwischen 2002 und 2006 bei den Sekundärtugenden Fleiß und Ehrgeiz erkennbar, ansonsten sind die Veränderungen nicht signifikant. Mädchen und ältere Jugendliche sind in dieser Gruppe leicht häufiger vertreten als Jungen und jüngere (s. ebd., 191ff).

254 Shell-Jugendstudie 2006, 190.

255 Shell-Jugendstudie 2006, 226.

tierungen durch ein besonderes Profil deutlich aus dem Mainstream der Jugendlichen herausheben"[256].

Betrachtet man nun die Jugendlichen in ihrem Verhältnis zur Religiosität, so stellen sich folgende Fragen: Was ist Jugendlichen im Bereich des Religiösen wichtig? Welche religiösen Praktiken üben Jugendliche aus? Was glauben Jugendliche und wie geschieht die Weitergabe und Übernahme von Glaubensüberzeugungen? Vorab lässt sich feststellen, dass das Interesse für religiöse Fragen vor allem im Zuge kirchlicher Großereignisse der letzten Jahre nicht nur gesamtgesellschaftlich gewachsen ist, auch mehr als jeder fünfte Jugendliche interessiert sich *sehr* oder *ziemlich* dafür.[257] Die Hälfte der Jugendlichen lässt sich als *religiös*[258] bezeichnen, davon glauben drei Fünftel an einen persönlichen Gottes (»kirchennahe Religiosität«), zwei Fünftel an eine überirdische Macht (»kirchenferne Gläubige«).[259] Fragt man Jugendliche nach ihrem Verhältnis zu religiösen Institutionen, insbesondere nach dem zur Kirche, so erhält man ein diffuses Bild: Mehr als zwei Drittel artikulieren gegenüber der Kirche ein prinzipielles Wohlwollen und finden es gut, dass es Kirche gibt, zugleich äußern sie sich allerdings kritisch, indem sie bejahen, dass Kirche, wenn sie eine Zukunft haben will, sich ändern müsse sowie dass sie auf die Fragen, die einen persönlich bewegen, keine Antworten habe.[260] Der Rückgang der religiösen Praxis Jugendlicher scheint auf einem niederen Niveau zu stagnieren.[261] Von den zentralen christlichen Glaubensinhalten teilen nur etwas weniger

256 Shell-Jugendstudie 2006, 229. „Kirchennahe Religiosität überhöht sozusagen das heute »normale« Werteprofil der Jugend in einer besonderen jugendlichen Teilgruppe durch eine stärkere Familien-, Norm-, Gesundheits- und Sozialorientierung" (ebd.). Wenn man danach fragt, wo die »Gottlosen«, die auf keine spezifisch religiöse Wertequelle zurückgreifen (können), ihre Werte her haben, stößt man zunächst auf die Familie als wichtigster Sozialisationsinstanz, dazu kommt die Peergroup, „wenn es um die Einbindung und Stützung ihrer Wertorientierung geht" (ebd., 231).

257 Von 1994 bis 2006 steigt das Interesse Jugendlicher von 14 auf 21 %, wohingegen das Desinteresse gegenüber religiöse Fragen von 47 auf 38 % abnimmt (s. Shell-Jugendstudie 2006, 203). Im christlichen Kontext ist das Interesse weiblicher Jugendlicher signifikant höher, als das der männlichen, was bei islamischen Jugendlichen so nicht zu beobachten ist.

258 Unter Religiosität bei Jugendlichen lassen sich alle Suchbewegungen ihrerseits verstehen, „mit denen sie auf höchst unterschiedliche Weise nach dem Sinn ihres Lebens und nach den (letzten) Begründungen ihres Lebens fragen" (StE II. 1998, 18 und 67 – 76). Zu Formen der Para-Religiosität (Glaube an Schicksalsmächte, Geister und Sterne etc.) neigen Mädchen wesentlich stärker als Jungen (s. Shell-Jugendstudie 2006, 211ff).

259 Weitere 23 % wissen nicht richtig, was sie glauben sollen – der Anteil evangelischer und jüngerer Jugendlicher ist hier auffallend größer –, wohingegen 28 % weder an einen persönlichen Gott noch an eine überirdische Macht glauben und mitunter als areligiös eingestuft werden. Diese Gruppe nimmt mit wachsendem Alter deutlich zu (s. Shell-Jugendstudie 2006, 210).

260 Auch unter den Jugendlichen, die an einen persönlichen Gott glauben sind 60 % der Meinung, dass sich Kirche ändern müsse und immerhin 40 % haben das Gefühl, dass Kirche keine Antworten auf die sie bewegenden Fragen zu geben in der Lage ist.

261 s. Shell-Jugendstudie 2000, 162ff. Knapp 17 % besuchen mindestens einmal monatlich einen Gottesdienst, 27 % geben an, dass sie manchmal oder regelmäßig beten, etwa ein Fünftel liest hin und wieder religiöse Bücher und 7 % sind Mitglieder in kirchlich-konfessionellen Jugendgruppen. Neun von zehn Jugendlichen feiern Weihnachten, was stark daran liegt, dass es bei vielen als *das* Familienfest gilt und immerhin knapp drei Viertel nehmen an Ostern teil. In der religiösen Praxis liegen die weiblichen vor den männlichen Jugendlichen, bei beiden Geschlechtern nimmt die Teilnahme mit wachsendem Alter ab. Ausländische Jugendliche praktizieren ihre Religion in weitaus höherem Maß als deutsche. Prozentzahlen für die Teilnahme an den »Initiationssakramenten« der (katholischen) Kirche liegen nicht vor. Vergleicht man allerdings die absoluten Zah-

als ein Drittel der Jugendlichen die Überzeugung, dass Gott die Welt geschaffen hat und in ihr immer noch am Wirken ist; nur knapp ein Fünftel glaubt, dass der Mensch sich nach dem Tod für sein Leben rechtfertigen muss.[262] Der wichtigste Sozialisationsfaktor in Bezug auf die Weitergabe religiöser Traditionen ist nach wie vor das Elternhaus,[263] für den Einfluss durch die Peergroup, Jugendgruppen, Katechesen oder den Religionsunterricht liegen keine exakten Zahlen vor.[264]

Nimmt man an, dass die Zusammensetzung von Teilnehmern an kirchlicher Jugendarbeit zum Teil derjenigen von Schülern an katholischen Schulen ähnelt, so lohnt sich ein Blick in die Studie »Spontan – spirituell – sozial«[265]. In ihr werden drei Orientierungstypen aufgrund ihrer Bedürfnisse, ihres Engagements und ihrer Einstellung in Bezug auf Kirche bzw. Glauben unterschieden: Die sogenannten Spirits stellen zahlenmäßig die kleinste Gruppe dar. Für sie ist ihr eigener subjektiver Glaube in höchstem Maße lebensrelevant und handlungsleitend, ihre Gottesbeziehung lässt sich als vertikal bezeichnen. In intensiven Glaubensgesprächen, Geistlicher Begleitung sowie individueller als auch gemeinschaftlicher Bibellektüre versuchen sie ihren Glauben vor allem intellektuell und kognitiv zu vertiefen, worin sich „eine Tendenz zu einer ich-verankerten theozentrischen Spiritualität erkennen“ lässt, insbesondere da, wo Formen eines geselligen oder diakonischen Miteinanders mit der Begründung mangelnder religiöser Ernsthaftigkeit abgelehnt werden. Wenn kirchliche Jugendarbeit für die Spirits ein »Glaubenskommunikationszentrum« sein soll, gilt dies vermutlich mindestens ebenso sehr hinsichtlich schulpastoraler Angebote, bei denen es ihnen wichtig ist, „sich selbst in ihrer (als unmittelbar geglaubten) Beziehung zu Gott weiterzubringen“[266], diese Erfahrungen anderen weiterzugeben sowie selber dabei Kraft zu sammeln und aufzutanken.

---

len der Deutschen Bischofskonferenz, so kann man feststellen, dass diese in den letzten 20 Jahren in etwa stabil geblieben sind.

262 s. Shell-Jugendstudie 2006, 218ff. Bezeichnend für die säkularen Shell-Jugendstudien ist, dass sie erst gar nicht nach der Bedeutung Jesu Christi fragen und auch nicht nach Auferstehung, Gottes- und Nächstenliebe, den 10 Geboten oder der Bergpredigt. All diese Themen scheinen ihnen zu sehr in den Bereich christlicher Theologie zu gehören, als dass Jugendliche sich damit beschäftigen.

263 s. Shell-Jugendstudie 2006, 224ff. So ist ein *sehr/ziemlich religiöses Elternhaus* wesentlich daran beteiligt, wenn knapp drei Fünftel der Jugendlichen an die Existenz eines persönlichen Gottes glauben und weitere ca. 17 % eine überirdische Macht annehmen. Ein *weniger religiöses Elternhaus* trägt bei westdeutschen Jugendlichen dazu bei, dass die Werte diesbezüglich auf etwa ein Viertel zurückgehen, wohingegen die meisten nicht so recht wissen, was sie glauben sollen. Ein *überhaupt nicht religiöses Elternhaus* hat schließlich zur Folge, dass nur noch knapp jeder zehnte Jugendliche zu einem Gottesglauben gelangt.

264 Die Studie »Die unbekannte Mehrheit« kommt zum Ergebnis, dass etwa die Hälfte der Katholiken zur Gruppe der »Kasualienfrommen« gehört und nur etwa ein Viertel einigermaßen regelmäßig »praktiziert«. Das bedeutet, zu den Hauptfaktoren sozialisierender religiöser bzw. kirchlicher Vollzüge zählen v. a. die Kasualien. Für Johannes Först steht fest, dass „das kirchliche Ritual für die »Kasualienfrommen« gegenwärtig das [leistet], was früher das konfessionelle Milieu geleistet hat. Letzteres hat sich in die kirchlichen Rituale hinein transformiert“ (s. Först 2006, 49).

265 Ebertz/Fischer 2006. Die Erkenntnisse dieser Studie mit ihrem bewusst regionalen Schwerpunkt (Diözese Rottenburg-Stuttgart) lassen sich in gewissem Maß auf andere Bistümer übertragen und auch für die Entwicklung schulpastoraler Konzeptionen heranziehen. Eine etwas andere Typisierung Jugendlicher findet sich bei Ziebertz/Kalbheim/Riegel 2003. Diese unterteilen die Jugendlichen in 1. kirchlich-christlich religiöse, 2. christlich-autonome, 3. konventionell religiöse, 4. autonom religiöse und 5. in nicht-religiöse Typen (s. auch Gaus 2007, 161ff).

266 Ebertz/Fischer 2006, 29.

Die sogenannten Humans wollen in ihrem Leben nicht nur für sich selbst etwas erreichen, sondern stellen ihr ausgeprägtes Engagement in den Dienst anderer und des Gemeinwohls. Der Einsatz für andere – auch über die eigene Gruppe hinaus – macht ihnen Spaß, hat aber sehr wohl auch im christlichen Glauben sein Fundament. Dies ermöglicht es ihnen, sich als Dienstleistende zu verstehen, deren Gottesbeziehung eher horizontal akzentuiert ist. Ihnen fällt es leicht, anderen aufgrund ihrer praktizierten Nächstenliebe tolerant zu begegnen und sich gegebenenfalls mit ihnen zu solidarisieren. Von schulpastoralen Angeboten erwarten Humans vermutlich gemeinsame Aktionen, die in einer guter Mischung sowohl das Gemeinschaftsgefühl stärken als auch christliche, besonders diakonische Werte vermitteln. Die sogenannten Funs scheinen unter den Jugendlichen am stärksten vertreten. Sie orientieren sich „an eher konventionellen Lebensentwürfen", legen Wert auf materielle Sicherheit, weswegen sie einen guten Beruf anstreben, messen sozialen Beziehungen eine hohe Bedeutung zu und betonen wie wichtig Genuss und Spaß für sie sind. In ihrer hedonistischen Ausrichtung zielen sie auf »Beziehungsspaß«, für den sie, indem sie sich treffen oder gemeinsam etwas unternehmen, selber sorgen. Funs glauben eher an die kleinen Transzendenzen, die ihren Lebenssinn darin finden, zusammen mit Gleichgesinnten das Leben zu genießen. Fragen nach Gott, Glaube und Religion verschließen sie sich zwar nicht grundsätzlich, bekommen dazu allerdings nur dann einen Zugang, wenn sie das Gefühl haben, hierbei etwas Lustvolles zu erfahren. Alle drei Orientierungstypen sind prinzipiell religiös ansprechbar und zeigen ein gewisses Interesse an Kirche, die sie jedoch als zu starr und unflexibel erleben, als dass sie sich vor allem in den Gottesdiensten wohl fühlen. Personale Angebote von Seiten der Kirche werden dann akzeptiert, wenn sie kompetent und authentisch sind, wenn Erwachsene sich wirklich für sie interessieren und wenn sie ihnen genügend Freiheiten und Raum für Selbstbestimmung lassen. Sachangebote werden dafür eher als selbstverständlich erachtet und fast ausschließlich funktional angesehen. Beim Glauben-Lernen gehen die Interessen auseinander: Spirits orientieren sich an der Bibel, Humans an ganzheitlichen Angeboten, wohingegen die Funs hier eher Desinteresse zeigen. Ähnliches gilt für das Glauben-Leben: wo Spirits das (gemeinsame) Gebet präferieren, wollen Humans sich zeugnishaft (für andere) engagieren, den Funs geht es ganz praktisch ums Machen und Anpacken. Für alle drei Orientierungstypen gilt, dass das Bekenntnis eines personalen Gottes immer mehr abnimmt und sich die »Christusfrage« für Jugendliche anscheinend gar nicht erst stellt, was bedeutet, dass selbst für kirchennahe Heranwachsende eine mehr oder weniger katechetische Vermittlung von Grundfragen des christlichen Glaubens heutzutage immer dringlicher wird, will Kirche einen fundamentalen Traditionsabbruch verhindern.

1.2.2.3 Religiosität und Milieubezug bzw. Milieuorientierung

Wenn es um Fragen geht, mit welchen gesellschaftlichen Gegebenheiten Glaubenstradierung konfrontiert wird bzw. inwiefern es Kirche gelingen kann, mit ihrer Botschaft unterschiedliche Milieus zu erreichen, wird z. Z. am häufigsten, auf die Sinus-Milieu-Studie von 2005 zurückgegriffen, die sich damit beschäftigt, „wie Religiosität im modernen bzw. postmodernen Zeitalter verstanden und gelebt wird, und welche Anschlussmöglichkeiten es für die katholische Kirche in

Deutschland gibt“[267]. Dabei liefert die Sinus-Milieu-Studie aufschlussreiche Einblicke, in welchen Milieus Kinder und Jugendliche aufwachsen, was sie von dort mitbringen und wie sie selber beginnen, eigene Wertorientierungen und Alltagseinstellungen auszubilden und gegebenenfalls in andere Milieus als das elterliche zu wechseln. Die Studie basiert auf einem Ordnungssystem sogenannter »Sinus-Milieus®«, welches „die Schichtachse (Soziale Lage) und die Wertachse (Grundorientierung) jeweils in drei Abschnitte einteilt“[268], wobei die einzelnen Milieus selbstreferentielle Systeme bilden, zwischen denen eine subkulturelle Differenz besteht, die es schwierig macht, dass Menschen unterschiedlicher Milieus sich verstehen. Obwohl Kirche einen hundertprozentigen Bekanntheitsgrad hat, haftet ihr ein negatives Image an, das sich mit konservativ, nicht mehr zeitgemäß, rigide und fern von den Bedürfnissen der Menschen charakterisieren lässt. Entsprechend rückläufig ist die Akzeptanz selbst in denjenigen Milieus, in denen Kirche noch stark vertreten ist und zu denen sie einigermaßen Zugang hat (*Traditionsverwurzelte*, *Konservative* und Teile der *Bürgerlichen Mitte* bzw. der *Etablierten*). Ein wenig überraschend ist eine neuere Entwicklung, die darin besteht, dass Vertreter der postmodernen Milieus – im Zuge ernüchternder Erfahrungen am »Neuen Markt«, der aktuellen Banken- und Wirtschaftskrise sowie mit wachsender Erkenntnis der Begrenztheit aller materiellen Machbarkeit – für die Botschaft der Kirche eine gewisse Sympathie aufbringen. »Man« befindet sich auf der Suche nach Sinn und schätzt dabei „das grundsätzliche Sinnpotenzial der Kirche hoch ein“. Gleichzeitig findet eine „bemerkenswerte Renaissance urchristlicher Werte“ (Liebe, Frieden, Solidarität, Bescheidenheit) statt, dennoch wird im selben Atemzug die Doppelmoral der Kirche, mangelnde Transparenz bei der Verwendung von Steuereinnahmen und nicht zuletzt eine schier unüberbrückbare semantische, stilistische und ästhetische Kluft kritisiert, so dass zwar „in den Ordensgemeinschaften und Klöstern eine interessante Innovationsbereitschaft“ vermutet, Kirche allgemein im Alltag jedoch wenig erlebt und noch weniger in Anspruch genommen wird.[269]

---

267 Milieuhandbuch 2005, 3.

268 Milieuhandbuch 2005, 6. Die soziale Lage unterteilt sich in: (1) Oberschicht/obere Mittelschicht, (2) mittlere Mittelschicht und (3) untere Mittelschicht/Unterschicht. Die Grundorientierung unterteilt sich in: (A) Traditionelle Werte (Pflichterfüllung und Ordnung stehen im Vordergrund), (B) Modernisierung (Individualisierung, Selbstverwirklichung und Genuss sind wichtig) und (C) Neuorientierung (Multi-Optionalität, Experimentierfreude und Leben in Paradoxien werden präferiert). In einer Art Koordinatensystem ergeben sich daraus zehn Milieus, die die katholischen Kirche in Deutschland für sich auf folgende Art und Weise wahrnimmt und nutzt:
- *Etablierte (B1):* Kirche ist ein Fundus von Hochkultur, ein professionelles Unternehmen.
- *Postmaterielle (B12):* Kirche ist unterwegs, soll weltanschaul., strukturell und stilist. offen sein.
- *Moderne Performer (C12):* Kirche sollte eine virtuelle Basisstation sein, an die man andocken kann.
- *Konservative (A12):* Kirche ist das Fundament für Moral, Werte und Kultur.
- *Traditionsverwurzelte (A23):* Kirche ist Volkskirche und normaler Bestandteil des Alltagsleben.
- *DDR-Nostalgische (AB2)*: Kirche ist die Asyl-Kirche der Wende.
- *Bürgerliche Mitte (B2)*: Kirche sollte sich als familiäre Nahwelt positionieren.
- *Konsum-Materialisten (B3):* Kirche ist ein sozial-karitativer Rettungsanker.
- *Experimentalisten (C2):* Kirche stellt Zugang für exotische Grenz- und Sinnerfahrungen dar.
- *Hedonisten (BC3):* Kirche sollte Hilfe für existentielle Lösungen und Neuorientierung sein.

269 s. Milieuhandbuch 2005, 11 – 15. Eine prägnante Übersicht über die Sinus-Milieu-Studie bietet Ebertz 2006 und 2007.

Versteht man die verschiedenen Milieus als Kontexte religiöser Entwicklung für Kinder und Jugendliche, so ist Zweierlei zu beachten: 1. Kinder wachsen in einem bestimmten Elternhaus auf, werden also von einem speziellen elterlichen Milieu geprägt und diesem zugeordnet.[270] Es ist offensichtlich, dass einige Milieus mehr Wert auf eine bewusste Glaubensweitergabe legen als andere und dass der Glaube in gewissen Milieus selbstverständlicher gelebt wird sowie gegenüber Kirche ein zugewandteres Verhältnis besteht als bei anderen. Trotzdem lässt sich daraus nicht schließen, dass hier automatisch die Reproduktion einer positiven Einstellung zur Religion geschieht. 2. Die »Milieustudie U27« spricht „bei Jugendlichen vorsichtig von »Milieuorientierung«"[271]. Für die vorliegende Arbeit sind die Lebenswelten Jugendlicher zwischen 14 und 19 Jahren in der oberen soziale Lage von besonderer Bedeutung. Dort finden sich die *traditionellen*, *bürgerlichen* und *postmateriellen Jugendlichen* wieder (Rekrutierungsschwerpunkt der katholischen Jugendverbände), mehr noch die *Performer Jugendlichen* und *experimentalistische Jugendliche*. Bei der Analyse ist besonders darauf zu achten, worin deren allgemeine Milieulogik besteht, wie sie sich gegenüber Glaube, Religion und Kirche positionieren und welcherart kirchliche Angebote dazu beitragen, einen Zugang zu diesen Jugendlichen zu erschließen bzw. die Kommunikation mit ihnen zu fördern.

– **Traditionelle Jugendliche** streben nach dauerhaften Lebensentwürfen, Harmonie und Konformität, betonen traditionelle Werte (Sekundärtugenden) und kritisieren an anderen Jugendlichen die Auflösung von Werten. Sie sind dabei „(zu) frühzeitig erwachsen, abgeklärt, selbstsicher", in ihrer Lebensführung asketisch und sparsam sowie ausgestattet „mit einem selbstlosen Dienst an etwas Höherem", mit Leisungsorientierung und ausdauerndem Einsatzwillen.[272] Sie wählen meist aus dem Kreis von Mitschülern

270 Da für Kinder im Alter von 9 bis 13 Jahren in der »Milieustudie U27« keine quantitativen Repräsentativdaten vorliegen, muss im Folgenden auf eine detailliertere Darstellung der Kinder von *Konservativen*, *Etablierten*, *Postmateriellen* und *modernen Performern* verzichtet werden.

271 Milieustudie U27 2007, 12. Die soziale Lage unterteilt sich in: (1) hohe Bildung (Gymnasium), (2) mittlere Bildung (Realschule) und (3) geringe Bildung (Hauptschule). Die Grundorientierung unterteilt sich in: (A) Traditionelle Werte (Pflichterfüllung, Sicherheit, Ordnung, Selbstkontrolle stehen), (B) Modernisierung (Materialismus, Genuss, Individualisierung, Postmaterialismus, Selbstverwirklichung) und (C) Neuorientierung (Multioptionalität, Experimentierfreude, Leben in Paradoxien, Selbstmanagement). Daraus ergeben sich sieben Milieuorientierungen, deren Einstellung gegenüber Kirche in Deutschland sich etwa folgendermaßen charakterisieren lassen:
- *Traditionelle Jugendliche (A12):* Kirche ist das unhinterfragte Fundament, auf dem man selber steht.
- *Bürgerliche Jugendliche (BI12):* Kirche gehört je nach Umfeld selbstverständlich mit dazu.
- *Konsum-Materialistische Jugendliche (BI23):* Kirche ist schlichtweg langweilig und unnötig.
- *Postmaterielle Jugendliche (BII1):* Kirche wird kritisch hinterfragt und meist abgelehnt.
- *Hedonistische Jugendliche (BII23):* Kirche ist Verbotskirche: unspannend, uninteressant, unsinnig.
- *Performer Jugendliche (CI12):* Kirche wird besorgt-distanziert wahrgenommen.
- *Experimentalist. Jug. (CII12):* Kirche ist rückständig, man steht ihr gleichgültig-negativ gegenüber.

272 s. Milieustudie U27 2007, 116 – 122. Häufig ziehen *traditionelle Jugendliche* sich zurück, lesen und basteln gerne und beschäftigen sich mit jeder Art von Technik. Eine große Bedeutung haben für sie Natur und Heimatverbundenheit. Im oberen Segment pflegen sie einen ästhetischen Elitarismus, „bringen traditioneller Kunst und Kultur hohe Wertschätzung entgegen", grenzen sich von der Popkultur anderer Jugendlicher ab und zeigen Desinteresse an den „Verlockungen der Freizeit- und Lifestyle-Industrie". Dagegen legen sie „größten Wert auf korrekte Umgangsformen und Verhaltensweisen", erlernen und besitzen meist ein klassisches (exklusives) Musikinstrument, verfügen über eine eigene Heimbibliothek und werden nicht selten stereotyp als Streber oder Langweiler abgetan.

eine überschaubare Anzahl von Freunden kritisch aus, wobei ihnen Loyalität sowie der „Wunsch nach Gleichgesinnung und Konformität" dabei absolut wichtig sind. *Traditionelle Jugendliche* sind hilfsbereit und legen Wert darauf, sich in ihrer Nahwelt (Familie, Schule, Kirche, Verein) sozial zu engagieren, auch wenn sie dazu meist einen Anstoß von außen benötigen.[273] Ihre Religiosität basiert auf kirchlicher Lehre und kirchlichen Autoritäten. Theologische Diskussionen sind für sie weniger bedeutsam als „das Ideal der Gemeinschaft von Gleichgesinnten". An der katholischen Kirche schätzen sie die Bewahrung von Althergebrachtem sowie das Festhalten an Moralvorstellungen. Änderungsbedarf sehen sie in Bezug auf die Liturgie, in der sie sich lebendigere Gottesdienste wünschen, um sich selber wohlzufühlen. Unter Spiritualität verstehen sie den von ihren Eltern übernommenen und in Gottesdiensten eingeübten Glauben, der ihnen Kraft gibt, Trost spendet und bei Entscheidungen hilft. Länger als andere Jugendliche hängen sie einem kindlichen Glauben an, „haben ein ausgeprägtes Bewusstsein für Schuld und Sünden" und messen den Initiationssakramenten, gefeiert als große Familienfeste, hohe Bedeutung bei.[274]

– **Bürgerliche Jugendliche** brauchen ein vertrautes Umfeld, eine Clique, die ihnen „emotional und sozial das neue Zuhause" ist. »Man« will gefallen, ohne übermäßig aufzufallen, will dabei sein und dazugehören (Sport, Verein) und strebt nach einem normalen, konventionellen und abgesicherten Leben. *Bürgerliche Jugendliche* zeichnen sich durch einen hartnäckigen Bildungseifer aus, der alternativen Lebensformen gegenüber zwar tolerant ist, sich jedoch häufig als „Elitarismus des Konventionellen" abgrenzt. Ablösung und Abgrenzung vom Elternhaus geschehen äußerst moderat, meist werden die „Einstellungen der Eltern bewusst übernommen" und lediglich symbolisch modifiziert.[275] Von Freunden erwarten sie, dass man mit ihnen alles besprechen kann sowie dass sie zuverlässig und immer für einen da sind. Für den eigenen kleinen Freundeskreis ist es wichtig, dass niemand zum Außenseiter wird und eine gute Stimmung herrscht. Wenn *bürgerliche Jugendliche* sich engagieren, so meist im lokalen Umfeld (Ortsverein, Kirchengemeinde, Schule), auf einen gewissen Gruppendruck hin (»Da musst du mitmachen!«) bzw. in der Nachfolge ihrer Eltern (Übernahme von Verantwortung garantiert im Milieu Anerkennung). In ihrer Religiosität entsprechen sie am ehesten ihren Eltern und führen deren Gewohnheiten und Überzeugungen fort. Bei den Initiationssakramenten sind sie selbstver-

Wenn gefeiert wird, ist die Wahrung der Selbstkontrolle oberstes Prinzip; Drogen werden kategorisch abgelehnt, Alkohol und Tabak nur maßvoll konsumiert (ebd., 130 – 144).

273 Man freut sich, anderen zu helfen und ist stolz darauf, Verantwortung zu übernehmen, wobei man sich schon mit kleinen Erfolgen zufrieden gibt und nur geringes politisches Interesse zeigt.

274 s. Milieustudie U27 2007, 142 – 149. Für ihre Zukunft sehnen sich *traditionelle Jugendliche* nach Glück und Frieden sowie nach einem sicheren und normalen Leben und möchten „der Nachwelt etwas hinterlassen" und „als guter Mensch in Erinnerung bleiben" (ebd., 159).

275 s. Milieustudie U27 2007, 165 – 172. Kulturell orientieren sich *bürgerliche Jugendliche* am populären Mainstream, an dem, was ihnen „einen unmittelbaren Zugang ermöglicht und [..] sie nicht überfordert", neigen zum Konsum von »reality, romance and fantasy« und zählen in keinster Weise zu den Kultur-Enthusiasten (s. ebd., 178 – 181).

ständlich dabei, wohingegen Glaube und Spiritualität nur eine untergeordnete Rolle spielen und allenfalls als Halt in Krisenzeiten betrachtet werden. Von der katholischen Kirche wünschen sie sich jugendgerechtere Gottesdienste, ansonsten halten sie die Kirche in ihren Ansichten für veraltet und konservativ, stellen sie dabei als Institution jedoch nicht grundsätzlich in Frage.[276]

– **Postmaterielle Jugendliche** lassen sich als „notorische Skeptiker und Kritiker" bezeichnen, die sich mit immensen Selbstzweifeln und einen Hang zum Einzelgängertum selber belasten. Mit wachsendem Alter stehen sie selbstbewusster zu ihrer Meinung und ihren Eigenheiten, das selbst auf Kosten zeitweiser oder partieller Isolation. Sie kritisieren die Oberflächlichkeit sowie den Opportunismus anderer Jugendlicher und gehen zur Konsum- und Mediengesellschaft auf Distanz.[277] Sie setzen „sehr hohe normative Maßstäbe" an ihre Freunde, was nicht selten dazu führt, dass man ihnen Elitarismus und Arroganz unterstellt. Die Freundeskreise sind überschaubar und äußerst eng, viele haben häufig nur *einen* engen Freund, an dessen Schicksal sie besonders (emotional) Anteil nehmen.[278] Ihr Engagement (sozial, politisch oder ökologisch) orientiert sich daran, „zu einer »besseren Gesellschaft« selbst etwas beizutragen", wozu sie selber die Initiative ergreifen und versuchen, ihr Umfeld davon zu überzeugen. *Postmaterielle Jugendliche* neigen zu einer eklektischen bis synkretistischen Religiosität, weichen der offiziellen kirchlichen Lehre aus und glauben weniger an einen personalen Gott als vielmehr an »eine höhere Macht«. Glaube muss für sie fühlbar und Spiritualität im Alltag erfahrbar sein. Beides finden sie durch religiöse Eigeninitiative, jedoch nicht in der lokalen Kirchengemeinde bzw. der katholischen Kirche, der sie Amtskälte, Intoleranz sowie Menschen- und Realitätsferne vorwerfen. Gottesdienste müssten von der Atmosphäre wärmer und lebendiger sein, theologisch anspruchsvoller und diskussionsfreudiger.[279]

276 s. Milieustudie U27 2007, 182 – 186. Die Zukunftsvorstellung *bürgerlicher Jugendlicher* lässt sich als Sehnsucht nach dem kleinen Glück beschreiben, zum dem eine gewisse finanzielle Sicherheit, ein sicherer Job sowie eine eigene Familie mit Haus und Garten gehören.

277 s. Milieustudie U27 2007, 236 – 242. *Postmaterielle Jugendliche* legen Wert auf aktive und sinnvolle Freizeitgestaltung: Musik ist für sie Ausdruck einer bestimmten Geisteshaltung (durchaus auch politisch verstanden), Sport muss dem Ausgleich dienen und Arbeit Spaß machen und sinnvoll sein. Sie lesen viel und Vielfältigstes, spielen selber ein Instrument (meist Ausdruck des hohen elterlichen Sozialstatus') und entwickeln nicht selten „eine Leidenschaft für eine welterklärende Theorie/Philosophie" oder für eine „große Sache", mit der sie sich identifizieren. Ihr Interesse gilt der hochkulturellen Kunst und ist zugleich „»flexibel-multikulturell« ausgeprägt", einziges Kriterium ist die Authentizität. Einzigartigkeit, Echtheit, Markenbewusstsein und Nachhaltigkeit kennzeichnen auch ihren Lebens- Einrichtungs- und Kleidungsstil (s. ebd., 249 – 252).

278 In größeren Gruppen (Orchester, Sportverein etc.) finden sich *postmaterielle Jugendliche* mit einer ihnen typischen Reserviertheit eher am Rande, sie sind keine Leader-Typen, sondern eher solche, die wegen ihrer Eigenheiten (Intelligenz, Skepsis, Ästhetik etc.) geachtet werden.

279 s. Milieustudie U27 2007, 252 – 259. In ihrer Zukunft wollen sich *postmaterielle Jugendliche* altruistisch „für eine gute Sache [..] begeistern und dafür einsetzen", dabei befürchten sie, dass sie in die Routine des Alltags fallen und aufhören, bewusst zu leben (s. ebd., 277).

- **Performer Jugendliche** sind „sehr selbstsicher, ehrgeizig, pragmatisch und zielorientiert" und haben das Gefühl, dass ihnen die Welt offen steht. Sie sind die Macher ihres Glücks, die wissen, „was sie erreichen wollen und was sie dazu tun müssen". Sie genießen ihre Freiheit und Freizeit (Events, Wettbewerbe, Selbstdarstellung, Bodykult), nutzen die neuesten Technologien und Medien, vor allem zur Kommunikation und Vergemeinschaftung und sind darauf aus, möglichst viele Erfahrungen zu sammeln und ja nicht auf der Stelle treten.[280] Sie sind »Beziehungs-Netzwerker« mit sehr großen Freundeskreisen und Kontakten in andere Szenen und Cliquen. Freunden fühlt man sich nicht so sehr persönlich verbunden, sondern eher aufgrund gemeinsamer Interessen. Freundschaften müssen ehrlich gemeint und zuverlässig sein, zugleich jedoch offen für Neues. Sie engagieren sich gerne in repräsentativen bzw. organisatorischen Bereichen und „sehen sich selbst in Führungspositionen", dabei legen sie Wert auf ein gutes Gruppenklima sowie pragmatische Lösungsstrategien – für ein soziales Engagement bleibt ihnen eigentlich keine Zeit. Auch Religiosität wird von *jugendlichen Performern* funktionalisiert: Kirche ist sie für sie *ein* Teil ihres sozialen Netzwerkes und wird von ihnen zu Vergemeinschaftungszwecken, als Möglichkeit, um Kraft zu schöpfen sowie aufgrund ihrer Serviceleistungen (Kasualien) in Anspruch genommen. Die katholische Kirche halten sie für nicht anschlussfähig und auch an ihrer Lebenswelt nicht interessiert. Man steht ihr besorgt-distanziert gegenüber und kritisiert gerne deren anti-modernistische Tendenzen (besonders in Verhütungsfragen).[281]
- **Experimentalistische Jugendliche** sind Entdeckertypen, die darauf aus sind, sich selbst auszuprobieren und zu erfinden. Sie wollen zum »wirklichen Leben« dringen, zu dem, was hinter den Dingen und in ihnen selbst (verborgen) liegt. „Neugier und parallele Adaption von Fragmenten verschiedener stilistischer und ästhetischer, semantischer und weltanschaulicher Provenienz" zeichnet sie aus, und ihr Antrieb besteht darin, „eine »unerträgliche, endlose Langeweile«" sowie alles Konventionelle und jede Routine zu überwinden. Allem Fremdem begegnen sie tolerant und offen, immer darauf aus, eine neue Erfahrung machen zu können. Äußerer Leistungsdruck wird von ihnen kategorisch abgelehnt, dagegen wird ungeahnte Energie in Dinge gesteckt, die einen interessieren und richtig Spaß machen.[282] Sie bewegen sich in eher losen Freundeskreisen, die es ihnen ge-

280 s. Milieustudie U27 2007, 313 – 320. *Jugendlichen Performer* gelingt es, „eine affektiv-genussvolle Gegenwartsorientierung mit einer rational-strategischen Zukunftsorientiertung" zu verbinden. Man spricht von ihnen als den »kulturellen Allesfressern«, die in ihrem Lifestyle (Musik, Mode, Einrichtung etc.) alles miteinander taktisch kalkulierend kombinieren und inszenieren (reduziertes Design), sich allerdings „an originären Stilschöpfungsprozessen" nicht selber beteiligen. Ihr kulturelles Interesse ist flexibel und breitgefächert, um überall und jederzeit anschlussfähig zu bleiben (»Early Adapter«), Authentizität dabei spielt nur eine untergeordnete Rolle (s. ebd., 326 - 328).

281 s. Milieustudie U27 2007, 328 – 333.

282 s. Milieustudie U27 2007, 342 – 350. *Experimentalistische Jugendliche* sind vielfach technologiebegeistert, „lernbegierig und entsprechend versiert", allerdings unterliegen sie einer »Zapping-Mentalität«, d. h. man fängt Etliches an, lässt es aber auch bald wieder bleiben. Als absolut Kultur- und Kunstbegeisterte tauchen sie ein in verschiedene Szenen, ohne sich zu binden, überschreiten Grenzen, um den eigenen Horizont zu weiten und konsumieren Kultur nicht nur, son-

statten, „offen und offensiv gegenüber neuen Kontakten" zu bleiben und entziehen sich als „gut vernetzte Einzelgänger" jedweden Vereinnahmungstendenzen (kaum Mitgliedschaft in Vereinen oder Verbänden). *Experimentalistische Jugendliche* engagieren sich für »ihr eigenes Ding«, solidarisieren sich mit Randständigen und smpathisieren mit Protestbewegungen. Gleichzeitig sind sie äußerst interessiert an Weltanschauungen, Glaubensrichtungen und Spiritualitäten. Wenn sie Kontakt zu kirchlichen Personen oder Einrichtungen suchen, dann nur, um mehr über sich und den eigenen Glauben herauszufinden. Ansonsten stehen sie der katholischen Kirche weitgehend gleichgültig bis negativ gegenüber, aufgrund zum Teil schlechter Kindheitserfahrungen mit Kirche, weil die kirchliche Ästhetik sie abstößt und weil sie alles ablehnen, was veraltet oder spießig daherkommt bzw. was sie durch Gebote, Verbote und Zwänge einengen und festlegen könnte.[283]

1.2.3 Eine pluralistisch-integrative Theorie religiöser Entwicklung

Grom versucht, die unterschiedlichen Ansätze der sozialwissenschaftlichen Jugendforschung und der Entwicklungspsychologie in einer pädagogisch-psychologischen Theorie religiöser Entwicklung aufzunehmen. Da er die soziologischen Gesichtspunkte der Reflexionen zur Schulpastoral in den 1980/90ern für hinreichend beschrieben erachtet, konzentriert er sich „auf die biologischen, kognitiven und psychosozialen Veränderungen [..], die die kognitive und emotionale Dimension der Glaubensentwicklung" und der ethisch-religiösen Sozialisation bestimmen. Anknüpfend an die sozial-kognitive Lerntheorie Banduras definiert er das Glauben-Lernen als einen Prozess der *Selbstsozialisation dank Fremdsozialisation*. Soziale Einflüsse (für das Hineinwachsen in christliche Glaubensüberzeugungen und -praxis sind die Familie und Formen der kirchlichen Jugendarbeit besonders wichtig) stehen in Wechselwirkung mit individuellen Lernprozessen. Im Hinblick auf „jugendspezifische Bedingungen religiöser Entwicklung und Sozialisation"[284] stellt sich Grom die Frage, inwieweit der Glaube bzw. die Glaubensentwicklung Jugendlicher in einem Zusammenhang mit deren grundlegenden Entwicklungsaufgaben stehen:

- Körperliche Veränderungen und sexuelle Reifung sind Phänomene, die nicht rein biologisch ablaufen, sondern auch spirituell begleitet werden können. In verschiedenen Kontexten der religiösen Jugendbildung besteht die Chance, sowohl das Körperselbstbild und die damit zusammenhängende Selbstakzeptanz positiv verstärkend zu thematisieren sowie die Einstel-

dern sind selbst kreativ und produktiv. Sie bilden dabei Patchwork-Identitäten aus und lieben die »Ästhetik des Widerspruchs« (unkonventionelle Kombinationen, Mut zum Stilbruch) und sind dennoch – ausgestattet mit einem großen Stilbewusstsein – auf der Suche nach einem inneren sinnhaften Zusammenhang ihres Lebens.

283 s. Milieustudie U27 2007, 368 – 374. Was ihre Zukunft anbelangt, so streben *experimentalistische Jugendliche* nicht nach einem festen Lebensmodell, sondern nach Selbstfindung und Selbstverwirklichung.

284 Grom 2000, 265ff.

lung Jugendlicher zur Sexualität in einen schöpfungstheologischen Rahmen zu stellen bzw. vom christlichen Liebesgebot her zu beleuchten.

- Jugendliche streben nach Unabhängigkeit von ihren Eltern, suchen Kontakte über den familiären Kontext hinaus und wollen mit anderen Lebensweisen und Wertvorstellungen experimentieren. Dies gelingt ihnen am besten in Peergroups, die zugleich dafür sorgen, dass das Verhalten der Gleichaltrigen untereinander durch eigene Normen reguliert wird. Dennoch kennen viele Heranwachsende das Gefühl der Einsamkeit, wogegen Vergemeinschaftungsformen, auch institutioneller Art, helfen. Religionsunterricht, Schulpastoral und kirchliche Jugendarbeit spielen hierbei eine wichtig Rolle, wenn es ihnen gelingt, Jugendkultur und Kirchenkultur einander anzunähern, ohne dass Letztere sich anbiedert oder nivellieren lässt.
- Die kognitive Weiterentwicklung von Jugendlichen hat zur Folge, dass der Kinderglaube in Zweifel gezogen und eine skeptische Einstellung gegenüber Kirche und Religion bezogen wird.[285] Positiv gewendet resultiert daraus die Chance, zu einem reflektierten Erwachsenenglauben zu gelangen, der auf eigener Einsicht und eigenständiger Entscheidung beruht.
- Das Jugendalter ist eine Phase, in der der junge Mensch ein neues Selbstkonzept, eine reflexere und autonomere Selbststeuerung anstrebt, was damit einhergeht, dass er sich vermehrt (auch kritisch) selbst-beobachtet. Neben einem Zeitraum nicht festgelegten Erprobens bedarf es des Aufbaus von Symbolen und Idealen, die ihm eine Allgemeinorientierung bieten – dazu gehört der christliche Glaube. Er wirkt dann identitätsfördernd, wenn er durch die Setzung eines längerfristigen Leitziels zu intrapsychischer Einheit verhilft, wenn er durch prosoziale Handlungen und aufwertende Zukunftsaufgaben das Selbstwertgefühl verstärkt sowie wenn er durch gemeinsame Ziele soziale Bestätigung erfahren lässt.

Den Schwerpunkt von Groms Publikation bildet die Frage nach dem Gottesglauben, wie dessen Entwicklung vonstatten geht und so gefördert werden kann, dass er zu moralischer Selbstkontrolle anleitet, einen Beitrag zur Kontrolle bedeutsamer Lebensereignisse und Emotionsregulation leistet, zum Aufbau eines positiven Selbstwertgefühls beiträgt, die Bereitschaft zu Dank und Verehrung sowie zu prosozialem Empfinden und Verhalten weckt, das Gewissen bildet und für weltanschauliche Erkenntnis interessiert.[286] Grom behandelt zuerst die überwiegend kognitive Dimension des Gottesglaubens, das Gottes- bzw. Jesus-Verständnis,[287]

---

285 Grom beschreibt das „»Zweifelsyndrom« [..], das auch mit einer Distanzierung von der religiösen Praxis einhergeht“. Dieses hat seine Ursachen im gesellschaftlichen Plausibilitätsverlust des Religiösen, im Bedürfnis Heranwachsender, sich von Erwachsenenautoritäten abzulösen, in der Zurückhaltung Jugendlicher, Bindungen einzugehen, während sie noch auf der Identitätssuche sind und v. a. darin, dass im Jugendalter das formal-operatorische Denken sich weitgehend vollständig entfaltet hat und „eine generalisierte kritisch-rationale [...] Einstellung gegenüber allem Religiös-Kirchlichen“ (Grom 2000, 268ff) begünstigt.

286 s. Grom 2000, 22ff.

287 Frühestmögliche Ansätze des Gottesverständnisses verlaufen parallel zur Entwicklung des kognitiven Denkens. Das kindgemäße Gottesverständnis wird durch verstehende Nachahmung und Zustimmung erworben, basiert auf unreflektierter Einsicht, ist „in der Schwebe zwischen Phantasiewelt und Realwelt“ und „in der Schwebe zwischen massiv anthropomorphen und transzendenzbe-

dann die eher emotionale und motivationale Dimension, die Gottes- bzw. Jesus-Beziehung, die genauere Beachtung verdient: Dabei stellt er sich die Frage, wie man die religiöse Bewältigung spezifischer Situationen[288] fördern kann, in denen Heranwachsende so etwas wie die Nähe Gottes erleben. GROM behauptet, dass die „allgemeinmenschlichen Entwicklungsaufgaben des Heranwachsenden durch den Gottesglauben [...] eine eigene Unterstützung und Steigerung erfahren können, so dass beide Prozesse miteinander gekoppelt werden und sich miteinander entwickeln: Das Bemühen um subjektives Wohlbefinden (in Entwicklungsaufgaben) und die Aktivierung des Gottesglaubens.“[289]

Im Folgenden sollen Entwicklungsaufgaben und deren Bewältigungsstrategien bzw. Lebenstechniken dargestellt werden, die „den christlichen Gottesglauben als motivierende Mit-Erfahrung und damit als Kraft“[290] erfahrbar machen.

1.2.3.1 Emotionsregulation, Entspannung und Sammlung

Heranwachsende sollen lernen, mit ihren unterschiedlichsten Gefühlen gut umzuhen, sei dies mittels Bewältigungsstrategien (im Umgang mit negativen bzw. Angst machenden Gefühlen) oder mittels Befriedigungsstrategien (Verstärkung positiver Gefühle und deren Kommemoration bzw. Antizipation). Beide Strategien zielen auf ein inneres Gleichgewicht, richten sich gegen unkontrollierbare äußere Einflüsse bzw. gegen ein inneres Chaos und ermöglichen ihnen, sich selbst zu steuern (Autonomie) und selbst zu finden (Identität). Mit in diese Entwicklungsaufgabe gehört die Fähigkeit, „nach körperlicher und psychischer Anspannung wieder einen ausgeglichenen Spannungszustand“[291] herzustellen. Entspannungsverfahren, die sich als stressreduzierend und angstabbauend erwiesen haben, stehen z. B. mit der *Systematischen Desensibilisierung* oder dem *Autogenen Training* zur Verfügung, wobei davor zu warnen ist, sämtlichen Problemen mit Entspannungsübungen beikommen zu wollen. Die Gegenkraft zur Entspannung ist die Konzentration. Jugendliche sollen lernen, die eigene Aufmerksamkeit zu sammeln und auf eine bestimmte Sache zu richten und damit ein intensiveres Erleben zu ermöglichen. Die »Meditationsfähigkeit« Jugendlicher wird gefördert, indem die gewöhnliche Aufmerksamkeit des Alltags umgeschaltet und – etwa in der Stille und

wussten Auffassungen“ (GROM 2000, 120). Man spricht von der Ausbildung von Anthropomorphismen, nach denen sich das Gottesverständnis von einer buchstäblichen (konkret-operationales Denken) zu einer symbolisch-analogen Prägung (formal-operationales Denken) entwickelt (GROM unterscheidet zwischen einem völlig materiellen, einem abgemildert materiellen und einem vergeistigten Anthropomorphismus, s. ebd., 122), was durch entwicklungspsychologische, sozialisationsabhängige und durch nicht-kognitive Einflüsse bedingt wird.

288 Neben spezifisch religiösen oder kirchlichen Situationen, sollen v. a. Notfall-, Einsamkeits- und Angstsituationen, schulische, moralisch relevante, freudvolle und glückliche Situationen und Naturerfahrungen in den Blick genommen werden (s. dazu TAMMINEN 1993).

289 GROM 2000, 148.

290 GROM 2000, 150. Zu Funktionen des christlichen Glaubens für die Humanentwicklung s. auch KAUFMANN 1989, 82 – 88, der dabei zwischen 1. Identitätsstiftung, 2. Handlungsführung, 3. Kontingenzbewältigung, 4. Sozialintegration, 5. Welt-Kosmisierung und 6. Welt-Distanzierung unterscheidet. Dabei ist allerdings vor den Unzulänglichkeiten einer Instrumentalisierung des Glaubens zu warnen und gleichzeitig zu betonen, dass Glaube tiefer geht, denn er rührt an ein Existential des Menschen, d. h. er entspricht dem Wesen des Menschen, ohne den dieser sich nicht vollständig entfaltet.

291 GROM 2000, 154.

unter Reduzierung der Sinneswahrnehmung – auf die mentale Innenwelt gelenkt wird, indem z. B. ein einzelner Gegenstand fokussiert wird und die Betrachtung im Zustand entspannter Wachheit geschieht. Religiös motivierte Lösungen bieten laut GROM die Chance, dass die innere Auseinandersetzung mit Emotionen innerhalb des Selbstgesprächs übergehen kann in ein persönliches Zwiegespräch mit Gott, der im Gebet stets ansprechbar und gesprächsbereit ist. Entspannung kann im religiösen Kontext als geglaubte und unbedingte Geborgenheit in Gott erfahren werden. Und schließlich kann Sammlung dazu beitragen, dass nicht nur profane, sondern auch religiöse Inhalte intensiver erlebt und nachhaltiger verankert werden.

Angewandt auf die Praxis plädiert GROM im Hinblick auf Kinder bis etwa Klasse 5 zum einen für einen Grundkurs, in welchem diese lernen, sich zu entspannen und zu sammeln, um so die eigene Innenwelt immer mehr zu entdecken, zum anderen dafür, meditative Impulse gezielt einzusetzen, etwa in der religiösen Unterweisung oder in gottesdienstlichen Situationen. Im Hinblick auf Jugendliche schlägt er vor, die „altersgemäße Motivation“[292] zu beachten und Entspannungsübungen anzubieten oder Formen des *Tagesrückblicks* zur Unterstützung der Identitätsarbeit.

1.2.3.2 Aufbau und Aufrechterhaltung des Selbstwertgefühls

Das Selbstwertgefühl hat einen starken Einfluss auf die Lebenszufriedenheit und den Lebenssinn. Eng gefasst bezieht sich das Selbstwertgefühl auf Einzelbereiche (körperliche Merkmale, Fähigkeiten, Begabungen, Verhalten), deren Bedeutung sich im Laufe des Lebens stark wandeln kann, wohingegen das weit gefasste *globale Selbstwertgefühl* die Person als Ganze bewertet und durch Bilanzierung zustande kommt, „in der einzelne Merkmale generalisiert und Schwächen durch Stärken ausgeglichen werden“[293]. Der Umgang mit Fremdbewertungen (1), das Vergleichen mit Menschen, die einem entsprechen (2), die realistische Selbsteinschätzung (3) und das Messen des eigenen Verhaltens an den selbstgesetzten Erwartungen (4) sind Teilprozesse, die am Aufbau und bei der Aufrechterhaltung des Selbstwertgefühls beteiligt sind. Innerhalb der Teilprozesse (1) und (4) kann sich „die Frage nach einer übermenschlichen Bewertungsinstanz und einem transsozialen signifikanten Anderen stellen“[294]. Religiöser Erziehung bietet sich dabei die Möglichkeit, auf den annehmenden und unterstützenden Gott der Bibel hinzuweisen und in ihm eine zusätzliche Quelle zur Bestätigung und Bestärkung des Selbstwertgefühls zu erschließen. Das bedeutet: Religiöse Erziehung/Bildung[295] kann zusammen mit der religiösen Praxis des Heranwachsenden dessen globales Selbstwertgefühl günstig beeinflussen, wenn im Rahmen menschlicher Fremdbewertungen auch an den *transsozialen signifikanten Anderen*, der in seiner unbedingten Wertschätzung nicht schwankt, mit-gedacht wird sowie wenn im Rahmen individueller Selbstbeurteilung die Einsicht vermittelt wird, dass der Jugendliche

292 GROM 2000, 159. Jugendliche suchen „Entspannung/Sammlung als wirksames Mittel gegen Hektik, Stress und Fremdbestimmung“ (ebd.).

293 GROM 2000, 160.

294 GROM 2000, 162.

295 Gemeint sind besonders solche religiöse Unterweisungen, die wertschätzende zwischenmenschliche Beziehung anbieten und die so lebensrelevant und prozessorientiert angelegt sind, dass sie alle Teilprozesse der Selbstwertregulation bedingen (s. schulpastorale Angebote).

mit Gott, der zuverlässiger und barmherziger urteilt als der Mensch, „gegen Selbstabwertungstendenzen kämpfen und [sich] um Selbstachtung und Selbstvertrauen bemühen“[296] soll und kann.

Angewandt auf die Praxis plädiert Grom dafür, dass das Sprechen von Gott, der jeden Menschen unbedingt bejaht und akzeptiert, mit einem unterstützenden »Sozialklima der Wertschätzung« einhergehen und „möglichst im Zusammenhang mit einer Bewusstmachung der Selbstwertproblematik und der nötigen Selbstbewertungsprozesse erfolgen“[297] soll. Kommunikations- und Sozialtrainings, in denen Jugendliche lernen, eigene Bedürfnisse angemessen und erfolgsversprechend zu artikulieren sowie Wertschätzungsübungen, in denen Jugendliche einander positiv verstärkende Rückmeldung geben bzw. sich mit spontanen Selbstabwertungstendenzen auseinandersetzen, sind im Kontext dieser Entwicklungsaufgabe hilfreiche Angebote.

1.2.3.3 Aneignung von Belastungsbewältigung

Angesichts der hohen emotionalen Belastungen, denen bereits Kinder sowie in weitaus höherem Maße Jugendliche durch Konflikte und Stress im schulischen, freizeitlichen und familiären Kontext sowie in Form von Leistungsängsten und Krankheiten ausgesetzt sind, ist es für Heranwachsende wichtig, Stressbewältigungskompetenz zu erwerben, um das eigene Wohlbefinden zu sichern. Neben problembezogenen Bewältigungsweisen, die darauf aus sind, gewisse Lebenssituationen zu verändern bzw. die eigenen Erwartungen den Belastungen anzupassen, gibt es emotionsbezogene Bewältigungsweisen, die versuchen, die mit Belastungen zusammenhängenden Gefühle zu beeinflussen bzw. zu be- und verarbeiten (Emotionsregulation).[298] Günstig und erfolgreich ist Belastungsbewältigung dann, wenn sie das „nötige Ausmaß an positiven Kontrollüberzeugungen ermöglicht, das heißt das »Kontrollbedürfnis« [...] befriedigen hilft und einen damit vor Kontrollverlust und den Gefühlen der Versagensangst, Ohnmacht und Hoffnungslosigkeit bewahrt.“[299]

Glaube und Gebet (gemeinschaftlich oder persönlich praktiziert) sind religiös fundierte Bewältigungsstrategien, die auf den Umgang mit Belastungen positiv einwirken können, indem sie kognitive Umstrukturierungen unterstützen und den Zugang zu einer transsozialen Unterstützung eröffnen. Religiös geprägte Stressbewältigung weist darauf hin, dass man für das eigene Leben nicht nur gegenüber sich selbst, sondern auch gegenüber Gott verantwortlich ist, was suizidverhütend wirken kann. Sie zeigt auf, dass vor Gott jede Form von Scheitern, Leid und Unglück „nicht zugleich ins Un-Heil stürzt“[300], was verlustrelativierend und angstreduzierend wirken kann. Schließlich fördert sie das Vertrauen darauf, dass Gott ei-

---

296 Grom 2000, 164.

297 Grom 2000, 166.

298 Beide Bewältigungsweisen lassen sich nochmals in internale Bewältigungsstrategien, in aktive Bewältigungsformen unter Nutzung sozialer Ressourcen sowie in problemvermeidendes Verhalten unterteilen (s. Grom 2000, 171f).

299 Grom 2000, 170.

300 Kehl 2006, 258.

nem immer die Kraft gibt, die man braucht, um Schwierigkeiten zu meistern und dass er einen dabei nicht alleine lässt, was tröstend wirken kann.

Angewandt auf die Praxis plädiert Grom dafür, Heranwachsende „mit einer religiösen Belastungsbewältigung vertraut zu machen, die [...] kooperativ-spirituell und nicht passiv-materiell ausgerichtet ist und die Kinder und Jugendliche beim Umgang mit möglichst vielen wichtigen Problemen – nicht nur den schul- und leistungsbezogenen – unterstützt.“[301] Dies gelingt am besten so, dass man etwa exemplarisch zeigt, wie Christen sich gegenüber Problemen verhalten, indem sie sowohl allgemeine Bewältigungsstrategien anwenden als auch in ihrem Glauben sowie im Gebet[302] Impulse entdecken und aus ihnen Kraft schöpfen, die es ihnen ermöglichen, Schwierigkeiten mit einer gewissen Gelassenheit und Gottvertrauen zu begegnen und dann – soweit es in ihrer Macht steht – diese auch aktiv angehen. Im Hinblick auf Jugendliche schlägt er Einzelbesinnungen vor, die sich an *Problemlöse-Trainings* orientieren.

1.2.3.4 Entwicklung und Aufrechterhaltung einer positiven Lebenseinstellung

Eine positive Lebenseinstellung bezieht sich weitestgehend auf die Offenheit für sinnerfüllende Erlebnisse in kulturellen und auf die Bereitschaft für Interaktionen in mitmenschlichen Kontexten, was dazu beitragen kann, dass die generelle Lebenszufriedenheit bzw. das subjektive Wohlempfinden gestärkt werden. Im Rahmen dieser Entwicklungsaufgabe sollen Heranwachsende lernen, begegnungs- und kontaktfähig zu werden, empfänglich und offen für Genüsse und Gefühle, interessiert an ihrer Umwelt und einsatzbereit für andere und anderes. Religiöse Erziehung/Bildung versucht mittels einer „Kultur des Dankens und des Lobpreises [..], die im biblischen Schöpfungsglauben und seiner Spiritualität des »Genießens in Danksagung«“[303] begründet ist, Sinnorientierung zu stiften und eine positive Lebenseinstellung zu ermöglichen. Besonders wirksam gelingt dies, wenn diese religiöse Kultur eingebettet ist in ein Wertgefüge und einen Lebensstil, in denen auch andere positive Einstellungen (familiärer, sozialer oder kultureller Art) Beachtung finden und gefördert werden, wenn die Aufmerksamkeit gezielt auf das Positive im Leben (das Gute, Schöne und Gelingende) gerichtet wird, sowie wenn Heranwachsende immer wieder darauf hingewiesen werden, dass das Leben ein wertvolles und hochzuschätzendes Geschenk ist und keine Selbstverständlichkeit oder gar eine banale, herstellbare und konsumierbare Angelegenheit.

Angewandt auf die Praxis plädiert Grom dafür, Dankbarkeit und Verehrung Kindern und Jugendlichen am besten im Rahmen von Festen und religiösen Feiern nahezubringen. Des Weiteren schlägt er vor, religiöse Unterweisung solle Lebens-

301 Grom 2000, 174. Unter passiv-materiellen Bewältigungsstrategien versteht Grom Kontrollversuche magischer Art. In der Bittgebetspraxis äußert sich dies in einer Einstellung, „die sich – instrumentell – an Gott wendet, um durch sein unmittelbares Eingreifen, bei minimaler eigener Anstrengung, vor allem eine materielle Situationsänderung zu erreichen“ versucht und die „mehr oder weniger stark verdienst- und gerechtigkeitsorientiert“ (ebd., 178) sein kann.

302 s. dazu Kehl 2006, 246 – 261, besonders 256 – 261 „Testfall Bittgebet“.

303 Grom 2000, 190.

freude und -zufriedenheit so thematisieren, dass dies zum Nach- und Weiterdenken anregt, den Fokus der Aufmerksamkeit verstärkt auf Positiverfahrungen richtet und versucht, dabei die religiöse Dimension zu erschließen.

1.2.3.5 Aufbau prosozialen Empfindens, Denkens und Verhaltens

Jugendliche wachsen in einer Gesellschaft auf, die tendenziell mehr denn je zu Individualisierung und Entsolidarisierung neigt und sich an Statussymbolen, Leistung und Konsum orientiert. Symptome dafür sind Konkurrenzdenken, Ellenbogenmentalität bis hin zu Gewaltbereitschaft. Dem gegenzusteuern, ist schwer und gelingt wohl nur, indem die soziale Einsatzbereitschaft Heranwachsender gefördert wird, weswegen die Entwicklungsaufgabe des Aufbaus und der Entfaltung „prosozialen Empfindens, Denkens und Verhaltens [nicht nur] für das Wohlbefinden und die Menschenwürde von Kindern und Jugendlichen“[304] immens bedeutsam, sondern auch für die Gesamtgesellschaft hoch relevant ist. Jedes Gemeinwesen braucht Individuen, die in und mit ihren Handlungen das Wohlergehen anderer wollen und dies auch aktiv und eindeutig fördern, wobei sowohl die Motivation zu prosozialem Verhalten als auch die Kostenabwägung demgegenüber sehr unterschiedlich ausfallen können.[305] Entscheidend dafür, dass sich Prosozialität überhaupt entwickelt und sich diese auch in konkreten Interaktionen auswirkt, „ist, dass die Wahrnehmung von Bedürfnissen anderer Menschen im potentiellen Helfer persönliche, situationsspezifische Normen aktiviert und eine entsprechende moralische Verpflichtung erleben lässt“[306]. Dies zu fördern ist zunächst Aufgabe individueller Lernprozesse, die dabei ansetzen, Heranwachsende in puncto Empathiefähigkeit und Perspektivenübernahme zu schulen, was durch Selbstverstärkung gelernt wird. Des Weiteren sind sie auf eine sozialkognitive Weiterentwicklung aus, was durch Einsicht gelernt wird und zielen schließlich auf die Ein- und Ausübung prosozialen Verhaltens, worin Kinder und Jugendliche erleben, „dass sie gebraucht werden und ihre Kompetenz beweisen können“[307], was durch eigenes Tun gelernt wird. Heranwachsende, die sich so engagieren, erfahren zumeist eine Steigerung ihrer Handlungskompetenz und ihres Selbstwertgefühls. Individuelle Lernprozesse müssen durch soziale Lernprozesse begleitet werden, die vor allem auf herzlichen Beziehungen (zu den Eltern, aber auch zu Lehrern und Peers) basieren.[308] Heranwachsende, die in positiven Beziehungen groß werden, verfügen eher über ein Selbstkonzept, das ihnen erlaubt, auf die Bedürfnisse von anderen zu achten. Sie tendieren häufiger zu einer positiven Grundeinstellung gegenüber ihren Mitmenschen und begegnen Erziehenden öfter so, dass sie bereit sind, an ihnen als Modell, von ihnen durch Instruktionen und mit ihrer Hilfe durch Fremdverstärkung zu lernen. Religiöse und besonders christliche Erziehung/Bildung

---

304 Grom 2000, 194.

305 Motive für prosoziales Verhalten werden durch äußere Erwartungen bzw. innere Einstellung gespeist, während die entstehenden Kosten (der anfallende Aufwand) zwischen *sehr gering* und *erheblich* variieren (s. Grom 2000, 196).

306 Grom 2000, 198.

307 Grom 2000, 202.

308 Wie wichtig soziale Beziehungen für den Aufbau einer Gottesbeziehung ist (und umgekehrt), dazu s. Boschki 2003 und Nipkow 2007.

kann mittels ihrer zentralen Botschaft der Nächstenliebe maßgeblich die Prosozialität Jugendlicher prägen und günstig beeinflussen. Zunächst ist es das Elternhaus, dann aber auch die kirchliche Jugendarbeit und der konfessionelle Religionsunterricht, in denen Heranwachsende an Vorbildern sowie durch das eigene Tun lernen, sich für andere und das Gemeinwohl einzusetzen und einsetzen zu lassen. Prosoziales Verhalten kann allerdings auch extrinsisch motiviert, instrumentalisiert und mehr oder weniger aufgezwungen werden, was pädagogisch abzulehnen ist. Dagegen ist eine intrinsische religiöse Motivation zu bejahen, da in ihr „Hilfsbereitschaft den Rang einer Verpflichtung [erlangt], die nicht nur dem Hilfsbedürftigen und der eigenen Vernunft (Gewissen) gegenüber gilt, sondern auch Gott gegenüber: Sie wird höchste Verantwortung. Und gleichzeitig erhält sie auch eine Anerkennung, die nicht nur vom Bedürftigen, von einer ihn unterstützenden Gruppe oder der Gesellschaft ausgeht, sondern auch von Gott: Sie wird höchste Sinnerfüllung.“[309]

Angewandt auf die Praxis plädiert Grom dafür, die kognitive Auseinandersetzung mit prosozialen Wertüberzeugungen mit einer praktischen Sozialerziehung zu koppeln. Dadurch soll zum einen die Empathiefähigkeit gegenüber Benachteiligten gefördert werden, zum anderen soll das kognitiv Angeeignete auf angemessene, altersgemäße und situationsgerechte Weise in persönliche Wertehaltungen übergehen und zumindest ansatzweise in eine Tat umgesetzt werden, wobei das spezifisch Christliche darin besteht, dass der Glaube im Einsatz für andere nicht nur das Opfer sieht, sondern zugleich etwas Erfüllendes erkennt. Für die Arbeit mit Jugendlichen schlägt er differenzierte Formen von Sozialerziehung vor, in denen diese anhand von Fallbeispielen über Fremdsituationen reflektieren, innerhalb von Lerngruppen prosoziale Beziehungen einüben und etwa in begleiteten Sozialpraktika durch eigenes Handeln lernen, was es bedeutet, für andere da zu sein.

1.2.3.6 Gewissensbildung und differenziertes Verantwortungsbewusstsein

Die Pluralisierung der Gesellschaft macht es Heranwachsenden nicht leicht, auf überlieferte Normen zurückzugreifen, sondern fordert von ihnen eine Gewissensbildung, die es ihnen erlaubt, sich an durch persönliche Einsicht und Selbstverpflichtung angeeigneten Normen zu orientieren und verantwortlich zu handeln. Der junge Mensch steht vor der Aufgabe, ein Verantwortungsbewusstsein auszubilden, das darin besteht, sich zuständig zu wissen und zu fühlen für das, was in einer bestimmten Situation von ihm (gerechter- und hilfsbereiterweise) verlangt wird sowie sich verantwortlich zu wissen gegenüber den Instanzen, die von ihm Rechenschaft fordern, also gegenüber seinen Mitmenschen, dem eigenen Gewissen und – wenn er gläubig ist – auch gegenüber Gott. Dabei ist es wichtig, ihm zu vermitteln, dass damit nicht nur belastende Forderungen zu erfüllen sind, sondern dass selbst erkannte Normen und deren Einhaltung positiven Einfluss haben auf sein körperlich-seelisches Wohlbefinden[310] und auf seine Würde, die er als sittli-

309 Grom 2000, 208.

310 Grom nennt diesbezüglich Normen, wie »sein Leben nicht durch Exzesse und unnötige Risiken gefährden«, »eigene Begabungen nicht brach liegen zu lassen, sondern sie für sich und für das Gemeinwohl zu entfalten«, »zum eigenen Leib ein positives Verhältnis aufbauen«, »lernen, sich für seine Rechte einzusetzen und sich durchzusetzen« sowie »ein realistisches Selbstwertgefühl

ches Subjekt[311] hat. Positiv erfahrbar wird dies für einen Jugendlichen, indem er erlebt, dass er mit sich selbst identisch und zufrieden ist, dass er sich moralisch selbst-kontrollieren und in Freiheit selbst-bestimmen kann, dass er von anderen als vertrauenswürdig und verlässlich eingestuft und anerkannt wird und dass er eine innere Genugtuung spüren kann, wenn er sich zurücknimmt und anderen zu ihrem Recht verhilft. Als Prozess der Selbstregulation geschieht Gewissensbildung auch bei Heranwachsenden in drei Schritten: 1. beobachtet er sich selbst und sein Verhalten, 2. bewertet er dieses und gleicht es ab mit eigenen Erwartungen und allgemeinen Normen. Stimmen Selbstbeobachtung und Selbstbewertung positiv überein wird dies 3. sein Selbstwertgefühl verstärken. Gehen sie auseinander, wird dies eher Selbstkritik, gegebenenfalls auch Selbstverachtung auslösen.[312] Damit moralisches Wissen zu moralischem Handeln wird, müssen Kinder und Jugendliche die Befolgung grundlegender Regeln unabhängig von Autoritäten bzw. Sanktionen internalisieren, das heißt, sie müssen eine verinnerlichte moralische Motivation ausbilden, „durch die Moral über das neutrale Wissen hinaus auch ein identitätsbedeutsames Anliegen wird und das eigene Handeln bestimmt, auch wenn es etwas kostet“[313]. Nicht fehlen dürfen eine immer differenziertere moralische Urteilsfähigkeit, eine *leibhaftige Empathiefähigkeit* und Formen von *Selbststeuerung*. Pädagogisch kann dies etwa in sozialen Lernprozessen gefördert und im Moralunterricht mit Hilfe moralischer Dilemma-Geschichten eingeübt werden. Eine biblisch fundierte religiöse Erziehung/Bildung, die sich ethisch am Doppelgebot der Gottes- und Nächstenliebe und darin implizit auch an der Selbstliebe ausrichtet, hat die Chance, Heranwachsende in der Entwicklung eines differenzierten Verantwortungsbewusstsein zu unterstützen und zur Gewissensbesinnung zu ermutigen, indem sie zum einen Moral „als potentielle Mit-Erfahrung Gottes“, also als verpflichtende und zugleich erfüllende Form des Mit-Liebens „der Schwestern und Brüder des gemeinsamen Vaters“[314] vermittelt, zum anderen indem sie die Vergebungsbereitschaft Gottes in den Kontext von Schuldeingeständnis, Reue, und Entschuldigung/Wiedergutmachung stellt und in der Absolution die Befreiung von Schuld zuspricht, was einer transzendenzlosen Ethik nicht möglich ist.

Auf die Praxis angewandt plädiert Grom bei allen Altersstufen für Formen des Tagesrückblicks, die als kreative Selbstexploration sowohl Dimensionen der Selbstkritik, aber auch des Selbstlobs beinhalten sollen und dass Verantwortlichkeit differenziert, situationsangemessen und personengerecht zu prüfen ist,[315] um religi-

auszubilden« (s. Grom 2000, 213).

311 Grom nennt hier stichwortartig »Wahrhaftigkeit«, »Unbestechlichkeit«, »Selbstachtung«, »Vermeidung von Selbsteinschränkung durch Drogenmissbrauch« und »Unterlassen von Unrechtshandlungen« (s. Grom 2000, 213).

312 Eine gute Kultur der Gewissensbesinnung wird drauf achten, dass sie nicht nur zur nötigen Selbstkritik führt, sondern auch das berechtigte Selbstlob betont, wenn etwas wirklich gelungen ist bzw. gemeistert wurde.

313 Grom 2000, 219.

314 Grom 2000, 226.

315 Verantwortlich kann jemand sein, insofern er 1. mit einer Tat bzw. einem Täter assoziert wird, er 2. etwas (ob vorhersehbar oder nicht) verursacht hat, er 3. etwas, obwohl vorhergesehen, getan hat, er 4. etwas absichtlich herbeigeführt und fahrlässig verursacht hat oder insofern er 5. sein be-

ösen Skrupeln vorzubeugen. Er betont, wie entwicklungsfördernd es sein kann, Schuld und Versagen nicht nur festzustellen, sondern „auch nach den Motiven und Konflikten zu fragen, denen diese entspringen“[316]. Schließlich legt er Wert darauf, dass jede Form von Gewissensbesinnung, besonders die Beichte oder eine Bußfeier, immer eine positive Zukunftsperspektive beinhalten sowie die Möglichkeit für einen Neuanfang und für das Beschreiten des Weiteren Weges eröffnen muss.

1.2.4 Zielrichtung religiöser Entwicklung

Bei der Relecture des Lehrbuchs von Bernhard Grom ist deutlich geworden, dass die religiöse Entwicklung von Kindern und Jugendlichen weder allein in Form von Stufenmodellen noch anhand sozio-kultureller Analysen hinreichend erklärt werden kann. Es bedarf vielmehr einer pluralistisch-integrativen Theorie, die die Reorganisation des »Ich – Umwelt – Gottes – Bezugs« in den Blick nimmt und dabei von einer „enormen Variabilität religiöser Lern- und Entwicklungsprozesse“ ausgeht, „konsequent auf die internen Lernvoraussetzungen des Heranwachsenden achtet“ und „auch die Sozialisationsfaktoren einbezieht“[317].

Religiöse Subjektwerdung: Zur Arbeit an der eigenen Identität, die eine der elementarsten Herausforderungen der Jugendphase darstellt, gehört, dass Jugendliche sich mit ihren Überzeugungen und ihrem Glauben auseinandersetzen.[318] Diese stehen in der Adoleszenz nicht selten in der Spannung zwischen Idealen, Visionen und Begeisterung auf der einen und Zweifel, Desinteresse und Gleichgültigkeit auf der anderen Seite. Um zu einem eigenen Standpunkt religiöser Überzeugung und Mündigkeit[319] zu gelangen, orientieren sich Heranwachsende zunächst an ihren Eltern und ihrer Familie, indem sie sich an deren religiöser Praxis beteiligen. Im Kontakt mit anderen Autoritäten (Lehrer, Gruppenleiter oder Geistliche) und noch mehr in der Auseinandersetzung mit Gleichaltrigen kommt es dann oft zu einem Hinterfragen des eigenen Glaubens und der eigenen religiösen Praxis. Glaube und Vernunft, Gott und Welt, Freiheit und Bindung müssen innerlich zusammengebracht und äußerlich in einem gewissen Maße vertreten werden, was die Bildung der *religiösen Urteilskraft* verlangt. Darüber hinaus gehört zum religiösen Erwachsenwerden, dass Religion und Glaube, zumindest wenn sie christlich ver-

---

absichtigtes Tun rechtfertigend entschuldigt. Verantwortlichkeit im Sinne von Sünde bezeichnet in der Bibel „die schwere Schuld erwachsener Menschen, zu der 8- bis 18-jährige [...] in der Regel noch gar nicht fähig sind. Um die Verfehlungen, Nachlässigkeiten, Unbeherrschtheiten, Rücksichtslosigkeiten, Fahrlässigkeiten und Schwächen zu erfassen, deren sich Heranwachsende (und Erwachsene im gewöhnlichen Alltag) bewusst werden sollten“ (Grom 2000, 227), muss man differenzieren und mit den Begriffen vorsichtig umgehen.

316 Grom 2000, 229.

317 Grom 2000, 79.

318 Zum Zusammenhang der Suche nach dem eigenen Selbst und der Gottessuche in der Jugendphase s. Klosinski 2005, 187ff. Zur Gestaltwerdung des Glaubens im Jugendalter s. Biesinger/Schmitt 1998, 95 – 106.

319 Gaus versteht in Anlehnung an Hans-Georg Ziebertz religiöse Identität als offenen kommunikativ-interaktionellen Prozess und schreibt der christlichen Identität „eine narrative, interpretative Grundstruktur“ zu, weswegen seiner Meinung nach religiöser Bildung die Aufgabe zukommt, „religiöse Kommunikationsprozesse zu begleiten“ (Gaus 2007, 139) und die narrativ-interpretative Kompetenz Heranwachsender zu fördern.

standen werden, nicht allein gelebt werden können, sondern Formen der Vergemeinschaftung, des Austauschs und der traditionellen Verwurzelung brauchen. Zum Christ-werden gehören darum notwendigerweise die soziale Dimension sowie Formen der Solidarisierung und der Nächstenliebe.

Fortschreiben der Gottesbeziehung: Ein reifer Gottesglaube lässt sich allerdings auch nicht allein auf der zwischenmenschlichen Ebene gewinnen. Förderlich erweisen sich Impulse von außen, die das inhaltliche Glaubenswissen und das allgemeine Gottesverständnis vertiefen. Noch mehr jedoch sind es persönliche und konkrete Beziehungs- und Glaubenserfahrungen, bei denen Heranwachsende lernen, dass sie in ihrer Gottesbeziehung wachsen können.[320] Der kindliche, zuweilen naive und meist unmittelbare Glaube wird zu einem verantworteten und entschiedenen Glauben, der die verschiedensten Spannungen aushält,[321] der immer wieder auf die Probe gestellt wird und sich darin als tragfähig erweist, der sich in den mannigfaltigen Lebensbereichen als befreiend auswirkt und der mehr und mehr dazu führt, mit dem trinitarischen Gott vertraut zu werden sowie mit Christus in Kontakt zu treten, wie mit einem guten Freund (s. GÜ 54).

1.3 Entwicklung, Bildung, Erziehung, formatio

Die Ergebnisse der Untersuchung humaner und religiöser Entwicklung Heranwachsender lassen sich bündeln in einem Bildungsbegriff, wie er für den Fortgang der vorliegenden Arbeit wichtig sein wird. In den vorhergehenden Kapiteln ist deutlich geworden, dass sich der junge Mensch »nicht einfach so« aus sich heraus entwickelt, dass sich die Anlagen, die in seinen Genen enthalten sind, »nicht einfach so« entfalten oder dass die verschiedenen Umwelt- und Sozialisationsfaktoren, denen der Heranwachsende ausgesetzt ist, ihn »nicht einfach so« gestalten. Der Mensch ist nicht allein Produkt seiner Entwicklung oder Sozialisation, sondern *bildet sich* im zweifachen Sinne (transitiv und reflexiv) und *wird gebildet* (intransitiv) in einem Prozess, den wir Bildung nennen. Ein Blick auf die Entwicklungsaufgaben zeigte, dass der Bildungsprozess ein Geschehen ist, das der Heranwachsende selber aktiv mitgestalten muss, bei dem er Unterweisung und Unterstützung erfährt, bei dem er aber auch akzeptieren muss, dass er sich selbst nicht gänzlich »machen« kann, sondern dass es dabei Dinge gibt, die sich seinem Zugriff und Einfluss und dem seiner Mitmenschen entziehen. Diese Spannung zwischen Aktivität und Passivität, zwischen Konstruktion, Ko-Konstruktion und Zulassen muss er aushalten, ertragen und durchtragen, im Vertrauen darauf, dass er sich bildet, dass er zu dem wird, der er immer mehr werden und sein kann. Für die Schulpastoral wird das bisher Erarbeitete fruchtbar, wenn man pastorales Handeln

320 Biesinger/Schmitt 1998 beschreiben die Gottesbeziehung als lebenslangen Lernprozess, der davon ausgeht, dass Gott immer schon gegenwärtig ist. Dieser Lernprozess muss angeregt und von begleitet werden durch Vorbilder, die dabei helfen das Immer-schon-geliebt-Sein durch Gott besser und tiefer wahrzunehmen und darauf mit dem ganzen Leben zu antworten. s. dazu Scharer 1999, der Religiosität als „Konstitutivum jedes Menschen" (ebd., 15) annimmt.

321 Eine sehr grundsätzliche Spannung ist die, dass der christliche Gottesglaube ein vermittelter ist und bleibt. Die Beziehung zu Gott bleibt unverfügbar. Obwohl man sich für sie disponieren kann, bleibt sie letztlich gnadenhaftes Geschenk Gottes.

auch als Bildungsgeschehen betrachtet, was naheliegt, da sich „Seelsorge als Sorge um das Menschsein in seiner Ganzheit“[322] versteht. Ein Teilgebiet der ganzheitlichen Bildung stellt die religiöse Bildung dar, die von der religiösen – genauerhin christlichen bzw. katholischen – Erziehung und von einer in dieser Arbeit anvisierten *ignatianischen formatio* zu unterscheiden ist:

Religiöse Bildung lässt sich analog zum allgemeinen Bildungsbegriff bei Thomas Buchheim als Bildung der *religiösen Urteilsfähigkeit*[323] bezeichnen, die nicht in erster Linie auf religiöses Wissen und Können abzielt, sondern darauf, was einer im religiösen Sinne *ist*, was er dementsprechend *tut* und wie er sich *verhält*.[324] Des Weiteren beschreibt religiöse Bildung eine nicht aufzulösende Spannung innerhalb der menschlichen Seele: Einerseits ist sie ein Vorgang, ein „»Gebilde«, zu dem etwas wird und sich entwickelt“, andererseits ist sie das Ergebnis eben dieses Vorgangs, ein »Bild«, „in dem sich etwas darstellt und sich uns zur Kenntnis bringt“. Diese Spannung führt schließlich zu einer bleibenden Differenz zwischen einer möglichst umfassenden, jedoch mit einem selbst „unverbundenen Weite des Horizonts von Kenntnissen und Fähigkeiten“ und einer „auf Selbstverwirklichung zielenden Anverwandlung von Stoffen oder Verhaltensweisen“ des »religiös Gebildeten«. Wenn Buchheim darüber hinaus Bildung als „Artikulation des Selbst eines Menschen“ beschreibt, die zwar von diesem Selbst ausgeht, aber »gefüttert« und beschickt wird „mit verallgemeinernden Gehalten und Stoffen, die durch den Menschen wiederum – mehr oder weniger artikuliert – zur Darstellung gelangen“[325], sind wir nahe an dem, wie religiöse Bildung evangeliengemäß, etwa anhand des Gleichnisses vom Sämann (s. Mk 4,1 – 9.13 – 20), zu verstehen ist: *Objektive* Bildung in Form des gesäten Wortes muss zu *subjektiver* Bildung werden, indem das Wort auf guten Boden fällt und Frucht bringt.[326] Dies macht deutlich, dass das Ziel religiöser Bildung nicht die Beschaffenheit des Bodens, sondern die gute Frucht[327] ist – oder christlich pointierter ausgedrückt: Religiöse christliche

322 Knobloch 2000, 44. s. dazu Grundzüge jesuitischer Erziehung 1986, 25 – 33, sowie Gemeinsame Synode 1976, 521.

323 Zur religiösen Urteilsfähigkeit s. Dressler 2005, 59: „Das »Proprium« religiöser Bildung besteht nicht in der Verpflichtung auf einen Glauben, aber in der Befähigung zur Identifizierung – und dann eben auch zum situativ angemessenen Gebrauch – religiöser Sprach- und Zeichenformen, und damit zu deren Unterscheidung von den Sprach- und Zeichenformen anderer Modi des Weltverstehens.“

324 Bei religiöser Bildung „handelt es sich nicht nur um einen menschlichen Erziehungsprozess, sondern um einen wahrhaft christlichen Weg, der auf Vollkommenheit ausgerichtet ist“ (KKB 1988, Nr. 48).

325 Buchheim 1998, 456.

326 Grom versteht unter *religiöser Bildung* die Entwicklung des Gottesglaubens, bei der er kognitive (Gottesverständnis) von emotionalen und motivationalen Aspekten (Gottesbeziehung) zwar unterscheidet, jedoch eine engste Wechselwirkung zwischen ihnen annimmt (s. Grom 2000, 115f). Für Hans Mendl ist klar, dass, wenn es um religiöse Lernprozesse geht, „unter entwicklungspsychologischen Gesichtspunkten transformative Modelle eines Umgangs mit Wissens-Elementen tragfähiger“ sind. „Religiöses Grundwissen (»Wissen an sich«) wird nur dann zum Orientierungswissen (»Wissen wozu«), wenn seine Lebensbedeutung subjektiv (»Wissen für mich«) erfahrbar wird“. Trotzdem betont er am Ende die Wichtigkeit religiöser Inhalte, indem er schreibt: „Bildung funktioniert nicht ohne Wissen, religiöse Subjektentwicklung gelingt nicht ohne einen elementarisierenden Rückgriff auf das in der christlichen Tradition erhaltene Verständigungswissen über Sinnkonstruktionen und Sinnantworten“ (Mendl 2003, 323ff).

327 Mit einem anderen Bild veranschaulicht Thomas Buchheim den allgemeinen Bildungsprozess: Das

Bildung will „die gesamte menschliche Kultur mit der Heilsbotschaft verbinden" und dem Heranwachsenden „helfen, als Getaufter und somit als neues Geschöpf Gottes zu leben, und sich in die Aufgaben eines Erwachsenen einzuüben"[328] – eines erwachsenen und mündigen Christen, dessen Aufgabe nicht weniger ist, als sich zu heiligen und Gott zu verherrlichen.[329]

Religiöse Erziehung lässt sich – wenn man nach ihrem Ziel fragt – als Erziehung zu *religiöser Kompetenz* bezeichnen, die sich nach Albert Biesinger und Klaus Kiessling in fünf Dimensionen ausdrückt: Heranwachsende sollen 1. eine religiöse Sensibilität entwickeln, 2. zu persönlichem religiösem Ausdrucksverhalten finden, 3. sich religiöse Inhalte aneignen, 4. religiöse Kommunikation lernen und einüben sowie 5. das eigene Leben religiös motiviert gestalten.[330] Als Weg und Methode bietet die religiöse Erziehung Raum zu kreativer religiöser Bildung.[331] Sie kann geplant und inszeniert werden, den Bildungsprozess anregen, vielleicht auch provozieren, ihn jedoch nicht direkt gestalten, sondern höchstens „indirekt beeinflussen; er macht sich, wenn er sich macht, von allein"[332]. Ein evangeliengemäßes Pendant dazu findet sich im Gleichnis vom Wachsen der Saat (s. Mk 4,26 – 29), wo es darum geht, wie sich das Reich Gottes gewissermaßen von selbst bildet. Obwohl religiöse Erziehung behutsam, geduldig und vertrauensvoll (s. Lk, 13,6 – 9) zu geschehen hat, gehört sie zum aktiveren Teil des Bildungsprozesses, der zwar primär in der Familie verortet ist,[333] sich allerdings mehr und mehr auf die elementaren Bildungsinstitutionen verlagert.[334] Religiöse Erziehung, die religiöse Bildung als Transformationsgeschehen entwicklungspsychologisch angemessen und altersentsprechend veranlassen will,[335] bedarf neben begrifflicher Arbeit auch „einer methodischen und regelgeleiteten Technik"[336] und muss neben dem Einsatz der

menschliche Bewusstsein mit einer Auster vergleichend schreibt er: „An den verabreichten, eingegebenen Verunreinigungen bilden sich aus eigenem Vermögen die Perlen – oder auch nicht." Ob „und wie wir uns mit einer uns vorgesetzten Ansicht oder Behauptung »identifizieren«, sie uns einverleiben können", das zu prüfen obliegt bestimmten Leitansprüchen (s. „Trias des Wahren, Guten und Schönen"). In Bezug auf die religiöse Bildung lässt sich der Gedanke fortführen, indem zu den christlich nicht hintergehbaren Leitansprüchen die Trias von Glaube, Hoffnung und Liebe zählt, „an denen wir das Erreichte jeweils überprüfen können – um es zu überholen" (Buchheim 1998, 460f), um so den Bildungsprozess in Gang zu halten.

328 KKB 1988, Nr. 100.

329 s. dazu Christopher Haep, dessen abschließende These darin besteht, dass in den Grenzen der Zeit und zugleich in der „Dynamik auf die absolute Zukunft Gottes hin [..] Heiligung und Verherrlichung Ziel und Inhalt christlicher Bildung" (Haep 2007, 271ff) darstellen.

330 s. Biesinger/Kiessling 2005, 222ff.

331 Die besondere Aufgabe der katholischen Schule „ist es, einen Lebensraum zu schaffen, in dem der Geist der Freiheit und der Liebe des Evangeliums lebendig ist" (Ge 8).

332 Buchheim 1998, 457. s. dazu auch Kascholke 2006, 94 und Dressler 2005, 58. Matthias Scharer ist gegenüber religiöser Erziehung noch zurückhaltender. Seiner Meinung nach sind Kinder religiös, noch bevor sie „in explizite religiöse Bildungs- und Erziehungszusammenhänge kommen" (Scharer 1999, 18). Und er betont: „Wir müssen und können und dürfen Glauben durch Erziehung und Bildung nicht »machen« wollen" (ebd., 17).

333 „Theoretische Grundlagen für eine religionspädagogische Bestimmung einer gelungenen religiösen Erziehung in der Familie" finden sich bei Sautermeister/Schweitzer 2005, 192 – 196.

334 Zur Verlagerung des Bildungsprozesses s. KKB 1997, Nr. 20 und Dressler 2005, 59.

335 Bereits Karl Rahner forderte, in der Glaubensmystagogie auf die verschiedenen Altersstufen Rücksicht zu nehmen und altersangemessen vorzugehen (s. Rahner 1968).

336 Schambeck 2003, 128. Besonders für die außerunterrichtliche religiöse Erziehung bietet sich das

„Gewöhnung als Mittel zur »Bewohnung« von Welt"[337] eine dauerhafte „Abarbeitung an Autoritäten"[338] gewährleisten.[339] Abschließend sei auf Gefahren religiöser Erziehung hingewiesen, die dort aufkommen, wo die notwendige Spannung des Bildungsgeschehens aufgelöst wird: So führt die Überbetonung von Glaubensinhalten und religiösem Wissen tendenziell ins »Pharisäische«, die Überbetonung des subjektiven Moments ins »Frömmlerische« und die „Halbbildung als Bildlosigkeit und damit als Bildungslosigkeit"[340] ins »Fundamentalistische«.[341]

Ignatianische formatio lässt sich im Schnittpunkt von religiöser Bildung und religiöser Erziehung verorten. In Anlehnung an Meister Eckhart geht es ihr darum, „dass der Mensch im Laufe seines Lebens in das »eingebildet« werde, was er im Licht des Glaubens immer schon ist: Ebenbild Gottes und Schwester und Bruder Jesu Christi, der »Ikone« des unsichtbaren Gottes in der Welt"[342]. Der Gedanke, dass sich die menschliche Person nach jenem Modell bilden soll, das an Jesus Christus seinen Maßstab nimmt, liegt implizit auch den *Geistlichen Übungen* zugrunde, die als Prozess darauf zielen, mittels der Betrachtungen der Geheimnisse des Lebens Jesu, das zu suchen und zu wählen, was Gott von einem und für einen will. Der wichtigste und eigentliche »Formator« innerhalb der menschlichen Seele ist Gott, er bewirkt das, was wir als religiöse Bildung bezeichnen (s. GÜ 15 sowie Jes 43,1 – 7; Ps 94,8 – 9 oder Ps 135,13 – 16). Gleichzeitig ist es der übende Mensch selber, der sich aktiv und unter Einsatz all seiner Kräfte darum bemüht, den Willen Gottes zu finden, zu verstehen und letztlich dementsprechend zu handeln. Auf den schulischen Kontext übertragen bedeutet das, dass ein „guter Teil des erzieherischen Wirkens [..] auf die Mitarbeit des Schülers, um den es eigentlich geht,

mystagogische Lernen an, bei dem, anknüpfend an die Korrelationsdidaktik, versucht wird, für den Lernprozess „zwischen den Subjekten des Theologisierens und der gewordenen Tradition Räume und Zeiten zu eröffnen sowie in der jüdisch-christlichen Religion eine Sprache zu entdecken, die hilft, das, was in diesem Prozess geschieht, auszudrücken" (ebd., 128). Zur mystagogischen Dimension religiöser Bildung s. auch Bleistein 1979 und Van den Berk 1996.

337 Dressler 2005, 58. Religiöse Erziehung beginnt in der Regel mit dem Tun. Kinder erleben eine bestimmte religiöse Praxis ihrer Eltern, Lehrer oder Erzieher, ahmen diese nach und gelangen über das Einüben zum Ausüben, welches – wenn es in Fleisch und Blut übergangen ist – dabei hilft, „sich in der sozialen Wirklichkeit von Religion(en) zurechtfinden zu können" (ebd.).

338 In Bezug auf eine katholische Erziehung sind unter Autoritäten allgemein die der Heiligen Schrift, der kirchlichen Tradition und der Kirche als moralischer Instanz zu verstehen. Etwas detaillierter ist dann die Rede vom *depositum fidei*, welches sich in Gedichten und Gebeten, in Genealogien und Geschichten, in Dogmen und Hymnen u. v. m. artikuliert. Einen gewissen normativen Charakter haben jenseits dessen aber auch die Erfahrungen der Gläubigen, in denen sich Offenbarung auf je neue Art und Weise verdichtet (s. Karrer 1999, 209f). s. dazu auch EN 25ff und KKB 1988, 4. Teil.

339 s. Kascholke 2006, 110. Daneben machen Sautermeister/Schweitzer 2005, 200f auf die unterschiedlichen konfessionellen Akzente religiöser Erziehung/Bildung aufmerksam (katholischerseits „auf die interaktionale Qualität religiöser Erziehung", evangelischerseits „auf den freiheitlichen Charakter des Glaubens", ebd.), die dabei doch dasselbe anzielen: religiöse Mündigkeit.

340 Kascholke 2006, 101.

341 Zu den psychischen Gefährdungen religiöser Erziehung s. u. a. Hammers 1997. Wie die Erziehung zu religiöser Mündigkeit vor religiösen Fundamentalismen schützt s. Bucher 1999.

342 Scharer 2004, 160. s. dazu auch Ge 8: Die katholische Schule „hilft dem jungen Menschen, seine Persönlichkeit zu entfalten und zugleich der neuen Schöpfung nach zu wachsen, die er durch die Taufe geworden ist." Zur Bestimmung des Bildungsbegriffs bei Meister Eckhart s. Kascholke 2006, 71 – 83.

[zielt] und die daher unabdingbar ist"[343]. Derjenige, der die Übungen gibt (etwa in den Exerzitien, im Unterricht oder bei schulpastoralen Angeboten), ist dazu da, einen Raum bereitzustellen, Gelegenheiten zu schaffen und Betrachtungsstoffe vorzulegen, damit der Übende Erfahrungen machen kann, die ihn mit Hilfe der Unterscheidung dem Willen Gottes näher bringen und ihn so zu dem bilden, der er in Gottes Augen sein und immer mehr werden soll.

343 KKB 1988, Nr. 105. „Da der Mensch vernunftbegabt und frei erschaffen wurde, kann es keine Erziehung geben ohne Mitwirkung des Schülers. Dieser darf nicht zum Gegenstand der Erziehung absinken, er soll vielmehr durch seine Intelligenz, Freiheit, seinen Willen und sein ganzes Empfinden aktiv am Erziehungsprozess teilnehmen. Folglich kann dieser sich nicht entfalten ohne aktives Mittun des Schülers" (ebd.).

2 Grundsätzliches zur Schulpastoral/Schulseelsorge

These 2a: Seit Anfang der 1990er ist auf dem Gebiet der Schulpastoral/Schulseelsorge Einiges in Bewegung geraten: Das pastorale Handlungsfeld Schule wird als »Experimentierfeld«[344] bezeichnet, das großer Freiräume bedarf, und in der Praxis bilden sich allmählich Formen heraus, die sich nach anerkannten Standards richten.[345] In der Theorie versucht man einerseits die Praxis zu reflektieren, andererseits ihr Impulse zu geben bzw. Vorgaben zu machen.[346] Die Diözesen sind im Anschluss an das Bischofsschreiben zur Schulpastoral von 1996 dabei, über ihre Schulabteilungen bzw. eigens eingerichtete Schulpastoralreferate[347] eine je eigene Konzeption von Schulpastoral zu erstellen.[348] Und im Rahmen des Würzburger Fernkurses ist es möglich, sich berufsbegleitend für schulpastorale Aufgaben auszubilden.[349] Die Orden als Träger etlicher freier Schulen in Deutsch-

344 s. Linsen 1995, 672.

345 Geschichtlich betrachtet steht die Schulpastoral – so vermutete Karl Frielingsdorf in einem Gespräch mit mir – etwa an dem Punkt, an dem die Krankenhausseelsorge vor knapp 30 bis 40 Jahren stand: Eine breite Praxis mündet vermehrt in einen Prozess der Konzeptualisierung und Professionalisierung (s. auch Dam 2003, 358f und Bitter 2003, 72ff). Zur historischen Entwicklung s. Demmelhuber 1996, 19 – 22, Lames 2000b, 92 – 94, Mendl 2004, 14 – 20, Rüttiger 2004, Seibt 2008, 26-30, StE I. 1998, 35ff, Thalheimer 2003, 79, van Hooff 2006, 17f und Weissenberger 2007, 235. Zur fortschreitenden Institutionalisierung und Professionalisierung im Bereich der Schulpastoral/Schulseelsorge mit ihren positiven sowie negativen Effekten s. Lames 2000b, 261f.

346 Den aktuellen Forschungsstand zur Theoriebildung der Schulpastoral liefert Stefan Schmitz mit einer Bestandsaufnahme, die in den frühen 1970ern ansetzt. Besonders seine Kritik an Schneider, Jan Heiner 1976 verdient Erwähnung, da jener in der „Bestimmung »schulbezogener Arbeit der Kirchen« [Schneiders Bezeichnung für den Terminus *Schulseelsorge*] ohne jeden erkennbaren theologischen Bezug" auskommt. Darüber hinaus ist „zu bezweifeln, ob Leitzielbestimmungen wie »Beitrag der Kirchen zur je größeren Humanisierung der Schule« nicht nur sprachlich, sondern auch sachlich eindeutig genug sind" (Schmitz 2006, 10ff), das spezifisch Christliche artikulieren zu können. Schmitz' Hauptkritikpunkte am Gros der von ihm untersuchten Veröffentlichungen sind: Das Verständnis von Schulpastoral sei „viel zu ausgedehnt" und „theologisch nicht oder nicht hinreichend begründet", es mangele den meisten Texten entweder an christlichem Profil oder an Verständlichkeit, und die regelmäßig von neuem aufgestellten »schulpastoralen Maßnahmenkataloge« erweckten „den Eindruck, Kirche mische sich »seelsorglich« in alle Angelegenheiten der (staatlichen) Schule ein" (ebd., 91). Im Wesentlichen stimme ich der Analyse von Schmitz zu, frage mich allerdings, wo dessen uneingeschränktes Lob für Lames, angesichts seiner sonst ziemlich polemischen Kritik, seine Wurzeln hat, denn Lames schreibt in seiner systemorientierten Arbeit zur Schulseelsorge alles andere als „hinreichend allgemeinverständlich" (ebd., 91). Einige m. E. wichtige Veröffentlichungen zur schulpastoralen Theoriebildung, die Schmitz nicht rezensiert, sind etwa: Demmelhuber 1996, Weidmann 1997, Geissler, Ulrich 1998, Knobloch 1999 sowie Mendl 2001 und 2004. Neuere Literatur zum Thema Berufsschule und Schulpastoral findet sich etwas bei Biesinger/Schmidt 2006 und Seibt 2008.

347 s. eine Zusammenstellung von diözesanen Schulpastoralreferaten. Internetaufruf: 03/2009: http://www.schulpastoral.org/modules/wordbook/category.php?categoryID=1.

348 Neuere diözesane Texte konzeptioneller Art lassen sich zumeist über das Internet finden. s. etwa die Internetauftritte zur Schulpastoral der Bistümer Augsburg, Freiburg, Köln, Münster, Rottenburg-Stuttgart, Würzburg u. a.

349 Zu den neueren schulpastoralen Entwicklungen gehören u. a. die Etablierung von Schulpastoral als Wahlpflichtfachs innerhalb des Studiums der Religionspädagogik und Kirchlichen Bildungsarbeit an der Katholischen Universität Eichstätt-Ingolstadt (s. Rüttiger 2003) sowie beginnend

land haben es – abgesehen von ihrem gemeinsamen Dokument zur Schulpastoral von 1990 – bisher versäumt, je eigene Konzeptionen zu erarbeiten – dies gilt es gewissermaßen zu ändern.

These 2b: Um eine *Konzeption ignatianischer Schulpastoral* entwerfen zu können, die sowohl in Bezug auf die kirchlichen und wissenschaftlichen Entwicklungen anschlussfähig bleibt als auch die gesellschaftlichen Veränderungen und kontextuellen Gegebenheiten berücksichtigt, ist es wichtig, die normgebenden kirchlichen Texte zu kennen sowie über das Bescheid zu wissen, was sich auf dem Gebiet der Schulpastoral mittlerweile durchgesetzt und etabliert hat.

2.1 Konzeptionen von Schulpastoral

Mit zwei Dokumenten zur Schulpastoral, dem der Vereinigung der Deutschen Ordensoberen von 1990 und dem der Deutschen Bischöfe von 1996, liegen für die katholische Kirche in der Bundesrepublik Deutschland zwei Grundlagentexte vor, die man als *Konzeption von Schulpastoral* bezeichnen kann. Beide Texte sind von ihrem Umfang her sehr knapp gehalten und auf das Wesentliche beschränkt. Im Folgenden werden sie entlang ihrer Gliederung vorgestellt und kritisch gewürdigt. Auch der Würzburger Fernkurs soll, obwohl er keine Konzeption von Schulpastoral im klassischen Sinne darstellt, in groben Zügen nachgezeichnet werden.[350]

2.1.1 Das Dokument »Schulpastoral« der VDO

Die Vollversammlung der Vereinigung Deutscher Ordensoberen (VDO) nahm 1990 den von ihrer Kommission Bildung und Erziehung erarbeiteten Grundlagentext »Schulpastoral in katholischen Schulen in freier Trägerschaft (Orden) in der Bundesrepublik Deutschland«[351] einstimmig an.[352] Dieser wurde in der darauf folgenden Zeit zum „Fundament für die Schulpastoral in allen von Männerorden getragen Schulen"[353].

Die Präambel bezeichnet den Auftrag der Kirche als *Evangelisierung* und benennt als Ziele: „die ganzheitliche Förderung des Menschen", „seine Subjektwerdung unter den Augen Gottes" und „die rechte Mitgestaltung einer menschlichen Gesellschaft"[354].

---

mit dem Schuljahr 2009/10 die Einrichtung von schulpastoralen Fortbildungskursen in der Diözese Rottenburg-Stuttgart (s. http://schulpastoral.drs.de/fuw.htm, Internetaufruf: 01/2009).

350 Um eine gewisse Vergleichbarkeit der unterschiedlichen Texte zu gewährleisten, wird der Würzburger Fernkurs in etwa entlang der Gliederung von Die deutschen Bischöfe 1996 vorgestellt.

351 Im Folgenden zitiert als Vereinigung Deutscher Ordensobern 1990.

352 Zur Entstehung des Textes s. Rüttiger 1992, 17ff. Noch vor der Erscheinung des Dokumentes veröffentlichte Manfred Kollig Überlegungen zur Schulpastoral an Schulen in kirchlicher Trägerschaft (s. Kollig 1988).

353 Rüttiger 1992, 18.

354 Vereinigung Deutscher Ordensobern 1990, 426.

2.1.1.1 Schule als Kontext von Schulpastoral

Kapitel 1 beschreibt Schule als „ein wichtiges Handlungsfeld der (Jugend-)Pastoral“[355]. Für die Verfasser des Schreibens ist Schule ein Ort sowohl mit Gefährdungen (Verkürzung des Bildungsauftrags) als auch mit vielfachen Chancen (ausgedehnte Begegnungsmöglichkeiten mit vielen Kindern und Jugendlichen, deren Offenheit und Ansprechbarkeit, deren Fragen und Nöte, der weite Adressatenkreis). Bezugnehmend auf den Dreischritt *Sehen – Urteilen – Handeln*[356] nimmt das Schreiben in einem ersten Schritt wahr, dass Kirche „in der Schule auf ein komplexes Problemfeld“[357] trifft: Der kalkulierbare und funktionelle Umgang mit Schule wird bemängelt, Probleme im Bereich von Familie und Freizeit werden benannt, die gesellschaftliche Situation wird als eine beschrieben, die depressiv geprägt sei, auf das defizitäre Glaubenswissen sowie die mangelnde kirchliche Praxis von Schülern wird hingewiesen und man verschweigt auch nicht, dass junge Menschen zunehmend Probleme mit der (katholischen) Kirche haben.

2.1.1.2 Konkretisierung einer Pastoral in der Schule

In seinem Kapitel 2 zieht das Dokument erste Schlüsse und beschreibt Ziele der Schulpastoral. Es wird gefordert, Kirche müsse auf die geänderte Situation adäquat reagieren und zwar mit einer Pastoral, die im Handlungsfeld Schule „den jungen Menschen in die Mitte des Handelns“ stellt. Anzuzielen seien die Subjektwerdung der Person, Gemeinschaft und Kommunikation. Junge Menschen bräuchten Möglichkeiten, persönliche Glaubenserfahrungen machen zu können und müssten dazu befähigt werden, für Friede, Gerechtigkeit, Solidarität und die Bewahrung der Schöpfung einzutreten. Zusammenfassend will Schulpastoral „jungen Menschen zu einer ganzheitlichen Entfaltung verhelfen, damit diese als Befreite und Erlöste leben und glauben können“, was gleichermaßen für Erwachsene gelte. Adressaten der Schulpastoral und deren Träger seien alle, „die mit Schule zu tun haben“, allen werde zugetraut, an der „Gestaltung des Schullebens“ mitzuwirken. Indem Menschen kommunikativ miteinander umgingen, werde ein Prozess initiiert, der auf eine „humane, christliche Schule“ und ein „subjektförderndes Schulklima“ ziele. Dem Religionsunterricht sowie den Eltern und Lehrern kämen dabei eine besondere Aufgabe und ein besonderes Augenmerk zu.

Zwei weitere Unterkapitel befassen sich zum einen mit „Andersgläubigen, Nichtgläubigen und Ungetauften“, die ebenfalls an den Angeboten der Schulpastoral partizipieren dürfen, wobei darauf zu achten sei, dass „alle im Handlungsfeld Schule den ihnen entsprechenden Glaubensort finden“. Zum anderen wird die Frage nach der Notwendigkeit hauptamtlicher Mitarbeiter gestellt, welche deutlich bejaht wird, und deren Aufgaben sodann kurz aufgelistet werden.

---

355 Vereinigung Deutscher Ordensobern 1990.

356 An dieser Stelle führt das Dokument Vereinigung Deutscher Ordensobern 1990 gegen die sonstige Gliederung den Dreischritt *Sehen – Urteilen – Handeln* ein: „Pastoral in der Schule heute braucht eine Konzeption, die ausgeht von der Situation der Menschen in der Schule, diese im Licht des Evangeliums deutet und daraus Konsequenzen für ihr Handeln ableitet“ (Vereinigung Deutscher Ordensobern 1990, 27).

357 Vereinigung Deutscher Ordensobern 1990, 427.

»Handeln«, so heißt es, müsse Schulpastoral sodann in Form einer diakonischen Schwerpunktsetzung, die sich an Jesu Option und Einsatz für bedürftige Menschen orientiert. Auch hier werden ein paar „mögliche diakonale Angebote" aufgelistet, die schließlich in die Forderung nach „Kooperation und Kommunikation über die Schule hinaus" münden. Einer weiteren Auflistung schließt sich der Hinweis auf Öffentlichkeitsarbeit und Transparenz an und die Erwähnung schulpastoraler Sachangebote, die sich auf Räume, Medien und Finanzen erstrecken.[358]

2.1.1.3 Aufgaben des Trägers

Der Abschluss des Dokumentes widmet sich dem hauptamtlichen Schulseelsorger sowie seinen Kompetenzen und Zusatzqualifikationen. Hinzu kommt ein Hinweis, wie wichtig eine genaue Stellenbeschreibung und die Finanzierung von Schulpastoral sind. Ganz zum Schluss sind Ansätze einer Teambildung im Bereich der Schulpastoral zu erkennen, wenn gefordert wird, dass „Lehrer der eigenen Schulen durch entsprechende Fort- und Weiterbildungen auf ihre pastorale Aufgabe in der Schule vorbereitet werden"[359].

2.1.1.4 Zusammenfassung und kritische Würdigung

Mit dem Dokument der Vereinigung Deutscher Ordensobern liegt ein Text vor, dem es erstmals gelingt, einen – wenn auch knappen – konzeptionellen Ansatz für Schulpastoral zu präsentieren. Es wird erkannt, welche besonderen Chancen und Aufgaben im Handlungsfeld der Schulen kirchlicher Trägerschaft[360] für die Seelsorge/Pastoral liegen, ohne die Probleme und Schwierigkeiten zu ignorieren, die zugleich damit verbunden sind.

Die einseitige Akzentuierung des Diakonischen auf Kosten des Liturgischen und der Verkündigung lassen Stefan Schmitz berechtigtermaßen fragen, ob dies nicht „viel weniger das Ergebnis pastoraltheologischer Einsicht oder ekklesiologischer Reflexion auf die »grundlegenden Lebensäußerungen der Kirche« ist, als vielmehr eine situationsangepasste, rein pragmatische Reaktion darauf, dass Sinn und Notwendigkeit von Verkündigung und Gottesdienst vielen Menschen in Gesellschaft und Schule kaum noch plausibel erscheint, während man sich vom »diakonalen Angebot« verspricht, wenigstens dieses plausibel machen zu können."[361]

Problematisch erscheint außerdem, dass das Dokument den Eindruck erweckt, schulpastorale Angebote seien nicht ganz zweckfrei, sondern zielten über die Förderung der „Subjektwerdung junger Menschen, die an Jesus Maß nimmt" sowie über die Einübung in „eine Kultur der Gemeinschaft und Partizipation" und das

358 Vgl. Vereinigung Deutscher Ordensobern 1990, 428ff.

359 Vereinigung Deutscher Ordensobern 1990, 432.

360 Zu Schule in kirchlicher Trägerschaft (Katholische Schule) bzw. zu dortigen Möglichkeiten der Schulpastoral/Schulseelsorge s. KKB 1977, 1988 und 1997, Bitter 1984, Kollig 1988, Dikow 1989, Ilgner 1989 und 1992, Vereinigung Katholischer Schulen in Ordenstradition 1998, Linsen 1999, Wittenbruch 2002 sowie Rüttiger 2004.

361 Schmitz 2006, 32. Des Weiteren kritisiert er an diesem Dokument, dass es, wie so viele anderen Veröffentlichungen, unter Schulpastoral alles subsumiere, was irgendwie »wahr, schön und gut« oder noch besser, was »human« und »pädagogisch wertvoll« sei (s. ebd., 30ff).

Entdecken einer „persönlichen Glaubenserfahrung“ letztlich darauf, junge Menschen zu „(künftigen) Trägern von Gesellschaft und Kirche“[362] mehr zu »machen« als zu befähigen. Zu den Defiziten gehört sicherlich auch, dass Schule und Gesellschaft einseitig negativ beschrieben werden, was das christliche Angebot dagegen umso positiver erscheinen lässt. In diesem Zusammenhang ist Jan Heiner SCHNEIDER zuzustimmen, der mahnend schreibt, dass es „kein Monopol der Christen auf Sorge um Humanität und Humanisierung der Gesellschaft“[363] gibt. Nicht ganz erklärlich ist schließlich die Tatsache, dass der Text nur über Schulpastoral in kirchlichen *Schulen* handelt, mit keinem Wort jedoch die häufig daran angeschlossenen *Internate* bzw. die *Kollegien* als Gesamteinrichtung erwähnt. Hierbei wäre zu untersuchen, inwiefern neben altersspezifischen auch geschlechtsspezifische Angebote in der Schulpastoral/Kollegsseelsorge sinnvoll oder gar notwendig sind.

2.1.2 Das Dokument »Schulpastoral« der DBK

Die Kommission für Erziehung und Schule der Deutschen Bischofskonferenz legt 1996 mit der Erklärung »Schulpastoral – der Dienst der Kirche an den Menschen im Handlungsfeld Schule«[364] „das derzeitig gültige Grundsatzdokument der katholischen Kirche für die Schulpastoral“ vor, das „als ein Konzeptionsentwurf der katholischen Kirche im Bereich Schulpastoral bezeichnet werden“[365] kann.[366]

Im Vorwort wird festgestellt, dass Schule zum Lern- und Lebensraum[367] für all diejenigen geworden sei, die am Schulgeschehen beteiligt sind. Christen, die sich an Schulen für eine „Kultivierung des Schullebens“ einsetzen, würden einen „Dienst der Kirche an Menschen im Handlungsfeld Schule“ leisten, den man Schulpastoral nennt. Adressaten der Erklärung sind „alle, die im Bereich der Schule und der Schulpastoral Verantwortung tragen und sich aus christlichem Geist heraus für die Gestaltung des Schullebens einsetzen“[368]. Das Bischofsschreiben will aufzeigen, welche Bedeutung die pastorale Dimension im Kontext von Schule hat sowie dazu ermutigen, diese Dimension zu realisieren. Gleichzeitig wird hervorgehoben, dass im Bereich der Schulpastoral bereits Etliches angeboten und durchgeführt wird, was auf den verschiedenen Ebenen weiterentwickelt werden soll.

In der Einleitung wird darauf hingewiesen, dass eine „stimmige Theorie der Schulpastoral“, welche auf das komplementäre Verhältnis von Theorie und Praxis zu achten hat, theologisch und pädagogisch begründet werden müsse und dass

362 VEREINIGUNG DEUTSCHER ORDENSOBERN 1990, 426ff.

363 StE I. 1997, 44.

364 DIE DEUTSCHEN BISCHÖFE 1996.

365 StE VII. 2002, 28.

366 Zur Entstehung des Textes s. FEIFEL 1996, 337 – 341.

367 s. dazu Wolfgang LANGER, der vor dem Etikettenhaften der Formel »Schule ist Lebensraum« warnt. Ihm ist zuzustimmen, dass Schule nur dann zu „einem *erlebbaren Lebensraum* wird [...], wenn es neben dem Unterricht genügend Zeiten, Gelegenheiten und Räume gibt für Begegnungen, Spiele, Feiern, Aktionen verschiedenster Art (auch außerschulische), Exkursionen u. a. m.“ (LANGER, Wolfgang 2005, 21).

368 DIE DEUTSCHEN BISCHÖFE 1996, 5.

jede Weiterentwicklung von Schulpastoral die aktuell und örtlich verschiedenen Situationen zu berücksichtigen habe. Der spezifische Beitrag, den das Bischofsschreiben zur Debatte um die Schulpastoral beitragen will, ist ein konzeptioneller: Es sollen „Begriffe, Grundkategorien und Beziehungen geklärt und so ein Beitrag geleistet werden zu einer guten Weiterentwicklung der Schulpastoral“[369].

2.1.2.1 Zur Situation von Schulpastoral

Zunächst wird Schule als Institution dargestellt, die unterschiedlichen gesellschaftlichen Erwartungen ausgesetzt ist und mit vielfältigen gesellschaftlichen Phänomen konfrontiert wird, welche es ihr nicht leicht machten, „durch Vermittlung von Wissen und Einsicht die Erfahrungs- und Urteilsfähigkeit junger Menschen [zu] stärken und ihnen zu einem Selbst- und Weltverständnis [zu] verhelfen“. Dies und die Tatsache, dass Schule für Schüler „zum eigentlichen Aufenthaltsort“ geworden ist, erfordere neben unterrichtlichen Konzepten „eine Kultivierung des Schullebens“[370].

Es wird darauf hingewiesen, dass das Christliche im Handlungsbereich Schule implizit und explizit vor allem in personalen Bezügen präsent sei und dass besonders mit dem Religionsunterricht „Gestaltungsfreiräume für eine christlich verantwortete Prägung von Bildung und Erziehung“ gegeben seien. Katholischen Schulen in freier Trägerschaft kommt dabei eine große Wertschätzung entgegen, weil sie in der religiösen Erziehung eigene Akzente setzen können und das obwohl sie gesellschaftlich denselben Entwicklungen ausgesetzt sind.[371] Was Schulpastoral an allen Schulen miteinander verbindet, sei „das Bemühen, die Institution Schule bewusst pädagogisch mitzugestalten“[372].

Schließlich heißt es, dass Schulpastoral eine neue Herausforderung diakonischer Pastoral sei, die »Helft den Menschen leben« zum Leitmotiv hat. Ihr Ziel sei es, „die institutionell und personal legitimierte Zuwendung zum Menschen im Lebensraum Schule“ zu optimieren, wobei Kirche sich bewusst sein müsse, dass Schule in keinster Weise der Ort sei, „an dem gesellschaftlich verloren gegangene Christlichkeit oder kirchliche Einflussnahme kompensiert werden können“[373].

2.1.2.2 Grundlagen der Schulpastoral

Im Folgenden versucht die Erklärung, Grundlagen der Schulpastoral zu erarbeiten, obwohl sie sich im Klaren ist, dass angesichts der pluralen Ausgangssituationen es „nicht den allein gültigen Ansatz für ein einheitliches Verständnis von Schulpasto-

---

369 Die deutschen Bischöfe 1996, 7.

370 Die deutschen Bischöfe 1996, 8f.

371 Grundlegend zur Katholischen Schule s. Ilgner 1989 und 1992. Zu den Grundlagen Katholischer Schule gemäß den schul- und erziehungsorientierten vatikanischen Verlautbarungen s. Frick 2006. Zur Katholischen Schule als Ort des Handelns katholischer Christen als Pädagogen s. Dikow 1989.

372 Die deutschen Bischöfe 1996, 9f.

373 Die deutschen Bischöfe 1996, 10.

ral" gibt. Dennoch verweist sie darauf, dass „sich eine Entwicklung hinsichtlich der Zielgruppe und der Anliegen von Schulpastoral vollzogen"[374] habe.

Nach einem historischen Rückblick wird Schulpastoral definiert „als ein Dienst der Kirche an den Menschen im Handlungsfeld Schule und dadurch als ein diakonischer Dienst an der Institution Schule selbst", wobei alle am Schulgeschehen Beteiligten „aus ihrer gelebten christlichen Überzeugung heraus Verantwortung füreinander und für den Lern- und Lebensort Schule" übernähmen. Ihr geht es darum, „im gelebten Miteinander des Glaubens die heilsame Präsenz des Christlichen erfahrbar"[375] zu machen und dadurch Lebenshilfe für den Einzelnen und die Gemeinschaft anzubieten, zur Humanisierung der Schule beizutragen und Kooperation bzw. Kommunikation zu fördern.

Die schulpädagogische Begründung von Schulpastoral basiert nach Meinung des Bischosschreibens auf der Teilhabe der Schulpastoral am allgemeinpädagogischen Auftrag, Heranwachsenden bei ihrer Individuation zu helfen und sie zur Kultivierung des mitmenschlichen Miteinanders anzuregen, wobei sie sich an schulpädagogische Rahmenbedingungen zu halten habe. Die theologische Begründung von Schulpastoral geht vom Communio-Begriff[376] aus, der die Sendung aller beinhalte, einen Dienst der Kirche an den Menschen im Kontext von Schule zu tun, wenngleich dem kirchlichen Amt dabei eine besondere Aufgabe zugewiesen werde. Schulpastoral solle mit ihren Angeboten dazu einladen und Hilfe leisten, „den Weg zu einem authentischen Glaubenszeugnis zu finden" und ziele mit ihrem Einsatz auf »Menschwerdung in Solidarität«[377].

2.1.2.3 Anliegen und Handlungsfelder der Schulpastoral

In der Reihenfolge, in der im Weiteren schulpastorale Anliegen und Handlungsfelder genannt werden, kommt eine Prioritätensetzung zum Ausdruck, die auch bei der Erstellung schulpastoraler Konzeptionen und Konzepte zu berücksichtigen ist:

- Schulpastoral setzt sich ein für eine menschenwürdige sowie schülergerechte Schule und erhebt den Anspruch, alle „Dimensionen von Bildung und Erziehung, von Lehren, Lernen und Leisten in der Schule" human mitzugestalten. Ihr Ziel ist es, „dem Einzelnen seine Würde als Mensch und Gottes Ebenbild zuzusprechen und im Bereich der Schule Erfahrungsräume zu schaffen, in denen dies auch real erlebbar wird."[378]
- Schulpastoral versucht, den am Schulgeschehen Beteiligten bei der Entdeckung und Realisierung von Grundvollzügen des Lebens sowie Grunderfahrungen des Menschseins zu helfen. In diesen Lebensvollzügen und Er-

---

374 Die deutschen Bischöfe 1996, 10f.

375 Die deutschen Bischöfe 1996, 13.

376 s. Feifel 1996, 338: „Kirche als Communio des Gottesvolkes und christliche Sinnhorizont des Menschseins zusammen rufen nach einer Schulpastoral, die als Evangelisierung auf Menschwerdung in Solidarität abhebt, in der alle Beteiligten sich aus dem Geist des Evangeliums solidarisch wissen mit anderen und für andere." s. für den Kontext von Schule auch Scheidler 1993.

377 Die deutschen Bischöfe 1996, 15.

378 Die deutschen Bischöfe 1996, 15.

fahrungen will sie ihnen „Grundmuster christlicher Wertorientierung und Lebensgestaltung erschließen und so einen Beitrag zur Lebensdeutung aus dem Glauben leisten.“[379]

– Schulpastoral soll Räume öffnen für Erlebnisse und Erfahrungen, die den Menschen ganzheitlich ansprechen. Auf diese Weise kann für die einen ein Erstkontakt mit der christlichen Frohbotschaft ermöglicht werden, für die anderen werden Gelegenheiten geschaffen, ihre gläubige Lebenspraxis sowie ihre zwischenmenschlichen Beziehungen zu vertiefen.

– Schließlich muss Schulpastoral, um wirksamer zu sein, den Kontakt mit „anderen Lern- und Lebensräumen des Glaubens“[380] suchen; mit dem Religionsunterricht, den örtlichen Kirchengemeinden, Einrichtungen der Jugendarbeit und nicht zuletzt mit den Eltern und Familien. In all diesen Feldern muss sie versuchen, die Kooperation und die Kommunikation zu fördern.

2.1.2.4 Konkrete Formen der Schulpastoral

In Kapitel 4 erinnert das Bischofsschreiben daran, dass Schulpastoral in der Praxis in sich konsistent, nach außen hin kompatibel und vor allem in verschiedenen Kontexten realisierbar sein müsse. Es weist darauf hin, dass Schulpastoral sich nicht allein in außerunterrichtlichen Aktivitäten erschöpfen dürfe und dass zugleich jeder in sich stimmige Unterricht, eine pastorale Qualität haben müsse. Dies gilt speziell für den Religionsunterricht, der sich als „Arbeit an Lebensdeutung aus dem Glauben“ bestimmen lasse und als „Ferment der Schulpastoral“[381] bezeichnet wird.

Dem Schreiben nach realisiert sich Schulpastoral in den Grundfunktionen der Kirche: Im Handlungsfeld *Diakonia* wolle sie helfen, „die im christlichen Glauben liegenden Lebenschancen zu verstehen und zu ergreifen“, in dem der *Martyria* versuche sie, „die helfende und heilende Erinnerung des Heils lebendig“ zu halten und in dem der *Liturgia* ginge es ihr darum, auf ganzheitliche Weise, „den Schulalltag gläubig zur Sprache zu bringen und ihn gleichzeitig zu transzendieren“. Abschließend wird die *Koinonia* angeführt, die die pastoralen Grundfunktionen zusammenhalte und die als „gelebte Gemeinschaft der Glaubenden“ zum „umfassenden Merkmal aller Realisierungsformen der Schulpastoral“[382] werde. Für alle Handlungsfeldern werden jeweils konkrete Beispiele der praktischen Umsetzung genannt.

2.1.2.5 Schulstufenbezogene Aufgaben der Schulpastoral

Kapitel 5 versucht, trotz der Pluralität und Heterogenität von Schularten und Schulformen, das *eine* Handlungsfeld Schulpastoral so zu gestalten, dass es für die

379 Die deutschen Bischöfe 1996, 16.

380 Die deutschen Bischöfe 1996, 17.

381 Die deutschen Bischöfe 1996, 18.

382 Die deutschen Bischöfe 1996, 19ff.

drei Schulstufen jeweils fruchtbar wird und gleichzeitig eine gemeinsame pastorale Grundidee kultiviert. In der Primarstufe solle sich Schulpastoral daran beteiligen, dass „das einzelne Kind im Schulleben und Unterricht optimal“ gefördert wird und Kinder „das Zusammenleben und -lernen“ üben und kultivieren. Besonders die Integration von benachteiligten Kindern wird ihr anempfohlen. Ein Akzent wird auf die „Kooperation mit dem Religionsunterricht“[383] gesetzt, wobei Kindern eigene religiöse Erfahrungen ermöglicht werden sollen. In Sekundarstufe I solle Schulpastoral „die vielfältigen Übergänge, Umbrüche und Veränderungen in dieser Schulstufe“ wahrnehmen und „intensiv, aber unaufdringlich begleiten“[384]. Betont wird das personale Angebot, welches von Authentizität und Empathie lebe und einem durchgängig diakonischen Engagement von Schulpastoral zugeordnet sei. In Sekundarstufe II solle Schulpastoral dabei helfen, soziale Beziehungen zu stärken „und das fortschreitende Auseinanderklaffen zwischen schulischen Lern- und Leistungsanforderungen einerseits und den Erwartungen und Orientierungsmustern der Heranwachsenden andererseits zu mindern“[385]. Fragen der Identität und der Orientierungssuche stünden im Vordergrund und verlangten nach Möglichkeiten der Begegnung mit begründeten Glaubenspositionen engagierter und überzeugter Christen.

2.1.2.6 Qualifizierende Maßnahmen in der Schulpastoral

In Kapitel 6 macht sich die Erklärung Gedanken über die Art der Begleitung und Unterstützung, der kirchlichen Beauftragung sowie der Aus- und Fortbildung von Schulpastoral. Vorrangig erwähnt und als „die ersten und wichtigsten Träger von Schulpastoral“ bezeichnet, werden diejenigen Christen, die sich „für die Gestaltung des Schullebens engagieren“. Diese würden gegebenenfalls von neben- und hauptamtlichen Schulseelsorgern in Mitarbeiterkreisen zusammengebracht, wobei Letztere die Aufgabe hätten, Erstere zu begleiten und zu unterstützen, die Schulpastoral allgemein zu koordinieren und nach außen hin zu vertreten. Im Sinne „einer verlässlichen Zusammenarbeit von Kirche und Schule“, sollten alle, die „haupt- oder nebenamtlich in der Schulpastoral tätig“ sind, offiziell für diesen Dienst beauftragt werden. Dass dabei „mit einer Aufgaben- und Zuständigkeitsbeschreibung die gegenseitigen Beziehungen geklärt“[386] würden, bleibt eine allerdings unerfüllte und nicht konkretisierte Forderung.

Ganz zum Schluss wird darauf hingewiesen, dass schulpastorales Engagement „ein hohes Maß an fachlicher Kompetenz und gelebter Spiritualität“ erfordere. Dies könne durch fördernde und vertiefende Fortbildungsangebote angeeignet werden. Verwiesen wird dabei auf die „Fernstudien der Domschule Würzburg“ und die „Begleit- und Qualifizierungsmaßnahmen“ einzelner Diözesen. Die Erklärung »Schulpastoral« schließt damit, dass sie alle an der Schulpastoral Beteiligten ermutigt, „das eigene Glaubensleben zu fördern und zu vertiefen“[387].

---

383 Die deutschen Bischöfe 1996, 22.

384 Die deutschen Bischöfe 1996, 23.

385 Die deutschen Bischöfe 1996, 24.

386 Die deutschen Bischöfe 1996, 26.

387 Die deutschen Bischöfe 1996, 26f.

2.1.2.7 *Zusammenfassung und kritische Würdigung*

Betrachtet man die Rezeption des Bischofsschreibens, so lässt sich feststellen, dass es bei pastoralen Mitarbeitern und Funktionsträgern eine Diskussion über Schulpastoral gefördert hat und dass es nach wie vor zur Entwicklung von diözesanen Konzeptionen und schulpastoralen Konzepten"[388] beiträgt. Seit seiner Veröffentlichung bildet es die Grundlage und einen Gradmesser für jedwedes schulpastorale Handeln in der Bundesrepublik Deutschland. In ihm sind „Standards – Eckpfeiler"[389] für schulpastorales Arbeiten festgelegt, zu denen etwa gehört, dass Schulpastoral sich zwar in erster Linie schulpädagogisch[390] zu begründen hat, in der Form, dass Pädagogik und Theologie im Bereich einer schulpastoralen Theorie und Praxis konvergieren. Hauptanliegen der Schulpastoral sollen „das Engagement für eine humane Schule, die Erschließung humaner Lebensvollzüge als Grundmuster des Christlichen sowie das Bereitstellen von Erlebnis- und Erfahrungsräumen für das Leben- und Glaubenlernen"[391] sein.

Am Lebensort Schule soll Schulpastoral Beziehungen fördern, die helfen, dass Menschen aus dem Glauben heraus ihr Leben sinnvoll gestalten, wobei sich Schulpastoral nicht verstehen darf „als Verlängerung der Gemeindeseelsorge" und auch nicht als „Ersatz des schulischen Religionsunterrichts mit anderen Mitteln". Kommunikation und Kooperation sind wichtige Begriffe in der Schulpastoral und speisen sich aus der Communio-Theologie des Vatikanums II. Verknüpft mit dem Gedanken des Netzwerks hat dies zur Konsequenz, dass Träger und Adressaten von Schulpastoral alle am Schulgeschehen Beteiligten sind, wohingegen sich ein „rein hauptamtliches Konzept oder eine Monopolisierung des Schulpastoralbegriffes auf die Tätigkeit von Priestern und Ordensleuten [...] nicht auf diese Erklärung berufen"[392] kann. Dasselbe gilt für die verschiedenen Realisierungsmöglichkeiten von Schulpastoral, die sich „innerschulisch nicht auf religiös-folkloristisches Beiwerk" reduzieren lassen, weil Schulpastoral „sich als Kooperationspartner einer umfassenden Schulkultur versteht und bereit ist, Spannungen auszuhalten" und „weil sie die Menschen aller Altersgruppen und Lebens- sowie Arbeitssituationen in den Blickpunkt rückt und Sinn- und Wertorientierungen bereithält und vorschlägt"[393]. Erich FEIFEL ist zuzustimmen, dass oft der Eindruck entsteht, Schulpas-

---

388 StE VII. 2002, 33.

389 StE VII. 2002, 29.

390 s. FEIFEL 1996, 337: Ein „wesentlicher Anstoß [...], Eigenart und Aufgaben einer Schulpastoral neu zu bestimmen, [darf] in der derzeitigen Schulpädagogik gesehen werden". Die heutige Schulpädagogik weist darauf hin, „dass zum schulischen Erziehungsauftrag die umfassende Aufgabe gehört, eine menschlich überzeugende *Lebenskultur grundzulegen* und einzuüben. Dazu muss Schule nicht nur Lernort, sie muss auch Lebensort sein." Schule allein kann „das richtige und gute Leben zu lehren" nicht leisten. „Was der Schule jedoch abverlangt wird, ist dies: die Vielfalt der bestimmenden Aspekte, des Individuellen, des Sozialen, des Religiösen, des Politischen, des Ästhetisch-Gestalterischen zu erkennen, ihren jeweiligen Stellenwert abzuwägen, um in der Zusammengehörigkeit und Zusammenschau der unterschiedlichen Aspekte Schule als Lebensraum konkret zu gestalten" (ebd.). Zu „Schulpastoral als lebensraumorientierte Seelsorge" s. SCHNEIDER/FUCHS 2007.

391 FEIFEL 1996, 338.

392 HALLERMANN 1996, 336.

393 BURKARD 2002, 101. *Schulkultur* ist in der neueren Diskussion zum Integrationsbegriff geworden, der, „zum Nutzen der Schulpraxis bislang künstlich abgegrenzte Begriffe wie Schulprofil, Schulqualität, Schulleben oder Schulklima" (WIATER 1997, 39) zusammenzuführen vermag. Zum Be-

toral bestünde aus „einer beziehungslosen, wenn nicht gar zufälligen Vielfalt", weswegen seine Forderung zu unterstützen ist, dass es eine Theorie von Schulpastoral braucht, die „eine Bündelung solcher Einzelformen in der Zuordnung zu den Grundfunktionen der Kirche" versucht und die sich Gedanken macht über „eine schulstufen- bzw. schulartenbezogene Schulpastoral"[394]. Dem kommt das Bischofsschreiben in Ansätzen nach, indem es eine weite Konzeption von Schulpastoral vorlegt, auf der Einrichtungskonzeptionen bzw. Konzepte vor Ort aufbauen können.

Defizite finden sich im Bischofsschreiben dort, wo die Realisierungsmöglichkeiten von Schulpastoral fast ausschließlich auf Kinder und Jugendliche und deren schulstufenbezogene Entwicklung hin gedacht werden, allerdings kaum Erwachsene und deren Bedürfnisse berücksichtigen, die doch ebenfalls zu den am Schulgeschehen Beteiligten gehören. Darüber hinaus ist zu bemängeln, dass mit ihm „keine Umsetzungsverpflichtung gegeben ist", sondern dass es vielmehr den jeweiligen Diözesen oder Ordensgemeinschaften überlassen bleibt, „ob und wie sie in Sachen Schulpastoral aktiv"[395] werden.[396] Schließlich bleibt beim Dokument der Bischöfe offen, wie das Verhältnis von Hauptamtlichen und Nebenamtlichen in der Schulpastoral aussehen soll, was dann relevant wird, „wenn Christinnen und Christen aus der pastoralen Versorgungsmentalität aufbrechen und für die Schule, RU und Schulpastoral Anliegen formulieren, die »nicht mehr oder noch nicht so ganz auf der Linie der Kirchenleitungen« liegen, etwa in Fragen der Ökumene, der interreligiösen Zusammenarbeit, der Schulgottesdienste."[397]

Nicht geklärt ist schließlich die »Gretchenfrage« für jeden in der Schulpastoral tätigen (Religions-)Lehrer, wie denn sein schulpastorales Engagement angerechnet, vergütet oder deputatsmäßig ausgeglichen werden soll.

2.1.3 Der Würzburger Fernkurs »Schulpastoral«

Der in seiner Endfassung 2001 erstmals vorgelegte Fernkurs »Schulpastoral«[398] versteht sich als „Programm zur Fort- und Weiterbildung im Bereich Schulpastoral"[399]. Der „Gesamtkurs – »Weiterbildung Schulpastoral« [...] stellt einen hohen

griff der *Schulkultur* s. außerdem Birk 2004, Bitter 2003, Duffner 1996, Fend 1996, Geissler, Harald 1991, Linsen 1991, Lütterfelds 1997, Scharer 2000, Scheilke 2002 sowie StE IX. 1998. Zum Begriff des *Schullebens* s. Wittenbruch 1989.

394 Feifel 1996, 338.

395 StE VII. 2002, 29.

396 Hier will die vorliegende Arbeit ansetzen, indem sie als Entwurf einer Konzeption von Schulpastoral versucht, den Hauptanliegen und Kernaussagen des Bischofsschreibens unter Hinzunahme der ignatianischen Perspektive weitestgehend zu entsprechen.

397 StE I. 1997, 50.

398 Als Herausgeber des Fernkurses »Schulpastoral« firmiert die Kirchliche Arbeitsstelle für Fernstudien/Theologie im Fernkurs an der Katholischen Akademie Domschule Würzburg. Im Auftrag der Zentralstelle Bildung der Deutschen Bischofskonferenz entwickelte ein Projektbeirat, bestehend aus Wissenschaftlern aus dem universitären Bereich der Pastoraltheologie und der Religionspädagogik sowie Praktikern aus dem Bereich von Schule und Schulpastoral, eine Kursplanungsmappe und zehn Studieneinheiten (StE I. – X.), deren Redaktion in den Händen von Joachim Deitert lag.

399 StE Kursplanungsmappe 2001, 5. Der Fernkurs wendet sich an Lehrer aller Schulstufen und -typen, besonders an Religionslehrer, an Pastoral- und Gemeindereferenten, Ordensleute und Pfarrer

Anspruch an die Motivation und das Engagement des Teilnehmerkreises"[400] und wendet sich in besonderem Maße an Interessierte oder Beauftragte im Bereich Schulpastoral. Dem Titel nach sollen Interessenten aus dem schulischen Bereich „für den Dienst von Christinnen und Christen im Handlungsfeld Schule befähigt"[401] werden. Diese haben die Aufgabe, zur Verlebendigung und Humanisierung von Schule beizutragen, das Schulleben und die Schulkultur mitzugestalten, die Kommunikation zwischen Eltern, Schülern und Lehrern zu fördern, Wegbegleitung und Hilfen zur Persönlichkeitsentwicklung anzubieten und zu einem am Evangelium orientierten Leben zu ermutigen.

2.1.3.1 Der Kontext von Schulpastoral

Drei Studieneinheiten richten ihre Aufmerksamkeit auf den Kontext, der jedem schulpastoralen Engagement zugrunde liegt:

StE II. geht von den Erfahrungen der Kinder und Jugendlichen aus und beleuchtet deren Kulturen und Religiosität. Berücksichtigt werden dabei sowohl die Entwicklungsstufen der Kinder und Jugendlichen (körperlich, geistig, psychisch und religiös) als auch Fragen, womit diese sich beschäftigen und wo sie sich aufhalten.

StE III. setzt bei der Schule als Institution, Lernort und Lebenswelt an, die von der Pädagogik her ganz eigenen Regeln unterliegt. Schulpädagogik, Unterricht und Schulleben werden auf ihre Möglichkeiten und Grenzen hin untersucht. Modernisierungstendenzen werden dort wahrgenommen, wo Schule sich öffnet und zur Gemeinschaftsaufgabe wird.

StE IX. betont die Schulkultur und die Gestaltung des Schullebens, wobei nicht so sehr theoretische Überlegungen als vielmehr gestalterische Ideen in den Vordergrund rücken.

---

im Schuldienst, an Erzieher und Sozialpädagogen sowie weitere, die sich im schulischen Bereich engagieren (z. B. auch Mütter und Väter), wobei die Gestaltung von Fort- und Weiterbildungsangeboten jeweils auf die unterschiedlichen Zielgruppen abzustimmen ist (s. StE Kursplanungsmappe 2001, 6 und StE I. 1997, 10ff). Egal zu welcher Adressatengruppe man gehört und unabhängig davon, welche Vorbildung oder berufsmäßige Einbindung man im Bereich Schule mitbringt, prinzipiell kann sich jeder die Studieneinheiten im reinen Selbststudium aneignen. Schulübergreifenden Arbeitsgemeinschaften wird empfohlen ein bis zwei Studieneinheiten pro Jahr zu erarbeiten. Für Arbeitsgruppen an einzelnen Schulen, „die das Feld Schulpastoral gemeinsam aufbauen wollen" (StE Kursplanungsmappe 2001, 18) sind die Studieneinheiten ein Angebot für alle am Schulgeschehen Beteiligten, die sich als Christen verstärkt einbringen wollen.

400 s. StE Kursplanungsmappe 2001, 22. Die Dauer des Kurses beträgt etwa eineinhalb Jahre, umfasst die Erarbeitung aller zehn Studieneinheiten im Selbststudium, schließt sechs viertägige Präsenzphasen mit ein, baut auf einem schulpastoralen Praxisfeld auf, welches in Praxisgruppen und in Supervisionen reflektiert wird und schließt ab mit einer Abschlussarbeit sowie einem Abschlusskolloquium, um ein Zertifikat zu erwerben.

401 StE Kursplanungsmappe 2001, 6. Dies beinhaltet für die Einzelnen 1. die *Aneignung* von Grundlagenwissen, kommunikationsfördernden Fähigkeiten auch im Blick auf Beratungssituationen, Kenntnissen der Methoden und Aktionsformen der Kinder-, Jugendarbeit und Erwachsenenbildung, 2. die *Befähigung* zur Erarbeitung einer Konzeption vor Ort, zur Gestaltung von Schulleben und Schulkultur, zur Sensibilisierung für Not- und Angstsituationen, zur Anleitung von Menschen zur Selbsthilfe sowie 3. die *Förderung* von Fähigkeiten zur Planung pastoraler und liturgischer Veranstaltungen bzw. zur Kooperation.

Mit Blick auf den Kontext soll Schulpastoral in erster Linie eine Dienstfunktion ausüben. Dieser Paradigmenwechsel führt zu einem *diakonischen Konzept von Schulpastoral*, das danach fragt, was Kirche „im Sinne ihres an Welt und Gesellschaft zu leistenden Dienstes zugunsten der Schule und der konkreten Schüler, Schülerinnen, Eltern, Lehrerinnen und Lehrer zu leisten bereit und fähig“[402] ist.

2.1.3.2 Grundlagen der Schulpastoral

Den Studieneinheiten nach ist das Ziel von Schulpastoral, Christen zu einem Dienst in der Schule zu befähigen. Ihr Einsatz gelte der *Humanisierung von Schule* mittels eines diakonischen Konzeptes, das vorwiegend in vier Studieneinheiten entfaltet wird:

StE III. greift Fragen der Schulpädagogik auf: Was ist eine gute Schule? Wie gelingen Lernprozesse? Was braucht das Schulleben, dass man von einer humanen Schule sprechen kann? Schulpastoral meldet sich dort zu Wort und ergreift dort Initiative, wo Schule sich öffnet und zur Gemeinschaftsaufgabe wird, was als Chance begriffen wird.

StE IV. beschäftigt sich sehr praktisch und konkret mit Gestaltungsprinzipien und Arbeitsformen von Schulpastoral. Den Hintergrund dessen bilden verschiedene personenzentrierte Ansätze der Gruppenarbeit und Gesprächsführung. Darüber hinaus werden klassische Methoden der kirchlichen Jugendarbeit zusammengestellt und im Rahmen einzelner konkreter Übungen veranschaulicht. Äußerst aufschlussreich ist der Hinweis auf verschiedene negativ konfliktive aber auch positiv herausfordernde Spannungsfelder zwischen Schule und Schulpastoral.[403]

StE V. behandelt die Kommunikation in der Schule und deren Störungen, wobei auf allgemeine Kommunikationsmodelle zurückgegriffen wird und man diese auf die Schul-/Unterrichtssituation überträgt. Darüber hinaus werden Grundformen der seelsorglichen Gesprächsführung dargestellt, welche vor allem auf Einzelgespräche oder Krisensituationen zielen. Als besondere Form der Kommunikation wird am Schluss dieser Studieneinheit das Beten behandelt, dem ein sinnstiftender, kommunikativer Charakter zugeschrieben wird.

StE VI. ist sicherlich die präziseste, aber zugleich auch die komplizierteste und theorielastigste aller Studieneinheiten.[404] Ihr Autor, Udo F. Schmälzle, weist darauf hin, dass theologische Grundlagen nicht in der Art einer Einbahnstraße von der Theorie zur Praxis führen, sondern dass die schulpastorale Praxis bereits „eine Theorie impliziert, aber noch auf den Begriff zu bringen ist“[405]. Die theologischen

402 StE I. 1997, 59. In diesem Sinne setzen die Studieneinheiten gleich an den Anfang eine programmatische Aussage: „Wir meinen, dass das Paradigma »Für-Sein Jesu« sich gut für Christen und Christinnen eignet, ihre Mitarbeit in der Schule auszuweisen, wenn man sie nicht nur nach der gesellschaftlich-politischen und der schultheoretischen, sondern auch nach der theologischen Begründung und spirituellen Motivation ihres Engagements fragt“ (ebd., 63).

403 Eine der wesentlichen Spannungen lautet: „Schule ist von ihrer Grundintention ein ergebnisorientiertes System“ (StE IV. 1998, 36), während Schulpastoral von ihrer Anlage und ihrer Arbeitsweise personen- und prozessorientiert ist.

404 Eine knappe Zusammenfassung der theologischen Grundlagen von Schulpastoral und damit implizit der StE VI. findet sich bei Schmälzle 1999, der mit dem Autor dieser StE identisch ist.

405 s. StE VI. 2000, 7.

bzw. kirchlichen Schlagworte[406], die er in der Diskussion anbietet, geben eine Richtung an, die im Anschluss an das Vatikanum II als *anthropologische Wende* bezeichnet wurde. In dieser Richtung sei bei der Theoriebildung im Bereich Schulpastoral weiter zu forschen. Des Weiteren greift er eine Grundproblematik der Praktischen Theologie auf, das „ungelöste Vermittlungsproblem“[407], die Frage, wie zwischen Theorie und Praxis zu vermitteln sei, damit Schulpastoral keinem »Etikettenschwindel« erliege und sie nicht „zum Dienstleistungs- und Reparaturbetrieb an Schulen“[408] verkomme. An Wolfgang Klafki anknüpfend entwickelt er diejenigen Grundkonstanten, „die allen Vermittlungsmodellen zugrundeliegen“ und die „in der Pastoral genauso ihre Gültigkeit wie in der Pädagogik“[409] haben: Educandus, Erziehungsträger, materialinhaltlicher Zielaspekt.[410] Übertragen auf verschiedene Konzepte von Schulpastoral sei zu fragen, wie „diese Modelle theologisch begründet“[411] werden, was hier im Einzelnen nicht ausgefaltet werden kann. In Kürze kann jedoch gesagt werden, dass hinter „der Suche nach neuen Zielen und Konzepten“ der Anspruch steht, „den Heranwachsenden bei der Identitätsfindung helfen zu wollen“, was die Theologie wiederum zu einer „Auseinandersetzung mit verschiedenen Sozialisationskonzepten aus den Humanwissenschaften“[412] verpflichte. Dabei wird allerdings darauf hingewiesen, dass etwa der Identitätsbegriff kein spezifisch theologischer Begriff sei und man darauf achten müsse, dass Pastoralkonzepte in der Gefahr sind, „sich mit Begriffen wie Identität, Emanzipation und Subjektwerdung eine wissenschaftliche Legitimation zu erschleichen, ohne die fundamentalen Anfragen an Formen und Inhalte einer religiösen Identitätsentwicklung aufzugreifen.“[413]

---

406 s. StE VI. 2000, 11ff. Der Mensch wird in den Mittelpunkt gestellt: *Dieser Mensch ist der Weg der Kirche* (RH 13f); *Sehen – Urteilen – Handeln*; *Option für die Armen und Option für die Jugendlichen* (Puebla); *Dienst der Kirche an der Jugend*, *Menschen für andere* und *Subjektwerdung* (Würzburger Synode).

407 s. StE VI. 2000, 19ff. „Ein theologisch verantwortetes pastorales Vermittlungsmodell wird sich also zunächst einmal auf Gedeih und Verderb mit den Wissensbeständen, Kategorien und Dimensionen auseinandersetzen müssen, die humanwissenschaftlich erprobt sind, wenn es die prägende Kraft der Gott-Mensch-Beziehung aufzeigen und damit den Anschluss an die theologische Achse sichern will“ (ebd., 27). Udo F. Schmälzle referiert in Anlehnung an Erich Feifel drei mögliche Vermittlungsmodelle, 1. das Modell einer dogmatisch argumentierenden Theologie (Lehre → Leben); 2. das Modell einer vermittlungstheologisch argumentierenden Theologie (gesellschaftliche Prozesse ↔ christliche Glaubensbotschaft) sowie 3. das Modell einer anthropologisch argumentierenden Theologie (Erfahrung → Licht des Glaubens → Bewältigung aus dem Glauben), wobei er anmerkt, dass man in der Praxis der Pastoral auf alle drei Modelle trifft und dass diesen Grundkonstanten zugrunde liegen, die es herauszuarbeiten gilt.

408 s. StE VI. 2000, 10.

409 s. StE VI. 2000, 27.

410 Je nachdem, wie die Grundkonstanten gewichtet werden, ergeben sich daraus drei Erziehungskonzepte (religiöser Erziehung), worauf wiederum die oben angeführten Vermittlungsmodelle aufbauen: 1. Dominanz des Trägers (Rekrutierungskonzept); 2. Dominanz von Tradition und Kultur (Sozialisationskozept); 3. Dominanz des Educandus (Emanzipationskonzept).

411 StE VI. 2000, 31.

412 StE VI. 2000, 35.

413 StE VI. 2000, 40. Zur Identitätsproblematik s. auch StE X. 1999, 2. Im Anschluss daran wird eine denkerische Vermittlung zwischen Kirche und Welt sowie zwischen Theologie und Humanwissenschaften beschrieben, die sich der vermittlungstheolgisch argumentierenden Theologie bedient (dargestellt werden Modelle, wie sie sich aus dem gegenwärtigen Reflexionsstand in der Jugendpastoral ergeben: Kontrastmodell, Diakoniemodell, Interaktionsmodell).

SCHMÄLZLE plädiert für eine „Theologie der Menschwerdung“[414], was durch wesentliche Aussagen des Vatikanum II. gestützt werde, welches den „Menschen und die Begründung seiner Freiheit in der Berufung durch Gott“ entdeckt habe. Das Verhältnis von Kirche und Welt sei christologisch-inkarnatorisch zu verankern und Glaube, so meint er, „vollzieht sich in einer personalen Entscheidung für Gott und in der Rückbindung an eine lebendige und konkrete Gemeinschaft von Glaubenden“[415]. In Theorie und Praxis sei an den biblischen Handlungsgeschichten Maß zu nehmen, wobei die Seelsorge mehr und mehr zu ihrer eigenen Freiheitsgeschichte zurückfinden müsse, anstatt ausschließlich außertheologische Konzepte aufzugreifen. Theologische Seelenlehre solle wieder als Beziehungslehre verstanden werden, die sich den fundamentalen Fragen stellt: „Wer ist der Mensch eigentlich vor Gott? Wie können wir als Menschen in Kontakt mit diesem Gott treten?“ Eine Theologie der Gottesbeziehung habe sich seiner biblischen Grundlagen zu vergewissern, bei der die Bundestheologie eine zentrale Rolle spielt, denn sie stelle einen Brückenkopf dar zwischen AT und NT. In der Menschwerdung Jesu Christi drücke sich schließlich die absolute Beziehungswilligkeit Gottes aus. Ausgehend davon gelte die Inkarnation als Prinzip der Evangelisierung, wobei zu berücksichtigen sei, dass das NT nur eine indirekte Gotteslehre darstellt. Zur fundamentalpastoralen Frage werde, wie Seelsorge auf dem Weg des menschgewordenen Gottessohnes gelingt.[416]

Von den Kriterien der Beziehungsstiftung (Menschwerdung, Gottesbegegnung, Liebesfähigkeit) leitet SCHMÄLZLE über zu den „Strukturen einer inkarnatorischen Glaubensvermittlung“ und fragt sich, wie sich die theologische Grundlegung auf die Arbeit an der Konzeption von Schulpastoral auswirken sollte. Dabei rekurriert er auf Handlungsebenen des christlichen Offenbarungsverständnisses, welches „Offenbarung nur als Beziehungsereignis verstehen kann“[417] sowie auf Handlungsfelder, die auch als *Grundvollzüge von Kirche* firmieren: 1. Gemeinschaftsbildung (Koinonia), 2. Brotbrechen (Liturgia), 3. Festhalten an der Lehre der Apostel (Martyria) und 4. Hilfe für die Bedürftigen (Diakonia).[418] „Abschließende Thesen zur theologischen Grundlegung der Schulpastoral“[419] zeigen am Ende der Studieneinheit noch einmal in komprimierter Weise, dass jede theologische Grundlegung beim Menschen ansetzen, diesen zu ihrem Weg machen und ihn da-

---

414 StE VI. 2000, 60.

415 StE VI. 2000, 68.

416 StE VI. 2000, 76ff.

417 StE VI. 2000, 107.

418 Interessant ist die Tatsache, dass diese Grundvollzüge auch „als die christliche Antwort auf die anthropologischen Grundkonstanten“ verstanden werden können und dass die Aktualisierung dieser Grundvollzüge eine Dynamik provoziert, „die nicht nur Christinnen und Christen in den Gemeinden ergreift, sondern die weit über diese Grenzen hinaus in all die Felder und Vollzüge hineinwirkt, in denen Menschen Gemeinschaft und Orientierung suchen, in denen Menschen nach Überzeugungen ringen oder nach den Wurzeln des Lebens fragen“ (StE VI. 2000, 112f).

419 StE VI. 2000, 132ff. SCHMÄLZLES Thesen lauten: „1. Schulpastoral arbeitet an der Identitätskrise der Kirche. 2. In der Schulpastoral ist die Kirche dabei, gemeinsam mit jungen Menschen neue Formen der Glaubenskommunikation zu lernen. 3. Die Schulpastoral stellt sich der neu aufgebrochenen religiösen Frage. 4. Schulpastorale Arbeit am Hoffnungspotential von Kindern und Jugendlichen ist biblisches Mandat. 5. Das Profil der Schulpastoral zeigt sich im Tat- und Wortzeugnis. 6. Schulpastoral setzt neue Prioritäten in der Glaubenskommunikation.“

bei in Beziehungen setzen müsse zu dem, was geoffenbart, geglaubt und tradiert wurde und wird.

2.1.3.3 Anliegen und Handlungsfelder der Schulpastoral

Die schulpastoralen Handlungsfelder sind mit den *Grundvollzügen von Kirche* grob abgesteckt. Auf eine Auflistung von einzelnen Maßnahmen der Schulpastoral und deren Zuordnung zu den einzelnen Grundvollzügen wird verzichtet. Insgesamt findet sich in den verschiedenen Studieneinheiten eine enorme Fülle etlicher Beispiele, bei denen deutlich wird, wie weit gestreut die Realisierungsformen von Schulpastoral sein können.

StE VII. arbeitet stark an der Fragestellung, wie Konzeptionen und Konzepte von Schulpastoral entstehen, was dafür hilfreich und was eher hinderlich ist. Die wichtigsten Kriterien hierfür seien: Bei der Arbeit mit Konzeptionen gelte es, die verschiedenen Konzeptions-Ebenen zu unterscheiden und gleichzeitig zu beachten, wie diese miteinander sowohl von der Struktur als auch von den Inhalten her in Verbindung stehen. Der jeweiligen Erstellung müsse eine Situations- und Zielgruppenanalyse vorangehen. Zielorientierung und regelmäßiges Überarbeiten der Konzeptionen bzw. Konzepte seien unabdingbar und ermöglichten durch Setzen inhaltlicher Schwerpunkte der jeweiligen Schulpastoral vor Ort eine eigene Profilbildung.

StE VIII. wird einen Schritt konkreter und praktischer. Sie hilft quasi praxisbegleitend beim Aufbau von Schulpastoral vor Ort. Sehr ausführlich widmet sie sich der Situations- und Zielgruppenanalyse sowie der Konzeptentwicklung.

2.1.3.4 Konkretionen von Schulpastoral und deren Konsequenzen

Die Beziehung von Religionsunterricht und Schulpastoral wird in StE I. sowie in StE VII. kurz gestreift und fällt knapp, kritisch sowie äußerst fordernd aus. Thesenartig lässt sich zusammenfassen: Die Kirchen setzen ihr geschichtlich gewordenes Engagement zugunsten von Schulwesen, Schule und Religionsunterricht unter den Bedingungen der säkularisierten pluralen Schule für alle fort. Als unerlässliche Voraussetzung und Bedingung braucht Schulpastoral den schulischen Religionsunterricht nicht. Die verschiedenen Weisen kirchlichen Engagements im Schul- und Bildungsbereich können gedeihlich miteinander vernetzt werden.[420]

Worauf Schulpastoral in den verschiedenen Schularten und Schulstufen zu achten habe, wird in den Studieneinheiten nicht systematisch behandelt. Lediglich an verschiedenen Beispielen schulpastoraler Konzepte und Einzelmaßnahmen sind spezifische Anforderungen und Eigenheiten zu erkennen.[421] Auch die Frage nach Trägern und Adressaten wird nicht systematisch beantwortet, sondern es wird allgemein darauf hingewiesen, dass man nicht mehr von Objekten der Pastoral sprechen dürfe, sondern dass alle am Schulgeschehen Beteiligten prinzipiell zugleich Subjekt und Träger von Schulpastoral seien oder zumindest sein könnten. Wie Be-

---

420 s. StE VII. 2002, 56 – 61, besonders 60.

421 s. v. a. StE VII. 2002.

auftragung im Bereich von Schulpastoral zu geschehen habe, darüber geben die Studieneinheiten keine Auskunft. Umso mehr jedoch spricht der ganze Fernkurs für sich, wenn man danach fragt, wie Fortbildung im Bereich von Schulpastoral aussehen kann.

2.1.3.5 Zusammenfassung und kritische Würdigung

Zu den Defiziten des Fernkurses zählt, dass die Kursmappen den typischen Geist der 1990er atmen: Sie sind eher gemeindebezogen statt kirchenorientiert, in weiten Zügen stark kirchenkritisch statt kirchlich selbstbewusst. Beim Lesen und Studieren entsteht leicht der Eindruck, die Zielgruppe von Schulpastoral beschränke sich mehr oder weniger auf Mittelstufenschüler. Eltern und Lehrer werden zwar immer wieder erwähnt, jedoch in Bezug auf schulpastorale Konzeptionen und Konzepte (Angebote) so gut wie gar nicht in den Blick genommen.[422] Äußerst bedenklich ist, dass die Autoren ausgerechnet in StE I. quasi normierend „zu der einzig möglichen, [..] sehr weit gefassten Definition von Schulpastoral" kommen, die in der Zielaussage m. E. zu institutionenbezogen behauptet, dass Schulpastoral „alle solche Initiativen und Maßnahmen [umfasst], die unter den Erfordernissen und Bedingungen der modernen »Schule für alle« und in enger Kooperation mit allen an der Schule beteiligten Personen und Institutionen zum Gelingen schulischer Sozialisation und schulisch begründeten RU beizutragen vermögen."

Es irritiert, dass Schulpastoral „zugunsten des Schulwesens" und „zugunsten des schulischen RU" agieren und wirken soll und erst sehr spät die Rede davon ist, dass Schulpastoral in erster Linie den Auftrag haben muss, sich zugunsten der Menschen, ihres Wachstums und ihres Heils einzusetzen.[423] Eine weitere Irritation besteht darin, dass alle möglichen Gewährsleute einer eher liberalen Theologie und einer psychologisierenden Pädagogik herangezogen werden und man zwar ein breites Panoptikum vor Augen gestellt bekommt, sich zugleich jedoch mit einer Unübersichtlichkeit und einer gewissen Unschärfe konfrontiert sieht. Dies führt zu einem paradoxen Gesamteindruck der Studieneinheiten als Gesamtpublikation: In weiten Teilen theorielastig – an entscheidenden Stellen oberflächlich.[424] Besonders der StE VI., die doch der theologischen Grundlegung dienen sollte, gelingt es nicht, in allgemein verständlicher Sprache, ausgehend von einem pastoraltheologischen Konzept von Seelsorge und Pastoral, hinreichend theologisch zu begründen, warum, wozu und wie, in welchen Handlungsfeldern sowie für wen Kirche in der Schule seelsorglich wirken will und kann.[425]

---

422 Zu Möglichkeiten der Lehrerseelsorge bzw. der Elternpastoral s. SCHNEIDER, Jan Heiner 1990, SCHMÄLZLE 1997 sowie SCHAFFNER 2001.

423 s. StE I. 1998, 60. Leider wird erst unter dem Stichwort »Wie Schule sein könnte« hinzugefügt, dass der „Beitrag der Kirche zugunsten der Schule" in der „Zuwendung zum Menschen" und der „Hinführung zu universaler Solidarität" (ebd., 68) besteht.

424 Immer wieder kann man sich des Eindrucks nicht erwehren, dass unterschiedlichste theologische, pastoralpsychologische, schulpädagogische und humanwissenschaftliche Theorien zwar angeführt, jedoch nicht richtig ausgeführt werden. In der Breite im wahrsten Sinne überwältigend – in der Tiefe zu oberflächlich bzw. zu kurz greifend.

425 Mit SCHMITZ, der SCHMÄLZLE 1999 rezensiert, lässt sich auch dem Fernkurs vorwerfen, dass dieser über „Behauptungen über Pastoral im Allgemeinen" sowie „allgemeine »existentielle Wahrheiten«" (SCHMITZ 2006, 63) nicht hinauskommt.

Die m. E. schwächste Studieneinheit liegt mit StE X. vor, in welcher das Selbstverständnis und die Spiritualität von Christen im Dienst in der Schule behandelt werden. Es ist ein Sammelsurium von theologischen und spirituellen Schlagworten sowie allgemeinen Annahmen.[426] Der Überblick, den man über diesen Flickenteppich bekommt, ist zwar beträchtlich, scheint aber eher zu einer eklektischen Herangehensweise zu animieren, anstatt zu einem vertieften Vorangehen in einer für die Schulpastoral förderlichen und angemessenen Spiritualität anzuleiten.[427]

Auf die Frage was der Fernkurs bewirkt hat, wird man wohl erst in den kommenden Jahren antworten können. Auffallend ist jedoch, dass der Fernkurs in der Literatur noch nicht breit rezipiert wird.[428] Wer in Deutschland an einer öffentlichen oder privaten/katholischen Schule Schulpastoral einführen bzw. schulpastorale Maßnahmen anbieten will, kommt wohl dennoch am Fernkurs nicht vorbei.[429] Ob dabei das ganze umfangreiche Fernstudienprogramm notwendig ist, wage ich zu bezweifeln. Zumindest besteht jedoch die Möglichkeit, die einzelnen Studieneinheiten in Auswahl heranzuziehen, um sich den Einstieg zu erleichtern bzw. gewisse Fragestellungen zu vertiefen. Trotz unzureichender theologischer Theoriebildung wirkt die Lektüre anregend für all diejenigen, die sich als engagierte Christen im Bereich der Schulpastoral praktisch beteiligen wollen.

2.2 *Grundlagen von Schulpastoral/Schulseelsorge*

Grundlagen können nur geschaffen werden, wenn Begriffsklarheit herrscht, weswegen an dieser Stelle zu klären ist, ob und wenn ja worin sich *Schulpastoral* und *Schulseelsorge*, die häufig synonym verwendet werden, sowie *Schülerseelsorge* bzw. *Schülerpastoral*[430] unterscheiden.

Historisch betrachtet gibt es eine gewisse begriffliche Entwicklung von der *Schülerseelsorge* über die *Schulseelsorge* bis hin zur *Schulpastoral*, wobei man nicht sagen kann, dass *Schulpastoral* die beiden anderen Begriffe abgelöst und sich in Theorie und Praxis allgemein durchgesetzt hätte: Bis in die 1960er sprach man von *Schülerseelsorge* und verstand darunter die Erziehung von Kindern und Jugendlichen im christlichen Glauben und deren Einführung in die kirchliche Praxis.

---

426 *Option für die Armen, Selbstbild und Identität, Nähe und Distanz, Selbstvertrauen und Grenzerfahrungen, Kirchen- und Selbstverständnis, wache Zeitgenossenschaft, Kreislauf der Spiritualität, Gerechtigkeit, Frieden und Bewahrung der Schöpfung, Gebet und heiliger Zorn, ruah und pneuma* – all diese Stichworte werden zwar herangezogen, jedoch schlecht hergeleitet und nur dürftig weitergeführt.

427 Zur Spiritualität in der Schulpastoral s. Geissler, Ulrich 2003.

428 Bisher gibt es nur wenige Veröffentlichungen, die den Fernkurs vorstellen (s. Deitert 1999 und 2003 und Schmälzle 1999, wobei diese nicht so sehr kritisch auf das Programm eingehen, sondern vielmehr Werbung in eigener Sache machen). Ulrich Geissler berichtet immerhin davon, dass die Teilnahme an diesem Weiterbildungskurs trotz des hohen Aufwands an Zeit, Kraft und Geld „bei allen die berufliche Zufriedenheit und Motivation“ (Geissler, Ulrich 2002, 110) erhöhte.

429 Ein sehr ähnliches Fort- und Weiterbildungsangebot im Bereich Schulpastoral hat das Referat Schulpastoral der Diözese Rottenburg-Stuttgart entwickelt: „Projekt Schulpastoral an Grundschulen und Gymnasien 2003/2006“, s. Demmelhuber 2007.

430 Die Begriffe *Schülerseelsorge* bzw. *Schülerpastoral* sind offensichtlich zu eng gefasst, da sich der Dienst der Kirche in der Schule nicht allein auf eine Zielgruppe richten darf, sondern *alle*, die maßgeblich am Schulgeschehen beteiligt sind, in den Blick zu nehmen hat, wenn auch in Abstufungen.

In den 1970/80ern versuchte man unter dem Stichwort *Schulseelsorge*[431] der fortschreitenden Trennung von Kirche und Staat entgegenzuwirken, indem man den Adressatenkreis weitete und die Absicht vertrat, aus dem Glauben heraus Lebenshilfe anzubieten und mittels schulbezogenem kirchlichem Engagement zwischen Gemeinde und Schule neue Beziehungen zu stiften. Nachdem Schulseelsorge zunächst mit dem Religionsunterricht mehr oder weniger gleichgesetzt und auf diesen reduziert worden war, waren es als erstes Katholische Schulen in freier Trägerschaft, die auch die Eltern, Lehrer und Erzieher mit ihrem schulseelsorglichen Angebot ansprachen. Der Begriff *Schulpastoral* wird vermehrt seit Ende der 1980er verwendet. Man versteht darunter einen „Dienst der Kirche an den Menschen im Handlungsfeld Schule" der gleichzeitig „ein diakonischer Dienst an der Institution Schule selbst" ist und der alle am Schulgeschehen Beteiligten potentiell als Träger von Schulpastoral und damit als Mitarbeiter an der „Mitgestaltung eines humanen Schullebens" betrachtet.[432]

Etwas systematischer pastoral-theologisch betrachtet, lässt sich bezüglich der Begriffsbestimmung eine andere Unterscheidung vornehmen; die zwischen *pastoraler Situation* und *seelsorglichem Handeln*.[433] So verstanden ist *Schulpastoral* der umfassendere und technischere Begriff, der sich auf Konzeptionen und Strukturen bezieht, vorrangig die Schule als Institution in den Blick nimmt und den »Hirtendienst«[434] in Bezug auf Gruppen oder Teams betont (s. Mt 9,35 – 38). Mit *Schulseelsorge* sind dementsprechend konkretere Formen von Zuwendung und Sorge um die »Seele«[435] gemeint (s. Mt 18,12 – 14), die dem einzelnen, aber auch mehreren Menschen gelten können und die als Vollzug von Schulpastoral diakonisch, mystagogisch und sakramental akzentuiert werden. Im weiteren Verlauf der Arbeit werden die beiden Begriffe *Schulpastoral* und *Schulseelsorge* weitestgehend äquivalent benutzt, wobei in der Akzentsetzung die eben gemachte Unterscheidung zur Anwendung kommt.

Was aber ist Schulpastoral/Schulseelsorge? Diese Frage lässt sich genauer beantworten, wenn man darum weiß, was sie eben nicht ist. Die Beschlüsse der Würzburger Synode zum Religionsunterricht und zum Bildungsbereich ernst neh-

---

431 Überdiözesan ist dieser Begriff erstmals belegt in: Gemeinsame Synode 1976, 539.

432 s. Die deutschen Bischöfe 1996, 13. Zur Begriffsgeschichte s. Rüttiger 1992 und van Hooff 2006.

433 Clemens Weissenberger 2007, 235 – 240 plädiert dafür, die „äquivalent benutzten Begriffe »Seelsorge« und »Pastoral«" unterschiedlich zu gebrauchen, was er am unterschiedlichen Verhalten Jesu dokumentiert. Seine These erfährt allerdings dort eine Engführung, wo er im Anschluss an Lames 2000b, 238 – 248 *seelsorgliches Handeln* auf die beratende, tröstende und helfende Zuwendung in 1:1-Situationen beschränkt.

434 Beim Bild vom Hirten und seinen Schafen ist das tertium comparationis wichtig: Richtig verstanden geht es nicht um „ein Über- und Unterordnungsschema" (Mertes 2000a), sondern um eine besondere Form von Zuwendung, Sorge und Liebe.

435 Klaus Mertes ist zuzustimmen, der darauf hinweist, dass man Seelsorge nicht einfach „auf die Zuständigkeit für Seelen [...] – oder auf einen entleerten Begriff von »religiösen Bedürfnissen«" (Mertes 2000a) beschränken darf. Wie beim *adiuvare animas* ist bei der *cura animarum* darauf zu achten, „die Verengung auf einen platt dualistischen Begriff von »Seele«" zu überwinden und stets zu betonen, dass es um den ganzen Menschen geht bzw. dass »Seele« den Bereich bezeichnet, „in dem der Mensch zugleich am meisten er selbst und Gott am nächsten ist" (Müller 1987, 50). s. dazu auch Langer, Wolfgang 1998, 9f.

mend,[436] muss betont werden, dass Schulpastoral/Schulseelsorge weder Religionsunterricht ist noch Schulsozialarbeit und auch nicht schulpsychologischer Dienst.[437] Allerdings entzieht sie sich auch pastoralen Zuschreibungen pfarrgemeindlicher und kategorialer Art: Sie ist kein »Anhängsel« der Gemeindepastoral und streng genommen auch nicht als Zielgruppenpastoral unter die Jugendpastoral[438] zu subsumieren. Am ehesten lässt sich Schulpastoral/Schulseelsorge wohl der *lebensraumorientierten Seelsorge* zuschreiben, denn sie sucht einen Lebensraum auf, der von Menschen, die am Schulgeschehen beteiligt sind, »belebt, bewohnt und bearbeitet« wird und der nicht an den Grenzen des Schulgebäudes oder der Schule als Anstalt aufhört, sondern netzwerkartig mit anderen Lebensräumen dieser Menschen verbunden ist.[439]

Eine positive und knappe Definition lässt sich in Anlehnung an Schmitz vorläufig etwa folgendermaßen formulieren: Schulpastoral resp. Schulseelsorge ist Lebenshilfe durch Vermittlung von Glaubenserfahrung[440], sie gilt Schülern, Lehrern, Erziehern, Eltern sowie anderen am Schulgeschehen Beteiligten und hat zum Ziel, diese im Lebensraum Schule agierenden Menschen zu einem Leben im Vertrauen auf Gott anzuleiten und sie zu unterstützen – ganz nach dem Vorbild und der Maßgabe Jesu.[441] Diese Kurzformel gilt es umfassend grundzulegen, anhand schulpastoraler Gestaltungsprinzipien zu entfalten und in Handlungsfeldern der Schulpastoral zu explizieren.

---

436 s. Gemeinsame Synode 1976, 123 – 152 und 539f.

437 Zur Abgrenzung von Schulpastoral/Schulseelsorge gegenüber dem Religionsunterricht, der Schulsozialarbeit sowie verschiedenen Einrichtungen von Beratungs- und Verbindungslehrern s. Seibt 2008, 37 – 46. Zur Verhältnisbestimmung von Religionsunterricht und Schulpastoral s. Biesinger/Nonhoff 1982, Linsen 1991, Die deutschen Bischöfe 1996 und 2005, StE I. 1998, Eich 2003, Thalheimer 2004, Schmitz 2004 und 2006, Biesinger/Schmidt 2006 sowie Kiessling 2008b. Mehrfach belegt Schmitz, wie gegen das Ansinnen der Würzburger Synode Religionsunterricht und Schulseelsorge immer wieder miteinander vermengt werden (s. Schmitz 2006, 2ff; 35; 45; Lames positiv würdigend ebd., 68; „Fehlentwicklung wider Geist und Buchstaben der Würzburger Synodendokumente" ebd., 77; 85f und 95).

438 Inwiefern Schulpastoral und Jugendarbeit miteinander verbunden werden können bzw. welche Probleme dabei auftauchen s. Jung/Kittel 2004 sowie Rose 2000. Ein Plädoyer für die klare Unterscheidung der verschiedenen Systeme findet sich bei Lames 2000a, 303ff.

439 s. Schneider/Fuchs 2007, 134ff und Seibt 2008, 75 – 78. Grundlegend zum Thema Seelsorge und Lebenswelt bzw. Lebensraum s. Henke 1994 sowie Ebertz/Fuchs/Sattler 2005. Zum Verhältnis lebensraumorientierter Seelsorge und Schulseelsorge s. auch Fuchs 2006, 23ff.

440 Glaubenserfahrung lässt sich nicht »machen«, sondern kann nur insofern vermittelt werden, als dass der Boden dafür bereitet wird. Eine persönliche Glaubenserfahrung, in der Selbsterfahrung und Gotteserfahrung (s. Rahner 1970 und 1972) kulminieren, soll es, um es mit Rahner zu sagen, dem Frommen von morgen ermöglichen ein »Mystiker« zu sein, also „einer, der etwas »erfahren« hat". Anders wird er „nicht mehr sein, weil die Frömmigkeit von morgen nicht mehr durch die im voraus zu einer personalen Erfahrung und Entscheidung einstimmige, selbstverständliche öffentliche Überzeugung und religiöse Sitte aller mitgetragen wird, die bisher übliche Erziehung also nur noch eine sehr sekundäre Dressur für das religiös Institutionelle sein kann" (Rahner 1966, 22f).

441 s. Schmitz 2004, 54. In Bezug auf die Notwendigkeit einer konzeptionellen Grundlegung von Schulpastoral kommt Schmitz zu dem Schluss, dass ein solches Konzept „eine theologische Theorie und damit einen rational nachvollziehbaren Begründungszusammenhang für Schulpastoral bieten [muss], in welchem sie als christliches und kirchliches Unternehmen definitorisch bestimmt wird, ihre Notwendigkeit begründet wird und ihre Ziele aufgezeigt werden" (ebd., 42f). s. dazu auch Weidmann 1997, 412.

2.2.1 Grundlegungen

Da Schulpastoral/Schulseelsorge „sowohl eine pädagogisch-religionspädagogische als auch eine theologische und den Glauben verkündigende Dimension“[442] hat und zugleich als kirchliches Angebot im Raum staatlich anerkannter und unterstützter Schulen angesiedelt ist, ist es nötig, sie sowohl systemtheoretisch als auch schulpädagogisch sowie (pastoral-)theologisch zu begründen:

2.2.1.1 Systemtheoretische Grundlegung von Schulpastoral

Eine systemtheoretische Grundlegung versteht „Schulseelsorge als soziales System“[443] im »Zwischenraum« der beiden Systeme Schule und Kirche.[444] In Abgrenzung zu anderen schulischen bzw. kirchlichen Teilsystemen, etwa der Schulsozialarbeit, dem Religionsunterricht oder der Gemeindekatechese,[445] mit denen sie in Beziehung steht und kooperieren muss, von denen sie sich allerdings nicht vereinnahmen lassen darf, entwickelt sie nach Gundo Lames „ihre spezifische Leitunterscheidung, die mit unbedingter/bedingter Zuwendung ausgedrückt werden kann“[446]. Frei und unabhängig von den schulischen bzw. unterrichtlichen Leitunterscheidungen (gute Noten/ schlechte Noten; Versetzung/Nicht-Versetzung) und zugleich „intern gebunden an die »strukturelle Kontinuität« einer Kirche, die im Horizont des Reiches Gottes unterwegs zu den Menschen ist“[447], kann Schulpastoral sich nach dem Vorbild Jesu allen Menschen an der Schule zuwenden, ohne zuvor oder hernach irgendwelche Bedingungen zu stellen.[448] Zu berücksichtigende

---

442 Weidmann 1997, 419. Notwendige, jedoch für sich allein genommen nicht hinreichende Aspekte der theologischen Grundlegung von Schulpastoral sind 1. die religionspädagogische Reflexion (Schulpastoral als religiöse Bildung/Erziehung), 2. die pastoraltheologische Reflexion (Schulpastoral als gesellschaftskritische Analyse) und 3. die pastoralpsychologische Reflexion (Schulpastoral als helfende und heilende Begleitung der Lebensgeschichte), s. Lames 2000b, 231.

443 Lames 2000b. Schulpastoral/Schulseelsorge hat, genauso wie der Religionsunterricht, Anteil an zwei höhergeordneten sozialen Systemen, dem der Schule und dem der Kirche. Dass an dieser Schnittstelle Spannungen auftreten, ist nicht überraschend, da beide Systeme „von einem Ideal der Vermittlung“ geprägt sind, „in dem einen Fall als Vermittlung wissensbasierter sozialer und kognitiver Kompetenzen, in dem anderen Fall als Vermittlung von offenbarungsbasierten Glaubenswahrheiten sowie von Glaubenserfahrungen“ (Lames 2003, 136). Dass Kirche überhaupt in die Schule darf, wird durch das Grundgesetz geregelt: bezüglich des Religionsunterrichtes durch Art. 7, Abs. 3, bezüglich der Schulpastoral/Schulseelsorge durch Art. 140, der das Recht auf Anstaltsseelsorge mit einschließt (s. Seeliger 2004 und Seibt 2008, 46 – 54). Zu Gewinn- und Verlusterfahrungen von Religion, wenn sie »in die Schule geht«, s. Mendl 2005, 377 – 382.

444 s. Möring-Plath 2005.

445 Lames 2000b, 184ff.

446 Lames 2003, 137.

447 Lames 2000a, 306 mit einem Hinweis auf Kehl 1993.

448 Dass Schulpastoral in den letzten Jahren vermehrt nachgefragt wird, ist allerdings bedingt durch gesellschaftliche Veränderungen im Sozialsystem Schule (zunehmender Leistungsdruck), im Sozialsystem Kirche (zunehmende Differenzierung, Pluralisierung und Individualisierung) und in den Veränderungen, die das Miteinander von Schule und Kirche betreffen (zunehmende Entkirchlichung der Schule). Würde Schulpastoral auf diese Veränderungen allein „als kirchliches Krisenmanagement im Kontext des Systems Schule“ reagieren und ausschließlich „zur Bearbeitung nicht mehr ausreichend erbrachter oder sogar ganz ausfallender Leistungen“ (s. Lames 2000a, 303) auftreten, resultierte daraus ein rein funktionalistisches sowie profil- und seelenloses Kompensationsangebot der Kirchen – eventuell mit dem Hintergedanken der heimlichen Rekrutierung von Personen für das eigene Organisationssystem.

systemimmanente Spannungen treten dort auf, wo Schulpastoral zwei an sich legitime Ansätze so miteinander vermengt, dass etwa die Vermittlung religiöser Inhalte unausgesprochen den diakonischen Einsatz erwartet oder umgekehrt diakonische Angebote das religiöse Bekenntnis voraussetzen. Hier bedarf es der Transparenz und Unterscheidung, genauso wie der Schulseelsorger zunächst für sich selbst klären und sodann nach außen kommunizieren muss, wann er seine Angebote im Sinne der Glaubensweitergabe akzentuiert und wann im Sinne einer diakonischen Praxis.[449]

In den Bereich der systemtheoretischen Grundlegungen gehört auch die Frage, ob ein hauptamtlicher Schulseelsorger gleichzeitig Lehrer sein sollte oder besser nicht.[450] Da die Vor- und Nachteile sich in beiden Fällen in etwa die Waage halten, muss je nach den besonderen Gegebenheiten vor Ort und je nach den Eigenschaften der jeweiligen Person entschieden werden, was für die Adressaten von Schulpastoral besser ist bzw. wo sie sich eher öffnen und anvertrauen sowie entwickeln und religiös bilden können. Wichtig ist in jedem Fall eine Rollentransparenz von Seiten des Schulseelsorgers, damit Menschen, die sich an ihn wenden oder mit ihm zu tun haben, wissen, woran sie sind und was sie erwartet.[451]

2.2.1.2 Schulpädagogische Grundlegung von Schulpastoral

Schulpädagogische Grundlegungen setzen einige schultheoretische Erwägungen voraus. Obwohl öffentliche Schulen als staatliche Institutionen zu weltanschaulicher Neutralität verpflichtet sind, müssen sie, aufgrund der grundgesetzlich verbürgten *Anstaltsseelsorge*[452], den Kirchen gewähren, im schulischen Kontext seelsorglich tätig zu werden. Weil aber die Akzeptanz für das kirchliche Christentum gesamtgesellschaftlich rückläufig ist, sollten die Kirchen nicht allein auf die ihnen zustehenden verfassungsmäßigen Rechte pochen, sondern versuchen, die Entlastungsfunktion von Schulpastoral herauszustellen[453] und, was noch wichtiger ist, schulpastorales Engagement auch schulpädagogisch zu legitimieren. Obwohl Schulpastoral aus dem allgemeinen Bildungs- und Erziehungsauftrag der Schule nicht unmittelbar abgeleitet werden kann, geht der Staat „in allen seinen Richtlinien und Lehrplänen für die Schulen davon aus, dass schulische Bildung und Erzie-

449 s. Lames 2000b, 237f.

450 s. Eich 2003, v. a. 188ff.

451 s. Langer, Wolfgang 1998, 3f sowie Möring-Plath 2005, 95.

452 Art. 140 GG i.V.m. Art. 141 WRV (s. u. a. Schmitz 2004, 58f und 2006, 2; 93ff). NRW hat in seiner Verfassung sogar wörtlich festgelegt, dass den Kirchen das Recht zukommt, „in Erziehungs-, Kranken-, Straf- und ähnlichen Anstalten gottesdienstliche Handlungen vorzunehmen und eine geordnete Seelsorge auszuüben, wobei jeder Zwang fernzuhalten ist“ (Art. 20).

453 Ottmar Fuchs stellt gar die Frage, „ob der Staat nicht tatsächlich daran denken sollte, [die kirchlich gegebenen (Ergänzung durch P. G.)] Ressourcen [gemeint ist u. a. die Förderung von Chancengerechtigkeit durch flankierende Maßnahmen der Schulpastoral (Ergänzung durch P. G.)] für die Bildungsreform zu nutzen, entsprechende Aufgaben zu delegieren [...] und dafür auch, zumindest teilweise, gesteigerte finanzielle Verantwortung zu übernehmen“ (Fuchs 2006, 17). Und er ergänzt, dass der Staat mit einer missionarischen Kirche, die nicht auf die Rekrutierung von Gläubigen ausgerichtet ist, sondern „zu Gunsten aller Menschen als helfend und befreiend“ erfahren wird, in Kooperation gehen kann und sollte, „weil er hier personale und institutionelle Ressourcen für die Solidarisierung der Gesellschaft findet“ (ebd., 18).

hung auch die religiöse Bildung und Erziehung umfasst"[454]. So gesehen ist Schulpastoral analog zum Religionsunterricht „ein zweiter, spezifisch kirchlicher Beitrag"[455], der die Ziele der Schule „mitbegründet und fördert, konkretisiert, ergänzt und gegebenenfalls kritisiert"[456]. Der spezifische Beitrag der Schulpastoral besteht etwa darin, Heranwachsende in ihrer Selbstwerdung und Selbstständigkeit, bei der Bewältigung von Entwicklungsaufgaben, beim Aufbau von Werthaltungen sowie bei der Auseinandersetzung mit existentiellen Fragen zu fördern und zu unterstützen und sich für die Mitgestaltung einer humanen Schule einzusetzen, was kompatibel ist zu Schulmodellen, die Schule tendenziell als Lern- und Lebensraum verstehen bzw. „als wertorientiert-erzieherisch ausgelegte Größe"[457].

Für katholische Schulen, die „allen am Schulleben Beteiligten eine Synthese zwischen Kultur und Glauben und Glauben und Leben verschaffen"[458] wollen, gilt darüber hinaus, dass die schulpädagogische Begründung von Schulpastoral die persönliche Begleitung der einzelnen Schüler auf ihrem Lebensweg und deren Ermutigung zu einer sich an den christlichen Geboten der Gottes- und Nächstenliebe orientierenden Lebensgestaltung mit einschließt.

2.2.1.3 Theologische Grundlegung von Schulpastoral

Eine theologische Grundlegung von Schulpastoral muss nach Schmitz zunächst thematisieren, wie *Glaube* und *Pastoral/Seelsorge* zusammenhängen. Der christliche Glaube an den einen, wahren und lebendigen Gott, wie ihn Jesus von Nazareth verkündet und in seinem Sterben und Auferstehen auf unüberbietbare Weise vermittelt hat, zeigt bis heute, dass Gott „eine welt- und menschenüberlegene (transzendente) Macht von unbedingter Gutheit"[459] ist. Diesem Gott darf und kann jeder einzelne Mensch mit Glauben, der sich weniger im Für-wahr-halten von Glaubenssätzen als vielmehr in der Haltung unbedingten Vertrauens ausdrückt, begegnen. Weil Seelsorge davon ausgeht, dass der Mensch als soziales Wesen nicht für sich allein sein kann, sondern auf Lebenshilfe im umfassenden (ganzheitlichen) Sinn angewiesen ist und bleibt, ist in einem zweiten Schritt der Glauben an den Gott Jesu Christi bzw. dieses Vertrauen auf ihn so zu vermitteln, dass er Lebenshilfe bietet. Dies beginnt dort, wo menschliches Vertrauen eingeübt und als lebensförderlich erfahren wird und bekommt dort seine spezifisch christliche Prägung, wo Pastoral/Seelsorge „sich, maßnehmend an Jesus, grundlegend an seinem Vertrauen auf Gott orientiert, [welches] eine Reihe von grundlegenden Einstellun-

454 Schmitz 2006, 103. s. dazu verschiedene Publikationen, in denen die Autoren danach fragen, wieviel Religion das Kind (Jaschke 1999), der Mensch (Oser 1988) bzw. die Gesellschaft (Zwinz 1997) brauchen.

455 Schmitz 2004, 64.

456 Gemeinsame Synode 1976, 131. Eine schulpädagogische Begründung darf sich nicht damit begnügen, Schulpastoral allein als Ergänzungsangebot zu betrachten, mit dem gesellschaftliche Veränderungen und deren Auswirkungen bis in den schulischen Bereich kompensiert werden, sondern sollte in erster Linie „Ausdruck helfender Zuwendung zum Menschen" sein, „Lebenshilfe aus dem Orientierungsangebot des Glaubens" geben und einen Beitrag zur „Mitgestaltung des Schullebens" (Weidmann 1997, 410ff) leisten.

457 Mendl 2004, 11.

458 StE III. 1999, 13.

459 Schmitz 2004, 44.

gen, Haltungen und Verhaltensweisen [impliziert], deren Relevanz für menschlich-personales Leben und Zusammenleben selbst demjenigen einsichtig sein dürfte, der [...] selbst nicht christlich, d. h. orientiert an Jesus und seinem Glauben, zu glauben vermag."[460]

Pastoral/Seelsorge ist Lebenshilfe durch die Vermittlung von Glaubenserfahrung[461], insofern sie anthropologische Grundkonstanten mit Grundüberzeugungen des christlichen Glaubens miteinander in Beziehung setzt.[462] Weil der Mensch, so wie er ist – mit seiner Schwachheit, Gebrochenheit und Sündhaftigkeit –, „der erste und grundlegende Weg der Kirche"[463] und damit der Pastoral/Seelsorge ist, motiviert Letztere zu einer positiven, die unverlierbare Würde des Menschen achtenden Einstellung zum Leben, regt an zur aktiven und solidarischen Gestaltung des Lebens, fördert die Vergebungsbereitschaft von Menschen und leitet an zu Formen der Versöhnung. Darüber hinaus blendet sie Grenzsituationen menschlichen Lebens nicht aus, sondern stellt sich ihnen vertrauensvoll, bietet so Lebenshilfe in Form von Heil, Linderung oder zumindest von Trost und ermöglicht schließlich dem einzelnen Menschen, in Freiheit zu einem selbstbewussten und solidarischen Christenmenschen heranzuwachsen. Insofern gilt mehr denn je: Religiöse Erziehung/Bildung, die sich als Vollzug von Pastoral/Seelsorge versteht, ist Hilfe zur Menschwerdung.[464]

Analog dazu gilt, dass Schulpastoral Schülern, Lehrern, Eltern sowie anderen am Schulgeschehen Beteiligten aus dem Glauben heraus Lebenshilfe anbietet, indem sie Erfahrung von Glaubensgemeinschaft ermöglicht und Menschen dazu anleitet, dem Vorbild Jesu entsprechend auf Gott zu vertrauen und in der Beziehung zu ihm Sinn zu erfahren, was etwa bei Heranwachsenden zur Stärkung ihres Selbstbewusstseins, Selbstwertgefühls und Selbstvertrauens beiträgt, den Auf- und Ausbau ihrer Identität fördert sowie zu mitmenschlichem, sozialem und solidarischem Verhalten anregt.[465] Hinzu kommt, dass schulpastorales Handeln, das am Leben und Handeln Jesu Maß nimmt, stets das Reich Gottes zu verkünden und eine Option für die Notleidenden zu treffen hat, sowie unabdingbar die Dimensionen der

---

460 Schmitz 2004, 49.

461 In Abgrenzung zum kognitiven Glaubenswissen, das der Religionsunterricht vermittelt, scheint es mir angebracht, Pastoral als *Vermittlung von Glaubenserfahrung* zu bezeichnen (s. dazu allerdings Schmitz 2004, 46 sowie Haslinger/Honecker 2002). Die wesentliche Vermittlungsform des christlichen Glaubens ist die *Evangelisierung* (s. dazu EN 13 – 15, Lechner 1992, 310 – 325, StE VI. 2000, 121f und Lames 2000b, 248ff) – neuerdings häufig bezeichnet als *missionarische Seelsorge* (s. Bünker 2007, Sellmann 2004 und Sievernich 2006). In der Evangelisierung findet kirchliches Handeln seine Identität, indem es ausgerichtet bleibt auf das Heil und die Befreiung der Menschen. Dazu bedarf es 1. der Option für die Notleidenden, 2. der Verkündigung der befreienden und 3. der heilenden Botschaft Jesu Christi (s. Geissler, Ulrich 1998, 243 – 250).

462 s. GS 1 und DV 7 – 10. s. dazu auch Die deutschen Bischöfe 1996, 16 sowie Walter Kasper, der „das Schriftzeugnis, das angesichts der Fragen des heutigen Menschen gelesen und befragt wird" (Kasper 1967, 43), als Ausgangspunkt jeder Theologie bezeichnet. Die Einbeziehung der kirchlichen Tradition in diesen Prozess geschieht für ihn in einem zweiten Schritt.

463 RH 14.

464 s. dazu Exeler 1982, besonders 11 – 38.

465 Überlegungen zur Identitätsfindung und Selbstwerdung aus dem Glauben sowie zur religiösen Selbstfindung und Sozialisation finden sich bei Weidmann 1997, 410, Wippermann 1998, Geissler, Ulrich 1998, 240f, Grom 2000, 159 – 168, Burkard 2002, 106 sowie Gaus 2007, 100 – 183.

Befreiung und Heilung beinhalten muss, die sowohl das (auch religiöse) Wachstum von Kindern und Jugendlichen unterstützen und fördern, die Selbstwerdung Erwachsener ermöglichen sowie zur *Menschwerdung in Solidarität*[466] anregen und so einen Beitrag zur *Humanisierung der Schule*[467] leisten. Zur theologischen Grundlegung gehört schließlich, dass die potentiellen Träger des christlichen und kirchlichen Engagements im Lebensraum Schule prinzipiell alle Christgläubigen sind, insofern sie eben durch Vermittlung von Glaubenserfahrung Lebenshilfe geben bzw. durch die Gewährung von Lebenshilfe evangelisierend wirken können.[468] Adressaten von Schulpastoral sind grundsätzlich alle am Schulgeschehen Beteiligten (nicht nur die Christen), insofern sie bereit sind, schulpastorale Angebote freiwillig aufzusuchen und anzunehmen.

2.2.2 Gestaltungsprinzipien

An die theoretischen Grundlegungen schließen sich Prinzipien an, die für die Gestaltung schulpastoraler Konzeptionen und Konzepte maßgeblich sind und als Qualitätskriterien schulpastoraler Angebote und Maßnahmen dienen.[469]

2.2.2.1 Subjektorientierung und Personenzentrierung

Schulpastorale Konzeptionen sind sich darin einig, dass bei allen schulpastoralen Überlegungen und allem schulseelsorglichen Handeln der Mensch im Mittelpunkt stehen muss und nicht ein gewisses Curriculum bzw. bloße Wissensvermittlung oder etwa „eine verzweckte Professionalität in der Außendarstellung von Projekten“[470]. Dabei ist der Mensch als Adressat von Seelsorge nicht eine zu »beseelsorgendes« Wesen, in dem Sinne, dass an ihm als Objekt etwas getan wird, sondern er ist Subjekt seines Lebens, seiner Biografie, seines Glaubens, er ist Träger seines Handelns, verantwortlich für sein Tun und Unterlassen – das gilt für den Heranwachsenden genauso wie für den Erwachsenen.[471] Als freies und individuelles

466 s. Die deutschen Bischöfe 1993, 15. Nach Kiessling 2008b, 428 erweist sich „Menschwerdung in Solidarität als Ziel von Schulpastoral [...] als ein theologisches Schwergewicht, das aus mystagogischer Verankerung heraus zu einer diakonischen Schulkultur beitragen kann – und umgekehrt in diakonischer Verantwortung offen bleibt für mystagogische Wege“. Zum Begriff der *Solidarität* und seiner Bedeutung für die Praktische Theologie sowie für die Religionspädagogik s. Kiessling 2004, 362f.

467 s. Die deutschen Bischöfe 1996, 5 und 15 sowie Geissler, Ulrich 1998, 244 – 250.

468 Lebenshilfe und Vermittlung von Glaubenserfahrung müssen miteinander korrespondieren, denn nicht jedes Handeln von Christen oder Kirche in der Schule ist Schulpastoral, genauso wenig wie alles, was in der Schule an Lebenshilfe geleistet wird, Schulpastoral ist. Selbstverständlich kann und soll Schulpastoral mit anderen schulischen Diensten der Lebenshilfe (Schulsozialarbeit, schulpsychologischer bzw. -ärztlicher Dienst etc.) kooperativ zusammenarbeiten (s. Demmelhuber 1996, 28 – 30), dennoch bedarf es einer präzisen Unterscheidung, damit Schulpastoral „durch das Medium der Glaubensvermittlung“ (Schmitz 2004, 57) als spezifisch christlicher resp. kirchlicher Dienst zur Lebenshilfe erkennbar bleibt (s. auch Geissler, Ulrich 1998, 241). s. dazu auch die Kritik von Schmitz an Gottfried Bitters Vorstellung von Schulseelsorge als Evangelisation (s. Schmitz 2006, 20).

469 s. Die deutschen Bischöfe 1996, 12. Bei Weidmann 1997,413f werden erstmals „Gestaltungsprinzipien der Schulseelsorge“ ausformuliert. Im Folgenden etwas abgewandelt s. u. a. Gandlau/ Rüttiger 2002, 5 – 6, Burkard 2002, 146f, Mendl 2004, 27ff und Demmelhuber 2007, 8.

470 Mendl 2004, 28.

471 s. dazu etwa Mirjam Schambeck 2005, die davon ausgeht, dass auch Kinder und Jugendliche nicht Objekte, sondern Subjekte religiösen Lernens sind.

Subjekt ist er dennoch eingebunden in soziale Bezüge, und sein Selbstbewusstsein als Subjekt bildet sich in wechselseitigen interaktiven Zusammenhängen. In ihrer Subjektorientierung legt Schulseelsorge darum Wert darauf, den Menschen einerseits helfend zu begleiten und ihn andererseits zu Interaktionen anzuregen, damit Subjektwerdung und Identitätsentwicklung[472] ermöglicht werden.

Theologisch problematisch an dieser *anthropozentrischen Wende* ist, dass die unmittelbare Frage nach Gott zum Teil preisgegeben wird, weswegen folgerichtig mit LAMES auch in der Schulpastoral subjekttheologisch „fünf Postulate einer subjektkonstitutiven Praxis“ beachtet werden müssen: 1. Jeder menschlichen Lebensgeschichte gebührt Achtung, weil sie durch Gott wertgeschätzt wird. 2. Der Mensch ist zu dem zu befreien, wozu er von Gott berufen ist. 3. Durch die Option der Kirche für die Notleidenden ist eine universale Solidarität anzustreben. 4. Die Begegnungen mit den Menschen sollen von Echtheit, statt Verzweckung und Funktionalisierung geprägt sein. 5. Jede menschliche Begegnung ist angewiesen auf Empathie bzw. Einfühlungsvermögen.[473] Wenn „jede Biographie eine individuelle Beziehungsgeschichte zwischen Gott und einem Menschen [ist], rechnet Schulseelsorge mit jeweils voneinander differenzierten (individuellen) Subjekten, die in ihren Chancen zur wechselseitigen Wertschätzung und Solidarität sowie in ihren Gefährdungen durch Verobjektivierungen selbst durch einzelne Subjekte oder soziale Systeme im Kontext der Schule begleitet, gewarnt, unterstützt, beraten werden.“[474]

Auf der Seite der Träger von Schulpastoral impliziert Personenzentrierung, dass personale Angebote einen Vorrang vor Sachangeboten haben, denn „im Gespräch von Mensch zu Mensch hat alle Schulpastoral ihre Mitte“[475]. Das bedeutet: Schulseelsorger bringen sich mit ihrer Person, ihrem Glauben und ihren Überzeugungen ganz in das ein, was sie anbieten. Sie nehmen sich Zeit für die Anliegen ihrer Gesprächspartner, sind bereit zuzuhören und können dabei auch ihre eigenen Erfahrungen zur Sprache bringen.[476] Zugleich sind sie als Hauptamtliche darum bemüht, Mitarbeiter für die Schulpastoral zu gewinnen, zu befähigen und zu begleiten,[477] um sich zusammen mit weiteren engagierten Christen für eine eine Menschwer-

---

472 Bezüglich der Subjektwerdung verweist LAMES auf Herbert HASLINGER, der von vier Aspekten des *Subjektseins des Menschen* ausgeht: 1. Kreativität, 2. Freiheit – Verantwortung – Autonomie, 3. Personalität – Individualität – Subjektivität und 4. Sozialität – Identität – Intersubjektivität. Diese werden ergänzt durch zwei Aspekte, des *Objektseins des Menschen* (s. LAMES 2000b, 240ff und HASLINGER 1996, 62 – 70).

473 s. LAMES 2000b, 243f und HASLINGER 1996, 112 – 116. Eine theologische Anthropologie im schulischen Kontext bietet Klaus KIESSLING bei seiner Untersuchung religiösen Lernens an Berufsschulen. Dort skizziert er ein Menschenbild, „das Orientierung schaffen kann und einen offenen Sinngehalt vorzeichnet“ (KIESSLING 2004, 344). Da Menschsein wesentlich in der Suche nach Sinn, Freiheit und Liebe begründet ist sowie auf Hoffnung setzt und zugleich vom Scheitern bedroht ist, braucht der Mensch zu seiner Menschwerdung Mystagogen und Inspiratoren, Freisetzer und Mahner, Stellvertreter und Anwälte sowie Wegbegleiter und das alles ganz besonders dann, wenn der Mensch und sein Leben zu scheitern droht (s. ebd., 345 – 350).

474 LAMES 2000b, 248.

475 LANGER, Wolfgang 1998, 17. s. dabei Wolfgang LANGERS Verweis auf EN 46.

476 s. DEMMELHUBER 2007, 8 sowie KOLLIG 1992.

477 s. THAUREN 1992.

dung in Solidarität und eine christliche Humanisierung des Lebensraums Schule einzusetzen.

2.2.2.2 Systemoriertierung

Berücksichtigt man auch bei persönlichen Problemen und Notlagen systemische Entstehungszusammenhänge, so wird deutlich, dass es nicht genügt, wenn Schulpastoral „lediglich beim Subjekt »individuelle Bewusstseinsprobleme«" wahrnimmt „und seelsorglich mit individueller Beratung oder Therapie"[478] reagiert. Angesichts fortschreitender Modernisierungs- und Pluralisierungsprozesse muss sie ebenso sehr Sozialstrukturen und Systemkontexte in den Blick nehmen,[479] um „die Gefährdungen der Gesellschaft wie die des Einzelnen analysieren und bearbeiten" zu können. Nimmt man Aspekte der Subjekt- und der Systemorientierung zusammen, so bedeutet das, dass schulpastorale Kommunikation „eine die einzelne Person und ihr Bewusstsein ansprechende Seelsorge und eine die sozialen Systeme in ihrer Kommunikation ansprechende Seelsorge"[480] im Kontext von Schule, also Schulseelsorge einerseits und Schulpastoral andererseits unterscheiden und zugleich aufeinander beziehen können muss.

Zur Systemorientierung gehört schließlich auch die von Helmut Demmelhuber vorgenommene Unterscheidung schulpastoraler Organisationsmodelle: Schulpastoral kann 1. „fest in das System Schule eingebunden" sein, 2. „von außen kommend, innerhalb des Systems Schule schulpastoral tätig werden" oder 3. „außerhalb des Systems Schule" stattfinden.[481] Meines Erachtens überwiegen die Vorteile bei einem system-immanenten gegenüber einem system-kooperativen bzw. einem system-distanzierten Ansatz, da Schulpastoral/Schulseelsorge primär auf einem Vertrauensverhältnis aufbaut, das über längere Zeit erarbeitet werden muss. Außerdem gewährleistet ein system-immanenter Ansatz eine größere Kontinuität und Nachhaltigkeit. Der Vorteil der beiden anderen Ansätze liegt darin, dass es nicht wenigen leichter fällt, sich gegenüber (fremden) Menschen zu öffnen, mit denen man im Alltag sonst nichts zu tun hat. Je nachdem welches Organisationsmodell in einer Schule Anwendung findet, wirkt sich dies auf die Schulkultur bzw. das Schulleben mehr oder weniger vorteilhaft aus, denn es macht einen Unterschied, ob Schulpastoral innerhalb einer konkreten Schule verankert ist, ob sie zu einzelnen Veranstaltungen bzw. Maßnahmen in die Schule geholt wird oder ob man sie außerhalb (sowohl zeitlich als auch räumlich) der Schule aufsucht. Der Idealfall ist ein Integrationsmodell, bei dem Schulpastoral vor Ort darum bemüht ist, die Vorteile der beiden anderen Modelle in sich zu vereinen, indem neben den eigenen Angeboten schulpastorale Ressourcen sowohl nach innen eingeladen als auch außen aufgesucht und somit in beiden Fällen genutzt werden.[482]

---

478 Lames 2000b, 245.

479 Zu den veränderten Bedingungen im Handlungsfeld Schule s. Demmelhuber 1997.

480 Lames 2000b, 246f. Besonders an dieser Stelle wird deutlich, dass man Schulseelsorge und Schulpastoral voneinander unterscheiden und zugleich aufeinander beziehen können muss (s. dazu die Begriffsklärung in Kap. 2.2).

481 s. Demmelhuber 2007, 9.

482 Ein Schulseelsorger kümmert sich im besten Falle darum, dass etwa bei Beichtgelegenheiten nicht nur er allein zur Verfügung steht, sondern auch Mitbrüder von außen. Des Weiteren ist es

2.2.2.3 Situationsbezug, Prozessorientierung und Mitbestimmung

Auf einer praktischeren Ebene vermeidet Schulpastoral, sowohl im Großen als auch im Kleinen fertige Konzepte vorzulegen, die dann nach einem festgefügten Schema durchgeführt und abgearbeitet werden. Sie nimmt vielmehr die Situation vor Ort als Grundlage und Ausgangspunkt all ihrer Überlegungen und Planungen, analysiert und beurteilt diese mit den Beteiligten (sowohl mit den Trägern als auch den Adressaten von Schulpastoral) so genau wie möglich, um sodann nach und nach das anzugehen, „was an der eigenen Schule ansteht und auch von den personellen, institutionellen und strukturellen Möglichkeiten her als machbar und sinnvoll erscheint“[483]. Schule darf dabei nicht nur als Lern- oder Arbeitsraum betrachtet werden, sondern als Lebensraum von Schülern und Lehrern (sowie in gewissem Sinne auch von Eltern und anderen), den eine *lebensraumorientierte Seelsorge* genau wahrnimmt. In diesem Lebensraum ist Schulpastoral offen für Neues und agiert flexibel auf dessen Herausforderungen, damit die Menschen dort angemessen unterstützt werden und sich frei entfalten können. In Bezug auf konkrete schulpastorale Angebote und Maßnahmen ist darauf zu achten, dass religiöse Bildungs- und soziale „Lernprozesse sowohl inhaltlich als auch methodisch möglichst von allen Beteiligten“ mitverantwortet und -gestaltet werden können, was nicht nur positive Auswirkung auf deren Motivation hat, „sondern auch deren kreatives Denken und Ausdrucksverhalten“[484] fördert.

2.2.2.4 Freiwilligkeit und Gastfreundschaft

Schulpastorales Handeln basiert, was Teilnahme und Engagement anbelangen, auf dem Prinzip freiwilliger Zustimmung, denn personal berührende Beteiligungs- und Lernprozesse lassen sich nicht erzieherisch oder methodisch durchführen, sondern bestenfalls in Form von Angeboten anregen. In besonderem Maße gilt dies für Bildungsprozesse, die die persönliche Glaubenserfahrung und -beziehung anzielen: Religiosität bildet sich dort nachhaltig, wo Menschen ein Freiraum angeboten wird, in dem sie im Glauben und im Vertrauen angeleitet und unterstützt werden, in dem man ihnen aber auch ein persönliches Urteil zugesteht und eine eigene Entscheidung zutraut, damit Erfahrungen überhaupt verinnerlicht werden können.[485]

Das Prinzip der Freiwilligkeit steht besonders an privaten bzw. kirchlichen Schulen auf dem Prüfstand, wenn ein Schulvertrag etwa den Gottesdienstbesuch oder

---

für Schüler bereichernd, etwa Besinnungstage oder Exerzitien auswärts zu machen und dabei z. T. von Schulseelsorgern anderer Schulen begleitet zu werden.

483 Mendl 2004, 28. Gerade beim Initiieren von Schulpastoral geht es nicht darum, vor Ort ein *Maximum* zu erstreben und die gesamte schulpastorale Angebotspalette auf einmal einzurichten, sondern sich nach einem *Optimum* auszurichten bzw. »ignatianisch« nach dem *magis* zu fragen (s. Kap. 3.2.4).

484 Weidmann 1997, 414.

485 Wenn Schulpastoral auch Glaubensvermittlung bzw. religiöse Bildung sein will, muss sie auf erzwungene bzw. verpflichtende Teilnahme verzichten, denn ein „erzwungener, nicht in Freiheit angenommener und vollzogener Glaube ist kein christlicher Glaube“ (Schmitz 2004, 55). Im Gegensatz zum Pflichtcharakter des Religionsunterrichts zeichnet sich Schulpastoral durch strikten Angebotscharakter aus.

die Teilnahme an Besinnungstagen zum Proprium der Schule zählt und darum verbindlich vorschreibt. Dann ist es wichtig, innerhalb eines verpflichtenden Rahmens (Teilnahmepflicht bzw. gesonderte Abmeldemöglichkeit) den Freiraum so gestaltet, dass die Art bzw. die Intensität der Teilnahme den Teilnehmern ausdrücklich selber überlassen bleibt.

Eng verbunden mit dem Prinzip der Freiwilligkeit ist das der Gastfreundschaft. Darum gilt für alle schulpastoralen Maßnahmen: »Niemand muss, aber alle dürfen«. Das bedeutet, alle schulpastoralen Angebote stehen grundsätzlich und bedingungslos jedem offen, und auch der Nicht-Getaufte, jedoch an Religion Interessierte, ist „zu religiösen Tastversuchen eingeladen“[486].

2.2.2.5 Partnerschaftlichkeit und Kooperation

Im Gegensatz zum Religionsunterricht und zum sonstigen Schulalltag, in dem Rollenverhältnisse meistens klar asymmetrisch verteilt sind, bietet Schulpastoral die Möglichkeit, unterrichtlich vorgegebene und eingespielte Rollenmuster aufzulockern und neuartige Interaktionen zwischen schulischen Personengruppen, die ansonsten streng hierarchisch gegliedert sind, zu initiieren. Das Prinzip der Partnerschaftlichkeit dient als Kriterium dafür, ob und inwieweit etwa Schüler in die Vorbereitung und Durchführung einzelner schulpastoraler Maßnahmen aktiv und gleichberechtigt eingebunden werden.

Eine weitere Dimension betrifft die Zusammenarbeit mit Personen oder Institutionen, die zwar nicht zur Schulpastoral gehören, jedoch im Rahmen der *Öffnung von Schule* ähnliche Ziele verfolgen; etwa das Fördern und Unterstützen von Schülern oder die Begleitung von Eltern bei deren Erziehungstätigkeit. Hier sucht Schulpastoral nach Möglichkeiten der „Kooperation mit schulischen und außerschulischen Partnern“[487], was auf beiden Seiten und letztlich im Interesse sowie zum Wohl der Adressaten von Schulpastoral zu Synergieeffekten führen kann.

2.2.2.6 **Ökumene und Interreligiosität**

Die öffentliche Schule ist ein Spiegelbild der pluralen Gesellschaft, weswegen auch hier die unterschiedlichen Religionen vertreten sind. Selbst an kirchlichen und katholischen Schulen findet sich mittlerweile keine konfessionshomogene Schülerschaft mehr – dasselbe gilt dort auch für die Lehrer und Eltern. Während im Religionsunterricht konfessionsübergreifendes oder interreligiöses Lernen[488] nur sehr schwer zu ermöglichen ist, können bei schulpastoralen Angeboten sowohl gemeinschaftsbildende Maßnahmen durchgeführt als auch „Erfahrungsräume der

486 Mendl 2004, 29.

487 Mendl 2004, 31. Aus schulpastoraler Perspektive sind besonders sinnvoll: die Kooperation mit der örtlichen Schulsozialarbeit, dem Schulpsychologischen Dienst, Vertrauens- bzw. Verbindungslehrern und Beratungsinstitutionen, mit der örtlichen Kirchengemeinde, Jugendämtern und Jugendverbänden etc. Zur Vernetzung von Schulpastoral mit Formen der Gemeinde- bzw. Jugendpastoral, s. Fuchs 2006, 25ff.

488 Zu ökumenischem Lernen s. Bröking-Bortfeldt 2005 und Leimgruber 2007b. Zu interreligiösen Lernen s. Leimgruber 2007a.

Religion und des Glaubens“[489] bereitgestellt und zugänglich gemacht werden. Letzteres erfordert neben der strikten Vermeidung von synkretistischen Handlungen die reflektierte Auseinandersetzung mit dem eigenen religiösen Standpunkt sowie Feinfühligkeit und Respekt vor der aufrichtigen Gottsuche des je anderen. Obwohl es kirchenrechtliche Grenzen für das Miteinander gibt und diese zu beachten sind, versucht Schulpastoral die Möglichkeiten auszuschöpfen, in denen Menschen gemeinsam glauben lernen und Religiosität praktizieren können.[490]

2.2.3 Handlungsfelder

Schulpastorales Handeln vollzieht sich in unterschiedlichen Handlungsfeldern,[491] die den *Grundvollzügen der Kirche*[492] entsprechen: *Diakonia*, *Martyria* und *Litur-*

489 WEIDMANN 1997, 414.

490 Was den christlichen Konfessionen neben der kirchlicherseits verbotenen gemeinsamen Abendmahlsfeier an Gebeten und Feiern alles möglich ist, ist hinreichend bekannt. Der Umgang mit sogenannten »multireligiösen Feiern« zusammen mit Juden und Muslimen wurde zunächst in Arbeitshilfe 170 der Deutschen Bischöfe geregelt (s. DIE DEUTSCHEN BISCHÖFE 2003). Ablehnend zu diesen Feiern äußert sich allerdings Joachim Kardinal MEISSNER. Diese seien „im Bereich der Schulen nicht sinnvoll, da durch die für Kinder und Jugendliche schwierige Unterscheidbarkeit von multireligiösen Feiern und katholischen und ökumenischen Gottesdiensten die Gefahr der Verwirrung droht. Daher sollen im Erzbistum Köln keine weiteren Feiern für Schülerinnen und Schüler an Schulen stattfinden“ (MEISSNER 2006). Seit 2008 wird nur noch von »religiösen Begegnungen« gesprochen, bei denen nicht gemeinsam gebetet wird, „sondern jeder für sich aus seiner eigenen Tradition heraus spricht“, wohingegen eine „so genannte interreligiöse Feier, in der sich alle gemeinsam mit von allen getragenen Worten und Zeichen an Gott wenden“ (DIE DEUTSCHEN BISCHÖFE 2008, 33), abgelehnt wird, was insbesondere für Gottesdienste bzw. Gebete an Schulen gelte, die jeweils getrennt voneinander stattzufinden haben (s. ebd., 40ff). Zur Frage, ob und gegebenenfalls wie sich Christen und Muslime prinzipiell im Gebet begegnen können, s. Christian TROLL, der die These vertritt, dass die Gläubigen der drei monotheistischen (abrahamitischen) Religionen im Gebet jeweils vor dem *einen* Gott stehen (s. TROLL 2008).

491 Hierbei lediglich von „Arbeitsformen der Schulseelsorge“ (DAM 2003, 360f) zu sprechen, greift m. E. zu kurz.

492 Leo KARRER zeichnet den Entstehungsprozess der Rede von den *Grundvollzügen der Kirche* nicht nur historisch nach, sondern plädiert dafür, von einer „theoretischen Gleichwertigkeit der drei Grundfunktionen“ auszugehen, ohne diese gegeneinander auszuspielen. Die *Koinonia*, die in einigen neueren Publikationen (besonders ZERFASS 1994, 33ff, aber auch METTE 2005, 109ff, KNOBLOCH 1996, 327ff u. a.) als vierter Grundvollzug von Kirche beschrieben wird, versteht KARRER dagegen als „menschliche Voraussetzung, Bezugspunkt und gesellschaftlicher Vollzugsort für die theologischen Grundvollzüge“, jedoch nicht als identisch mit ihnen. Sie bildet seiner Meinung nach den Raum, in dem Gottesdienst und Gottesliebe in der Vertikalen sowie Menschendienst und Menschenliebe in der Horizontalen „die entscheidenden Koordinaten für alles, was Kirche ausmacht“, markieren. In diesem Raum stellen die *drei* Grundvollzüge von Kirche das dar, „worin und wodurch Kirche [...] ihre Berufung und Sendung vollzieht“ und versuchen, „die Einheit von Gottesliebe und Menschenliebe zu verwirklichen“, was dazu beiträgt, dass pastorales Handeln in seiner Breite als unterscheidend christlich wahrgenommen werden kann (s. KARRER 2000, 383 – 389). s. dazu auch die von HAEP dargestellten zeittheologischen und pädagogischen Implikationen der Rede von der *Koinonia*, die er „als integrativen Leitbegriff einer christlichen pädagogischen Praxis“ versteht, die seiner Meinung nach „nicht eine natürliche Lebensgemeinschaft“ und „auch keine Zweckgemeinschaft“ ist, sondern „Gemeinschaft derjenigen, die im Glauben an Christus geeint sind und die in der Dimension der irreversiblen, in Jesus Christus zur unüberbietbaren geschichtlichen Erscheinung gekommenen Heilszusage Gottes als der absoluten Zukunft des Menschen und der Welt ihr Leben gestalten“ (HAEP 2007, 245ff). Pädagogische Praxis ist für ihn „christliche pädagogische Praxis [nur (Ergänzung von P. G.)] als koinoniale, d. h. in ihren martyrialen, diakonalen und leiturgialen Aspekten vollzogene“ (ebd. 249).

gia laden dazu ein, an ihnen teilzunehmen und teilzuhaben und geben als Dienst in und an der *Koinonia* der Schulpastoral ihr spezifisch christliches und kirchliches Gepräge.[493] Obwohl Schulpastoral vor Ort darauf angewiesen ist, teils unterschiedliche Akzente zu setzen, darf die theologische Reflexion nicht dermaßen enggeführt werden, als wäre theoretisch nichts anderes möglich, als allein von *diakonischer Schulseelsorge* zu sprechen, wie dies in der Diskussion der zurückliegenden vier Jahrzehnte allzu häufig geschehen ist.[494] Etwas schlüssiger, aber immer noch verkürzt, sind Modelle, die in der Theorie zur Schulpastoral von einem *diakonischen* und einem *mystagogischen Pol* ausgehen, welche miteinander in Spannung stehen, einander bedingen und aufeinander verwiesen sind.[495] In ihrer Fülle muss Schulpastoral neben der *diakonischen/karitativen* und der *mystagogischen/martyriologischen* auch die *liturgische/sakramentale* Dimension beinhalten, denn als Lebenshilfe durch Glaubensvermittlung realisiert sie sich im Dienst *an* den Menschen, im Zeugnis des christlichen Glaubens *vor* den Menschen sowie in der feiernden Hinwendung zu Gott *mit* den Menschen, wobei alle drei Realisierungsweisen einen voneinander unterscheidbaren, jedoch nicht voneinander zu trennenden Beitrag zum Aufbau der Menschen in der Gemeinschaft der Glaubenden leisten, die in der zuvorkommenden Initiative Gottes und seines Communio-Handelns

---

493 Das Zueinander der drei *Grundvollzüge von Kirche* und das Ineinander und Miteinander in und zum Aufbau der *Koinonia* bedürfen auch im Kontext der Schulpastoral einer präzisen theologischen Klärung und nicht allein einer Auflistung oder bestenfalls Aneinanderreihung (s. Die deutschen Bischöfe 1996, 19ff, Geissler, Ulrich 1998, 242 und 2002, 110 – 115 sowie Mendl 2004, 21ff, u. a.) von sogenannten »seelsorglichen Grunddimensionen« bzw. Realisierungsformen (s. die Kritik von Schmitz 2006, 35 – 37). Schmitz selber favorisiert ein Modell von drei aufeinander bezogenen Beziehungsebenen („des menschlichen Individuums", „der sozialen Beziehungen" und der explizit „religiösen Beziehungen der Menschen in der Schule zu Gott"), was sich zwar in das Modell der Grundvollzüge von Kirche integrieren ließe, allerdings in seiner abweichenden Terminologie auch für Verwirrung sorgt (s. Schmitz 2006, 104). Jan Heiner Schneider ist zuzustimmen, der Koinonia mehr als theologischen, denn als soziologischen Begriff kennzeichnet und sich zurecht fragt, „ob der Koinonia- bzw. der Communio-Begriff als übergeordneter Schlüssel für ganz praktisch anstehende Entscheide – hier im Feld der Schule – taugt" (StE I. 1998, 65). Joachim Burkard, der schulpastorales Handeln pneumatologisch fundiert, vertritt die These, dass in einem „pneumatischen Freiheitsprinzip [..] nicht jede Einzelhandlung den kirchlichen Grunddiensten zugeordnet werden können" (Burkard 2002, 143) muss, weswegen er Schulpastoral sehr offen formuliert als Sinnangebot, Konflikt- und Versöhnungskultur, Kultur des Miteinanders, Fest- und Feierkultur und als Kultur der Aufmerksamkeit bezeichnet (s. ebd., 102ff). Für Scharer 2004 ist Pastoral ein Bildungsgeschehen, mit einer klaren »Bildungsoption« (Martyria), einer lebensförderlichen »Bildungskultur« (Liturgia) sowie mit einem dienstbaren »Bildungsziel« (Diakonia).

494 s. die Kritik von Schmitz am Grundlagentext Vereinigung Deutscher Ordensobern 1990 (Schmitz 2006, 32), an Jan Heiner Schneider (ebd., 46 – 48) und besonders an Bitter bzw. Burkard, denen er vorwirft, sie würden die *diakonische Schulpastoral* funktionalisieren und letztlich zugunsten einer wie auch immer gearteten *Schulkultur* in Dienst nehmen wollen (ebd., 53 – 57; 73 – 76 und 78 – 84). Ähnlich kritisch auch Lames 2000b, 234f und 259ff. Noch schärfer formuliert Schmälzle: „Es ist zu vermuten, dass die starke Rezeption des Diakoniebegriffs in der Religionspädagogik entscheidend von der Sprachlosigkeit einer Theologie ausgelöst wird, deren Gottesrede bei den Jugendlichen kein Echo mehr findet. Eine Pastoral, die nicht mehr die Gottesfrage stellt, verliert mit dem transpersonalen Bezug und dem göttlichen Du auch das personale Du" (StE VI. 2000, 55).

495 Unter einem *mystagogischen Pol* fassen einige Autoren meist Elemente der Martyria *und* der Liturgia zusammen, was unter systematischer Rücksicht dann etwas missverständlich wird, wenn von den »klassischen« Grundvollzügen von Kirche die Rede ist. s. Lames 2000a, 307, 2000b, 237f und 251 – 269 und 2003, 138, sowie Bitter 2003, 73f.

gründet[496] und „Anteil hat an der Vorwegrealisation der einen christlichen κοινονια“[497]. Berücksichtigt man die Möglichkeit, vor Ort „eine kairosbedingte variable Gewichtung von praktischen Handlungsoptionen“[498] vorzunehmen sowie zwischen Schulseelsorge und Schulpastoral gewissermaßen zu differenzieren, so lassen sich daraus für die einzelnen schulpastoralen Handlungsfelder folgende Schlüsse ziehen:

2.2.3.1 Schulpastorales Handeln im Bereich der Diakonia

Eine eher *diakonisch/karitativ* akzentuierte Schulseelsorge/Schulpastoral lässt sich entlang der von Ottmar Fuchs beschriebenen „vier für die Diakonie charakteristischen Doppelstrukturen“ in Verbindung mit theologischen und systemtheoretischen Überlegungen zur Schulpastoral von Gundo Lames skizzieren:[499]

Demnach bietet eine eher *diakonisch* akzentuierte Schulseelsorge ganz allgemein gesagt auf personale Art dem Einzelnen oder Gruppen gemäß den im schulischen Kontext aufkommenden Fragen, Nöten und Bedürfnissen Hilfe und Unterstützung an.

- Biblisch orientiert sich diakonisches Handeln dabei zunächst an der *Zuwendung Gottes*, der als Erster die Initiative ergreift und den Menschen bedingungslos und gnadenhaft sein Heil zuspricht und der erst in einem zweiten Schritt die Menschen »beansprucht«, sich gegenseitig helfend und heilend zu zuzuwenden.[500] Für die Schulseelsorge bedeutet das: Sie muss sich jederzeit darüber im Klaren sein, dass vor allem menschlichen Tun Gott mit seinem Heilshandeln bereits diakonisch tätig ist. Auf dieser Glaubensgewissheit aufbauend eröffnet sie Räume, in denen, wie Lames es formuliert, „Menschen sich so zuwenden lernen, dass sie dadurch sie selbst betreffende neue Lebensmöglichkeiten entdecken“. Sie begreift sich als ein von Gott her angeregtes Miteinander von Veranstaltern und Teilnehmern, „in der helfend-heilende Begegnungen stattfinden und sich weitertragen“. Sie ist bereit, in schwierigen und ausweglosen „Situationen da zu sein, mitzugehen und mitzuleiden und mit auszuhalten, ohne dass schon in jedem Fall Lösungen erkennbar wären“. Sie stellt sich auf die Seite derer, die durch Fehlformen schulischer resp. kirchlicher Kommunikation benachteiligt werden. Sie greift zurück auf ihre eigene Begeisterung und Geistbegabung und startet Initiativen, „die ihre Adressaten ermutigen, ihre eigenen schöpferischen Kräfte zur Gestaltung des Schullebens zu entwickeln“ und versucht schließlich, „auf Formen gemeinschaftlichen Lebens hinzuwirken, die ermächtigen anstatt zu entmächtigen“.[501]

---

496 s. Scheidler 1995, 686.

497 Haep 2007, 245. *Koinonia* sowie *Diakonia*, *Martyria* und *Liturgia* sind nicht allein Vollzugsformen der irdischen Kirche, sondern verweisen in ihrem Tun immer schon auf das Eschatologische.

498 Karrer 2000, 383.

499 s. Fuchs 1989, 849 – 855 (hier 849) und Lames 2000b, 256 – 296.

500 s. Fuchs 1989, 849ff, der diesen Vorgang als *theologische Doppelstruktur* von Diakonie mit den Polaritäten Heilshandeln Gottes/Zuspruch und Heilshandeln des Menschen/Anspruch bezeichnet.

501 s. Lames 2000b, 272 – 275, der entlang der *heilsgeschichtlichen Abbreviaturen* des Zuwendungshan-

Biblisch orientiert sich diakonisches Handeln des Weiteren an der *Proexistenz Jesu*[502], der sich letztlich selbst ganz und ohne Vorbehalte hingegeben hat, damit die Menschen durch ihn das Leben haben; der von den Menschen allerdings nicht verlangt, dass sie sich gänzlich verausgaben und in einem fehlgeleiteten Helfersyndrom erschöpfen. Menschliche Zuwendung bzw. am Beispiel Jesu maßnehmendes diakonisches Handeln darf laut FUCHS nicht als Einbahnstraße verstanden werden, „sondern auch der, der hilft, darf etwas von der Begegnung »haben«"[503]. Für die Schulseelsorge bedeutet das: Sie versucht, »Begegnungsvermeidungsmechnismen« aufzudecken und sich gegen »Entmischungstendenzen« zwischen Helfenden und Hilfebedürftigen zu positionieren. Sie tut alles dafür, sich Ausgegrenzten bzw. Außenseitern zuzuwenden und begibt sich in unterschiedlichste menschliche Unheilssituationen. Sie lernt, dass dort, wo Menschen sich selbst artikulieren dürfen, „Bedürfnisse und Sehnsüchte in den Blick kommen, die nicht nur den Helferabsichten entsprechen". Sie solidarisiert sich mit den Benachteiligten, setzt sich für ein menschenwürdiges Leben dieser Menschen ein und rechnet damit, dass, wenn sie für die »Opfer« im Kontext von Schule und Kirche eintritt, selbst in eine Außenseiterposition geraten kann.[504]

– Ekklesiologisch orientiert sich diakonisches Handeln am Prinzip der *strukturellen Kontinuität*[505]: Für die Schulseelsorge bedeutet das: Sie ist darum bemüht, dass sich die in der Schulseelsorge Tätigen „im Kontext der Schule selbst als Glaubende in Gemeinschaft identifizieren können und dabei Communio herstellen". Sie versteht Eucharistie so, dass diejenigen, die sich daran beteiligen, „sich einen von Jesus gestifteten Raum immer wieder schenken", in dem „sie sich geborgen und aufgehoben fühlen können gerade auch mit den eigenen Ängsten, sich auf andere wirklich, echt und empathisch einzulassen". Sie ist davon überzeugt, dass sie „als soziales Subsystem der Kirche Anteil hat und Anteil gibt am »Konkretwerden des göttlichen Heilswillens«" und nimmt „das Verhältnis zwischen kirchlichem Amt und den Charismen der in der Schulseelsorge tätigen Personen" so in den Blick, dass sie kirchliche Beauftragung zu einem schulseelsorglichen Dienst als strukturelle Kontinuität versteht.[506]

– Praktisch-theologisch orientiert sich diakonisches Handeln am Modell der *unbedingten Zuwendung*[507], die als uneigennütziger Dienst geschieht, die

delns Gottes nach Horst Berg, Grundzüge schulseelsorglich diakonischen Handelns entwickelt.

502 Zur Proexistenz Jesu s. KASPER 1992, 254 – 269.

503 s. FUCHS 1989, 851ff, der diesen Vorgang als *anthropologische Doppelstruktur* von Diakonie mit den Polaritäten von Helfen/Geben und »Profitieren«/Empfangen bezeichnet.

504 s. LAMES 2000b, 277 – 281, der entlang *charakteristischer Momente des prosozialen Handelns Jesu* nach Ottmar FUCHS, die Grundzüge schulseelsorglich diakonischen Handelns weiterentwickelt.

505 s. LG 8.

506 s. LAMES 2000b, 283 – 289, der entlang Medard KEHLS Darstellung des Ursprungsgeschehens der Kirche, welches in *struktureller Kontinuität* zum Wirken Jesu steht, weitere Grundzüge schulseelsorglich diakonischen Handelns entwickelt.

507 s. FUCHS 1990. Unter systemtheoretischer Rücksicht s. LAMES 2000b, 178 – 183 und 227 – 229; unter systematisch-theologischer Rücksicht s. KASPER 1992, 268.

keine Vorbedingungen stellt und auch nicht darauf abzielt, durch das Helfen zu missionieren oder gar zu rekrutieren. Laut Fuchs kommt dazu, dass „keiner und keine Gruppe alles an Not bewältigen können" muss und dass „man sich von den Betroffenen selbst sagen lassen muss, was an konkretem helfenden und politischen Handeln unbedingt notwendig ist".[508] Für die Schulseelsorge bedeutet das: Sie muss ohne irgendwelche katechetischen, missionarischen oder vereinnahmenden Hintergedanken unterschiedslos allen Menschen, die darum bitten, helfen und diese unterstützen. Und weil sie nicht jede Not alleine wenden kann, hat sie die Aufgabe, neben Lehrern und Eltern auch „möglichst viele junge Menschen für gerechte und solidarische Optionen zu gewinnen"[509].

Als diakonisch akzentuierte Schulpastoral geht sie stärker institutionell und organisatorisch vor und zeichnet sich durch ein erhöhtes Maß an Sensibilität sowie einen ausgeprägten Sinn für Gerechtigkeit aus.

- Praktisch-theologisch orientiert sich diakonisches Handeln an der Option für die Armen, Schwachen, Kranken und Benachteiligten, da Diakonie neben dem unmittelbaren Abwenden oder Lindern von Not auch dem politischen Einsatz verpflichtet ist, der strukturell nach den Ursachen von Not fragt und versucht, diese zu bekämpfen.[510] Für die Schulpastoral bedeutet das: Sie bringt ihre Beobachtungen kritisch ein und ist darauf bedacht, nicht nur dem Einzelnen zu helfen, sondern die strukturellen Ursachen von Ungerechtigkeit, Benachteiligung und Leid im Kontext von Schule anzugehen und aufzubrechen. Dies kann mitunter system-destabilisierend[511] wirken und zu Konflikten – sowohl mit dem System Schule als auch mit dem von Kirche – führen oder aber die Chance bieten, dass sich an einer Schule so etwas wie eine „Konflikt- und Versöhnungskultur"[512] etabliert.
- Im Anschluss an die biblische Fundierung diakonischer Schulseelsorge nach Lames lässt sich diakonische Schulpastoral demnach als deren kritisches Potential skizzieren: Ihre Aufgabe ist es, schulische Prozesse wahrzunehmen und zu beobachten sowie zu fragen, ob jeder sich persönlich, bildungsmäßig und sozial angemessen entwickeln kann oder aber tendenziell davon ausgeschlossen wird. Sie soll ungerechte und Leid verursachende schulische resp. kirchliche Strukturen aufdecken sowie Abhängigkeitsverhältnisse aufbrechen und Befreiungsprozesse initiieren. Zugleich soll Schulpastoral die Lebensgewohnheiten derjenigen »irritieren«, die schul-

508 s. Fuchs 1989, 853ff, der diesen Vorgang als *praktologische Doppelstruktur* von Diakonie mit den Polaritäten von „Ressourcenkonzentration von den Helfern" und „Notwendigkeitskonzentration von den Betroffenen" (ebd., 854) bezeichnet.

509 Fuchs 1989, 854.

510 s. Fuchs 1989, 852f, der diesen Vorgang als *axiologische Doppelstruktur* von Diakonie mit den Polaritäten von Barmherzigkeit und Gerechtigkeit bezeichnet.

511 s. Lames 2000b, 268f.

512 Burkard 2002, 111ff. s. dazu auch Tom Schneider und Ottmar Fuchs, die Schulpastoral immer wieder vor der Herausforderung sehen, bei Konflikten durchaus auch konfrontativ »dazwischen zu gehen« und gerade nicht „eine Art Schmierstoff für ein reibungsloses und konfliktarmes Funktionieren des Systems zu bilden" (Schneider/Fuchs 2007, 138).

pastoral tätig sind, indem sie etwa eigenes Abgrenzungsverhalten und den Rückzug ins Wohlbefinden des eigenen Milieus hinterfragt und indem sie analysiert, welche Lehrer, Eltern und Schüler dem »Establishment« angehören und wie diese zu verhindern suchen, dass die Nicht-Dazugehörenden ihre Bedürfnisse artikulieren. Schließlich steht sie unter dem Anspruch, nicht einfachhin dienstbar zu sein im Hinblick auf Nöte religiöser oder sozialer Art im Kontext von Schule, sondern sie will die Ursachen aufzuspüren, die nicht in erster Linie persönlicher Verantwortung als vielmehr strukturellen, institutionellen und sozialen Mechanismen zuzurechnen sind.[513]

2.2.3.2 Schulpastorales Handeln im Bereich der Martyria

Eine eher *martyriologisch/mystagogisch* akzentuierte Schulseelsorge bezeugt den christlichen Glauben in der Vermittlung von tradiertem Glaubenswissen und persönlicher Glaubenserfahrung.[514]

– Mystagogisch handelt und kommuniziert Schulseelsorge nach Lames dann, wenn sie zu einer Wahrnehmung führt, dass Menschen auch in der Schule unableitbar auf das Geheimnis Gottes verwiesen sind und Spuren seiner Gegenwart in ihrem eigenen Leben entdecken können und wenn sie anerkennt, dass Gott bzw. der Glaube an ihn nicht erst zu den Menschen bzw. in die Schule gebracht werden muss, sondern bereits gegenwärtig ist, was wiederum Konsequenzen für die Art der Begleitung (ob als Einführung, als Vertiefung oder als Hilfe zur Selbsthilfe) hat. Sie muss auf Glaubenserfahrungen aufbauen, die eigenen einbringen und die von anderen in ihrer Einzigartigkeit gelten lassen. Sie soll schulische Bewertungsprozesse und Abwertungstendenzen kritisch beobachten, auch darin die Anwesenheit Gottes suchen, jedoch nicht vorschnell, vereinnahmend bzw. vertröstend deuten. Sie soll allen Menschen an der Schule eine Gotteserfahrung voraussetzungslos zutrauen und ermöglichen und soll bereit sein, mit ihnen darüber ins Gespräch zu kommen. Schließlich soll sie Räume eröffnen, in denen diese Menschen, ihr Lebensganzes reflektieren und darin Gott entdecken können, selbst wenn von ihm nicht explizit die Rede ist.[515]

Als Schulpastoral geht es ihr vorrangig um religiöse Bildung, die anspricht, beruft und »bean-sprucht« sowie Menschen auf diese Weise mehr und mehr zur tätigen Teilnahme führt.

– Sie orientiert sich biblisch am Wort Gottes und an der Selbstmitteilung Gottes in Jesus Christus, der die Botschaft vom Reich Gottes und vom Heil der Menschen verkündete.[516] Kommunikationsmittel christlicher Überzeugungen ist die Evangelisierung, wobei Kirche sich als pilgerndes Volk Got-

513 s. Lames 2000b, 273ff.

514 s. dazu Monika Scheidler 1999, für die das implizite und explizite Lebens- und Wortzeugnis schlechthin das Mittel religiöser Erziehung ist, sowohl in der Familie als auch in der Schule sowie in der Gemeinde.

515 s. Lames 2000b, 251 – 257.

516 s. DV 2 und 4.

tes versteht, das die Frohe Botschaft zu allen Menschen bringen will, nicht um neue Mitglieder zu rekrutieren, sondern damit Menschen einen Sinn in ihrem Leben entdecken, der ihnen Halt gibt und Orientierung verleiht sowie damit das Reich Gottes sich ausbreitet und in dieser Welt zu einer heilenden und heiligenden Wirklichkeit wird. Speziell in der Schule findet sie ihre Themen, indem sie die Bedürfnisse und Grundsituationen der Menschen vor Ort wahrnimmt und diese mit dem Evangelium verbindet, um so das Subjektwerden von Menschen zu befördern und über Kommunikationsformen zu Gemeinschaften des Glaubens anzuregen.

2.2.3.3 Schulpastorales Handeln im Bereich der Liturgia

Eine eher *liturgisch/sakramental* akzentuierte Schulseelsorge feiert das Leben als Miteinander von Menschen, indem sie der Lebensfreude genauso Raum gibt wie den Enttäuschungen des Lebens. Gleichzeitig feiert sie den Glauben in Form von Erinnerung und Vergegenwärtigung als Ausdruck der lebendigen Beziehung der Menschen zu Gott.

- Sie orientiert sich biblisch sowohl an den erinnernden und vergegenwärtigenden Feiern des Volkes Israel, die in der Pascha-Feier ihren Ursprung haben als auch an den Mahlfeiern Jesu, die ihren Höhepunkt in der Feier des Letzten Abendmahles haben sowie ekklesiologisch an der Eucharistiefeier, die zu den erstgenannten Feiern in *struktureller Kontinuität* steht.[517] Speziell im Rahmen der Feier der Eucharistie ermutigt sie zur tätigen Teilnahme, die, wenn man sie unter anderem als erinnerndes Gedächtnis und heiliges Spiel[518] versteht, auch bei Kindern und Jugendlichen Anklang findet.[519]

Als Schulpastoral geht es ihr vorrangig um die Entwicklung einer Feierkultur an der Schule, bei der Menschen sich nicht selbst genügen oder allein in ihren Erfahrungen und Erlebnissen aufgehen, sondern bei der der Schulalltag transzendiert und die Frage nach Gott ernsthaft und echt gestellt wird.

- Sie orientiert sich an anthropologischen Grundkonstanten und wendet diese liturgisch bzw. sakramental, indem zu einzelnen Anlässen, zu denen etwa die kleineren oder größeren schulischen Anfänge und Abschlüsse sowie schulisch bedeutsame Übergänge bzw. heftige Einschnitte oder verstörende Ereignisse gehören, mit der ganzen Schulgemeinschaft, einer Jahrgangsstufe, einer Klasse oder mit einer anderen bestimmten Gruppe Gemeinschaft, Versöhnung, Heilung, Tröstung und Bekräftigung des Glaubens gefeiert werden. Sie weiß dabei „um die rhythmisierende Kraft die emotionale Bedeutung und die gemeinschaftsfördernde Wirksamkeit von Fest und Feier, damit nicht alles Alltag bleibt“[520] und stellt dazu gottesdienstliche Riten zur

517 s. SC 6, 23 und 47f.

518 Zur Liturgie als heiligem Spiel s. Guardini 2007, Cox 1972 sowie Grün 2002.

519 s. Christian Renken, der dafür plädiert, Schülern die Eucharistie, also die „Liturgie in Vollgestalt zuzumuten und zuzutrauen“ (Renken 2004).

520 Burkard 2002, 121f.

Verfügung in einer Form, „die auch jene ansprechen und beteiligt sein lassen, die sich ansonsten von Gottesdiensten fernhalten“[521], indem sie in Sprache und Gestus an den Erfahrungen der derjenigen anknüpft, die sich an solchen Feiern beteiligen.

2.3 Unterstützung, Unterweisung, Unterbrechung

Die Ergebnisse der Untersuchung zur Schulpastoral/Schulseelsorge lassen sich im Anschluss an den Bildungsbegriff von Kapitel 1.3 in drei Stichworten zusammenfassen: Schulpastoral/Schulseelsorge dient im Lebensraum Schule der umfassenden und ganzheitlichen Bildung des Menschen in Bezug auf dessen leibliche, geistige und geistliche Vollzüge durch *Unterstützung*, *Unterweisung* und *Unterbrechung*. Ihr ist klar, dass sie nicht einfach eine Entwicklung begleitet oder Entwicklungsdefizite ausgleicht, sondern sie setzt aus dem christlichen Glauben heraus Impulse und stellt Angebote bereit, die den Menschen in seinem Leben *unterstützen*, in seinem Glauben *unterweisen* und die seinen Alltag bzw. seine Routine *unterbrechen*, damit der Mensch sich auch religiös bildet und bilden lässt.

Unterstützung von Seiten der Schulpastoral/Schulseelsorge können Schüler, Lehrer, Eltern und andere am Schulleben Beteiligte dort erfahren, wo diese sich diakonisch zeigt und sich ungeteilt für die lebensnotwendigen Belange dieser Menschen einsetzt. Die Bandbreite reicht von der helfenden, tröstenden und ermutigenden Zuwendung gegenüber dem Einzelnen über das solidarische Engagement für und mit Gruppen von Benachteiligten oder Hilfsbedürftigen bis hin zum Aufdecken und Aufbrechen struktureller Ungerechtigkeiten, Überforderungstendenzen, Ausgrenzungs- und Unterdrückungsmechanismen sowie anderer schulischer Nöte. Wichtig ist, dass es sich bei der Unterstützung zum einen um eine unbürokratische und unbedingte Zuwendung handelt, die im Einzelfall und kurzfristig bereit ist, direkt Lasten abzunehmen und konkret zu helfen: Zum anderen wird in der mittel- und langfristigen Perspektive jedoch auch darauf geachtet, Hilfe zur Selbsthilfe zu leisten und das Augenmerk mehr auf die Ursachen als auf die Symptome von Not zu richten und diese zu anzugehen bzw. bestenfalls zu beseitigen.

Unterweisung bietet Schulpastoral/Schulseelsorge in Form von Glaubensvermittlung, die jedoch im Unterschied zum Religionsunterricht nicht dabei stehen bleibt, das Glaubenswissen zu vermehren und das religiöse Urteil zu schärfen, sondern die die Schüler, Lehrer, Eltern und andere am Schulleben Beteiligte mit ihrer je eigenen Glaubenserfahrung ernstnimmt bzw. dazu anleitet, eine persönliche Glaubenserfahrung zu machen, in der Gottesbeziehung und im Gottvertrauen zu wachsen und für die eigenen Überzeugungen nötigenfalls auch bekennerhaft einzutreten. Religiöse Unterweisung hat etwas Hinweisendes: Sie weist Menschen hin auf die Spuren der Gegenwart Gottes im eigenen Leben und lädt ein, sogar im Schulalltag diese Spuren zu entdecken. Im prophetischen Sinne weist sie allerdings auch hin auf Missstände, Ungerechtigkeiten und Gottlosigkeiten im Kontext der Schule und darüber hinaus, damit Menschen lernen, diese selber wahrzuneh-

521 StE IX 1998, 70.

men, sich ein eigenes Urteil zu machen und aus ihrem Glauben heraus dementsprechend zu handeln.

Unterbrechung wird von Schulpastoral/Schulseelsorge bewusst initiiert und gestaltet, zum einen damit Schüler, Lehrer, Eltern und andere am Schulleben Beteiligte zwischendurch aus den Zwängen der festgelegten Abläufe des Unterrichts, des Schulalltags und des Schuljahres sowie aus anderen Stress verursachenden Mechanismen herauskommen, um durchatmen zu können, innezuhalten und neue Kraft zu schöpfen. Zum anderen dient die Unterbrechung dazu, dass Menschen frei werden für die größeren Zusammenhänge und den Sinn ihres Lebens, für ihre Mitmenschen und für das Transzendente, also für Gott, indem sie sich besinnen, zurück- und vorausblicken und etwas oder jemanden ins Gebet nehmen sowie indem sie das Leben, den Tod und die Auferstehung genauso feiern wie die Versöhnung und ihren Glauben. Unterbrechung ist dabei nicht Selbstzweck, sondern Ausdruck innerer Freude oder inneren Schmerzes, heiliges Spiel, wirkmächtige Erinnerung, heilsamer Neuanfang, gegenseitige Vergewisserung, glaubensstiftende und vertrauensfördernde Beziehung, was anzeigt, dass es etwas gibt, das den Lebensraum Schule bereichert und seine Ansprüche übersteigt, etwas, wofür es sich lohnt, sich auch religiös zu bilden und bilden zu lassen.

3 Jesuitische Erziehung und ignatianische Pädagogik

These 3a: Die Exerzitien des Ignatius von Loyola mit ihren Zielen und Regeln sowie mit ihrer Spiritualität und Dynamik bilden das unaufgebbare Fundament jesuitischer Erziehung und ignatianischer Pädagogik. Wer nicht in irgendeiner Form selber *Geistliche Übungen* gemacht, erfahren und reflektiert hat, wird sich schwer tun, im igantianischen Sinne Bildung und *formatio* zu ermöglichen bzw. zu vermitteln.

These 3b: Für den Entwurf einer Konzeption ignatianischer Schulpastoral/Kollegsseelsorge ist es unverzichtbar, nach *dem* »Ignatianischen« zu suchen, die Grundsatzdokumente jesuitischer Pädagogik danach zu befragen und daraus sowie aus anderen Veröffentlichungen einen ignatianischen Bildungsbegriff zu erarbeiten, der es erlaubt, von einem eigenen Profil von Schulpastoral an Jesuitenkollegien zu sprechen.

Um die pädagogischen Grundsatzdokumente des Jesuitenordens richtig einordnen und zeigen zu können, was Grundelemente *ignatianischer formatio* sind, ist es unverzichtbar, in äußerster Knappheit darzustellen, worum es in den *Geistlichen Übungen* geht: Willi LAMBERT formuliert sehr prägnant: „Exerzitien sind eine methodische spirituelle Hilfe, um in seinem Leben Gott tiefer zu finden, daraus sein Leben zu gestalten und ihn »zur Welt zu bringen«"[522]. Die grundlegende Dynamik der Exerzitien besteht darin, dass der Exerzitant (derjenige, der die Übungen macht) im Gebet über seine eigenen Erfahrungen als Ganzes reflektiert, um „die Welt und sein eigenes Leben von einem transzendenten Grund her zu verstehen"[523], um zu unterscheiden, wohin der Geist Gottes ihn führen will und um so die eigene Berufung zu erkennen und sich frei für sie zu entscheiden.[524] Die Regeln und Anmerkungen, die Ignatius den eigentliche Übungen voranstellt, sollen dem Exerzitienmeister (demjenigen, der die Übungen anleitet) helfen, den Exerzitanten bei seinem Vorangehen[525] so zu begleiten, dass jener in eine tiefere und lebendigere Beziehung zu Gott findet und dessen Willen für sich besser erkennt.

Einen solchen Prozess der Menschwerdung zugleich einfühlsam und bestimmt zu begleiten, kann man im weiteren Sinne als Pädagogik bezeichnen. Für Ignatius

---

522 LAMBERT 2008b, 62. Die wörtliche Definition aus dem Exerzitienbüchlein lautet: Exerzitien sind „geistliche Übungen, um über sich selbst zu siegen und sein Leben zu ordnen, ohne sich bestimmen zu lassen durch irgendeine Anhänglichkeit, die ungeordnet wäre" (GÜ 21), damit der Mensch dem Ziel, „zu dem er geschaffen ist", näher komme, „Gott unseren Herrn zu loben, ihm Ehrfurcht zu erweisen und zu dienen und mittels dessen seine Seele zu retten" (GÜ 23).

523 FUNIOK/SCHÖNDORF 2000, 10.

524 Eine ausführliche Darstellung der *Geistlichen Übungen* (Kommentar und praktische Anleitung zugleich) findet sich im Kommentar zu den Exerzitien von Peter KÖSTER 2000.

525 Bei der Art des Vorangehens innerhalb der Exerzitien lassen sich nach Rogelio GARCÍA-MATEO drei Ebenen zu unterscheiden: 1. eine theologisch-lehrhafte, die sich auf das Christus-Mysterium bezieht, 2. eine asketisch-spirituelle, die in die *Gewissenserforschung*, in die *drei Weisen zu beten* und in die *Unterscheidung der Geister* einführt und 3. eine praktisch-pastorale, die konkrete Anweisungen für den Alltag bietet. Zusammen zielen sie auf die *Wahl*, denn die Exerzitien „sind eine geistliche und psychologisch-pädagogische Methode, damit der Exerzitant den besonderen Willen Gottes, d. h. die Berufung findet", welche Gott für jeden bereithält (s. GARCÍA-MATEO 2000, 32f).

selber waren Sensibilität und Nüchternheit entscheidend, „als er Regeln und Anweisungen für die ersten Jesuitenkollegien schrieb. Die in den Exerzitien entwickelten Grundsätze und Überzeugungen transformierte er in Prinzipien für den Umgang mit Jugendlichen im schulischen und universitären Lehrbetrieb.“[526]

Obwohl die wesentlichen Prinzipien der Exerzitien den unterschiedlichen Entwürfen zur *Ratio Studiorum* zugrunde lagen, und obwohl eine Analogie zwischen der ignatianischen Spiritualität der Exerzitien auf der einen und der jesuitischen Erziehung auf der anderen Seite von Anfang an beabsichtigt war, wurden diese Prinzipien „in der letzten endgültigen Fassung [der Ratio (Ergänzung von P. G.)] von 1599 bereits vorausgesetzt“ und für überflüssig erachtet, da „sowohl die Verfasser der Ratio wie fast alle Lehrer in den Schulen Jesuiten waren“[527]. Mit dem prozentualen Rückgang von Jesuiten an ordenseigenen Bildungseinrichtungen entfernte man sich – vor allem in der Zeit nach der Wiederzulassung des Ordens (1814) – immer mehr von den eigenen Wurzeln. Die Schulen wurden zu elitären »Paukanstalten«, bei denen Drill und Disziplin im Vordergrund standen. Im Anschluss an das Vatikanum II und angesichts der immer weiter fortschreitenden Modernisierung der Gesellschaft sowie der weit verbreiteten Reformbestrebungen im Bereich des Bildungswesens stand der Jesuitenorden vor der Aufgabe, sich selber neu zu positionieren und dem eigenen Charisma im Erziehungs- und Bildungsbereich ein klares Profil zu geben. Für Pedro ARRUPE (Generaloberer 1972 – 1983) war es selbstverständlich, dass dies im Rückgriff auf die eigenen Ursprünge und Stärken zu geschehen hatte. Eine Jesuitenschule sollte seiner Meinung nach „als solche leicht erkennbar sein. Viele Dinge wird sie mit anderen [...] Schulen gemeinsam haben. Aber wenn es wirklich eine Einrichtung der Gesellschaft Jesu ist, das heißt, wenn wir – motiviert durch die unserem Charisma eigene Kraft, mit dem unserem Wesenszug eigenen Akzent und mit unserer Option – dort tätig sind, muss die Erziehung, die unsere Schüler erhalten, diesen etwas »Ignatianisches« mitgeben [...]. Es handelt sich dabei nicht um eine snobistische oder arrogante Haltung noch um einen Überlegenheitskomplex. Es ist einfach die logische Folge davon, dass wir in der Kraft dieses Charismas leben und wirken und in unseren Zentren den Dienst leisten, den Gott und die Kirche von uns verlangen.“[528]

Unter diesem »Ignatianischen« versteht ARRUPE den »ignatianischen Geist«, „the spirit of constantly seeking the will of God“[529]. Um unablässig nach dem Willen Gottes zu suchen braucht es ein Gespür für diesen Geist, der dazu befähigt, zu er-

---

526 FUNIOK/SCHÖNDORF 2000, 10.

527 Grundzüge jesuitischer Erziehung 1986, 192.

528 ARRUPE 1980a, 225.

529 ARRUPE 1973. In Anlehnung an Pedro ARRUPE lässt sich »ignatianisch« in Abgrenzung zu »jesuitisch« als die Art und Weise bezeichnen, wie einzelne Menschen oder Gruppierungen in der Tradition des Ignatius von Loyola und in Treue zu den wichtigsten Ordensdokumenten der Gesellschaft Jesu vorangehen (s. Kap. 3.2.5). Wichtigstes Merkmal ist die Orientierung an der Spiritualität der Exerzitien (s. GK 32, D 4,57f), der Versuch, als *contemplativus in actione Gott in allen Dingen zu suchen und zu finden* und besonders dorthin zu gehen und sich dafür zu engagieren, *wo die Not am größten ist*. »Jesuitisch« dagegen meint eher den konkreten apostolischen, missionarischen und diakonischen Einsatz der Jesuiten bzw. der Gesellschaft Jesu als Ganzer (darunter sind etwa die verschiedenen Werke und Institutionen in jesuitischer Trägerschaft zu verstehen, in denen auch Nichtjesuiten mitarbeiten oder leitend tätig sind).

kennen, wo und in welche Richtung Christus einen ruft. Die Geistlichen Übungen sind eine Methode, eine Art voranzugehen, die einem hilft, diese Sensibilität auszubilden oder sie zu stärken, um die eigenen Entscheidungen mit Gottes Willen in Einklang zu bringen. Dies soll nicht nur in den Exerzitien eingeübt und praktiziert werden, sondern es muss auch auf den Kontext der Jesuitenschulen übertragen und in verschiedenen Lehr- und Lernprozessen angewandt und umgesetzt werden.[530] Ignatianische Bildung muss darum darauf zielen, dass Menschen sich nach Gott ausrichten – oder wie Arrupe es ausdrückt: „to listen to the living God; to read the Gospel so as always to find new light in it; to think with the Church“[531], weswegen es wichtig ist, in den Schülern den Geist der Offenheit für neue Herausforderungen und die Bereitschaft zur Umkehr sowie einen unbedingten Willen dazu zu wecken. Kontinuierliche Erziehung an Jesuitenschulen besteht für ihn nicht nur im Ansammeln und »Updaten« von Wissen, sondern sie impliziert eine Bildung des Gewissens und eine Ausbildung des Mitfühlens. Das gelingt ihr, indem sie zum einen zur Umkehr aufruft und sich für Gerechtigkeit einsetzt, zum anderen indem sie dazu anhält, den jeweils anderen in den Blick zu nehmen und sich dem mitzuteilen und zu geben, der einen braucht.

3.1 Grundsatzdokumente der Pädagogik des Jesuitenordens

Für die Pädagogik der Jesuiten sind drei Dokumente von maßgeblicher Bedeutung: Die »Ratio atque Institutio Studiorum Societas Jesu«[532], die »Grundzüge jesuitischer Erziehung« und das Dokument »Ignatianische Pädagogik«. Einleitend wurde bereits die *Ratio Studiorum* erwähnt, die – ähnlich den *Geistlichen Übungen* – kein originelles Werk ist, sondern eher ein Summarium der damals bewährtesten Erziehungsmethoden. Sie beinhaltet praktische Anweisungen für Lehrer und Schulleitung, Stellenbeschreibungen, lehrplanmäßige Stundentafeln, Leistungsprofile und Unterrichtsmethoden. Ihr Bildungsideal war die *docta pietas*, eine Synthese aus Humanität und Christlichkeit, wobei trotz einer deutlichen »Entklerikalisierung« des Bildungsprozesses der Erziehung zur Frömmigkeit eine Vorrangstellung eingeräumt wurde. Angeregt nicht zuletzt durch das Erziehungsdekret der 31. Generalkongregation (1965/66)[533], traten Ende des 20. Jahrhunderts an die Stelle der alten Studienordnung offizielle pädagogische und seelsorgliche Leitlinien jesuitischer Bildungsarbeit, die sich inhaltlich und praktisch auf die Exerzitienspiritualität und auf die pädagogischen Grundanliegen der *Ratio Studiorum* beziehen. Diese nicht normativen Dokumente, die in mehrjähriger Arbeit von der Internationalen Kommission für das Apostolat jesuitischer Erziehung erstellt wurden, seien nun in Kürze vorgestellt.

---

530 Die 35. Generalkongregation nennt die Exerzitien das „Herz eines ignatianischen Werkes“ und folgert: „Man kann jedes Werk ignatianisch nennen, wenn es in einer dem ignatianischen Charisma entsprechenden Weise arbeitet, d. h. wenn es bewusst Gott in allen Dingen sucht, wenn es die ignatianische Unterscheidung anwendet, wenn es die Welt einbezieht durch sorgfältige Situationsanalyse, im Dialog mit einer im Nachdenken ausgewerteten Erfahrung, um neues Handeln zu ermöglichen, das wiederum stets der Auswertung offen steht“ (GK 35, D 6,9).

531 Arrupe 1973.

532 s. Haub 1999, 343 – 351, Batllori 1990, 314 – 322, Kessler 1999, 842f und 2000, 44 – 53.

533 GK 31, D 28.

3.1.1 Das Dokument »Grundzüge jesuitischer Erziehung«

Das Dokument »Grundzüge jesuitischer Erziehung«[534] ist als Arbeitspapier konzipiert. Es versucht die Frage zu beantworten, „in welcher Weise die Weltsicht des Ignatius auch heute noch die jesuitische Sekundarerziehung auszeichnen kann“[535] und ist für diejenigen bestimmt, die an Jesuitenschulen tätig sind.

Die Einführung beschreibt Entwicklungen, die Jesuitenschulen im Lauf der Jahrhunderte durchgemacht haben sowie veränderte Situationen, die sich bleibend als Herausforderung darstellen. Was sich nicht verändert, „ist die Überzeugung, dass eine Schule, die mit Recht jesuitisch genannt wird, sich immer noch durch einen bestimmten »Geist« auszeichnet“[536]. Dabei ist man sich im Klaren, dass das *Unterscheidende* keine arrogante Einzigartigkeit ausdrücken will, sondern eine besondere Vorgehensweise bezeichnet, die der Gesellschaft Jesu eigen ist und die in jede Form jesuitischer Erziehung einfließen soll. Im selben Zusammenhang wird auch von einer Vision oder Inspiration gesprochen, die sich aus den spirituellen Erfahrungen des Ignatius speisen und die ihren Ausdruck vor allem in den *Geistlichen Übungen*, aber auch im *Bericht des Pilgers* sowie in den *Satzungen* des Jesuitenordens gefunden haben und die als das »Ignatianische« bezeichnet werden, von dem Arrupe sagt, dass „die Erziehung, die unsere Schüler erhalten, diesen etwas »Ignatianisches« mitgeben“[537] muss. Diese Aufforderung gilt nicht nur den Jesuiten, sondern auch allen Nichtjesuiten, die „auf der Grundlage ihrer Erfahrungen mit Gott in Familie und Gesellschaft“[538] ihren ganz eigenen Dienst in und an Jesuitenschulen und -kollegien leisten.

Die einleitenden Bemerkungen machen deutlich, dass die Grundzüge den jeweiligen Situationen angepasst werden müssen, was sich hermeneutisch insofern erschließt, als dass der „Zusammenhang zwischen den Grundzügen jesuitischer Erziehung und der spirituellen Vision des Ignatius sichtbar“[539] gemacht wird. Einschränkend wird hinzugefügt, dass das vorliegende Dokument sich nicht mit einzelnen realen Erziehungsfragen befasst, was vor allem daran liegt, dass es ein konzeptionelles Schreiben ist, welches Probleme zwar nicht ignorieren oder verharmlosen will, sich allerdings darüber im Klaren ist, dass es keine leichten Antworten auf schwierige und komplizierte Sachverhalte gibt.

Im Folgenden werden neun[540] inhaltlich wichtige Abschnitte des Schreibens so dargestellt, dass zunächst die Prinzipien jeweils kurz angeführt werden und im Anschluss daran die einzelnen Konsequenzen für die jesuitische Erziehung. Eine

534 Herausgegeben von der Internationalen Kommission für das Apostolat jesuitischer Erziehung, Rom 1986. Zur Entstehung dieses Dokumentes s. Hayes 2006, 124ff und Klein, Ralph 1999, 352ff. Im Folgenden werden die Nummern des Dokumentes zitiert.

535 Grundzüge jesuitischer Erziehung 1986, 4.

536 Grundzüge jesuitischer Erziehung 1986, 8.

537 Grundzüge jesuitischer Erziehung 1986, 3.

538 Grundzüge jesuitischer Erziehung 1986, 10.

539 Grundzüge jesuitischer Erziehung 1986, 14.

540 Abschnitt 10 geht sehr knapp darauf ein, wie jesuitische Erziehung mit den *Geistlichen Übungen* bzw. den *Satzungen* der Gesellschaft Jesu in Beziehung steht. Dies nimmt das Dokument »Ignatianische Pädagogik« ausführlicher auf (s. Kap. 3.1.2.1). Der Anhang lenkt den Blick auf Historisches, was nicht Gegenstand der vorliegenden Arbeit ist.

Zusammenfassung fokussiert abschließend, was jesuitische Erziehung ausmacht und was sie zur Erarbeitung einer schulpastoralen Konzeption beitragen kann.

3.1.1.1 Prinzip und Fundament – ein positives Bild von Gott und Welt

Abschnitt 1 nimmt Maß am grundsätzlichen Verhältnis von Schöpfer und Schöpfung und daran, dass man mittels des Glaubens *Gott in allen Dingen* und in jeder Lebenserfahrung eines Menschen suchen und finden kann.

- Jesuitische Erziehung steht der Welt positiv gegenüber, weil sie der Überzeugung ist, dass Gott sie geschaffen hat und in ihr wirksam gegenwärtig ist. Darum lohnt sich das Studium, die Betrachtung und Erforschung eines jeden Elementes der Schöpfung, weswegen es so wertvoll ist, ein Gespür dafür zu vermitteln, was an Wunderbarem und Geheimnisvollem in den Dinge und hinter ihrer augenscheinlichen Oberfläche liegt.
- Jesuitische Erziehung versucht den verschiedenen Facetten von Wirklichkeit mit ganzheitlicher Bildung zu begegnen, indem der Intellekt, alles Affektive und Kommunikative, alles Musische und Kreative sowie der Leib und die Seele gefördert werden. Es geht darum eine ausgewogenen Persönlichkeit zu bilden, die nach wahrer Menschlichkeit strebt, deren Verwirklichung allein in zwischenmenschlichen Beziehungen gelingt.
- Jesuitische Erziehung „hat eine religiöse Dimension, die die gesamte Erziehung durchdringt“[541] und für die alle Lehrenden und Erziehenden mitverantwortlich sind. Sie weiß, dass man zum Glauben nicht zwingen, wohl aber diesen initiieren oder unterstützen kann. Besondere Orte, an denen dies geschieht, sind der Religionsunterricht, das persönliche Gebet und gemeinschaftliche Gottesdienste. Im Rahmen einer ganzheitlichen Bildung können Schüler lernen, „Gott zu entdecken, der in Geschichte und Schöpfung wirkt“[542].
- Jesuitische Erziehung ist ein „Werkzeug des Apostolats“[543] und bemisst ihren Erfolg daran, inwiefern es Schülern gelingt, den Dienst an Gott und an den Menschen in ihrem Leben und Handeln zu verinnerlichen und zu verwirklichen.
- Jesuitische Erziehung fördert den „Dialog zwischen Glaube und Kultur“[544], denn sie nimmt sowohl die Umkehrbedürftigkeit als auch die »Gotthaltigkeit« jeder Kultur wahr, begegnet ihr in echter Wertschätzung und versucht, ihre „Stärken und Schwächen kreativ zu bewerten“[545].

---

541 Grundzüge jesuitischer Erziehung 1986, 22.

542 Grundzüge jesuitischer Erziehung 1986, 36.

543 Grundzüge jesuitischer Erziehung 1986, 22.

544 Grundzüge jesuitischer Erziehung 1986, 22.

545 Grundzüge jesuitischer Erziehung 1986, 38.

3.1.1.2 Mensch und Freiheit

Abschnitt 2 beschäftigt sich mit der Freiheit des Menschen, die unabdingbar notwendig ist, damit der Mensch auf die Liebe Gottes mit Treue und Dienstbereitschaft antworten kann.

- Jesuitische Erziehung legt im Sinne der *cura personalis* „Wert auf individuelle Behandlung und Sorge um jeden einzelnen"[546]. Da die Person und nicht der Lernstoff im Mittelpunkt steht, sind die Entwicklungsphasen der einzelnen Schüler zu berücksichtigen. Eine persönliche Schüler-Lehrer-Beziehung hilft, Freiheit verantwortlich zu gebrauchen – besonders in der Gemeinschaft – und darin zu wachsen.
- Jesuitische Erziehung fördert das Wachstum von Freiheit, indem sie die Eigenaktivität von Schülern betont und zu Selbstständigkeit und Mitverantwortung anleitet.
- Jesuitische Erziehung versteht Bildung als lebenslangen Vorgang. Sie versucht darum, bei ihren Schülern eine nachhaltige Lernbegierde zu wecken und die Fähigkeit zu entwickeln, das Lernen zu lernen. Mit in diesen Prozess sind die Lehrenden eingeschlossen, welche auch von ihren Schülern lernen und sich selber weiterbilden und -entwickeln sollen.

3.1.1.3 Werteorientierung und Urteilsfähigkeit

Abschnitt 3 verweist auf die Gebrochenheit menschlicher Existenz. Um wahrhaft frei leben zu können, muss der Mensch seine ungeordneten Anhänglichkeiten erkennen und sich von ihnen befreien (lassen). Dazu ist eine realistische Einschätzung äußerer Einflüsse und Faktoren genauso notwendig, wie die Entwicklung einer inneren Unterscheidungsfähigkeit.

- Jesuitische Erziehung ist wertorientiert, was bedeutet, dass Schüler Werte und Tugenden kennenlernen, anerkennen und selber ausbilden sollen, die ihnen wiederum helfen, mit den verschiedenen Einflüssen, die auf ihre Freiheit einwirken, umzugehen. Äußere Unterstützung erhalten sie dabei durch die Schulordnung, inneren Halt soll ihnen eine gewisse Selbstdisziplin verleihen.
- Jesuitische Erziehung ermutigt dazu, die eigenen Hindernissen und Grenzen, etwa ihre persönliche oder strukturelle Schuld, Beschränktheiten und Vorurteile, realistisch kennenzulernen und anzunehmen sowie gleichzeitig Vergebung und Umkehr zu erfahren. Das wichtigste Mittel dafür ist das Reflektieren persönlicher Erfahrungen, in denen Gott sich einem zeigt.
- Jesuitische Erziehung hilft, die Welt in ihrer Ambivalenz – zwischen veränderungsbedürftig einerseits und wesentlich gut andererseits – realistisch kennenzulernen. Dazu sollen die Schüler die Fähigkeit entwickeln, der Wirklichkeit kritisch gegenüberzutreten und Veränderungen hin zu „gerechteren menschlichen Strukturen"[547] anzustreben.

---

546 Grundzüge jesuitischer Erziehung 1986, 41.

547 Grundzüge jesuitischer Erziehung 1986, 58.

3.1.1.4 Jesus Christus – DER Mensch für andere

Abschnitt 4 nimmt die historische Person Jesus Christus als Vorbild menschlichen Lebens in den Blick und zeigt Wege auf, wie man ihm begegnen und nachfolgen kann, indem man sich von Gott in Dienst nehmen lässt und selber als *Mensch für andere* lebt.

- Jesuitische Erziehung stellt Jesus Christus besonders in der Art, wie er sich hingibt, als Vorbild vor Augen. In seiner Nachfolge und vermittels einer persönlichen Freundschaft mit ihm lernt der Schüler, im Dienst am Nächsten dem Willen Gottes zu entsprechen.
- Jesuitische Erziehung kümmert sich um jeden Einzelnen, damit dieser in seinem Glauben wachsen kann. Dazu ist es wichtig, dass die Schüler Jesus Christus in der Schrift, in den Sakramenten und im Gebet kennenlernen. Besonders hilfreich für ein besseres Kennenlernen sind die Geistlichen Übungen – in jeweils angepasster Form sowohl für Schüler als auch Erwachsene. Darüber hinaus wird die Suche nach dem je eigenen Weg und der je eigenen Berufung unterstützt.
- Jesuitische Erziehung bietet dem Einzelnen und der Gemeinschaft „eine fortschreitende Einführung ins Gebet an“, was seinen Ausdruck in einer betenden und feiernden Schulgemeinschaft finden soll. Die Erwachsenen werden zur aktiven Teilnahme ermutigt, wodurch sie „die Zielsetzung der Schule bezeugen“[548]. Allen soll die Möglichkeit offen stehen, ihre Gottes- und Christusbeziehung durch die Vorbereitung auf die Sakramente und deren Empfang zu vertiefen.

3.1.1.5 Optionen treffen und handeln

Abschnitt 5 führt das Vorhergesagte von der Theorie zur Praxis und beschäftigt sich damit, wie man die hingebende Liebe in die Tat umsetzen kann, und welche Optionen getroffen werden müssen, wenn man als *Mensch für andere* Christus konkret nachfolgen will.

- Jesuitische Erziehung bereitet Schüler auf einen aktiven Lebenseinsatz vor und unterstützt sie in ihren jeweiligen Entwicklungsphasen.
- Jesuitische Erziehung ist davon überzeugt, dass entschiedenes Handeln zu allererst in dem Glauben besteht, der aus Liebe Gerechtigkeit schafft und sich für den Frieden einsetzt. Das Ziel dieses Glaubens „ist ein neuer Mensch in einer neuen Gesellschaft“[549], damit die Welt menschlicher wird. Pädagogisch grundgelegt ist die Erziehung zur Gerechtigkeit in drei Dimensionen: 1. in der Behandlung von Fragen der Gerechtigkeit im Unterricht, 2. im sichtbaren Bezeugen dieses Glaubens durch konkrete Aktivitäten der Schule und 3. in der Bekehrung zur Gerechtigkeit durch Wahrnehmung von Unrecht.

---

548 Grundzüge jesuitischer Erziehung 1986, 67f.

549 Grundzüge jesuitischer Erziehung 1986, 76.

- Jesuitische Erziehung spornt Schüler dazu an, die ihnen gegebenen Talente weiterzuentwickeln und sich für andere einzusetzen. Sie fördert gemeinschaftsbezogene Werte, um dem Dienst an den Nächsten ein Profil zu geben, wobei wiederum betont wird, wie wichtig das beispielhafte Zeugnis der Erwachsenen ist.
- Jesuitische Erziehung trifft eine vorrangige Option für die Armen und für andere Benachteiligte. Konkret sichtbar soll dies sein bei der Aufnahme von Schülern, indem grundsätzlich alle geeignet sind, sich zu bilden und erzogen zu werden. Dazu sind an den Schulen Fonds oder Ähnliches eingerichtet, die Weniger-Bemittelten Chancengleichheit ermöglichen sollen. Eine noch wichtigere Frage besteht darin, inwieweit Bildung versucht, die Perspektive der Armen zu berücksichtigen, weswegen sie nur dann als ganzheitlich bezeichnet werden kann, wenn sie unmittelbare Erfahrungen von Armut und direkte Begegnungen mit Armen initiiert, was in angemessener Weise reflektiert werden muss.

3.1.1.6 Kirche und Sendung

Abschnitt 6 setzt sich mit Fragen der Kirchlichkeit und der Sendung auseinander.

- Jesuitische Erziehung versteht sich als „Instrument, um den Schülern zu helfen, Gott besser zu kennen und ihm zu antworten“[550]. Der Dienst, der sich daraus ergibt, soll in Treue zur Kirche geschehen sowie im Respekt gegenüber anderen Religionsgemeinschaften und gegenüber dem Gewissen der einzelnen Schüler. Missionarisch ist sie dort, wo sie in der Welt eindeutig erkennbare Zeichen der Liebe und des Glaubens setzt. Hervorgehoben wird zudem die Zusammenarbeit der Schule mit der Kirche vor Ort und anderen lokalen Gegebenheiten, um gemeinsam apostolisch tätig zu sein.
- Jesuitische Erziehung animiert zur *participatio actuosa*, indem die Schüler grundlegend in ihrem Glauben unterrichtet und dazu ermutigt werden, aktiv am kirchlichen Leben teilzunehmen. Um dies positiv zu verstärken, ist es hilfreich, den Schülern Verantwortung zu übertragen und diese in Vereinigungen ausüben zu lassen.

3.1.1.7 magis – das Außergewöhnliche

Abschnitt 7 greift das ignatianische *magis* auf, welches seinen Ursprung im Einsatz für die größere Ehre Gottes hat. An Jesuitenschulen sollen alle nach der größeren Liebe, dem besseren Dienst und dem *magis* in der Nachfolge Jesu Christi streben.

- Jesuitische Erziehung zielt auf „die möglichst vollständige Entwicklung aller menschlichen Anlagen“[551], was sich zwar auch an außergewöhnlichen schulischen Leistungen ablesen lässt, aber nur dann von besonderer

550 Grundzüge jesuitischer Erziehung 1986, 93.

551 Grundzüge jesuitischer Erziehung 1986, 107.

Bedeutung ist, wenn diese mit einer außergewöhnlichen Menschlichkeit einhergehen. Das *Außergewöhnliche* bemisst sich an den gegebenen Umständen. Dementsprechend darf das *magis* zu keinem Messen an einem absoluten Maßstab verkommen, sondern richtet sich ganz nach den unterschiedlichen Kapazitäten der einzelnen Schüler. Wenn früher das Heranbilden von Führungspersönlichkeiten als Ziel jesuitischer Erziehung angegeben wurde, so wird heute vor Übertreibungen gewarnt und ein neuer Akzent auf eine »Führerschaft im Dienen« gesetzt. Sich hierbei immer *mehr* einsetzen zu wollen, schafft Multiplikatoren. Ebenfalls kritisch betrachtet wird das Prinzip des Wettbewerbs an Jesuitenschulen; im spielerischen Bereich darf es als Anreiz eingesetzt werden, ansonsten wird Wert darauf gelegt, „sich durch die Fähigkeit zur Zusammenarbeit auszuzeichnen“[552].

- Jesuitische Erziehung stellt das Außergewöhnliche dort unter Beweis, wo Arbeit, Einsatz und Angebote ständig überprüft und optimiert werden, wo Erwachsene an ihrem eigenen Wachstumsprozess weiterarbeiten und wo eine breite Zusammenarbeit wirksamere Vorgehensweisen hervorbringt.

3.1.1.8 Zusammenarbeit mit Laien und Gemeinschaft

Abschnitt 8 knüpft an die zuvor genannte Zusammenarbeit an und macht sich Gedanken darüber, wie die unterschiedlichen am Schulgeschehen Beteiligten miteinander kooperieren und kommunizieren.

- Jesuitische Erziehung geht davon aus, dass dort, wo Laien[553] und Jesuiten zusammenarbeiten, eine gemeinsame Sendung besteht, in der jeder seine spezifische Verantwortung wahrnimmt und gleichzeitig die gemeinsame Vision teilt. Leitung kann dabei von allen übernommen werden, und die Jesuiten müssen bereit sein, auch „eine untergeordnete, unterstützende, anonyme Rolle zu spielen“[554].
- Jesuitische Erziehung basiert darauf, dass an einer Schule sich alle als *eine* Gemeinschaft verstehen und dies sowohl nach innen und als auch nach außen zeigen. Lehrende und andere Angestellte sollen sich mit der Eigenart jesuitischer Schulen und der ignatianischen *Weise des Vorangehens* vertraut machen und sich darüber austauschen. Die Jesuitenkommunität soll nach innen durch Einheit und Liebe gefestigt sein und nach außen durch ihr Beispiel und ihre Gastfreundschaft inspirieren. Neben ihren schulspezifischen Tätigkeiten sollen die Jesuiten als Seelsorger und Priester zur Verfügung stehen. In den Verwaltungsräten wird die Zusammenarbeit im Hinblick auf gemeinschaftliche Leitung und Verantwortung gefördert. Eltern sind in die Erziehungsarbeit der Schulen eng einbezogen, wes-

552 Grundzüge jesuitischer Erziehung 1986, 112.

553 Mittlerweile spricht man bei der Zusammenarbeit nicht mehr von »Laien«, sondern von »Nichtjesuiten«, da auch Priester, Ordensleute und Nichtgetaufte in Werken der Gesellschaft Jesu mitarbeiten (s. GK 35, D 6,8). Bei der Vorstellung älterer Dokumente wird allerdings die dort verwendete Terminologie beibehalten.

554 Grundzüge jesuitischer Erziehung 1986, 121.

wegen gegenseitige Information, Transparenz und Teilhabe unabdingbar sind. Des Weiteren werden Eltern mit der ignatianischen Weltsicht bekannt gemacht und „darüber aufgeklärt, dass jesuitische Erziehung einem religiösen Glauben verpflichtet ist, der Gerechtigkeit schafft". Schüler werden dazu angehalten, sich z. B. in Einrichtungen der Schülerselbstverwaltung „für die größere Schulgemeinschaft aktiv zu engagieren". Ehemalige Schüler können an Fortbildungsmöglichkeiten und Vereinigungen von Altschülern partizipieren mit dem Ziel einander „in Freundschaft und gegenseitiger Hilfsbereitschaft eng verbunden"[555] zu bleiben. Auch den Wohltätern gegenüber fühlt sich die Schule verpflichtet.

– Jesuitische Erziehung trägt in der Schule strukturell dazu bei, dass Verantwortung vermehrt gemeinsam getragen wird. Als festes Fundament der Struktur fungiert dabei „eine gemeinsame Vision oder Zielsetzung". Dazu gehört, dass die Leitung der Schule – egal ob sie von einem Jesuiten oder einem Laien wahrgenommen wir – stets eine Sendung einschließt, „die letztlich auf die Gesellschaft Jesu zurückgeht"[556] und regelmäßig überprüft wird. Eine wichtige Rolle nimmt der Rektor ein, der die Schule apostolisch führt, die Erziehungsgemeinschaft inspiriert und deren Einheit erhält. Dennoch ist die Verantwortung auf mehrere Personen zu verteilen, was in den örtlichen Statuten geregelt ist und dem Prinzip der Subsidiarität folgt. Schließlich sollen die Strukturen der Schule dazu behilflich sein, dass die Rechte aller Beteiligten garantiert werden und eine aktive „Weiterentwicklung der ganzen Gemeinschaft"[557] möglich bleibt.

3.1.1.9 Gemeinschaftliche Unterscheidung und Vision

Abschnitt 9 rekurriert noch einmal auf Formen der gemeinschaftlichen Unterscheidung und Reflexion, der Anpassung und Kooperation und strebt nach einem stets zu optimierenden Vorgehen, um Gott besser zu dienen.

– Jesuitische Erziehung ist darauf aus, die pädagogischen und strukturellen Mittel den sich stets verändernden Bedingungen anzupassen. Als Kriterien zur Unterscheidung dienen „das größere allgemeine Gut, die dringendere Not, das auf Dauer gesehen Wertvollere, die Arbeit, die von anderen nicht getan wird, usw."[558].

– Jesuitische Erziehung „besteht aus einem »System« von Schulen gleicher Konzeption und Zielsetzung"[559] und ist darauf angewiesen, dass ein breiter Austausch von Ideen, Erfahrungen und Programmen auf unterschiedlichsten Ebenen stattfindet, um herauszufinden, welche Prinzipien und Metho-

555 Grundzüge jesuitischer Erziehung 1986, 133ff.
556 Grundzüge jesuitischer Erziehung 1986, 137f.
557 Grundzüge jesuitischer Erziehung 1986, 142.
558 Grundzüge jesuitischer Erziehung 1986, 146.
559 Grundzüge jesuitischer Erziehung 1986, 144.

den „eine möglichst effektive Implementierung der gemeinsamen Vision gewährleisten“[560].

- Jesuitische Erziehung ermutigt wiederholt alle am Erziehungsgeschehen beteiligten Erwachsenen, sich fortzubilden und weiterzuentwickeln. Dazu gehört auf der Seite der Laien, dass diese sich aktiv mit der ignatianischen Eigenart auseinandersetzen – dies soll besonders in Einführungs- und Fortbildungsveranstaltungen stattfinden – und auf der Seite der Jesuiten, dass diese sich in die Lebenserfahrungen der Laien einfühlen.

3.1.1.10 Zusammenfassung und kritische Würdigung

Das Dokument »Grundzüge jesuitischer Erziehung« orientiert sich im Wesentlichen an der Dynamik der Geistlichen Übungen und greift zurück auf deren Grundbegriffe. Wer sich auf diesem Gebiet nicht so gut auskennt und nur wenige eigene Erfahrungen gesammelt hat, dem wird das Lesen und noch mehr die Umsetzung und Anwendung des Dokumentes nicht ganz leicht fallen.

Das Schreiben basiert auf einem grundsätzlich positiven Weltbild, welches Bezug nimmt auf ein prinzipiell gutes Verhältnis von Schöpfer und Schöpfung. Da die wirksame Gegenwart Gottes in allen Dingen angenommen wird, sind Welt und Mensch zu bejahen und bilden somit den Stoff, den es zu entdecken und zu untersuchen gilt. Zu den weiteren Grundannahmen gehört die der menschlichen Freiheit, die den Menschen befähigt, sich für oder gegen Gott zu entscheiden sowie für oder gegen einen Dienst am Nächsten bzw. an der Gemeinschaft. Freiheit in Verantwortung gilt es zu entwickeln und zu fördern; Freiheit als Beliebigkeit gilt es dagegen zu entlarven, vor allem dann, wenn es sich um ungeordnete Anhänglichkeiten handelt, die zu egoistischem Handeln führen und darin dem Willen Gottes widersprechen. Um hierbei gut unterscheiden zu können, helfen Werte, die zu einem rechten und gerechten Umgang mit der Realität anleiten. Eine noch größere Hilfe stellt die Person Jesus Christus dar. Sein beispielhaftes Leben dient als Vorbild, und die Freundschaft zu ihm macht es möglich, ihm zu begegnen und ihm als *Mensch für andere* nachzufolgen. Nachfolge muss konkret werden; dies wird deutlich in einem Akt der Entscheidung und des Einsatzes, wobei der Einzelne, aber auch die Gemeinschaft nicht alles tun können, sondern Optionen treffen müssen. Für die Gesellschaft Jesu und deren Werke gilt im Allgemeinen die *Option für die Armen und für Gerechtigkeit.* Der Einsatz für andere geschieht als Akt der Sendung im Raum der Kirche, in der Form des *sentire cum ecclesia*[561]. Das ignatianische *magis* bedeutet an Schulen, das Außergewöhnliche anzustreben, welches in jedem Tun stets nach der größeren Ehre Gottes, dem besseren Dienst am Nächsten und dem Mehr an Liebe fragt. All diese Dinge sind nicht reserviert für eine Elite von ignatianischen Spezialisten, sondern sollen die ganze Schulgemeinschaft prägen und den Beteiligten helfen, miteinander zu kommunizieren, zu kooperieren und den Willen Gottes zu suchen. Darin drückt sich die Vision einer je-

560 Grundzüge jesuitischer Erziehung 1986, 148.

561 s. die allgemeinen Regeln für das wahre Gespür in und mit der Kirche: GÜ 352 – 370 und GK 32, D 11,11. In Bezug auf das *Erziehungsapostolat* s. GK 31, D 28,4. In Bezug auf die *Weise des Vorangehens* s. GK 34, D 26,11.

suitischen Schule aus, die in permanentem Austausch, in Unterscheidung und Reflexion ständig erneuert und den Umständen entsprechend angepasst werden muss.

Die Vision von Erziehung an jesuitischen Schulen lässt sich weiter präzisieren, wenn man die vielfältigen Zielformulierungen des Schreibens betrachtet. Im Vordergrund steht zunächst die *cura personalis* für den Einzelnen, die darauf zielt, zur möglichst vollständigen und bestmöglichen Entwicklung aller gottgegebenen menschlichen Anlagen beizutragen und „eine ausgewogene Persönlichkeit mit einer persönlich erworbenen Lebensanschauung“[562] zu formen. Ihr folgt ein gemeinschafts- und gesellschaftsorientierter Akzent: Der Einzelne soll eine Bereitschaft ausbilden, „den anderen zu dienen, wobei den Nöten der Armen der Vorzug gegeben wird und die Bereitschaft vorhanden ist, eigene Interessen zugunsten der Förderung von Gerechtigkeit aufzugeben“[563]. In diesem Sinne sollen die Schüler Multiplikatoren und „Männern und Frauen für andere“[564], also *Menschen für andere und mit anderen*[565] nach dem Vorbild Jesu Christi sein. Genau in diesen Kontext gehört schließlich der Zielaspekt, „Führungspersönlichkeiten heranzubilden“, worunter keine intellektuellen und sozioökonomischen Eliten zu verstehen sind, sondern Männer und Frauen, die sich darin geübt haben, „die Fähigkeiten des Verstandes und des Herzens zu entwickeln, die sie befähigen, im Dienst am Reich Gottes mit anderen für das Wohl aller zu arbeiten“[566]. Zur Vision von Erziehung an jesuitischen Schulen gehört aber auch deren Optimierung bzw. das Streben nach dem je Besseren. Weil es die Absicht ist, jesuitische Erziehung in der Erreichung ihrer Ziele effektiver zu machen, ist es nötig, die Ziele, die Unterrichtsprogramme und -methoden sowie die Unterrichtsprozesse und -fortschritte fortwährend zu überprüfen und gegebenenfalls an veränderte gesellschaftliche Bedingungen oder schulische Gegebenheiten anzupassen bzw. mit deren Hilfe neu auszurichten. Dem allen dient die Zusammenarbeit von Laien und Jesuiten, die als „positives Ziel, das eine Jesuitenschule zu erreichen versucht“[567], beschrieben wird.

Die Stärke des Dokumentes »Grundzüge jesuitischer Erziehung« besteht darin, dass es versteht, die Prinzipien jesuitischer Erziehungsarbeit von einer ignatianischen Spiritualität herzuleiten, die sich vor allem an den Geistlichen Übungen orientiert, wodurch ihr Proprium betont und ihr Profil geschärft wird. Die eher allge-

---

562 Grundzüge jesuitischer Erziehung 1986, 32. s. ebd., 166: „Unser Ideal ist die umfassend gebildete Persönlichkeit, intellektuell sachkundig, lernbereit, religiös, in Liebe der Aufgabe verschrieben, im großherzigen Dienst am Volk Gottes Gerechtigkeit zu schaffen.“

563 Grundzüge jesuitischer Erziehung 1986, 107.

564 Grundzüge jesuitischer Erziehung 1986, 7d und 82. s. ebd., 167: „Das letzte Ziel höherer jesuitischer Schulbildung ist vielmehr jene volle Entwicklung der Persönlichkeit, die in Aktion übergeht, eine Aktion voll des Geistes und der Gegenwart Christi, des Menschen für andere.“

565 Die letzte Generalkongregation betont, dass „unsere Identität als Menschen für andere“ immer miteinschließen muss, dass wir „selber Menschen mit anderen sind“ (GK 35, D 6,15).

566 Grundzüge jesuitischer Erziehung 1986, 110. Arrupe sieht den Sinn und Zweck einer Jesuitenschule in der *formatio*: „Neue Menschen – verwandelt durch die Botschaft Christi, dessen Tod und Auferstehung sie durch ihr eigenes Leben bezeugen sollen. Alle, die aus unseren Kollegien hervorgehen, sollen sich in einem ihrem Alter und ihrer Reife entsprechenden Maß eine Lebensform angeeignet haben, die durch sich selbst Verkündigung der Liebe Christi ist, des Glaubens, der von ihm kommt und zu ihm hinführt, und der Gerechtigkeit, die er verkündet hat“ (Arrupe 1980a, 226).

567 Grundzüge jesuitischer Erziehung 1986, 118.

mein gehaltenen Formulierungen tragen dazu bei, dass das Dokument nicht einseitig irgendwelchen Moden verhaftet bleibt, sondern an die jeweilige Zeit und die jeweilige Situation angepasst werden kann. Dies impliziert jedoch zugleich auch seine Schwächen, denn wenn ein Schreiben für unterschiedlichste Schularten und Erziehungsformen weltweit gültig sein soll, so geht dies meist einher mit einer gewissen Nivellierung einerseits und einer tendenziellen Abstraktion andererseits. Mit anderen Worten: Man muss sich schon sehr bemühen, das prinzipielle Konzentrat dieser allgemeinen Überlegungen mit Leben zu erfüllen, mit einer mannigfaltigen und vieldimensionalen Wirklichkeit in Berührung zu bringen und in einen konkreten Kontext zu vermitteln.

Im Hinblick auf eine zu erarbeitende Konzeption ignatianischer Schulpastoral stellen sich folgende Fragen: In welchem Maß ist es Aufgabe der Schulpastoral, das ignatianische Profil eines Jesuitenkollegs zu schärfen? Welche Ziele verfolgt ignatianische Schulpastoral im Sinne einer *cura personalis* für den Einzelnen und für die Kollegsgemeinschaft? Inwiefern schafft es eine Kollegsseelsorge, eine schulpastorale Konzeption zu entwickeln, die mit ihren Angeboten weniger belastet als vielmehr befreit, unterstützt, unterweist und unterbricht? Wie gelingt es einer Kollegsseelsorge, nicht in die Falle zu treten, unter ignatianischer Spiritualität *nur* die Einübung in kirchliche, sakramentale bzw. liturgische Vollzüge zu verstehen und dabei außer acht zu lassen, dass es ihr zutiefst um die Vermittlung von Gott und Welt geht? Wie ist es möglich, das unterscheidend »Ignatianische« in einer Schule bzw. einem Kolleg dauerhaft weiterzugeben, wenn es vermehrt Nichtjesuiten sein werden, die dort schulpastoral tätig sind? Um diese und weitere Fragen beantworten zu können, ist es wichtig, dass sich ignatianische Schulpastoral an einem grundlegend positiven Gottes- und Weltbild orientiert, die Notwendigkeit und Möglichkeit menschlicher Freiheit und Urteilsfähigkeit betont, Maß nimmt am Vorbild Jesu Christi und sich in dessen Nachfolge innerhalb der Kirche einsetzt für Gerechtigkeit und Solidarität. Wenn all dies gemeinschaftlich und kollegial sowohl mit den Trägern als auch mit den Adressaten dieser Schulpastoral geschieht, wird darin das Streben des Einzelnen wie auch der Gemeinschaft nach dem Außergewöhnlichen und dem Reich Gottes erfahrbar.

3.1.2 Das Dokument »Ignatianische Pädagogik«

Nach Erscheinen der »Grundzüge jesuitischer Erziehung« stellte sich im Verlauf erster Erfahrungen damit die Frage nach der praktischen Umsetzung ihrer Prinzipien. Als Antwort darauf erschien mit »Ignatianische Pädagogik – Ansätze für die Praxis«[568] ein Dokument, welches sich zur Aufgabe machte, „die ignatianischen Werte als Hilfe für die tägliche Beziehung zwischen Lehrern und Schülern in eine praktische Pädagogik“[569] einzubinden.

Im Vorwort wird deutlich, dass es nicht allein um ein Dokument geht, sondern um ein Projekt ignatianischer Pädagogik, das bemüht ist, parallel zum Text und des-

568 Herausgegeben von der Internationalen Kommission für das Apostolat jesuitischer Erziehung, Rom 1993. Zur Entstehung dieses Dokumentes s. Hayes 2006, 62f und 126f und Klein, Ralph 1999, 354f. Im Folgenden werden die Nummern des Dokumentes angegeben.

569 Ignatianische Pädagogik 1993, Vorwort.

sen Lektüre „ein Schulungsprogramm für Lehrkräfte auf Länder-, Provinz- und Schulebene“ aufzubauen, welches die Lehrenden befähigen soll, den „ignatianischen pädagogischen Ansatz umzusetzen“[570]. Obwohl bereits 1993 mit einem internationalen Workshop dazu begonnen wurde, blieb die Fortführung dessen in den ehemals beiden deutschen Jesuitenprovinzen in ihren Anfängen stecken.[571] Auch hier kann die vorliegende Arbeit eventuell neue Impulse geben.

In einer ausführlichen Liste von einführenden Bemerkungen wird das Dokument »Ignatianische Pädagogik« verortet: Es geht hervor aus Abschnitt 10 der »Grundzüge jesuitischer Erziehung« und will als *Ignatianisches Pädagogisches Paradigma* den dort formulierten Prinzipien eine Gestalt geben. Dabei versteht es sich als Einführung einer praktischen Lehrstrategie. Einen universalen Lehrplan kann und will es nicht ersetzen, trotzdem will es der Arbeit an Jesuitenschulen helfen, „dass sie akademisch stimmig und gleichzeitig »Personen-für-andere« bildend ist“. Wichtig ist, dass ignatianische Pädagogik nicht als Fach neben anderen unterrichtet wird, sondern dass sie als „Stil und Prozess des Lehrens“ in jeden Unterricht mit einfließt. Dabei bleibt sie nicht auf den Unterricht an Jesuitenschulen begrenzt, sondern ist offen für jede Form von Erziehung, „die in der einen oder anderen Weise durch die Erfahrung des hl. Ignatius inspiriert ist“[572]. Sie hat nicht den Anspruch »originell« zu sein, sondern geht seit ihren Anfängen eklektisch und pragmatisch vor, indem sie diejenigen Mittel auswählt, die ihr beim Erreichen ihrer Ziele am nützlichsten scheinen, woraus eine hohe Anpassungsfähigkeit und eine breite Anwendbarkeit entstehen. Als Teil des umfassenden Projektes ignatianischer Pädagogik will das Dokument zusammen mit verschiedenen praktischen Schulungsprogrammen vor allem die Lehrenden ansprechen, die sich im täglichen Kontakt mit den Schülern bemühen, die Ziele jesuitischer Erziehung umzusetzen.

3.1.2.1 Das Ziel jesuitischer Erziehung

Am Anfang jeder Pädagogik gilt es, eine Zielvorstellung zu entwickeln bzw. ein Ziel zu benennen, zu dem hin die Lehrenden die Lernenden begleiten wollen und sollen, wobei sie deren Wachstums- und Entwicklungspotential zu berücksichtigen haben. Kolvenbach formuliert dazu recht präzise: „Das letztendliche Ziel jesuitischer Erziehung ist [..] jenes vollständige Wachstum der Person, das zum Handeln führt – insbesondere zu einem Handeln, das von dem Geist und der Ge-

570 Ignatianische Pädagogik 1993, Vorwort.

571 Von vergleichbaren Workshops, die im deutschsprachigen Raum in den Jahren 1994, 1996 und 1999 stattfanden, ist nicht viel übriggeblieben. Neue Lehrkräfte bzw. Erzieher werden meist nicht mehr als ein Wochenende lang in die ignatianische Pädagogik eingeführt, und vom Ignatianischen Pädagogischen Paradigma behaupten selbst einige pädagogisch qualifizierte Jesuiten, dass es so etwas gar nicht gäbe. Auch wenn dieser Vorwurf nicht ganz unberechtigt zu sein scheint, soll dennoch versucht werden, positive und weiterführende Aspekte aus dem Dokument »Ignatianische Pädagogik« herauszufiltern und für eine Form von ignatianischer Schulpastoral nutzbar zu machen. Anfang 2007 wurde eigens ein Jesuit destiniert, die Aufgabe eines *Delegaten für ignatianische Pädagogik* zu übernehmen und eine neue Konzeption zu erarbeiten, die dabei helfen soll, die »Grundzüge jesuitischer Erziehung« für die Praxis fruchtbar zu machen – seit Mitte 2008 gibt es nur noch kommissarisch einen solchen Delegaten.

572 Ignatianische Pädagogik 1993, 3ff.

genwart Jesu Christi, des Sohnes Gottes und des Menschen-für-andere, durchdrungen ist."[573]

Die Grundzüge jesuitischer Erziehung aufgreifend, wird eine ganzheitliche Bildung und Erziehung des Einzelnen in und zur Freiheit angezielt, die Entfaltung der von Gott gegebenen Fähigkeiten und Gaben, eine religiöse Reife, die an der Menschwerdung Jesu Christi Maß nimmt und als Konsequenz daraus die Bereitschaft, all dies nicht allein sich selber vorzubehalten, sondern einzusetzen für den Nächsten und für eine humanere Welt. KOLVENBACH erhofft sich von einem Absolventen einer Jesuitenschule eine Person, die „abgerundet ist, intellektuell kompetent, offen dafür, sich weiterzuentwickeln, religiös, liebend und bereit, Gerechtigkeit im großzügigen Dienst an Gottes Kindern zu üben. [...] Wir streben danach, Führungspersönlichkeiten im Dienst und in der Nachfolge Jesu Christi zu bilden, Männer und Frauen mit Wissen, Gewissen und mitfühlendem Engagement."[574]

3.1.2.2 Eine Pädagogik für Glaube und Gerechtigkeit

Kapitel 2 fokussiert und konkretisiert die allgemeinen Zielvorstellungen, indem es auf die 32. Generalkongregation (1974/75)[575] Bezug nimmt und sich die Option für *Glaube und Gerechtigkeit* zu eigen macht. Dies ist nach wie vor notwendig, da es in der heutigen Welt Tendenzen gibt, Bildung und Erziehung dem reinen Nützlichkeitsprinzip unterzuordnen, was häufig „zu einem extremen Konkurrenzkampf und zu Egoismus" führt. Dem wird in Jesuitenschulen eine Pädagogik entgegengesetzt, die den Lehrstoff so vermittelt, dass der Mensch und das Menschliche in der Mitte stehen. Das dem zugrunde liegende Menschenbild orientiert sich an der Person Jesus Christus, der als „Ideal eines zur Menschlichkeit erzogenen Individuums"[576] bezeichnet wird.

Die Option für Glauben und Gerechtigkeit orientiert sich an Jesus Christus und seiner Botschaft, dass Menschsein dort gelingt, wo sich der Mensch mit Gott „durch eine liebende, gerechte und mitfühlende Beziehung zu unseren Brüdern und Schwestern" vereint. Glauben und Gerechtigkeit sollen bei den Schülern gefördert und gefestigt werden, damit diese zu Menschen heranreifen, „die bereit sind, all das zu fördern, was durch und durch human ist, die bereit sind, für die Freiheit und die Würde aller Menschen zu arbeiten, und die gewillt sind, mit anderen zusammenzuarbeiten, die sich ebenso der Reform der Gesellschaft und ihrer Strukturen widmen". Solcherart Bildung und Erziehung setzt bei „der Ehrfurcht vor der Freiheit" an, indem Schüler erfahren, dass sie in ihrer Einzigartigkeit und Würde ernstgenommen werden und lernen, dass sie diesen Respekt auch anderen gegenüber erbringen müssen. Dazu ist oft ein Perspektivwechsel nötig, weg von der Ichbezogenheit, hin zu einer freien und lebendigen Beziehung zu den Mit-

573 Ignatianische Pädagogik 1993, 12.

574 Ignatianische Pädagogik 1993, 13.

575 s. GK 32, D 2: Die Gesellschaft Jesu „hat sich entschieden, dass die Teilnahme am Kampf für Glauben und Gerechtigkeit das ist, was den Jesuiten in unserer Zeit ausmacht." Eine ausführliche Darstellung dessen, was *Glaube und Gerechtigkeit* für die Gesellschaft Jesu und ihre Sendung bedeutet, findet sich in CALVEZ 1987.

576 Ignatianische Pädagogik 1993, 15f.

menschen und zur Schöpfung, in der „aus einer Verpflichtung für Glaube und Gerechtigkeit das größere Gut“[577] anzustreben ist. Für eine dermaßen anspruchsvolle Bildung und Erziehung braucht es Lehrende und Erziehende, die bereit sind, die oben genannten Ziele umzusetzen, sich darin kontinuierlich weiterzubilden und die ihre Arbeit als apostolische Sendung verstehen. Wie dies geschehen kann, das versucht das Dokument im Folgenden mit dem sogenannten *Ignatianischen Paradigma* zu beschreiben, das „dem ständigen Zusammenspiel von ERFAHRUNG, REFLEXION und HANDELN Vorrang gibt“[578].

3.1.2.3 Die Pädagogik der Exerzitien

Erfahrung, Reflexion und Handeln, auch das ist nichts Neues oder Originelles, sondern wird seit langem als Dreischritt von *Sehen – Urteilen – Handeln* rezipiert und angewandt.[579] Das spezifisch »Ignatianische« an diesem Paradigma ist, dass es – von den Geistlichen Übungen her verstanden – sowohl den Lehr-Lern-Prozess, als auch die Dynamik der Lehrer-Schüler-Beziehung berücksichtigt.

Die wesentliche Dynamik der Exerzitien besteht darin, die eigenen Erfahrungen zu betrachten. In dieser Reflexion soll der Exerzitant unterscheidend lernen, was Gott von ihm und für ihn will. Ignatius ist der Überzeugung, dass nur derjenige, der seine eigenen Erfahrungen sorgfältig und angemessen reflektiert, diese frei und in geeigneter Weise in neues Handeln umsetzen kann, was ihm hilft, ganzheitlich und menschlich zu wachsen und zu reifen. Der zweite wichtige Punkt für eine lebendige Dynamik besteht darin, dass der Exerzitant „dem Geist der Wahrheit begegnet“[580], in der es nicht um Satzwahrheiten oder Informationen geht, sondern um ein persönliches Voranschreiten in der Wahrheit, was im Folgenden auf die Lehrer-Schüler-Beziehung übertragen und angewandt wird.

3.1.2.4 Die Lehrer-Schüler-Beziehung

Die Rolle des Lehrers in Bezug auf die Schüler besteht darin, ihnen „eine wachsende Beziehung zur Wahrheit zu ermöglichen“, unter der in erster Linie der Lernstoff verstanden wird, dann aber auch jede von Form von Lebens- und Glaubensweisheit. Der Lehrer tut dies, indem er kontinuierlich den Dreischritt *Erfahrung – Reflexion – Handeln* selber anwendet und von den Schülern einfordert. Ausgangspunkt sind stets die Erfahrungen der Schüler, was in induktiven Lehr-Lern-Prozessen seinen Ausdruck findet. In einem nächsten Schritt, der deduktive Anteile in sich birgt, gibt der Lehrer weiterführende Informationen und eröffnet so einen Raum für neue Erfahrungen. Das wesentliche Element des Ignatianischen Paradig-

577 Ignatianische Pädagogik 1993, 16ff.

578 Ignatianische Pädagogik 1993, 22.

579 Zu den Interdependenzen beider Dreischritte s. u. a. METTE 2000 und 1989, 23 – 29, der zu den Wurzeln besonders die CAJ-Arbeit rechnet, aber auch die Befreiungstheologie und die Arbeit der Jesuiten in Lateinamerika (s. auch HOCHSTAFFL 1999, 324 – 332). Für den jesuitischen Horizont s. auch die drei Seelenkräfte in: GÜ 45ff, KNAUER 148, Anm. 32 (Unter den Seelenkräften oder auch Seelenfähigkeiten versteht Ignatius das Gedächtnis, den Verstand und den Willen). s. dazu auch Sa 154ff sowie GÜ 45 und 234.

580 Ignatianische Pädagogik 1993, 26.

mas, die Reflexion, fordert vom Lehrer, seine Schüler dazu zu führen, das Lernen selbst zu lernen und das Gelernte „zu anderen Aspekten menschlichen Wissens und Handelns“ in Beziehung zu setzen. Darüber hinaus soll die Reflexion „ein bildender und befreiender Prozess sein“[581], der die Schüler ganzheitlich formt und antreibt, ihr Wissen in die Tat umzusetzen. Beim Handeln soll der Lehrer darauf achten, dass es zumindest in kleinen Schritten konsequent eingeübt wird und von der Zielrichtung zum Einsatz für Gerechtigkeit und für andere erzieht. Schließlich wird darauf hingewiesen, dass all dies selbstverständlich fachspezifisch angepasst werden muss.

3.1.2.5 Das Ignatianische Paradigma und seine Dynamik

Die Kapitel 5 – 7 verdeutlichen, dass das Ignatianische Pädagogische Paradigma nicht mehr, aber auch nicht weniger ist, als eine bestimmte Art voranzugehen. Den Schülern werden dabei nicht fertige Antworten geliefert, die sie auswendig lernen sollen, sondern sie werden dazu angehalten, selber kritisch Fragen zu stellen. Nicht der Lehrer steht im Mittelpunkt des Lehr-Lern-Prozesses, auch nicht der Lernstoff, sondern der Schüler, der „komplexere Lernfähigkeiten des Verstehens, der Anwendung, der Analyse, der Synthese und der Auswertung“ entwickeln soll und der in einem Akt der Reflexion dazu angeregt wird, „darüber nachzudenken, inwieweit das Erlernte für den Menschen von Bedeutung ist“[582].

Die Dynamik des Paradigmas holt noch etwas weiter aus, indem es dem Dreischritt *Erfahrung – Reflexion – Handeln* den Kontext des Lernens voranstellt und an das Ende des gesamten Lehr-Lern-Prozesses eine Auswertung setzt, um das Lehren und Lernen auf allen Seiten zu optimieren. Der daraus resultierende Fünfschritt *Kontext – Erfahrung – Reflexion – Handeln – Auswertung* bildet den Kern des Dokumentes und soll in seinen Einzelelementen sowie in seinem Bezug zu den Geistlichen Übungen kurz vorgestellt werden:

- Der **Kontext** des Lernens wird mittels einer Situationsanalyse gesichtet. Wenn Ignatius jemandem die Geistlichen Übungen gab, wollte er stets etwas von dessen Vorerfahrungen und Voraussetzungen wissen, um die Übungen je nach Kapazität des Exerzitanten zu modifizieren (s. GÜ 18). Ihm selber ermöglichte dies, sich bei der Begleitung besser in den Exerzitanten einzufühlen und ihm zu helfen, mehr und mehr „die Regungen des Geistes zu unterscheiden“[583].

  Auf die Schulsituation übertragen bedeutet das: Der Lehrer soll sich mit der Situation und Lebenswelt seiner Schüler, der Schule und der Gesellschaft vertraut machen[584] und für gegenseitiges Vertrauen und gegenseiti-

581 Ignatianische Pädagogik 1993, 27f.

582 Ignatianische Pädagogik 1993, 31.

583 Ignatianische Pädagogik 1993, 34.

584 Zum Kontext des schulischen Lernens gehören der „reale Kontext, in dem ein Schüler lebt“, der „sozio-ökonomische, politische und kulturelle Kontext“, der institutionelle Kontext der Schule mitsamt dem Schulklima und der Schulatmosphäre, der religiöse Kontext, zu der die Glaubensgemeinschaft der Lehrenden und Lernenden genauso zählt wie die *cura personalis* sowie die „Ansichten, die die Lernenden zu Beginn des Lernprozesses mitbringen“ (Ignatianische Pädago-

gen Respekt werben, indem er sich „als echten Begleiter beim Lernen" erleben lässt und eine Atmosphäre des Lernens schafft. Das Ideal einer Jesuitenschule drückt sich darin aus, dass „Lob, Respekt und Dienst [..] die Beziehung nicht nur zwischen Lehrern und Schülern, sondern unter allen Mitgliedern der Schulgemeinschaft prägen" und sie ein Ort ist, „wo man an die Menschen glaubt, sie ehrt und für sie sorgt"[585] und wo man sie mit dem annimmt, was sie an biografischen Prägungen, Erwartungen, Voraussetzungen, Fähigkeiten und Talenten mitbringen.

– Die **Erfahrung** bezeichnet in den Geistlichen Übungen die ganzheitliche Art des Begreifens und Verstehens dessen, was die Betrachtungen in einem Menschen auslösen. Ignatius spricht vom *innerlichen Verkosten* (s. GÜ 2 und 121ff), welches der Exerzitant bei den einzelnen Betrachtungsübungen auf den Betrachtungsstoff und schließlich auf sich selbst anwenden soll.

  Auf die Schulsituation übertragen bedeutet das: Erfahrung beschreibt jede Aktivität, „bei der der Schüler – zusätzlich zu einem kognitiven Erkennen des behandelten Sachverhalts – eine Empfindung affektiver Art verspürt". Diese Erfahrung wendet er auf sich selber an, indem er Neues zu dem, was ihm bereits bekannt ist, in Beziehung setzt. Durch „Analyse, Vergleich, Kontrast, Synthese, Wertung" lernt er „die Realität besser begreifen". Neben der unmittelbaren Erfahrung, die der Schüler selber macht und die ihn allgemein umfassender prägt, soll der Lehrer ihm in Ergänzung dazu zu vermittelter Erfahrung verhelfen, indem er die zu untersuchenden Fakten so aufbereitet, dass beim Lernenden „die Phantasie und der Gebrauch der Sinne"[586] angeregt werden.

– Die **Reflexion** entspricht dem ignatianischen Grundbegriff der *Unterscheidung*. Bei den Geistlichen Übungen soll der Exerzitant lernen, die verschiedenen Regungen, welche die Betrachtungen in ihm ausgelöst haben, zu unterscheiden, ob sie vom »guten Geist« sind und damit zu freiem und dem Willen Gottes entsprechenden Handeln führen oder vom »bösen Geist«, der einen in Abhängigkeiten gefangen halten will (s. GÜ 32 und 313ff). Zur Unterscheidung soll sich der Exerzitant aller seiner Seelenkräfte bedienen, des Gedächtnisses, des Verstandes und des Willens, der Phantasie und der Gefühle (s. GÜ 45ff).

  Übertragen auf die Schulsituation verwendet man den Begriff der Reflexion für eine wiederholt aufmerksame Prüfung von Erfahrungen, in der sich prozesshaft deren tieferer Sinn erschließt.[587] Aufgabe des Lehrenden ist es,

---

gik 1993, 38 – 40).

585 Ignatianische Pädagogik 1993, 37.

586 Ignatianische Pädagogik 1993, 43ff.

587 Dies geschieht „durch das klarere Verstehen der untersuchten Wahrheit", „durch das Verstehen der Ursprünge der Empfindungen oder Reaktionen", die der Schüler bei diesen Überlegungen erfährt, „durch das Vertiefen [des] Verständnisses für die Implikationen dessen", was der Schüler begriffen hat, für sich und für andere, „durch das Erlangen von persönlichen Einsichten in Geschehnisse, Ideen, in die Wahrheit oder die Verdrehung von Wahrheit" bzw. „durch das Erreichen eines gewissen Verständnisses" (Ignatianische Pädagogik 1993, 50 – 54) seiner selbst.

Fragen zu formulieren, die den Schüler dazu bewegen, „die Sichtweisen anderer, insbesondere der Armen, zu überdenken", wobei darin gleichzeitig die Gefahr liegt, den Schüler für seine Sichtweise zu vereinnahmen, ihn also zu indoktrinieren bzw. zu manipulieren. Um so wichtiger ist es, zu betonen, dass der Prozess der Reflexion „unter voller Berücksichtigung der Freiheit der Lernenden geschieht"[588], auch auf die Gefahr hin, dass sich der Schüler für ichbezogenes Handeln entscheidet. Die Kombination von regelmäßiger Reflexion und anschließendem Austausch sollen dazu führen, Erfahrungen besser zu verstehen und in der Folge mehr zu einem Menschen für andere zu werden, „nach dem Sinn des Lebens zu suchen und persönliche Entscheidungen"[589] zu treffen.

– Das **Handeln** soll am Ende der Geistlichen Übungen aus dem Prozess von Erfahrung und Reflexion resultieren, gemäß der letzten Betrachtung in der es heißt: „Die Liebe muss mehr in die Werke als in die Worte gelegt werden" (GÜ 230)[590]. Der Exerzitant soll demnach befähigt werden, gemäß dem Willen Gottes in Freiheit zu handeln und sich für andere einzusetzen.

  Auf die Schulsituation übertragen bedeutet das: „So wie ignatianische Reflexion mit der Realität der Erfahrung beginnt, so endet sie notwendigerweise mit der gleichen Realität, um sie zu beeinflussen"[591]. Allerdings wird nicht beliebiges oder gar libertinistisches Handeln angestrebt, sondern ein Engagement, das sich in Freiheit nach dem *magis* ausrichtet. Dabei differenziert das Dokument zwischen Handeln, das sich „auf das innere menschliche Wachstum"[592] bezieht – in diesem Sinne handelt ein Schüler, wenn er sich zwischen zwei guten Wahlmöglichkeiten für die bessere entscheidet – und Handeln, das nach außen hin konkret wird – in diesem Sinne handelt ein Schüler, wenn er aus seinen neuen Überzeugungen etwas damit Übereinstimmendes in die Tat umsetzt, für sein eigenes je besseres Vorankommen, für andere bzw. für die Schulgemeinschaft.

– Die **Auswertung** wird eigenartigerweise nicht an die Geistlichen Übungen rückgebunden, hat in ihnen jedoch im täglichen Gespräch zwischen dem Exerzitienbegleiter und dem Exerzitanten ihren Platz, in dem jener über sein Vorankommen berichtet, darüber, wie es ihm bei den Betrachtungsübungen geht und welche Regungen sich bei ihm zeigen.[593] Ausgehend von diesen Eindrücken wird der Exerzitienbegleiter neue bzw. modifizierte Übungen geben.[594]

588 Ignatianische Pädagogik 1993, 55f.

589 Ignatianische Pädagogik 1993, 58.

590 s. dazu auch Sa 637.

591 Ignatianische Pädagogik 1993, 60.

592 Ignatianische Pädagogik 1993, 62.

593 s. dazu die Anmerkungen zu den Geistlichen Übungen (GÜ 1-20).

594 Obwohl man das Gespräch des Exerzitanten mit dem Exerzitienmeister in gewisser Art auch der Reflexion zuordnen könnte, ist es m. E. angebrachter, darin ein auswertendes Moment der Geistlichen Übungen zu sehen. Dies gilt in besonderem Maße für das abschließende Gespräch.

In der Schulsituation findet eine Auswertung innerhalb von Lernkontrollen statt, mittels derer der Wissensstand der Schüler ermittelt wird. Ignatianische Pädagogik strebt allerdings eine umfassendere Auswertung an, indem sie sich regelmäßig „um das abgerundete Wachstum der Schüler zu Menschen für andere“[595] sorgt. Dabei werden unterschiedliche Methoden der Fremdeinschätzung und Eigenbewertung herangezogen. Aufgabe des Lehrers ist es, den Einzelnen je nach den Umständen zu loben, zu ermutigen bzw. ihn anzuregen und darauf zu achten, dass der Schüler in seiner Entwicklung nicht stehen bleibt, sondern nach neuen Herausforderungen sucht und nach dem *magis* strebt.

Schließlich legt die Dynamik des Ignatianischen Pädagogischen Paradigmas nahe, dass es für das Wachstum der Schüler dann besonders förderlich ist, wenn es oft wiederholt wird und mit der Zeit „zur Aneignung lebenslanger Lerngewohnheiten“ führt, „die das Achten auf Erfahrung, auf reflektierendes, uneigennütziges Verstehen und auf Kriterien verantwortlichen Handelns begünstigen“[596].

3.1.2.6 Merkmale des Ignatianischen Pädagogischen Paradigmas

In Kapitel 8 wird das Ignatianische Pädagogische Paradigma etwas überschwänglich als „in seinem Ansatz umfassend und vollständig“[597] bezeichnet, ohne darauf hinzuweisen, dass mit ihm nichts Neues bzw. Originelles vorliegt und man sich eklektisch unterschiedlicher pädagogischer Ansätze und Methoden bedient hat. Auf diesem Hintergrund sollte man die folgenden fünf Merkmale kritisch zur Kenntnis nehmen:

- „Das Ignatianische Pädagogische Paradigma ist auf alle Lehrpläne anwendbar“[598], da es mehr eine Haltung beim Erziehen und Bilden darstellt, als einen speziellen Lernstoff.
- „Das Ignatianische Pädagogische Paradigma ist grundlegend für den [gemeint ist: jeden (Erläuterung durch P. G.)] Prozess des Lehrens und Lernens“[599], sowohl was das Unterrichten anbelangt als auch weitere schulische und außerschulische Aktivitäten. In diesem Sinne ist es auch für interdisziplinäres Lernen förderlich.
- „Das Ignatianische Pädagogische Paradigma verspricht, den Lehrern zu helfen, bessere Lehrer zu sein“[600], insofern nicht sie sich in den Mittelpunkt stellen, sondern insofern sie die Schüler motivieren, Eigeninitiative zu ergreifen und sie anspornen von mal zu mal aktiver zu werden.

595 Ignatianische Pädagogik 1993, 64.
596 Ignatianische Pädagogik 1993, 70.
597 Ignatianische Pädagogik 1993, 71.
598 Ignatianische Pädagogik 1993, 72.
599 Ignatianische Pädagogik 1993, 73.
600 Ignatianische Pädagogik 1993, 74.

- „Das Ignatianische Pädagogische Paradigma macht das Lernen persönlich“[601], indem Schüler mit ihren eigenen Erfahrungen ernstgenommen und dazu aufgefordert werden, über die Bedeutung ihres Lernens zu reflektieren.
- „Das Ignatianische Pädagogische Paradigma betont die soziale Dimension des Lernens und Lehrens“[602], indem es Schüler dazu ermutigt, zu kooperieren und zu kommunizieren. Sie sollen lernen, dass sie dort mehr und besser lernen, wo sie persönlich interagieren und sich auf menschliche Beziehungen einlassen, die Gemeinschaft stiften.

3.1.2.7 Widerstände beim Einrichten einer ignatianischen Pädagogik

Bei all diesen Vorzügen ignatianischer Pädagogik wird in Kapitel 9 jedoch zugleich konstatiert, dass es Kräfte gibt, die ihr und ihren Zielen entgegenstehen. Diese Widerstände und Hindernisse werden als Herausforderungen angesehen, die es anzunehmen und anzugehen gilt. Als Schwierigkeit wird angeführt, dass Bildung und Erziehung zumeist eingeschränkt werden auf bloße Kulturvermittlung, die lediglich zu veraltetem Wissen führt. Dem will man begegnen, indem Schüler darauf vorbereitet und dazu befähigt werden, sich selber maßgeblich am kulturellen Wachstum zu beteiligen und auf allen Ebenen des Lebens „Entscheidungen zu treffen, die unser aller Leben zum Besseren beeinflussen“[603].

Eng damit verknüpft ist das Problem, dass die aktuelle Bildungsdebatte häufig rein pragmatisch geführt wird, und dass besonders von der Wirtschaft das gefördert wird, was nützlich und anwendbar scheint. Ignatianische Pädagogik setzt sich gegen alle Tendenzen einer frühen Spezialisierung für eine ganzheitliche Bildung und Erziehung ein, bei der „jedes verkürzte oder verformte Bild der menschlichen Person, des Abbilds Gottes“[604] abgelehnt wird.

In unserer heutigen schnelllebigen und pluralen Welt fällt es nicht leicht, sich zurechtzufinden. Doch gerade deswegen ist es wichtig, keine vorschnellen und vereinfachenden Lösungen – die in die Extreme des Fundamentalismus bzw. des technischen Säkularismus führen – anzubieten, sondern den jungen Menschen zu helfen, mit komplizierten Sachverhalten zu ringen und sie genau zu untersuchen, um so „frei urteilen und aus einem echten Verständnis heraus sich engagieren“[605] zu können. Einfache Antworten werden zumeist dann gesucht, wenn Menschen sich unsicher und orientierungslos fühlen, weil „wesentliche menschliche Institutionen zusammengebrochen sind, die normalerweise die Grundlage menschlichen Wachstums schaffen“. Ignatianische Pädagogik versucht, die negativen Formen der Kompensation dieser Problematik genau zu reflektieren, damit Schüler verste-

---

601 Ignatianische Pädagogik 1993, 75.

602 Ignatianische Pädagogik 1993, 76.

603 Ignatianische Pädagogik 1993, 80.

604 Ignatianische Pädagogik 1993, 83.

605 Ignatianische Pädagogik 1993, 81.

hen lernen, „worauf ihre eigene spürbare Unsicherheit gründet, um konstruktivere Wege zu suchen, mit ihr umzugehen“[606].

Schließlich wird darauf hingewiesen, dass auch Jesuitenschulen oft nicht unabhängig sind, was die Gestaltung der Lehrpläne anbelangt. Um dennoch die Schwerpunkte eigener Bildungs- und Erziehungsarbeit umsetzen zu können, bedarf es eines Lernprogramms im Sinne „eines bestimmten Stils des Lehrens“, dessen Ansatz es ist, „bestehende Lehrpläne zu durchdringen, und nicht, sie zu verändern oder zu erweitern“[607].

3.1.2.8 Ignatianische Pädagogik in Anwendung

Am Ende wird in drei kleinen Kapiteln angedacht, wie sich das Ignatianische Pädagogische Paradigma praktisch umsetzen lässt. Vorgesehen sind: „Schulungsprogramme für die Lehrkräfte“[608], die praxisbegleitend und supervisorisch angelegt sind und auf Fortbildungsworkshops von qualifizierten Ausbildungsteams geleitet werden. Des Weiteren wird auf die Anhänge des Dokumentes[609] verwiesen, die verstehen helfen sollen, aus welchen Quellen sich die ignatianischen Pädagogik speist. Am Ende werden alle, die sich in und mit der ignatianischen Pädagogik engagieren und Erfahrungen sammeln, eingeladen, ihre Erkenntnisse und Ergebnisse mit anderen zu teilen. Diese Form der Zusammenarbeit soll nicht nur rein praktischen Zwecken dienen, sondern wiederum in die Theoriebildung einfließen, indem „von Zeit zu Zeit kurzgefasstes Informationsmaterial zur Verfügung“[610] gestellt werden soll.[611]

3.1.2.9 Zusammenfassung und kritische Würdigung

Das Dokument »Ignatianische Pädagogik« stellt eine Hilfe dar, die »Grundzüge jesuitischer Erziehung« in die Tat umzusetzen. Es orientiert sich an der Weise voranzugehen, die in den Geistlichen Übungen Anwendung findet[612] und entwickelt ausgehend davon weniger eine funktionelle Methode, als vielmehr einen Stil des Lehr-Lern-Prozesses,[613] der als *ignatianische Pädagogik* bezeichnet wird, ohne zu

---

606 Ignatianische Pädagogik 1993, 87.

607 Ignatianische Pädagogik 1993, 89.

608 Ignatianische Pädagogik 1993, 91.

609 Diese werden hier im Einzelnen nicht vorgestellt. Es handelt sich 1. um „einige grundlegende pädagogische Prinzipien (Die ignatianischen »Anmerkungen«)“ (Ignatianische Pädagogik 1993, 99ff), 2. um „Ignatianische Pädagogik heute“, eine Ansprache des Generaloberen, Hans-Peter Kolvenbach (Ignatianische Pädagogik 1993, 116 – 158) und 3. um eine tabellarische Übersicht von Methodenbeispielen (Ignatianische Pädagogik 1993, 159ff).

610 Ignatianische Pädagogik 1993, 95.

611 In den deutschsprachigen Jesuitenprovinzen ist dieses Versprechen bis heute unerfüllt geblieben. Dagegen gibt es in den nordamerikanischen Jesuitenprovinzen mit der JSEA (Jesuit Secondary Education Association) seit 1970 eine Einrichtung, die sich engagiert dafür einsetzt, verschiedene Schriften zur ignatianischen Pädagogik herauszugeben, Symposien und Workshops zu diesem Thema zu veranstalten und gezielt Lehrende und andere an Schulen Beschäftigte »ignatianisch« einzuführen bzw. fortzubilden. Einiges davon wird in Kap. 3.2 einfließen.

612 Die Weise des Vorangehens der Geistlichen Übungen findet sich in den Anmerkungen (GÜ 1 – 20). Im Anhang I werden diese Anmerkungen „in einführende Erklärungen der Ignatianischen Pädagogik übersetzt“ (Ignatianische Pädagogik 1993, 99).

613 s. Hayes 2006, 29: „Ignatian Pedagogy is therefore, by intention, more a charism strategy, a style

behaupten, damit etwas ganz Neues oder Eigenständiges im Bereich der Pädagogik geschaffen zu haben. Da an keiner Stelle explizit formuliert wird, was genau das unterscheidend »Ignatianische« an dieser Pädagogik ist, kommt es in der Praxis häufig dazu, dass dieser Begriff der ignatianischen Pädagogik missverstanden oder gar gänzlich abgelehnt wird. Dennoch scheint es mir angebracht, ihn trotz seiner Unschärfe beizubehalten. Dafür spricht, dass er 1. am Geist und an der Dynamik der Geistlichen Übungen Maß nimmt und versucht, die Exerzitien-Pädagogik in eine Schul-Pädagogik zu übersetzen,[614] dass er 2. – wie die Geistlichen Übungen auch – auf eine zwar eklektische, jedoch gezielte Zusammenstellung allgemein-pädagogischer Einzelelemente zurückzuführen ist[615] und dass er 3. in diversen öffentlichen Dokumenten der Gesellschaft Jesu eingeführt ist und dort seinen Niederschlag gefunden hat. Christopher X. Hayes hat in seiner empirische Studie auf weitere Missverständnisse dieses Begriff hingewiesen. Er stellte fest, dass Lehrende an australischen Jesuitenschulen, bei der Implementierung ignatianischer Pädagogik Schwierigkeiten dabei hatten, in ihr eine Pädagogik im Sinne einer Unterrichtsmethode zu sehen, weswegen er für ein weiteres Verständnis von Pädagogik und für eine breitere Umsetzung ignatianischer Pädagogik wirbt, indem er zu bedenken gibt, dass „there are more possibilities for schools to use it as a spiritual/moral framework – particularly in retreats, social justice projects, astoral care policies, community service and co-curricular activities – as well as for classroom teaching“[616], womit etliche Bereiche von Schulpastoral angesprochen sind.

Ziel und Ausrichtung des Stiles ignatianischer Pädagogik ist es, junge Menschen ganzheitlich[617] zu Männern und Frauen für andere zu erziehen und dabei Glaube und Gerechtigkeit konstitutiv miteinander zu verknüpfen, deren Synthese zu den christlich-ignatianischen Grundlagen dieses Lehr-Lern-Prozesses[618] gehört. Seinen Ausdruck findet dieser im Ignatianischen Pädagogischen Paradigma, welches sich darauf stützt, dass Erfahrung, Reflexion und Handeln stets zusammenspielen – so wie es Ignatius in den Geistlichen Übungen vorsieht. Der Lehrer-Schüler-Bezie-

---

of ministry or a framework of holistic personal development, spiritual discernment, moral, social and formative action.“

614 s. Bleistein 1995 und Hallensleben 1995.

615 Es ist durchaus im Sinne der Exerzitien, „wenn auch heute wieder methodische Anleihen aus anderen Quellen für den pädagogischen Alltag gemacht werden“ (Mertes 1999a, 361).

616 Hayes 2006, 206.

617 Zum Verständnis einer »ganzheitlichen« Bildung und Erziehung im ignatianische Sinne s. Kolvenbach 1996, 131: „Der einzelne Mensch wird als ganzer wahrgenommen, nicht in nützlichen Ausschnitten oder interessanten Teilen. Ignatius ist nämlich überzeugt, dass Gott *in allen Dingen zu suchen und zu finden* ist. Deshalb zielt jesuitische Pädagogik auf eine ganzheitliche Erziehung. Es geht um Geist und Leib; es geht um das Ich und das Wir; es geht um Zeit und Ewigkeit; es geht um Leben und Tod. Daher ist es so wichtig, unterscheiden zu lernen, wofür es sich zu leben lohnt und wofür nicht.“

618 s. dazu Hayes 2006, 16, der das Dokument Ignatianische Pädagogik 1993 als „a whole school educational strategy“ bezeichnet, deren Ziele und Absichten darin besteht, eine bestimmten spirituelle Orientierung zu geben, den Erziehungs-/Bildungsprozess mit Werten zu unterlegen, eine curriculare pädagogische Strategie zu verfolgen und Einfluss auf die Schulkultur zu nehmen. Sechs Dimensionen charakterisieren ihm zufolge diese *Bildungsstrategie*: 1. christliche Sendung, 2. Charisma des Ordensgründers bzw. der Ordensanfänge, 3. Moral- und Werteerziehung, 4. Inkulturation, 5. spirituelle/religiöse Erziehung/Bildung und 6. ganzheitliche Erziehung/Bildung.

hung[619] kommt dabei eine grundlegende Bedeutung zu, denn der Lehrer ist es, der selber immer wieder von der Erfahrung über die Reflexion zum Handeln vorangeht und dies vom Schüler gleichermaßen einfordert. Zu den Prinzipien des Ignatianischen Pädagogischen Paradigmas zählt, dass der Lehrer weder sich selbst noch den Lernstoff in die Mitte des Lehr-Lern-Prozesses stellt, sondern den Schüler – mit dessen Erfahrungen, dessen Fähigkeiten zur Unterscheidung und dessen Möglichkeiten zu handeln. Von der Dynamik her ist das Ignatianische Pädagogische Paradigma darauf angelegt, dass der Dreischritt *Erfahrung – Reflexion – Handeln* in einen Kreislauf gebracht wird, der seinen Ausgangspunkt in einer Analyse des *Kontextes* hat und der nach mehrfachem Durchgang mit einer *Auswertung* abschließt, mit Hilfe derer dem Schüler der Stand seines Wachstums deutlich gemacht wird. Die Aufzählung der »Merkmale« dieses Paradigmas klingt äußerst positiv, jedoch mangelt es an empirischen Belegen bzw. an einer klaren Nachvollziehbarkeit, so dass besser von »Forderungen« die Rede wäre.

Der Mangel an empirischen Belegen zählt zu den Schwächen dieses Dokumentes, das schließlich für sich in Anspruch nimmt, dabei zu helfen, die Ideale und Ziele jesuitischer Erziehung in die Praxis umzusetzen. Berücksichtigt man allerdings, dass das Schreiben für den gesamten Erziehungsbereich der Gesellschaft Jesu weltweit Geltung hat, so wird verständlich, dass empirische Belege lediglich exemplarischen Charakter hätten.

Die Pädagogik, die vom Dokument »Ignatianische Pädagogik« vermittelt wird, ist weniger eine Anwendung, als vielmehr ein Stil bzw. eine Haltung, welche die Lehrenden verinnerlichen sollen. Vom Grundsatz her besteht sie in einer christlich-humanistischen Haltung, die den Menschen in seinem Verhältnis zu Gott in Mittelpunkt stellt, deren Überzeugung im Miteinander von *Glaube und Gerechtigkeit* gründet und deren spirituelle Wurzel „in der Schlussbetrachtung der Geistlichen Übungen zu finden“[620] ist. Der Dreischritt *Erfahrung – Reflexion – Handeln* hat im weitesten Sinne Anwendungscharakter. Sein Dreh- und Angelpunkt ist die *Unterscheidung,* die „die Kenntnis der Tatsachen und anschließendes Reflektieren, Klarwerden über die Beweggründe, die uns antreiben, Abwägen von Werten und Prioritäten, Erwägen der Auswirkungen von Entscheidungen auf die Armen, das Entscheiden und das Leben mit unseren Entscheidungen“[621] erfordert. Damit dieser Dreischritt tatsächlich als pädagogisches Instrument seine Wirkung entfalten kann, bedarf es der stets zu fördernden Eigenaktivität des Schülers, der Verstärkung durch permanente Wiederholungen und der immer neuen Motivierung. Diese allgemeinen pädagogischen Prinzipien knüpfen an die Anmerkungen (vor allem GÜ 2 – 3, 5 – 9, 15 und 18) der Geistlichen Übungen an, was m. E. dazu berechtigt, im Kontext von Jesuitenschulen von »ignatianischer Pädagogik« zu sprechen.

Im Hinblick auf eine zu erarbeitende *Konzeption ignatianischer Schulpastoral* und Kollegsseelsorge stellen sich folgende Fragen: Auf welche Weise versteht sich

619 Realistischerweise ist zu berücksichtigen, dass die Exerzitiensituation maßgeblich von der 1:1-Beziehung ausgeht, Lehrer häufig jedoch mehrere Stunden hintereinander mit mehr als 30 Schülern konfrontiert sind (s. HAYES 2006, 208).

620 Ignatianische Pädagogik 1993, 117. s. GÜ 230ff. Hier betrachtet der Exerzitant, „wie Gott in den Geschöpfen wohnt“ und wie er sich für sie „müht und arbeitet“.

621 Ignatianische Pädagogik 1993, 135.

ignatianische Schulpastoral als eine Form von Pädagogik, die sich für Bildung, Erziehung und *formatio* verantwortlich zeigt? Wie gelingt es ignatianischer Schulpastoral, zentrale Inhalte der ignatianischen Spiritualität (Glaube und Gerechtigkeit, Freiheit und Verantwortung, Solidarität und Engagement) bei möglichst vielen am Schulgeschehen Beteiligten zu *implementieren*? Wie wichtig ist es, dass Träger einer Kollegsseelsorge eigene Exerzitienerfahrungen gemacht und sich reflektierend mit diesen auseinandergesetzt haben? Was erleichtert es Verantwortlichen in der Kollegsseelsorge, dauerhaft und wiederholt auf das Ignatianische Pädagogische Paradigma mit dem Dreischritt *Erfahrung – Reflexion – Handeln* zurückzugreifen und es zum inneren Ordnungsprinzip ihres Handelns sowie maßgebend für ihre Haltung werden zu lassen?

3.2 Grundelemente der »formatio«

Bei der Formulierung eines ignatianischen Bildungsbegriffs ist es notwendig, jedoch nicht hinreichend, auf die oben vorgestellten Grundsatzdokumente jesuitischer Pädagogik zurückzugreifen oder historische Entwicklungen bzw. Kontinuitäten jesuitischer Bildungsarbeit zu rekapitulieren. Mindestens ebenso wichtig ist eine genaue Analyse der gegenwärtigen Situation und der daraus resultierenden Frage, inwiefern sich in der Bildungsarbeit die größere Sendung des Ordens zeigt. Das Bildungswesen und die darin beteiligten Menschen, vor allem die Jugendlichen zugleich als Chance für das Apostolat der Gesellschaft Jesu wahrnehmend, formulierte Kolvenbach einmal äußerst prägnant:

> Jugendliche „sind während der Jahre an einer weiterführenden Schule noch relativ offen, zuzuhören und den Dingen auf den Grund zu gehen. Sie sind noch nicht gefangen in ihrer Welt. Sie sind besorgt um die tieferen Fragen nach dem Warum und Wozu des Lebens. Sie sind fähig zu träumen und lassen sich faszinieren von Visionen, wie es einmal sein könnte. Die Gesellschaft Jesu hat genau deswegen so viel Personal und Mittel für die Erziehung verfügbar gemacht, weil diese jungen Menschen – jenseits aller akademischen Brillanz – nach den Quellen des Lebens suchen. Es darf daher kein Zweifel bestehen: Jeder Lehrer, der diesen Namen verdient, muss an die jungen Menschen glauben und sie ermutigen, nach den Sternen zu greifen. Das bedeutet, dass Ihre eigene, umfassende Vision vom Leben für Ihre Schülerinnen und Schüler so attraktiv sein muss, dass sie einlädt zum Dialog über das, was wirklich zählt. Sie sollen ermutigt werden, eine innere Einstellung zu erwerben, die ihnen ein tiefes und allgemeines Mitgefühl für die Nöte ihrer Mitmenschen vermittelt und sie selbst zu Männern und Frauen für Frieden und Gerechtigkeit umformt, die bereit sind, an der Veränderung einer Welt mitzuarbeiten, die erkennt, wie weit verbreitet Ungerechtigkeit ist und wie durchdringend die Kräfte der Unterdrückung, des Egoismus und des Konsums sind.“[622]

622 Kolvenbach 1993, 123.

Ignatianische Bildung, die in der Tradition als *formatio* firmiert, ist demnach weniger ein Programm als vielmehr ein Prozess, an dem Schüler und Lehrer, Jesuiten und Nichtjesuiten gleichermaßen beteiligt sind. In mehrfacher Hinsicht wird der junge Mensch dabei in den Mittelpunkt gestellt: mit seiner grundsätzlichen Offenheit und Bereitschaft, mit seinen Interessen und seiner Wissbegier sowie mit seinen ganz eigenen Erfahrungen und Visionen. All dies stellt das Fundament und das Material für eine *formatio* dar, deren Ziel die „umfassende intellektuelle, soziale, ethische und religiöse Bildung der ganzen Person“[623] ist: Jugendliche sollen nach den Sternen greifen, ihr Potential ausschöpfen und ihre Fähigkeiten erweitern – und das nicht allein im Blick auf ihr eigenes Vorankommen, sondern im Blick auf ein gemeinschaftliches Voranschreiten mit anderen und für andere, im Sinne einer Veränderung der Welt hin zu mehr Gerechtigkeit und Friede. Der Jesuitenorden bringt in diesen Prozess Personal und Mittel ein: Zum einen Jesuiten, die selber durch die *formatio* der Exerzitien hindurchgegangen sind und sich deren Dynamik und Vorgehensweise zu eigen gemacht haben, zum anderen Erfahrungen mit der Erziehungsarbeit, mit Formen der *Unterscheidung* und mit einem aktiven Einsatz für Glaube und Gerechtigkeit – wenn man einmal von den verschiedenen materiellen Mitteln absieht. Das Engagement des Ordens, welches sich vor Ort in vielfältigen Angeboten konkretisiert, ist deswegen so groß, weil man der Ansicht ist, dass junge Menschen nicht nur danach streben, sich akademisch-wissenschaftlich zu bilden resp. bilden zu lassen, sondern dass sie ein existentielles Interesse und einen suchenden Idealismus mitbringen, die in ihnen Fragen nach den Ursachen und dem Sinn des Lebens und der Welt, Fragen nach der Herkunft, der Identität und der Bestimmung des Menschen sowie nach Gott aufkommen lassen, jeweils mit dem Verlangen der *cognitio interna*[624], der inneren Erkenntnis einer Sache, ihres Herzens bzw. des Herrn. In Zusammenarbeit mit den Lehrenden wollen die Jesuiten im Bereich ihres Schulapostolats junge Menschen seelsorglich[625] begleiten, indem sie sich selber zum personalen Angebot machen, das durch Authentizität, Attraktivität und Gesprächsbereitschaft die eigenen Überzeugungen und Visionen vermittelt. Eine von Jugendlichen akzeptierte Form der Begleitung ist die der Ermutigung, bei der ihnen Vertrauen entgegengebracht wird, sie mit ihren Träumen und Visionen ernstgenommen werden und man ihnen zutraut, nach den Sternen zu greifen, ohne dass ihnen sofort unterstellt wird, sie würden die Bodenhaftung und die verantwortungsbewusste Aufmerksamkeit für die Mitmenschen verlieren. Nach den Sternen greifen, ohne gleich Meriten verdienen zu müssen, das tut einer, der sich nach Idealen ausstreckt, auch wenn er weiß, dass er das Reich Gottes nicht auf die Erde herunterholen kann, sondern »nur« dazu berufen ist, daran in begrenztem und bescheidenem Maße mitzubauen.

Nun geht es dem Jesuitenorden keineswegs darum, an den Kollegien Nachwuchs für den Orden zu rekrutieren oder aus den Schülern »kleine Jesuiten« zu machen, vielmehr sollen „das Wachsen und Sich-entfalten, das Heranreifen und Zu-sich-

623 Ignatianische Pädagogik 1993, 8.

624 s. u. a. FI 1 sowie GÜ 104 und 233.

625 Merkmale »ignatianischer Seelsorge« sind nach Willi Lambert 1. ihre Ganzheitlichkeit, 2. ihre Methodenvielfalt, dass sie 3. an alle Bevölkerungsschichten gerichtet und 4. nicht auf Quantität aus ist, 5. ihre Unentgeltlichkeit, 6. ihre Kirchlichkeit, 7. der Mut, auch neue Wege zu gehen sowie 8. die Bewusstheit, dass »es ums Ganze geht« (s. Lambert 2008a, 116f).

selbst-finden" junger Menschen gefördert werden – und das, wie Ludger Stüper meint, in der Auseinandersetzung mit der Welt, in kritischer Distanz zu sich selbst, im Prozess der Wertfindung und Werterfahrung, in der Übernahme sozialer Verpflichtungen und im Bemühen um einen gelebten Glauben.[626] Jesuitenschulen sind hierbei ein Raum der *formatio*, der es Schülern ermöglicht, ihren ureigenen Fragen nachzugehen und um Antworten zu ringen, den Umgang miteinander zu erproben, den eigenen Glauben zu prüfen sowie einen eigenen Weg zu suchen, der mehr und mehr zu einer tragfähigen Lebensentscheidung nach dem Willen Gottes führt.

Im Folgenden werden fünf Grundelemente der *formatio* dargestellt, die das Proprium ignatianischer Bildung an Jesuitenschulen ausmachen und die für den *Entwurf einer Konzeption ignatianischer Schulpastoral* von Relevanz sein werden.[627]

3.2.1 Prinzip und Fundament – omnia ad maiorem Dei gloriam

Das erste und letzte Ziel ignatianischer Bildung ist Gott; Gott in seinem Verhältnis zur Welt und in seiner Beziehung zum Menschen – nicht mehr und nicht weniger. Im Prozess der *formatio* geht es analog zu den Exerzitien zum einen darum, *Gott in allen Dingen zu suchen und zu finden*[628]. Dieser Ausdruck einer zutiefst positiven Weltsicht schließt keinen Aspekt des Lebens aus, sondern zeigt vielmehr, dass „alle geschöpflichen Dinge Helfer auf dem Weg der Erkenntnis Gottes sind", und genauso „in der jesuitisch inspirierten Pädagogik jede Lernmöglichkeit eine Chance [ist], das eigentliche Ziel des Lebens und der Welt zu finden"[629]. Zum anderen gilt es nach Gottes Willen zu fragen und zu forschen, denn „der Mensch ist geschaffen, um Gott [...] zu loben, ihm Ehrfurcht zu erweisen und zu dienen und mittels dessen seine Seele zu retten" (GÜ 23). Dreh- und Angelpunkt aller pädagogischen, seelsorglichen und spirituellen Bemühungen ist die Beziehung zwischen Gott und Mensch, die im *Prinzip und Fundament* der Geistlichen Übungen betrachtet wird: Gott, der den Menschen geschaffen hat, der es gut mit ihm meint, der ihn in sein schöpferisches Tun miteinbezieht, ihn mit Freiheit ausstattet und ihm die Erde anvertraut, um auf ihr an seiner statt zu herrschen und selber fruchtbar und kreativ zu sein[630] – und der Mensch, der im Vertrauen auf Gott und aus

626 s. Stüper 1990, 543.

627 Der Rückgriff auf lateinische Fachtermini soll verdeutlichen, dass jedes pädagogisch-seelsorgliche Arbeiten an Jesuitenschulen sich seiner Wurzeln und Quellen bewusst bleiben soll, welche in den *Exerzitien*, den *Satzungen*, *Studienordnungen* und *anderen Grundlagentexten* des Ordens niedergelegt sind.

628 s. dazu u. a. Ignatius im Brief 1854 vom 1. Juni 1551 an P. Antonio Brandão von Coimbra über das Gebet der Studierenden: „Sie können sich deshalb darin üben, die Gegenwart unseres Herrn in allen Dingen zu suchen, wie im Umgang mit jemand, im Gehen, Sehen, Schmecken, Hören, Verstehen und in allem, was wir tun; denn es ist wahr, dass seine göttliche Majestät durch Gegenwart, Macht und Wesen in allen Dingen ist. Und diese Weise zu meditieren, indem man Gott unseren Herrn in allen Dingen findet, ist leichter, als wenn wir uns zu den abstrakteren göttlichen Dingen erheben und uns ihnen mühsam gegenwärtig machen. Und diese gute Übung wird, indem sie uns bereit macht, große Heimsuchungen des Herrn bewirken, auch wenn es in einem kurzen Gebet ist" (BU 350).

629 Kessler 2000, 51.

630 s. dazu die Betrachtung, um Liebe zu erlangen (GÜ 230 – 237), in der der Exerzitant zum Abschluss der Geistlichen Übungen sich die Wohltaten ins Gedächtnis bringen soll, die er von Gott empfangen hat, in der er schauen soll, wie Gott in allem lebt und anwesend ist und in der er erwägen soll, wie

dem Glauben an ihn seine Wege in Dankbarkeit und Ehrfurcht geht, der offen ist für den Anruf Gottes und bereit, *zur größeren Ehre Gottes* nach dessen Willen dienstbereit zu handeln, zu leben und zu lieben.

Ignatianische Bildung nimmt die anthropologischen und humanistischen Grundfragen: »Wer ist der Mensch, und was ist der Sinn menschlichen Lebens?« auf und führt sie fort auf ein Ziel außerhalb seiner selbst, welches „den menschlichen Tätigkeiten ihren spezifischen Charakter und [..] dem ganzen menschlichen Leben seinen Sinn“[631] verleiht.[632] Ihr ist bewusst, dass wer die Frage nach dem Menschen von der Frage nach Gott abtrennt, Unfreiheiten erzeugt und unter Umständen sogar Totalitarismen begünstigt. Um dem zu wehren, bedarf es der Betrachtung des Geheimnisses des Gottmenschen Jesus Christus, denn in ihm begegnet einem auf dichteste Weise die Frage nach Gott und zugleich die nach dem Menschen, die Frage nach dem Leben und nach dem Sinn von Hingabe und Liebe. „Er ist das Wort, in dem alles zusammengefasst ist, was Gott uns Menschen zu sagen hat. Gefordert von diesem Wort soll der Mensch zur lebendigen Antwort werden. Er soll sich seinerseits zum Ausdruck bringen: mehr und mehr. Er soll das Schöpferische seines Wesens entfalten: sein Spielen, seine Phantasie, seine Freiheit vor allem, seine Sehnsucht, geliebt zu werden und seine Lust zu lieben.“[633]

Die *formatio* an Jesuitenschulen hat „im letzten immer eine religiöse Zielrichtung“. Sie „soll zur kognitiven und affektiven Wahrnehmung der Wirklichkeit Gottes führen“[634] und zum Bewusstsein der von Gott geschenkten Würde jedes seiner Geschöpfe.[635] Das bedeutet, sie muss sich zum Prinzip machen, die Frage nach Gott und nach dem Sinn des Lebens wachzuhalten und junge Menschen mit Gott und Jesus Christus vertraut zu machen und sie muss in ihnen ein religiöses Fundament legen, indem sie diese in der Haltung des Vertrauens, des Empfangens und der Dankbarkeit unterweist und unterstützt, damit sie lernen, ihr Leben als Gottesgeschenk und zugleich als Gotteslob zu erkennen und mehr und mehr bereit werden, *alles zur größeren Ehre Gottes* zu tun.

3.2.2 Menschen für andere – *competentia, conscientia et compassio*

Ausgangspunkt bei der Verfolgung des Ziels ignatianischer Bildung ist der Mensch; der Mensch, der von Gott geschaffen wurde, nach dessen Ebenbild und zu dessen Lob.[636] Am Anfang steht ein grundsätzlich positives Menschenbild, das

---

Gott in allen Dingen für einen am Werke ist.

631 García-Mateo 2000, 34.

632 s. Haep, der christliche Bildung „als Öffnung und Offenheit des personalen Selbstvollzugs vor Gott auf Endgültigkeit“ (Haep 2007, 271, s. ebd., 232 – 245) versteht.

633 Stüper 1990, 544.

634 Kessler 2000, 51.

635 s. Mertes 1999a, 369ff., der der Pädagogik die fundamentale Aufgabe zuweist, „das von vielen Seiten, auch von innen her gefährdete Bewusstsein der Würde zu entfalten und zu stärken.“

636 Das *Prinzip und Fundament* (GÜ 23) setzt ganz am Anfang einen anthropologischen Akzent, indem es beginnt: „homo est creatus“. Um ihn geht es bei allen pädagogischen Bemühungen, jedoch immer auf die Weise, dass er in all seinem Tun und in seiner ganzen Entwicklung auf Gott hin ausgerichtet bleibt und allein diesen, der Liebe und Gnade verheißt, als Ziel anstrebt (s. „dadme vuestro amor y gracia, que ésta me basta“ GÜ 234).

den Menschen mit seinen Fähigkeiten, seiner Freiheit und seiner Würde darstellt. Erst ausgehend davon lässt sich auch die Gebrochenheit menschlicher Existenz betrachten, zu der eben auch Unordnung, Ungerechtigkeit und Sündhaftigkeit gehören. Im Prozess der *formatio* geht es zunächst darum, sich mit Hilfe der Gewissenserforschung mehr und mehr selbst zu erkennen[637] und sein Leben zu ordnen, um frei zu werden von irdischen Zwängen und Abhängigkeiten. Des Weiteren geht es darum, frei und reif zu werden für eine persönliche Entscheidung, die darin besteht, auf den Ruf Christi eine lebendige Antwort geben zu können; also innerhalb der Nachfolge Christi seine eigene besondere Berufung zu entdecken, seine Anlagen und Kompetenzen zu entfalten und so ganz Mensch zu werden. Schließlich geht es darum, zu einem *Menschen für andere*[638] und mit anderen zu werden, wozu Jesus Christus, der sein ganzes Leben für Gott und für die Menschen hingegeben hat, Vorbild und Beispiel ist. Der Kernpunkt aller pädagogischen, seelsorglichen und spirituellen Bemühungen besteht darin, Menschen zu bilden, die ihre Begabungen als von Gott geschenkt betrachten, die an ihnen arbeiten und die diese gewissenhaft und solidarisch einsetzen.

Ignatianische Bildung macht sich die pädagogische Grundfrage »Wie soll der Mensch werden, mit anderen leben und mit ihnen Welt und Zukunft gestalten?« zueigen, stellt sie allerdings auf der Grundlage des christlichen Menschenbildes[639] im Kontext des kirchlichen Glaubens. Ihr liegt daran, Menschen heranzuziehen, die aufgrund ihrer Freiheit Verantwortung übernehmen und will in einem ganzheitlichen Sinne „men and women of competence, conscience and compassion“[640] bilden, die zu einem gelebten christlichen Glauben hingeführt werden, „d. h. zu einem Leben, das sich um eine konkrete Verwirklichung des Reiches Gottes müht, um Gerechtigkeit, Frieden, Nächstenliebe. Überzeugt vom Kommen dieses Reiches und seinem schon anfänglichen Dasein ist nicht Selbstverwirklichung unsere Aufgabe, sondern Selbsterneuerung im Dienste dieses Reichs, und konkret kann das immer nur heißen: im Dienst an den Menschen.“[641]

637 Ignatius betrachtet „die Selbsterkenntnis als Grundelement, um in eine persönliche Beziehung zu Gott einzutreten. Er erforscht die Welt der Affekte, der Strebungen, Ängste, Versuchungen, Fixierungen, Illusionen und Entscheidungen als diejenigen Mittel, die zur persönlichen Begegnung mit Gott führen können“ (García-Mateo 2000, 41). Zur Gewissenserforschung in den Geistlichen Übungen s. GÜ 18, 19, 24, 25 etc.

638 Dietrich Bonhoeffer hat die Aussage des Apostolischen Glaubensbekenntnisses „qui propter nos homines et propter nostram salutem descendit de caelis“ (s. DH 150) aufnehmend, Jesus Christus als den Menschen für die anderen bestimmt (Bonhoeffer 2008). Sein Tun »für uns« ruft in die Nachfolge, was, wie Walter Kasper 1992, 263ff gezeigt hat, den Stellvertretungsgedanken impliziert. s. dazu auch Arrupes Ansprache an Jesuitenschüler »Men for others« (Arrupe 1973). Trinitätstheologischen grundgelegt ist die Rede vom Menschen-für-andere in: Arrupe 1980b, 90ff: „In den göttlichen Personen findet sich das höchste Vorbild des »Menschen für andere«“ (ebd., 91).

639 Zur Verhältnisbestimmung von Bildung, Gottebenbildlichkeit und Menschenbild s. Haep 2007, 222 – 232.

640 Kolvenbach 1993, 120. Dieser Terminus wird unterschiedlich wiedergegeben bzw. interpretiert: s. Funiok/Schöndorf 2000, 14: „Männer und Frauen, die sich auszeichnen durch intellektuelle Bildung, persönliches Verantwortungsbewusstsein und solidarisches Einfühlungsvermögen“ und Neulinger 1998: „Männer und Frauen mit Wissen, Gewissen und Gespür“. Eine gute Interpretation und Ausformulierung der drei Begriffe findet sich bei Pflüger 2007, 40 – 45.

641 Stüper 1990, 554.

Die *formatio* an Jesuitenschulen partizipiert am größeren Sendungsauftrag des Ordens, der eine Option für *Glaube und Gerechtigkeit*[642] getroffen hat. Sie weiß sich der Frage nach der Gerechtigkeit verpflichtet, was mehr bedeutet als Almosengeben, denn in der Gerechtigkeit Gottes steckt eine Zuwendung zu den Armen, Schwachen und Benachteiligten, damit sich etwas an deren Situation ändert. Jeder pädagogische Einsatz für Glaube und Gerechtigkeit macht sich darum zur Aufgabe, zusammen mit jungen Menschen ungerechte Strukturen zu analysieren und sie zu einem gerechten Handeln zu ermutigen und anzuleiten. Gerechtes Handeln, so ARRUPE, beginnt mit dem Verinnerlichen dreier Haltungen: 1. mit einem einfacheren Lebensstil, 2. mit der Ablehnung ungerechter Profite und 3. mit der aktiven Bekämpfung struktureller Ungerechtigkeit und Armut.[643] Jeder Einsatz für Gerechtigkeit ist auch in der Schule von Bedeutung, denn selbst die kleinen und unscheinbaren und vielleicht nur partiellen Erfolge sind Frucht der Erlösung Jesu Christi und Zeichen für das angebrochene Reich Gottes.[644]

3.2.3 Leitung und Begleitung – *alumnorum cura personalis*

Hilfe und Unterstützung zum Erreichen des Ziels ignatianischer Bildung erfährt der Mensch, der als Ebenbild Gottes geschaffen wurde und somit einmalig und unverwechselbar ist, ausgestattet mit einer unantastbaren Würde sowie persönlich gerufen von Gott – was zeigt, wie wertvoll der Einzelne in den Augen Gottes ist –, in Form von Leitung und Begleitung. Im Prozess der *formatio* orientiert sich die *cura personalis* am Modell der interpersonalen Kommunikation der Geistlichen Übungen, welches derjenige verkörpern soll, der Exerzitien anleitet. Dieser soll beim Übenden dessen eigene religiöse Erfahrung wecken, entdecken helfen und begleiten, was pädagogisches Geschick erfordert sowie Achtung vor dessen Würde und Freiheit. Die nötige Grundhaltung des Begleiters findet sich im Bild einer Waage, in deren Mitte er stehen und sich weder zu der einen noch zu der anderen Seite hin neigen, sondern „unmittelbar den Schöpfer mit dem Geschöpf wirken lassen [soll] und das Geschöpf mit seinem Schöpfer und Herrn" (GÜ 15). Er muss um den Seelenzustand des Exerzitanten wissen, um geeignetere Mittel in Bezug auf dessen Bedürfnisse anzuwenden und die Übungen je nach dessen persönlicher Situation anzupassen (s. GÜ 6, 17 und 18). Bei der Wahl muss er dessen Entscheidung voll und ganz respektieren und auch sonst soll er „keine Vorschriften, Ratschläge und Ermahnungen geben, sondern er soll die Grundsituationen darle-

---

642 Die 32. Generalkongregation befasste sich besonders im vierten Dekret mit der eigenen Sendung: „Der Auftrag der Gesellschaft Jesu heute besteht im Dienst am Glauben, zu dem die Förderung der Gerechtigkeit notwendig dazugehört, denn sie zielt auf die Versöhnung der Menschen untereinander, die ihrerseits von der Versöhnung der Menschen mit Gott gefordert ist" (GK 32, D 4,2). Anlässlich der 35. Generalkongregation der Gesellschaft Jesu bestätigte Papst Benedikt XVI. ihren Einsatz im Kampf gegen die strukturellen Ursachen von Armut und Ungerechtigkeit, wobei er betont, dass „die bevorzugte Option für die Armen im christologischen Glauben an jenen Gott implizit enthalten [ist], der für uns arm geworden ist, um uns durch seine Armut reich zu machen (s. 2 Kor 8,9)" (*Ansprache von Papst Benedikt XVI.* 2008, 160). s. dazu auch DCE 28.

643 s. ARRUPPE 1973: 1. „Live more simply", 2. „No unjust profit" und 3. „Change unjust structures."

644 s. ARRUPE 1973: „The struggle for justice will never end. Our efforts will never be fully successful in this life. This does not mean that such efforts are worthless. God wants such partial successes. They are the first-fruits of the salvation brought by Jesus. They are the signs of the coming of his Kingdom, the visible indications of its mysterious spreading among us."

gen, von denen das Leben des Glaubenden abhängt"[645]. Wichtigste Voraussetzung für gute Exerzitien ist ein prinzipielles und gegenseitiges Vertrauensverhältnis zwischen dem Exerzitienbegleiter und dem Exerzitanten, sowie das gemeinsame Verlangen, die Wahrheit und den Willen Gottes zu finden (s. GÜ 5 und 22).

Ignatianische Bildung nimmt die freiheitlichen und individuellen Akzente neuzeitlicher Pädagogik auf, ohne in die Falle der Beliebigkeit im Sinne des »anything goes« bzw. des egozentrischen Individualismus' zu tappen. Stattdessen sorgen Lehrende, Erziehende und Seelsorger persönlich für jeden ihnen Anvertrauten, indem sie den Einzelnen in seiner Entwicklung unterstützen und unterweisen, indem sie für ihn Interesse zeigen und Zeit haben, sich nicht scheuen, ihm nachzugehen und nachzufragen und indem sie eine Erziehung zu Freiheit und Eigenverantwortung verfolgen. Dies alles erfordert vom Pädagogen „mehr als in jedem anderen Bereich der Pädagogik [...] sein Eingehen auf den Einzelnen, sein Taktgefühl, seine Behutsamkeit im Korrigieren, seine Bereitschaft, Vertrauen zu schenken. [...] Im Prozess der Wertfindung wird nur der Erzieher eine entscheidende Rolle spielen, der als Persönlichkeit mit persönlichen Überzeugungen, die er vor seinem Gewissen zu verantworten hat, den Heranwachsenden zu bilden sucht."[646]

Die *formatio* an Jesuitenschulen ist geprägt von der Sorge um den einzelnen Menschen. Zum einen wird dies deutlich in Formen persönlicher Begleitung und Unterstützung, die auf einem grundsätzlichen und voraussetzungslosen Wohlwollen des Lehrers, Erziehers bzw. Seelsorgers gegenüber dem Heranwachsenden aufbauen. Im Konfliktfall ist es wichtig, genau hinzuhören und hinzusehen sowie um ein richtiges bzw. besseres Verständnis zu ringen. Mit Verbesserungen oder Ratschlägen soll man sparsam umgehen und sich bemühen, sie ausschließlich in Liebe einzusetzen. Schließlich gehört die Grenzsetzung[647] als pädagogische Maßnahme zur *cura personalis*, in dem Sinne, dass derjenige, dem mit anderen Mitteln nicht mehr geholfen werden kann, „sich rette" (s. GÜ 22). Zum anderen zeigt sich die Sorge um den Einzelnen in der Unterweisung und Anleitung zur Selbstleitung, die auf pädagogischer und seelsorglicher Zurückhaltung gründet, welche die Freiheit des Schülers wahrt und dessen eigenen Erkenntnisprozess über eine bloße Vermittlung von außen stellt. Methodisch korrespondiert damit die Knappheit, in der das zu Lernende dargeboten wird, was dem Schüler ermöglicht, sich mit dem Lernstoff eigenständig und kreativ auseinanderzusetzen, um so selber Geschmack an der Sache zu bekommen – denn „nicht das viele Wissen sättigt und befriedigt die Seele, sondern das Innerlich-die-Dinge-Verspüren-und-Schmecken" (GÜ 2). Des Weiteren sollen Lehrende, Erziehende und Seelsorger die Schüler zur Übung anregen, wobei es darauf ankommt, dass Heranwachsende nicht allein die kognitiven Unterrichtsinhalte einüben, sondern ihnen soll mehr und mehr klar werden, dass sich „auch andere Dinge methodisch trainieren lassen: Umgang miteinander, Umgang mit Konflikten, Umgang mit Verantwortung, Umgang mit Vertrauen –

645 García-Mateo 2000, 39.

646 Stüper 1990, 548 und 551.

647 Im Unterschied zum Grenzen-setzen ist das Strafen keine Erziehungsmaßnahme. Strafe setzt individuelle Schuld und prinzipielle Schuldfähigkeit voraus; „Barmherzigkeit setzt Strafe aus", ohne dabei „die Strafwürdigkeit des Verhaltens" zu mindern. Zum Umgang mit Schuld, Strafe und Barmherzigkeit im pädagogischen Kontext s. Mertes 1999a, 373 – 379 und Mertes 2004, 52f und 64 – 70.

mit dem Ziel, sich für Werterkenntnisse, Überzeugungen und Lebenseinstellungen vorzubereiten."[648]

»Typisch ignatianisch« bei der Anleitung zur Selbstleitung ist schließlich, dass im Verlauf der unterschiedlichen Lernprozesse die eigenen Reaktionen – die vielfältigen Regungen des Denkens, Fühlens, Spürens, Empfindens – beachtet und reflektiert werden, woraus für Schüler ein entscheidendes Lernfeld werden soll und was Lernen erst „zu einem aktiven und attraktiven Aneignungsvorgang"[649] macht.

3.2.4 Lieben und Dienen – *magis*

Die innere Antriebskraft zur Verfolgung des Ziels ignatianischer Bildung ist das Streben nach dem *magis*, nach dem je größeren Lob Gottes und dem je besseren Dienst gegenüber Gott und den Menschen – *amar y servir*[650]. Im Prozess der *formatio* ist darauf zu achten, dass das *magis* nicht allein „eine lineare Steigerung eines Verhaltens oder einer Eigenschaft" bzw. die „Vermehrung einer Anstrengung" darstellt, in dem Sinne, dass der Mensch ständig danach strebt, mehr zu tun und meint, sich stets überbieten zu müssen.[651] In den Exerzitien ist das *magis* kein „»mehr« auf einer absoluten Skala, die für alle gleich ist"[652], sondern nimmt Maß an den besonderen Begabungen und an der Kapazität des je Einzelnen, wobei es nicht auf seine »Heiligung« zielt, sondern ihn in eine Wahlsituation und in dieser führt, in der er zwischen zwei oder mehreren Möglichkeiten abwägt und dasjenige wählt, was auf den ersten Blick quantitativ eventuell *weniger* ist, in Bezug auf die Ehre Gottes jedoch *mehr*. Im Verlauf der Geistlichen Übungen variiert die Bedeutung des *magis*.[653] Im *Prinzip und Fundament* wird zunächst die Freiheit des Menschen vorausgesetzt, damit dieser wähle und sich *indifferent*[654] mache gegenüber den Dingen der Welt. Von hier aus soll der Mensch *wünschen und wählen*, was ihn *mehr* zu dem Ziel hin*führt*, zu dem er geschaffen ist.[655] Das *magis* geht hier also eine „paradoxe Verbindung von Aktivität und Passivität" ein, was für die Dynamik des ganzen Exerzitienprozesses und die spezifisch jesuitische *Weise des Vorangehens* kennzeichnend ist. In der *ersten Woche* wird mit diesem Paradox

---

648 MERTES 1999a, 361f.

649 s. MERTES 2004, 13 – 24 und 25 – 33.

650 Zum Zueinander von Liebe und Dienst s. ARRUPE 1981.

651 Tobias SPECKER nennt dies das »erste *magis*« und meint damit einen asketischen Perfektionismus, wie ihn Ignatius am Anfang seines Pilgerberichtes beschreibt, als er den Heiligen nacheifern und noch *mehr* als sie ausführen wollte (z. B. BP 14,3). Dieses *magis* „kennt kein »genug«, es will »immer mehr«, immer vollständiger, immer genauer sein" (SPECKER 2004, 141ff), doch seine Dynamik führt – oft in Form von Skrupeln – letztlich ins Leere.

652 SPECKER 2004, 145.

653 Für die folgenden Überlegungen ist das *magis* von Interesse, wie es im *Prinzip und Fundament* und in der *ersten* und *zweiten Woche* der Geistlichen Übungen vorkommt. In Bezug auf die *dritte* und *vierte Woche* bemerkt SPECKER, dass das *magis* zwar fast gänzlich fehlt, dafür ersetzt wird durch das *pro nobis* bzw. das *ganz* (s. SPECKER 2004, 151f).

654 Indifferent nicht „im Sinne einer abgetöteten Gleichgültigkeit" sondern in Form einer „Nicht-Differenz" gegenüber dem göttlichen Willen, worin sich ein Perspektivwechsel vollzieht: „Das »magis« bringt den Menschen, seine Handlungen, Entscheidungen und die Bestimmung seines Lebens nicht mehr von sich selbst, sondern von Gott her in den Blick." (s. SPECKER 2004, 147f).

655 s. GÜ 23.

sehr praktisch gearbeitet, indem der Betrachtende aktiv alles unternehmen soll, um passiv „empfänglicher, aufnahmebereiter für die wirkliche Lage seiner selbst im Angesicht Gottes zu werden“[656]. Schließlich bekommt das *magis* in der *zweiten Woche* nochmals einen etwas anderen Akzent, indem es nun nicht mehr um die Abwägung von Alternativen geht, sondern darum, die Option *vom Guten zum Besseren* zu intensivieren und in der Liebe sowie in der Nachfolge zu wachsen.[657]

Ignatianische Bildung weiß um die Spannung von Leistungsbereitschaft und Leistungsdruck, in der junge Menschen stehen sowie um die Ansprüche, die von Seiten der Eltern und der Gesellschaft an sie herangetragen werden. Obwohl sie die besondere Exzellenz und Einzigartigkeit des Einzelnen fördert, will sie weder sozioökonomische noch rein akademische Eliten heranziehen, sondern vielmehr »soziale Eliten«[658] im Sinne einer außergewöhnlichen Menschlichkeit bilden. Ihr geht es um Menschen, die das *magis* in der Parteinahme für die Armen anstreben, indem sie sich durch größere Liebe und größere Hingabe auszeichnen.[659] Sie will den „Schülern zu Bewusstsein bringen, dass bei allen Zwängen, denen wir ausgesetzt sind, über die Leistung hinaus der Mensch gefragt ist. [...] Bei aller Durchsetzungskraft, die der Einzelne aufbringen muss, um seinen Platz in dieser Welt zu finden: der Blick auf den anderen darf nicht verloren gehen, der Blick für den weniger Glücklichen, den weniger Erfolgreichen, den weniger Begünstigten. Am Anfang jedes Menschenlebens steht das Empfangen. Je älter und reifer er wird, um so mehr sollte er vom Empfangenden zum Schenkenden werden.“[660]

Die *formatio* an Jesuitenschulen zielt zwar auf das Außergewöhnliche, richtet sich jedoch nach dem Potential und der Fassungskraft des Einzelnen und knüpft an dessen Fähigkeiten, Begabungen und Interessen an. Sie will den Heranwachsen-

656 Specker 2004, 148. s. auch GÜ 44 und 83f.

657 s. GÜ 104 und 130. Im Pilgerhandbuch für ignatianische Experimente zum Weltjugendtag 2005 wird Jugendlichen erläutert, dass das *magis* zwar „den Charme von Leistung, Effizienz und Durchsetzungsfähigkeit“ hat, Ignatius damit aber „so richtig auf die Nase“ gefallen ist und im Folgenden das *magis* neu entdeckt hat – „als eine Hilfe zur Entscheidung: Wähle das, von dem du urteilst, »es sei mehr zur Ehre Gottes«“. In diesem Sinne ist das *magis* das, was einen bewegt, es ist immer nur ein persönliches *mehr* und es bedeutet v. a., sich der Führung Gottes anzuvertrauen (s. Specker 2005, 14 – 15).

658 Die Rede von Elitebildung an Jesuitenschulen bleibt problematisch, da sie äußerst leicht missverstanden wird, weswegen sie nur sehr eingeschränkt zu gebrauchen ist. „Natürlich ist [...] es legitim, in der Glaubensverkündigung auch die [...] erfolgversprechendsten »Multiplikatoren« anzusprechen und für den Glauben und die Gerechtigkeit zu gewinnen [...]. Wo jedoch auf diesem Weg versucht wird, als Organisation oder als einzelner Macht im Sinn der Durchsetzung bestimmter gesellschafts- und kirchenpolitischer Richtungen bzw. Interessen zu bekommen [...], da beginnt der Verrat an der Nachfolge des armen Christus“ (Kehl 1990, 568). Für Jesuitenkollegien gilt, dass sie als Schulen so gut sein müssen, „dass auch Hochbegabte an ihnen durchaus auf ihre Kosten kommen und sich in vielfacher Weise gefordert fühlen. Aber Eliteschulen? Das Thema sollte passé sein“ (Stüper 1986). Zur einseitigen Ausbildung von sogenannten Leistungseliten und zur Notwendigkeit, „den Elitebegriff künftig vollständiger und nachhaltiger zu fassen“, s. Tholen 2006.

659 Größere Liebe und Hingabe sind nicht nur von den Schülern zu verlangen, sondern in erster Linie von den Jesuiten selbst, deren „sehr »aktuale« Nachfolge des armen Christus“ sich in „der Sorge um die Kleinen und Armen konkretisiert“ (Kehl 1990, 565). Zu den „Grundentscheidungen für das Apostolat heute“ zählt für die Jesuiten nach wie vor, dass sie zur „größeren Ehre Gottes und zum Heil der Menschen [...] dorthin gehen sollten, wo das allgemeinere Wohl zu erhoffen ist und wo Menschen, um die sich sonst niemand kümmert, die größere Not leiden“ (GK 32, D 4,39 s. auch Sa 622).

660 Stüper 1990, 552.

den befähigen und darin unterstützen, sich umfassend zu bilden und das *magis* im Größeren, Besseren und Schöneren anzustreben, sofern es Gott dient und den Menschen hilft. Martin SAULEK ist zuzustimmen, dass das „Außergewöhnliche [..] im »Wofür« der Leistungen" liegt und infolgedessen zu außerordentlichen Leistungen in der Dynamik des *magis* das berechtigt, was auf denjenigen zutrifft, der „gelernt hat zu widersprechen und Fragen zu stellen (Wahrheitsliebe), sich gegen die Autoritäten oder gegen den »mainstream« solidarisch für andere einzusetzen (Zivilcourage), Spannungen und Anfeindungen auszuhalten (Widerstandsfähigkeit), zwischen Wissenswertem und Belanglosem zu unterscheiden (Weisheit) und ein Problem definieren zu können (Urteilsfähigkeit), die Bedeutung von Noten zu relativieren (Souveränität), zweckfreie, »heilige« Orte in seinem Leben zu pflegen und zu bewohnen (Offenheit für Transzendenz)."[661]

Am Ende soll jedoch nochmals betont werden, dass das *magis* bei Ignatius und damit auch in der *formatio* nicht nur eine aktive Dimension besitzt, sondern auch eine passive, denn liebend und dienend kann nur derjenige nach den Sternen greifen, der neben seinen Fähigkeiten auch seine Grenzen kennt und sich darum demutsvoll und bescheiden „als von Gott ergriffen"[662] erkennt.

3.2.5 Methode und Vorgehensweise – noster modus procedendi

Die Mittel zur Erlangung des Ziels ignatianischer Bildung finden sich in der *der Gesellschaft Jesu eigenen Weise des Vorangehens*[663]. Obwohl sich diese in erster Linie auf die Sendung des Ordens bzw. der einzelnen Jesuiten bezieht,[664] sind auch diejenigen mit angesprochen, die im Apostolat mit ihnen zusammenarbeiten. *Noster modus procedendi* bezieht sich sowohl auf das äußere Handeln als auch auf eine innere Haltung und bedeutete für die ersten Jesuiten „eine konstante, von der Gruppe als sachgemäß erfahrene, bewusst übernommene und nun gemeinsame Art

661 SAULEK 1999, 398f.

662 SPECKER 2004, 148.

663 s. GK 33, D 1,39 – 42, GK 34, D 26, GK 35, D 6,8 – 10, ARRUPE 1979 und KNAUER 1990, 131 – 148: „»Unsere Weise voranzugehen« nach den Satzungen der Gesellschaft Jesu". Zur Vorgehensweise des Jesuiten als *contemplativus in actione* s. KUNZ 1992, 208 – 210. LAMBERT betont, dass die ignatianische Weise des Vorangehens »im Herrn« geschieht. Sie „ist geprägt vom Blick auf Jesus Christus: Er ist das »Modell« [...] Von diesem Ansatz her zeigt sich, dass jede rein organisatorische, strategische Auslegung daneben greift" (LAMBERT 2008a, 169).

664 s. hierzu v. a. ARRUPE 1979, der „per modum negationis" bestimmte Typen ausschließt, die der Eigenart der Gesellschaft widersprechen (s. ebd., 40ff). Am Ende jedoch formuliert er positiv, welche Merkmale *unsere Weise des Vorangehens* kennzeichnen: Der Orden als ganzer und jeder einzelne Jesuit soll aus der Liebe für die Person Christus handeln und leben, er sei stets verfügbar für den je besseren Dienst, den er freiwillig, unentgeltlich und demütig tue, er sei bereit für die universelle Sendung, die er im Geist der Einheit angehe, für alles Menschliche möge er ein besonderes Feingefühl aufbringen, was „die Solidarität mit jedem einzelnen Menschen einschließt", Disziplin und Vortrefflichkeit sollen ihn auszeichnen, die Liebe zur Kirche soll konkrete Formen annehmen, er soll einen Sinn für die Unterscheidung haben und ein „Feingefühl in der Sache der Keuschheit". Schließlich fasst er den *noster modus procedendi* zusammen in einer Art sechsten Sinn, dem *sensus Societatis*, der „im Grunde nichts anderes [ist] als eine ignatianische Form des sensus Christi, den jeder Jesuit pflegt, um Christus ähnlich zu werden, insbesondere durch die tiefe christologische Erfahrung der Exerzitien" (ebd., 42ff).

und Weise, sich von einer apostolischen Grundeinstellung her Ziele zu setzen, auf sie hin zu handeln und in diesem Handeln Fortschritte zu machen."[665]

Um als *ignatianisches Vorangehen* qualifiziert zu werden, kommt es im Prozess der *formatio* darauf an, bei der Sendung gemeinsam zu unterscheiden und zu analysieren, worin die praktischen Voraussetzungen dafür bestehen, welche Methoden der Prüfung erforderlich und welche Haltungen und Verhaltensmuster angebracht sind. Das erste und wichtigste Merkmal allen pädagogischen und seelsorglichen Vorangehens muss eine tiefe Christusbeziehung sein, die sich in Liebe und Hingabe zu Jesus äußert und darin, Gott in allen Dingen suchen und finden zu wollen, was mit Hilfe der *Unterscheidung im Gebet*[666] gefördert werden kann, wobei Erfahrung, Reflexion, Entscheidung und Handeln mit einfließen. Zu den weiteren Kennzeichen gehört eine Solidarisierung mit denjenigen, die am meisten Not leiden – und das nicht nur auf helfende und gebende, sondern auch auf empfangende Weise, indem man bereit ist, etwas über die eigene Bedürftigkeit und Armut zu lernen. Eine wesentliche Dimension heutzutage voranzugehen besteht darin, eine apostolische und kirchliche Gemeinschaft zu bilden sowie partnerschaftlich zusammenarbeiten zu wollen und sich dabei von vielfältigen Erfahrungen, Begabungen und Perspektiven bereichern zu lassen. Um jeweils angemessener helfen zu können, sind des Weiteren Anpassungsfähigkeit und Beweglichkeit erforderlich, ein hohes Maß an eigener Bildung, um „das Gute in der gegenwärtigen Kultur" zu achten und zu schätzen sowie um „zu den negativen Aspekten ebendieser Kultur" kritisch Alternativen vorschlagen zu können, dazu der Wille, „diesen gleichen Geist der Sendung bei anderen hervorzurufen" als auch die Bereitschaft, pilgernd nach dem *magis* zu suchen, „der immer größeren Ehre Gottes, dem immer umfassenderen Dienst am Nächsten, dem allgemeineren Wohl, den wirksameren apostolischen Mitteln."[667]

Ignatianische Bildung legt im Anschluss an eine ganzheitliche Pädagogik Wert auf permanentes Üben, beständig neues Experimentieren sowie lebenslanges Lernen und darin auf reflexive Elemente des Nachdenkens, Spürens und Verkostens, jedoch nicht als Selbstzweck, sondern stets dazu, die eigenen Erfahrungen, das eigene Handeln sowie die eigenen Verhaltensweisen und Reaktionen zu betrachten und sich so immer besser kennenzulernen, denn die Selbsterkenntnis betrachtet Ignatius „als Grundelement, um in eine persönliche Beziehung zu Gott einzutreten."[668] Zu mehr Selbst-, Welt- und Gotteserkenntnis gelangen Heranwachsende, wenn sie in der Urteilsfähigkeit nicht nur kognitiv geschult werden, sondern wenn das *sanum iudicium* zunächst an ihren eigenen Erfahrungen und inneren Reaktionen anknüpft und schließlich für sie handlungsrelevant wird. „Das richtige Fragen zu lernen, Ordnung in die Vielfalt der Erscheinungen bringen, über Erfahrungen

665 Knauer 1990, 132.

666 In den Geistlichen Übungen werden hierbei vielfältige Mittel angewandt, die von der *Anwendung der Sinne* (GÜ 121ff) und den Einsatz der *Seelenkräfte* (GÜ 45) über die *Gewissenserforschung* in der Form des *examen particulare* (GÜ 24ff) und der des *examen generale* (GÜ 32ff) bis zur *Unterscheidung der Geister* (GÜ 313ff) reichen.

667 s. GK 34, D 26, v. a. die Nummern 3 – 27.

668 García-Mateo 2000, 41.

und Tatsachen hinaus zu allgemeingültigen Erkenntnissen zu kommen – das sind die Aufgaben, an die ein Lehrer seine Schüler heranzuführen hat."[669]

Die *formatio* an Jesuitenschulen bezeichnet ihre Weise des Vorangehens als *Ignatianisches Pädagogisches Paradigma*, dem der Dreischritt *Erfahrung – Reflexion – Handeln* zugrunde liegt, der jeweils in einen bestimmten *Kontext* eingebettet ist und mit einer *Auswertung* abschließt. Dreh- und Angelpunkt ist die *Reflexion*, zu deren Strukturelementen gehört, dass 1. alles potentieller Lerngegenstand ist (alle Wirklichkeit und Erfahrung ist potentiell auch Lernstoff), dass 2. sich der Reflexionsvorgang als innerer Prozess versteht und sich zuvorderst auf Gefühle und Affekte bezieht, dass 3. die „im Reflexionsprozess gefundene Bedeutung [..] eine Bedeutung *für mich*" ist und dass 4. sich die Reflexion „immer auf die inneren Reaktionen, die *jetzt* in mir sind" bezieht, was für den Bildungsvorgang bedeutet, dass er nicht mit vergangenen, sondern mit gegenwärtigen Erfahrungen umgeht. Unter methodischer Rücksicht ist festzuhalten, dass Schule daran arbeiten soll, „dass die Lerngegenstände Erfahrungscharakter bekommen, damit Reaktionen ausgelöst werden, auf die sich der Reflexionsprozess beziehen kann"[670].

3.3 Mehr lieben und leben

Die Ergebnisse der Untersuchung jesuitischer Erziehung und ignatianischer Pädagogik lassen sich auf eine Formel bringen, die in den Geistlichen Übungen ihre Wurzeln hat und die zugleich eine ignatianische Profilierung von Schulpastoral ermöglicht: »Mehr lieben und leben«. Darin drückt sich die *Frucht der Exerzitien* aus, das, worin der Exerzitant am Ende des Exerzitienprozesses gewachsen sein soll.[671] Mit der letzten Übung, der *Betrachtung, um Liebe zu erlangen*, fasst der Übende die Zeit der Stille und des Gebets quasi zusammen, um ausgehend davon sein Leben und seinen Alltag zu gestalten. Die erste und wichtigste Erkenntnis dabei lautet: „Die Liebe muss mehr in die Werke als in die Worte gelegt werden" (GÜ 230). Der »Bildungsprozess« der Geistlichen Übungen muss demnach von der Ein-Bildung zur Aus-Bildung, vom Ein-Üben zum Aus-Üben übergehen. Das bedeutet: Die Liebe, die einer in den Exerzitien empfangen hat und die ihn durchdrungen, gestärkt, geformt und gewandelt hat, diese Liebe drängt danach, getan und ins Werk gesetzt zu werden (s. Gal 5,6 und 1Joh 3,18). Denn die „Liebe besteht in Mitteilung von beiden Seiten: nämlich darin, dass der Liebende dem Geliebten gibt und mitteilt, was er hat, oder von dem, was er hat oder kann; und genauso umgekehrt der Geliebte dem Liebenden" (GÜ 231).

Mehr lieben, das bedeutet für den Schüler zunächst, dass er sich als von Gott und seinen Mitmenschen geliebt und angenommen erfahren darf. Ausgehend davon ist es ihm möglich, die »Dinge«, die er empfangen hat, mehr und mehr einzustudieren und auszuprobieren, sich einzuüben in seinem Wissen und Können sowie in

669 STÜPER 1990, 546.

670 s. MERTES 2002. Hervorhebungen in den Zitaten jeweils von P. G.

671 Bei den Exerzitien geht es um die völlige Umwandlung des Menschen, um die Läuterung seines Herzens und die Ordnung der affektiven Kräfte. Sie sollen den Exerzitanten „die Liebe Gottes und zu Gott erleben und leben zu lassen, indem er sich hingibt im Dienst" (ARRUPE 1981, 111).

seinen Fähigkeiten und Eigenschaften und dies auch auszuüben, indem er das Gute, Wahre und Schöne verinnerlicht und es zugleich anderen in Wort und Tat mitteilt. Er greift dann aus Liebe nach den Sternen, wenn er nicht allein für sich und sein eigenes Vorankommen strebt, sondern nach der größeren Ehre Gottes, die untrennbar mit der Nächstenliebe zusammenhängt und ihren Ausdruck findet in der Solidarität mit den Notleidenden und im größeren Einsatz für seine Mitmenschen. Soll die Liebe mehr in die Werke als in die Worte gelegt werden, bedarf es zuletzt der *discreta caritas*[672]: Das Kriterium der klugen Liebe hilft dem Schüler, bei seinem Handeln weder in übertriebenen Aktionismus bzw. erhitzten Übereifer zu verfallen noch in erkaltete Routine bzw. leidenschaftslose Gleichgültigkeit zu geraten.

Mehr leben, das bedeutet für den Schüler eine gewandelte und veränderte innere Haltung gegenüber der Realität und seinem Dasein als Ganzem. Diese drückt sich darin aus, dass er interessierter ist an den Phänomenen, Abläufen und Zusammenhängen der natürlichen Dinge, dass er wacher ist für die Fragen, Probleme und Herausforderungen seiner Zeit und dass er aufmerksamer ist für die Würde und Einzigartigkeit seiner Mitmenschen, für deren Fähigkeiten und Freuden, ihre Bedürfnisse und Nöte. Mehr zu leben, das zielt darauf, nicht allein quantitativ, sondern qualitativ mehr zu er-leben, also auf intensivere Art und Weise Lebensfreude und Heiterkeit, Offenheit und Freiheit, Vitalität und Zukunft zu erfahren, diese anderen mitzuteilen und anderen ebenfalls zu ermöglichen. Mehr zu leben, das impliziert auch ein Weniger an Stress, Leistungsdruck und Konkurrenz, um befreiter »aufspielen« zu können und dem Leben und dem, was es bringt, freier und offener zu begegnen. Schließlich wird der Heranwachsende – und jeder andere Mensch auch – mehr leben und er-leben, wenn er nach der *cognitio interna* strebt und in allem danach sucht und fragt, was »hinter den Dingen« steht, was sie zuinnerst zusammenhält, wozu sie geschaffen wurden und wofür sie bestimmt sind.[673] In diesem Sinne zielt die erste und letzte Frage nach dem Leben auf Gott, als den Schöpfer, Bewahrer und Vollender allen Lebens, der in Jesus Christus den Menschen ewiges Leben (s. u. a. Joh 4,14) verheißen, angeboten und geschenkt hat.

---

672 Die *discreta caritas* regelt u. a. das Verhältnis von Aktivität und Passivität bzw. das von Übertreibung und Vernachlässigung. s. dazu Sa 582 und Arrupe 1981, 118f.

673 Die *cognitio interna* etwas profaner gewendet meint Karrer, dass Kultur davon lebe, „dass Menschen Wirklichkeit intensiv und dicht an sich herankommen lassen und sie verarbeiten bzw. vermitteln können. Ohne diesen Spür-Sinn für Wirklichkeit weiß man vielleicht viel und ahnt doch nichts“ (Karrer 1999, 208).

TEIL II – KONZEPTION

4 Entwurf einer Konzeption ignatianischer Schulpastoral

These 4a: In allen drei Jesuitenkollegien in Deutschland gibt es seit Jahren eine breite und qualifizierte Palette schulpastoraler Angebote und Maßnahmen, die allerdings noch nicht in eine schulpastorale Gesamtkonzeption[674] im Sinne einer Trägerkonzeption eingebunden sind. Das soll mit diesem Kapitel ansatzweise eingeholt werden.

These 4b: Der vorzulegende Entwurf einer Konzeption dient der Vorarbeit für eine *Konzeption ignatianischer Schulpastoral*[675], die in ihren Grundlagen theologisch, pädagogisch und spirituell fundiert und rational nachvollziehbar sein muss, die sich als christliches, kirchliches[676], katholisches und jesuitisches bzw. ignatianisches Unternehmen auszuweisen hat, die begründen kann, warum Schulpastoral notwendig ist und die ihre Ziele, Mittel und Inhalte öffentlich macht sowie verständlich darbietet.

These 4c: Die vorrangige Zielgruppe ignatianischer Schulpastoral bilden die Schüler – in Abstufung dann auch die Lehrenden, Erziehenden, Eltern und andere am Schulgeschehen Beteiligte. Darum wird im Folgenden ein Akzent auf die Heranwachsenden gesetzt, die außerdem in einer Entwicklungsphase sind, in der sie „nach den Quellen des Lebens suchen“[677], was für die religiöse Bildung von Interesse ist.

Ignatianische Schulpastoral hat Anteil am allgemeinen Seelsorgsauftrag der Gesellschaft Jesu, die sich dem *iuvare animas* verpflichtet weiß. Sie hilft den Menschen, indem sie einerseits die Frage nach Gott wachhält und andererseits Menschen auf ihre Bestimmung verweist, die darin besteht, Gott in allen Dingen zu suchen und zu finden, ihm zu dienen und zu seiner größeren Ehre an den Menschen zu handeln sowie am Aufbau des Reiches Gottes mitzuarbeiten. Wenn Gott das Ziel allen menschlichen Suchens und Fragens ist, so ist der Mensch der Ausgangspunkt und der Weg, um dieses Ziel zu erreichen, wobei er zu seinem Vorankommen Leitung und Begleitung braucht sowie Förderung und Unterstützung in seinem Wachsen und Werden. Im Lebensraum Schule ist ignatianische Schulpastoral auf das *magis* aller am Schulgeschehen Beteiligten bedacht, auf ein Mehr an Glaube und Gerechtigkeit, an erlebter und gelebter Liebe, an Solidarität und Humanität sowie darauf, dass jeder Einzelne im mitmenschlichen und mitchristlichen Sinne

674 Die vorliegenden Überlegungen lassen sich nicht einfach aus einem einzigen Grund ableiten. Es ist m. E. vielmehr so, dass aus drei Gründen (1. „Erschließung neuer Arbeitsfelder“, 2. „Möglichkeit, auf veränderte Bedingungen eingehen zu können“, 3. „Legitimation neuer Projekte, für die veränderte Rahmenbedingungen verbindlich gemacht werden“ s. StE VII. 2002, 20) die Entwicklung einer Konzeption ignatianischer Schulpastoral in Angriff genommen wird bzw. werden sollte.

675 Zur Entwicklung einer *Konzeption ignatianischer Schulpastoral* bedarf es eines Auftrags, etwa durch den Provinzial, einer Legitimation durch die Leitungsgremien der Schulen/Kollegien und der kreativen Mitarbeit von Personen, die sich dort bereits seelsorglich engagieren.

676 Auch die Konzeption einer ignatianischen Schulpastoral sollte „in ihren Kernaussagen der Erklärung der deutschen Bischöfe zur Schulpastoral so weit wie möglich entsprechen“ (StE VI. 2000, 36), ohne dabei das eigene Profil bzw. die eigene Spiritualität zu vernachlässigen.

677 Kolvenbach 1993, 123.

nach den Sternen greift bzw. sich nach dem Licht ausstreckt, das in der Person Jesu Christi in die Welt gekommen ist, Orientierung gibt und Lebenssinn stiftet. Geeignete Mittel, um das Ziel zu erreichen, finden sich in der ignatianischen Exerzitienspiritualität und Pädagogik, weswegen ignatianische Schulpastoral bei all ihrem Tun und in all ihren Angeboten immer wieder auf das Verspüren und Verkosten, auf die Reflexion und Unterscheidung sowie auf den Einsatz im Hinblick auf die größere Not bzw. *die größere Frucht* zurückgreift.

4.1 Situation und Rahmenbedingungen

Um die Entwicklung einer Konzeption ignatianischer Schulpastoral praktisch angehen zu können, bedarf es zunächst einer Analyse des Ist-Zustands mit der Fragestellung, in welcher Situation sich das Schul- und Bildungswesen momentan befindet, welches seine gesellschaftlichen und kontextuellen Einflussfaktoren sind und wer die Menschen sind, die den Lebensraum Schule »beleben«. Sodann braucht es eine Analyse der geltenden Rahmenbedingungen bzw. der bereits etablierten Formen von Schulseelsorge. Auf diese Weise wird es möglich sein, einen ersten Ausblick im Sinne einer Deutung im Licht des Evangeliums und mit Hilfe der Prinzipien ignatianischer Spiritualität zu formulieren.

4.1.1 Gesellschaftliche Entwicklungen im schulischen Kontext

Seit der Veröffentlichung kirchenamtlicher Dokumente zur Schulpastoral[678] und jesuitischer Texte zur Pädagogik[679] hat sich in den Schulen, bei Schülern und Lehrern sowie in Bezug auf das, was Erziehung und Bildung sowie Lehren und Lernen anbelangt, einiges verändert.

Schule wird mehr denn je als Lebensraum betrachtet: Heranwachsende haben ihren eigentlichen Lebensmittelpunkt in der Schule, in der sie nicht nur die meiste Zeit des Tages verbringen, sondern für die sie auch die meiste Arbeit und Mühe investieren. Schule ist zum Ort geworden, an dem junge Menschen lernen Beziehungen zu knüpfen, Freundschaften zu pflegen und sich mit etwa Gleichaltrigen auseinanderzusetzen, sich ein gesundes Urteil zu verschaffen und einen eigenen Standpunkt zu vertreten. Die Schulzeit stellt Jugendliche vor die Aufgabe, ein eigenes Selbst-, Welt- und Gottesverständnis aufzubauen sowie eine eigene Identität auszubilden bzw. zu konstruieren. Auch Lehrer und Erzieher sind an der Schule weit über das Unterrichtliche gefordert. Es wird von ihnen verlangt, den Schülern kognitive, kommunikative und soziale Kompetenzen sowie Werte und Tugenden zu vermitteln. Dabei sollen sie die Schüler auf das Berufsleben optimal vorbereiten, mit ihnen Konflikte bearbeiten und auf deren je persönliche Probleme eingehen sowie dem gestiegenen Erwartungsdruck von Seiten der Eltern hinsichtlich des individuellen Vorankommens des eigenen Kindes standhalten, damit auch die Klasse insgesamt Fortschritte macht.

678 Vereinigung Deutscher Ordensobern 1990 und Die deutschen Bischöfe 1996.

679 Grundzüge jesuitischer Erziehung 1986 und Ignatianische Pädagogik 1993.

In den Gymnasien hat sich nicht nur durch die (geplante/kommende) Verkürzung der Anzahl der Schuljahre (G8), sondern auch durch internationale Vergleichsstudien (PISA) und Schulrankings sowie durch die fortschreitende Bürokratisierung[680] der Schule allgemein der Druck verstärkt. Nicht wenige Schüler spüren einen Leistungsdruck, der zum einen von außen kommt (Erwartungen der Eltern, Anforderungen der Lehrer, Konkurrenz unter den Schülern und unsichere Zukunftsaussichten) und zum anderen durch innere Mechanismen verstärkt wird (Versagensangst, Schulunlust, falsche Selbsteinschätzung und mangelndes Selbstwertgefühl). Dieser Druck wird nicht mehr so leicht aufgefangen, da familiäre Strukturen unsicherer und unzuverlässiger geworden sind, Eltern im Hinblick auf den Umgang mit ihren Kindern vermehrt zu Extremen neigen (Überbehütung oder aber Desinteresse), die Vereinnahmung Heranwachsender durch die neuen Medien bzw. mediale Ereignisse und Veranstaltungen weiter zugenommen haben und die Interaktion unter den Schülern nicht weniger konkurrenzbehaftet, ausgrenzend bzw. gewaltbereit geworden ist.

Gesellschaftliche Entwicklungen, wie Säkularisierung, Pluralisierung und Individualisierung, machen auch vor katholischen Schulen nicht Halt.[681] Die Schüler- und Lehrerschaft ist dort nicht mehr länger geschlossen katholisch und bestens kirchlich sozialisiert ist und gehört auch nicht mehr weitestgehend einem homogenen Milieu an. Glaubenswissen und kirchliche Praxis aller Beteiligten sind tendenziell weiterhin rückläufig und bedürfen mehr denn je einer elementaren Unterweisung sowohl im Rahmen des Religionsunterrichtes als auch in Verbindung mit einer mystagogischen Katechese[682] – noch wichtiger ist es allerdings, Menschen für den Glauben zu interessieren und sie dazu zu motivieren, den eigenen Glaubenserfahrungen Bedeutung beizumessen bzw. offen zu sein für neue Glaubenserfahrungen. Das Miteinander von Katholiken und Protestanten bzw. von Christen und Nichtchristen erfordert interkonfessionelle und interreligiöse Achtsamkeit. Die Verschiedenheit von Meinungen und Überzeugungen muss ausgehalten und gestaltet werden, und dem Bedürfnis nach Individualität sowie für das Private ist Rechnung zu tragen, ohne dass dabei der Blick für das Ganze verloren geht bzw. ohne dass das solidarische Miteinander Schaden nimmt.

Jesuitenschulen werden in Deutschland stark nachgefragt: Unter dem Stichwort *fromm und gebildet* vereinen sie ein explizit christliches Profil, welches seinen Ausdruck findet in der Vermittlung von Tugenden, Werten und Religiosität. Des Weiteren zählen dazu eine besondere Unterscheidungsfähigkeit sowie eine hohe

680 Auch an sich gute Evaluierungen, Fortbildungen und Schulentwicklungen werden von vielen Lehrern als Form von Bürokratisierung betrachtet, besonders dann, wenn dadurch für die konkrete pädagogische Arbeit immer weniger Zeit bleibt. Deswegen ist Wolfgang Schönig zuzustimmen, der betont, dass nur der „Verzicht auf die vertikalen staatlichen Kontrollstrukturen und der Ausbau einer am pädagogischen Ethos orientierten horizontalen Kooperation verschiedener Partner" (Schönig 2005, 250) der Schule weiterhelfen können, was auch Jesuitenschulen als Herausforderung und Ermutigung verstehen sollten.

681 Das insgesamt eher pessimistisches Bild, das Schönig von der modernen Schule zeichnet, gilt in der Analyse der gegenwärtigen schulischen Situation sicherlich auch für Jesuitenschulen (s. Schönig 2005). Zu den gesellschaftlichen Herausforderungen von Schulpastoral s. auch Langer, Wolfgang 1998, 11 – 14.

682 s. dazu die von Feifel 1995, 11 – 58. formulierten Krisenzeichen im Kontext von Kirche und Glauben.

Qualität des Lehrens und Lernens, was sich ablesen lässt an einem breit gefächerten unterrichtlichen und außerunterrichtlichen Angebot, einer intensiven und persönlichen Begleitung, Unterstützung und Förderung Einzelner sowie am Willen miteinander voranzukommen. Zur Situation gehört allerdings auch, dass an den Jesuitenkollegien immer weniger Jesuiten arbeiten und damit auch seelsorglich weniger tätig sind, was jedoch dadurch zu kompensieren versucht wird, dass die nichtjesuitischen Mitarbeiter in die ignatianische Weise des Vorangehens mit hineingenommen sowie in der ignatianischen Spiritualität unterwiesen und fortgebildet werden und man ihnen als engagierten christlichen »Laien« zutraut, ebenfalls schulseelsorglich/schulpastoral tätig zu sein.

4.1.2 Der Bildungs- und Erziehungsauftrag an Jesuitenschulen

Die Rahmenbedingungen an den unterschiedlichen Jesuitenkollegien sind einander ähnlich: Der Schulvertrag regelt zumeist, auf was sich Schüler und Eltern hinsichtlich der religiösen Erziehung und Bildung verpflichten, woran sie teilnehmen müssen und was von ihnen an Kooperation erwartet wird.[683] So müssen etwa die Schüler am Religionsunterricht teilnehmen, ein mehrwöchiges Sozialpraktikum ist für jeden von ihnen verpflichtend, der Besuch von Schul- bzw. Schülergottesdienste ist für die Klassenstufen verbindlich, Besinnungstage, Exerzitien und Ähnliches gehören zum festen Programm, wovon nur im Einzelfall dispensiert wird, und die Eltern werden ermutigt bei der religiösen Erziehung zu Hause ähnlich vorzugehen, wie die Kinder und Jugendlichen dies von der Schule gewohnt sind. Von jedem Lehrer wiederum wird erwartet, dass er sich nicht nur dem Bildungsauftrag, sondern auch dem Erziehungsauftrag samt seinen religiösen Implikationen verpflichtet weiß, dass er versucht, als Mensch und Christ Vorbild für die Schüler zu sein und dass er bereit ist, mit seinen Schülern in einen Dialog über seine und ihre Überzeugungen einzutreten. Schließlich sind es die Jesuiten selbst, von denen verlangt wird, dass sie sich für die Belange ihrer Schüler, der Lehrer und Eltern sowie weiterer Mitarbeiter an der Schule interessieren und einsetzen, dass sie ansprechbar sind und Zeit für ein Gespräch haben und dass sie sich dem Heil der Seelen verpflichtet wissen, indem sie bereit sind, zu trösten und zu schlichten, zu ermutigen und zu ermahnen, im Glauben zu unterweisen und im Leben zu unterstützen. Immer soll ihnen daran liegen, dass Menschen, die ihnen anvertraut sind, im Glauben, in der Hoffnung und in der Liebe wachsen und zu immer freieren und mündigeren *Zeugen und Tätern des Evangeliums* werden, zu *Menschen für andere und mit anderen*.

Diese eher äußerlichen Rahmenbedingungen sind eingebettet in einen größeren Horizont, der darin besteht, dass der Bildungs- und Erziehungsauftrag an Jesuitenschulen auf die möglichst umfassende Menschwerdung des Menschen zielt, der sich als Ebenbild Gottes nach dem Vorbild Jesu Christi bilden lassen und bilden soll. Darin mit eingeschlossen ist „die möglichst vollständige Entwicklung aller menschlichen Anlagen, verbunden mit der Entwicklung einer Sensibilität für Werte und der Bereitwilligkeit, den anderen zu dienen“[684]. Diese Art Bildung und Er-

683 s. etwa *Ordnungen der Schule des Aloisiuskollegs* 2007, 10 – 12.

684 Grundzüge jesuitischer Erziehung 1986, 107.

ziehung, die auch als *formatio* bezeichnet wird, setzt neben besten menschlichen Bemühungen vor allem auf das Wirken Gottes, der besonders im religiösen Bildungsprozess der wichtigste und eigentliche »Formator« ist.

4.1.3 Herausforderungen ignatianischer Schulpastoral

Ignatianische Schulpastoral geht davon aus, dass „Gott sich in allen Dingen, bis ins Kleinste, um die Schöpfung und den Menschen kümmert“[685], und dass die Menschen, die zum Lob Gottes geschaffen sind, mit ihm in Kontakt treten können, indem sie ihn suchen und finden. Sie will Menschen im Lebensraum Schule/Kolleg helfen, Spuren Gottes in ihrem eigenen Leben selber zu entdecken und zu deuten, aus der Liebe Gottes vertrauensvoll zu leben und nach der Maßgabe Jesu diese Liebe weiterzugeben, indem sie mehr und mehr zu Menschen für andere und mit anderen werden.

Ignatianische Schulpastoral wendet sich primär dem Einzelnen zu, seinem Suchen, Fragen und Ringen im Glauben, seinen Hoffnungen und Freuden sowie seinen Ängsten und Nöten. Dabei nimmt sie den Menschen an, wie er ist und zeigt ein echtes Interesse für seine Geschichte, seine Fähigkeiten und Begabungen, aber auch für seine Schwächen und Grenzen. Zugleich setzt sie sich in Form von Angeboten dafür ein, dass der Mensch mehr und mehr zu dem wird, der zu sein er von Gott berufen ist, indem sie ihn in seinem Wachstum unterstützt und dementsprechend Bildungsprozesse anregt, die ihn in seiner (auch religiösen) Selbstwerdung fördern und ihm helfen, seine Gottesbeziehung fortzuschreiben.

Ignatianische Schulpastoral orientiert sich in all ihrem Tun an der Exerzitienspiritualität des Ignatius von Loyola bzw. der Gesellschaft Jesu. Für die Weise des Vorangehens und die Art der Angebote bedeutet dies, dass sie Räume öffnet und Gelegenheiten schafft, in denen der Mensch mit sich und seinen Erfahrungen in Kontakt kommt, diese betrachtet und reflektiert und so mehr und mehr lernt, was Gott persönlich für ihn und von ihm will.

Ignatianische Schulpastoral verbindet das Leben aus dem Glauben mit dem Einsatz für Gerechtigkeit, indem sie eine Option trifft für die Kleinen, Schwachen und Armen sowie für diejenigen an der Schule, denen kein Gehör geschenkt wird, die ausgegrenzt werden oder benachteiligt sind. Sie handelt nicht allein schulseelsorglich im Hinblick auf das Wohl und Heil des Einzelnen, sondern auch schulpastoral, indem sie ungerechte Strukturen aufdeckt und gegen sie angeht. Auf diese Weise leistet sie einen Beitrag zur Solidarisierung von Menschen bzw. zur christlichen Humanisierung der Schule in all ihren Gliederungen. Dabei beschränkt sie sich nicht „auf ein paar schulpolitisch hochbesetzte Einzelveranstaltungen“, sondern stellt sich der Aufgabe, „die Grundelemente des christlichen Lebens mit den Jugendlichen neu zu buchstabieren“ und das gesamte Schulleben mit einem »seelsorglichen Ferment«, das auch „in der Konzeption zum Unterscheidungskriterium kirchlicher Schulen werden könnte“[686], zu durchdringen.

---

685 Kolvenbach 1996, 130. s. dazu auch GÜ 235 – 237.

686 Mertes 1999b, 18.

4.2 *Grundlagen*

Schulpastoral ist der Sache nach an Jesuitenkollegien nichts Neues. Schon immer setzte die Gesellschaft Jesu in ihren Schulen einen Akzent auf die Seelsorge – zuerst als Schülerseelsorge, später als Schulseelsorge. Seit den 1980ern rückte stärker ins Bewusstsein, dass jede Form von Seelsorge/Pastoral an den eigenen Schulen sich am besonderen Charisma des Ordens zu orientieren hat, welches in Rückbesinnung auf die Geistlichen Übungen darin besteht, *alles zur größeren Ehre Gottes* zu tun und dabei *den Seelen zu helfen.*

4.2.1 Begriffliche Grundlegungen

An Jesuitenkollegien trifft man neuerdings neben der Rede von der Kollegs- bzw. der Schulseelsorge auch auf die Bezeichnung Schulpastoral. Ausgehend vom jesuitischen Sendungsauftrag des *iuvare animas*, liegt der Hauptakzent der konkreten Tätigkeit auf der Seelsorge und mit Rücksicht auf die jesuitische Weise der Leitung/Begleitung auf der *cura personalis*, also der besonderen Seelsorge einzelner Menschen bzw. Gruppen. Die Sorge um die Seele wird nicht auf das »Seelenleben« resp. die geistige und geistliche Dimension des Menschen reduziert, sondern nimmt den Menschen ganzheitlich, auch in seiner körperlichen und sozialen Dimension in den Blick. In der Schule geht es darum, „einen zu engen Begriff von »Seelsorge« zu durchschauen und zu überwinden“[687], weswegen es hilfreich ist, auch auf den Begriff der Pastoral zurückzugreifen. Jenseits aller „Entmündigung und Infantilisierung“[688] von »Laien« durch »Kleriker«, die der Begriff der Pastoral bei nicht wenigen Menschen suggeriert, besonders dann, wenn mit den einen vermeintlich die Schafe und mit den anderen die Hirten gemeint sind, trägt Schulpastoral dazu bei, sowohl das umfassendere kirchliche Handeln – und damit ist auch das Handeln von engagierten Christen im Kontext von Schule gemeint – zu beschreiben als auch die Option für die Kleinen (s. Mt 18) sowie für die Geringen und Armen (s. Mt 25, 31 – 46) zu betonen.

4.2.2 Schulpädagogische Grundlegungen

Der allgemeinpädagogische Auftrag an Schulen besteht darin, Heranwachsende fachlich zu unterweisen und sie in ihrer Personwerdung zu unterstützen. Um diesem doppelten Erziehungs- und Bildungsauftrag gerecht zu werden, vermeiden Jesuitenschulen eine einseitige intellektuelle Schwerpunktsetzung innerhalb ihres unterrichtlichen Curriculums und sind in all ihrem Tun ganzheitlich ausgerichtet, was unabdingbar die religiöse Erziehung und Bildung mit einschließt. Schulpastoral an Jesuitenschulen legt darauf Wert, keine isolierten, exklusiven und zusätzlichen Angebote ein- und durchzuführen, die rein funktionalistisch dafür sorgen, etwaige soziale oder religiöse Defizite zu kompensieren oder Kontingenzbewältigung zu vermitteln,[689] sondern versteht sich vielmehr als „seelsorgliches Konzept

---

687 MERTES 2000a. s. dazu auch KIESSLING 2008b, 417.

688 MERTES 2000a.

689 Isolierte schulpastorale Einzelmaßnahmen leisten dem Vorschub, dass die Schule und die Menschen in ihr Religion funktionalistisch gebrauchen, „um sich gegenseitig und die Gesellschaft als

der Schule"[690], das die Schule pädagogisch mitgestaltet. Im Rahmen dieses Konzeptes öffnen sich alle Pädagogen für eine Dimension von Wirklichkeit, die sich dadurch charakterisieren lässt, dass Menschen sich aus Liebe und Mitleid umeinander sorgen, füreinander da sind, sich miteinander solidarisieren und einander helfen. Die Offenheit für diese Dimension kommt Heranwachsenden, die sich in der Entwicklungsphase der Kindheit und Jugend besonders „von Idealen, die von überzeugten und glaubwürdigen Menschen vorgetragen und vorgelebt werden"[691], ansprechen lassen, entgegen. Dies ermöglicht ihnen, sich mit den existentiellen Fragen ihres Lebens, nach der eigenen Identität, nach dem Menschen als individuelles und zugleich soziales Wesen, nach dem Sinn des Ganzen sowie mit der Frage nach Gott auseinanderzusetzen. Schulisches Lernen an Jesuitenschulen muss der umfassenden Bildung dienen und darf nicht allein an seiner Verfügbarkeit oder Nützlichkeit gemessen werden. In ihm „soll sich der Schüler einer Wahrheit nähern, einer Erkenntnis öffnen, die im Stoff des Unterrichtsinhaltes, im Unterrichtsgespräch oder in den Interaktionen in der Schule verborgen liegt"[692]. Dies zu lernen, muss geübt werden, weswegen ignatianische Schulpastoral sich darum bemüht, unter Wahrung und in Mitgestaltung der schulischen Rahmenbedingungen, die Schule als Ganze zu durchdringen und nicht bloß auf die Schüler hin aktiv zu werden.

4.2.3 Theologisch-spirituelle Grundlegungen

Jeder Getaufte ist berufen, am allgemeinen Sendungsauftrag der Kirche selbstständig und selbstverantwortlich dort mitzuwirken, wohin er gestellt wird und in dem Maß, wie er dazu befähigt ist. »Ignatianisch« gesprochen, besteht der Sendungsauftrag darin, Gott zu dienen und ihn zu loben, den Seelen bzw. den Menschen zu helfen sowie Glaube und Gerechtigkeit miteinander zu verbinden. Wird die Sendung lediglich auf mehr oder weniger materielle Zuwendung reduziert, läuft Schulpastoral Gefahr, zu schnell funktionalistisch begründet zu werden.[693] Eine theologisch-spirituelle Grundlegung geht im Gegensatz dazu davon aus, dass menschliche Grunderfahrungen und -bedürfnisse in Relation zu setzen sind mit den in Schrift und Tradition verwurzelten Grunderfahrungen der kirchlichen Gemeinschaft und mit dem unverfügbaren Glauben an den Gott Jesu Christi. Insofern Gott für die Menschen zweckfrei und absichtslos da ist und sich ihnen bedingungslos zuwendet, und insofern Jesus Christus sich freiwillig bis zum Äußersten für die Menschen einsetzt und ihnen gleichzeitig die Freiheit lässt, sich für oder

---

Ganze von absoluten Heilserwartungen zu entlasten" (Mertes 2000a).

690 Mertes 2000a.

691 Vereinigung Deutscher Ordensobern 1990, 427.

692 Mertes 2002.

693 Mertes warnt vor der Gefahr der Funktionalisierung von Religion bzw. Seelsorge: „Soziale, therapeutische und auch pädagogische Funktionen umgarnen die Religion; das Wahrheitskriterium wird in Wahrheit zu einem Funktionskriterium", was absurderweise dazu führt, dass Religion dann gut ist, „insoweit sie diese Funktionen erfüllt; sie ist abzulehnen, insofern sie diesen Funktionen nicht gerecht wird. Je besser eine »christliche« Schule in diesem Sinne funktioniert, umso einleuchtender erscheint ihr Profil" (Mertes 2000a). Eine einseitige Akzentuierung der diakonischen Dimension kann also dazu führen, dass Schulpastoral im wesentlichen mit christlich gefärbten Formen von Schulsozialarbeit gleichgesetzt wird.

gegen ihn zu entscheiden, begründet sich ein diakonischer Ansatz von Schulpastoral, der im umfassenden Sinn Lebenshilfe durch die Vermittlung von Glaubenserfahrung anbietet. Schulpastoral an Jesuitenschulen ist dann »ignatianisch«, wenn sie zur Stärkung religiöser Identität beiträgt und Menschen, was das Leben und Erleben des eigenen Glaubens anbelangt, in einen »primären Diskurs« führt, der dort stattfindet, wo Menschen „in der Anbetung [..], im Hymnus, im Bekenntnis, im Gebet, im Gottesdienst, aber auch in Taten der Liebe, der Begleitung von Schülerinnen und Schülern, des Glaubenszeugnisses, in der Hinwendung zu den Armen, den Notleidenden, den Kleinen und Schwachen“[694] seelsorglich tätig sind. Diese seelsorgliche Praxis, ausgeübt von den Trägern der christlichen Sendung, zu denen prinzipiell alle Christgläubigen zählen, ermöglicht Befreiung und Heilung, *Menschwerdung in Solidarität* sowie *Humanisierung der Schule.*

4.3 Gestaltungsprinzipien

In der praktischen Umsetzung ist ignatianische Schulpastoral angewiesen auf Gestaltungsprinzipien, die ihr strukturell und konzeptionell ein spezifisches Gepräge geben. Diese korrespondieren besonders mit der dem Jesuitenorden eigenen *Weise des Vorangehens* und haben sowohl nach innen als auch auch nach außen die Funktion von Qualitätskriterien.

4.3.1 Subjektorientierung

Oberstes Gestaltungsprinzip ignatianischer Schulpastoral ist die Orientierung am Menschen, der als Geschöpf Gottes unmittelbar mit seinem Schöpfer in Kontakt zu treten vermag (s. GÜ 15). Schulpastoral stellt den Menschen in den Mittelpunkt ihres Handelns, indem sie sich nach seinen Erfahrungen, Kapazitäten und Fähigkeiten richtet (s. GÜ 18). Ihr geht es darum, vor allem junge Menschen in ihrer Entwicklung ganzheitlich zu fördern, sie zu umfassendem Wachstum anzuregen und dazu, Menschen für andere und mit anderen zu werden. Als *cura personalis* ist sie darauf bedacht, sich Heranwachsenden bei ihrer Suche nach Sinn, Liebe und Freiheit in hoffnungsvollen und mehr noch in hoffnungslosen Situationen bedingungslos zuzuwenden und sie bei der Entdeckung ihrer eigenen Berufung zu begleiten.

Den Menschen als Weg der Kirche ernstnehmend, berücksichtigt ignatianische Schulpastoral die aktuellen Fragen und Bedürfnisse sowie die Hoffnungen und Zweifel derjenigen, die sich an sie wenden, die Hilfe und Unterstützung brauchen und die sich ganzheitlich bilden (lassen) wollen. Schulseelsorgliches Handeln und schulpastorale Angebote sollen zu „einer Atmosphäre der grundsätzlichen Wertschätzung“ und des Lobens beitragen, wozu nicht zuletzt die Anerkennung der

694 Mertes 2000a. Dahingegen besteht der »sekundäre Diskurs« im „Sprechen aus der Distanz – über den Glauben. An diesem Diskurs können sich Gläubige und Nicht-Gläubige gleichermaßen beteiligen“ und „auch zu Einsichten über Sinn und Zweck, Nutzen und Funktion von Religion“ (ebd.) gelangen, ohne dabei jedoch religiöser oder gläubiger zu werden.

Würde jedes Einzelnen gehört sowie dessen Befähigung, „für sich selbst aufzutreten und zu handeln, also Subjekt im Geschehen und nicht nur Objekt zu sein“[695].

4.3.2 Systemoriertierung

Zugleich bemüht sich ignatianische Schulpastoral darum, schulische Sozialstrukturen und Systemkontexte zu betrachten und Schule ausgehend davon im Geist des Evangeliums und im Sinne der Geistlichen Übungen zu gestalten. Vorrangig zählt dazu die Bekämpfung struktureller Ungerechtigkeiten, die untrennbar mit einer Option für die Armen, Schwachen und Benachteiligten verbunden ist. Das System Schule, zu dem die Klassengemeinschaften, die Schülervertretung, das Lehrer- und Erzieherkollegium, die Elternvertretung und andere Gremien sowie die Leitungsorgane und verschiedene organisierende Einrichtungen gehören, bedarf in seiner Gesamtheit der ständigen Analyse, wozu Schulpastoral ihren spezifischen Beitrag leisten kann, insbesondere dann, wenn Leistungsdruck Und Überforderungen sowie Konflikte und Formen von Ausgrenzung mit im Spiel sind. Ihre Aufgabe ist es, sich in diesem System nicht nur für den Einzelnen, sondern genauso für Glaube und Gerechtigkeit einzusetzen, für Solidarisierung und Versöhnung sowie für eine christliche Humanisierung des Lebensraums Schule.

Insofern Jesuitenschulen auf einem seelsorglichen Konzept basieren, in dem nicht allein Spezialisten Träger von Schulpastoral sind, und Lehrer „nicht nur Funktionäre der Wissensvermittlung“ bzw. Erzieher nicht nur Sachwalter eines gesellschaftlichen Erziehungsauftrags, sondern in dem alle eine gemeinsame Berufung und Sendung haben, „sich dem Ruf des Anderen öffnen: der Not des Schülers; dem Vertrauen, das er oder sie schenkt; dem Notruf, der im Verhalten sichtbar wird“[696], ist ignatianische Schulpastoral nicht nur ein kompensatorisches, sondern ein konstitutives Element des Systems Schule.

4.3.3 Prozessorientierung

Ignatianische Schulpastoral ist prozesshaft angelegt und ausgerichtet. Sie orientiert sich am Ignatianischen Pädagogischen Paradigma, das stets die Analyse des Kontextes von beteiligten oder betroffenen Personen bzw. von bestimmten Situationen voraussetzt. In einem Dreischritt[697] geht es weiter darum, Menschen mit ihren Erfahrungen ernstzunehmen bzw. ihnen Erfahrungen zu ermöglichen, die unter Anwendung aller Sinne betrachtet werden, wobei die affektive Dimension des

---

695 Klein, Ralph 1999, 356.

696 Mertes 2000a (Rechtschreibung korrigiert durch P. G.).

697 Der Dreischritt *Erfahrung – Reflexion – Handeln* ist in Kap. 3.1.2.5 und 3.2.5 ausführlich beschrieben und deckt sich mit mystagogischen Konzepten religiösen Lernens (s. Kiessling 2003, 132f) sowie mit dem dialektischen Prozess von Erfahrung, der im menschlichen Subjekt zwischen *Wirklichkeitszufuhr* und *Wirklichkeitsverarbeitung* abläuft und dazu drängt, reflektiert und kommuniziert zu werden (s. Karrer 1999).

innerlichen Verkostens von größter Bedeutung ist.[698] Die besondere Dynamik[699] des Prozesses kommt durch die Reflexion der Gedanken, Gefühle und Bewegungen zustande, die durch die Erfahrung ausgelöst wurden, denn sie erst macht jede Art von Lernen und Bildung „zu einem aktiven Aneignungsvorgang"[700] und bedarf dazu der regelmäßigen Ein- und Ausübung. Die Reflexion führt über ins eigenverantwortliche Handeln, das Maß nimmt am *magis*, welches in einem Mehr an Liebe und Leben, an Kommunikation und Dienstbereitschaft sowie an Freiheit und Indifferenz besteht. Am Ende jedes derartigen Prozesses steht eine Form von Auswertung, die einen Rückblick auf den Gesamtprozess ermöglicht und dazu dient, neue allgemeinmenschliche, spirituelle und religiöse Lernprozesse zu initiieren.

4.3.4 Freiwilligkeit

Bildung an Jesuitenkollegien ist als Freiheitsprozess angelegt. Heranwachsende sollen nicht nur üben, freie Entscheidungen zu treffen, sondern sie sollen mehr und mehr lernen, was Befreiung für sie und für andere bedeutet. Sie werden altersgemäß dazu ermutigt, Autoritäten kritisch zu hinterfragen, um einen eigenen Standpunkt zu gewinnen, sich von Erwachsenen zu emanzipieren, um eine eigene Identität auszubilden und sich von verschiedenen Abhängigkeiten zu befreien, um ein selbstbestimmtes und eigenverantwortliches Leben zu führen. Wenn ignatianische Schulpastoral das Streben nach Freiheit glaubhaft unterstützen will, muss sie ihr Handeln so konzipieren, dass diejenigen, die einzelne Angebote in Anspruch nehmen, dies freiwillig tun können. Die Teilnahme an schulpastoralen Angeboten speziell im Kontext religiöser Bildung darf nicht erzwungen werden, sondern baut auf freie Zustimmung, innere Motivation und persönliches Engagement. Nur in solchen Freiräumen, in denen man jungen Menschen vertraut und an sie glaubt, kann Glaubenserfahrung gemacht werden und Glaubensbeziehung wachsen. Das heißt, Religiosität bildet sich in seiner letzten Konsequenz nur dort nachhaltig, wo auf das Prinzip freiwilliger Zustimmung geachtet wird.

Dennoch erhält das Prinzip der Freiwilligkeit eine gewisse Einschränkung. Analog zur freien Entscheidung, Exerzitien machen zu wollen, steht es Eltern frei, ihre Kinder auf eine Jesuitenschule zu schicken. Wer sich dafür entscheidet, erklärt sich von vornherein bereit, Abmachungen und Regeln einzuhalten bzw. Anweisungen zu folgen, die dazu helfen wollen, dass einer sein Leben ordnet, seine Gottesbeziehung vertieft und eine Wahl trifft bzw. dass ein Heranwachsender Lernfortschritte macht und sich religiös bildet. Verpflichtend ist an Jesuitenschulen die Teilnahme am Religionsunterricht und an verschiedenen Besinnungstagen, das Absolvieren eines mehrwöchigen Sozialpraktikums sowie die Anwesenheit bei

---

698 Dieses Verständnis von Erfahrung deckt sich in etwa mit Überlegungen von KARRER, der „Erfahrung als bewusste Begegnung mit Wirklichkeit" beschreibt, insofern ein Mensch in einem konkreten Kontext und mit bestimmten Vorerfahrungen Wirklichkeit aufnimmt und diese dann verarbeitet, was „alle leiblichen, geistigen und seelischen Kräfte und Begabungen des Menschen in Anspruch" (KARRER 1999, 201) nimmt.

699 Zur Dynamik der Exerzitien, die eine »dynamische Liebe« anstreben, s. ARRUPE 1981, 116.

700 MERTES 1999a, 364.

bestimmten Gottesdiensten und beim Schulgebet.[701] Wie weit ein Schüler sich darauf einlässt und wie sehr er sich dabei einbringt, bleibt ihm selbst überlassen. In allen anderen Fällen – explizit sei auf den Empfang der Sakramente (besonders das Sakrament der Versöhnung) sowie auf Exerzitien-, Gesprächs- und Hilfsangebote hingewiesen – setzt ignatianische Schulpastoral sehr bewusst auf freiwillige Teilnahme bzw. auf freiwilliges Engagement.

4.3.5 Gastfreundschaft

Ignatianische Schulpastoral steht mit ihren Angeboten grundsätzlich allen am Schulgeschehen Beteiligten gleich welchen Alters, Geschlechts und Familienstandes sowie gleich welcher Religion, Rasse und Schichtzugehörigkeit offen. Sie wendet sich jedem bedingungslos zu und setzt sich für jeden ein, der in Not oder benachteiligt ist bzw. der Unterstützung, Hilfe oder Trost sucht. Im Rahmen dessen, was das katholische Kirchenrecht zulässt und was dem *sentire cum ecclesia* entspricht, lädt sie jeden dazu ein, zu kommen und zu sehen (Joh 1,39) bzw. an ihren Angeboten teilzunehmen. Gastfreundschaft im Kontext von Schulpastoral bedeutet, Menschen willkommen zu heißen und anzunehmen, wie sie sind.

Einen speziellen Akzent erhält dieses Prinzip mit Rücksicht auf die *Option für die Armen*. Ihnen gilt in besonderem Maße die Einladung an all dem zu partizipieren, wovon sie sonst zumeist ausgeschlossen sind bzw. was sie sich nicht leisten können.[702] Gastfreundschaft bekommt durch die Überwindung von Ausgrenzung eine politische Dimension, die denjenigen, der sie anbietet, nicht selten etwas kostet.

4.3.6 Partnerschaftlichkeit

Ignatianische Schulpastoral lebt davon, möglichst viele Menschen bei der Entwicklung von Konzeptionen und Konzepten sowie bei der Vorbereitung und Durchführung von Aktivitäten zu beteiligen. Da jeder engagierte Christ im Lebensraum Schule für andere im weitesten Sinne des Wortes zum Seelsorger werden kann, ist es wichtig, „besserwisserische, machtförmige oder moralisierende Haltungen“[703] zu vermeiden und vertikale Kommunikations- und Rollenmuster, in denen von oben herab agiert wird, zu durchbrechen. Ein horizontal ausgerichtetes, gleichberechtigtes und partnerschaftliches Miteinander in der Schulpastoral trägt zur inhaltlichen und methodischen Mitbestimmung und Mitverantwortung aller Beteiligten bei. Seine Begründung findet dies in erster Linie in einer Forderung der Geistlichen Übungen, dass „sowohl der, der die geistlichen Übungen gibt, wie der, der sie empfängt, mehr Hilfe und Nutzen haben“ (GÜ 22), wozu gegenseitiges Verstehen- und Annehmen-wollen unabdingbare Voraussetzungen sind.

---

701 In begründeten Einzelfällen kann von einzelnen religiösen Veranstaltungen dispensiert werden.

702 Kindern von geringerverdienenden bzw. in Notlage geratenen Eltern (insbesondere Alleinerziehenden) steht an den Schulen ein Sozialfond zur Verfügung, der in einem gewissen Umfang unbürokratisch Unterstützung gewähren kann.

703 Burkard 2002, 147.

4.3.7 Kooperation

Nicht alles, was an einer Schule mit Glaube und Religion zu tun hat und erst recht nicht alles, was Menschen dort hilft, mehr zu leben und besser zu handeln, ist Schulpastoral und kann von ihr allein bewältigt werden. Deswegen hat ignatianische Schulpastoral Kooperationspartner, die sie zu Rate zieht bzw. denen sie zuarbeitet, wobei sie selber oft eine koordinierende bzw. moderierende Rolle einnimmt. Großer Wert wird auf die Zusammenarbeit mit Nichtjesuiten gelegt, besonders mit engagierten Lehrern, Erziehern und Eltern, aber auch mit Spezialisten aus den Bereichen der Schulsozialarbeit, der Schulpsychologie und der Religionspädagogik. Sie kooperiert mit den unterschiedlichen Erziehungsinstanzen und schulischen Leitungs- und Vertretungsgremien genauso wie mit außerschulischen Hilfeeinrichtungen und Beratungsstellen sowie mit den verschiedenen kirchlichen Institutionen vor Ort. Sie ist bemüht, zu all diesen Kooperationspartnern einen lebendigen Kontakt herzustellen und mit ihnen einen regen Austausch zu pflegen, ohne dabei ihre Eigenständigkeit bzw. die Parteilichkeit für diejenigen, die sich ihr anvertraut haben, aufzugeben und ohne vom eigenen Proprium abzurücken, das darin besteht, für die Menschen da zu sein und ihnen zu helfen, sowie Glauben zu vermitteln, der im Vertrauen auf die Botschaft Jesu wiederum Lebenshilfe anbietet und seinen Beitrag leistet zur Ausbreitung des Reiches Gottes.

4.3.8 Ökumene und Interreligiosität

An Jesuitenschulen sind die am Schulgeschehen Beteiligten mehrheitlich katholisch, dennoch gibt es einen nicht unerheblichen Anteil von Personen anderer Konfessionen – in geringerem Maße auch anderer Religionen. Wenn ignatianische Schulpastoral prinzipiell für alle offensteht und sich allen unbedingt zuwendet, dann bedeutet das, dass sie von keinem verlangt, zunächst das katholische Glaubensbekenntnis abzulegen, bevor sie sich für einen bestimmten Menschen einsetzt oder jemanden an spirituellen Angeboten teilnehmen lässt. Ausgangspunkt aller Überlegungen zur ökumenischen Ausrichtung von Schulpastoral ist, besonders die Schüler darin zu fördern, sich zu erwachsenen Mitgliedern ihrer jeweiligen Glaubensgemeinschaft zu entwickeln.[704] Des Weiteren gehört dazu, auf die Bedürfnisse anderer christlicher Konfessionen einzugehen und ihnen Freiräume zu gewähren, in ökumenischer Partnerschaft gemeinsame Aktivitäten zu planen und durchzuführen sowie darauf zu achten, dass der Wertschätzung anderer christlicher Traditionen im Kontext der Schule ein hoher Stellenwert beigemessen wird.[705] Im Bewusstsein dessen, dass, wenn Angehörige der auf Abraham zurückgehenden Religionen[706] beten, sie vor dem *einen* Gott stehen, respektiert ignatianische Schulpastoral die aufrichtige Gottsuche des je anderen und ermutigt alle an der Schule zu einem interreligiösen Dialog sowie zu einem die Konfessions- und Religionsgren-

---

704 s. WMJSJ 2007, 10: „Jesuit schools foster the development of students as adult members of their faith communities. [...] A Jesuit school community reflects that ecumenical respect for all men and women of good will which was expressed by the Second Vatican Council" (ebd.).

705 s. etwa Vereinigung Katholischer Schulen in Ordenstradition 1998.

706 Vertreter dieser Religionen machen den Hauptteil derjenigen aus, die an Jesuitenkollegien im deutschsprachigen Raum zu denjenigen gehören, die am Schulgeschehen beteiligt sind.

zen überschreitenden Lernen[707]. Zugleich weiß sie um ihr kirchliches, katholisches und christliches Profil und ist darum bemüht, dass jeder Schüler in aller Offenheit und Freiheit die Möglichkeit hat, die bedingungslose Zuwendung Gottes zu erfahren sowie Jesus Christus und seine Botschaft vom Reich Gottes kennenzulernen, was wiederum Menschen braucht, die ein glaubhaftes Zeugnis ablegen und die ihren Glauben so vorleben, dass er dazu einlädt nachzufragen bzw. »mitzumachen«.

4.4 *Ziele und Inhalte*

Bei der Konzipierung ignatianischer Schulpastoral ist die Frage nach ihren Zielen und Inhalten von höchster Bedeutung. Die Ziele werden in der ignatianischen Spiritualität, maßnehmend an der Dynamik der Geistlichen Übungen und dem Aufbau der *Satzungen*, immer von oben her bestimmt, um die wesentliche Ausrichtung nicht aus dem Blick zu verlieren. Ausgehend vom obersten Ziel aller Seelsorge und Pastoral – zu lernen, sich von Gott lieben zu lassen sowie ihn zu lieben und ihm zu dienen –, entfalten sich die weiteren Ziele, indem sie den konkreten Kontext in Betracht ziehen, in welchem Menschen leben, handeln und interagieren, weswegen es ignatianische Schulpastoral nicht allein mit der Gottesfrage zu tun hat, sondern auch mit dem individuellen Wachsen und Werden, mit der sozialen Sorge und dem Einsatz für Humanität und Gerechtigkeit sowie damit, dass Menschen sich ausstrecken nach dem, was ihrem Leben und damit auch dem Leben an der Schule Sinn verleiht, Orientierung gibt und zum Nachahmen bzw. Mitmachen anregt. Alles schulpastorale Tun an einer Jesuitenschule sollte sich deshalb „verstehen als eine gemeinsame Anstrengung von Lehrenden und Lernenden, junge Menschen aus dem Geist des Evangeliums zu ihrer Identität zu führen“[708], als Unterstützung, damit Heranwachsende lernen, das eigene Leben mehr und mehr aus dem Vertrauen auf Gott anzugehen sowie als Begleitung in ihrer allgemeinmenschlichen und religiösen Entwicklung und ihrem Erwachsenwerden. Wenn diesbezüglich allerdings nur noch Service erwartet wird, also „Wissen und keine Herzensbildung, Karriereplanung statt Einführung in die Sorge um den Nächsten, Religionskunde statt Glaubensinitiation“[709], wäre es nicht mehr zu rechtfertigen, dass Jesuiten an einer Schule sind und eine derart verkürzte Form von Schulpastoral anbieten.

4.4.1 Die Frage nach Gott und Jesus Christus wachhalten

Die Gottesfrage wachzuhalten, darin besteht das „»Prinzip und Fundament« der ignatianischen Erziehung“[710]. Wer sich dieser Frage nicht mehr stellt, läuft Gefahr, sich den Herrschaftsansprüchen abhängig machender Götzen und Idole unterzuordnen. Es genügt allerdings nicht, diese Frage in einem »sekundären Diskurs«

707 Zu interkulturellem Lernen s. KIESSLING 2004, 371ff.

708 KOLVENBACH 1996, 139.

709 MERTES 200Xb.

710 KOLVENBACH 1996, 139. Zu den „vier grundlegenden Merkmale einer ignatianisch geführten Schule“ gehören außerdem die besondere Stellung der Würde des Menschen, die Bedeutung der Reflexion zur Erlangung der Urteilsfähigkeit und der Einsatz für Gerechtigkeit (s. ebd., 137ff).

theoretisch zu formulieren (der Ort dafür ist in der Schule der Religionsunterricht) oder allenfalls funktionalistisch zu beantworten. Deshalb legt ignatianische Schulpastoral Wert darauf, die Gottesfrage vielmehr als Einführung in eine religiös-spirituelle Praxis zu verstehen, für die sich der Mensch frei entscheidet. Zu dieser Praxis gehört die wiederholte Übung, die darauf zielt, in allem Tun ein kontemplativer Mensch zu werden und im Alltag mit Gott verbunden zu leben. Ein derart »primärer Diskurs« führt in die unmittelbare Glaubenserfahrung und leitet dazu an, Gott in allem zu suchen und zu finden bzw. alles in Gott zu suchen und zu finden. Damit diese Suche nicht zu einem individualistischen bzw. privatistischen Heilsunternehmen wird, ist im Kontext von Schule immer auch die Frage nach dem Reich Gottes wachzuhalten,[711] um „im Miteinander die eigene Gottesbedürftigkeit zu entdecken und Wege zur persönlichen Gotteserfahrung zu suchen und zu gehen“[712].

Ignatianische Schulpastoral ist darum – analog zu den Geistlichen Übungen – ausgerichtet auf die größere Ehre Gottes sowie darauf, dass Menschen in ihrer Beziehung zu Gott wachsen und Spuren seiner Gegenwart in ihrem Leben und dem der Klassen- bzw. Schulgemeinschaft entdecken und deuten lernen. Diese Dimension der Wirklichkeit lässt sich nicht durch *Vielwissen* erschließen, sondern dadurch, dass man sich übt, *die Dinge von innen zu verspüren und zu verkosten*. Mit Hilfe der *cognitio interna* gelingt es, zu erkennen und anzuerkennen, dass die Welt mehr ist als unbeseelte Materie: Als Schöpfung steht sie in einer beständigen Beziehung zu ihrem Schöpfer.[713] In ihr nimmt der Mensch eine besondere Stellung ein, da Gott ihn als sein Ebenbild geschaffen sowie mit Freiheit und Verantwortung ausgestattet hat. Die Rückbindung des Menschen an Gott, verleiht seinem Leben Sinn und Orientierung und trägt dazu bei, dass er dieses nicht nur in seiner Fragmentarität und Pluralität, sondern auch als Ganzes und »Aufgehobenes« erfahren kann. Daher regt ignatianische Schulpastoral zu einer „Haltung der Ehrfurcht und des Staunens“ an und will den Menschen „über eine rein logische Analyse hinausbewegen zu einer gefühlsbetonten Antwort auf Gott“[714], womit der Glaube und das Vertrauen gemeint sind. Diese können durch alles Fragen und Zweifeln wachsen, wenn es dem Menschen gelingt, eine persönliche Freundschaft zu Jesus Christus aufzubauen, der für den Gläubigen Menschensohn und zugleich Gottessohn ist. Eine Herzensbildung nach seinem Vorbild und nach der Maßgabe der Gottes- und Nächstenliebe profiliert ignatianische Schulpastoral als christliches Unternehmen, das keine Angst hat, sich in das Schulleben und in den Schulalltag zu inkulturieren[715] und das nicht davor zurückscheut, eine Schulkultur mitzugestalten, in der die Frage nach Gott als inspirierende Quelle und als prophetische Stimme wachgehalten wird.

711 s. ErgN 7, Kap. 1, § 1 – 3.

712 Vereinigung Deutscher Ordensobern 1990, 428.

713 s. die *Betrachtung, um Liebe zu erlangen*, v. a. GÜ 235 – 235.

714 s. Ignatianische Pädagogik 1993, 131.

715 s. KKB 1988, Nr. 52ff.

4.4.2 Lebenskompetenz fördern

Eng verbunden mit der Frage nach Gott ist die Frage nach dem Menschen, dem als Ebenbild Gottes eine unveräußerliche Würde und ein unverlierbarer Wert zukommen. Ignatianische Schulpastoral wendet sich dem Menschen unbedingt und uneigennützig zu, stellt „Erfahrungsräume für das Leben- und Glaubenlernen“[716] bereit und bietet Lebenshilfe sowie Lebensdeutung durch Vermittlung von Glauben an, wobei davon Abstand zu nehmen ist, Heranwachsende für katechetische Zwecke zu instrumentalisieren oder für kirchliche Institutionen zu rekrutieren. Sie nimmt den Menschen selbst zum Ausgangspunkt ihrer Betrachtungen, stellt ihn mit seinem Werden und Wachsen sowie mit seiner Lebens- und Glaubensgeschichte in den Mittelpunkt ihres Handelns und zielt auf seine ganzheitlich zu fördernde Individuation und Sozialisation sowie auf die Entwicklung von „Selbstachtung in Bescheidenheit“[717]. Dies zu realisieren ist an Jesuitenkollegien Aufgabe der *cura personalis*.

In Sekundarstufe I stehen dabei „die vielfältigen Übergänge, Umbrüche und Veränderungen“[718] dieser Lebensphase, die sogenannten allgemeinmenschlichen Entwicklungsaufgaben im Vordergrund. Es ist wichtig, Kinder und Jugendliche beim Umgang mit körperlichen Veränderungen, beim Umbau von sozialen Beziehungen und beim Umgang mit kulturellen Ansprüchen ernst zu nehmen und wohlwollend (auch spirituell) zu begleiten und sie selbst bei Rückschritten nicht allein stehen zu lassen, sondern für sie da zu sein und zu ihnen zu halten. In Sekundarstufe II bedarf es besonders bei der Identätsarbeit, die als zentrale Entwicklungsaufgabe dieser Lebensphase zu bewältigen ist, der einfühlsamen Aufmerksamkeit und der behutsamen Mit-Sorge sowie der Förderung „gemeinschaftlicher und persönlicher Orientierungssuche“ und „der Kooperation mit Lehrern und Eltern“[719].

Die *cura personalis* unterstützt junge Menschen in ihrer religiösen Selbstwerdung und fördert sie bei der Entwicklung ihres Gottesglaubens, der ihnen als motivierende Mit-Erfahrung hilft, Emotionen zu regulieren und emotionale Belastungen zu bewältigen, ein positives Selbstwertgefühl aufzubauen und eine positive Einstellung zum Leben zu entwickeln, sich Formen prosozialen Verhaltens anzueignen und ein eigenständiges Gewissen auszubilden. Als eine Form religiöser Bildung fördert ignatianische Schulpastoral „die religiöse Orientierungsfähigkeit“ nicht allein durch rationale, sondern auch durch emotionale und erfahrungserprobte „Auseinandersetzung mit religiösen Phänomenen“. Indem Lebens- und Sinnfragen im Horizont religiöser Traditionen und nichtreligiöse Deutungsmuster beleuchtet werden „wird eine religiös-weltanschauliche Urteilsfähigkeit, ein wichtiges Element von Lebenskompetenz, gestärkt“[720].

---

716 Die deutschen Bischöfe 1996, 16.

717 Kolvenbach 1996, 138.

718 Die deutschen Bischöfe 1996, 23.

719 Die deutschen Bischöfe 1996, 25.

720 Funiok/Schöndorf 2000, 15. Ignatianische Schulpastoral versucht, Schüler zu „befähigen, die Wirklichkeit offenen Herzens und Sinnes zu ergründen“. Sie „fordert dazu auf, die Wahrheit zu erkennen und zu lieben [und] möchte erreichen, dass Menschen zur Kritik an ihrer Gesellschaft, im positiven wie im negativen Sinn, fähig werden sowie dazu, ihnen unterbreitete gesunde Werte aufzugreifen, trügerische Werte und Praktiken jedoch abzulehnen“ (Ignatianische Pädagogik 1993, 132).

4.4.3 Glaube und Gerechtigkeit verbinden

Die religiöse Selbstwerdung des Menschen und seine allgemeine Individuation sind angewiesen auf Formen der Sozialisation und Interaktion, zu der in hohem Maße Gemeinschaftserfahrungen in der Familie, im Freundeskreis und in der Schule beitragen. Wer diese vernachlässigt und Heranwachsende lediglich zu privater Frömmigkeit erzieht oder sie einseitig für den Wettbewerb um Kompetenzen rüstet, läuft Gefahr, einem weltfremden Fundamentalismus oder einem egozentrischen Individualismus Vorschub zu leisten. Deshalb zielt ignatianische Schulpastoral darauf, Menschen für andere und mit anderen zu bilden und „mit ihnen eine Kultur der Gemeinschaft und Partizipation einzuüben, die geprägt ist von Kommunikation und Solidarität“[721]. Sie will Menschen dazu anregen, mehr und mehr zu *men and women of competence, conscience and compassion* zu werden, die sich einsetzen für den Aufbau des Reiches Gottes, was nur in der Verbindung von Glaube und Gerechtigkeit gelingen kann.

Dieser Einsatz beginnt in der Schule mit der Unterweisung von Kindern in das Einüben von Aufmerksamkeit und Achtsamkeit und wird bei Jugendlichen fortgesetzt im Analysieren von Unfreiheit bzw. Ungerechtigkeit erzeugenden Strukturen und indem sie lernen, sich davon zu distanzieren und dagegen anzugehen. Fortschritte in diesem Einsatz werden dort erzielt, wo Heranwachsende aus dem am Liebeshandeln Jesu Christi maßnehmenden Glauben zu solidarischem Handeln befähigt werden und dabei die „Liebe mehr in die Werke als in die Worte legen“ (GÜ 230). In der Ermutigung und Bestärkung von jungen Menschen zu einem Handeln aus und in Liebe, wird ein christlicher Humanismus an der Schule gefördert, der es rechtfertigt, in den Zielformulierungen von einer *Humanisierung der Schule* zu sprechen. Über das Schulleben hinaus besteht dann die berechtigte Hoffnung, in den Schülern, die die Verbindung von Glaube und Gerechtigkeit erfahren und erprobt, reflektiert und verinnerlicht haben, künftige Träger von Gesellschaft und Kirche zu sehen, weil sie „zu einer Haltung des Friedens, der Gerechtigkeit, der Solidarität und der Bewahrung der Schöpfung“[722] gefunden haben.

4.4.4 Nach den Sternen greifen

In Jesuitenkollegien sollen Pädagogen, „an die jungen Menschen glauben und sie ermutigen, nach den Sternen zu greifen“[723] – um wie viel mehr gilt dies für diejenigen, die sich dort seelsorglich engagieren. Ignatianische Schulpastoral setzt sich zum Ziel, dass Menschen über sich hinauswachsen und sich nicht mit Mittelmäßigkeit begnügen, wobei gleichzeitig darauf zu achten ist, dass sie nicht »abheben« oder überheblich werden, sondern verwurzelt bleiben in dem, was an Positivem in ihnen grundgelegt ist. Nach den Sternen zu greifen bedeutet, neugierig zu sein in Bezug auf die existentiellen Fragen der Welt und des Lebens, empfänglich zu sein für Visionen, wie diese Erde und die Menschen auf ihr einmal sein könnten und offen zu sein für eine größere Wirklichkeit, die hinter den Dingen aufleuchtet. Deswegen unterstützt ignatianische Schulpastoral Heranwachsende darin,

721 Vereinigung Deutscher Ordensobern 1990, 428.

722 Vereinigung Deutscher Ordensobern 1990, 428.

723 Kolvenbach 1993, 123.

ihr Potential auszuschöpfen, ihre Talente zu realisieren und die ihnen geschenkten Begabungen nicht in erster Linie im Sinne der Selbstverwirklichung, sondern im Sinne der Selbsterneuerung für andere und mit anderen und für das gemeinsame Wohlergehen und Vorankommen einzusetzen.

Das ignatianische Kriterium für all das ist das *magis*. Ziel ignatianischer Schulpastoral kann es nicht sein, gemessen an einem absoluten Maßstab die Anstrengungen zu vermehren, sich permanent auch moralisch und spirituell zu verbessern und somit den Leistungsdruck, unter dem heutige Schüler und auch Lehrer ohnehin schon stehen, noch zu erhöhen. Im Gegenteil: Im Vertrauen darauf, dass *weniger* oft *mehr* ist, geht es darum, auf schulischen Druck mit Entlastung zu reagieren.[724] Dies gelingt, wenn der schulische und besonders der unterrichtliche Alltag immer wieder unterbrochen wird, wenn festgefahrene Muster des Kleinhaltens, der Unterdrückung und der Überforderung aufgebrochen werden und wenn in allen Bereichen der Schule für eine Atmosphäre Sorge getragen wird, in der nicht nur wetteifernde und konkurrierende Leistung zählt, sondern ebenso Wahrheitsliebe, Zivilcourage und Widerstandsfähigkeit, Weisheit und Urteilsfähigkeit, Souveränität und Offenheit für Transzendenz, Solidarität und Hilfsbereitschaft, Freundlichkeit und Aufmerksamkeit sowie das zweckfreie Spiel, die hingebungsvolle Muse und der freiwillige Dienst. Auf diese Weise wird an der Schule ein *magis*, ein Mehr an Leben erfahrbar, das weniger gemacht als vielmehr gewollt und empfangen und schließlich geschenkt wird. In diesem Sinne greifen Menschen nach den Sternen, indem sie sich nach diesem *magis* ausstrecken und so immer mehr in die Nachfolge Jesu Christi treten.

4.5 Adressaten und Träger

Die klare Einteilung in Adressaten und Träger von Schulpastoral/Schulseelsorge hat sich seit einiger Zeit »aufgelockert«. Auf der einen Seite sind es nicht mehr nur die Schüler, für die schulseelsorgliche Angebote bereitstehen, sondern es werden vermehrt auch die in den Blick genommen, für die Schule in gewissem Sinne zum Lebensraum geworden ist bzw. die zur Erziehungsgemeinschaft gehören. Auf der anderen Seite sind es nicht mehr allein hauptamtliche Schulseelsorger – am besten Priester –, die einen mehr oder weniger auf die Liturgie und die Sakramente beschränkten Dienst an der Schule versehen, sondern es werden vermehrt Lehrer, Erzieher, weitere Erwachsene und in besonderen Fällen selbst Schüler neben- oder ehrenamtlich mit schulpastoralen Aufgaben betraut. Obwohl an Jesuitenkollegien und Schulen ignatianischer Prägung zumeist noch die klassischen Muster dominieren, ist auch dort Bewegung in das Rollenverhältnis gekommen.

4.5.1 Adressaten

Ignatianische Schulpastoral spricht alle am Schulgeschehen Beteiligten an, steht also Schülern und Eltern, Lehrern und Erziehern, Leitungspersonen und techni-

---

724 s. Lambert 2008b, 11: „Das Evangelium Jesu Christi weiterzugeben heißt sicher ganz wesentlich, Lasten zu tragen [...]. Es heißt aber auch, Entlastung und Erleichterung zu ermöglichen und so »Zeiten des Aufatmens« kommen zu lassen.“

schem Personal offen.[725] Gleichzeitig bezieht sie sich auf alle Bereiche eines Kollegs: auf Schule, Internat und Externat, auf die Verwaltung sowie auf Einrichtungen der verbandlichen Jugendarbeit und anderer Anbieter. Dennoch ist es vor Ort unumgänglich, einen Fokus auf einzelne Zielgruppen zu richten: Da ein Jesuitenkolleg in erster Linie Lebensraum von Heranwachsenden ist, sind diese die primären Adressaten schulpastoraler Angebote und schulseelsorglichen Handelns. Sowohl die persönliche Zuwendung als auch die strukturellen Bemühungen sind besonders auf die Schüler ausgerichtet, nehmen Maß an ihren Erfahrungen, Fragen und ihrer Entwicklung, orientieren sich an ihrer Einstellung zum Leben, ihren Vorlieben und Bedürfnissen und zielen auf ihre ganzheitliche „Subjektwerdung unter den Augen Gottes“[726].

Einzelne schulpastorale Konzepte müssen adressatenorientiert geplant werden, was alters- und geschlechtsspezifische Differenzierungen voraussetzt, die mit Hilfe von Erkenntnissen aus der allgemeinen Entwicklungspsychologie und der religionspädagogischen Psychologie vorzunehmen sind. Ein spezielles Augenmerk liegt darüber hinaus auf den Internatsschülern, denen ein Kolleg mehr als ein zweites Zuhause ist. Ihr dichtes und zum Teil enges Lebensumfeld macht es nötig, ihnen Freiräume und Zeiten der Unterbrechung anzubieten sowie für sie als Ansprechpartner zur Verfügung zu stehen.

Zum Adressatenkreis ignatianischer Schulpastoral gehören in Abstufung auch die anderen Zielgruppen dazu – vorrangig die Lehrer und Erzieher sowie die Eltern –, vor allem dann, wenn diese in ihrer religiösen Selbstwerdung gefördert und dabei unterstützt werden sollen, ihren Bildungs- und Erziehungsauftrag besser wahrzunehmen.[727]

4.5.2 Träger

Gott zu dienen, den Menschen zu helfen und sich für Gerechtigkeit einzusetzen, das ist Aufgabe aller Christen. In einer Kirche, die sich als *communio* versteht, ist jeder zu seelsorglichem Handeln berufen.[728] Das bedeutet: Alle engagierten Christgläubigen sind als personale Vorbilder potentiell Träger von Schulpastoral. Ein kommunikativer Umgang untereinander ist prinzipielle Voraussetzung dafür, dass „alle den Prozess hin zu einer humanen, christlichen Schule und damit zu einem subjektfördernden Schulklima durch ihren spezifischen Beitrag unterstützen“[729]. Sie sollen das elementare christliche Handeln nicht allein Spezialisten überlassen, sondern „im Lebensraum Schule ihre originäre Sendungskompetenz entfalten und sich aus pastoraler Gesinnung nach ihren ganz unterschiedlichen Möglichkeiten und Fähigkeiten für die Gestaltung des Schullebens engagieren“[730].

---

725 s. Grundzüge jesuitischer Erziehung 1986, 44.

726 Vereinigung Deutscher Ordensobern 1990, 426.

727 In Bezug auf die Eltern wird dies besonders in Grundzüge jesuitischer Erziehung 1986, 131 – 133 thematisiert.

728 s. Grundzüge jesuitischer Erziehung 1986, 117.

729 Vereinigung Deutscher Ordensobern 1990, 429.

730 Die deutschen Bischöfe 1996, 25.

Zur Entwicklung einer schulpastoralen Konzeption und ihrer Durchführung genügt nicht ein einzelner Schulseelsorger, sondern es braucht ein Team von motivierten und engagierten Christen oder so etwas wie eine *Schulseelsorgskonferenz,* die in die Planung und Koordination schulpastoralen Handelns miteinbezogen werden. Die in den letzten Generalkongregationen wiederholt betonte Zusammenarbeit mit Nichtjesuiten[731] beinhaltet die Einladung, im Bereich der Schulpastoral Verantwortung zu übernehmen und mitzuhelfen. Lehrer, Erzieher und weitere Mitarbeiter eines Kollegs sollen mit der ignatianischen Pädagogik vertraut gemacht und ihre persönliche spirituelle Entwicklung soll gefördert werden – an erster Stelle über Angebote von Exerzitien sowie mittels Geistlicher Begleitung.[732] Aufgabe des Jesuitenordens als Träger der Kollegien ist es, genügend Personal und Mitteln bereitzustellen, Zuständigkeiten und Kompetenzen zu klären sowie Personen, die sich in der Schulpastoral engagieren, Fort- und Weiterbildung zu ermöglichen.

Ignatianische Schulpastoral braucht dennoch notwendigerweise auch hauptamtliche Schulseelsorger,[733] die mit der Spiritualität und Dynamik der Geistlichen Übungen sowie mit den Prinzipien ignatianischer Pädagogik und jesuitischer Erziehung vertraut sind. Im Hinblick auf die primäre Zielgruppe müssen sie „mit jungen Menschen gehen, von ihrem Großmut und ihrem Mitgefühl lernen, um einander zu helfen, aus Zerbrechlichkeit und Zerstückelung zu einer freudigen Integration [ihres] Lebens mit Gott und mit den anderen zu wachsen.“[734]

Sie müssen fähig sein, sachliche, zeitliche und soziale Strukturen wahrzunehmen, zu analysieren und zu gestalten, ihr Handeln zu planen, umzusetzen und zu reflektieren sowie zusammen mit anderen kooperativ und vernetzend zu arbeiten. In der Begleitung nehmen sie eine eher zurückhaltende Rolle ein, indem sie Erfahrungsräume öffnen und anbieten, in denen Heranwachsende mit ihrem persönlichen Glauben sowie mit ihren inneren Überzeugungen, Fragen und Gefühlen in Kontakt kommen und die unmittelbare Zuwendung Gottes erfahren können. Im Falle, dass sie gleichzeitig Lehrer an derselben Schule sind, wird von ihnen erwartet, dass sie für sich reflektieren und nach außen transparent machen, in welcher Rolle (Seelsorger, Lehrer, Kollege, eventuell auch Teil der Kollegsleitung) sie jeweils agieren. Schließlich brauchen sie für ihren Dienst eine offizielle kirchliche Beauftragung bzw. eine Destination durch den Provinzial, um „die strukturelle Konti-

---

731 Zuletzt GK 35, D 6,16: „Von den Anfängen der jesuitischen Ausbildung an und in unserem ganzen Leben als Jesuiten muss unser Einüben in Zusammenarbeit in der Weise der Erfahrung geschehen; es genügt nicht, nur das Verständnis für unseren Dienst auszubilden, sondern unsere Identität als Menschen für andere, die selber Menschen mit anderen sind, muss geformt werden.“

732 Hayes behauptet nicht zu Unrecht, dass „if the Jesuits want their schools to be Ignatian they need to prioritize, plan and accolate time and ressources for fostering the spiritual development of staff“ (Hayes 2006, 206f).

733 s. Vereinigung Deutscher Ordensobern 1990, 430. In der Praxis wird von ihm gefordert, aktuelle Not wahrzunehmen, Menschen und Projekte zu begleiten, Kontakte herzustellen, zu personalem Glauben hinzuführen, die Liturgiefähigkeit zu fördern und die gesamte schulpastorale Tätigkeit wie auch die verschiedenen schulpastoralen Einzelaktivitäten regelmäßig zu reflektieren. Der damit verbundene Zeitaufwand und die dazu benötigte fachliche Kompetenz geht meist weit über das hinaus, was ehrenamtliches Engagement zu erbringen vermag. Zur Bedeutung der Sendung von Personen des geweihten Lebens im Bereich katholischer Schulen s. KKB 2002.

734 GK 35, D 3,23.

nuität der Kirche in der Schulseelsorge"[735] zu gewährleisten, um zu signalisieren, dass Schulpastoral Dienst der Kirche im Lebensraum Schule ist sowie um deutlich zu machen, dass ein derartiges Engagement auch finanziell honoriert bzw. deputatsmäßig ausgeglichen werden muss.

4.6 Handlungsfelder und Realisierungsformen

Ignatianische Schulpastoral als pastorales Handeln realisiert sich im »Zeit-/Raum« der *Koinonia* in den *Grundvollzügen der Kirche* (*Diakonia*, *Martyria* und *Liturgia*) und leistet darin wiederum einen Dienst an der *Koinonia*.[736] Im Rahmen der größeren Sendung des Ordens und der umfassenden Sendung der Kirche hat sie einen Sendungsauftrag,[737] der darin besteht, „in der Kirche, mit der Kirche und für die Kirche zu lernen"[738], wie Glauben im Kontext von Schule lebbar und erfahrbar ist, wie er Menschen hilft und sie bereichert und wie er zur *Humanisierung von Schule* bzw. zur *Solidarisierung von Menschen*, die dort einen nicht unbeträchtlichen Teil ihres Lebens verbringen, beiträgt. Dies ist heutzutage nicht mehr so leicht zu bewerkstelligen, weswegen es nötig ist, sorgfältig zu unterscheiden, „wie wir in dieser sich rasch verändernden postmodernen Kultur unsere erzieherischen und seelsorglichen Dienste vor allem bei der Jugend ausführen"[739]. Da ignatianische Schulpastoral nicht alles machen kann, muss sie in ihrer Arbeit und im Bereich ihrer Handlungsfelder vor Ort einzelne Schwerpunkte setzen, ohne das Gesamt und die Substanz ihres Sendungsauftrags aus dem Blick zu verlieren.[740]

4.6.1 Schulpastorales Handeln im Bereich der Diakonia

Im Handlungsfeld der *Diakonia* orientiert sich ignatianische Schulpastoral an der Proexistenz Jesu sowie an der grundlegenden Sendung des Jesuitenordens, dem *iuvare animas,* und bietet Unterstützung an. Sie will Menschen im Kontext der Schule konkret helfen, vor allem dort, wo Probleme auftauchen, Benachteiligungen offenbar werden und soziale Ungerechtigkeiten entstehen. In der Nachfolge

735 Lames 2000b, 289. Zu Fragen der Kirchlichkeit von Trägern ignatianischer Schulpastoral s. WMJSJ 2007, 11.

736 Lambert fügt dem drei weitere Bereiche hinzu, die in der Pastoral Beachtung verdienen: Spiritualität, Lebenskunst und missionarischer Impuls (s. Lambert 2008b, 21), die sich m. E. allerdings in die traditionellen Grunddienste integrieren lassen, wenn man diese weit genug fasst.

737 Die 35. Generalkongregation betont, dass „Dienste der Wortverkündigung und der Feier des Lebens Jesu Christi in den Sakramenten" nach wie vor grundlegend sind für die Sendung und das Zusammenleben der Jesuiten. „Sie müssen als Bestandteile der dreifachen Aufgabe betrachtet werden, die das tiefste Wesen der Kirche ausmacht: die Verkündung des Wortes Gottes (kerygma-martyria), die Feier der Sakramente (leiturgia), und die Ausübung des Dienstes der Liebe (diakonia)" (GK 35, D. 3,19). Zur umfassenden Sendung der Kirche im Kontext der Schule s. KKB 1977, Nr. 5 – 9.

738 GK 34, D 11,19.

739 GK 35, D. 3,23.

740 Wie in der Gemeindepastoral, können es auch in der Schulpastoral einige „lokale, kulturelle, politische oder persönliche Ursachen sein, warum einzelne Grundfunktionen zeitweilig dominieren" (Karrer 2000, 383). Einen guten Überblick über Angebote Schulseelsorge sowie Anregungen zur Praxis an Jesuitenschulen findet sich bei Mertes 1999b.

Jesu – Jesus, der sich besonders den Bedürftigen zuwandte, diakonisch an ihnen handelte und sich mit ihnen solidarisierte – trifft ignatianische Schulpastoral seelsorglich eine Option für die Schwachen, Armen und Ausgegrenzten, denen sie sich bedingungslos zuwendet und die sie unterstützt. In diesem Bereich des diakonischen Handlungsfeldes agiert sie in Form der *cura personalis*, bietet etwa Geistliche Begleitung an, steht in Notfällen zur Verfügung oder nimmt sich derjenigen an, die sich mit persönlichen Schwierigkeiten, in Ängsten oder Krisen sowie mit Trauer, Zweifeln oder Schuld an sie wenden.[741]

Schulpastoral wäre allerdings nicht »ignatianisch«, würde sie ihre analytische Perspektive und ihr kritisch-prophetisches Potential aufgeben. Deswegen setzt sie sich dafür ein, dass der Einsatz für Glaube und Gerechtigkeit nicht eine bloß zu lehrende und zu lernende Theorie bleibt, sondern in den Schulen vor Ort dazu führt, dass system-stabilisierende Faktoren angefragt sowie strukturelle Ungerechtigkeiten aufgebrochen, bearbeitet und beseitigt werden. In diesem Bereich des diakonischen Handlungsfeldes agiert sie in Form von Irritation und Moderation, indem sie unterdrückende und überfordernde, verletzende bzw. angst- und krankmachende Strukturen etwa des Leistungsdrucks, des Mobbings, der Ausgrenzung oder der Gewalt offenlegt und anklagt sowie versucht, diese positiv zu beeinflussen und im Sinne der *Humanisierung von Schule* zu verändern.

Schulpastorales Handeln im Bereich der *Diakonia* umfasst an Jesuitenkollegien des Weiteren das Ideal, dass sich die am Schulgeschehen Beteiligten je nach ihren Fähigkeiten und Möglichkeiten im Dienst an den Menschen üben und selber zu Menschen für andere werden, zu *men and women of competence, conscience and compassion*. Besonders für Heranwachsende bedeutet dies: „Freiwillige Arbeit mit den Armen und für sie hilft jungen Menschen, in Solidarität mit den anderen zu leben und Sinn und Ausrichtung für ihr Leben zu finden."[742] Solcherart Erfahrungen können Schüler etwa bei einem längeren Sozialpraktikum bzw. einem regelmäßigen sozialen Engagement oder bei sozialen Projekten, die über die Schule hinausgehen, sammeln, aber auch, indem sie etwa als Schülervertreter, Streitschlichter oder Mentoren Verantwortung übernehmen und sich für andere einsetzen. Nicht zu vernachlässigen sind auch die vielen unscheinbaren informellen Formen der Unterstützung und Hilfe untereinander, die weniger durch Anregung oder gar Anweisung als vielmehr durch Lob und anerkennende Wahrnehmung zu fördern sind. Im Einsatz für andere und mit anderen bewältigen Jugendliche eine zentrale Entwicklungsaufgabe, die darin besteht, die Entfaltung der eigenen Fähigkeiten in den Dienst eines Gemeinwesens zu stellen. Zugleich profitieren sie und andere von diesem sozialen Engagement, denn dieses ist „als Bildung individueller Fähigkeiten kulturelles Kapital, als Integration in ein Gemeinwesen und als seine aktive Mitgestaltung ist es soziales Kapital und in der Kombination daraus ist es förderlich für das berufliche Weiterkommen und die Sicherung der materiellen Le-

741 LAMES spricht in diesem Kontext davon, dass diakonische Schulseelsorge sich stets und zuerst dem einzelnen Menschen in seinen konkreten Nöten unbedingt zuwendet, anstatt nach den dahinterliegenden strukturellen Ursachen zu fragen. Er gibt allerdings zu bedenken, dass Programme, die hierbei entstehen, sich dazu eignen, „abzufedern und systemerhaltend zu wirken. Sie privatisieren oder individualisieren Notlagen eher, als dass sie geeignet erscheinen, strukturverändernd zu wirken" (LAMES 2000b, 269).

742 GK 35, D. 3,23.

bensgrundlagen. Es ist Sozialkapital eines Gemeinwesens, das dessen sozialen, demokratischen und wirtschaftlichen »Erfolg« positiv beeinflusst. Und es ist für Christinnen und Christen [..] unverzichtbarer Vollzug ihres individuellen wie ihres gemeinschaftlichen Glaubens."[743]

Schließlich ist es Aufgabe ignatianischer Schulpastoral, die im Bereich der *Diakonia* gesammelten Erfahrungen mit den dort Tätigen zu reflektieren, sie mit der christlichen Botschaft in Beziehung zu setzen und in ihnen mit der befreienden Gegenwart Gottes zu rechnen, um deutlich werden zu lassen, „dass Gerechtigkeit, Versöhnung und Solidaritätsschritte den Ernstfall des Christentums darstellen"[744].

4.6.2 Schulpastorales Handeln im Bereich der Martyria

Im Handlungsfeld der *Martyria* orientiert sich ignatianische Schulpastoral am Verkündigungsauftrag Jesu sowie an einem in den Geistlichen Übungen verankerten grundsätzlich positiven Menschenbild, sie bietet Unterweisung im Glauben und in der Frömmigkeit an und schafft für Kinder und Jugendliche Gelegenheiten zur Formulierung „altersspezifischer Kurzformeln des Glaubens"[745]. Dabei geht sie zunächst davon aus, dass jeder Mensch als Ebenbild Gottes ein von ihm bejahtes und geliebtes Geschöpf ist, welches noch vor allem seelsorglichen Bemühen „in den Raum der ungeschuldeten, freien Selbstmitteilung Gottes und seines universalen Heilswillens gestellt ist und deshalb von vornherein in einer ursprünglichen, individuellen, geheimnisvollen Beziehung zu Gott steht."[746]

Auf mystagogische Weise führt ignatianische Schulpastoral Menschen dazu, Gott in allen Dingen zu suchen und zu finden, indem sie diese von der Wahrnehmung von Erfahrungen über deren Deutung bis hin zur Gestaltung dieser Erfahrungen führen.[747] Indem sie etwa Geistliche Begleitung, Besinnungstage oder unterschiedliche Formen von Exerzitien anbietet,[748] eröffnet sie Räume, in denen Menschen u. a. durch die Betrachtung des Lebens Jesu ihre persönlichen Erfahrungen als Ganzes reflektieren und ihr eigenes Leben als ein auf ein letztes Geheimnis ver-

---

743 HOBELSBERGER 2006, 352.

744 KARRER 2000, 394. „Christsein erfüllt sich erst dann, wenn die geschenkhaft verkündete und im Gottesdienst gefeierte Hoffnung, sich in konkreten Hoffnungsschritten beglaubigt, wenn Gottesliebe zur Menschenliebe und zu einer entschiedenen Parteiergreifung für die Subjektwerdung der Menschen in Gesellschaft und Kirche, für die Benachteiligten, Schwachen, Verfolgten, für die gekreuzigten Menschen führt" (ebd.). s. auch FUCHS 1990.

745 FEIFEL 1995, 225 – 240.

746 HASLINGER 1991, 64.

747 s. dazu KIESSLING 2003, 132f, der das Ziel der religiösen Prozessgestalt mystagogischen Lernens darin sieht, dass Menschen in ihrer Selbsterfahrung eine Gotteserfahrung entdecken und dazu in die Lage versetzt werden, dieser letztlich „Gestalt zu verleihen, sie also ins Wort zu setzen, in ein Bild einzuzeichnen, in ein Symbol zu heben, ins Handeln zu transformieren" (ebd., 133). Zur Selbsterfahrung und Gotteserfahrung s. RAHNER 1970 und 1972.

748 Die Qualität der Begleitung hängt in jedem Fall von der Glaubwürdigkeit der Glaubenszeugen ab, ob also deren Verkündigung und Handlung zusammenspielen, ob sie selber auf Gott vertrauen und mit ihm vertraut sind, ob sie bereit sind, sich zurückzuhalten, um „unmittelbar den Schöpfer mit dem Geschöpf wirken lassen und das Geschöpf mit seinem Schöpfer und Herrn" (GÜ 15) und ob sie ganz anders geartete Erfahrungen und Lebensentwürfe derjenigen, die sich ihnen anvertrauen, akzeptieren können, ohne zu unterstellen, dass diesen Menschen etwas fehle oder sie unglücklich seien (s. LAMES 2000b, 254f).

wiesenes verstehen können. Mit Hilfe der *Unterscheidung der Geister* lernen Menschen, den Willen Gottes und ihre je eigene Berufung zu erkennen und sich frei und bewusst dafür oder dagegen zu entscheiden.

In Anlehnung an Ignatius und seine ersten Gefährten, die sich besonders in der Predigt und in der Unterweisung von Kindern und einfachen Menschen übten, wodurch sie dem Sendungsauftrag Jesu nachkamen, die Frohe Botschaft vom nahegekommenen Reich Gottes zu verkünden, setzt ignatianische Schulpastoral etwa durch Predigten, Glaubenskurse, Katechesen oder Bibelgespräche auch kerygmatische bzw. missionarische Akzente. Dabei muss sie sich darüber im Klaren sein und dies nach außen transparent machen, inwieweit diese Angebote, die eine Einführung bzw. Vertiefung in das Evangelium darstellen, „als Hilfe zur Identitätsbildung" gestaltet werden oder in Absehung dessen eher „Hilfe zur Selbsthilfe in einer lebensgeschichtlichen Situation"[749] anbieten: Das bedeutet, schulpastorale Angebote dieser Art können einerseits religiöse Bildungsprozesse initiieren, in denen Wert gelegt wird auf religiöse Subjektwerdung und die Bildung religiöser Urteilsfähigkeit, dass Heranwachsende also selber mehr und mehr zu glaubwürdigen Zeugen ihres Glaubens werden, indem sie den Horizont ihres Glaubenswissens und ihres Gottesverständnisses erweitern, sich durch persönliche Glaubenserfahrungen mit dem Gott Jesu Christi *wie mit einem guten Freund* vertraut machen und ihr Leben am Anspruch und Zuspruch des Wortes Gottes ausrichten. Andererseits können dieselben Angebote einen stärker seelsorglichen Akzent haben, was sich darin zeigt, dass „sie ihre Entscheidungen vom Anderen her, also von wahrgenommenen und mitgeteilten Bedürfnissen und Grundsituationen der Menschen in der Schule"[750] treffen und so Lebenshilfe durch die Vermittlung von Glaubenserfahrung anbieten.

4.6.3 Schulpastorales Handeln im Bereich der Liturgia

Im Handlungsfeld der *Liturgia* nimmt sich ignatianische Schulpastoral „die erinnernde, zur Umkehr einladende, versöhnende und befreiende, mit Christus verbindende und Dank sagende Feier seiner Gegenwart"[751] zur Orientierung und bietet Unterbrechung an. Ihr geht es darum, im Schulleben Räume des Innehaltens zu eröffnen und in ihnen im Vertrauen auf den Geist Jesu die Grenzen des Schulalltags und des menschlichen Daseins zu transzendieren. Da der Mensch sein Dasein nicht sich selbst oder seinen eigenen Leistungen verdankt, sondern dem Willen und Wirken Gottes, ist es höchst angemessen, wenn er sich einerseits darauf besinnt, woraus und woraufhin er lebt und wenn er sich andererseits in der zeichenhaft dichtesten Form des kirchlich-gottesdienstlichen Tuns, der Eucharistie, an Gott wendet, ihn lobt und ihm danksagt. Im Kontext von Schule unterbrechen alle gottesdienstlichen Feiern die Routine, den Stress und den Leistungsdruck des Schulalltags:[752] Bußfeiern und das Sakrament der Versöhnung ermöglichen das Aufbrechen von Unrechtsstrukturen sowie die Befreiung aus Abhängigkeiten und

749 Lames 2000b, 254.

750 Lames 2000b, 257.

751 Karrer 2000, 392.

752 s. Burkard 2002, 121f.

jede kleine Andacht bzw. jedes kurze Schulgebet macht Transzendenzbezüge sichtbar, so dass Menschen die Chance haben Spuren der Gegenwart Gottes in ihrem Leben, also auch im Schulleben zu entdecken.

Zum weiteren Bereich der *Liturgia* gehört ebenso das persönliche Gebet, das zusammen mit dem Glauben, eine gemeinschaftliche gottesdienstliche Feier erst möglich macht und sie von innen mit Gott in Verbindung hält. Ignatianische Schulpastoral legt darum Wert darauf, dass die am Schulgeschehen Beteiligten Einführungen ins Gebet und in die Meditation bekommen, sich in der Stille, im Beten und Singen üben und sich mehr und mehr eine Form zu eigen machen, wie sie mit Gott in Beziehung treten und zu ihm Kontakt aufnehmen können, um sich in jeder Lebenslage mit allem, was sie bewegt, an ihn wenden zu können.

4.6.4 Schulpastorales Handeln als Dienst aus und an der Koinonia

Ekklesiologisch lässt sich eine Jesuitenschule als „ein Ort der Erfahrung von Kirche“[753] und somit als Teil der kirchlichen *communio* bestimmen, soziologisch als eine strukturierte Gemeinschaft, in der der Lebensbereich von Menschen und der Systembereich der Institution durch gemeinsame Ziele und Absichten miteinander verbunden sind.[754] Ignatianische Schulpastoral versteht sich an der Schnittstelle dieser beiden Betrachtungsweisen als Dienst an der *Koinonia* bzw. als kommunikatives Handeln, das „im Licht des Glaubens seinen Ursprung und Ermöglichungsgrund letztlich in dem unserer Initiative stets zuvorkommenden kommunikativen Handeln Gottes bzw. seinem Communio-Wirken hat“[755]. Dabei muss sie stets berücksichtigen, dass die horizontale Dimension des christlichen Gemeinschaftslebens ihren Ursprung unaufgebbar in der innertrinitarischen Communio Gottes bzw. in der vertikalen Dimension seines Communio-Handelns hat, was auf der menschlichen Ebene in der Schule wiederum die Voraussetzung dafür schafft, „Widerstand gegen alle kollektivistischen Harmonisierungstendenzen“ sowie „gegen die vielfältigen Versuche individualistischer Abkapselungen“ leisten zu können.[756]

Im Gegensatz zu den drei klassischen Grundvollzügen von Kirche ist *Koinonia* kein eigenständiges Handlungsfeld von Kirche in der Schule, „kein Nebeneinander vieler pastoraler Aktivitäten, kein diffuses Wir-Gefühl und keine Linientreue“[757], sondern ursächliche Voraussetzung, kommunikativer Bezugspunkt, gesellschaftlicher Vollzugsort und finale Ausrichtung für diakonisches, martyrisches und liturgisches Handeln in der Schule.[758] Ignatianische Schulpastoral, die sich der

753 KKB 1997, Nr. 12.

754 s. Karrer 2000, 385 und Scheidler 1995, 684.

755 Scheidler 1995, 683, s. auch Scheidler 1999 sowie Heap 2007, 245 – 249.

756 s. Scheidler 1995, 686: „Die im Leben, im Sterben und in der Auferstehung Jesu vorgegebene Antizipation der Communio der Menschen mit Gott und untereinander bildet den Ermöglichungsgrund jedes Bemühen um Gemeinschaft und kommunikatives Handeln in der Nachfolge Jesu“ (ebd.).

757 Karrer 2000, 387.

758 Dem Bischofsschreiben zur Schulpastoral ist zuzustimmen, wenn es dort heißt: „Koinonia ist gelebte Gemeinschaft der Glaubenden, deren Miteinanderleben seine Struktur und Praxis aus der gemeinsamen Glaubensüberzeugung erhält. So bildet sie die Klammer, welche die zuvor erörterten pastoralen Grundfunktionen umfängt, und wird zu dem umfassenden Merkmal aller Realisie-

Koinonia verpflichtet weiß, orientiert sich am zweiten »Spitzensatz« der Betrachtung, um Liebe zu erlangen: „El amor consiste en communicación de las dos partes“ (GÜ 231), pflegt darum in all ihren Handlungsfeldern die Kommunikation und kultiviert die Gemeinschaftlichkeit.[759]

Die *Koinonia* realisiert sich in der Schule, indem alles schulpastorale Handeln gekennzeichnet ist durch die Einheit von Menschenliebe und Gottesliebe und dadurch, dass verschiedene Optionen getroffen werden, die bei den Gestaltungsprinzipien[760] bereits angedeutet wurden: Ignatianische Schulpastoral zielt in ihrer universalen Sendung auf die Berufung und Einladung aller, sie findet die Quelle all ihren Tuns in einer lebendigen Gottesbeziehung, überwindet jede Form von Ausgrenzung zugunsten einer geschwisterlichen Gemeinschaft, versucht in partnerschaftlicher Ökumene die Fülle der auseinandergebrochenen Communio in ihrem Handeln einzubringen und ist missionarisch, insofern sie über sich hinausgeht und eine Praxis wagt, die sich um den Einzelnen genauso sorgt, wie um das gesellschaftliche Ganze.

---

rungsformen der Schulpastoral“ (Die Deutschen Bischöfe 1996, 21). Es ist dann allerdings theologisch nicht mehr präzise, wenn es versucht, die *Koinonia* als weiteres Handlungsfeld darzustellen und etwa Feste, Feiern oder Projekte als deren konkrete Umsetzungen zu präsentieren.

759 s. Lambert 2008b, 34f.

760 s. Kap. 4.3.

TEIL III – KONKRETION

5 Entwicklung einer Konzeption von Kollegsseelsorge am Aloisiuskolleg in Bad Godesberg

These 5a: Laut eigener Schulverfassung hat das Aloisiuskolleg (AKO) „eine schulpastorale Aufgabe und entwickelt zusammen mit den Patres und den Religionslehrern ein schulpastorales Konzept", das „sich mit der Ortskirche, den deutschsprachigen Jesuitenkollegien und den Traditionen des Ordens in besonderer Weise verbunden"[761] weiß. Dieses lässt sich in seinen Gepflogenheiten der religiösen Gestaltung des Schulalltags zwar entdecken, ist jedoch kaum schriftlich ausgearbeitet,[762] was im vorliegenden Kapitel erbracht werden soll.

These 5b: Die Entwicklung einer Konzeption ignatianischer Schulpastoral am AKO im Sinne einer Einrichtungskonzeption geht gleichermaßen von dem in Kapitel 4 beschriebenen Entwurf einer Trägerkonzeption sowie von der besonderen Situation des AKOs aus.[763] Die Zusammenarbeit mit möglichst vielen Verantwortlichen und Beteiligten, die Durchführung einer Situations- und Zielgruppenanalyse und das Formulieren kollegsspezifischer Ziele ignatianischer Schulpastoral führen zu schulpastoralen Angeboten der Kollegsseelsorge am AKO.

These 5c: Die schulpastorale Konzeption des AKOs und die einzelnen Konzepte schulpastoraler Angebote unterstützen und ermutigen in erster Linie Schüler, nach den Sternen zu greifen. Dies drückt sich darin aus, dass sie sich ihrer Identität immer bewusster werden, mehr und mehr zu Menschen für andere und mit anderen heranwachsen sowie der Gottesfrage in ihrem Leben eine richtungweisende Bedeutung beimessen.

Eine Konzeption ignatianischer Schulpastoral für ein konkretes Kolleg bzw. eine konkrete Jesuitenschule lässt sich nicht am Reißbrett entwerfen. Sie bedarf vielmehr eines Entwicklungsprozesses, der initiiert und in gewissem Sinne gesteuert werden muss, der allerdings noch mehr darauf baut, dass Beziehungen wachsen, Vertrauen sich bildet und bestimmte Angebote sich etablieren. Zu diesem Prozess, der mit dem Schuljahr 2008/09 begann, gehört »meine Geschichte mit dem AKO«[764], die Destination durch den Provinzial für einen einjährigen Aufenthalt in

761 SVA & 3,4. Wie in der Einleitung bereits ausgeführt, scheint es mir besser zu sein, auf der Einrichtungsebene nicht von *Konzepten*, sondern eher von *Konzeptionen* zu sprechen.

762 Ein Überblick über schulpastorales Handeln am AKO findet sich bei Schneider, Theo 2002.

763 Die bisher erarbeitete Theorie soll Impulse für die schulpastorale Praxis vor Ort geben, indem sie versucht, zu inspirieren, zu motivieren und zu reflektieren, während die bisher erprobte Praxis umgekehrt die Theorie kritisch überprüft und gegebenenfalls verändert bzw. korrigiert und somit einen Beitrag leisten soll zur Validierung der Gesamtthese.

764 Anfang 2003 zweimonatiges *Noviziats-Experiment* am AKO, Einsatz v. a. im Bereich der Schulseelsorge (Schulgottesdienste, Andachten, informelle Gesprächskontakte, Besinnungstage mit zwei 9er-Klassen). Von 2005 bis 2008 regelmäßig Begleitung von 9er-Klassen auf Besinnungstagen (Optimierung des Konzeptes auf der Basis von Erfahrungen, Reflexionen und Auswer-

Bad Godesberg zur Beendigung der Promotion sowie der Wunsch der Kollegs- und Internats- und Schulleitung als auch des Lehrerkollegiums (besonders der Fachschaft Religion), der Erzieherschaft und der Jesuitenkommunität, in dieser Zeit eine Einrichtungskonzeption ignatianischer Schulpastoral zu erstellen und zumindest ansatzweise in die Praxis umzusetzen.[765] Die Arbeit im AKO begann mit der Erstellung einer Situations- und Zielgruppenanalyse,[766] um in den Blick zu bekommen, welche Rahmenbedingungen, Handlungsabläufe und Organisationsmaßnahmen[767] das Kolleg prägen sowie welcher Art die „Lebensbedingungen, Interessen und Lebensthemen“[768] der dortigen Schüler sind, die die primäre Zielgruppe der Kollegsseelsorge am AKO darstellen. Parallel dazu galt es, ohne schon formell »Schul- bzw. Kollegsseelsorger« zu sein, sowohl der Arbeit derjenigen, die bisher schulpastoral tätig waren, Interesse entgegenzubringen als auch eine Vision von Grundzügen ignatianischer Schulpastoral einzubringen und dabei eine Motivation für dieses neue Herangehen zu wecken. Ein zweiter Schritt war gekennzeichnet davon, sich gegenseitig zu informieren, miteinander zu kooperieren sowie gemeinsam Ziele einer Konzeption zu vereinbaren und Grundsätze dafür aufzustellen. Schließlich ging es darum, einzelne konkrete Projekte zu starten bzw. zu begleiten, sie zu planen, durchzuführen und zu reflektieren.[769]

---

tungen). Herbst 2006 einwöchige Aufenthalte zu Forschungszwecken an den drei deutschen Jesuitenkollegien. Während des Schuljahrs 2006/07 monatlich die Gestaltung eines Wochenendes mit Internatsschülern am AKO. Im Schuljahr 2007/08 zwei einmonatige Aufenthalte zu Forschungszwecken und zu punktueller schulpastoraler Mitarbeit am AKO. Seit Frühjahr 2007 Teilnahme an drei dreitägigen Veranstaltungen eines schulinternen Programms für Schulentwicklung (detailierter Einblick in die Arbeit und Vorgehensweise der Kollegsleitung, des Lehrerkollegiums und der Erzieherschaft und Vertiefung von Kontakten zu aktiven Trägern der Schulpastoral sowie Einbringen eigener Ideen schulpastoraler Art) mit dem AKO.

765 Da die Destination ausdrücklich auf ein Jahr beschränkt wurde, mussten bezüglich des konzeptionellen Ansatzes in Absprache mit dem Moderator der Arbeit Abstriche gemacht werden, um keine zu großen Erwartungen auf Seiten der Schüler, Lehrer, Erzieher und Eltern zu wecken, die später nicht mehr hätten eingelöst werden können. Insofern wurde Abstand davon genommen, eine *Schulseelsorgs-Konferenz* einzurichten, sondern es zunächst bei einem Kreis schulpastoral Interessierter zu belassen. Auch die Implementierung eines kompletten Konzeptes *schulpastoraler Experimente* wurde zurückgestellt, dafür eine *Schule des Betens* initiiert.

766 Die Erstellung einer Situations- und Zielgruppenanalyse orientiert sich weitgehend an StE VIII. 1998 und bezieht ihr Material aus statistischen Erhebungen des Schulsekretariates, eigenen Umfragen (unter Schülern, Lehrern und Erziehern, ehemaligen Schülern und Eltern) sowie aus Gesprächen mit einzelnen Lehrern, Erziehern und den verschiedenen Leitungsorganen des Kollegs. Die Ergebnisse dieser Analysen fließen in die Kap. 5.1, 5.2 sowie 5.3 ein. Aus Gründen des Datenschutzes (s. SVA § 42,5) werden die erhobenen Daten aus den Umfragen lediglich zu Korrekturzwecken in einem eigens angelegten Anhang der Arbeit beigefügt.

767 s. Burkard 2002, 12, der diese Dinge einer bestimmten *Schulkultur* zuordnet, deren Wahrnehmung erst Veränderungen ermöglicht sowie „auf neue Handlungsweisen und zukünftige Verhaltensmuster“ (ebd.) abzielt.

768 StE VIII. 1998, 49.

769 Wichtig für die Umsetzung war die Orientierung an den „Kriterien für einen zeitgemäßen Ansatz von Schulpastoral“ (StE I. 1997, 56f), nach denen es bei der Entwicklung einer Konzeption von Schulpastoral darauf ankommt, an Vorhandenes anzuknüpfen, das Kolleg in seiner Gesamtheit in den Blick zu nehmen, sowohl personelle als auch sachliche Angebote zu unterbreiten, mit außerschulischen Einrichtungen zu kooperieren, anpassungsfähig und zugleich profiliert, interkulturell, interkonfessionell und interreligiös ausgerichtet sowie personell und finanziell durchführbar zu sein und nicht zuletzt einer gewissen Pluralität am AKO Rechnung zu tragen.

5.1 Rahmenbedingungen des Aloisiuskollegs

Das Aloisiuskolleg ist eine 1921[770] in Bad Godesberg gegründete schulische Einrichtung des Jesuitenordens.[771] Unter seinem Dach vereinigt es ein koedukatives Gymnasium, ein Internat und Externat jeweils für Jungen und Mädchen, das AKO-PRO-Seminar (Bildungszentrum für Kinder und Jugendliche) und ProCura (ein Angebot jesuitischer Jugendarbeit).

Zum Gebäudebestand des AKOs gehören das Schulgebäude (mit Räumen für das Externat, die Schulbibliothek und die Sternwarte), vier Internatsgebäude, eine Schul- und Internats-Mensa, die Kollegskirche mit dem vornehmlichen Gottesdienstraum, derKrypta,[772] weiterhin Sportanlagen (Tennisplätze und Fußballplatz), Räume und Werkstätten des AKO-PRO und ein Gebäude für ProCura. Das AKO liegt am südwestlichen Rand von Bad Godesberg an den Rheinhängen, ist durch eine eigene Bushaltestelle an den öffentlichen Personennahverkehr angeschlossen und verfügt über einen großen Park, der direkt in ein Wäldchen übergeht.

5.1.1 Schule am AKO

Das seit 2001 koedukative Gymnasium zählt etwa 840 Schüler, die von knapp 65 Lehrkräften in den Jahrgängen 5 bis 13[773] unterrichtet werden. Die Klassenstufen 5 bis 10 bestehen aus je drei Parallelklassen, die jeweils von einem Klassenlehrer geleitet werden – ab Jahrgangsstufe 11 tritt an die Stelle der Klassen ein Kurssystem mit Jahrgangsstufenleitern.

Das Schulgebäude selbst ist ein Bau aus dem Jahr 1929, der 1994 grundlegend renoviert wurde und sich immer noch in einem guten Zustand befindet.[774] Zur Schule gehören zwei kleine Sporthallen. Der Mehrzweckraum der 1986 neu gebaute Kollegskirche wird sowohl zu gottesdienstlichen Zwecken als auch zu vielen schulischen und außerschulischen Veranstaltungen genutzt.

---

770 Von 1939 bis 1946 war zuerst wegen der Auflösung durch die Nationalsozialisten und später wegen der Nutzung der Gebäude als Kaserne und Lazarett durch die Besatzungsmächte kein Schulbetrieb möglich. Seit 1946 findet im AKO wieder regelmäßiger Unterricht und die Beherbergung von Internatsschülern statt. Die reine Jungenschule kooperiert seit 1975 mit einer Mädchenschule (Clara-Fey-Gymnasium) in Form der Einrichtung eines koedukativen Unterrichts in der Oberstufe. Die Koedukation an der eigenen Schule wurde mit Beginn des Schuljahrs 2001 eingeführt, innerhalb des Internats weitere fünf Jahre später. Ein genauerer historischer Überblick findet sich in: *Ordnungen der Schule des Aloisiuskollegs* 2007, 5f.

771 Träger des Kollegs ist die Gesellschaft Jesu, Schulträger die *Aloisiuskolleg gemeinnützige GmbH*, zu der im juristischen Sinne die Schule, das Internat und ProCura gehören, nicht aber das AKO-PRO-Seminar, das ein eigenständiger Verein ist und das die Leitung über das Externat innehat.

772 Zur 1986 eingeweihten Kollegskirche und Krypta s. mehrere Artikel in den AKO-Heften: *Aus dem Aloisiuskolleg 1984/85* (1985), 88 – 100 und *1985/86* (1986), 33 – 45.

773 Im Jahr 2013 wird der erste Jahrgang nach acht Gymnasialjahren sein Abitur machen.

774 Sowohl das Innere als auch das Äußere der Schule wird von den Schülern weitgehend positiv beurteilt. Die deutlich positiven Werte bezüglich der Schülerfreundlichkeit des Schulgebäudes bzw. -geländes nehmen mit wachsendem Alter ab, verbleiben jedoch im positiven Bereich. Die Schüler empfinden ihre Schule durchgehend eher *sauber* und *gepflegt*, dagegen weniger *attraktiv*, *modern*, *einladend* oder *großzügig*. Jüngeren Schülern kommt die Schule geräumiger und zugleich übersichtlicher vor als älteren (s. im Anhang, A1).

Der gewöhnliche Schulalltag ist vom 45-Minuten-Unterricht geprägt, beginnt um 8:00 Uhr jeweils mit einem Schulgebet in den Klassen und endet spätestens um 15:30 Uhr. Der Unterricht am Vormittag wird von zwei großen Pausen unterteilt.[775] Für Sekundarstufe I ist um 13:15 Uhr Mittagspause, für Sekundarstufe II um 12:30 Uhr, jeweils mit der Möglichkeit, in der Mensa zu essen.[776] Etwa jeder zweite Samstag ist unterrichtsfrei, und die Ferien orientieren sich an denen von Nordrhein Westfalen.

Der fachlich Schwerpunkt der Schule liegt auf dem Erlernen von Sprachen[777] und auf der religiösen Bildung[778]. Zur *formatio* der Schüler gehört, dass seit 1986 alle Schüler in der Jahrgangsstufe 11 ein fünfwöchiges Sozialpraktikum absolvieren. Außerdem nehmen sie in Klasse 9 an Besinnungstagen teil und machen in Jahrgangsstufe 12 die Erfahrung stiller Klostertage bzw. von Viertages-Exerzitien. Neben den Gottesdiensten zu Schuljahresanfang, Weihnachten, Aschermittwoch, in der Fastenzeit und am Schuljahresende besuchen die Schüler der Unter- und Mittelstufe zweiwöchentlich einen Gottesdienst mit ihrer jeweiligen Jahrgangsstufe. Für die Oberstufenschüler gibt es vereinzelt Gottesdienstangebote, verteilt auf das Schuljahr.[779]

Die in der Schulverfassung des Aloisiuskollegs (SVA & 2) festgelegten Bildungs- und Erziehungsziele orientieren sich an den einschlägigen Dokumenten zur ignatianischen Pädagogik sowie am Kirchlichen Schulgesetz des Erzbistums Köln und erfüllen damit zugleich Art. 7 der Verfassung des Landes Nordrhein-Westfalen.[780] Die wichtigsten Ziele lassen sich stichwortartig wie folgt beschreiben: maßnehmend am Vorbild Jesu Christi ein gelebter Glaube, Welt- und Lebensbejahung, *cura personalis*, ganzheitliche Bildung, Betonung der Eigeninitiative, Ausbildung der (allgemeinen, ethischen und religiösen) Kritik- und Unterscheidungsfähigkeit sowie Entwicklung eines Gespürs für Fragen der sozialen Gerechtigkeit. Mitwirkungsmöglichkeiten in der Schule bestehen insbesondere über den Kollegsrat, die Lehrerkonferenz, den Lehrerrat, den Schülerrat und die MAV sowie über die Schulkonferenz.[781]

---

775 In den großen Pausen (9:35 – 9:55 Uhr und 11:30 – 11:45 Uhr) müssen die Schüler ins Freie (bei Regenwetter dürfen sie in den Klassenzimmern bleiben) und können sich auf dem oberen und unteren Schulhof sowie auf einem Tartanplatz und dem umliegenden Gelände bewegen und z. B. Basketball, Fußball und Tischtennis spielen.

776 Etwa zwei Fünftel aller Schüler isst regelmäßig in der Mensa zu Mittag.

777 Die Sprachenfolge ist momentan: In Klasse 5 Englisch bzw. Englisch und Latein, in Klasse 6 Latein, in Klasse 8 Französisch bzw. Altgriechisch, in Klasse 10 Italienisch bzw. Französisch und in Klasse 11 ist es möglich, Spanisch als Arbeitsgemeinschaft zu wählen.

778 Alle Schüler sind laut SVA & 3,2 verpflichtet, am Religionsunterricht der je eigenen Konfession teilzunehmen, Schüler ohne Konfession am katholischen Religionsunterricht. In den beiden letzten Jahrgangsstufen ist der Religionsunterricht dreistündig und kann nicht abgewählt werden.

779 Die Grundzüge der religiösen Erziehung am AKO finden sich in: SVA & 3.

780 Art. 7: „(1) Ehrfurcht vor Gott, Achtung vor der Würde des Menschen und Bereitschaft zum sozialen Handeln zu wecken, ist vornehmstes Ziel der Erziehung. (2) Die Jugend soll erzogen werden im Geiste der Menschlichkeit, der Demokratie und der Freiheit, zur Duldsamkeit und zur Achtung vor der Überzeugung des anderen, zur Verantwortung für Tiere und die Erhaltung der natürlichen Lebensgrundlagen, in Liebe zu Volk und Heimat, zur Völkergemeinschaft und Friedensgesinnung."

781 Mitwirkungsmöglichkeiten am AKO regelt der fünfte Teil der SVA.

Das »Schulklima« ist laut Auskunft der Schüler ziemlich positiv[782] und wird besonders als *friedlich*, *sozial* und *hilfsbereit* wahrgenommen.[783] Allerdings betonen sie auch, dass etwas *Autoritäres/Strenges* (vor allem von Seiten der Lehrer und der Schule), eine gewisse *Arroganz*/etwas *Elitäres* (vor allem von Seiten der Schüler) und eine Form von *Spießigkeit* durchaus spürbar sind. Befragt man die Lehrer nach dem »Schulklima«, so erhält man insgesamt ähnliche Resultate: Der Umgang zwischen Schülern, Kollegen und Eltern ist ihrer Meinung nach besonders von *Freundlichkeit* und *Hilfsbereitschaft* gekennzeichnet, wohingegen *Religiosität/ Frömmigkeit* eher eine untergeordnete Rolle spielt.[784]

5.1.2 Internat am AKO

Im Internat am AKO leben etwa 145 Mädchen und Jungen, die aktuell von zwölf Erziehern betreut werden. Das Internat gliedert sich in ein Mädcheninternat für 45 Schülerinnen aller Jahrgangsstufen, in ein Jungeninternat für 25 Schüler der Sekundarstufe I und ein Jungeninternat für 70 Schüler der Sekundarstufe II.[785] Um einer breiteren Schicht von Schülern den Zugang zum Internat zu ermöglichen, steht ein Stipendiatenwesen zur Verfügung.[786]

Das Internatsleben verlangt vom jeweiligen Schüler, sich den Herausforderungen dieser besonderen Gemeinschaft und der Schule zu stellen, an ihnen zu wachsen, die eigene Freizeit sinnvoll zu gestalten und nicht zuletzt sich auf die Frage nach Gott einzulassen. Es wird Wert darauf gelegt, dass die Schüler sich in der gegenseitigen Auseinandersetzung sowohl Durchsetzungsvermögen als auch Toleranz aneignen, sich in der Kritikfähigkeit üben und am gemeinsamen Miteinander und Vorankommen Freude empfinden. Das regelmäßige Nachmittagsstudium hält dazu an, über das Gelernte nachzudenken und es zu vertiefen, Hausaufgaben zu erledigen sowie sich auf Klassenarbeiten mit oder ohne Unterstützung der Erzieher vorzubereiten. Darüber hinaus ist jeder dazu verpflichtet, sich außerhalb des Unterrichts im sportlichen oder musischen Bereich zu engagieren.

---

782 Eine Umfrage unter Sechst-, Zehnt- und Zwölftklässern zeigt, dass sich mit zunehmendem Alter der Schüler dieser Eindruck leicht abschwächt, jedoch im positiven Bereich bleibt (s. im Anhang, A1).

783 In den verschiedenen Jahrgängen liegen daneben noch die Items *freundlich/nett*, *religiös/fromm* und *ehrlich* im oberen Bereich (s. im Anhang, A1).

784 s. im Anhang, A1 und A3.

785 Sowohl was die Zuständigkeiten durch die Erzieher als auch was die räumliche Anordnung anbelangt, lässt erkennen, dass sich eigentlich vier Internatsbereiche voneinander unterscheiden lassen: Die Mädchen befinden sich in einem Neubau auf der anderen Straßenseite des übrigen Kollegs, die jüngeren Jungen sind in der sogenannten *Stella*, einer ehemaligen Industriellenvilla, untergebracht und die älteren Jungen wohnen zum einem im renovierten Altbau, zum anderen im sogenannten *Jägerhaus*, das „ein Stück lebendiger Erziehungsarbeit" (Aloisiuskolleg 2003, 13) bietet, denn dort wird einigen Oberstufenschülern zugetraut, „ohne Erzieher, ohne Reglement, ohne ständigen Eingriff von außen mit anderen in eigener Verantwortung zusammenzuleben, den Tag zu gestalten, ihre Pflichten wahrzunehmen, ihre Freiheit sinnvoll zu füllen" (Stüper 1990, 548). Diese Verantwortung wird Schülern übertragen, die sich in Sachen Zuverlässigkeit, Hilfsbereitschaft, Pflichtbewusstsein und Freizeitverhalten bewährt haben.

786 Etwa ein Drittel der Internatsschüler bezieht ein Teilstipendium, das bis zu 100 % der Internats- und Pensionskosten deckt.

Ein wesentlicher Aspekt der ganzheitlichen Bildung im Internat ist die religiöse Erziehung, die zum einen versucht, eine gewisse Neugier zu wecken und der zum anderen an einer gewissen Gewöhnung gelegen ist, was durch die tägliche Morgenandacht für Schüler der Sekundarstufe I, den wöchentlichen Donnerstagabendgottesdienst für Schüler der Sekundarstufe II und durch verschiedene informelle sowie personelle Angebote der Jesuitenpatres vermittelt wird.

Jedes zweite Wochenende ist Internatswochenende, bei dem die Internatsschüler in dichter Form erfahren, was es bedeutet, in Gemeinschaft zu leben und zu lernen sowie besonderen Freizeitaktivitäten nachzugehen und den eigenen Glauben zu feiern. Die Heimreisewochenenden und Ferien dienen nicht nur der Erholung, sondern besonders dazu, dass die Schüler den Kontakt zu ihren Eltern, Geschwistern und Familien pflegen, denn das Internat ist kein Familienersatz, sondern versteht sich vielmehr als Ergänzung oder Unterstützung zu dem, was in den Familien gelebt wird.

Ein bedeutsames und sensibles Thema ist die Integration von Schülern, die nicht in Klasse 5 als Internatsschüler beginnen, sondern die verstärkt in den Jahrgangsstufen 10 bis 12 dazustoßen. Hierbei gilt es darauf zu achten, dass auf der einen Seite ein bestimmter Stil der Internatsgemeinschaft und gute Traditionen des Hauses gewahrt bleiben und weitergegeben werden, dass auf der anderen Seite die neuen Schüler jedoch auch die Chance bekommen, sich persönlich einzubringen, diesen Stil mitzuprägen und von denen, die schon länger da sind, nicht nur akzeptiert, sondern aktiv mit in die Gemeinschaft hineingenommen werden.

5.1.3 Externat am AKO

Im Externat werden nachmittags von 14:00 Uhr bis 17:00 Uhr etwa 130 Schüler – vorwiegend der Unter- und Mittelstufe – von zwölf Fachkräften und etwa 20 Oberstufenschülern in Kleingruppen bei ihren Hausaufgaben und beim Lernen in Klassenzimmern der Schule unterstützt und betreut. Um einer breiteren Schicht von Schülern den Zugang zum Externat zu ermöglichen, steht auch hier ein Stipendiatenwesen zur Verfügung.[787] Die meisten Externatsschüler essen zu Mittag in der Mensa und nehmen neben dem Studium auch an kleineren freizeitlichen Aktivitäten oder gezielten Förderprogrammen des Externats teil. Träger des Externats ist das AKO-PRO-Seminar, dessen Leiter zugleich Leiter des Externats ist.

Im Externat (wie übrigens auch im Internat) gilt es, auf die persönlichen Begabungen und Kapazitäten des einzelnen Schülers zu achten, ihn in seinem Vorankommen (besonders bei Blockaden, Problemen oder Niederlagen) zu unterstützen sowie mit zunehmendem Alter eine Leistungsbereitschaft zu wecken, die es dem Schüler ermöglicht, vor dem Leistungsdruck der Gesellschaft, der Schule, der Lehrer bzw. Eltern und nicht zuletzt seiner selbst zu kapitulieren.

787 Über ein Viertel der Externatsschüler bezieht ein Stipendium, dass sich zugleich berechtigt kostgeldfrei in der Mensa zu Mittag zu essen.

5.1.4 AKO-PRO-Seminar

Der AKO-PRO-Seminar e. V. ist das Jugendbildungs- und Freizeitzentrum am AKO, dessen etwa 450 Kurse jährlich von mehr als 5000 Kindern und Jugendlichen, von Schülern aus dem AKO sowie etlichen Kindern und Jugendlichen anderer Schulen besucht werden.[788] Die Schwerpunkte des Kursprogramms liegen im sportlichen, wissenschaftlichen, musischen und handwerklichen Bereich oder machen mit der Natur vertraut. Die einzelnen Kurse werden von etwa 100 Honorarkräften, meist externen Trainern, Künstlern, Pädagogen oder Studenten geleitet und umfassen in der Regel zwölf Zeitstunden.[789] Für die Kurse nutzt das AKO-PRO Räume, Werkstätten und Sporthallen des Kollegs. Die Organisation und Abwicklung des Kursprogramms läuft über ein eigenes Büro und wird vom Leiter des AKO-PRO verantwortet, dem drei Angestellte zur Seite stehen.[790]

Das AKO-PRO ist einer der Garanten für ganzheitliche Bildung am AKO. Mit seinen außerunterrichtlichen Angeboten gelingt es, nicht nur Schüler oder Lehrer des AKOs zu erreichen, sondern weit über das Kolleg Menschen anzusprechen und für das neugierig zu machen, was dort an einem Jesuitenkolleg geschieht.

5.1.5 Jugendgruppe ProCura

ProCura ist ein jesuitisches Angebot der Jugendpastoral des AKOs für etwa 60 Schüler der Klassen 5 bis 10. Ähnlich der verbandlichen Jugendarbeit treffen sich die Kinder und Jugendlichen mit ihren 16- bis 18-jährigen Gruppenleitern wöchentlich meist nachmittags zu Gruppenstunden, die einen vorwiegend spielerischen Charakter haben. In den Gruppenstunden lernen die Gruppenleiter Verantwortung und Leitung zu übernehmen, sich in wachsender Eigenständigkeit zu üben und sich für andere einzusetzen. Die Gruppenleiter wiederum werden von einem Jesuiten angeleitet und begleitet, der gleichzeitig als Leiter von ProCura fungiert, die Gruppe nach außen vertritt und das eigene Gebäude (mit Gruppenräumen, Büro und Küche) verwaltet.

Bei einzelnen Projekten sowie an Wochenendveranstaltungen und Gruppenfahrten treten der religiöse und der soziale Akzent in den Vordergrund, insofern die Schüler mit Formen der geistlichen Reflexion, des Austausches, des Gebets und der Liturgie vertraut gemacht werden und sich im Rahmen einer Partnerschaft mit dem jesuitischen Straßenkinderprojekt *Concordia* in Rumänien engagieren.[791]

---

788 Zur Zeit sind ans AKO-PRO 36 Schulen als Kooperationspartner angeschlossen. Zur Geschichte und zum erweiterten Konzept des 1966 gegründeten AKO-PRO-Seminars e. V. s. Eschweiler 1983 und 1992 sowie Knüttgen 1997.

789 Die Kurse finden gewöhnlich wöchentlich statt (Kursgebühr: 25 bis 40€), Angebote der Abenteuerpädagogik darüber hinaus auf Veranstaltungen an Wochenenden oder in den Ferien.

790 Außerdem werden vom AKO-PRO eine offene Einrichtung (Computerraum, Scouting, Forum musicale, Wochenend- und Ferienveranstaltungen), das Externat am AKO, die GOS (Offene Ganztagsschule) einer Grundschule und Sporteinrichtungen am Kolleg (Jugendtennisclub, Basketball, erlebnispädagogische Maßnahmen und Bogenschussanlage) organisiert.

791 Zur Entstehung und zu den Zielen von ProCura s. auch Kraemer 2007. Leider wurde die Kooperation mit *Concordia* im Herbst 2008 von Seiten des rumänischen Projektes gekündigt, so dass momentan eine Neuausrichtung gegebenenfalls mit einem »Standbein« in Ungarn ansteht.

5.2 *Adressaten der Kollegsseelsorge am AKO*

Eine Zielgruppenanalyse, die im wesentlichen auf Umfrageergebnissen[792] beruht, soll ergeben, wer zu den primären Adressaten von Kollegsseelsorge am AKO gehört und wer zu den eher nachgeordneten. Prinzipiell stehen Maßnahmen und Angebote der Kollegsseelsorge allen am Kollegsleben Beteiligten offen. Dennoch ist es im Rahmen eines konzeptionellen Vorgehens unvermeidbar, Schwerpunkte zu setzen, bei einzelnen Zielgruppen zu beginnen und das Engagement erst nach und nach auszuweiten.

5.2.1 Schüler bzw. Kinder und Jugendliche

Im Schuljahr 2008/09 besuchen 840 Schüler[793] das AKO, von denen 140 im Internat[794] wohnen und 130 nachmittags im Externat betreut werden. Die meisten Schüler sind im weitesten Sinne bürgerlicher Herkunft, beschreiben ihr Lebensgefühl als urban und zählen von ihrer Milieuorientierung weitestgehend zu den *traditionellen*, *bürgerlichen* und *postmateriellen Jugendlichen* sowie zu den *Performer Jugendlichen* und *experimentalistischen Jugendlichen*.[795] Viele ihrer Eltern sind Akademiker, die als Angestellte, Beamte oder Selbstständige tätig sind. Im Vergleich zu anderen Jugendlichen ihrer Altersgruppe wachsen AKO-Schüler häufiger mit einem oder mehreren Geschwistern auf und sind in den unteren Klassenstufen nicht so sehr von einer Trennung oder Scheidung ihrer Eltern betroffen.[796] Lehrer und Erzieher weisen allerdings darauf hin, dass ihrer Einschätzung nach je-

792 Anfang des Schuljahres 2008/09 wurden unter Schülern, ehemaligen Schülern, Eltern sowie Lehrern und Erziehern mittels Fragebögen verschiedene Umfragen vorgenommen, die im Anhang dieser Arbeit zusammengestellt sind (s. im Anhang, A1, A2, A3 und A4).

793 Mehr als ein Viertel der Schüler sind weiblich. Konfessionell liegt die Verteilung bei etwa zwei Drittel Katholiken, ein Viertel Evangelische und weniger als 10 % Angehörige anderer oder keiner Konfession bzw. Religion. Der Ausländeranteil unter den Schülern liegt bei etwa 2 %, wobei mehrere Schüler eine zweite Staatsbürgerschaft besitzen.

794 Die »Internen« kommen aus dem ganzen Bundesgebiet (schwerpunktmäßig aus NRW, Rheinlandpfalz und Hessen). Gründe, weswegen Eltern für ihre Kinder das Internat wählen, sind: aus Tradition (besonders aus Familien des Adels waren bereits andere Familienmitglieder am AKO bzw. im im Internat), auf Empfehlung (Freunde oder Verwandte empfehlen das Internat), aus familiären bzw. beruflichen Gründen der Eltern (alleinstehende, getrennt lebende, geschiedene, verwitwete oder überforderte Eltern bzw. Elternteile suchen nach einer unterstützenden Erziehungseinrichtung für ihr Kind), aus Interesse (Kinder und/oder Eltern interessieren sich für eine kirchliche Internatsschule, die besondere Bildungsmöglichkeiten anbietet) oder im Rahmen eines Stipendiums (Teil-/Stipendien werden jährlich für das Internat und das Externat ausgeschrieben und vergeben).

795 s. Milieustudie U27 2007. Die Jugendlichen am AKO haben prozentual eine deutlich andere Verteilung in der Milieuorientierung als die befragten Jugendlichen in der Milieustudie U27. Vor allem durch das Internat und den besonderen Ruf der Schule gibt es am AKO einen großen Anteil an *traditionellen Jugendlichen*, wohingegen die *experimentalistischen Jugendlichen* eine absolute Minderheit ausmachen.

796 Dies liegt u. a. daran, dass bei der Aufnahme von externen Sextanern Wert gelegt wird auf ein weitgehend intaktes Elternhaus. Internatsschüler hingegen sind von »besonderen familiären oder biografischen Situationen« häufiger betroffen. Wer als Seelsorger, Erzieher oder Lehrer mit solchen Schülern zu tun hat, sollte notwendigerweise darum zu wissen, dass etwa die Trennung oder Scheidung der Eltern bzw. der Tod, die ständige Abwesenheit oder die Krankheit eines Elternteils einzelne Kinder und Jugendliche schwer belasten können.

der vierte Schüler mit der Trennung oder Scheidung der Eltern konfrontiert ist und einen sehr hohen Bedarf hat, seelsorglich unterstützt zu werden.[797]

Die externen Schüler kommen aus dem weiteren Umfeld von Bad Godesberg, haben durchschnittlich einen 15 bis 30-minütigen Schulweg und sind in der Regel von 7:50 bis 14:00 Uhr an der Schule.[798] Für ihre Hausaufgaben und fürs Lernen brauchen die Schüler unterschiedlich viel Zeit; in den unteren Klassen sind es im Schnitt 70 Minuten, in den oberen Klassen etwa zwei Stunden.[799] Auf dem Schulgelände treffen sich die jüngeren Schüler vor allem auf dem oberen Schulhof. Orte, um sich zurückzuziehen spielen bei ihnen kaum eine Rolle. Die Oberstufenschüler treffen sich am ehesten im Bereich der Informationswände. Bei den Rückzugsorten bevorzugen die externen Schüler eindeutig die Bibliothek und den Oberstufenraum, während die Internatsschüler dazu lieber das Internat (ihr Zimmer) oder die Krypta nutzen. In der Freizeit, die durchschnittlich mit knapp vier Stunden angegeben wird, beschäftigen sich die Jüngeren vorrangig mit Spielen und Sport und sind verhältnismäßig viel draußen. Ihre Zeit verbringen sie in dieser Altersstufe besonders mit Freunden und/oder ihrer Familie, bei Freunden, im Sportverein oder zu Hause.[800] Mit zunehmendem Alter lässt die Begeisterung zum Spielen nach, Sporttreiben, Musikhören und die Beschäftigung mit dem PC samt Internet stehen im Vordergrund. Besonders die älteren Schüler emanzipieren sich von zu Hause, sind nicht mehr so viel mit der Familie zusammen, sondern bevorzugen es, in die Stadt zu gehen oder zu diversen Sportvereinen.[801]

797 Aus der Umfrage unter Lehrern und Erziehern geht außerdem hervor, dass die familiäre Situation etwa jedes zehnten Schülers durch Krankheit oder Tod eines Familienangehörigen geprägt ist und dass in diesen Fällen seelsorgliche Unterstützung nötig erscheint (s. im Anhang, A3).

798 Gut ein Drittel der »Externen« isst Mittags in der Mensa, besonders diejenigen, die in der Folge im Externat ihre Hausaufgaben machen und lernen bzw. eine Veranstaltung des AKO-PRO oder der Jugendgruppe ProCura besuchen. Die anderen zwei Drittel sind nachmittags in der Regel zu Hause (ältere Schüler auch in der Stadt) und von dort aus etwa in örtlichen Sportvereinen oder Einrichtungen der (kirchlichen) Jugendarbeit (s. im Anhang, A1).

799 Nicht wenige Schüler geben an, dass sie mehr als drei Stunden zusätzlich zum Unterricht für die Schule aufwenden – in Extremfällen sind es täglich auch vier und mehr Stunden. Besonders in der Mittelstufe ist ein Anstieg der außerschulischen Arbeitszeit zu verzeichnen, die mit einem Weniger an Freizeit korrespondiert (s. im Anhang, A1).

800 Die Jungen der Klasse 6 spielen mehr, sehen mehr fern und sind eher mit mehreren Freunden zusammen, wohingegen die Mädchen eher draußen sind und mehr musizieren (s. im Anhang, A1).

801 Geschlechtsspezifische Unterschiede im Freizeitverhalten ließen sich für die Zehnt- und Zwölftklässler nicht nachweisen. Die Umfrage ergab ein uneinheitliches Bild mit z. T. gegenteiligen Aussagen, die sich nicht als entwicklungsbedingt erklären lassen (s. im Anhang, A1).

Die Schüler halten sich insgesamt für durchschnittlich religiös.[802] Ihre religiöse Prägung führen sie mehrheitlich auf ihre Eltern zurück, mit denen sie allerdings nur zum Teil gemeinsam in den Gottesdienst gehen bzw. beten.[803] Besonders die älteren Schüler geben zu hohen Prozentsätzen an, dass innerhalb der Familie jeder seinen Glauben für sich allein praktiziert[804] oder dass der Glaube gar nicht gelebt wird. Ein Drittel bis knapp die Hälfte der Schüler beteiligen sich in einer kirchlichen Jugendgruppe – davon in den unteren Jahrgängen prozentual vermehrt die männlichen und katholischen.

Ein wichtiges Thema der Schüler im Kontext der Schule betrifft Fragen zur Klassengemeinschaft, wie diese aufzubauen (Unterstufe) bzw. zu stärken (Mittelstufe) ist und wie sich neue Schüler in die Jahrgangsstufe integrieren lassen (Oberstufe).

Die Schulverfassung des AKOs betrachtet die Schüler nicht allein als Adressaten der Schulseelsorge, sondern erwartet von jedem einzelnen, „dass er sich seinem Alter entsprechend für die Grundsätze und Ziele des Aloisiuskollegs einsetzt und sich an der Gestaltung des Schullebens beteiligt", und nennt dabei explizit „die Beteiligung an Wallfahrten, Exerzitien, Besinnungstagen, religiösen Freizeiten und weiteren Angeboten von Schule und Schulseelsorge"[805] ist.

802 Die Sechstklässler halten sich für »religiöser« (etwa zwei Drittel gehen mehr als monatlich in einen Gottesdienst und alle geben an, dass sie beten) als die Zehntklässler (fast drei Fünftel besuchen nie oder nur an Feiertagen einen Gottesdienst, allerdings gibt nur jeder Zehnte an, nicht zu beten) und noch mehr als die Zwölftklässler (etwa drei Fünftel besuchen nie oder nur an Feiertagen einen Gottesdienst, allerdings 34 % wöchentlich oder öfters und immerhin vier Fünftel geben an, zu beten). Über die Altersklassen hinweg schätzen sich die Mädchen »religiöser« ein als die Jungen. Auch die Katholiken halten sich im Gegensatz zu den Protestanten für »religiöser« (s. im Anhang, A1). Aufgrund der Umfrageergebnisse legt sich die Annahme nahe, dass sich die Schüler am AKO analog zur kirchlichen Jugendarbeit in drei Orientierungstypen, die sich aufgrund ihrer Bedürfnisse, ihres Engagements und ihrer Einstellung in Bezug auf Kirche bzw. Glauben unterscheiden, aufteilen lassen (s. Kap. 1.2.2.2): Auch am AKO gibt es eine kleine Gruppe der sogenannten *Spirits* bzw. die »religiös Musikalischen«, eine größere Anzahl sogenannter *Humans*, die sich aktiv und stark für die Klassengemeinschaft und das größere Gemeinwohl einsetzen sowie eine etwa gleich große Gruppe sogenannter *Funs*, die dazu neigen, die Vorzüge (auch die religiösen) des AKOs für sich zu nutzen und weitestgehend auf »Beziehungsspaß« zu setzen.

803 Auf die Frage, wer sie in ihrem Glauben am stärksten geprägt habe, sind es bei den jüngeren Schülern knapp 70 % (davon prozentual mehr Jungen und Katholiken), die die Mutter und etwa 60 % (davon prozentual mehr Protestanten), die den Vater angeben sowie immerhin noch knapp ein Viertel, das den Pfarrer ankreuzt. Bei den älteren fällt auf, dass für die Prägung im Glauben mit zunehmendem Alter der Vater (fast zwei Fünftel der Zwölftklässer, davon prozentual deutlich mehr Mädchen) und einzelne Lehrer (für fast ein Viertel der männlichen Zwölftklässler) wichtig werden. In Sekundarstufe II geschieht Glaubensprägung darüber hinaus vermehrt über eigene Gottesdienst- oder Gebetserfahrungen, wohingegen das eigene Bibelstudium eine weit untergeordnete Rolle spielt (s. im Anhang, A1).

804 Bei einem Fünftel der Zwölftklässler wird der Glaube in der Familie gar nicht gelebt und bei weiteren zwei Fünfteln praktiziert ihn jeder für sich (bei den Zehntklässlern tun dies sogar 55 %) (s. im Anhang, A1).

805 SVA § 8,2. s. dazu auch grundsätzlich: „Der Besuch der Schulgottesdienste und die Teilnahme an religiösen Veranstaltungen ist für alle Schüler verpflichtend. Die Teilnahme am Religionsunterricht und die Bejahung der religiösen Erziehung sind für die Aufnahme eines Schülers und für den Bestand des Schulvertragsverhältnisses unabdingbare Voraussetzung" (SVA § 1,3).

5.2.2 Lehrer, Erzieher und sozialpädagogische Fachkräfte

Am AKO sind in der Schule momentan 65 Lehrer[806] angestellt, im Internat zwölf Erzieher und im Externat zwölf sozialpädagogische Fachkräfte. Schulpastoral bzw. Kollegsseelsorge werden von ihnen tendenziell unter pragmatischen Gesichtspunkten gesehen und gutgeheißen, insofern sie ihnen dazu dienen und dabei helfen, »bessere Pädagogen« zu sein.[807] Lehrer betrachten sich – wenn überhaupt – nur dann als Adressaten von Schulseelsorge, insofern sie persönliche Fragen oder Probleme haben, die sie mit dem Schulseelsorger im Privaten erörtern wollen. In solchen Gesprächen legen sie Wert darauf, dass einer da ist, der ihnen verständnisvoll und aufmerksam zuhört und dass darüber Diskretion gewahrt bleibt. Öffentliche schulpastorale Angebote hingegen, vor allem gottesdienstlicher Art, werden nur in geringem Umfang wahrgenommen.[808]

Mit den Erziehern haben die Lehrer gemeinsam, dass sie den Schulseelsorger gerne um Rat fragen, wenn es um einzelne schwierige oder benachteiligte Kinder bzw. Jugendliche ihrer Klasse oder ihrer Gruppe geht. In letzter Zeit zeigt sich von Seite der Lehrer und Erzieher allerdings reges Interesse an ignatianischer Spiritualität: Zum einen fragen sie nach ignatianischen Einzelxerzitien, für die sich einige von ihnen gemeldet haben,[809] zum anderen nutzen sie ignatianische Reflexions- und Gebetsformen, um diese im Unterricht bzw. bei der täglichen Erziehungsarbeit einzusetzen.

5.2.3 Leitungsebene der verschiedenen Kollegsbereiche

Gemeinsames Gremium der verschiedenen Einrichtungen am AKO ist der Kollegsrat. Er hat Beratungs- und Entscheidungsfunktionen, wird vom Rektor geleitet und befasst sich mit Angelegenheiten, die alle Bereiche tangieren. In ihm sind vertreten: der Rektor des Kollegs und ein Vertreter der Verwaltung, die Schule durch den Direktor und seine Stellvertreterin, das Internat durch den Internatsleiter sowie das AKO-PRO (inklusive des Externats) und ProCura durch deren Leiter.[810]

Da die Kollegsseelsorge kein Teil der Leitungsstruktur ist, kann sie gegenüber der Leitungsebene des Kollegs drei Positionen einnehmen: Sie steht 1. den einzelnen Leitern offen für seelsorgliche Gespräche oder Formen persönlicher Beratung, begegnet 2. den Leitern schulpastoral, indem sie als Anwalt struktureller Fragen auf-

---

806 Der Anteil männlicher Lehrkräfte überwiegt deutlich denjenigen der weiblichen. Was die Konfessionszugehörigkeit anbelangt, so sind mit Abstand die meisten der Lehrer katholisch, was den Vorgaben von SVA § 10,1 – 3 entspricht.

807 s. Ignatianische Pädagogik 1993, 74.

808 s. im Anhang, A2. Zum festen Programm am Anfang einer Tätigkeit an der Schule bzw. im Internat gehört es, dass sich Lehrer und Erzieher mit Gepflogenheiten des Kollegs bzw. des Jesuitenordens auseinandersetzen und in elementare Grundformen ignatianischer Pädagogik eingeführt werden. Diese Unterweisung in die ignatianische Weise des Vorangehens kann dazu dienen, dass Einzelne auf seelsorgliche Angebote reagieren bzw. nach solchen nachfragen.

809 Der vormalige Delegat für ignatianische Pädagogik, Frido Pflüger, hatte damit begonnen, Einzelexerzitien für Schul- und Internatsleiter sowie für Lehrer und Erzieher schulübergreifend anzubieten. Die viertägigen Kurse finden in Exerzitienhäusern statt, werden von einem Jesuiten geleitet und vom Orden sowie von den einzelnen Kollegien finanziell unterstützt.

810 s. die Satzung Kollegsrates vom 19.03.2009.

tritt und bietet sich 3. als Kooperationspartner an, um etwa Schülern, Lehrern oder Eltern notwendige und angemessene seelsorgliche Unterstützung zukommen zu lassen sowie um im Interesse des Trägers die religiöse und seelsorgliche Gestaltung des Kollegslebens zu fördern.

5.2.4 Eltern von Schülern

Die Eltern der Schüler des AKOs gehören milieumäßig mehrheitlich zu den *Etablierten, Postmateriellen, modernen Performern*, zur *bürgerlichen Mitte* sowie zu den *Konservativen.*[811] Sie sehen sich selber durchaus als potentielle Adressaten von Kollegsseelsorge,[812] insofern sie sich mit ihrem eigenen Gesprächsbedarf (etwa in Erziehungsfragen[813]) sowie mit dem Wunsch nach persönlicher Konfliktberatung und seelsorglicher Begleitung in schwierigen Situationen melden.[814]

Noch wichtiger scheinen mir allerdings die elterlichen Erwartungen zu sein, die gegenüber der Kollegsseelsorge im Hinblick auf ihre Kinder formuliert werden: Im Wesentlichen erwarten Eltern für ihre Kinder von der Kollegsseelsorge, dass sie Lebenshilfe und Unterstützung bei Problemen unterschiedlichster Art anbietet, dass sie Gesprächsbereitschaft und Aufgeschlossenheit signalisiert, dass sie für Geistliche Begleitung, Führung und Förderung bereit ist und dass sie zur Teilnahme an den Sakramenten und weiteren religiösen Veranstaltungen anregt. Eltern fungieren hierbei als so etwas wie »Ko-Adressaten«, da sie ihre Kinder durch ihr eigenes Interesse an der Kollegsseelsorge positiv beeinflussen können, was jenen wiederum den Zugang zu Angeboten der Kollegsseelsorge erleichtern kann.

5.2.5 Ehemalige Schüler

Ein kleiner Teil der ehemaligen Schüler des AKOs ist in der Altschülervereinigung der *Stellaner* mit Altschülern anderer Kollegien im deutschsprachigen Raum zusammengeschlossen. Sie treffen sich regelmäßig, halten sich vierteljährlich durch einen Newsletter auf dem Laufenden und unterstützen sich gegenseitig, vor allem beruflich. Zum AKO-Fest am Ende jedes Schuljahres und besonders zu Abiturs-Jubiläen besuchen sie das Kolleg und halten Kontakt untereinander, mit ihren Lehrern, Erziehern und den Jesuiten. Dass ehemalige AKO-Schüler eine sehr enge Bindung an das Kolleg haben, liegt an den vielfach guten Erinnerungen an ihre

---

811 s. Milieuhandbuch 2005. Auch die Eltern von AKO-Schülern verteilen sich prozentual anders auf die verschiedenen Milieus als die befragten Erwachsenen in der Sinus-Milieustudie –besonders der Anteil an *Etablierten* und *Konservativen* ist deutlich höher als sonst.

812 In der Umfrage unter Eltern äußerst sich nur knapp jeder Zehnte, schulseelsorglichen Angebote nicht beanspruchen zu wollen, wohingegen jeweils etwa zwei Fünftel ihren Willen zur Teilnahme daran mit *ja* bzw. mit *eventuell* bekunden (s. im Anhang, A4). Der mit zunehmendem Alter der Kinder deutlich geringer werdende Rücklauf der Fragenbögen wirft allerdings auch Fragen auf, die noch nicht abschließend beantwortet werden können: Spiegelt sich im Rücklauf auch die Teilhabe der Eltern bei Elternabenden, Jahrgangsstufenversammlungen, Besinnungstagen, Elternsprechtagen sowie bei der Hilfe bzw. beim Besuch des AKO-Festes? Oder: Spiegelt sich im Rücklauf auch der Inhalt der Antworten: je jünger die Kinder, desto mehr Interesse der Eltern? (s. im Anhang, A4).

813 Grundzüge jesuitischer Erziehung 1986, 131.

814 Es fällt auf, dass die Umfragen unter Schülern sowie unter Lehrern und Erziehern ergeben haben, dass die *Sorge um die Eltern* eine äußerst nachgeordnete Aufgabe des Kollegsseelsorgers sein sollte (s. im Anhang, A4).

Schulzeit[815] und daran, dass etliche Altschüler bei Trauungen und Taufen sowie Trauerfeiern von einzelnen Patres nicht selten intensiv seelsorglich begleitet wurden und werden.

Einige ehemalige Schüler, die feststellen, dass gerade „in der Schulzeit und den frühen Berufsjahren [..] häufig eine Entfremdung“ stattfindet, sehen in Angeboten der Kollegsseelsorge durchaus „eine logische und sinnvolle Ergänzung des ganzheitlichen Ansatzes jesuitischer Ausbildung“,[816] was sich mit dem weiterführenden Bildungsauftrag von Jesuitenkollegien deckt.[817] Deswegen sollte ihrer Meinung nach ein Kollegsseelsorger als Ansprechpartner zur Verfügung stehen, besonders bei Fragen der Familienbildung/-gründung, bei beruflicher oder privater Konfliktbewältigung, bei Schicksalsschlägen sowie dann, wenn ein Altschüler das Bedürfnis empfindet, „sein Leben neu ordnen zu müssen, den Überblick zurückzugewinnen und die Prioritäten neu verteilen zu müssen“. Betont wird allerdings, dass dies „ein sehr dezentes Angebot zum Gespräch mit der Möglichkeit zur Beichte sein“ müsste. Denkbar scheint auch, Besinnungstage oder Exerzitien für Altschüler anzubieten, „die von Patres der Jesuiten alle zwei Jahre möglicherweise in Verbindung mit der Stellaner Vereinigung organisiert werden könnten“.[818]

5.2.6 Nicht-pädagogisches Personal

Zum nicht-pädagogischen Personal des AKOs gehören etwa vierzig hauptamtliche Personen, die in der Verwaltung, der Bibliothek, der Küche, im Bereich des Reinigungswesens oder als Hausmeister tätig sind.

Diese Adressaten verlangen von der Kollegsseelsorge nicht so sehr sachliche, thematische oder geistliche Angebote, sondern vielmehr personelle Zuwendung, jemanden, der Zeit, Interesse und ein offenes Ohr für sie hat. Seelsorgliche Ermutigung und Unterstützung gelingt am besten, wenn diesen Angestellten, die meist Arbeit im Hintergrund erledigen, echte Aufmerksamkeit und Wertschätzung entgegengebracht wird.

5.3 Träger der Kollegsseelsorge am AKO

Alle engagierten Christgläubigen sind potentiell Träger der Kollegsseelsorge am AKO. Durch ihr christliches Beispiel legen sie in Wort und Tat Zeugnis ab für ihren Glauben, an dem teilzuhaben sie andere einladen und aus dem heraus sie sich gemäß ihrer originären Sendungskompetenz im Lebensraum des Kollegs für andere Menschen und für eine humanere Schule einsetzen.

---

815 In einer Online-Umfrage äußerten sich Altschüler überwiegend positiv dazu, zur allgemeinen Bildung (auf der Skala ganz oben: *Methodenvielfalt*, *Streben nach dem Außergewöhnlichen* und *lebenslanges Lernen*), Persönlichkeitsbildung (auf der Skala ganz oben: *Einsatz für Gerechtigkeit*, *Übernahme von Verantwortung*, *Kritikfähigkeit*, *cura personalis* und *Toleranz*) und zur religiösen Bildung (auf der Skala ganz oben: *Exerzitien*, *Gewissensbildung*, *Unterscheidungsfähigkeit* und *selbstverantworteter Glaube*), die sie am AKO erfahren hatten (s. im Anhang, A2).

816 O-Töne von Altschülern aus der Online-Umfrage, s. im Anhang, A2.

817 s. Grundzüge jesuitischer Erziehung 1986, 135.

818 O-Töne von Altschülern aus der Online-Umfrage, s. im Anhang, A2.

5.3.1 Konferenz Kollegsseelsorge

Am AKO gibt es momentan noch niemanden, der speziell als Kollegsseelsorger beauftragt ist. Diese Tätigkeit teilen die jüngeren Jesuitenpatres unter sich auf, insofern sie die verschiedenen Schul- und Internatsgottesdienste feiern sowie die Besinnungstage und Exerzitien (beg-)leiten. Unterstützung erfahren sie dabei von den älteren Patres, die einzelne Gottesdienste übernehmen und im Bereich der Sakramentenpastoral mithelfen. Offizieller Träger von Schulseelsorge ist eine etwa zweimonatlich stattfindende *Fachkonferenz Evangelische/Katholische Religion*, die stark organisatorische und koordinatorische Funktion hat und die von den *Fachleitern für Religion* einberufen und geleitet wird.

Denkbar bzw. wünschenswert für die Zukunft wäre die Einrichtung einer *Konferenz Kollegsseelsorge*[819], die sich zunächst Gedanken über die Prinzipien und Ziele der Kollegsseelsorge am AKO macht, die besonders im Bereich der Reflexion und Auswertung tätig ist und die dann vermehrt auch strukturell und konzeptionell arbeiten soll. Zu dieser würden von einem beauftragten Kollegsseelsorger drei bis vier Mal pro Schuljahr interessierte oder gewählte Schüler-, Eltern- und Lehrervertreter sowie Vertreter aus dem Internat, dem AKO-PRO, von ProCura und von den Jesuitenpatres eingeladen. Wichtig wäre, dass die *Konferenz Kollegsseelsorge* nicht zur Arbeitsgruppe »mutiert«, sondern stärker konzeptionellen und beratenden Charakter behält. Einzelne Träger von Kollegsseelsorge sollten von hier aus Impulse für konkrete schulpastorale Maßnahmen und Angebote erhalten, die von ihnen subsidiär und eigenständig (eventuell in Kooperation mit anderen) konzipiert, geplant, vorbereitet, durchgeführt und ausgewertet werden.

5.3.2 Kollegsseelsorger – Jesuiten und Nichtjesuiten

Als hauptamtlichen Träger der Kollegsseelsorge am AKO braucht es m. E. neben der *Konferenz Kollegsseelsorge* notwendigerweise auch einen hauptamtlichen Kollegsseelsorger. Von Seiten der Schüler, Lehrer, Erzieher und Eltern sowie von Seiten der Schul- und Internatsleitung besteht der große Wunsch, dass der Jesuitenorden wieder einen Pater als Kollegsseelsorger ans AKO destiniert.[820] Um für das ganze Kolleg sowie für unterschiedliche Adressaten zur Verfügung zu stehen, sollte er nicht qua (Religions-)Lehrer Schulseelsorger sein, sondern qua Geistlicher Kollegsseelsorger und eventuell auch (Religions-)Lehrer bzw. Erzieher.[821]

- Für die Schüler müsste der Kollegsseelsorger in erster Linie ein personales Angebot sein. Seine Aufgabenschwerpunkte sehen sie in der *Sorge um die*

819 Die Idee für eine solche Konferenz stammt von Jürgen Brinkmann, der als Beauftragter für Seelsorge an der Sankt Ansgar Schule in Hamburg damit gute Erfahrungen gemacht hat.

820 Dies ist mit dem Destinationsschreiben vom 10.12.2008 geschehen, mit welchem der Autor der vorliegenden Arbeit gebeten wird, ab Beginn des Schuljahres 2009/10 als Kollegsseelsorger am AKO offiziell mit seiner Arbeit zu beginnen.

821 Es ist durchaus von Vorteil für den Kollegsseelsorger, wenn er in einem kleinen Umfang selber unterrichtet; zum einen, um einen regelmäßigen Kontakt mit Schülern zu haben, zum anderen, um von den Lehrern als Kollege anerkannt zu werden. Allerdings gibt es auch Stimmen, die betonen, dass ein Schulseelsorger viel freier und unabhängiger ist, wenn er nicht unterrichtet (s. etwa Welter 2003). Hier gilt es je nach den Bedingungen vor Ort und noch mehr je nach den persönlichen Eigenschaften des Seelsorgers abzuwägen, was besser zu sein scheint.

Schüler, im *Aufbau von Vertrauen*[822] und im *Schlichten von Streit.*[823] Dazu sollte er *freundlich/nett* und *vertrauensvoll* sein, gut *zuhören* können sowie viel *Verständnis* für die Schüler, ihre Situation und Anliegen haben.

– Lehrer und Erzieher haben einen funktionaleren Blick auf einen eventuellen Kollegsseelsorger: In ihren Augen müsste er vor allem schulseelsorgliche Angebote organisieren und koordinieren sowie punktuell bei Konfliktfällen, in Krisensituationen oder bei Krankheit bzw. Trauer für Schüler zur Verfügung stehen.[824] Nicht zu vernachlässigen ist ihr Hinweis auf die Grenzen von Seelsorge im pädagogischen Kontext: Ihrer Meinung nach muss ein Kollegsseelsorger besonders dort äußerst vorsichtig agieren, wo es eher professioneller psychologischer oder juristischer als seelsorglicher Hilfe bedarf, wo es um kollegs-/schulinterne Machtstrukturen (etwa Personalpolitik oder Beförderungen) geht, wo pädagogische Belange berührt werden und wo die Privatssphäre von Hilfesuchenden zu achten ist.

– Eltern schließlich würden den Kollegsseelsorger am ehesten als unabhängigen Ansprechpartner nutzen, sei es, um sich selber auszusprechen oder um Nöte ihrer Kinder anzusprechen. In ihren Augen müsste er zusätzlich so etwas sein wie ein »Lebens- oder Krisenmanager« bzw. eine »pädagogische und/oder therapeutischer Hilfe« für ihre Kinder.[825]

Ein Kollegsseelsorger am AKO sollte also für verschiedene Gruppen da sein: er müsste den Kontakt zu den Schülern suchen, als »Teilzeit-Lehrer/-Erzieher« mit den Kollegen zusammenarbeiten und für Eltern prinzipiell jederzeit ansprechbar sein. Ganz wichtig ist dabei die Klärung seiner verschiedenen Rollen, die er in den

822 Der *Aufbau von Vertrauen* rangiert bei allen Gruppen von Befragten (Schüler, Lehrer und Erzieher sowie Eltern) weit oben. Deswegen ließe sich im Anschluss an diese Arbeit fragen, ob das Vertrauen, das alle Gruppen vom Kollegsseelsorger erwarten, etwa als Verschwiegenheit zuz verstehen ist, ob es mit dem Beichtgeheimnis assoziiert wird oder ob es eher ohne religiöse Dimension in der menschlichen Verlässlichkeit gesehen wird (s. im Anhang, A1, A3 und A4).

823 In der Schüler-Umfrage rangiert dagegen die *Sorge um die Eltern* am Ende der Skala, und die Akzeptanz, was *Glaubensvermittlung* durch den Kollegsseelsorger anbelangt, wird mit zunehmendem Alter geringer. Wenn man Schüler fragt, was sie als Erstes ändern/anpacken würden, wenn sie Kollegsseelsorger wären, wird von ihnen mehrfach angegeben, dass sie mehr auf einzelne Schüler zugehen und in besonderem Maße das Verhältnis zwischen »Internen« und »Externen« bzw. das zwischen Schülern und Lehrern verbessern würden (s. im Anhang, A1).

824 Die Umfrage unter Lehrern und Erziehern hat ergeben, dass sie in Bezug auf die Aufgaben des Kollegsseelsorgers besonders die *Sorge um die Schüler* und die Fähigkeit *zuzuhören*, zu *beraten* und zu *trösten* für wichtig erachten. Ebenfalls hohe Bedeutung messen sie dem *Aufbau von Vertrauen* und der *Vermittlung von Glauben* bei. Fragt man Lehrer und Erzieher, was sie als Erstes ändern/anpacken würden, wenn sie Kollegsseelsorger wären, wird von ihnen mehrfach angegeben, dass sie bestehende Angebote besser bekannt machen, den Kontakt zu Schülern sowie Lehrern, Erziehern und Eltern aktiv suchen und bei allem Vertrauen aufbauen würden. Der Hinweis zur Einrichtung von Sprechzeiten (auch das Aufstellen eines »Kummerkastens« bzw. die Bekanntgabe einer besonderen E-Mail-Adresse für Hilfesuchende gehört dazu) korrespondiert mit der Vorstellung, stets erreichbar und ansprechbar zu sein (s. im Anhang, A3).

825 s. im Anhang, A4. Diese elterlichen Erwartungen decken sich auch mit Überlegungen von Susanne Kugler, die Schulseelsorge auf der Grundlage des personenzentrierten Ansatzes darstellt (s. Kugler 2002). Dennoch muss sich jeder Schulseelsorger, besonders derjenige, der keine spezielle therapeutische Qualifikation mitbringt, seiner Grenzen bewusst sein, denn „Schulseelsorge ist [..] keine »Therapie«, sondern Beratung und Lebensbegleitung in einem System, das der Schulseelsorge wohl häufig diakonische Aufgaben zuweist“ (Möring-Plath 2005, 95).

unterschiedlichen Situationen, in denen er agiert, transparent machen muss – dies gilt insbesondere für seinen Kontakt mit der Leitungsebene, wo sich *forum internum* und *forum externum* berühren.[826] Ideal wäre, wenn solch ein jesuitischer Kollegsseelsorger durch einen Nichtjesuiten (eventuell durch einen evangelischen Religionslehrer, wünschenswerterweise möglichst durch eine Frau) in der Schule ergänzt würde, um deutlich zu machen, dass im Bereich der Kollegsseelsorge Platz ist für mehrere engagierte Christen sowie für ihr zeugnishaftes Leben und Handeln aus dem Glauben.

5.3.3 Lehrer, Erzieher und sozialpädagogische Fachkräfte

Als nebenamtliche Träger der Kollegsseelsorge sind am AKO die meisten Religionslehrer tätig.[827] Weit über das Maß ihres Lehrauftrags und Stundendeputats hinaus engagieren sie sich bei der Gestaltung von Schulgottesdiensten, Besinnungstagen und Exerzitien, bei der Organisation und Begleitung des Sozialpraktikums sowie als persönliche Ansprechpartner. In der Art, wie sie ihren christlichen Glauben leben und bezeugen und wie sie sich darauf ansprechen lassen, werden sie von nicht wenigen Schülern als Vorbilder für den eigenen Glauben betrachtet.[828]

Um als Lehrer oder Erzieher seelsorglich den einen oder anderen ignatianischen Akzent setzen zu können, ist es neben einer Einführung in die *ignatianische Pädagogik* wichtig, selber einmal die Erfahrung von Exerzitien gemacht zu haben. Seit dem Schuljahr 2007/08 gibt es dazu vom Jesuitenorden eigens Angebote, die von den Pädagogen des AKOs vielfach angenommen wurden und werden.

Unter den Lehrern sind vor allem die Klassenlehrer, die Jahrgangsstufenleiter und die Verbindungslehrer[829] wichtige Kooperationspartner der Kollegsseelsorge, besonders dann, wenn seelsorgliche Veranstaltungen für einen Klassenverband bzw. für einen ganzen Jahrgang angeboten werden oder wenn es darum geht, gezielt zwischen Schülern und Lehrern zu vermitteln.

---

826 Die Schulverfassung des AKOs verweist zwar auf die besondere Verantwortung, die dem Schulseelsorger im Bereich seelsorglicher Begleitung obliegt (s. SVA §3,3), regelt allerdings nicht, inwiefern er die verschiedenen verantwortlichen Bereichsleiter etwa über die Entwicklung eines Heranwachsenden informieren sollte bzw. ob er dies überhaupt darf. Prinzipiell muss ohne Ausnahme gelten, dass das, was beim Schulseelsorger materialiter zur Sprache kommt, vertraulich zu behandeln ist und nicht weitergegeben wird. Denkbar ist jedoch, dass der Schulseelsorger die pädagogisch Verantwortlichen darauf hinweist, sie mögen »doch mal nach einem bestimmten Schüler schauen«.

827 s. SVA §3,3: Von „jedem Lehrer wird erwartet, im eigenen Zeugnis und im Engagement für diese Ziele [gemeint ist die ganzheitliche Bildung der Schüler (Ergänzung von P. G.)] vorbildhaft seinen Beitrag zu leisten."

828 Jeder vierte männliche Zwölftklässer gibt an, dass Lehrer zu denen gehören, die ihn im Glauben am meisten geprägt haben (s. im Anhang, A1). Dies entspricht der in der Schulverfassung des AKOs formulierten Forderung, dass die dort „tätigen Lehrer [..] durch ihren Glauben dazu bei[tragen], dass das Evangelium zu den der Schule anvertrauten Kindern und jungen Erwachsenen gelangt" (SVA § 10,1).

829 Bis zu drei Lehrer werden vom Schülerrat auf ein Jahr als Verbindungslehrer gewählt (s. SVA & 39,12).

5.3.4 Ältere oder ehemalige Schüler

De facto gehören schon jetzt einige ältere Schüler mit zu den inoffiziellen Trägern der Kollegsseelsorge am AKO. Zukünftig gilt es, solche Schüler, die etwa in Klasse 10 als *Mentoren*[830] Patenaufgaben für die neuen Sextaner übernehmen, die innerhalb ihrer Klasse oder ihres Jahrgangs als *Streitschlichter* fungieren oder die als Oberstufenschüler die Besinnungstage der 9er-Klassen mitbegleiten, mehr denn je als Mitarbeiter in der Kollegsseelsorge ernstzunehmen und sie auch konzeptionell zu beteiligen. Die relativ hohe Bereitschaft unter älteren Schülern, sich im Bereich der Kollegsseelsorge zu engagieren,[831] sollte ein Kollegsseelsorger bzw. eine *Seelsorgskonferenz* positiv aufnehmen und versuchen, Gelegenheiten zu schaffen, in denen diese sich mit ihrem christlichen Glauben, ihrer Kreativität und ihrem Engagement selbstverantwortlich einbringen können.

Auch einzelne Altschüler, die eine Ausbildung bzw. ein Studium etwa in Theologie, Pädagogik oder Sozialarbeit machen sowie solche, die sich in besonderen Maße christlich engagieren wollen, vermögen über punktuelle Einsätze während eines Praktikums oder einzelner Projekte hinaus zu Trägern von Kollegsseelsorge am AKO zu werden.

5.3.5 Eltern von Schülern

In einem gewissen Rahmen können auch Eltern als glaubwürdige Zeugen ihres christlichen Glaubens – über eine Mitarbeit in der *Seelsorgskonferenz* hinaus – innerhalb einzelner schulpastoraler Aktivitäten oder Angebote in die Kollegsseelsorge mit einbezogen werden.[832] In diesem sensiblen Bereich ist auf ein gewisses Maß an Zurückhaltung ihrerseits zu achten ist, besonders dann, wenn Heranwachsende nach Freiräumen verlangen, in denen sie eigenständige Erfahrungen machen wollen/können, unabhängig von ihren oder anderen Eltern.

In jedem Fall sollen Eltern so etwas wie »informelle Träger« ignatianischer Schulpastoral sein, insofern sie mit den Verantwortlichen der Kollegsseelsorge in Kontakt bleiben (Erziehungsgemeinschaft),[833] insofern sie mit den pastoralen Grundüberzeugungen des Kollegs übereinstimmen und dessen Anliegen ideell unterstützen[834] sowie insofern sie selber Initiative ergreifen, eigene Fragen, Ideen und Pro-

830 Ein Schüler, Jan Schmickler, beschreibt die Mentorentätigkeit am AKO folgendermaßen: Jeweils zu zweit helfen Zehntklässler einer neuen Sextanerklasse beim Einstieg ins Kollegsleben. Sie wollen/sollen dabei, die „neuen Sextaner mit der Schule vertraut machen, die zu betreuende Klassengemeinschaft stärken, Ansprechpartner für Schüler sein, Vermittler zwischen Schüler und Lehrer sein" (Schmickler 2001, 126) und Freizeitaktivitäten organisieren. Wichtig ist, dass die Mentoren auf ihre Tätigkeit vorbereitet und später dabei begleitet werden.

831 Bei den Zehntklässlern ist mehr als jeder Dritte bereit, sich im Bereich der Kollegsseelsorge zu engagieren, bei den Zwölftklässlern jeder Vierte. Für beide Jahrgänge gilt, dass sich die weiblichen und protestantischen Schüler eher für ein aktives Engagement interessieren als ihre männlichen und katholischen Altersgenossen (s. im Anhang, A1).

832 Die Umfrage unter Eltern hat ergeben, dass einige von ihnen bereit sind, etwa die Gesprächsführung in kleinen Gruppen (im Rahmen der Firmkatechese, bei Besinnungstagen oder an Elternabenden) zu übernehmen, bei Wochenendveranstaltungen oder Pilgertouren begleitend mit dabei zu sein sowie anderweitig organisatorisch behilflich zu sein (s. im Anhang, A4).

833 s. Grundzüge jesuitischer Erziehung 1986, 131.

834 s. Grundzüge jesuitischer Erziehung 1986, 132f.

jekte einbringen und somit die Kollegsseelsorge bereichern. Dazu sollte der Schulseelsorger in regelmäßigen Abständen Angebote an Eltern aussprechen, sich mit der ignatianischen Spiritualität auseinanderzusetzen.

5.4 Grundlagen, Prinzipien und Ziele der Kollegsseelsorge am AKO

5.4.1 Grundlagen der Kollegsseelsorge am AKO

Die Kollegsseelsorge am AKO gründet auf dem allgemeinen Sendungsauftrag Jesu Christi, die heilende und frohmachende Botschaft in Wort und Tat zu verkünden sowie auf dem der Gesellschaft Jesu eigenen Sendungsauftrag, den Menschen zu helfen (*iuvare animas*), ihrem Lebensziel näher zu kommen, das darin besteht, Gott zu loben und ihm besonders in den Notleidenden zu dienen. In enger Anlehnung an die Spiritualität und Pädagogik der Exerzitien kommt sie diesem Auftrag nach, indem sie sich um den Einzelnen sorgt (*cura personalis*), dessen menschliches, geistiges und geistliches Wachstum fördert und ihn dazu ermutigt bzw. anleitet, sich mit anderen zu einem Menschen für andere zu bilden und bilden zu lassen.[835]

5.4.2 Prinzipien der Kollegsseelsorge am AKO

Die Kollegsseelsorge am AKO gestaltet ihre Angebote ausgehend von den Vorerfahrungen, den Kapazitäten und Fähigkeiten bzw. den Situationen und Bedürfnissen ihrer primären Zielgruppe, den Heranwachsenden (*Subjektorientierung*).

Gleichzeitig berücksichtigt sie die schulischen Sozialstrukturen und Systemkontexte, innerhalb derer schulpastorales Handeln geschieht, setzt sich ein für die Bekämpfung struktureller Ungerechtigkeiten und leistet ihren spezifischen Beitrag zur ständigen Analyse und Evaluation des Kollegslebens (*Systemorientierung*).

In ihrer Vorgehensweise richtet sich die Kollegsseelsorge nach dem Ignatianischen Pädagogischen Paradigma, indem sie, den schulischen Systemkontext und die Vorerfahrungen der Subjekte berücksichtigend, der jeweiligen Zielgruppe oder dem Einzelnen ermöglicht, eine persönliche Erfahrung zu machen, diese zu reflektieren und sie dann in eigenverantwortliches und selbstständiges Handeln zu führen bzw. dies zur Ausbildung der je eigenen Identität zu nutzen[836] – Auswertung,

---

835 Gemäß des Erziehungs- und Bildungsauftrags für Schulen in NRW legitimiert sich die Kollegsseelsorge schulpädagogisch, insofern sie mittels Formen der Unterstützung, Unterweisung und Unterbrechung Hilfen „zur persönlichen Entfaltung in sozialer Verantwortlichkeit" (MINISTERIUM FÜR SCHULE – NRW 1999, XI, s. auch Art. 7 der Landesverfassung von NRW) bereitstellt. Theologisch-spirituell legitimiert sie sich, insofern sie die aktuell wichtigsten menschlichen Grunderfahrungen mit den existentiellen Erfahrungen, wie sie durch Schrift und Tradition überliefert sind, in Relation setzt und auf diese Weise Menschen zu einem Leben aus dem christlichen Glauben ermutigt. Dezidierter s. Kap. 4.2.

836 s. KITTEL 2005, 69ff, der für Kinder und Jugendliche „Ignatianische Experimente" entwickelt, die sowohl dem „Prozesscharakter ignatianischer Spiritualität" als auch dem „Suchcharakter des Jugendalters" (ebd., 69) Rechnung tragen.

Verbesserung, Weiterentwicklung und Optimierung stehen am Ende jeder schulpastoralen Maßnahme und jedes schulseelsorglichen Angebots (*Prozessorientierung*).

Die Angebote, die die Kollegsseelsorge den einzelnen Subjekten und dem System unterbreitet bzw. die Prozesse, die sie initiieren will, basieren darauf, dass Einzelne und Gruppen sich aus freiem Willen entscheiden, sich daran zu beteiligen (*Freiwilligkeit*).[837]

Alle schulpastoralen Angebote stehen prinzipiell jedem ohne Vorbedingungen offen und sind gleichzeitig eine besondere Einladung für die Benachteiligten am Kolleg (*Gastfreundschaft*).[838] Sie zeichnen sich dadurch aus, dass sie in ihre Entwicklung, Planung und Durchführung möglichst viele Beteiligte einbeziehen (*Partnerschaftlichkeit*) und dadurch, dass sie mit Personen oder Einrichtungen des Kollegs (speziell Internat, Externat und AKO-PRO) bzw. mit solchen von außen sich abstimmen und zusammenarbeiten (*Kooperation*).

Obwohl die Angebote der Kollegsseelsorge deutlich katholisch und jesuitisch akzentuiert sind, stehen sie Mitgliedern anderer Konfessionen und Religionen offen, achten deren Befindlichkeit und halten diese an, im eigenen je eigenen Glaubensbekenntnis zu wachsen (*Ökumene und Interreligiosität*).

5.4.3 Ziele der Kollegsseelsorge am AKO

Die Kollegsseelsorge leistet einen wichtigen Beitrag zum Profil[839] des gesamten Kollegs. Sie unterstützt Kinder und Jugendliche dabei, ihr Leben im Vertrauen auf Gott bzw. auf das Wirken seines Geistes sowie nach dem Vorbild Jesu Christi zu gestalten und ermutigt sie, in diesem Sinne nach den Sternen zu greifen: Sie sollen sich ausstrecken nach den Idealen, die sie als junge Menschen haben, sie sollen wachsen, in dem, was wir *competence*, *conscience* und *compassion* nennen und sie sollen sich und ihr Leben ausrichten am Leitstern ihres Glaubens, an Jesus Christus. Damit dies gelingt, hat sich Kollegsseelsorge Zweierlei zum Ziel gesetzt:

- Auf der strukturellen Ebene tritt Kollegsseelsorge ein für eine *christliche Humanisierung* des Kollegs, indem sie zum einen die Frage nach Gott wachhält und Freiräume schafft, in denen die am Kollegsleben Beteiligten ihre Gottesbeziehung bzw. ihre Art der Nachfolge Christi ein- und ausüben können und indem sie zum anderen darauf achtet, dass jedes Bemühen um

837 Eine Einschränkung des Freiwilligkeitsprinzips gilt für diejenigen religiösen Veranstaltungen, die Bestandteil des Schulvertragsverhältnisses sind (SVA § 1,3), von denen in der Regel nur der Rektor bzw. der Schulleiter im begründeten Einzelfall dispensieren können. Dennoch wird betont, dass „Glaube [..] nicht zu erzwingen [ist]; gebunden an die freie Zustimmung des Einzelnen ist er ein Geschenk der Gnade Gottes“ (SVA § 3,5).

838 Zu den Benachteiligten gehören u. a. diejenigen, die finanziell schlechter gestellt sind, die unter einer Krankheit leiden oder durch eine Behinderung eingeschränkt sind, die eine schwere Krankheit oder den Tod eines Angehörigen verkraften müssen, die emotional mit einer Trennung oder Scheidung klarkommen müssen sowie diejenigen, die sich in einer Minderheitenposition (nach Geschlecht, Nationalität, Rasse, Religion, Alter, etc.) befinden und deswegen nicht selten ausgegrenzt werden.

839 Zum spezifischen Beitrag der Schulseelsorge zum Profil einer katholischen Schule in freier Trägerschaft s. LINSEN 1999.

den Glauben verbunden bleibt mit dem Einsatz für Gerechtigkeit und die Schüler mehr und mehr heranwachsen zu Menschen für andere und mit anderen.

- Auf der personalen Ebene bietet sie *Lebenshilfe aus dem Glauben* an, indem sie die Lebenskompetenz von Schülern fördert. Dazu gehört die Begleitung Heranwachsender in der Umbruchsphase ihres Lebens oder bei der Suche nach der eigenen Identität bzw. dem Sinn des Lebens. Sie dient der Unterstützung bei der Bewältigung anstehender Entwicklungsaufgaben oder beim Umgang mit Stress, Problemen und Konflikten bzw. mit Schuld, Angst und Trauer. Ein besonderes Augenmerk legt sie auf den in der Jugendphase anstehenden Umbau von Beziehungen und begleitet wohlwollend und behutsam diesen Neuorientierungsprozess des Jugendlichen, was seine Beziehung zu Gott (Jesus Christus), zu sich selbst und zu seinen Mitmenschen anbelangt.

5.5 Einzelne Konzepte der Kollegsseelsorge am AKO

Mit Hilfe der oben ausgeführten Situations- und Zielgruppenanalyse sowie anhand der eben genannten Grundlagen, Prinzipien und Ziele lassen sich am AKO einzelne schulpastorale Konzepte, also konkrete Angebote und Maßnahmen der Kollegsseelsorge entwickeln, die vorrangig Heranwachsende dabei unterstützen und darin unterweisen, aus dem Glauben heraus ein gelingendes Leben zu führen, das auf dem Vertrauen auf Gott aufbaut und am Vorbild Jesu Christi Maß nimmt. Diese Konzepte zielen zudem auf die Ausbildung einer eigenen Identität und legen darauf Wert, dass Kinder und Jugendliche zu Menschen für andere und mit anderen heranreifen sowie zu Menschen, die sich Gedanken über das Gelernte und Erlebte machen, denn reflektierte Erfahrung ermutigt dazu, stets nach den Sternen zu greifen.

Eine besondere Herausforderung für das AKO liegt darin, verschiedene Einzelangebote und -maßnahmen in einem ersten Schritt zu bündeln und zu koordinieren, was mit der Entwicklung eines Konzeptes *schulpastoraler Experimente* geschehen soll. In einem zweiten Schritt werden exemplarisch zwei schulpastorale Konzepte ausführlicher dargestellt. Als Ergänzung dazu werden weitere schulpastorale Angebote und Handlungsfelder kurz angeführt, um deutlich zu machen, in welchem Umfang sich Kollegsseelsorge am AKO für die dort Beteiligten Personen und für das Kollegsleben insgesamt engagieren kann.

Was alle schulpastoralen Angebote durchziehen muss, ist das personale Angebot derer, die aus ihrem christlichen Glauben heraus im Kontext des Kollegs Zeugnis ablegen für das Evangelium. Die offene und einladende Tür, die offene, ausgestreckte und hilfsbereite Hand, das offene, zuhörende und geduldige Ohr sowie das offene und weite Herz sind Zeichen dafür, dass diejenigen, die die Kollegsseelsorge mittragen, Menschen sind, die die Liebe „mehr in die Werke als in die Worte“ (GÜ 230) legen; Menschen, die Zeit haben und zuhören, die Geduld haben und trösten, die ins Gebet nehmen und sich solidarisch zeigen, die Anteil geben an ihrem Leben und ihrem Glauben an den lebendigen Gott, der die Welt und die Menschen liebt.

5.5.1 *Schulpastorale Experimente* – quer durch alle Jahrgangsstufen

Das Konzept *Schulpastorale Experimente* nimmt vom Begriff und von der Idee her seinen Anfang bei den Experimenten der Jesuitennovizen, die sich während des ganzen Noviziates prüfen und geprüft werden, denen darüber hinaus jedoch die Gelegenheit geboten wird, sich in besonderen Herausforderungen zu bewähren und Erfahrungen zu machen, die ihnen dabei helfen, dem Bilde Jesu Christi ähnlicher zu werden.[840] Hinter dem Konzept *Schulpastorale Experimente* verbirgt sich weder ein in sich geschlossenes Spiritualitäts-Curriculum, das unbedingt stufenweise durchlaufen werden muss, noch ein strenges Exerzitien-Programm für Schüler, sondern etwas, das zum einen didaktisch, pädagogisch und spirituell logisch aufeinander aufbaut sowie Zwischeneinstiege ermöglicht und das zum anderen in den unteren Klassen zunächst experimentellen Charakter hat und in den oberen Jahrgangsstufen zunehmend exerzitien-ähnlichen Charakter bekommt. Es sind also Angebote im Sinne eines Sich-Zurückziehens (*retreat/retraite*), eines Sich-Besinnens (*Sinne/Sinn*) und des (Ein- bzw. Aus-)Übens (*exercitium*), die sich inhaltlich und methodisch an der körperlichen, psychischen, seelischen und religiösen Entwicklung sowie an den Entwicklungsaufgaben und Suchbewegungen Heranwachsender orientieren.[841]

Die verschiedenen Angebote richten sich bis Klasse 9 jeweils an die ganze Klasse, in den höheren Jahrgangsstufen an den einzelnen Jugendlichen. Die Teilnahme daran ist prinzipiell freiwillig, insofern Schüler sich in den unteren Klassen davon dispensieren lassen können bzw. sich in den oberen Klassen dafür persönlich anmelden müssen. Die Ausrichtung ist christlich bestimmt, katholisch akzentuiert und ökumenisch offen. Mit zunehmendem Alter werden die Heranwachsenden in die Vorbereitung miteinbezogen, dürfen thematisch und inhaltlich mitbestimmen und sich selbst organisieren. Zu den wesentlichen Grundsätzen gehört, dass die

---

840 Der Begriff des *Experimentes* ist in den Satzungen der Gesellschaft Jesu und in den Ergänzenden Normen grundgelegt. Die sechs hauptsächlichen Experimente (*seis experientias principales*), denen sich die Novizen unterziehen müssen, sind: 1. die Geistlichen Übungen, 2. der Spitalsdienst, 3. eine Pilgerreise, 4. ein niederer Dienst in einem der Häuser, 5. die katechetische Unterrichtung der *rudes* und 6. ein Pastoraldienst (s. Sa 64 – 77 und ErgN 46). Im Kontext von Schule bietet es sich an, sich darauf zurückzubesinnen sowie auf Joachim Kittels Begriff des „Ignatianischen Experimentes“ zurückgreifen, denn dieses leuchtet „den Prozesscharakter ignatianischer Spiritualität und den Suchcharakter des Jugendalters gleichermaßen“ (Kittel 2005, 69) aus.

841 s. Kittel 2004, 98 – 101 sowie Knobloch 1999, 536. Kittel ist zuzustimmen, wenn er behauptet, dass es in der Jugendphase „nicht um Exerzitien im klassischen Sinne gehen“ kann, „sondern elementarer um die Frage, wie Ignatius von Loyola im Exerzitienbuch die Übenden für die Begegnung mit der Wirklichkeit, in der sie »die Gegenwart Gottes suchen sollen«, sensibilisieren möchte, um auf diese Weise die sensible Offenheit des Einzelnen für den je eigenen Ruf Gottes zu fördern“ (Kittel 2005, 69). Gefördert wird diese Sensibilität, indem Heranwachsende sich in der Anwendung der Vorstellungskraft sowie der Sinne üben und lernen, das eigene Gewissen regelmäßig zu erforschen. Übertragen auf die Jugendarbeit spricht Kittel davon, dass Phantasie und Kreativität zu fördern, Wahrnehmung zu sensibilisieren und Lust auf Reflexion zu wecken ist (s. Kittel 2004, 103 – 106).

Angebote methodisch-didaktisch ganzheitlich[842] gestaltet werden und dass das dabei Erlebte bzw. Gelernte kontinuierlich reflektiert wird.[843]

Die Zielsetzung der verschiedenen Angebote variiert zwar je nach Alter der Kinder bzw. Jugendlichen, bleibt allerdings in der Grundüberzeugung gleich, dass es notwendig ist, Schülern Freiräume für die eigene Selbstfindung und Identitätsbildung sowie für das persönliche religiöse Wachsen und Reifen zur Verfügung zu stellen. In diesen Freiräumen können sie ihre Fragen stellen, ihre Lebensthemen bearbeiten und sich selbst thematisieren. In ihnen wird den Heranwachsenden ermöglicht, eine Gemeinschaftserfahrung und Begegnung mit anderen zu machen, die eigenen Sinne zu öffnen, Interesse und Neugier einzubringen, um Gott in allem zu suchen und zu finden. Und schließlich können sie sich in diesen Freiräumen einüben in eine Beziehung zu Jesus Christus, vermittelt durch Formen gelebten Christseins, speziell ignatianischer Spiritualität.[844]

Im Hinblick auf die Umstellung der Schule auf acht Gymnasialjahre bieten sich in der Zukunft für das AKO etwa folgende *schulpastoralen Experimente* an:[845]

- **Klasse 5**: Mit der Einschulung beginnt eine *Einführungswoche*, in der die Schüler ihre neuen Mitschüler und Lehrer kennenlernen und sich mit ihrer neuen Schule vertraut machen. Sie bekommen einen ersten Eindruck von der gegenwärtigen Schulkultur, nehmen das Schulklima wahr und setzen sich mit ihrem Schulwechsel auseinander. Bei all dem werden sie von ihren Klassenlehrern spielerisch angeleitet und von den sogenannten *Mentoren* aus Klasse 10 begleitet. Ein erstes schulseelsorgliches Angebot, etwa ein angeleiteter Tagesrückblick mit Gelegenheit zum Danken und Bitten der eine erzählerische Deutung des Erlebten, hilft den Kindern, die neuen Eindrücke zu verarbeiten und als Erfahrung in Beziehung zu setzen mit Gott, der besonders für die Menschen da ist und sich liebevoll um diejeni-

842 Um den ganzen Menschen in seiner Leib-Seele-Einheit sowohl auf der kognitiven als auch auf der volitiven, der motivationalen, der emotionalen und nicht zuletzt der spirituellen Ebene anzusprechen, wird Wert darauf gelegt, die Phantasie und Kreativität der Heranwachsenden und deren Vorstellungskraft zu fördern und sie in der Wahrnehmung zu sensibilisieren bzw. in der Anwendung der Sinne zu üben.

843 Um einen Eindruck zu bekommen, welche konkreten schulpastoralen Angebote bzw. Maßnahmen sich für eine Klasse bzw. einen Jahrgang eignen, lohnt es sich, sich etwa über gruppendynamische bzw. thematische Tage oder Tage der Orientierung (s. etwa Blau/Bussmann 1995, Bussmann 1999, Keil/Thalheimer 1995, Schnabel 1994, SchülerForum Würzburg (Hg.) 2003), über Besinnungstage oder Einkehrtage (s. StE I. 1998, 86ff, Schneider, Jan Heiner 1983), Oasen-Tage (s. Kober 1999) sowie Exerzitien für Einsteiger oder Kloster-auf-Zeit (s. Mühlenbrock 1961; StE I. 1997, 87f; Kraemer 2003), zu informieren. Darüber hinaus sind Exerzitienangebote für Oberstufenschüler und junge Erwachsene von Interesse, die sich auch im Internet finden. Interneaufruf: 10/2008: z. B.:
http://magis.ignatian.eu/index.php?id=1 oder http://www.jesuiten.org/exerzitien-online/.

844 s. Kittel 2004, 109 – 111.

845 Im Folgenden wird das Ideal eines Konzeptes schulpastoraler Experimente für das AKO beschrieben, das sich aus Elementen zusammensetzt, die es vor Ort bereits gibt (ansatzweise die Einführungswoche der Klassen 5, die Besinnungstage der Klassen 9, das Sozialpraktikum für den Jahrgang 11 und die Exerzitien/Klostertage in Jahrgang 12) und aus ans AKO angepassten Elementen anderer Jesuitenkollegien (die Tage der Orientierung der Klassen 6 bis 8 von Kopenhagen sowie der Komm-und-Sieh-Kurs von St. Blasien bzw. Dresden). In den Fußnoten werden für die Klassen z. T. ganz knapp einzelne konkrete Umsetzungsvorschläge angerissen.

gen kümmert, die etwas Neues beginnen und wagen.

Für die Internatsschüler ist die erste Woche darüber hinaus häufig mit Belastungen verbunden, die daher rühren, dass die Kinder von ihren Eltern und Familien getrennt sind und sich in der neuen Umgebung, die ihnen eine zweite Heimat werden soll, erst noch zurechtfinden müssen. Um vor allem ihr Heimweh zu lindern und sie bei der Neuorientierung zu unterstützen, ist es hilfreich, dass ihre Erzieher mit einem Abendritual den Tag noch einmal zur Sprache bringen und ins Gebet nehmen.[846]

- In den Klassen 6 bis 8 bietet sich jeweils ein kurzer *Religiöser Klassentag* an, an dem Schüler im Klassenverband angeleitet werden, die eigene Lebenserfahrungen mit den eigenen Glaubenserfahrungen in Beziehung zu setzen. Einmal im Jahr trifft sich dazu jeweils an einem Freitag nach dem Unterricht eine Klasse mit ihrem Klassenlehrer, ihren *Mentoren* und jemandem von der Kollegsseelsorge. Den Rahmen bilden gemeinsame Mahlzeiten, das Übernachten in der Schule/Sporthalle und der Abschlussgottesdienst am Samstag in der ersten Schulstunde. Das thematisch orientierte Programm richtet sich nach dem Entwicklungsstand der Kinder bzw. Jugendlichen bzw. nach deren altersgemäßen Fragestellungen und Entwicklungsaufgaben oder klassenspezifischen Anliegen und Bedürfnissen. Methodisch überwiegen dabei spielerische, gruppendynamische und meditative Elemente, die das Thema des Tages ganzheitlich darbieten. Ziel eines solchen Tages ist es, die schulische Sozialisation zu unterstützen und die Klassengemeinschaft zu stärken, mit Zeiten der Stille und Reflexion vertraut zu machen sowie die Gegenwart Gottes und sein Wirken sowohl im Menschen als auch in der Schöpfung wahrzunehmen und sich selbst entsprechend dazu zu verhalten.

  Klasse 6: Ein wichtiges Thema für die Einführung in die ignatianische Spiritualität ist die Entdeckung und Wahrnehmung der Sinne. Die Kinder experimentieren spielerisch mit ihren Sinnesorganen, lernen dabei den Umgang mit Stille und Konzentration und eignen sich Formen der Entspannung an. Ziel dieses Tages ist es, besser auf die eigenen Sinne zu achten und dem eigenen Gefühl zu trauen sowie in beidem Gott zu suchen und zu finden.[847]

---

846 Zum Abendgebet im Internat s. ausführlicher Kap. 5.5.2.1.

847 Die konkrete Umsetzung der *Anwendung der Sinne* geschieht mit Übungen zum *Hören* (Schüler lauschen im Freien zunächst den lauten Geräuschen und versuchen nach und nach immer leisere Töne wahrzunehmen. Sie notieren sich das und tauschen sich in ihrer Kleingruppe dazu aus), zum *Schmecken* (Schüler bekommen bei verbundenen Augen ein Schälchen mit verschiedenen Obst- und Gemüsesorten vorgesetzt und sollen diese nicht nur erraten, sondern richtgehend verschmecken und verkosten. Austausch in der Kleingruppe), zum *Tasten* (Eine Kleingruppe von Schülern sucht für eine andere mehrere Gegenstände, die diese bei verbundenen Augen erkennen sollen. Austausch zwischen den Kleingruppen), zum *Riechen* (Schüler bekommen im Freien Zeit, verschiedene Düfte zu riechen und sollen bei einem Duft länger verweilen. Austausch in der Kleingruppe) und zum *Sehen* (Mit Tesafilm, den man auf Bilder von Hochglanzmagazinen klebt, ruckartig wieder abzieht, mit einem Tröpfchen Öl bestreicht und in ein Glas-Diarähmchen einspannt, lassen sich phantasievolle Bilder herstellen. Die etwas verfremdete Sicht lädt dazu ein, das Sehen neu zu lernen sowie eine Vision von einer Welt zu bekommen, in der man gerne leben will. Austausch in der Kleingruppe). Von den Sinnen zum Sinn gelangt man an diesen Tagen, wenn man

Klasse 7: Am Ende der Unterstufe sollen die Jugendlichen Gelegenheit bekommen, ihre Kommunikation zu reflektieren und sich in ihr zu üben. Anhand von Unterthemen (z. B. Konflikte und Mobbing/Bullying, Umkehr und Versöhnung, Dominanz und Zurückhaltung) nehmen die Schüler ihre Klassensituation und das Klassenklima in den Blick, setzen sich mit ihrer Kommunikationskultur auseinander und lernen, was dabei hilft, ein eigenes Selbstwertgefühl aufzubauen und aufrechtzuerhalten.[848]

Klasse 8: In der Pubertät sind die Themen *eigene Körperlichkeit und Sexualität* sowie *Liebe, Freundschaft und Partnerschaft* sehr wichtig. Die Jugendlichen lernen, innere und äußere körperliche Veränderungen an sich und anderen wahrzunehmen, sie gegebenenfalls zu artikulieren oder aber schweigend anzunehmen. Sie setzen sich mit Schönheitsidealen auseinander sowie mit der Akzeptanz durch die anderen. Es geht darum, sich dabei eine positive Lebenseinstellung anzueignen, die auch das Körperliche und Geschlechtliche als wesentliche Merkmale des Menschlichen akzeptiert. In diesem Alter empfiehlt es sich, die Heranwachsenden in die Vorbereitung eines solchen Tages aktiv mit einzubeziehen. Gerade dieses Thema erfordert es, dass die Mädchen und Jungen sich sowohl in geschlechtshomogener als auch -heterogener Gruppenarbeit wiederfinden können.[849]

– **Klasse 9**: Gegen Ende der Sekundarstufe II hat sich bei den meisten Heranwachsenden ein mehr oder minder starkes Kritikpotential, verbunden mit einer Freude am Diskutieren, herausgebildet. Sie entdecken Wider-

---

mit den Schülern die Erfahrungen reflektiert und versucht, einen Bezug zu demjenigen (Schöpfer) herzustellen, der all das so gut bereitet hat.

848 Beim Thema *Stärkung der Klassengemeinschaft, Umgang mit Konflikten, Kommunikationsformen der Klasse* etc. ist es wichtig, ein positives Fundament zu legen (Schüler holen sich mit Hilfe eines selbergebastelten ca. sechzehnseitigen Leporellos ausschließlich positive Rückmeldung bei den Klassenkameraden, die sie selber aussuchen. Lesen, Meditation, Austausch mit einem Partner), von dem aus Schüler auch das Negative oder Problematische anschauen und bearbeiten können (Die Klasse wird in eine Mädchen- und eine Jungengruppe geteilt. In den Gruppen wird darüber diskutiert, was man sich von der anderen Gruppe in Bezug auf Respekt bzw. Sensibilität wünscht und was man selber bereit ist, zu ändern bzw. zu verbessern. Austausch zwischen den beiden Gruppen). Das Thema bekommt dann noch einmal eine ganz neue Bedeutung, wenn es gelingt, mit den Schülern über Verzeihung, Vergebung und Versöhnung ins Gespräch zu kommen, und wenn ihnen deutlich wird, dass das, was wir Menschen nicht auflösen können, bei Gott im besten Sinne »aufgehoben« ist. Aufgrund dieser Erfahrungen lassen sich eventuell neue Klassenregeln erarbeiten oder Übereinkünfte unter Schülern vereinbaren.

849 Die Methode des Scherenschnitts (Schüler gehen paarweise zusammen. Einer von beiden legt sich auf eine Papierbahn, der andere fährt mit einem Stift die Umrisslinie des Körpers nach. Die Schüler schneiden »ihren Körper« aus. In Einzelarbeit notieren die Schüler in ihren Körper, woher sie kommen [Füße; Fundament], was sie tun [Hände; Handeln], wer sie sind [Kopf; Denken], an was sie glauben [Herz; Glaube] sowie was sie berührt/bewegt [Bauch; Gefühl]. Austausch mit dem Partner und einem weiteren Paar, Aufhängen der Scherenschnitte, Betrachtung) eignet sich, um einen Bezug zu sich selbst bzw. zu seinem Körper zu bekommen und dem Ausdruck zu verleihen. Behutsame Interaktionen unter den Schülern (Gespräche, Körper- und Wahrnehmungsübungen sowie weitere Formen des persönlichen Ausdrucks) erlauben es, ernsthaft darüber in einen Austausch zu kommen, was es bedeutet, dass Gott den Menschen als Mann und Frau erschaffen hat, dass der Mensch auf Beziehung angelegt ist und dass der Umgang mit dem eigenen Körper und der eigenen Sexualität, der konstitutiv dazugehört und gottgewollt ist, verantwortungsvoll zu gestalten ist (s. dazu etwa Biesinger/Tzscheetzsch 2005).

sprüche in den Texten der Bibel sowie in den Aussagen des Glaubens und hinterfragen sowohl religiöses bzw. ritualisiertes Handeln als auch die Kirche selber als Institution.[850] Auf dreitägigen Besinnungstagen[851], die meist in Selbstversorgungshäusern stattfinden, erfahren Jugendliche zum einen, dass sie mit ihren Anfragen und Bedürfnissen[852] ernstgenommen sind, weil das Kolleg ihnen Zeit, Raum und Verständnis der altersspezifischen Fragen bietet. Zum anderen lernen sie, dass Glaube sich nicht im Glaubenswissen erschöpft, sondern untrennbar mit der eigenen Lebens- und Glaubensgeschichte verknüpft ist sowie mit zunehmendem Alter und wachsender religiöser Reife zu einer persönlichen Glaubensentscheidung bzw. -beziehung drängt. Die Schüler besinnen sich auf die Beziehungen, in denen sie aktuell leben (die Beziehung zu sich selbst, zu ihren Mitmenschen und zu Gott) und entdecken, dass diese untereinander zusammenhängen und einander bedingen. Damit die Tage gelingen, ist es notwendig, Schüler und Eltern vorab über die Inhalte zu informieren, die Klasse zu besuchen und die Schüler nach ihren Erwartungen zu befragen[853] sowie Absprachen mit dem Klassenlehrer, der seine Klasse begleitet und gegebenenfalls weiteren Teamern (z. B. Studierende oder Schüler der Oberstufe) zu treffen. Zu achten ist fernerhin auf eine ganzheitliche Ausrichtung der Tage und dass genügend Gelegenheiten geschaffen werden, bei denen die Jugendlichen sich besinnen und nachdenken, sich austauschen, gemeinsam etwas erleben und sich nicht zuletzt auch zurückziehen können. Methodisch wechseln sich Einzelbesinnungen mit Rollenspielen in der Kleingruppe, Diskussionsrunden mit paarweisem Feedback-Geben und Meditationen mit angeleiteten Betrachtungen in der Großgruppe ab.[854]

---

850 Albert Biesinger und Werner Tzscheetzsch beschreiben, was passiert, »wenn der Glaube in die Pubertät kommt« und worauf man dann im Umgang mit Jugendlichen zu achten hat (s. Biesinger/ Tzscheetzsch 2005; dazu auch Scharer 1999, 20f sowie Biesinger/ Schweiter 2003, Kaupp 2006, Klosinski 2006, Schenker 2006 und Fries 2006.

851 Die im AKO angebotenen Besinnungstage für die Klassen 9 firmieren in der Literatur meist auch als Tage religiöser Orientierung (TrO) oder einfach Tage der Orientierung (TdO). Burkard stellt diese Tage ausführlich dar, was deren Rahmenbedingungen, Planung und Verlauf sowie deren Ziele und pädagogische Grundsätze anbelangt (s. Burkard 2002, 153 – 168). Theologisch etwas »dünn« ausgeführt scheint mir allerdings der Schluss, den er daraus zieht, dass „Tage der Orientierung als schulkulturelles Handeln aus dem Geist Gottes" bzw. „als Konkretion der Zusage des Geistes Gottes gedeutet werden" (ebd., 168ff) dürfen.

852 Eigene Auswertungen von Besinnungstagen mit Neuntklässlern haben ergeben, dass Jugendliche in diesen Tagen über sich, ihr Leben und ihre Fehler nachdenken wollen. Sie haben das Bedürfnis zu sich zu kommen, innere Ruhe und inneren Frieden zu finden, wollen abschalten und Kraft tanken, Spaß haben und die Klassengemeinschaft stärken. Zudem nehmen sie sehr bereitwillig verschiedene Angebote an, sich mit zentralen Fragen zu beschäftigen sowie nach dem eigenen Standort und der eigenen Identität zu suchen. »Hoch im Kurs« stehen bei Jugendlichen am AKO besondere bzw. persönliche Zeichen- und Segenshandlungen (Aschekreuz, Einzelsegnung, persönlicher Wunsch etc.).

853 Bei einem Klassenbesuch wird mit den Schülern darüber diskutiert, welchen Akzent sie dem Thema der Besinnungstage geben wollen. Eine schriftliche Umfrage unter den Schülern dient den Begleitern letztlich als Grundlage zur konkreten Planung und Gestaltung.

854 Zum Verlauf der Besinnungstage s. u. a. Burkard 2002, 157 – 162. Die dort beschriebene Lehrerbeteiligung lässt sich auch auf die Besinnungstage des AKOs übertragen: Der Klassenlehrer soll seine Klasse auf diesen Tagen begleiten. Er nimmt in erster Linie organisatorische Aufgaben wahr, ist darüberhinaus aber auch eingeladen, sich in den Freizeitphasen und bei einzelnen thema-

Thematisch geht es im Weitesten um den »Sinn des eigenen Lebens«, der sich für die Jugendlichen ansatzweise daraus ergibt, wie es ihnen bisher ergangen ist bzw. wie sie von Gott geführt wurden, wie sie von anderen wahrgenommen bzw. eingeschätzt wurden und werden, wo sie fehlgegangen sind bzw. wo sie sich haben verführen lassen und schließlich wie sie weitergehen bzw. was sie zukünftig verändern, verbessern und von welchen Visionen sie sich leiten lassen wollen.

- **Klasse 10**: Unter den in diesem Kapitel angeführten schulpastoralen Angeboten bzw. Maßnahmen hat das Sozialpraktikum[855] von der Wahrnehmung der Schüler her den am stärksten experimentellen und erfahrungsbezogenen Charakter, da sie bei ihrer Arbeit in einer sozialen Einrichtung nicht nur theoretisch geschult werden, sondern ganz praktisch etwas tun und lernen: Sie erfahren, was es bedeutet, einen Dienst zu tun und damit Verantwortung zu übernehmen für Menschen, die ihnen anvertraut werden – und das in Situationen, die nicht selten von Krankheit und Leid, Behinderung und Alter gekennzeichnet sind. Sie lernen dabei, sich mit anderen für andere einzusetzen, anzupacken, durchzuhalten und sich ein- bzw. unterzuordnen – und das nicht nur in einer Art »Schnupperkurs«, sondern in einer 40-Stundenwoche über mehr als einen ganzen Monat. Damit das Sozialpraktikum im Schüler etwas auslöst, ihn berührt und bewegt und so zum Aufbau längerfristigen und nachhaltigen prosozialen Empfindens, Denkens und Verhaltens in der Nachfolge Jesu Christi beiträgt, braucht es eine gute Vorbereitung und Einführung sowie eine kompetente Begleitung, Reflexion und Auswertung besonders der verschiedenen Gefühle (gebraucht zu werden, etwas tun zu können oder eben ohnmächtig da zu stehen und nichts tun zu können, unter- bzw. überfordert zu sein oder unmittelbar Nähe bzw. Ablehnung zu erfahren). Wegen der anstehenden Reduzierung des Gymnasiums auf acht Schuljahre wird das für alle Schüler verpflichtende fünfwöchige Sozialpraktikum in Zukunft von Mitte Klasse 11 eventuell auf Ende Klasse 10 vorverlegt werden müssen.
- **Jahrgang 11**: Schüler der Oberstufe, die über Jahre hinweg einen anspruchsvollen Religionsunterricht besucht und im Verlaufe ihrer Schulzeit am AKO eine eigene religiöse Praxis eingeübt haben, sind meist in der Lage, sowohl sich selbst als auch die eigenen Überzeugungen kritisch zu reflektieren und mit denen anderer zu vergleichen. Die Säkularisierungs-, Individualisierungs- und Pluralisierungstendenzen ihrer Umwelt wahrnehmend und auf der Suche nach Identität und Sinn, fällt es ihnen zunehmend schwerer das christliche Glaubensbekenntnis und noch mehr die kirchli-

---

tischen Einheiten einzubringen, was Chancen birgt, da Klasse und Klassenlehrer hier in einem anderen Setting als dem des Unterrichts anders bzw. neu in Kontakt kommen können.

855 Zur Geschichte, zum Konzept und zu ersten Erfahrungen des 1986 eingerichteten Sozialpraktikums s. STARK/WICHTERICH 1987 und SCHNEIDER, Theo 2003. In vielen AKO-Heften finden sich einzelne Praktikumsberichte von Schülern, die zeigen, wie eindrücklich und bildend die an den Praktikumsstellen gesammelten Erfahrungen waren (s. *Aus dem Aloisiuskolleg* 1987/88, 80 – 83; 1991/92, 128 – 131; 1993/94, 43 – 46; 1994/95, 78 – 80 u. 83 – 86; 1995/96, 128f; 1996/97, 115 – 119; 1998/99, 104 – 111; 2001/02, 100 – 104; 2002/03, 31 – 43; 2004/05, 72f; 2006/07, 164 – 170; 2008, 71f). Eine ausführliche Darstellung des Sozialpraktikums am AKO findet sich in Kap. 5.5.2.2.

chen Verlautbarungen als Antworten auf ihre persönlichen Fragen zu akzeptieren und darin Orientierung zu finden. Dieses Alter jugendlicher (auch religiöser) Entwicklung, in dem Heranwachsende auf ihre eigene Autonomie pochen und sich in ihrem oft deistischen Weltbild Gott nur als einen vorstellen können, der sich zurückgezogen hat und nicht mehr eingreift, markiert für viele junge Menschen eine Scheidelinie: Entweder lassen sie sich auf ihrem Weg zum Erwachsenwerden mit ihren existentiellen Lebensfragen von Angeboten religiöser Sinnsuche ansprechen und beginnen zu ahnen, dass Immanentes und Transzendentes miteinander in Beziehung stehen oder lehnen all dies ab. Genau in dieser Situation kann ein schulpastorales Experiment ansetzen, das im Alltag der Jugendlichen verankert und verortet ist; so etwas wie *Exerzitien im Alltag für Schüler*, ein freiwilliges Kursangebot, das weniger auf die Vermittlung von theologischem Glaubenswissen als vielmehr auf das Einüben existentieller Grunderfahrungen des Glaubens setzt, ein mehrwöchiges Programm, das tagtäglich mit kleinen geistlichen Impulsen arbeitet und dazu anregt, im eigenen Alltag Spuren der Gegenwart Gottes zu suchen, zu finden und zu deuten, ein Angebot, bei dem es möglich ist, als Einzelner Erfahrungen zu sammeln und sich wöchentlich in einer kleinen begleiteten und angeleiteten Gruppe auszutauschen, miteinander zu diskutieren und zu meditieren.[856] Der an anderen Schulen bereits langjährig erprobte *Komm und sieh – Kurs*[857] will den Einzelnen helfen, die Chancen menschlicher und religiöser Persönlichkeitsbildung in den Begegnungen und Ereignissen des Alltags selbst zu entdecken. Er findet seinen Abschluss in einer Besinnungswoche, in der die Teilnehmer miteinander singen, beten, meditieren und Gottesdienst feiern, in der sie miteinander arbeiten, sich an einem gemeinsamen Projekt beteiligen sowie miteinander diskutieren, sich austauschen und mitteilen und in der sie gemeinsam Freizeit gestalten und zusammen etwas erleben.[858] Die Langzeitwirkung und Nachhaltigkeit dieses Kurses

---

856 Jürgen Leide, der Schüler in ihrer elementaren religiösen Suchbewegung ernst nimmt, lässt sich bei dem von ihm entwickelten »Komm und sieh – Kurs« von folgenden Grundsätzen leiten: 1. Junge Menschen tragen eine Sehnsucht nach Spiritualität und lebendiger Gottesbeziehung in sich. 2. Zum Glauben führt primär die innere Wahrnehmung und nicht eine Belehrung von außen. 3. Jugendliche brauchen einen freien Raum und ein modellhaftes Gegenüber, um die Frage nach der eigenen Identität zu stellen und diese zu entfalten. 4. Entscheidend ist, mit Gott, als personalem Gegenüber in eine persönliche Beziehung zu kommen (»primärer Diskurs«). 5. Die glaubwürdige Auseinandersetzung mit Zeugen des Glaubens gelingt in der Begegnung mit jungen Ordensleuten, die keiner Frage ausweichen und sich der Diskussion stellen. 6. Eine ganzheitliche Ausrichtung des Kurses verknüpft den Glauben mit dem Leben, integriert die Vitalität der Jugendlichen und lässt Raum für jugendgemäße Lebensäußerungen. s. dazu Leide 2008 sowie Müller/Schwab/Tzscheetzsch 2001.

857 Der »Komm und sieh – Kurs« wurde von Jürgen Leide in St. Blasien entwickelt und dort ab 1994 für Schüler der Oberstufe angeboten. Mit dem Wechsel von Leide an das St. Benno-Gymnasium Dresden wurden dort von 1999 an Schüler der Klassenstufe 11 zu einem solchen Kurs eingeladen (s. Leide 1994, 2000 und 2008). Vergleichbares gibt es auch in den USA unter dem Titel »Encounter-Exerzitien« für Schüler, bei denen ebenfalls ein Schwerpunkt auf offenem Austausch liegt. Zu Exerzitien im Alltag für junge Menschen s. auch Kittel 2005, 72f und Kittel/Höll 2004.

858 Während St. Blasien den »Komm und sieh – Kurs« mit einer Fahrt nach Taizé beendet und das St. Benno-Gymnasium Dresden abschließend nach Assisi fährt, bietet sich für das AKO eine vielleicht »ignatianischere« Alternative an: *La Communion de la Viale* ist das Projekt belgischer Je-

kann dadurch gefördert werden, dass die Jugendlichen für sich selbst Tagebuch schreiben und am Ende der gemeinsamen Zeit einander schriftlich eine kurze (positive) Rückmeldung geben.

- **Jahrgang 12**: Gegen Ende ihrer Zeit am AKO haben Schüler gelernt, sich in Formen der Wahrnehmung und der Reflexion sowie in Formen der Stille und des Gebets einzuüben. Darüber hinaus befinden sie sich in einer Phase, in der nicht selten Entscheidungen anstehen, die zu treffen ihnen nicht immer leicht fallen. Wenn man dann noch davon ausgeht, dass Gymnasiasten sich gegen Ende ihrer Schulzeit besonders intensiv mit existentiellen Fragen auseinandersetzen und dieses Alter „eine »Hoch-Zeit« vitaler Religiosität und religiöser Suche“[859] ist, können in dieser Situation das Angebot von ignatianischen Exerzitien bzw. eine Einführung in dieselben für Jugendliche eine methodische spirituelle Hilfe darstellen, um sich selbst samt dem eigenen Werden und Leben nachdenkend und betend zu betrachten sowie Fragen nach der eigenen Identität und der persönlichen Berufung zu stellen und dabei vielleicht neue Perspektive für die eigene Zukunft zu erlangen. Exerzitien bieten ihnen eine zweifache Gelegenheit: Zum einen können sie sich in einem geschützten Rahmen mit der Bewältigung einiger ihrer Entwicklungsaufgaben beschäftigen.[860] Zum anderen ermöglichen Exerzitien ihnen, religiös zur eigenen Stimme zu finden und sich so im »primären Diskurs« – also im vertrauensvollen Gebet zu Gott wie im freundschaftlichen Gespräch mit Jesus – zu üben, um in ihrem „Leben Gott tiefer zu finden, daraus [ihr] Leben zu gestalten und ihn »zur Welt zu bringen«“[861].[862] Die 12er-Exerzitien am AKO haben unter den schulpastoralen Experimenten am ehesten den Charakter des Sich-Zurückziehens und Sich-Besinnens: Kleine, geschlechtshomogene Gruppen von Schülern begeben sich meist in Begleitung eines Paters, Lehrers oder Erziehers für etwa vier Tage in ein Kloster, ein Bildungshaus oder eine ähn-

---

suiten, die in einem verlassenen Dörfchen in den Cevennen seit einigen Jahren damit begonnen haben, ein Ensemble von verlassenen und zerfallenen Häusern für Exerzitien herzurichten. Hierbei könnte sich eine Gruppe von Jugendlichen in Form von *ora et labora – Tagen* beteiligen und hätte gleichzeitig genügend Freiraum für Freizeit und Austausch (s. http://www.laviale.be/, Internetaufruf: 11/2008).

859 Wippermann 1998, 261.

860 Bei der Bearbeitung von Entwicklungsaufgaben innerhalb von Exerzitien geht es thematisch etwa um die „Auseinandersetzung mit dem Elternhaus“, um „Schritte zur Berufsentscheidung“, um ein „Sichfinden in Freundschaft und Partnerschaft“ sowie um das „Selbstwerden durch Annahme der ganzen Person“ (Mückstein/Wolf 1984, 68 – 71).

861 Lambert 2008b, 62.

862 Nach wie vor gilt, was Mühlenbrock schon 1961 über Exerzitien im Kontext des Jugendalters schrieb: „Die Exerzitien sind nicht der Extensiv-, sondern der Intensivseelsorge zugeordnet. Auf diesem Gebiet sind sie allerdings mit das Beste, was wir haben. [...] Für die *Intensivseelsorge* unter der *Jugend* bringen Exerzitien eine doppelte Eignung mit. Das Jugendalter ist für Exerzitien optimal; Wesenszüge der Exerzitien treffen auf Wesenszüge dieser Altersstufe. Jugendalter ist Lern- und Übungsalter, so ist also auch für die »geistlichen Übungen« die entsprechende Gelenkigkeit da; das Jugendalter ist Alter vielfältiger Entscheidungen [...], was kommt also gelegener als solche Tage ruhiger Besinnung und Wahl? Dem Jugendlichen eignet ein natürlicher Drang zum Großen und Hohen, wann kann er also vom »magis« stärker angesprochen werden als jetzt?“ (Mühlenbrock 1961, 185).

liche Einrichtung. Dort besteht in der Regel die Möglichkeit, sich den Gebetszeiten der jeweiligen Mönche/Patres bzw. Nonnen/Schwestern anzuschließen und sich in gewissem Umfang an der dort anfallenden Arbeit zu beteiligen. Bei der Begleitung von 12er-Exerzitien ist es wichtig, auf die *Kapazität* (s. GÜ 18) des Einzelnen zu achten sowie auf die *Dynamik des Exerzitienprozesses*,[863] *erste Betrachtungsübungen*,[864] in die sorgfältig eingeführt werden muss, damit der Einzelne etwas mit den Übungen anfangen kann und sich nicht überfordert. Es braucht *tägliche Einzelgespräche*, in denen der Begleiter wahrnimmt, wie es dem Einzelnen geht und wie dieser vorangeht und schließlich Gelegenheiten zum *Austausch in der Gruppe*, bei denen Jugendlichen ihre Erfahrungen mit anderen teilen können.[865]

Zu den Schwierigkeiten solcher Exerzitien zählt, dass, obwohl die meisten Jugendlichen sich redlich vornehmen, sich den existentiellen Fragen des Lebens zu stellen, sich dafür Zeit zu nehmen und in die Stille zu gehen, es „mühsam sein kann, Stille auszuhalten, und dass wesentliche Fragen für das eigene Leben selten eine schnelle Antwort finden“[866], weswegen manche Schüler sich während der Tage lieber wieder ablenken, wo immer es sich anbietet, da sie das von ihrem Alttag her gewohnt sind. Damit als Exerzitienbegleiter umzugehen, erfordert viel Fingerspitzengefühl und Einfühlungsvermögen, Geduld und auch Beharrlichkeit sowie klare Ansagen und in allem ein großes Wohlwollen gegenüber den Jugendlichen, die so etwas in dieser Art zum ersten Mal ausprobieren.[867]

– **Jahrgang 13**: Solange es noch eine Jahrgangsstufe 13 gibt, sollte auch

863 Walter Mückstein und Christian Wolf weisen darauf hin, dass junge Erwachsene „ihre Fragen und Probleme als sehr drängend“ erleben, weswegen sie oft zu vorschnellen Lösungen neigen. Dieser unmittelbare Entscheidungsdruck ist ihnen zu nehmen, indem zunächst ein doppeltes Prinzip und Fundament (Entdecken der eigenen Gegenwart sowie der Zuwendung Gottes) gelegt wird. Erst dann dürfen die Krisen (inhaltlich sind das in diesem Alter meistens Identitätskrisen) betrachtet werden, um anschließend zur Identität und Heilung zu finden (s. Mückstein/Wolf 1984, 65 – 72).

864 Zur Gebetsweise der Schriftbetrachtung s. Kap. 5.5.2.1. Damit Schüler in der Sammlung bleiben können, ist es für viele hilfreich, wenn sie die ersten Betrachtungsübungen nicht allein mental vollziehen, sondern die Gelegenheit bekommen, sich schriftlich, zeichnerisch oder gestalterisch auszudrücken. In Gruppenexerzitien können die so entstandenen »Kunstwerke« dazu dienen, miteinander ins Gespräch zu kommen und sich auszutauschen.

865 Ein Idealtypischer Tagesablauf sieht am Vormittag etwa folgendermaßen aus: *Morgengebet* mit Impuls und Schweigeelement, *angeleitete Betrachtung* allgemeinerer Art, *Einzelgespräche*, eigenständige *Widerholungsbetrachtung* und abschließende gemeinsam ein *angeleitetes Examen* (zum Examen s. Lambert 2000, 206 – 311 sowie Kap. 5.5.2.1). Am Nachmittag werden die Schüler dazu angehalten, zwei individuelle *Schriftbetrachtungen* zu machen sowie sich körperlich zu betätigen. Am Abend bietet sich ein ausführlicher *Austauschkreis* an, der von einem Begleiter moderiert werden muss sowie ein *Tagesabschluss*, bei dem die Schüler angeregt werden, *Tagebuch* zu schreiben.

866 Kraemer 2003, 76.

867 Unter den jesuitischen Schulseelsorgern wird momentan überlegt, ob es nicht gut wäre, ältere bzw. ehemalige Schüler als *Peer-Begleiter* anzufragen, die zum einen ihre positiven Erfahrungen des vorangegangenen Exerzitienkurses in den Gesprächen einbringen und die zum anderen Moderationsaufgaben wahrnehmen bzw. selber die *allgemeineren Betrachtungen* anleiten oder andere Gestaltungselemente übernehmen könnten.

diesen Schülern schulpastoral etwas angeboten werden. Denkbar sind sogenannte Abi-Exerzitien, die kollegsübergreifend stattfinden und Jugnd- oder Schulseelsorgern geleitet werden. Auf freiwilliger Basis können Jugendliche daran teilnehmen und die Erfahrungen aus Jahrgangsstufe 12 wiederholen und vertiefen. Finden diese Exerzitien vor den Abiturprüfungen statt, sollten sie so ausgerichtet sein, dass der Einzelne zu einer inneren Ruhe und einem inneren Gleichgewicht finden, sich auf die eigenen Kräfte und Fähigkeiten konzentrieren und gleichzeitig sein Vertrauen auf das Wirken Gottes und den Beistand des Heiligen Geistes setzen kann. Nach den Abiturprüfungen sollten eher Formen des Abschiednehmens und der Dankbarkeit im Vordergrund stehen bzw. ein Blick in Richtung »Neuland«, das es zu entdecken und zu erobern gilt, gewagt werden.

5.5.2 Exemplarisch zwei schulpastorale Konzepte

Auf der Ebene der Konzepte werden im Folgenden exemplarisch ein kollegsseelsorgliches Angebot und ein schulpastorales Experiment etwas ausführlicher vorgestellt. Beide Beispiele sind nicht zufällig, sondern wegen ihrer Gegensätzlichkeit gewählt, zum einen um deutlich zu machen, dass jesuitische Bildung im Sinne einer die *contemplatio in actione* betonenden ignatianischen Spiritualität Wert legt auf ein Miteinander und Ineinander von Gebet *und* Werken der Liebe,[868] zum anderen um zu zeigen, dass Kollegsseelsorge sowohl auf unterschiedliche Altersstufen zielt als auch die breite Palette schulpastoraler Angebote, Experimente und Maßnahmen im Blick hat:

- Die *Schule des Betens* ist ein Angebot in erster Linie für Unterstufenschüler des Internats. Sie ist im Alltag der Kinder und Jugendlichen verortet, gibt dem gewöhnlichen Ablauf von Schule und Internat einen eigenen Rhythmus und dient als niederschwellige Einführung in die ignatianische Weise des Betens und Betrachtens.
- Das *Sozialpraktikum* hingegen ist ein Experiment für Oberstufenschüler. Es holt die Elft- bzw. Zehntklässler heraus aus ihrem (Schul-)Alltag, konfrontiert sie mit Leid und Not von meist fremden Menschen, erfordert von ihnen einen Einsatz für Glaube und Gerechtigkeit und dient dazu, dass Schüler zu Menschen für andere und mit anderen werden.

5.5.2.1 Projekt I: Schule des Betens

Herzensbildung und Glaubensinitiation der Heranwachsenden gehören zu den herausragenden Zielen ignatianischer Schulpastoral. Vermittelt werden diese u. a. durch Modell- bzw. Beobachtungslernen und Unterweisung, internalisiert aller-

868 *Contemplatio* und *actio* müssen sich gegenseitig bedingen (s. Kunz 1992). *Contemplatio* ist eben kein Schlaf, aus dem man aufwachen müsste (s. Metz 1997, dem man in seinen Veröffentlichungen zu »Compassion« zwar zuzustimmen muss, dass das Christentum „kein blinder Seelenzauber" sei darf, der allerdings mit seinem Imperativ: „Aufwachen, die Augen öffnen!" m. E. unnötigerweise die Mystik der geschlossen und die der offenen Augen gegeneinander ausspielt) und *actio* auf der anderen Seite auch kein Aktionismus, der weder um seine geistlichen Grundlagen noch um seine transzendenten Ziele weiß.

dings nur durch Einsicht und eigenes Handeln[869] und das um so nachhaltiger, wenn Kinder und Jugendliche nicht allein mit Glaubensinhalten konfrontiert werden, sondern Gelegenheiten erhalten, selbst ihre Gottesbeziehung zu artikulieren und zu praktizieren. Die diesbezüglich wohl wichtigste und grundlegendste Praxis ist der »primäre Diskurs«, das Gebet. Wer betet, bringt „sein Leben vor Gott zur Sprache"[870], kommuniziert mit Gott, wird dabei von der Liebe Gottes aufgeschlossen und gibt auf die zuvorkommende An-Rede Gottes seine ganz persönliche Ant-Wort. Im Gebet lässt Gott den Menschen an seinem Liebes-Handeln mitwirken, indem der Mensch sein Herz für Gott öffnet[871] (s. Ps 57,8 – 12); so wird er empfänglich und durchlässig (s. 1 Joh 4,19 – 21) für die Liebe Gottes und somit selbst „zum Gleichnis des Reiches Gottes"[872].

Eine „fortschreitende Einführung ins Gebet"[873] dient der Erschließung der Gottesbeziehung, die ein- und ausgeübt werden will. Im Laufe seiner religiösen Entwicklung soll der Heranwachsende lernen, dass Beten sowohl Selbstmitteilung impliziert als auch ein Beziehungsangebot, dass es Information und Appell darstellt und dass das Gebet mehr ist als ein Mittel zur Erlangung der eigenen Wünsche, die Gott auf fast »magische« Weise dann erfüllt, wenn man nur »richtig« betet.[874] Im Gebet richtet sich der Mensch an Gott und bringt sich und sein Leben lobend, dankend, berichtend, bittend, klagend oder schweigend zur Sprache. Gleichzeitig rechnet er damit, dass Gott antwortet, wobei die Interpretation und Deutung dieser Antwort rückgebunden bleibt an kommunikative Prozesse der religiösen Sozialisation, so dass das Gebet als „dialogische[s] Geschehen zwischen Mensch und Gott in einer kirchlichen Gemeinschaft objektivierbar [..], damit auch korrigierbar, aber auch für andere erfahrbar wird"[875]. Mit Kindern und Jugendlichen zu beten und sie dadurch hinzuführen selber zu beten, „ermöglicht religiöse Kommunikationsprozesse in einem Leben, das sich in Gott verankert sieht und daraus Kraft und Zukunft gewinnt"[876]. Unverzichtbare Voraussetzungen für jeden, der sich in der Gebetserziehung engagiert, sind zuallererst eine persönliche und authentische Gebetspraxis und dann viel Geduld mit Kindern und Jugendlichen sowie Beharrlichkeit und Liebe, wenn diese sich im Still-werden, im Sich-sammeln und im gemeinschaftlichen Beten üben.

869 s. Kap. 1.2.2.1.

870 Köster 2003, 13. s. ebd., 23 – 27.

871 Zur elementaren Einsicht, dass am Anfang des Gebetes die Öffnung des Herzens steht, s. Rahner 1992, 13ff.

872 Kehl 2006, 258. Zu theologischen Aspekten des Bitt- und Fürbittgebetes s. ebd., 258 – 260.

873 Grundzüge jesuitischer Erziehung 1986, 67.

874 s. StE V. 2003, 117ff. Eine Einführung ins Gebet hat das Alter und den religiösen Entwicklungsstand von Kindern und Jugendlichen zu berücksichtigen und muss sich darum bemühen, diese bei den von Oser/Gmünder beschriebenen Stufenübergängen zu begleiten und zu unterstützen (s. Kap. 1.2.1.2). Besonders beim Beten sollen Heranwachsende lernen, mit zunehmendem Alter Vorstellungen des *deus ex machina*, Abhängigkeiten im Sinne von *do ut des* sowie *deistische Weltbilder* und daraus resultierende *solipsistische Ich-Strukturen* zu überwinden, um über die Anerkennung eines *göttlichen Heilsplan* zu einer *religiösen Autonomie* zu gelangen, die letztlich auf *unbedingte Intersubjektivität* bzw. *universale Kommunikation und Solidarität* zielt.

875 StE V. 2003, 121.

876 Biesinger/Kiessling 2005, 228.

Beten hat, wie eben angedeutet, jenseits der Erschließung der Gottesbeziehung für Kinder und Jugendliche auch entlastende Funktion.[877] Wie ist beten möglich in einer Zeit, in der um sie herum alles immer schneller, lauter und komplizierter zugeht und Heranwachsende mit vielfältigsten Reizen konfrontiert werden, die ihre Aufmerksamkeit beanspruchen? In einer Lebensphase allso, in der äußere körperliche und innere seelische Veränderungen in Jugendlichen eine gewisse Unruhe auslösen und zu Stress und Hektik führen sowie in einer Gesellschaft, in der Schüler unter äußerem Leistungsdruck stehen und – was viel schwerer wiegt – nicht selten ihren Wert und ihre Würde an den eigenen Erfolgen bzw. Misserfolgen messen, stellt sich die Frage, inwieweit Heranwachsende in der Lage sind, in die Stille zu gehen, ruhig zu werden, zu sich zu finden und in sich hinein zu hören. Gebetsformen, die junge Menschen vielschichtig ansprechen (u. a. durch Meditation, Sammlung und Entspannung[878]) und die ihnen helfen, selber zu einer Sprache zu finden, die es ihnen ermöglicht, sowohl mit ihrem Innersten und mit Gott in Kontakt zu kommen als auch sich den Kameraden und Mitschülern mitzuteilen und anzuvertrauen, unterstützen diese bei der Regulation von Emotionen, bei der Bewältigung von Belastungen, bei der Entwicklung und Aufrechterhaltung einer positiven Lebenseinstellung sowie bei der Bereitschaft Umkehrentscheidungen zu treffen.[879]

Den Schülern am AKO ist Beten nichts Fremdes. In der Regel beginnt täglich die erste Unterrichtsstunde mit einem Schulgebet. Von zu Hause sind Schüler gewohnt zu beten, wenngleich die Gewohnheit mit zunehmendem Alter nachlässt.[880] Anlass zum Beten bieten die regelmäßigen Schulgottesdienste. Während jüngere Schüler häufig vor dem Zubettgehen und auch vor Klassenarbeiten beten, tun dies ältere öfters bei besonderen Anliegen. Das Tischgebet scheint dagegen unabhängig vom Alter nur noch etwa jeder Vierte zu kennen bzw. zu praktizieren. Aufgrund dieses Befundes ist es das Anliegen einer *Schule des Betens*, die positiven Vorerfahrungen der Kinder und Jugendlichen bezüglich des Betens aufzunehmen, sie fortzuführen und dahingehend zu stärken, dass Heranwachsende das Gebet als etwas nutzen, das sie mit Gott in Kontakt bringt, das ihnen Kraft und Zuversicht

877 Eine Einführung ins Beten als besonderer Form religiöser Erziehung „versucht, Heranwachsende bei der Bewältigung von Entwicklungsaufgaben so zu unterstützen, dass die Steigerung subjektiven Wohlbefindens und die Aktivierung der Gottesbeziehung sich miteinander entwickeln. Zur Bewältigung von innerer Unruhe, äußerem Stress oder allgemeiner Überforderung durch Leistungsdruck bieten religiös motivierte Lösungen Jugendlichen die Gelegenheit, nicht im Selbstgespräch oder im Grübeln zu verharren, sondern die innere Auseinandersetzung mit Emotionen in ein persönliches Zwiegespräch mit Gott übergehen zu lassen, der im Gebet stets ansprechbar und gesprächsbereit ist" (Görtz 2007, 317, s. auch Kap. 1.2.3). Zur Gefahr der Verzweckung des Gebetes, besonders der Meditation s. Biesinger/Schmitt 1998, 302f.

878 Zur Bedeutung von Meditation in der Schule s. Lentner 2004. Obwohl es Meditationsformen und Entspannungsverfahren gibt, die sich als stressreduzierend und angstabbauend erwiesen haben, ist davor zu warnen, sämtlichen Problemen mit dererlei Übungen beikommen zu wollen (s. Grom 2000, 154f). Zu den Gefahren, die in meditativen Übungen liegen, besonders wenn diese unreflektiert eingesetzt werden und ohne Gelegenheit zum Nachgespräch enden, s. Kiessling 2004, 361. Zur christlichen Meditation als Grenzerfahrung s. Biesinger/Kiessling 2003.

879 s. Kap. 1.2.3.1, 1.2.3.3, 1.2.3.4, Biesinger/Schmitt 1998, 294f und Kiessling 2004, 361.

880 In der Schülerumfrage gaben alle Sechstklässler an, sie würden beten, bei den Zehntklässler taten dies immerhin noch 90 %, bei den Zwölftklässlern nur noch knapp vier Fünftel (s. hier und im Folgenden im Anhang, A1).

schenkt, das dem Alltag einen Rhythmus bzw. ein gewisses geistliches Gepräge gibt und das den sonst üblichen Ablauf des Schullebens unterbricht.

Die *Schule des Betens*[881] am AKO ist ein kollegsseelsorgliches Angebot, zu dem die Internatsschüler besonders intensiv Zugang haben. Neben den äußeren und inneren Veränderungen, die alle Heranwachsenden ähnlich betreffen und den allgemeinen gesellschaftlichen und schulischen Stressfaktoren, gehört zu den zu berücksichtigenden Voraussetzungen dieser Kinder und Jugendlichen, dass sie sich im Internatsalltag bewusst oder unbewusst mit der Trennung von ihrem bisherigen Zuhause auseinandersetzen und dass sie sich immer wieder mühen müssen, mit den Anforderungen des Zusammenlebens in der Gruppe der Altersgleichen umzugehen und sich innerhalb der großen Internatsgemeinschaft eine Position zu erarbeiten. Um sie dabei zu unterstützen, wird der Tag für Schüler der Sekundarstufe I durch zwei Gebetszeiten gerahmt, die beide den Charakter eines *Grundkurses* haben, der „ganz allgemein mit dem Sich-Entspannen und Sich-Sammeln vertraut"[882] macht und die Heranwachsenden zur Entdeckung der persönlichen Innenwelt einlädt:[883] Die Morgenandacht gibt einen Impuls für den anstehenden Tag, während das Abendgebet versucht, die Erlebnisse des Tages gewissermaßen zusammenzufassen und Gott anzuvertrauen:

– Das **Morgengebet** findet täglich im Kreisrund der Krypta statt. Die Internatsschüler aus den Klassen 5 bis 9 sind verpflichtet, daran teilzunehmen, um ihren Schultag wach, gesammelt und konzentriert zu beginnen. Es wird darauf geachtet, dass sie vorher gefrühstückt und alles Schulische erledigt haben. Ab etwa zwanzig vor acht erwartet sie in der Krypta eine meditative Stimmung; das Licht ist gedämpft, ein Schüler wählt Musik aus, ein anderer entzündet die Altarkerze. Bis etwa viertel vor acht versammeln sich die Schüler und suchen sich still einen Platz. In einer kurzen, maximal zehn minütigen Andacht gibt der Kollegsseelsorger oder der Internatsleiter einen Impuls, der die Schüler bereit macht für die anstehenden Anforderungen, empfänglich auch für Begegnungen, Beziehungen und Neues – ein Impuls, der die Frage nach Gott wachhält und dazu anregt Spuren seiner Gegenwart zu suchen und zu entdecken. Im Verlauf der Jahre hat sich gezeigt, dass Kontinuität und Abwechslung in einem guten Verhältnis zueinander stehen müssen, weswegen die Tage zum einen meistens unter einem bestimmten Thema stehen, welches das vorangehende Sonntagsevangelium vorgibt und zum anderen methodisch variieren. Idealtypisch sehen die Morgenandachten einer Woche folgendermaßen aus:

881 s. im Folgenden den Artikel »Schule des Betens« : ein Angebot ignatianischer Schulpastoral (Görtz 2007), der in überarbeiteter Form in diese Arbeit einfließt.

882 Grom 2000, 157.

883 Auch wenn Peter Köster sein Buch über das Lernen des Betens eher für Erwachsene geschrieben hat, enthält es für die Schule des Betens einige praktische Anregungen. Bezüglich der Kontinuität und Einfachheit des Betens sowie der Gestaltung von Übungen zum Tagesbeginn und zum Tagesabschluss s. Köster 2003, 29 – 43.

Montag: Kurze angeleitete Betrachtung zum vergangenen Wochenende, Segenswunsch für guten Start in die neue Woche.

Dienstag: Lernen eines neuen Liedes, Vaterunser, Segen.

Mittwoch: Kurzgeschichte (am besten mündlich erzählt, z. B. Heiligenlegende oder thematische Kurzgeschichte, Fabel, Märchen etc.), Wunsch für den anstehenden Tag.

Donnerstag: Thematisches/katechetisches Element (Vaterunserbitte, Gebete der Kirche oder Konflikte, Trauer, Entscheidung, Vergebung, Freundschaft etc.), Lied vom Dienstag, Segen.

Freitag: 5 Minuten Stille (Körperbetrachtung/Spüren: Hände, Füße, Augen, Ohren, Rücken, Stirn, Atem, Pulsschlag etc.), Vaterunser und Segen.[884]

Samstag: Kerze entzünden, erzählendes und erläuterndes Lesen des Evangeliums des kommenden Sonntags (Leitthema für die darauf folgende Woche), Wunsch zur Achtsamkeit und Segen.

– Das **Abendgebet** in einer Internatsgruppe hilft Unterstufenschülern, Gefühle und Eindrücke eines Tages zu ordnen sowie kleinere oder größere Alltagsnöte vertrauensvoll auszusprechen und »in größere Hände zu legen«. Die ignatianische Spiritualität kennt hierfür die Gebetsform des *Examens*[885], bei der man den Tag Revue passieren lässt,[886] innerlich von vielem Abstand gewinnt und zu dem zurückfindet, was einem wirklich wichtig ist. Ein regelmäßig geübter „Tagesrückblick schult den Blick für die Details und hilft, hier und da die Spuren Gottes zu erkennen“[887]. In fünf Schritten können Erzieher – am besten an einem ruhigen Ort – solch ein knapp viertelstündiges Abendgebet anleiten:

1.) Die Gruppe versammelt sich im Kreis. Eines der Kinder legt ein Symbol in die Mitte, welches sowohl gemeinschaftsstiftenden als auch transzendenz-verweisenden Charakter hat (Kreuz, Kerze, …). Begonnen wird mit einem bewusst vollzogen Kreuzzeichen. Anschließend ist jedes Kind eingeladen, kurz zu erzählen, was es Gutes und Schönes an diesem Tag erlebt hat.

2.) Stellvertretend für alle richtet der Erzieher an Gott die Bitte, dass jeder seinen Tag in Stille und für sich ehrlich anschauen kann.

884 Hierzu ist eine Atmosphäre der Sammlung äußerst wichtig, weswegen die Beteiligung an dieser Morgenandacht freiwillig ist und die Schüler, die kommen wollen, gebeten werden, pünktlich da zu sein. Bis auf Kerzenlicht ist die Krypta gänzlich abgedunkelt, und die Schüler werden eingeladen, auf Decken eine Haltung des Gebets einzunehmen. Für viele ist dies eine Vorübung zur Schweigemeditation, die für die älteren Schüler angeboten wird.

885 Lambert spricht hierbei vom „Gebet der liebenden Aufmerksamkeit“ (Lambert 2000, 206 – 311).

886 s. Biesinger/Kiessling 2005, 227, die das Abendgebet als »Tagesschau« bezeichnen.

887 Steinke 2004, 58.

3.) Er lädt alle dazu ein, sich an bestimmte Begegnungen, Handlungen oder Gefühle zu erinnern und regt dazu an, zu unterscheiden, was gut und was nicht gut war; die Kinder teilen einander eventuell kurz mit, was sie den vergangen Tag über erlebt haben.

4.) Mit einem vorformulierten Gebet bringt eines der Kinder den Dank für alles Gelungene zum Ausdruck und bittet Gott eventuell um Verzeihung für das, was nicht gut war. Meist bezieht eine Bitte das Elternhaus mit ein.

5.) Zum Schluss lädt der Erzieher ein, auf den kommenden Tag zu blicken; die Kinder teilen einander eventuell kurz mit, was sie erwartet. Beendet wird das Abendgebet mit einem gemeinsamen Vaterunser und einem kurzen Segen.

Für eine Fortführung der Gebetspraxis sorgen vereinzelte freiwillige Angebote, die sich besonders an Jugendliche ab Ende der Mittelstufe richten. Es sind Übungen, die die Schüler den Besinnungstagen der Klasse 9 kennen bzw. die die Schüler für die 12er-Exerzitien sensibilisieren und gewissermaßen darauf vorbereiten:

– Eine **Schweigemeditation** bietet Schülern die Gelegenheit, in einer Freistunde, einer längeren Pause oder an einem Abend innezuhalten und durchzuatmen bzw. sich zu sammeln und zu konzentrieren.[888] Mit dem Atem zu beten führt in die Stille, bringt einen mit sich selbst in Kontakt und weist gleichzeitig über einen hinaus.[889] „Gerade im Stress des Alltags ist das Beten mit dem Atem besonders geeignet, um zu entspannen“ und um zu sich selber zurückzufinden. Diese Weise des Betens sollte zunächst angeleitet werden, bevor Jugendliche sie für sich allein praktizieren. Als erstes wird erläutert, dass der Atem ein „fundamentaler Grundrhythmus des Lebens“[890] ist: Im Ein- und Ausströmen des Atems wird erfahrbar, dass der Mensch ein Empfangender und gleichzeitig ein Gebender ist. Der Atem kommt und geht, er muss nicht gemacht werden. Auch in der Übung muss nichts gemacht, geleistet oder künstlich erzeugt werden. Gerade für diese Altersstufe ist dies entlastend, da „spontan zu sprechen, zu beten und zu singen“[891] in dieser Zeit besonders den Jungen häufig schwer fällt. In der Übung geht es nur um das Dasein in der Stille und in der Gegenwart Gottes, in der Jugendliche sich entspannen dürfen und neue Kraft schöpfen können. Ein paar Worte zur Gebetshaltung (aufrechter Rücken, geschlossene Augen und ineinander gelegte Hände, in die man immer wieder »hineinspüren« kann) erleichtern es den Schülern, wach und präsent zu bleiben. Begonnen wird die Schweigemeditation mit einem Kreuzzei-

---

888 Eine Schweigemeditation dient der Entfaltung der »Meditationsfähigkeit«. „Jugendliche sollen lernen, die eigene Aufmerksamkeit zu sammeln und auf eine bestimmte Sache zu richten, was ihnen ein intensiveres Erleben ermöglicht. Dies gelingt, indem die gewöhnliche Aufmerksamkeit des Alltags mit Hilfe von Stille und unter Reduzierung der Sinneswahrnehmung auf die mentale Innenwelt gelenkt wird. Dabei wird ein einzelner Gegenstand fokussiert, die Betrachtung geschieht im Zustand entspannter Wachheit“ (Görtz 2007, 317). s. dazu auch Grom 2000, 155 und 158f.

889 s. Lambert 2000, 31 – 61 und 142 – 161.

890 Steinke 2004, 70.

891 Mertes 2004, 42.

chen und einem kurzen Gebet. Nach 10 bis 15 Minuten beenden ein langsam und gemeinsam gebetetes Vaterunser und ein kurzer Segen die Meditation.[892] Die ersten Male ist es wichtig, dass die Schüler im Anschluss an die Meditation mit wenigen Worten rückmelden können, wie es ihnen mit dieser Übung ergangen ist, ohne dabei auf einzelne Gedanken, Bilder oder Erinnerungen, die ihnen währenddessen gekommen sind, eingehen zu müssen.[893] Zu beachten ist, dass eine Schweigemeditation nur derjenige anleiten kann, der selber in dieser Gebetsweise beheimatet ist und der Geduld mitbringt, wenn die Stille einzelnen Jugendlichen anfänglich schwer fällt und sie unruhig werden.

– Die Gebetsweise der **Schriftbetrachtung** bzw. das „Beten mit der Heiligen Schrift“[894] eignet sich, um ignatianische Einzel- bzw. Gruppenexerzitien mit Schülern der Oberstufe zu gestalten. In ihr wird das eigene Leben im Licht des Evangeliums betrachtet und gefragt, wie Gott einen geführt hat (zurückblickend), was Gottes Wille für einen ist (die Gegenwart betrachtend) und auf welche Weise einer Christus nachfolgen möchte (vorausblickend). Die Schriftbetrachtung ist eine für Schüler durchaus anspruchsvolle und zugleich ansprechende Gebetsform, da sie „alle Dimensionen und Fähigkeiten des Menschen aktiviert“[895]: Phantasie und Vorstellungskraft, die Fähigkeit, sich zu sammeln und zu konzentrieren, Gefühle und Sehnsüchte, Gedächtnis, Verstand und Wille werden gleichermaßen »bean-sprucht«. Der kognitive Überhang wird in der Regel älteren Schülern gerecht, da sie ohnehin in einer Phase des intellektuellen Fragens und des kritischen Zweifelns sind. Damit die Schüler in dieser Übung nicht nicht die Orientierung bzw. den Halt verlieren, erfordert diese Gebetsweise eine gute Anleitung und Begleitung, besonders was den Umgang mit biblischen Texten anbelangt.[896] Es empfiehlt sich außerdem, dass die Jugendlichen die Betrachtung zunächst gemeinsam in einer kleinen Gruppe machen und sich anschließend darüber austauschen. Für den Anfang ist die Dauer von einer halben Stunde ratsam. In vereinfachter Form lässt sich die Schriftbetrachtung in drei Schritte einteilen[897] und könnte etwa folgendermaßen angeleitet werden:

1.) *Bereitung und Impuls*: Ich suche mir einen geeigneten Ort zum Beten und nehme eine entsprechende Haltung ein. In der Stille nehme ich mich wahr, wie ich jetzt da bin. Gott ist auch da – ich versuche, mich

---

892 Zur Anleitung einer bestimmten Form von Schweigemeditation für Schüler, der Jesusgebet-Meditation, die das Einatmen und Ausatmen mit dem Namen Jesu oder einem Gebetswort verbindet, s. Biesinger/Schmitt 1998, 299-306, Köster 2003, 67 – 111 sowie Gruber 2007.

893 s. Kiessling 2004, 361.

894 Köster 2003, 45. „ Beim betenden Umgang mit einem Schrifttext geht es zunächst darum, mit der Lebens- und Glaubenserfahrung einer biblischen Geschichte meine aktuelle Lebens- und Glaubenswirklichkeit anzuschauen und miteinander ins Spiel zu bringen.“ (ebd., 46).

895 Steinke 2004, 74.

896 Eine hilfreiche Einführung in den Umgang mit der Bibel bietet Lambert 2004 und 2000, 98 – 137.

897 Lambert spricht von einem „Rahmen geistlichen Tuns“ und legt einen „Gang durch die Gebetszeit“ dar (s. Lambert 2000, 62 – 97). Eine etwas andere Ausformulierung dieses Rahmens findet sich bei Köster 2003, 48 -52 bzw. 58 – 65.

auf ihn auszurichten. Ich lese den zuvor ausgewählten Bibeltext und bitte Gott, jetzt aufmerksam da sein zu können, um zu erfahren, was er mir mitteilen möchte.

2.) *Betrachtung und Gebet*: Vor meinem inneren Auge versuche ich, mir mit allen Sinnen den Schauplatz des Textes plastisch vorzustellen und nach einer Weile meinen eigenen Platz in der Szenerie zu finden. Ich achte darauf, welche Regungen diese Betrachtung in mir auslöst. Dann versuche ich, mit dem Herrn in ein Gespräch zu kommen über das, was mich angesprochen hat und bewegt. Dabei lasse ich mir und Gott Zeit, damit ich nicht ins Monologisieren gerate. Nach und nach werden die Worte weniger, mein Schauen auf Gott wird intensiver.

3.) *Beendigung und Reflexion*: Ich schließe mit einem mir bekannten Gebet. Nach der Betrachtungszeit schaue ich nochmals kurz darauf zurück und notiere mir etwas von dem, was ich eben erfahren habe.

5.5.2.2 Projekt II: Sozialpraktikum

Ein bedeutsames Ziel ignatianischer Schulpastoral besteht darin, dass Heranwachsende sich zu Menschen für andere und mit anderen bilden und zu Menschen werden, die es in einer sich mehr und mehr entsolidarisierenden Gesellschaft[898] verstehen, ihren Glauben mit einem Einsatz für Gerechtigkeit zu verbinden. Auch prosoziales Verhalten wird vermittelt durch Modell- bzw. Beobachtungslernen und Unterweisung. Damit Jugendliche dies jedoch internalisieren und in sich eine prosoziale Haltung bzw. eine soziale Handlungsbereitschaft ausbilden, müssen sie die Erfahrung gemacht und reflektiert haben, was es für einen selbst bedeutet, sich für andere einzusetzen, gebraucht zu werden und nützlich zu sein, und was es für die anderen bedeutet, hilfsbedürftig, arm oder benachteiligt bzw. schwach, alt oder krank zu sein.[899] Dazu brauchen sie Gelegenheiten, Nächstenliebe und Barmherzigkeit selber zu praktizieren. Eine diesbezüglich wichtige Praxis ist die »primäre

898 Zur detaillierteren gesellschaftlichen Situationsanalyse, wie sie für das Sozialpraktikum relevant ist, s. Rekus 2000, 76ff, der in Anlehnung an Helmut Klages von einem Wertewandel (weg von *Pflicht- und Akzeptanzwerten*, hin zu *Selbstentfaltungswerten*) und einer fortschreitenden Individualisierung (Stichwort *autozentrische Mentalität*) ausgeht. Auf Seiten der Jugendlichen ist jedoch zu beobachten, dass sie in ihren Wertorientierungen zwar ganz »Kinder der Postmoderne« sind, es allerdings „verstehen, Egozentrik und Prosozialität miteinander zu verbinden" (s. Kuld 2005, 16), was ihnen besonders dann gelingt, wenn sie merken, dass »helfen« einem Spaß macht oder sogar »etwas bringt« (Stichwort »Egotaktiker«). s. dazu auch die letzten Shell-Studien. Nach Ansicht von Hans Hobelsberger basiert das Projekt »Compassion« (1994 das erste Mal in der Zeitschrift »engagement« von Adolf Weisbrod, Franz Kuhn und Friedrich Hirsch vorgestellt und durch eine im Jahr 2000 veröffentlichte wissenschaftliche Untersuchung von Lothar Kuld und Stefan Gönnheimer in ihren Grundthesen bestätigt) allerdings zu sehr auf „dem Hintergrund einer kulturpessimistischen und »individualisierungsdepressiven« Analyse" (Hobelsberger 2006, 333).

899 Das Sozialpraktikum hat seine Wurzeln im Pflege-Experiment der Jesuitennovizen. s. dazu Sa 66: „Das zweite [Experiment besteht darin, (Ergänzung von P. G.)] in Spitälern oder in einem von ihnen für einen weiteren Monat zu dienen, wobei sie, je nach Zeiten, Orten und Personen, in ihm oder in ihnen essen und schlafen oder eine oder einige Stunden am Tag, indem sie allen Kranken und Gesunden helfen und dienen, wie es ihnen aufgetragen würde, um sich mehr zu erniedrigen und zu verdemütigen; dabei sollen sie von sich den vollen Erweis bringen, dass sie sich von der ganzen Welt mit ihrem Gepränge und ihren Eitelkeiten abkehren, um in allem ihrem Schöpfer und Herrn zu dienen, der für sie gekreuzigt wurde."

Handlung«, die sich die Proexistenz Jesu zum Vorbild nimmt, das engagierte und solidarische Handeln am Nächsten, für ihn und mit ihm.[900] Wer sich in Werken der Barmherzigkeit übt (s. Mt 25,31 – 46), erfüllt das Doppelgebot der Gottes- und Nächstenliebe (s. Mt 22,36 – 40) und trägt mit dazu bei, dass das Reich Gottes Gestalt gewinnt und sich ausbreitet.

Ein „frei gewählter Einsatz für eine menschlichere Welt und eine Gemeinschaft gegenseitiger Liebe"[901] führt in eine die persönliche Gottesbeziehung realisierende und konkretisierende Glaubenspraxis, die ein- und ausgeübt werden will. Im Laufe ihrer religiösen Entwicklung sollen Heranwachsende lernen, dass der christliche Glaube keine ausschließliche Angelegenheit zwischen einem Einzelnen und Gott ist, sondern dass er auf Gemeinschaft, Gemeinde und Kirche zielt, also auf ein Füreinander und Miteinander von Glaubenden, welches notwendigerweise sowohl die individuelle als auch gemeinschaftliche Solidarisierung mit den Armen und Schwachen einschließt. Wenn Jugendliche sich darauf einlassen, können sie ein Vierfaches erfahren:[902]

1. In der Umsetzung des Glauben in die Tat bzw. im Praktizieren der Nächstenliebe, vergegenwärtigen sie Gottes unbedingte Zuwendung zu den Menschen, seine in Jesus Christus nahe gekommene Solidarität mit ihnen.
2. Im wechselseitigen Heilen und Befreien verausgaben sie sich nicht einseitig für andere, sondern machen die Erfahrung, dass, wenn sie aus freien Stücken helfen und Liebe geben, sie dadurch selber Liebe empfangen.
3. In der unmittelbaren Begegnung mit Armen und mit der Armut lernen sie den inneren Zusammenhang von Barmherzigkeit und Gerechtigkeit kennen und entdecken die Notwendigkeit, dass jede christliche Diakonie gleichermaßen helfendes als auch politisches Engagement beinhalten muss.
4. Im Aushalten der Spannung „zwischen eigenen Möglichkeiten und dem Anspruch von Betroffenen"[903] sowie in der Reflexion dieser Erfahrungen entfaltet sich letztlich die erzieherische Wirksamkeit und die Nachhaltigkeit solcher Begegnungen.[904]

Schüler der Sekundarstufe II befinden sich nach Kohlberg in ihrer Entwicklung des moralischen Urteils auf einem konventionellen bzw. soziozentrischen Niveau. Sie orientieren sich zunächst noch an interpersonellen Erwartungen und Beziehungen sowie an Konventionen, die auf Konformität zielen.[905] Die Bewältigung der

900 Die theologische Grundlage dafür gibt Kasper, der bemerkt, dass nur da, „wo Gott Mensch wird und als Mensch radikal der Mensch für die anderen wird, da wird der Grund gelegt zu einer neuen Daseinsmöglichkeit und einer neuen Solidarität unter den Menschen, zu Frieden und Versöhnung in der Welt" (Kasper 1992, 266).

901 Grundzüge jesuitischer Erziehung 1986, 76.

902 s. dazu Fuchs 1989, der eine vierfache Doppelstruktur von Diakonie beschreibt.

903 Kiessling 2004, 362.

904 s. dazu Karrer 1999, 202: „Erfahrung ist mehr als Konsum von Erlebnissen, die verdunsten oder erlöschen, ohne Spuren zu hinterlassen."

905 Zur Problematik der Stufenerfassung bei Kohlberg s. Kap. 1.2.1. Darüber hinaus ist wiederholt

Entwicklungsaufgabe, sich ethisch, moralisch, religiös und politisch zu bilden, führt sie dahin, sich mehr und mehr an Recht und Ordnung auszurichten und an der Erhaltung des sozialen Systems mitzuarbeiten, indem sie sich sozial engagieren und indem es ihnen gelingt, „Selbstständigkeit und Eigenverantwortung [...] mit dem Prinzip sozialer Verpflichtung“ [906] zu verbinden. Sie tun dies nicht allein auf theoretische Art, sondern in einem Wechselspiel von Einübung und Einsicht, indem sie eigene Erfahrungen machen und persönliche Anschauung gewinnen, durch Beobachtung am Modell[907] sowie durch Unterweisung[908]. Verstärkt wird diese Art des Lernens durch das eigene Tun und dessen soziale Bestätigung, durch das Durchstehen von und das Dranbleiben an Erfahrungen des Gelingens und Misslingens sowie durch das Gefühl, gebraucht zu werden, Verantwortung für andere zugetraut und übertragen zu bekommen sowie konkret mit anpacken und helfen zu können. Internalisiert und in das eigene Selbstkonzept übernommen wird dieses Lernen, wenn Heranwachsende merken, dass sie dort, wo sie bei ihrem Einsatz an Grenzen stoßen, nicht allein gelassen werden und wenn sie wahrnehmen, dass sie durch ihr Engagement innerlich wachsen, reifen und nicht zuletzt selber davon profitieren. Denn jedes Handeln am Nächsten, besonders dann, wenn es mit der Erfahrung von Leid oder Not einhergeht und dabei begleitet und reflektiert wird, fördert die Aneignung von Belastungsbewältigung, die Entwicklung und Aufrechterhaltung einer positiven Lebenseinstellung und den Aufbau prosozialen Empfindens, Denkens und Verhaltens.[909]

Die soziale Dimension des Lernens und soziale Aspekte von Bildung sind für Schüler am AKO nichts Fremdes. Viele von ihnen bringen von zu Hause eine soziale Einstellung mit, die sich in der Schule in unterschiedlichen Formen von Hilfsbereitschaft äußert (etwa Mentorentätigkeiten, Initiativen in puncto Nachhilfe und Streitschlichtung oder die Beteiligung am Sanitätsdienst) und in konkreten Verhaltensweisen zeigt, die auf Gemeinschaftsbildung und die Förderung des Miteinanders (etwa das Engagement in der Schülervertretung oder als Gruppenleiter bei ProCura) zielen. Besonders erwähnens- und unterstützenswert ist der freiwilli-

---

darauf hinzuweisen, dass Messungen der Urteilskraft nicht sehr genau sind (s. Grom 2000, 50ff; dies schränkt die Ergebnisse der empirischen Untersuchungen von Kuld/Gönnheimer 2000 in gewissem Maße ein) und dass von der Entwicklung des moralischen Urteils nicht ohne weiteres auf das moralische Handeln geschlossen werden darf (s. Flammer 2002).

906 Rekus 2000, 83. Jürgen Rekus meint, dass genau davon „der erzieherische Beitrag des Compassion-Projekts“ (ebd.) abhängt.

907 Modelle, die für diese Art des Lernens von Bedeutung sind, finden Jugendliche sowohl in leibhaftigen und überzeugenden Personen, die sie nachahmen können als auch in literarischen und exemplarischen Vorbildern (etwa im barmherzigen Samariter in Lk 10,25 – 37, s. dazu Kiessling 2004, 365), an denen sie sich idealtypisch ausrichten können.

908 Eine gewisse unterrichtliche Vor- und Nachbereitung mit Hilfe von fächerverbindendem Unterricht bzw. Arbeitsgemeinschaften, wie sie durch das Projekt »Compassion« gefordert wird, ist sicherlich hilfreich, um die unmittelbaren Erfahrungen des Praktikums zu reflektieren (s. Rekus 2000, 80 sowie Kuld/Gönnheimer 2000, 19-24). Den ungebrochenen Optimismus dieser Autoren, dass das Entscheidende im Unterricht geschieht sowie deren Pessimismus, dass die „pädagogisch relevanten Prozesse [...] nicht in der Praktikumssituation statt[finden]“ (Rekus 2000, 86), kann ich so nicht teilen.

909 s. Kap. 1.2.3.2, 1.2.3.4, 1.2.3.5 sowie Kiessling 2004, 361 – 370.

ge Einsatz einzelner Schüler[910] und der von Gruppen[911], bei dem Heranwachsende merken, dass ihre Hilfe auch weit über die Kollegsgemeinschaft hinaus gut ankommt und gerne angenommen wird. Solcherart Vorerfahrungen werden vom *Sozialpraktikum* bewusst aufgenommen sowie durch dieses fortgeführt und gestärkt. Wenn den Jugendlichen Menschen zur Betreuung anvertraut werden, spüren sie auf intensivste Weise, dass jeder von ihnen gebraucht wird und im Rahmen seiner Möglichkeiten helfen kann.

Das *Sozialpraktikum* am AKO hat mittlerweile eine mehr als 20-jährige Tradition und nimmt seit 1986 einen selbstverständlichen und allgemein anerkannten Platz im Schuljahr der Jahrgangsstufe 11 ein.[912] Den Initiatoren des Sozialpraktikums ging es darum – und das steht im Einklang mit dem nordrhein-westfälischen Schulgesetz[913] –, dass Schüler am AKO „den Dienst am Nächsten erlernen". Dabei wollten sie bewusst einen Gegenakzent setzen zu den sonst an Jugendliche herangetragenen üblichen gesellschaftlichen Erwartungen und dem Leistungsdruck, dem sie ausgesetzt sind, indem sie ihnen die Möglichkeit boten, ihren christlichen Glauben im Einsatz für andere bzw. im Dienst am Nächsten zu erproben und zu bewähren. In der Zielformulierung von 1986 heißt es: „Ein Sozialpraktikum soll weitere Erfahrungen ermöglichen. In einer sozialen Institution können die Jungen lernen, dass ihr Einsatz nur in Zusammenarbeit mit anderen sinnvoll ist. Sie müssen sich in eine Gruppe einpassen, die sich auf jeden einzelnen verlassen kann. Ausbrechen, Schwänzen, Eigenmächtigkeit würden die Arbeit stören und Lücken hinterlassen [...]. Zugleich bietet ein solches Praktikum Einsichten in die Arbeitswelt. Eine 40-Stundenwoche, Arbeit, die nicht nur Planspiel ist, Verantwortung in einem abgesteckten Bereich, Konflikte mit Mitarbeitern und Vorgesetzten, die Notwendigkeit, sich ein- und unterzuordnen, sind Teilbereiche dieser Erfahrung."[914]

Wenn heutzutage davon gesprochen wird, an Jesuitenschulen *men and women of competence, conscience and compassion* bilden zu wollen, dann bedeutet das für das Sozialpraktikum am AKO ein Dreifaches:

1. Durch einen Impuls von außen sollen Schüler die Gelegenheit bekommen, sich Kompetenzen anzueignen, indem sie ihren Blick weiten und

---

910 In den letzten Jahren machten mehrere Oberstufenschüler in ihren Sommerferien ein längeres Praktikum in Entwicklungsländern und halfen dort z. B. Behinderten, AIDS-Waisen oder anderen Bedürftigen. Unter den älteren Internatsschülern meldeten sich unverzüglich etliche Freiwillige für einen monatelangen Besuchsdienst bei einem schwer kranken Altschüler – auch um dessen Mutter zu entlasten.

911 Das AKO-PRO baute in Burkina Faso ein Krankenhaus und ProCura unterstützte ein Projekt für Straßenkinder in Rumänien. Finanziert wurden beide Initiativen u. a. durch einen Sponsorenlauf, an dem sich zahlreiche Schüler des AKOs beteiligten.

912 Zur Genese des Sozialpraktikums am AKO s. Stark/Wichterich 1987.

913 Das Schulgesetz des Landes Nordrhein-Westfalen formuliert in §2,2 das Erziehungs- und Bildungsziel an Schulen folgendermaßen: „Ehrfurcht vor Gott, Achtung vor der Würde des Menschen und Bereitschaft zum sozialen Handeln zu wecken, ist vornehmstes Ziel der Erziehung."

914 Stark/Wichterich 1987, 38. Zum strategischen Vorgehen, um ein Sozialpraktikum an einer Schule einzuführen, s. Weisbrod/Kuhn/Hirsch 1994, 274f, die sich ab 1992 als Arbeitsgruppe der Zentralstelle Bildung der Deutschen Bischofskonferenz u. a. bei den Koordinatoren des Sozialpraktikums am AKO darüber informierten, wie dies zu bewerkstelligen sei.

sich in die Lage sowohl von hilfsbedürftigen als auch von helfenden Menschen hineinversetzen. Dieser Perspektivwechsel verhilft Schülern Bescheid zu wissen, was zu tun ist, wenn Menschen in Not sind und jemanden brauchen. Sie lernen dies während eines längeren Zeitraums und erfahren, dass eigenes Handeln vom Einüben zum Ausüben von Fähigkeiten führt, die sie als Helfer im Umgang mit Hilfsbedürftigen brauchen und die diesen letztlich als Solidarisierung, Zuwendung und Liebe zugute kommen. Dies wird durch folgende Schüleraussagen bestätigt:

> *„Ich hätte nie gedacht, dass soviel in solchen Kindern [mit mehrfacher Schwerbehinderung (Ergänzung von P. G.)] stecken könnte. [...] Ich glaube, dass mir das Sozialpraktikum vor allem eins gebracht hat: Ich habe gelernt, Behinderte genauso zu behandeln, wie es ihnen zusteht; nämlich wie gesunde und gleichwertige Mitmenschen. [...] Ich glaube, dass ich es geschafft habe, während dieser Zeit viele [..] Hemmungen und Unsicherheiten abzubauen."* (Martin)[915]

> *„Doch nach einer Weile des Einarbeitens merkte ich, dass hinter den teilweise sehr abschreckend auf mich wirkenden Behinderungen ein jeweils eigener, ganz persönlicher Charakter steht, auf den man sich auch einlassen muss. Es ist eine der wesentlichen Erfahrungen, die ich in diesem Sozialpraktikum gesammelt habe: Egal wie stark behindert das Kind oder die Person auch ist, so stehe ich wirklich einem Menschen gegenüber, von dem wir uns nicht abwenden dürfen."* (Nikolaus)[916]

2. Die nackte Realität und das bloße Tun bilden noch lange keine Ethik und auch kein Gewissen. Es sind vielmehr die durch eigene Erfahrungen aufgeworfenen Fragen, die scheinbar oder offensichtlich aussichtslosen Situationen bzw. die eigenen Hilflosigkeiten und Zweifel, die zur Gewissensbildung beitragen; sie geschieht im Prozess, wenn das eigene Gewissen intellektuell und existentiell gefordert wird, und die Schüler in der Praxis mittels begleitender und nachbereitender Reflexion lernen, wie schwer es sein kann, zu leben und zu entscheiden – dass ein sittliches Urteil zuweilen einem nicht leicht fällt oder gar eindeutig ist, sondern häufig hart errungen werden muss. Auch dies wird von einem Schüler so bestätigt:

   > *„In Anbetracht dieser Erkenntnisse glaube ich sagen zu können, dass mein Sozialpraktikum mich nicht nur über die Situation anderer Menschen aufgeklärt hat, sondern vielmehr*

915 Abgedruckt im AKO-Heft 1991/92, 129.

916 Abgedruckt im AKO-Heft 2004/05, 72. Darüberhinaus beschäftigte sich Nikolaus in der folgenden Zeit auch künstlerisch mit seinen Praktikumserfahrungen. Sein eindrucksvolles und ausdrucksstarkes »Gabelkreuz« findet sich auf Seite 73 desselben Heftes.

noch unsere eigene, gewohnte Lebensweise hinterfragt oder sogar in Frage stellt" (Michael)[917]

3. Wenn die Realität nur hingenommen, das Tun nur abgehandelt und die Gewissensbildung nur intellektuell verstanden wird, kann den Schüler jede Erfahrung, die er während seines Sozialpraktikums gemacht hat, kalt lassen. Wichtig ist deswegen, dass sich in seinem Inneren etwas regt, dass er in Kontakt kommt mit seinen Gefühlen, dass er sich berühren lässt von den Nöten und Sorgen derjenigen, um die er sich kümmert – und genauso von deren Freuden und Hoffnungen. Ein persönliches Gespür für sich und den anderen zu entwickeln und so etwas wie echtes Mitgefühl[918] aufzubringen, trägt wesentlich dazu bei, dass sich eine prosoziale Haltung im Schüler nachhaltig verankert. Dies findet sich in folgenden Schüleraussagen wieder:

   „Für mich war meine Arbeit in einer Schwerbehindertengruppe so erfüllend, dass ich nicht nur Kraft aufwendete, sondern mir von dort auch Kraft geschenkt wurde. So trug ich keine Aufgabe, sondern die Aufgabe trug mich durch diese fünf Wochen. [...] Die Erfahrungen des Sozialpraktikums sind zu Maßstäben meines täglichen Handelns geworden. So gesehen, stehe ich heute noch im Sozialpraktikum – und ganz am Anfang." (Bernhard)

   Besonders die Bekanntschaften zu einigen Patienten und Pflegern *„sind wohl der Grund dafür gewesen, dass ich auch nach meinem Praktikum ab und zu einige Tage in dieser Institution zu Besuch war bzw. mitgearbeitet habe."* Ein weiterer Grund dafür *„war vor allem die glückliche, häufig empfundene Erfahrung, dass ich durch meine Arbeit sowohl Pfleger entlastete als auch den alten Menschen helfen konnte."* (Christoph)[919]

---

917 Abgedruckt im AKO-Heft 1994/95, 86.

918 Das englische Wort *compassion* lässt sich im Deutschen nur ungenügend bzw. missverständlich wiedergeben (s. dazu im Anhang, A5, die schlechten Werte, die die Schüler dem Item *Mitleidensfähigkeit* zumessen). *Compassion* am nächsten kommen die Begriffe *Gespür* und *Mitgefühl* (*Mitleid* wäre sogar falsch; zur Begriffsbestimmung s. auch KULD/GÖNNHEIMER 2000, 7 – 9).

919 Beide Aussagen wurden von den Schülern zwei Jahre nach dem Sozialpraktikum getroffen und sind abgedruckt im AKO-Heft 1987/88, 83.

Die Struktur des Sozialpraktikums am AKO, die versucht, den vom Rektor formulierten Leitlinien für das Sozialpraktikum[920] einen äußeren Rahmen zu geben, besteht aus folgenden Komponenten:

- **Alle** Elftklässler[921] absolvieren vor Weihnachten ein Praktikum in einer sozialen Einrichtung, etwa einem Krankenhaus, einem Alten- oder Pflegeheim, einem Kindergarten oder einer Behinderteneinrichtung. Kein Schüler wird davon dispensiert, auch nicht bei einem Auslandsjahr. Es besteht allenfalls die Möglichkeit, das Sozialpraktikum auf eigenen Wunsch anderswo oder im Ausland abzuleisten.
- Der **Kontakt zu den sozialen Einrichtungen** wird über die Schule bzw. über die das Sozialpraktikum betreuenden Lehrer hergestellt, da diese einen Überblick darüber haben, welche Einrichtungen geeignet scheinen und aufgeschlossen sind für einen Einsatz von Schülerpraktikanten. Schüler können gegebenenfalls Vorschläge für eine Praktikumsstelle machen, die dann geprüft werden. Die Stellenzuteilung geschieht über die oben genannten Lehrer, die versuchen, auf eine Dreierliste von Wünschen seitens der Schüler einzugehen. In der Regel werden die Schüler zu mehreren an einer Einrichtung eingesetzt, was den Gedankenaustausch untereinander fördern und die Begleitung durch die Lehrer erleichtern soll.[922]
- Das Praktikum ist ganz bewusst **kein Berufspraktikum**, bei dem Schüler versuchen, sich vor allem beruflich zu orientieren. Manchen Schülern mag das Sozialpraktikum zwar auch Impulse in diese Richtung geben, im Vordergrund steht jedoch der Grundsatz der Bildung von Frauen und Männern für andere und mit anderen, von *men and women of competence, conscience and compassion*, die sich auf Begegnung mit hilfsbedürftigen Menschen einlassen und sich für deren Not sensibilisieren bzw. sich dabei helfend engagieren.[923]

---

920 Theo Schneider trägt unter dem Titel *Quantum potes – tantum aude* zehn sogenannte Leitlinien für das Sozialpraktikum, die der vormalige Direktor, Ludger Stüper, in Ich-Form formulierte, zusammen: „*1. Jetzt – d. h. für 5 Wochen – steht der Dienst im Sozialpraktikum ganz im Mittelpunkt meines Lebens. Alles andere ist zweitrangig. 2. Ich bin offen für neue Erfahrungen (mit Menschen vor allem – Erfahrungen, die wir sonst nicht so anhaltend machen; von denen wir sogar ferngehalten werden. 3. Ich ordne mich ganz selbstverständlich unter, füge mich in eine bestehende Ordnung ein. 4. Ich versuche nach Kräften, mich in die Lage anderer (Behinderter, Alter, Kranker, Kinder) hineinzuversetzen. 5. Habe ich Gefühle des Ekels, so werde ich sie mit Mut hinter mich bringen. 6. Ich gehe keiner Arbeit aus dem Wege und reagiere nicht muffelig (rechthaberisch). 7. Vielleicht erlebe ich einen Menschen als eine Art »Konserve«. Aber er ist es nicht. Er bleibt Mensch und lebt nicht dem Tod entgegen, sondern der Auferstehung. Das muss ich mir bewusst machen. 8. Ich diene auch mit der Bereitschaft, dem AKO, das ja nach dem hl. Aloisius benannt ist, Ehre zu machen. 9. Ich werde Dankbarkeit erfahren wie vielleicht nie vorher in meinem Leben. Dankbarkeit wofür? 10. Ich reflektiere meine Erlebnisse und halte sie schriftlich fest*" (Schneider, Theo 2003, 30f).

921 Im Rahmen der Einführung von G8 wird das Sozialpraktikum in Zukunft eventuell auf die Zeit vor den Sommerferien in Klasse 10 vorverlegt werden müssen.

922 Dass die Schüler es schätzen, dass das AKO darauf Wert legt, mindestens zwei Praktikanten einer Einsatzstelle zuzuordnen, um einen täglichen Austausch zu ermöglichen, schlägt sich in der Umfrage nieder, in der die Schüler angeben, dass während des Sozialpraktikums die Freunde ihre vorrangigen Ansprechpartner waren (s. im Anhang dieser Arbeit, A5).

923 s. dazu Grundzüge jesuitischer Erziehung 1986, 80: „»Ohne Werke der Gerechtigkeit gibt es kei-

– Das Sozialpraktikum umfasst z. Z. **fünf Wochen**, was vor allem system- und prozessorientierte Gründe hat. Zum einen signalisieren die Einrichtungen, dass sie mit dieser längeren Dauer gute Erfahrungen gemacht haben, da dies den »Zooeffekt« (nur kurz hineinschauen, sich mit der Aufgabe jedoch kaum identifizieren) vermindert und die Schüler nicht nur als Belastung für die Einrichtung und die dort betreuten Menschen empfunden werden, sondern wirklich mit anpacken, helfen und entlasten können.[924] Zum anderen haben die Schüler die Möglichkeit, einen vier- bis fünfwöchigen Prozess[925] zu durchlaufen: Vor Praktikumsbeginn besuchen die Schüler die Einrichtungen, stellen sich vor und erhalten eine ersten Einblick. In der 1. Woche steht das Kennenlernen im Vordergrund (Einrichtung, Personal, zu betreuende Menschen, Orte und Zeiten, Handgriffe etc.). Die 2. Woche ist von harter Arbeit und sich steigernden Herausforderungen geprägt, die den Schülern Einiges abverlangen. Ab der 3. Woche gelingt es Schülern mehr und mehr einen Perspektivwechsel vorzunehmen. Sie können sich sowohl in das Personal als auch in die von ihnen betreuten Menschen hineinversetzen bzw. auf einer tieferen Ebene mit ihnen in Kontakt treten.[926] Auch die 4. (und eventuell 5.) Woche hat ihre ganz eigene Bedeutung, denn etwa ab dieser Zeit stellt sich bei vielen Schülern einerseits Routine,

ne echte Bekehrung zur Gerechtigkeit.« Zwischenmenschliche Beziehungen in der Schule geben Zeugnis für Liebe wie für Gerechtigkeit. Als Vorbereitung für einen lebenslangen Einsatz bietet jesuitische Erziehung Gelegenheit, mit wirklichem Unrecht in Berührung zu kommen. Dadurch wird die Analyse der Gesellschaft im Unterricht eine Reflexion, die auf realer Erfahrung von Strukturen der Ungerechtigkeit beruht.“

924 Hobelsberger wirft dem Projekt »Compassion« nicht zu Unrecht vor, dass „die hilfsbedürftigen Menschen konzeptionell zu Objekten des Lehrens und Lernes für Jugendliche [werden], denen in ihrem Alltag die sozialen Lernorte dieser Art abhanden gekommen sind und die die Schule deshalb künstlich erzeugen muss“ (Hobelsberger 2006, 338). Dieser Vorwurf kann man nicht auf das Sozialpraktikum am AKO beziehen, denn dieses setzt einen besonderen Akzent auf den fünfwöchigen Prozess des Praktikums. Das bedeutet, dass sowohl das Helfen als auch das Lernen in diesem längeren Praktikum ihren Platz haben.

925 Die Zeit des Praktikums an sich ist weitaus mehr als eine billige Form von Erlebnispädagogik (s. die Kritik von Rekus 2000, 80ff an erlebnispädagogischen Projekten). Andererseits darf es auch nicht passieren, dass man den Wert des Erlebens und Erfahrens so weit abmindert, dass quasi durch die Hintertüre längerfristigen Praktika fast schon unterstellt wird, sie würden den Schüler nicht zu einer freien Entscheidung führen, sondern ihn konditionieren. In dieser Gefahr stehen Artikel, wie der von Gönnheimer, in dem die berechtigte Kritik von Rekus zunächst aufgegriffen, dann aber überzogen wird: „Der Weg der Konditionierung bleibt damit [gemeint ist die Begrenzung des Sozialpraktikums auf zwei Wochen (Erläuterung von P. G.)] verwehrt. Schülerinnen und Schüler würden sonst zu unmündigen und damit verantwortungslosen Opfern von Entscheidungen Dritter. Auch deshalb bleibt das Compassion-Praktikum mit zwei Wochen relativ kurz. Die Praktikanten sollen einen Einblick in die Lebenswirklichkeit sozialer Einrichtungen gewinnen. Sie sollen nicht durch das Erleben gefangen werden“ (Gönnheimer 2004, 25f). Es beschleicht einen der Verdacht, dass diese Autoren mit solchen oder ähnlichen Formulierungen begründen wollen, dass ein Sozialpraktikum nur dann gut ist, wenn das eigentliche Praktikum kurz, der anschließende Unterricht jedoch lang und ausführlich ist. Es wäre ehrlicher, wenn sie klar bekennen würden, dass ein mehr als zweiwöchiges Sozialpraktikum an staatlichen Schulen kaum durchsetzbar ist und dass mit dieser kurzen Dauer durchaus auch Nachteile verbunden sind.

926 Besonders ab der 3. Praktikumswoche entdecken Schüler etwa, wie offen oder dankbar oder lebensfroh die von ihnen betreuten Menschen sind, die sie in den ersten beiden Wochen oft nur als Wesen wahrgenommen haben, die ihnen Arbeit machen und deren Leben nicht sinnvoll oder lebenswert erscheint (s. dazu einige aktuelle Aussagen im Anhang der Arbeit, A5).

andererseits Langeweile ein, die es wert sind, eigens erfahren und reflektiert zu werden. Schließlich sind gegen Ende des Sozialpraktikums ein paar Tage nötig, in denen sich die Schüler von einzelnen von ihnen betreuten Menschen, vom Pflegepersonal, Ärzten, Therapeuten oder Betreuern und von der Einrichtung als Ganzer verabschieden können. Die Dynamik eines fünfwöchigen Sozialpraktikum veranschaulichen folgende exemplarische Schüleraussagen:

> *„Die Vorstellung, noch fünf weitere Woche hier arbeiten zu müssen, trieb mich beinahe zur Verzweiflung. Das änderte sich zunächst auch nur langsam. Zwar wurden die Handgriffe zur Selbstverständlichkeit und das Ekelempfinden schraubte sich zurück, aber auch noch nach 1½ Wochen erschien es mir als der größte Fehler meines bisherigen Lebens [, hierher gekommen zu sein (Ergänzung von P. G.)]. [...] Erst nach mehr als zwei Wochen war ich soweit »abgehärtet«, dass ich mit der Pflege der alten Menschen keine Probleme mehr hatte. Nun erst erkannte ich hinter den »sabbernden Alten« Menschen, die für jede winzige Zuneigung dankbar waren. [...] Ich merkte: Nicht sie hatten sich geändert, die Arbeit war noch haargenau die gleiche – ich war durch diese Arbeit verändert worden. [...] Ich habe vor allem gelernt, die schönen Seiten einer insgesamt misslichen Situation zu sehen, ich habe erfahren, weshalb einige Menschen ihr ganzes Leben in den Dienst der Pflege ihrer Mitmenschen stellen und dabei fröhlich sind und ich habe mir Gedanken über den Prozess des Altwerdens mit all seinen Schwierigkeiten gemacht."* (Alexander)[927]

> *„In den ersten 10 Tagen verrichte ich nur einfache Aufgaben. [...] Ich stellte mich während dieser ersten beiden Wochen so ungeschickt an, dass ich mich voll und ganz auf meine Aufgaben konzentrieren musste. Zu den Kindern hatte ich erst nur wenig Kontakt. [...] [Von dem Tag an, da eines der schwerbehinderten Mädchen auf meine Zuwendung reagierte (Ergänzung von P. G.)], hatte der Aufenthalt an dieser Schule für mich einen ganz neuen Sinn. [...] Mit dem Gefühl von Freude hörte mein Praktikum auf. Meiner Meinung nach viel zu früh, da die Beziehung zwischen den Kindern und mir erst im Anfangsstudium war."* (Sascha)[928]

> Keine *„anderen fünf Wochen meiner elfjährigen Schulzeit stehen mir so deutlich vor Augen. [...] Mir als Praktikant öffnete sich nun eine neue Welt, eine harte Welt, die es zu entdecken galt, die voller Schwierigkeiten steckte, eine Welt, die auf beiden Seiten durch Hilflosigkeiten gekennzeichnet schi-*

927 Abgedruckt im AKO-Heft 1993/94, 45f.

928 Abgedruckt im AKO-Heft 1991/92, 131.

en. Die Versuchung aus dieser Welt zu fliehen, war für mich groß. [...] Im Rückblick würde ich sagen, man soll sich den Patienten nicht vorsichtig, sondern behutsam, liebevoll nähern. [...] Eine knappe Woche lang war ich sehr angespannt und auch unsicher, dann war die Arbeit noch eine Woche hart. Doch später machte es richtig Spaß, Erfahrungen zu sammeln, den Bewohnern zu helfen und bei ihnen das Gefühl von Verlassenheit nicht aufkommen zu lassen." (Michael, ein Jahr nach seinem Sozialpraktikum)[929]

– Formen der **Begleitung, Betreuung und Reflexion** sind ganz wesentlich für das Sozialpraktikum. Vor dem Praktikum haben die Schüler die Gelegenheit, sich mit einigen Zwölftklässlern, die das Jahr zuvor in der gleichen oder einer ähnlichen Einrichtung tätig waren, in Kleingruppen informell auszutauschen. Während des Praktikums werden die Schüler offiziell und professionell von einzelnen Lehrern begleitet (diese besuchen die Schüler ein bis zweimal am Praktikumsort und unterhalten sich auch mit dem Betreuer des Praktikanten bzw. mit jemandem aus der Einrichtungsleitung) und vor Ort von einer Ansprechperson betreut (diese geben dem Praktikanten Rückmeldung und Ermutigung und erstellen am Ende des Praktikums eine ausführliche schriftliche Beurteilung). Daneben sind Freunde und auch die Eltern wichtige Ansprechpartner, um die aus dem Praktikum mitgebrachten Erlebnisse, Erfahrungen und Empfindungen zeitnah auszusprechen und anfanghaft zu verarbeiten. Ebenfalls als hilfreich hat sich das Angebot herausgestellt, dass die Schüler einmal wöchentlich in der Rotunde zusammenkommen und sich untereinander bzw. zusammen mit den betreuenden Lehrern austauschen können. Zur persönlichen Reflexionsarbeit gehört das Niederschreiben eigener Tagebuchnotizen und das Abfassen eines Praktikumsberichtes, in dem die Schüler beschreiben sollen, was sie erlebt und erfahren haben und was sie bewegt und berührt hat sowie wie sie sich verhalten und eventuell verändert haben. Das Sozialpraktikum ist gerahmt durch einen Aussendungstag am Anfang und einen Reflexionstag am Ende des Praktikums, die jeweils in einen Gottesdienst münden. Einzelne Schüler lassen sich zudem für *Exerzitien im Alltag* gewinnen, die sie während des Praktikums machen (eine halbe Stunde Einzelbesinnung nach der Arbeitszeit, wöchentliches Gruppen- und/oder Begleitungsgespräch). Die unterrichtliche Vorbereitung, Nachbereitung und Vertiefung[930] des Sozial-

929 Abgedruckt im AKO-Heft 1995/96, 128.

930 In Grundzüge jesuitischer Erziehung 1986 wird grundsätzlich überlegt, wie „Fragen der Gerechtigkeit [..] im Unterricht behandelt" werden können. Wichtiger als „die Einführung zusätzlicher Unterrichtsfächer" sei „die Beachtung der Gerechtigkeitsdimension, die jedes Fach aufweist. Die Lehrer bemühen sich um größere Sensibilität für diese Dimension, so dass sie in der Lage sind, den Schülern die intellektuelle, moralische und religiöse Bildung zu vermitteln, die sie zum Dienst an der Gerechtigkeit motiviert, sie zu »Motoren« von Reformen macht. Zum Lehrplan gehört, angepasst an die jeweilige Altersstufe, eine kritische Analyse der Gesellschaft. Aus christlichen Grundsätzen sich ergebende Entwürfe zu Problemlösungen sind Bestandteil dieser Analyse. Orientierungen dafür ergeben sich aus dem Wort Gottes, aus der Lehre der Kirche und aus den Humanwissenschaften." (ebd., 78)

Ob allerdings der Schulunterricht der einzige oder absolut notwendige Ort der Reflexion ist, wie

praktikums bedarf in Zukunft sicherlich einer gewissen Erweiterung,[931] kann das persönliche Gespräch und die persönliche Auseinandersetzung jedoch nie komplett ersetzen.

Der starke Doppelakzent des Sozialpraktikums am AKO – zum einen auf die ungewohnte Praxis, zum anderen auf vielschichtige Formen der Reflexion[932] – heben dieses von anderen Praktika ab, bei denen eher die »teilnehmende Beobachtung«[933] im Vordergrund steht. Als ignatianisches Experiment geht es beim Sozialpraktikum am AKO vielmehr darum, dass Schülern über einen längeren Zeitraum wirklich Verantwortung übertragen wird und dass sie dabei eine »reflektierte Erfahrung«[934] machen. Als Experiment ist es nicht nur ein Reinschnuppern, ein Beobachten und in geringem Umfang ein Mitmachen, sondern das Durchlaufen unterschiedlicher Phasen eines Prozesses (Vorbereitung, Einstieg, Abwehr, Überforderung, Ausprobieren, Erfolge, Misserfolge, Begleitung, Routine, Langeweile, Durchhalten, vertieftes Kennenlernen, Perspektivwechsel, der reflektierte Blick, Austausch, Abschiednehmen, Auswertung, Fortführung etc.), in dem die Schüler wesentliche Anliegen der *ignatianischen formatio* verinnerlichen: Sie betreuen Menschen, die vielleicht auf den Tod wie auf eine Sinnlosigkeit hin zu vegetieren scheinen und denen die christliche Hoffnung auf Auferstehung so unbegreiflich verborgen scheint. Dadurch bricht in den Schülern die Frage nach Gott und Jesus Christus unweigerlich auf und wird in der Reflexion wachgehalten. Die Schüler stellen für die Zeit des Praktikums die von ihnen betreuten Menschen in den Mittelpunkt, indem sie sich ihrer annehmen und ihnen helfen, ein Gespür für sie entwickeln und darin die eigene Lebenskompetenz fördern. Sie setzen sich mit ethischen und existentiellen Fragen auseinander und versuchen in ihrer Arbeit sowie bei jeder Form der Reflexion ihren persönlichen Glauben mit ihrem Einsatz für Gerechtigkeit und Solidarität in Einklang zu bringen. Und sie stellen fest, dass sie während des Sozialpraktikums über sich hinauswachsen, indem sie zu helfenden und dienenden Leistungen fähig werden, die sie sich zuvor selbst niemals zugetraut hätten. In der ansatzweisen Realisierung mancher ihrer Visionen merken sie, dass auch das eine Art sein kann, nach den Sternen zu greifen, für sich und für andere.

---

vom Compassion-Projekt postuliert, wage ich zu bezweifeln. Mit Daniel Heinen darf „die Verknüpfung von Praktikum und Unterricht, als das unermüdlich proklamierte Novum dieses Projektes" durchaus angefragt werden, v. a. dann, wenn Schüler „Überdruss darin empfinden" (Heinen 2005, 27), wenn äußerst mühsam versucht wird, Praktikumserfahrungen im fächerverbindenden Fachunterricht zu »verarbeiten« (s. etwa Beispiele bei Gönnheimer 2004, 24f) oder wenn der vor- und nachbereitende Unterricht zum „Initiator, Medium, Katalysator und Transformator" (Kuhn 2000, 111) im Hinblick auf Soziales »hochstilisiert« wird. Sinnvoll scheint mir eher, auf die Elemente der unterrichtlichen Begleitung von Weisbrod/Kuhn/Hirsch 1994, 277 zurückzugreifen und zu überlegen, wie diese in Formen der Reflexion einbezogen werden können, wobei auch hier festzustellen ist, dass das gute und richtige Anliegen in der praktischen Umsetzung leider meist verflacht.

931 Aktuelle Zwölftklässler, die im vergangen Jahr das Sozialpraktikum absolviert haben, geben an, dass ihnen die unterrichtliche Nachbereitung zu kurz kam und sie sich diesbezüglich etwas mehr gewünscht hätten (s. im Anhang, A5).

932 Karrer spricht hier zum einen von der *Wirklichkeitszufuhr* und meint damit die „Begegnung mit Wirklichkeit" bzw. das „Aufnehmen von Realitäten", zum anderen von *Wirklichkeitsverarbeitung* und meint damit „deren bewusste, d. h. sich selbst aufschließende Verarbeitung" bzw. „begreifendes Erkennen" (Karrer 1999, 202).

933 s. dazu Kiessling 2004, 367.

934 s. dazu Karrer 1999, 203.

Vier Fragebereiche drängen für die Zukunft des Sozialpraktikums auf Beantwortung:

1. Wie kann es gelingen, das Sozialpraktikum von Mitte Klasse 11 auf Ende Klasse 10 vorzuverlegen, bei gleichzeitiger Beibehaltung der wesentlichen Grundzüge und geringfügiger Anpassung des äußeren Rahmens?[935] Oder kann man es vom Lernstoff in der kommenden Qualifizierungsphase her im Jahrgang 11 belassen, nur dass man dann auf die Zeit nach dem Jahreswechsel und damit unmittelbar vor die Halbjahreszeugnisse geht? Obwohl es grundsätzlich zu begrüßen wäre, „wenn Schüler ihre Ferienzeit oder wenigstens einen Teil für diesen sozialen Dienst opfern würden", bleibt zu bedenken, dass dadurch „die Verbindlichkeit für alle und die unterrichtliche Einbeziehung in Frage gestellt"[936] würde.

2. Ist es nicht nur möglich, sondern gegebenenfalls sogar sinnvoll, die Betreuung und Begleitung der Schüler während des Praktikums auf eine breitere Basis zu stellen? Es wäre z. B. denkbar, dass sich die Schüler unter den Lehrern selber ihre Begleiter wählen. Diese Tutoren, die etwa maximal fünf Schüler betreuen, besuchen die Schüler an ihrer Praktikumsstelle, sind bei Fragen und Problemen ansprechbar und führen anhand des Abschlussberichtes mit den jeweiligen Schülern ein Nachgespräch. Wenn mehrere Lehrer in die Betreuung und Begleitung eingebunden würden, bräuchte es für diese schließlich auch eine Form der Vorbereitung, damit sie für die Gespräche entsprechend gerüstet wären und dabei gut hinter den Hauptanliegen des Sozialpraktikums stehen könnten.

3. Wie kann es gelingen, das Sozialpraktikum nicht als Einzelereignis dieser Intensität stehen zu lassen? Und was ermutigt zu einem Weitermachen nach dem Abitur, in den Ferien, den Wochenenden oder im Alltag. Neben einzelnen punktuellen oder aber zeitlich gestreckten Projekten für Klassen bzw. kleinere Gruppen wäre für einige interessierte und ausgewählte Praktikanten des Vorjahrs z. B. eine Form von Peer-to-Peer-Betreuung des Sozialpraktikums denkbar. Diese älteren Schüler könnten eventuell einen Lehrer begleiten, wenn er die Schülerpraktikanten in den Einrichtungen, die sie selber bestens kennen, aufsuchen. Gespräche zwischen ihnen und den aktuellen Praktikanten, könnten einen doppelten Effekt haben: Zum einen könnte das Peer-to-Peer-Gespräch manch jüngerem Schüler wegen des deutlich geringeren Altersunterschieds leichter fallen. Zum anderen könnten den älteren Schülern eine weiterführende Verantwortung übertragen und ihnen ermöglicht werden, die eigenen Erfahrungen des Vorjahrs erneut zu reflektieren und damit zu vertiefen.

935 Mit Blick auf die persönliche, intellektuelle und psychische Entwicklung der zukünftigen Zehntklässler dürften sich keine größeren Schwierigkeiten ergeben. Möchte man es allerdings bei einem vier- bis fünfwöchigen Praktikum belassen und platziert man dieses auf kurz vor die Sommerferien, so wird es nicht ganz unproblematisch werden, was die (unterrichtliche) Nachbereitung anbelangt.

936 Weisbrod/Kuhn/ Hirsch 1994, 273.

Ebenso wie die Lehrer müssten auch diese älteren Schüler auf solche Gespräche gut vorbereitet werden.

4. Gewährleisten eine sorgfältigere unterrichtliche Vor- und Nachbereitung des Praktikums, dass Schüler nachhaltiger eine positive soziale Handlungsdisposition aufbauen, die sich dann auch im weiteren Schulleben und im sonstigen Alltag der Schüler in konkreten Taten auswirkt? Höchstwahrscheinlich wird auch in Zukunft eine dynamische Balance anzustreben sein, eine Balance zwischen aktivem Thematisieren und Verarbeiten von Erfahrungen des Praktikums einerseits und dem passiven Sich-setzen-lassen dieser Erfahrungen sowie der Vermeidung von Überdruss andererseits.[937] Der Unterricht wird dabei nicht der einzige Ort der Reflexion sein, sondern es wird darauf zu achten sein, unterschiedliche Gelegenheiten zu schaffen bzw. anzubieten, mit Hilfe derer es den Jugendlichen gelingt, beim Sozialpraktikum Erfahrenes und Gelerntes zu verinnerlichen.[938]

5.5.3 Weitere schulpastorale Angebote und Handlungsfelder am AKO

Kollegsseelsorge am AKO ist breiter angelegt, als die in den vorhergehenden Kapiteln dargestellten Maßnahmen und Angebote. Ein abschließender Überblick soll andeuten, was bei der Erstellung einer Einrichtungskonzeption von Kollegsseelsorge am AKO alles mitzudenken und zu berücksichtigen ist. Zu den Stichpunkten Menschen, Räume, Zeiten, Medien und Kooperation sowie in Bezug auf die klassischen kirchlichen Handlungsfelder Diakonia, Martyria und Liturgia sollen im Folgenden in eher additiver Art und Weise einige Maßnahmen und Angebote zusammengestellt werden, die zeigen, wie sich Kollegsseelsorge am AKO konkretisieren kann und dass diese einen Dienst an der Koinonia tun.

5.5.3.1 Menschen

Kollegsseelsorge am AKO richtet sich an unterschiedliche Menschen in vielfältigen Situationen. Obwohl die Schülerschaft die primäre Zielgruppe darstellt, gibt es bei Eltern, Lehrern und Erziehern ebenfalls einen seelsorglichen Bedarf. Der Kollegsseelsorger ist eines der personalen Angebote der Kollegsseelsorge und

---

937 Drei Fünftel der zum Sozialpraktikum am AKO befragten Schüler meinen, dass man im Unterricht nach dem Praktikum mehr bzw. viel mehr darauf hätte eingehen sollen (s. im Anhang, A5), wohingegen auf der anderen Seite HEINEN die Zahlen von KULD/GÖNNHEIMER weniger positiv interpretiert und feststellt, dass drei Fünftel der von ihnen befragten Schüler „den projektbezogenen Unterricht als weniger gut oder mangelhaft beurteilten bzw. keine Wertung dazu abgeben wollten/konnten" (HEINEN 2005, 26).

938 s. dazu EMMERICH 2005, 43 – 47. Es ist durchaus anzustreben, dass die Erfahrungen und Interaktionen, die durch das Praktikum ausgelöst und währenddessen sowie im Anschluss daran begleitet und reflektiert wurden, von den Jugendlichen nicht bloß „im Gedächtnis behalten" (KULD/GÖNNHEIMER 2000, 25) werden, sondern dass Lehrer und Eltern sie dazu ermutigen und dabei unterstützen, die freiwillige Mitarbeit in der nun schon bekannten Einrichtung fortzusetzen oder sich anderweitig sozial zu betätigen. Das Netzwerk jesuitischer Schulen und diverse Werke des Ordens (JEV, Freiwilligendienst, JRS, Missionsprokur etc.) bieten darüberhinaus Gelegenheiten, sich auch im Ausland sozial zu engagieren.

wird von den Menschen am AKO als einer betrachtet, der zuhören, beraten und begleiten soll. Ihm wird zugetraut, zu trösten und Streit zu schlichten. Weiter man erwartet von ihm, dass er besonders mit den Lehrern und Erziehern sowie mit den Eltern eng zusammenarbeitet, vor allem dann, wenn es um das Wohlergehen ihrer Schüler bzw. Kinder geht.

Obwohl am AKO Seelsorge immer schon eine wichtige Rolle gespielt hat, ist Kollegsseelsorge momentan faktisch im Aufbau begriffen, was bedeutet, dass die Position des Kollegsseelsorgers in den Kollegsabläufen und in den verschiedenen Gremien erst noch geklärt werden muss. Wichtig erscheinen mir folgende Grundsätze: Der Kollegsseelsorger ist kein Mitglied des Kollegsrates und sollte auch als Jesuit nicht in die Rolle des Arbeitgebers geraten. Er ist zuständig für die Pastoral und Seelsorge im Kolleg als Ganzem sowie in den einzelnen Teilbereichen. Er unterliegt in persönlichen Angelegenheiten der Schweigepflicht und hat auch sonst Diskretion zu wahren. Er sollte in geringem Umfang unterrichten, zum einen um mit den Schülern in Kontakt zu kommen, zum anderen um von den Lehrern als Kollege wahrgenommen zu werden. Allerdings sollte sein Lehrer- und Kollegesein nicht zu sehr im Vordergrund stehen, damit Schüler und Lehrer ihn als Unabhängigen aufsuchen können und als solchen akzeptieren.

5.5.3.2 Räume

Seit dem Schuljahr 2008/09 steht in der Schule ein Raum für die Kollegsseelsorge zur Verfügung. Dieser ehemalige kleinere Klassenraum befindet sich am Ende eines Flügels mit Klassenzimmern – optisch von diesen abgetrennt. Über einen kleinen Verbindungsgang gelangt man weiter zum Klausurenraum bzw. zur Bibliothek, was dazu führt, dass jeder Schüler anonym zum Kollegsseelsorger gehen kann als besuchte er die Bibliothek. Die »offene Tür« lädt dazu ein, vorbeizuschauen oder hineinzukommen. Jüngere Schüler nutzen diese Gelegenheit, um sich ein Bonbon oder einen Tee zu holen bzw. um – wie sie es ausdrücken würden – »in den Sesseln abzuhängen und zu chillen«. Ältere Schüler sowie Lehrer und Eltern kommen meist für Einzelgespräche vorbei, Lehrer teils auch, um Schüler zu ermuntern, hier eine Auszeit, ein beratendes Gespräch oder Trost zu suchen. Vor Klausuren kommen vereinzelt auch Schüler, die im Büro eine Kerze anzünden und darum bitten, dass der Kollegsseelsorger ihnen die Daumen drückt bzw. für sie betet. Um Formen von Missbrauch vorzubeugen, ist es wichtig, dass die Türe zum Büro bei Anwesenheit von Schülern niemals abgeschlossen wird und jederzeit von außen durch eine Türklinke geöffnet werden kann. Schließlich dient die Türe momentan der Mitteilung von Informationen (Anwesenheits- und Sprechzeiten, Angebote, Abwesenheiten etc.) bzw. dem Aushang von Texten, Bildern oder Plakaten, auf denen Schüler interaktiv »Spuren hinterlassen« können.

Ansonsten sind es vorrangig die liturgischen Räume, die von der Kollegsseelsorge genutzt werden. Die sechseckige Krypta mit ihrer kreisrunden Bestuhlung fasst gut 120 Personen und wird für die meisten liturgischen Veranstaltungen der Schule und des Internats genutzt. Weil sie »etwas abseits vom schulischen Trubel« liegt, ziemlich abgedunkelt und stets frei zugänglich ist, eignet sie sich ebenfalls als Ort, um sich zurückzuziehen, in sich zu kehren, durchzuatmen, sich auszuweinen, Kraft zu schöpfen und nicht zuletzt um in Stille zu beten oder zu meditieren.

Die Oberkirche – ohne Tabernakel – ist ein multifunktioneller Raum für 300 bis 500 Personen, in dem die größeren Schul- und Internatsgottesdienste stattfinden, der allerdings auch für weitere größere Veranstaltungen (Einschulung, Theater, Konzerte, Proben etc.) dient, weswegen die liturgische Ausstattung beweglich ist. Zwischen dem Wohnbereich der Patres und den Räumen des Internats befindet sich noch eine kleine Hauskapelle, in der die Kommunität täglich die heilige Messe feiert, und die einzelnen Personen die Gelegenheit bietet, sich zurückzuziehen.

Für die Zukunft wäre zu überlegen, ob Kollegsseelsorge besonders in der kalten Jahreszeit Schülern, die einige Zeit vor dem Unterricht zur Schule kommen (s. den Bedarf im Anhang, A1), einen Raum öffnet, in dem diese sich kurz aufhalten, sich wärmen und vielleicht einen Tee trinken könnten. Für die Aufsicht und die Organisation ließen sich eventuell ein paar ältere Schüler gewinnen, so dass dadurch für Jugendliche eine weitere Möglichkeit entstünde, in der Schule Verantwortung zu übernehmen und einen freiwilligen sozialen Dienst zu tun. Ein solcher Raum müsste von außen zugänglich und zunächst schlicht eingerichtet sein. Wenn er von den Schülern angenommen wird, bestünde die Möglichkeit, diesen als kleines Café der Kollegsseelsorge auszubauen.

5.5.3.3 Zeiten

In den Umfragen unter Schülern, Lehrern, Erziehern und Eltern ist immer wieder der Wunsch nach festen Sprechzeiten vorgebracht worden. Um Kollegsseelsorge nicht zu bürokratisieren, muss dieser Wunsch in den größeren Rahmen der Präsenz des Kollegsseelsorgers während des Schulbetriebs (in seinem Büro, auf den Gängen, im Lehrer- und in den Klassenzimmern, auf dem Pausenhof etc.) und während des Internatsbetriebs (in der Mensa, in den Studierräumen, an verschiedenen Treffpunkten etc.) eingebettet sein. Das bedeutet, es geht letztlich darum, dass der Kollegsseelsorger für unterschiedliche Personen ansprechbar und erreichbar ist (auch über Telefon, Handy, E-Mail und Internet), dass er Zeit hat oder sich Zeit nimmt und dass er dabei seelsorglich zur Verfügung steht (Gespräche, Beichte, Beratung, Hilfe, Unterstützung, Trost etc.).

Im Verlauf eines Schuljahres gibt es Zeiten von besonderer Bedeutung. Nicht nur die sogenannten geprägten Zeiten gilt es zu gestalten, sondern auch der Anfang und das Ende eines Schuljahres sowie die Zäsur durch die Halbjahreszeugnisse müssen besonders in den Blick genommen werden. Auf diesem Gebiet ist für die Zukunft zu überlegen, was es für Schüler oder Lehrer bedeutet, anzufangen, von Neuem zu beginnen oder zu wiederholen bzw. etwas zu beenden, aufzuhören und sich gegebenenfalls zu verabschieden. Auch hier lassen sich von der Kollegsseelsorge einzelne Akzente setzen.

Schließlich besteht in der schnellen, hektischen und stressigen Postmoderne, die weder vor dem Schulleben noch vor dem Familienleben halt macht, der Bedarf nach Zeiten der Unterbrechung, nach Zeiten der Stille, in denen nichts »gemacht« werden muss, sondern in denen man als Mensch einfach dasein darf. Es ist darum nicht verwunderlich, dass einige Schüler besonders auf Schweigemeditationen oder kurze eucharistische Anbetungen, wenn sie freiwillig angeboten werden, äußerst positiv reagieren.

5.5.3.4 *Medien*

Bei der medialen Vermittlung von Kollegsseelsorge am AKO besteht der größte Nachholbedarf. Um die Kollegsseelsorge mit ihren Anliegen und Angeboten bekannt zu machen, wird zunächst ein Logo entwickelt werden müssen, das auf den ersten Blick Auskunft darüber gibt, was Kollegsseelsorge ist. Zugleich wird eine eigene Homepage eingerichtet werden müssen, die ausführlicher darüber informiert, wie sich Kollegsseelsorge versteht, wer sich in ihr engagiert und wer wann als Ansprechpartner zur Verfügung steht sowie welche Angebote und Maßnahmen sie umfasst. Öffentlichkeitsarbeit wird des Weiteren über Aushänge und Flyer bzw. Postkarten, über Einladung einzelner Klassen ins Büro der Kollegsseelsorge sowie über Besuche bei einzelnen Klassen durch den Kollegsseelsorger zu machen sein. Mediale Interaktion sollte Schülern, Eltern sowie Lehrern und Erziehern möglich sein, indem sie sowohl den virtuellen als auch den realen Briefkasten nutzen, um Fragen zu stellen, Vorschläge zu machen, sich zu beschweren, Kummer und Sorgen zu artikulieren oder darum zu bitten, dass in ihren Anliegen gebetet wird. Eine adäquate Art, Jugendliche anzusprechen, könnten schließlich darin bestehen, etwa in geprägten Zeiten SMS-Aktionen durchzuführen mit Impulsen für den Tag.

5.5.3.5 *Kooperation*

Ein ganz wichtiges Thema von Kollegsseelsorge am AKO ist die Kooperation mit anderen Personen und Einrichtungen. Innerhalb der Schule kooperiert der Kollegsseelsorger besonders mit den Vertrauenslehrern, die bei Konflikten unter Schülern sowie bei Problemen zwischen Schülern und Lehrern vermitteln und auch sonst bei kleineren persönlichen Sorgen als Ansprechpartner zur Verfügung stehen. Mit ihnen pflegt der Kollegsseelsorger einen regelmäßigen Austausch. Ebenfalls in Kontakt steht er mit den Leitern der einzelnen Teilbereiche des Kollegs, mit den Lehrern und Erziehern sowie mit den gewählten Schüler- und Elternvertretern, um auch aus deren Perspektive zu erfahren, wo Bedarf ist an schulpastoraler Intervention, bzw. an Formen seelsorglicher Unterstützung, religiöser Unterweisung sowie liturgischer Unterbrechung. Zur Kooperation mit professionellen Mitarbeitern gehört an der Schule, im Internat und im Externat der Kontakt mit dem Kinder- und Jugendpsychologen des Hauses sowie mit zwei Pädagogen, die sich in den Bereichen Mediation bzw. Krisenintervention[939] fortgebildet haben.

Außerhalb des Kollegs arbeitet die Kollegsseelsorge des AKOs mit den ortsansässigen Pfarreien (Beichte, Besinnunsgtage für Firmlinge, Kreuzweg, Wallfahrten

939 Ganz aktuell wird z. Z. im Zuge der Ereignisse des Amoklaufs durch einen ehemaligen Schüler in einer Realschüler in Winnenden (März 2009) ein Kriseninterventionsteam am AKO zusammengestellt, das bei unvorhersehbaren katastrophenartigen Ereignissen die Aufgabe hat, schnell zu informieren und gegebenenfalls zu agieren, um Schlimmeres zu verhüten. Des Weiteren soll es als schulischer Ansprechpartner (etwa für die Polizei, die Feuerwehr sowie andere Einsatzkräfte bzw. für die Lehrer, Eltern und Schüler sowie nicht zuletzt für die Medien) zur Verfügung stehen und sich im weiteren Verlauf der Auf- und Verarbeitung dieser Ereignisse annehmen. Zu Formen der Krisenintervention und Notfallseelsorge im Internet s. etwa den Verein Schulische Krisenintervention e.V., der unter dem Titel »sinus schule in notfällen unterstützen« will. s. Internetaufruf: 03/2009: http://www.schulische-krisenintervention.de/.

etc.) sowie mit den Schulseelsorgern des Ordens (Konferenz, Exerzitien für Lehrer und Erzieher, Besinnungstage etc.) bzw. der Diözese (Konferenz, Beichte, Werbung in gemeinsamer Sache etc.) zusammen.

5.5.3.6 Diakonia – diakonische und karitative Angebote

Unterstützung und Hilfe bietet Kollegsseelsorge am AKO zunächst auf einer personellen Ebene an, indem der Kollegsseelsorger und weitere Personen jederzeit ansprechbar sind, sei es, um zu trösten, aufzurichten und zu ermutigen, sei es, um zu beraten, etwas zu klären und zu helfen, sei es, um zu schlichten, zu versöhnen und Verzeihung zu gewähren, oder sei es, um einfach zuverlässig für jemanden da zu sein, ihm zuzuhören und ihn anzunehmen. Deswegen ist die Kollegsseelsorge mit Formen der Krisenintervention und Notfallseelsorge an Schulen vertraut, bietet Krisengespräche und Hausbesuche an und organisiert bei Bedarf therapeutische Hilfe.[940] Sie ist vertraut mit Formen der Streitschlichtung und Mediation,[941] bietet Konfliktgespräche an und sorgt sich um eine Versöhnungskultur am Kolleg, die nicht zuletzt geistlich getragen ist, etwa indem Bußgottesdienste gefeiert werden und Gelegenheiten zum Beichten bestehen.[942] Solche Gespräche und die damit verbundene unbedingte Zuwendung zum Menschen unterstützen etwa heranwachsende Schüler bei der Bewältigung ihrer Entwicklungsaufgaben und ermutigen sie zur Ausbildung einer eigenen Identität.

Auf einer eher strukturellen Ebene ist die Kollegsseelsorge am AKO darum bemüht, die Schulkultur in einem geistlichen und seelsorglichen Sinne zu prägen, indem sie eine Anwaltsfunktion ausübt, die sich um die Humanisierung des Kollegslebens samt seinen Abläufen sorgt und darauf achtet, ob auch wirklich der Mensch im Mittelpunkt verschiedener Prozesse und Veränderungen steht (Stichworte: schülergerechte Gestaltung der Räumlichkeiten und der Anlage des Kollegs, humane Arbeitsbedingungen und -zeiten, Vorrang des Personalangebots vor dem Sachangebot oder allzu einfachen Lösungen etc.). Durch ihren beispielhaften geduldigen und liebevollen Einsatz gegenüber Einzelnen und Gruppen versucht sie, das Schulklima positiv zu beeinflussen (Stichworte: Umgang der Schülern untereinander, kollegiales Miteinander, Umgang mit Vorurteilen, Förderung von Respekt und Sensibilität etc.). Und indem sie nicht schweigt, wenn sie Ungerechtigkeiten wahrnimmt, sondern ihre Stimme erhebt und politisch auftritt, trägt sie dazu bei, dass oftmals lang eingespielte Unrechtsstrukturen oder Überforderungstendenzen offengelegt, aufgebrochen und beseitigt werden (Stichworte: Umgang mit Ausgrenzung, Bullying und Mobbing, finanzielle Unterstützung Schlechtergestellter, Solidarisierung mit Schwächeren etc.).

---

940 Zum Umgang mit Krisen und Traumata s. Weidemann/Heider 2003, Bögle 2009, Brandl/Orth 2009 sowie Rüttiger 2009. Zum Umgang mit jugendlicher Suizidalität in der Schule s. Langer, Jürgen 2001. Zum Umgang mit »Seelenfinsternis« von Schülern und »Seelenmord« an Schülern im Kontext von Schule s. Kiessling 2004, 427 – 437 und 2002a.

941 Zum Beitrag der Schulpastoral als Konflikt- und Versöhnungskultur s. Burkard 2002, 111 – 113. Zur Mediation und ihrer Bedeutung für die Schulpastoral s. Riegel/Nickel 2001, 66 – 70. Zum Umgang mit Mobbing und Bullying in der Schule s. Bödefeld 2006 sowie Köstler 2009.

942 Zum Umgang mit Schuld und Versöhnung an Schulen, die aus dem Geist der Exerzitien geführt werden, s. Mertes 2004, 25 – 33 und 64 – 70.

Die diakonische Dimension der Kollegsseelsorge am AKO lässt sich schließlich auch im diakonischen Einsatz erkennen, den Kinder und Jugendliche freiwillig für andere zu tun bereit sind. Als Impuls dafür eignet sich etwa das *Sozialpraktikum* (s. Kap. 5.5.2.2), das in manchen Schülern die Bereitschaft weckt, sich auch über das Kolleg hinaus für andere zu engagieren. Gleiches gilt vielfach in weitaus höherem Maße für Lehrer und Erzieher sowie auch für Eltern, die selber eine Initiative ergreifen oder sich bei anderen anschließen und zu einem Dienst für andere, sei es am AKO oder darüber hinaus, bereit sind (Theater, Chor, Orchester, AGs, AKO-PRO-Kurse, Bibliotheksaufsicht, Hausaufgabenbetreuung, Integration von Ausländern, Präventionsarbeit etc.). Damit wird deutlich, dass diakonische Schulpastoral wesentlich mehr umfasst, als die Kollegsseelsorge selber organisieren kann, und dass der Kollegsseelsorger kein Einzelkämpfer sein darf, der alle Fäden in den Händen hält, sondern dass sich viele Dinge von selber entwickeln und nicht einmal nach Koordination, sondern vielmehr nach Anerkennung und Wertschätzung verlangen.

5.5.3.7 Martyria – mystagogische, katechetische und spirituelle Angebote

Unterweisung im christlichen/katholischen Glauben und Einführung in die ignatianische Spiritualität geschieht innerhalb der Kollegsseelsorge am AKO zunächst im Rahmen des persönlichen Zeugnisses. Nicht allein der Kollegsseelsorger oder die Religionslehrer, sondern etliche engagierte Christen geben (explizit beim Schulgebet, in Schulgottesdiensten, bei Besinnungstagen und Exerzitien etc. sowie implizit durch die Art wie sie auftreten, handeln, einem begegnen etc.) Zeugnis und Auskunft von der Hoffnung ihre Glaubens (s. 1 Petr 3,15), lassen sich diesbezüglich anfragen und sind zum Gespräch darüber bereit.

Zum festen Programm der Kollegsseelsorge auf dem Gebiet der Martyria gehören jenseits des Religionsunterrichtes die Verkündigung und die Auslegung des Wortes Gottes in den unterschiedlichen Schul- und Schülergottesdiensten, eine alle drei Jahre stattfindende Firmkatechese für Schüler ab Klasse 11, Taufkatechesen für einzelne Jugendliche,[943] Diskussionsrunden mit Schülern auf Besinnungstagen und Exerzitien, theologische Abendgespräche mit älteren Internatsschülern sowie Besinnungstage für Eltern, Lehrer und Erzieher[944].

Eine Einführung in die ignatianische Spiritualität geschieht über die *Schule des Betens*, die die Absicht verfolgt, dass Schüler bis zum Ende ihrer Schulzeit mit vielfältigen ignatianischen Gebetsformen und exerzitienähnlichen Übungen vertraut gemacht werden, die es ihnen ermöglichen, ein eigenes Gebetsleben (etwa mit Formen des Innehaltens, der Reflexion, der Sammlung, der Meditation, der Schriftbetrachtung[945] etc.) zu gestalten und zu praktizieren sowie einen vertieften Zugang zu Exerzitien zu finden. Für »religiös musikalische« Schüler stellen dazu

943 Zu Problemen und Möglichkeiten der Sakramentenkatechese in der Ganztagsschule s. Mann/Kiefer 2004. Zur sakramentalen Sendung der Kirche in kirchlichen Schulen s. Emeis 1989.

944 Zu den Besinnungstagen für Erwachsene s. Lachmund, 1985, 48f.

945 Seit einigen Jahren ist zu beobachten, dass es Schülern vermehrt schwer fällt, mit der Bibel umzugehen, geschweige denn einen (persönlichen) Zugang zu ihr zu bekommen. Überlegungen, was dazu beitragen kann, die Heilige Schrift für Jugendliche wieder zu erschließen finden sich bei Lambert 2004 und Mendl 2000.

Angebote Geistlicher Begleitung oder Exerzitien im Alltag (etwa während des Sozialpraktikums oder in geprägten Zeiten) mit einem Austausch in kleineren Gruppen eine besondere Herausforderung und Gelegenheit dar, ihren Glauben zu prüfen und zu bewähren.[946] Schließlich ist zu beobachten, dass wieder vermehrt Lehrer und Erzieher sowie Eltern und ehemalige Schüler nachfragen, ob nicht auch für sie ignatianische Exerzitien angeboten werden können, was darauf hindeutet, dass ein bestimmter Teil von Erwachsenen das Bedürfnis nach einer spirituellen Weisung und Führung hat, in denen Glaube und Leben zusammengebracht werden.[947]

5.5.3.8 Liturgia – liturgische und sakramentale Angebote

Unterbrechungen des Schulalltags durch Gottesdienst- und Gebetszeiten sind am AKO ein fester Bestandteil der Feierkultur und der religiösen Erziehung/Bildung. Die Kollegsseelsorge koordiniert und organisiert die verschiedenen Angebote in der Schule und im Internat, bei denen sich nicht nur die Jesuitenpatres, und die meisten Religionslehrer, sondern auch vereinzelt weitere Lehrer und Erzieher engagieren. Da die Hinführung zu einer persönlichen Gottesdienstpraxis und die Einübung in eine eucharistische Frömmigkeit Ziele der religiösen Erziehung am AKO sind, werden die meisten Gottesdienste als Eucharistie gefeiert. Gleichzeitig wird großer Wert auf das ökumenische Miteinander gelegt, weswegen nicht nur Wortgottesdienste, sondern auch explizit evangelische Gottesdienste (Abendmahlsfeiern) zu den liturgischen Angeboten am AKO gehören.

Die gewöhnliche Schulwoche ist geprägt vom *ordo solitus*: Die allmorgendliche Andacht in der Krypta für die Internatsschüler der Klassen 5 bis 9 sowie das tägliche Schulgebet jeder Klasse in der ersten Unterrichtsstunde[948] setzen am Anfang eines jeden Schultages einen bewusst geistlichen Akzent. Dienstags bis Donnerstags finden die Schülermessen für jeweils einen Jahrgang der Unter- und Mittelstufe in der Krypta statt; dabei wechseln sich die Klassen 7 und 5, 10 und 9 sowie 8 und 6 jeweils zweiwöchentlich ab. In der Oberstufe feiern die externen Schüler über das Jahr verteilt einzelne Gottesdienste, während die gleichaltrigen Internatsschüler jeden Donnerstagabend miteinander Eucharistie feiern. Eine offene Einladung besteht zur täglichen Laudes des Internats und zur Werktagsmesse der Jesuiten in deren Hauskapelle, in der nicht zuletzt regelmäßig für Anliegen des Kollegs, der Wohltäter und der am Kollegsleben beteiligten Menschen gebetet wird.

---

946 s. dazu Carsten Wippermann 1998, 273: „Jugendliche und junge Erwachsene mit einer vitalen oder suchenden Religiosität zeichnen sich durch häufige oder intensive Gespräche mit weltanschaulich Gleichgesinnten aus. Gerade weil es um existentielle Fragen und um in der Weltanschauung verwurzelte Regeln der Lebensführung geht, verharren viele nicht in der Reflexion, sondern suchen den Austausch mit anderen."

947 Papst Benedikt XVI. trifft mit seiner Beschreibung von Exerzitien die Antwort auf dieses Bedürfnis recht passend: „Exerzitien sind Einübungen ins Christsein, Üben der Existenz im Glauben. Weil aber Christsein nicht irgendeine Spezialkunst neben anderen meint, sondern einfach das rechte gelebte Menschsein selbst, könnten wir auch sagen: Wir wollen die Kunst des richtigen Lebens üben – wir wollen die Kunst der Künste, das Menschsein besser erlernen" (Ratzinger/Menke 2006, 16).

948 Zum Schulgebet als Türöffner zu liturgischen Feiern s. Blöchinger 2004.

Das Schuljahr ist rhythmisiert durch unterschiedliche Schulgottesdienste: Am Schulanfang werden in der Oberkirche Gottesdienste jeweils mit der Sekundarstufe I. und II. gefeiert, sowie mit den neuen Sextanern, mit ihren Eltern und Familien. Bußgottesdienste (klassenweise in der Krypta) und Beichtgelegenheiten (teils mit Beichtvätern von außerhalb) werden im Advent sowie in der Fastenzeit angeboten. Die Christmette wird vorwiegend von Altschülern und deren Familien besucht. An Aschermittwoch finden jeweils für Sekundarstufe I. und II. Gottesdienste in der Oberkirche statt und lassen durch eine hohe Beteiligung beim Empfang des Aschenkreuzes einen großen Bedarf an (Einzel-)Segnungen erkennen. Schließlich feiert die Kollegsgemeinschaft am AKO-Fest mehrere Gottesdienste in der Oberkirche und im Park.

Von besonderer Atmosphäre sind diejenigen Gottesdienste, bei denen sich die Gottesdienstleiter die Mühe machen, die Heranwachsenden aktiv in die Vorbereitung und Gestaltung einzubeziehen (etwa musikalisch, in Form von Lesungen, Fürbitten, Rollenspielen etc.), was vor allem bei Besinnungstagen und Exerzitien sowie an Schulwochenenden bei den Sonntagsmessen des Internates praktiziert wird. Bei aktuellen Anlässen (etwa beim Schulmassaker in Erfurt, beim Attentat vom 9. September, beim Tsunami in Asien, bei Kriegen in Nahost, bei der Ermordung zweier Jesuiten in Moskau, beim Amoklauf von Winnenden etc.) wird öfters zu stillen Zeiten des Gebetes in die Krypta eingeladen, mal in Form von Friedensgebeten, mal als eucharistische Anbetung oder Schweigemeditation, wobei jeweils die Segensgesten bei den Schülern sehr gefragt sind.

5.5.3.9 Schulpastorale Angebote als Dienst an der Koinonia

Alle schulpastoralen Angebote am AKO, insofern sie die Einheit von Menschenliebe und Gottesliebe anstreben, die Kommunikation pflegen und die Gemeinschaftlichkeit kultivieren, dienen dem Aufbau der Koinonia, dem Mitwirken an der Vollendung und am Kommen des Himmelreiches, das ja schon mitten unter uns ist. Die Koinonia realisiert sich im AKO, wenn Menschen aus einer lebendigen Gottesbeziehung leben und handeln, wenn die Berufung und Einladung zur Teilhabe am Heil nicht nur einigen wenigen, sondern allen gilt, wenn eine partnerschaftliche Ökumene auf eine Einheit in Verschiedenheit zielt und jeder missionarische Einsatz sowohl den Einzelnen als auch das Ganze und Größere im Blick hat. Die Angebote der Kollegsseelsorge am AKO leisten dann einen Dienst an der Koinonia, wenn sie sich nicht selbst genügen, sondern versuchen, über sich hinauszugehen und über das AKO hinauszustrahlen bzw. wenn Schüler durch sie ermutigt werden „eine innere Einstellung zu erwerben, die ihnen ein tiefes und allgemeines Mitgefühl für die Nöte ihrer Mitmenschen vermittelt und sie selbst zu Männern und Frauen für Frieden und Gerechtigkeit umformt, die bereit sind, an der Veränderung einer Welt mitzuarbeiten, die erkennt, wie weit verbreitet Ungerechtigkeit ist und wie durchdringend die Kräfte der Unterdrückung, des Egoismus und des Konsums sind.“[949]

949 Kolvenbach 1993, 123.

Schluss – schulpastorale Erfahrungen zwischen Theorie und Praxis

Am Schluss der Arbeit soll es viel weniger um eine Zusammenfassung der einzelnen Ergebnisse gehen (der kompakte Mittelteil gibt dazu einen passenden Überblick), sondern vielmehr um die Fragen: »Was ist geschehen?« und »Was hat zu geschehen?« Die Pro-motion, also das Sich-vorwärts-bewegen bzw. die Vorgehensweise bei der hier vorgelegten Arbeit ist vom Anfang (von der ersten Idee) bis zum Ende (und der Abgabezeitpunkt markiert nur eine Zwischenstation auf dem Weg zu einer Destination als Kollegsseelsorger bzw. zu einer Weiterentwicklung der bisher erarbeiten Konzeptionen ignatianischer Schulpastoral und Kollegsseelsorge sowie zu ihrer Implementierung) von einer wechselseitigen Durchdringung von Theorie und Praxis bestimmt gewesen,[950] deren verbindender Bezugspunkt – um es mit Leo KARRER zu sagen – die *Erfahrung*[951] ist.

Auf dem Erfahrungshintergrund eines Studiums der Theologie, einer praktischen seelsorglichen Ausbildung und einer existentiellen geistlichen *formatio* in ignatianischer Spiritualität habe ich in den letzten sechs Jahren selber schulpastorale Erfahrungen gemacht und bin als »erfahrendes Subjekt« selber „zum Resonanzkörper für das, was sich zeigt und offenbart", geworden, wobei ich meinerseits „in den ganzen Resonanzraum der Erfahrungswelt eingebunden" war, der mit den Stichworten: Schulpastoral und Kollegsseelsorge, Schule und Kirche, Entwicklungspsychologie und ignatianische Pädagogik, wissenschaftliches Studium und konkrete Praxis sowie Reflexion und Handlung nur unzureichend angegeben werden kann. Die drei Jahre des pastoralpsychologischen Aufbaustudiums sind für

950 In der vorliegenden Arbeit wurde eine Form von Kooperation zwischen Praktischer Theologie, Pastoralpsychologie und Humanwissenschaften (hier der Entwicklungspsychologie und der Soziologie) angewandt, die sich zum einen als »dialogue intérieur« bezeichnen lässt, als „interdisziplinären Dialog zwischen Theologie und Sozialwissenschaften in ein und derselben Person" (VAN DER VEN 1999, 272), bei dem als virtuelle Dialogpartner v. a. FEND und GROM sowie die Autoren der verschiedenen schulpastoralen (besonders DIE DEUTSCHEN BISCHÖFE, LAMES, SCHMITZ und SEIBT) und ignatianischen (besonders Grundzüge jesuitischer Erziehung 1986, Ignatianische Pädagogik 1993, ARRUPE, KOLVENBACH, MERTES, LAMBERT und STÜPER) Publikationen miteinander ins Gespräch gekommen sind. Zum interdisziplinären Dialog der Theologie mit anderen Wissenschaften s. KIESSLING 2004, 252 – 342. Kriterien für einen interdisziplinären Dialog finden sich ebd., 284ff und 342. Zum anderen wurde im Rahmen dieser konzeptionellen Arbeit ein *Intradisziplinaritätsmodell* angestrebt, das darin besteht, dass „das traditionelle Instrumentarium der Theologie [...] durch die empirische Methodologie erweitert" (ebd., 273) wurde. Das Vorgehen erfolgte als »empirischer Zyklus«, der „als eine Spirale aufgefasst werden muss, die alle Phasen auf iterative Weise durchläuft" (ebd., 274). s. ausführlicher die fünf Phasen des *Intradisziplinaritätsmodells* bei Johannes, A. VAN DER VEN 1999, 274f: 1. „Theologische Problem- und Zielentwicklung", 2. „Theologische Induktion", 3. „Theologische Deduktion", 4. „Empirisch-theologische Überprüfung" und 5. „Theologische Evaluation". s. dazu auch Josef HOCHSTAFFEL 1999, 319ff, der das *Regelkreismodell* von Rolf ZERFASS beschreibt, das sich am Diskursprozess orientiert.

951 Unter *Erfahrung* ist ein Zweifaches zu verstehen: Zum einen ist es die Erfahrung, in der „der Mensch [..] von sich unthematisch und unreflex im ursprünglichen Vollzug seines Lebens immer mehr [erfährt], als was er in einer vulgären (vor allem privaten) und wissenschaftlichen Reflexion über sich selber weiß" (RAHNER 1972, 134) – diese liegt dem Menschen als transzendentale Verwiesenheit in einem Zueinander von Selbsterfahrung und Gotteserfahrung zugrunde. Zum anderen ist es die wissenschaftlich reflektierte Erfahrung, das jene unmittelbaren „Erfahrungen objektivierende und interpretierende Wissen um Gott und Mensch" (ebd., 135).

mich eine Erfahrung gewesen, ein prozesshafter Vorgang, bei dem sich mir die schulpastorale Wirklichkeit eines Jesuitenkollegs, das nach ignatianischer Bildung strebt, erschloss, und ich mich in einem letzten Praxisjahr im AKO wiederum ihr – sprich dieser Wirklichkeit – öffnen konnte.[952] Ständig ist es dabei um die Dialektik von *Wirklichkeitszufuhr* und *Wirklichkeitsverarbeitung* gegangen, die „alle leiblichen, geistigen und seelischen Kräfte und Begabungen des Menschen in Anspruch" nimmt.[953] Zwei Sperren galt und gilt es dabei nach wie vor zu überwinden: einerseits bei der *Wirklichkeitsverarbeitung*, denn „Wirklichkeit kann sich nicht erschließen, wenn das wahrnehmende Subjekt auf frühere oder fremdbestimmte Erfahrungsmuster festgesetzt bleibt" – d. h. die angelesenen und studierten Theorien durften und dürfen nicht starr auf Lehren und Prinzipien fixiert und Wirklichkeit nicht einseitig wissenschaftlich schematisiert werden –, andererseits bei der *Wirklichkeitszufuhr*, denn die „Realität und die sie bestimmenden Faktoren und Mächte [können] das Subjekt so sehr [überschwemmen], dass dieses seine Kraft verliert, in reflektierende Distanz zu treten"[954] – d. h. nicht das Vielwissen bürgt für die Qualität der Reflexion, sondern das *Verkosten der Dinge von innen her*. Zugleich hat allerdings stets gegolten, dass weder die Theoriebildung noch die Entwicklung und auch nicht die Umsetzung der Praxis beim Nullpunkt beginnen, weswegen kontinuierlich sowohl auf bereits gemachte Erfahrungen und Überlegungen der Entwicklungspsychologie, der Praktischen Theologie in Bezug auf die Schulpastoral sowie der ignatianischen Spiritualität zurückgegriffen als auch an Erfahrungen und Realitäten bisheriger schulseelsorglicher Praxis am AKO angesetzt wurde und weiterhin wird.

Wenn wir dennoch kurz nach dem pastoralpsychologischen bzw. praktisch-theologischen Ertrag der vorliegenden Arbeit fragen, so lässt sich feststellen, dass sich für das schulpastorale Handeln *„glaubens- und erfahrungsbezogen"* Kriterien herauskristallisiert haben (s. Kap. 2.2, 3.2 sowie 4.2, 4.3 und 4.4) und dass das anvisierte Ziel, „nicht die ideale Theorie der Praxis oder ein utopisches Handlungsmodell, sondern [eine] möglichst geeignete Handlungskonzeption" ignatianischer Schulpastoral sowohl im Allgemeinen (im Sinne einer Trägerkonzeption für die Jesuitenschulen in Deutschland, s. Kap. 4) als auch im Konkreten (im Sinne einer Einrichtungskonzeption für das AKO, s. Kap. 5) zu entwickeln, erreicht worden ist. Das Kolleg, mit Schule, Internat, Externat und weiteren Einrichtungen ist der

952 Obwohl die vorliegende Arbeit pastoralpsychologisch akzentuiert ist und „konkrete seelsorglich relevante Handlungsmodelle (auf der Nahtlinie zwischen Theologie und Psychologie)" (Rebell 1992, 173) entwickelt hat, ist die Seelsorgekonzeption vor Ort weniger eine pastoralpsychologische als vielmehr eine kerygmatische, diakonische und liturgische. s. dazu auch Wittrahm 2001.

953 s. Karrer 1999, 201f. Bei meiner Promotion ging es immer wieder um Zweierlei: Zum einen wollte ich als wissenschaftlich arbeitender Praktischer Theologe bzw. Pastoralpsychologe mit den Praktikern vor Ort in ein Gespräch kommen und auf „ihr Repertoir an Erfahrungen, Kompetenzen und Wissen" zurückgreifen, ohne jedoch selber unter deren oft hohem Leistungs- und Zeitdruck zu stehen, der meist dazu führt, „dass nur noch reagiert wird, dass entweder ohne ein reflektiertes Konzept gehandelt oder aber zu den schnellsten und nächstliegenden Lösungswegen gegriffen wird, die möglicherweise umfassendere Lösungen ausschließen" (Klein, Stephanie 1999, 261f). Zum anderen wollte ich selber immer wieder Perspektiv- und sogar Rollenwechsel vornehmen, die es mir ermöglichten, Theorie und Praxis in einen inneren Diskurs zu bringen, denn ich stellte fest, dass für einen äußeren Diskurs auf Seiten derjenigen, die am AKO schon seit langem schulpastoral tätig sind, oft keine Zeit war, da sie in sie in die Abläufe vor Ort zu sehr eingebunden sind.

954 Karrer 1999, 204.

gesellschaftliche Kontext, in dem und für den eine Handlungskonzeption zu entwickeln gewesen ist – und zwar als Konzeption „von handelnden Subjekten, nicht von verfügten oder beorderten Objekten".[955] Es wurde und wird weiterhin darauf geachtet, dass bei der Konzeptualisierung ignatianischer Schulpastoral und Kollegsseelsorge der Mensch im Mittelpunkt steht, der Mensch in seinen religiösen, sozialen und ethischen Bezügen, der Mensch, der in „eine relationale Distanz" zur ihn umgebenden Wirklichkeit tritt, „die Nachdenken, Analysieren, kritische Vergewisserung sowie angemessenes Verhalten erst möglich macht", der Mensch, der nach den Sternen greift, nach Identität (auch religiöser) strebt und dem durch die Theorie-Arbeit Subjektwerdung ermöglicht wird, indem er „sich bewusst zur Wirklichkeit [verhält], d. h. Erfahrungen [macht] und sich wiederum zu diesen"[956] verhält. Auf diese Weise unterstützt die Theorie bzw. die „Praktische Theologie als Reflexion der Praxis [...] eine Praxis, die selbst wieder auf die Unterstützung des Lebens gerade der Bedrängten gerichtet ist (s. GS 1)" und sorgt sich darum „wie diese Unterstützung effektiv gestaltet werden kann"[957].

Mit anderen Worten ging es bei der Erstellung der vorliegenden Arbeit darum, selber aus der Wissenschaft kommend eine Theorie als Veränderungsimpuls in eine bestehende Praxis einzubringen und diese mit den „Praxiserfahrungen und Problemlösungskompetenzen"[958] von Menschen, die schon lange schulpastoral tätig sind, zu korrelieren. In dieser Praxis angekommen galt es, das Vor-Urteilen der Theorie hintanzustellen, den „hermeneutische[n] Primat der Praxis"[959] anzuerkennen, vor Ort mittels Wirklichkeitszufuhr und Wirklichkeitsverarbeitung selber Erfahrungen zu sammeln und auf diesem Weg wiederum die Theorie zu überarbeiten, so dass letztlich mit Clodovis Boff gesagt werden kann: „In Wirklichkeit gibt es nichts Praktischeres als eine gute Theorie."[960]

Wenn man schließlich fragt, was in der weiteren Zukunft zu geschehen hat, so ist darauf zu verweisen, dass die vorgelegten konzeptionellen Erwägungen und Konkretisierungen ignatianischer Schulpastoral und Kollegsseelsorge einen Beitrag leisten möchten, eine angemessene Balance zwischen den Extremen eines »pastoralen Pragmatismus'« und einer »lebensfremden Spekulation« zu wahren, denn letztlich „müssen sich die praktisch-theologischen Konzepte im Dienste für die Selbstvergewisserung der betroffenen bzw. handelnden Subjekte bewähren, d. h. sich aus deren Praxis ergeben und auf diese hin bezogen sein"[961] und sie müssen den Handlungsspielraum derjenigen erweitern, die am AKO bzw. an anderen Jesuitenkollegien schulpastoral tätig sind.

Auf der Ebene einer Trägerkonzeption bleibt das Desiderat, dass der Jesuitenorden in Deutschland für seine Kollegien und für weitere Schulen ignatianischer Prägung analog zu den Diözesen eine *Konzeption ignatianischer Schulpastoral* entwi-

955 s. Karrer 1999, 212f.

956 Karrer 1999, 215.

957 Klein, Stephanie 1999, 260.

958 Klein, Stephanie 1999, 260.

959 Karrer 1999, 214.

960 Boff 1983, 334.

961 Karrer 1999, 218.

ckelt, diese mit den bereits schulpastoral tätigen Personen und den Leitungsgremien der verschiedenen Einrichtungen abstimmt und letztlich durch den Provinzial in Kraft setzt. Auf der Ebene der Einrichtungskonzeption ignatianischer Schulpastoral und Kollegsseelsorge und einzelner schulpastoraler Konzepte lässt sich zukünftig mit dem von Johannes Hochstaffl beschriebenen *Dreischrittmodell* arbeiten, das im Sinne des kommunikativen Handelns zunächst versucht, den Kontext zu überblicken, die Zeichen der Zeit zu erkennen sowie unter den Beteiligten solidarische Beziehungen aufzunehmen. Erst dann geht es um eine Hermeneutik optionalen Sehens, um ein Urteilen innerhalb eines korrelierenden Dialogs sowie um den Übergang bzw. die Übersetzung dessen in konkretes Handeln,[962] mit anderen Worten um die Implementierung, Anwendung und Umsetzung des Ignatianischen Pädagogischen Paradigmas. Auf der Ebene des Konzeptes einzelner schulpastoraler Angebote und Maßnahmen ignatianischer Schulpastoral und Kollegsseelsorge ist schließlich immer wieder darauf zu achten, dass, anstatt vorschnell pragmatischen Lösungen zu verfallen, das jeweilige Vorhaben vom Planen über die Durchführung bis hin zur Auswertung mit den übergeordneten Konzeptionen kompatibel bleibt und sich an den dort formulierten Zielen und Gestaltungsprinzipien orientiert.

Wenn das alles geschieht, werden die Menschen an unseren Schulen und Kollegien, die selber die Vision von einer lebendigen Kirche, von einer besseren und gerechteren Welt und nicht zuletzt vom Reich Gottes haben, durch die Begegnung mit Christen, die sich in der Kollegsseelsorge engagieren sowie durch die persönliche Erfahrung, die durch Angebote der igantianischen Schulpastoral und Kollegsseelsorge ermöglicht werden, ermutigt, sich intellektuell, sozial, moralisch und religiös zu bilden und bilden zu lassen. Wer an diese Menschen glaubt und auf das Potential, das in ihnen steckt, vertraut, der ermutigt sie, zu Menschen für andere und mit anderen zu werden, zu *men and women with competence, conscience and compassion*, zu Menschen, die mit Gottes Hilfe nach den Sternen greifen.

962 s. Hochstaffl 1999, 327 – 332.

Abkürzungen

Abkürzungen richten sich im Allgemeinen nach Schwertner, Siegfried M. (1992): Theologische Realenzyklopädie : Abkürzungsverzeichnis. 2., überarb. u. erw. Auflage. Berlin. Darüber hinaus werden folgende Abkürzungen verwendet:

ARSJ	Acta Romana Societatis Jesu
BP	Bericht des Pilgers (in: GT)
BU	Briefe und Unterweisungen (Ignatius von Loyola)
BuG	Begegnung und Gespräch (Zeitschrift)
cpb	Christlich Pädagogische Blätter (Zeitschrift)
DCE	Deus caritas est (Enzyklika von Papst Benedikt XVI.)
DV	Dei Verbum (s. Kleines Konzilskompendium)
EN	Evangelii nuntiandi (Apostolisches Schreiben von Papst Paul VI.)
ErgN	Ergänzende Normen (Satzungen der Gesellschaft Jesu)
FI	Formulae Instituti (in: GT)
GE	Gravissimum Educationis (s. Kleines Konzilskompendium)
GS	Gaudium et Spes (s. Kleines Konzilskompendium)
GT	Gründungstexte (Ignatius von Loyola)
GÜ	Geistliche Übungen (in: GT)
KKB	Kongregation für das katholische Bildungswesen
KuS	Kirche und Schule (Zeitschrift)
LG	Lumen Gentium (s. Kleines Konzilskompendium)
LuL	Lehren und Lernen (Zeitschrift)
MHSJ	Monumenta Historica Societatis Jesu
M Paed	Monumenta Paedagogica (in: MHSJ)
PC	Perfectae Caritatis (s. Kleines Konzilskompendium)
RH	Redemptor Hominis (Enzyklika von Papst Johannes Paul II.)
Sa	Satzungen der Gesellschaft Jesu (in: GT)
SC	Sacrosanctum Concilium (s. Kleines Konzilskompendium)
StE	Studieneinheit (s. *Studieneinheiten Fort- und Weiterbildung Schulpastoral*)
SVA	Schulverfassung des Aloisiuskollegs (in: *Ordnungen der Schule des Aloisiuskollegs* 2007)
TrThZ	Trierer Theologische Zeitschrift (Zeitschrift)
ZfP	Zeitschrift für Pädagogik (Zeitschrift)

Literaturverzeichnis

Im hiesigen Literaturverzeichnis ist die gesamte für die Erstellung der vorliegenden Arbeit verwendete Literatur angegeben, also auch die Publikationen, die nochmals unter „Studien und Statistiken" sowie unter „Online-Quellen" angeführt sind.

Autoren mit gleichlautendem Nachnamen werden – im Unterschied zu allen anderen, deren Nachname zu keinerlei Verwechslung Anlass gibt – in den Fußnoten durchgängig unter Hinzufügung ihres jeweiligen Vornamens geführt.

ADORNO, Theodor Wiesengrund (1997): Theorie der Halbbildung. In: Ders., Soziologische Schriften I., hrsg. v. Rolf Tiedemann [= Gesammelte Schriften 8]. Frankfurt a. M., 93 – 121.

ALOISIUSKOLLEG gemeinnützige GmbH (Hg.) (2003): Gymnasium und Internat für Mädchen und Jungen. Bonn.

Ansprache von Papst Benedikt XVI. (2008) *an die 35. Generalkongregation der Gesellschaft Jesu, 21. Februar 2008.* In: *Dekrete der 35. Generalkongregation der Gesellschaft Jesu* : Hrsg. im Namen der Deutschen, Österreichischen und Schweizer Provinz der Jesuiten. München, 2008, 156 – 161.

Apostolisches Schreiben Evangelii nuntiandi (1975)*: Von Papst Paul VI. Ein Apostolisches Schreiben an den Episkopat, den Klerus und alle Gläubigen der Katholischen Kirche über die Evangelisierung in der Welt von heute.* : Rom, 8. Dezember 1975. In: Verlautbarungen des Apostolischen Stuhls Nr. 1, hrsg. v. Sekretariat der Deutschen Bischofskonferenz. Zitiert als: EN.

ARRUPE, Pedro (1973): s. Online-Quellen.

ARRUPE, Pedro (1979): Our way of proceeding. In: ARSJ 17 (1979), 653 – 689. Dt.: Die Eigenart unserer Gesellschaft. In: *Im Dienst des Evangeliums : Ausgewählte Schriften von P. Pedro Arrupe SJ, Generaloberer der Gesellschaft Jesu (1965 – 1983)*, hrsg. u. eingel. v. Hans Zwiefelhofer. München 1987, 13 – 53.

ARRUPE, Pedro (1980a): Our Secondary Schools: Today and Tomorrow. In: ARSJ 18 (1980 – 1983), 257 – 276. Dt.: Unsere Kollegien – heute und morgen. In: ZWIEFELHOFER 1987, 218 – 239.

ARRUPE, Pedro (1980b): The Trinitarian Inspiration of the Ignatian Charism. In: ARSJ 18 (1980 – 1983), 115 – 163. Dt.: Die Trinitarische Inspiration unseres Charismas. In: ZWIEFELHOFER 1987, 53 – 107.

ARRUPE, Pedro (1981): Rooted and Grounded in God. In: ARSJ 18 (1980 – 1983), 472 – 504. Dt.: In der Liebe verwurzelt und auf sie gegründet. In: ZWIEFELHOFER 1987, 107 – 153.

ARZT, Silvia (1999): Christliche Erziehung in einer multikulturellen Welt. In: LKat 21, 26 – 29.

Aus dem Aloisiuskolleg 1980/81 bis 2007/08: Hrsg. v. Aloisiuskolleg. Bonn, 1981 – 2008.

BAUER, Joachim (2007); *Lob der Schule : Sieben Perspektiven für Schüler, Lehrer und Eltern.* 2. Aufl., Hamburg.

BANDURA, Albert (1979): *Sozial-kognitive Lerntheorie.* Stuttgart.

BANDURA, Albert (1986): *Social foundations of thought and action : A social cognitive theory.* Englewood Cliffs.

BARZ, Heiner (2003): Jugend und Religion : Bemerkungen zum religionssoziologischen Forschungsstand. In: *In Gottes Namen : Religion*, hrsg. v. Anette Scheunpflug ; Alfred K. Treml (= Edition ethik kontrovers 11. Jahrespublikation der Zeitschrift Ethik und Unterricht).

BATLLORI, Miquel (1990): Der Beitrag der *Ratio studiorum* für die Bildung des modernen katholischen Bewusstseins. In: *Ignatianisch : Eigenart und Methode der Gesellschaft Jesu*, hrsg. v. Michael Sievernich ; Günter Switek. Freiburg i. Br., 314 – 322.

BAUMERT, Jürgen [PISA-Konsortium Deutschland] (Hg.) (2001): *PISA 2000 : Basiskompetenzen von Schülerinnen und Schülern im internationalen Vergleich*. Opladen.

BEILE, Hartmut (1998): *Religiöse Emotionen und religiöses Urteil : Eine empirische Studie über Religiosität bei Jugendlichen* (= Zeitzeichen 4). Ostfildern.

BESSER, Lutz-Ulrich (2007): Auswirkungen von sexuellen Gewaltdarstellungen in neuen Medien auf Kinder und Jugendliche aus entwicklungspsychologischer Sicht. In: *Aktuelle Herausforderungen im Kinder- und Jugendschutz – Sexuelle Gewalt durch die neuen Medien*, hrsg. v. Deutsches Jugendinstitut. / Dokumentation der Fachtagung des Bundesministeriums für Familie, Senioren, Frauen und Jugend am 28./29. November 2006 in Berlin. Berlin, 12 – 22.

BIEMER, Günter (1985): *Der Dienst der Kirche an der Jugend, Grundlegung und Praxisorientierung* (= Handbuch kirchlicher Jugendarbeit 1). Freiburg i. Br.

BIESINGER, Albert (2005): *Kinder nicht um Gott betrügen : Anstiftungen für Mütter und Väter.* 13. Aufl., überarb. Neuausgabe, Freiburg i. Br.

BIESINGER, Albert ; KIESSLING, Klaus (2003): Christliche Kontemplation und Mediation als Grenzerfahrung : Ein religionspädagogischer Beitrag zum interdisziplinären Dialog von Psychatrie und Theologie. In: *Grenz- und Extremerfahrungen im interdisziplinären Dialog*, hrsg. v. Gunther Klosinski. Tübingen, 63 – 75.

BIESINGER, Albert ; KIESSLING, Klaus (2005): Was gewinnen Kinder durch religiöse Erziehung? In: WzM 57/3, 222 – 228.

BIESINGER, Albert ; NONHOFF, Winfried (Hgg.) (1982): *Religionsunterricht und Schülerpastoral.* München.

BIESINGER, Albert ; SCHMIDT, Joachim (Hgg.) (2006): *Schulpastoral an beruflichen Schulen : Religionsunterricht an berufsbildenden* Schulen (= gott-leben-beruf 4). Norderstedt.

BIESINGER, Albert ; SCHMITT, Christoph (1998): *Gottesbeziehung : Hoffnungsversuche für Schule und Gemeinde.* Freiburg i. Br.

BIESINGER, Albert ; SCHWEITZER, Friedrich (2003): Jugend und Religion : Begründung und Gestaltungsperspektiven religiöser Bildung im Jugendalter. In: LuL 29, 3 – 17.

BIESINGER, Albert ; TZSCHEETZSCH, Werner (2005): *Wenn der Glaube in die Pubertät kommt : Ein Ratgeber für Eltern.* Freiburg i. Br.

BILDUNGSKOMMISSION NRW (Hg.) (1995): *Zukunft der Bildung – Schule der Zukunft.* Neuwied.

BIRK, Gerd (2004): Schulkultur braucht Gottesdienst. In: KatBl 129 (2004), 420 – 423.

BISCHÖFLICHES ORDINARIAT AUGSBURG (Hg.) (2006): s. Online-Quellen.

BISCHÖFLICHES ORDINARIAT ROTTENBURG STUTTGART (Hg.) (1996): Schulpastoral in der Diözese Rottenburg Stuttgart (Konzept). In: Kirchliches Amtsblatt für die Diözese Rottenburg Stuttgart 8/44, 94 – 99.

BITTER, Gottfried (1984): Alternativen zum staatlichen Schulwesen? : Möglichkeiten der Schulseelsorge in katholischen freien Schulen. In: Bensberger Protokolle 39, hrsg. v. d. Thomas-Morus-Akademie Bensberg, 49 – 75.

BITTER, Gottfried (1996): Öffnung der Schule : Schulseelsorge in einer sich ändernden Schule. In: Lupe 2, hrsg. v. d. Abteilung Schule-Hochschule-Medien des Bischöflichen Generalvikariats Fulda, 4 – 9.

BITTER, Gottfried (2003): Schulseelsorge : Unterschiedliche Konzeptionen. In: LS 54/2, 70 – 77.

BLASI, Augusto (1993): Die Entwicklung der Identität und ihre Folgen für moralisches Handeln. In: *Moral und Person*, hrsg. v. Wolfgang Edelstein ; Gertrud Nunner-Winkler ; Gil Noam. Frankfurt a. M., 119 – 147.

BLATTNER, Jürgen ; GAREIS, Balthasar ; PLEWA, Alfred (Hgg.) (1992/93): Handbuch der Psychologie für die Seelsorge. Düsseldorf 1992 Bd. 1, 1993 Bd. 2.

BLAU, Barbara ; BUSSMANN, Gabriele (1995): *Kreative Unterbrechung : Zur Gestaltung von »Tagen religiöser Orientierung« mit Schülerinnen und Schülern*, hrsg. v. d. Hauptabteilung Schule und Erziehung im Bischöflichen Generalvikariat Münster. Kevelaer.

BLEISTEIN, Roman (1979): Mystagogie und Religionspädagogik. In: *Wagnis Theologie : Erfahrungen mit der Theologie Karl Rahners*, hrsg. v. Herbert Vorgrimler. Freiburg i. Br., 51 – 60.

BLEISTEIN, Roman (1995): Heute erziehen für die Zukunft – aus dem Geist des Ignatius von Loyola. In: FS: *375 Jahre Jesuitenkolleg – Kronberg-Gymnasium Aschaffenburg* [o. Hg.]. Aschaffenburg, 97 – 101.

BLEISTEIN, Roman (2000): Von den »Marianischen Kongregationen« zu den »Gemeinschaften christlichen Lebens«. Der Weg einer religiösen Erziehungsidee durch die Zeiten. In: *Ignatius von Loyola und die Pädagogik der Jesuiten : ein Modell für Schule und Persönlichkeitsbildung*, hrsg. v. Rüdiger Funiok ; Harald Schöndorf. Donauwörth, 209 – 215.

BLÖCHINGER, Ingrid (2004): Das Schulgebet – Türöffner zu liturgischen Feiern. In: KatBl 129, 415 – 419.

BLOS, Peter (2001): *Adoleszenz : Eine psychoanalytische Interpretation*. 7. Aufl., Stuttgart.

BMFSFJ 2003 = BUNDESMINISTERIUM FÜR FAMILIE, SENIOREN, FRAUEN UND JUGEND (Hg.) (2003): s. Online-Quellen.

BÖDEFELD, Axel (2006): *»... und du bist weg!« : Bullying in Schulklassen als Sündenbock-Mechanismus* (= Beiträge zur mimetischen Theorie 21). Wien.

BOEKAERTS, Monique (1999): Self-regulated Learning : Where we are Today. In: International Journal of Educational Research 31, 445 – 457.

BOFF, Clodovis (1983): *Theologie und Praxis : Die erkennnistheoretischen Grundlagen der Theologie der Befreiung*. Mit einem Vorwort v. Hans Waldenfels (= Fundamentaltheologische Studien 7). München.

BÖGLE, Robert (2009): Erste Hilfe bei Lebenskrisen. In: KatBl 134, 14 – 18.

BONHOEFFER, Dietrich (2008): *Widerstand und Ergebung : Briefe und Aufzeichnungen aus der Haft*, hrsg. v. Eberhard Bethge. 19. Aufl., Gütersloh.

BOSCHKI, Reinhold (2003): *»Beziehung« als Leitbegriff der Religionspädagogik : Grundlegung einer dialogisch-kreativen Religionsdidaktik* (= Zeitzeichen 13). Ostfildern.

BRANDL, Marianne ; ORTH, Peter (2009): Krisenseelsorge : Schulpastoral in Notfällen. In: KatBl 134, 4 – 6.

BRÖKING-BORTFELDT, Martin (2005): Ökumenisches Lernen im Abseits? Unausgeschöpfte Potenziale für religiöse Bildung. In: *Subjektwerdung und religiöses Lernen : Für eine Religionspädagogik, die den Menschen ernst nimmt*, hrsg. v. Matthias Bahr ; Ulrich Kropač ; Mirjam Schambeck. München.

BUCHER, Anton Alois (1999): Entwicklung zur religiösen Mündigkeit. In: LKat 21, 7 – 14.

BUCHER, Anton Alois ; REICH, K. Helmut (Hgg.) (1989): *Entwicklung von Religiosität : Grundlagen – Theorieprobleme – Praktische Anwendung*. Fribourg.

BUCHHEIM, Thomas (1998): Der 'Vergess' und das 'Know-where' : Lässt sich Bildung machen? In: Universitas 53, 454 – 465.

BÜCHNER, Frauke (2002): Religionsunterricht in der Sekundarstufe II (Gymnasium). In: NhrG, hrsg. v. Gottfried Bitter ; Rudolf Engel ; Gabriele Miller ; Karl Ernst Nipkow. München, 376 – 380.

BÜHLER, Charlotte (1967a): *Das Seelenleben des Jugendlichen*. 6., erw. Aufl., Stuttgart.

BÜHLER, Charlotte (1967b): *Kindheit und Jugend : Genese des Bewußtseins*. 10., erw. Aufl., Darmstadt (1. Aufl., Leipzig 1928).

BUGGLE, Franz (2001): *Die Entwicklungspsychologie Jean Piagets*. 4. Aufl., Stuttgart.

BUKOW, Wolf-Dietrich (1989): Religiöse Sozialisation und Entwicklung des religiösen Urteils : Einige kritische Bemerkungen zur Theorie der religiösen Urteilsentwicklung aus der Perspektive der religiösen Sozialisation. In: *Entwicklung von Religiosität : Grundlagen – Theorieprobleme – Praktische Anwendung*, hrsg. v. Anton Alois Bucher ; K. Helmut Reich. Fribourg, 65 – 76.

BÜNKER, Arnd (2007): *Missionarisch Kirche sein? : Eine missionswissenschaftliche Analyse von Konzepten zur Sendung der Kirche in Deutschland* (= Theologie und Praxis 23). 2. Aufl., Münster.

BURKARD, Joachim (2002): s. Online-Quellen.

BURKARD, Joachim (2003): Schulpastoral als Beitrag zur Schulkultur. In: LS 54/2, 81 – 83.

BURKARD, Joachim (2005): Die Mitgestaltung der Schulkultur als Aufgabe der Schule. In: *Schulkultur mitgestalten*, hrsg. v. Joachim Burkard ; Paul Wehrle. Freiburg i. Br.

BUSSMANN, Gabriele (1999): Suchbewegungen ... nach dem, was Raum schafft und heilsam ist : Tage religiöser Orientierung als Eröffnung spiritueller Erfahrungsräume für Schüler und Schülerinnen. In: engagement 1999/1, 53 – 59.

BÜTTNER, Gerhard ; DIETERICH, Veit-Jakobus (Hgg.) (2000): *Die religiöse Entwicklung des Menschen: ein Grundkurs*. Stuttgart.

BzgA 2004 = BUNDESZENTRALE FÜR GESUNDHEITLICHE AUFKLÄRUNG (Hg.) (2004): s. Studien und Statistiken.

BzgA 2007a = BUNDESZENTRALE FÜR GESUNDHEITLICHE AUFKLÄRUNG (Hg.) (2007a): s. Studien und Statistiken.

BzgA 2007b = Bundeszentrale für gesundheitliche Aufklärung (Hg.) (2007b): s. Studien und Statistiken.

Calvez, Jean-Yves (1987): *Glaube und Gerechtigkeit : Die soziale Dimension des Evangeliums : Essay über ein Schlüsseldokument der jüngsten Geschichte der Jesuiten*. München.

Case, Robbie (1999): *Die geistige Entwicklung des Menschen : Von der Geburt bis zum Erwachsenenalter*, hrsg. v. Karl-Ludwig Holtz ; Helmut A. Mund. Heidelberg (Original: Intellectual development. Birth to adulthood. Orlando 1985).

Cox, Harvey (1972): *Das Fest der Narren : Das Gelächter ist der Hoffnung letzte Waffe*. 4. Aufl., Stuttgart.

Daiber, Karl-Fritz (1997): *Religion in Kirche und Gesellschaft : Theologische und soziologische Studien zur Präsenz von Religion in der gegenwärtigen Kultur*. Stuttgart.

Dam, Harmjan (2002): Schulseelsorge. In: NHrG, hrsg. v. Gottfried Bitter ; Rudolf Engel ; Gabriele Miller ; Karl Ernst Nipkow. München, 358 – 361.

Deitert, Joachim (1995): Verantwortung für eine »gute« Schule. Aus- und Fortbildungsprogramm der Kirchlichen Arbeitsstelle für Fernstudien im Bereich Schulseelsorge/ Schulpastoral. In: KatBl 10, 691 – 694.

Deitert, Joachim (1999): Schulpastoral – Befähigung zum Dienst von Christinnen und Christen in der Schule : Ein Programm zur Fort- und Weiterbildung. In: engagement 1999/1, 25 – 42.

Deitert, Joachim (2003): Fort- und Weiterbildung Schulpastoral. In: LS 54/2, 108 – 113.

Dekrete der 31. bis 34. Generalkongregation der Gesellschaft Jesu : Hrsg. v. Provinzialskonferenz der Zentraleuropäischen Assistenz. München, 1997. Zitiert als: GK nn, D nn,nn.

Dekrete der 35. Generalkongregation der Gesellschaft Jesu : Hrsg. im Namen der Deutschen, Österreichischen und Schweizer Provinz der Jesuiten. München, 2008. Zitiert als: GK nn, D nn,nn.

Demmelhuber, Helmut (1996): *Sozialarbeit und Seelsorge in der Schule : Neue Wege der Kirche*. (= Freiburger Schriften zur Sozialpädagogik 3) Oberried.

Demmelhuber, Helmut (1997): Veränderte Lebenswelt und -bedingungen in und um das pastorale Handlungsfeld Schule. In: LKat 19, 71 – 78.

Demmelhuber, Helmut (2007): Schule als Lebensraum mitgestalten : neue Impulse und Bausteine für die Schulpastoral, hrsg. v. Referat Schulpastoral, Diözese Rottenburg-Stuttgart. Rottenburg a. N.

DESTATIS 2003 = Statistisches Bundesamt Deutschland (Hg.) (2004): s. Studien und Statistiken.

DESTATIS 2004 = Statistisches Bundesamt Deutschland (Hg.) (2004): s. Studien und Statistiken.

DESTATIS 2005 = Statistisches Bundesamt Deutschland (Hg.) (2005): s. Studien und Statistiken.

DESTATIS 2006a = Statistisches Bundesamtes Deutschland (Hg.) (2006): s. Studien und Statistiken.

DESTATIS 2006b = Statistisches Bundesamtes Deutschland (Hg.) (2006): s. Studien und Statistiken.

DESTATIS 2006c = Statistisches Bundesamtes Deutschland (Hg.) (2006): s. Studien und Statistiken.

DESTATIS 2006d = Statistisches Bundesamtes Deutschland (Hg.) (2006): s. Studien und Statistiken.

Die Bibel : Altes und Neues Testament : / Einheitsübersetzung. Freiburg i. Br., 2003.

Die deutschen Bischöfe (1993) : *Bildung in Freiheit und Verantwortung : Erklärung zu Fragen der Bildungspolitik*. In: Erklärungen der Kommissionen 13, hrsg. v. Sekretariat der Deutschen Bischofskonferenz. Bonn.

Die deutschen Bischöfe (1996) : *Schulpastoral : der Dienst der Kirche an den Menschen im Handlungsfeld Schule*. In: Erklärungen der Kommissionen 16, hrsg. v. Sekretariat der Deutschen Bischofskonferenz. Bonn.

Die deutschen Bischöfe (2000) : *Schulqualität : Beiträge zur öffentlichen Diskussion*. In: Arbeitshilfen 154, hrsg. v. Sekretariat der Deutschen Bischofskonferenz. Bonn.

Die deutschen Bischöfe (2003) : *Leitlinien für multireligiöse Feiern von Christen, Juden und Muslimen*. In: Arbeitshilfe 170, hrsg. v. Sekretariat der Deutschen Bischofskonferenz. Bonn.

Die deutschen Bischöfe (2005) : *Der Religionsunterricht vor neuen Herausforderungen* : In: Erklärung 80, hrsg. v. Sekretariat der Deutschen Bischofskonferenz. Bonn.

Die deutschen Bischöfe (2008) : *Leitlinien für das Gebet bei Treffen von Christen, Juden und Muslimen : Eine Handreichung der deutschen Bischöfe*. In: Arbeitshilfe 170, hrsg. v. Sekretariat der Deutschen Bischofskonferenz. 2., überarb. und aktualis. Aufl., Bonn.

Di Loreto, Ornella ; Oser, Fritz (1996): Entwicklung des religiösen Urteils und religiöse Selbstwirksamkeitsüberzeugung : eine Längsschnittstudie. In: *Eingebettet ins Menschsein: Beispiel Religion : Aktuelle psychologische Studien zur Entwicklung von Religiosität*, hrsg. v. Fritz Oser ; K. Helmut Reich. Lengrich, 69 – 87.

Dikow, Joachim (1989): Katholische Schule : Ein Ort des Handelns katholischer Christen als Pädagogen. In: *Erziehung als Auftrag : Beiträge zur Konzeption katholischer Schulen in freier Trägerschaft*, hrsg. v. Reinhard Schilmöller ; Meinolf Peters ; Joachim Dikow. / FS für Aloysius Regenbrecht. Münster, 11 – 26.

dji 2006 = Deutsches Jugendinstitut (Hg.) (2007): s. Online-Quellen.

Döbert, Rainer (1988): Oser/Gmünders Stadium 3 der religiösen Entwicklung im gesellschaftlichen Kontext : ein circulus vitiosus. In: *Glaubensentwicklung und Erziehung*, hrsg. v. Karl Ernst Nipkow ; Friedrich Schweitzer ; James W. Fowler. Gütersloh, 144 – 162.

Dreher, Eva ; Dreher, Michael (1985a): Entwicklungsaufgaben im Jugendalter : Bedeutsamkeit und Bewältigungskonzepte. In: *Entwicklungsaufgaben und Bewältigungsprobleme in der Adoleszenz*, hrsg. v. Detlef Liepmann ; Arne Stiksrud. Göttingen, 56 – 70.

Dreher, Eva ; Dreher, Michael (1985b): Wahrnehmung und Bewältigung von Entwicklungsaufgaben im Jugendalter : Fragen, Ergebnisse und Hypothesen zum Konzept einer Entwicklungs- und Pädagogischen Psychologie des Jugendalters. In: *Lebensbewältigung im Jugendalter*, hrsg. v. Rolf Oerter. Weinheim, 30 – 61.

Dressler, Bernhard (2005): s. Online-Quellen.

Duffner, Maria H. (1996): Seelsorge heute: Gemeinschaftstage als Beitrag zur Schulkultur. In: cpb 2, 104 – 106.

EBERTZ, Michael N. (2006): Ergebnisse einer neuen Milieu-Studie zu den Katholiken in Deutschland. In: HerKorr 60, 173 – 177.

EBERTZ, Michael N. (2007): *Marsch durch die Milieus : Die neuen Chancen der Kirche*. Freiburg i. Br.

EBERTZ, Michael N. ; FUCHS, Ottmar ; SATTLER, Dorothea (Hgg.) (2005): *Lernen, wo die Menschen sind : Wege lebensraumorientierter Seelsorge*. Mainz.

ECARIUS, Jutta (2002): Jugend und Familie. In: *Handbuch Kindheits- und Jugendforschung*, hrsg. v. Heinz-Hermann Krüger. Opladen, 519 – 540.

EICH, Klaus-Gerd (2003): s. Online-Quellen.

EMEIS, Dieter (1989): Die sakramentale Sendung der Kirche in kirchlichen Schulen. In: CPB 102, 129 – 132.

EMMERICH, Kirsten (2005): Das Compassion-Projekt am St. Adelheid Gymnasium in Bonn als erfolgreicher Weg Sozialen Lernens : Konzeptionelle Umsetzung und Erfahrungen. In: engagement 2005/1, 31 – 55..

ENDERS, Ursula (2007): Angebote für Kinder und Jugendliche zum Umgang mit neuen Medien vor dem Hintergrund möglichen Erlebens sexueller Gewalthandlungen. In: *Aktuelle Herausforderungen im Kinder- und Jugendschutz – Sexuelle Gewalt durch die neuen Medien*, hrsg. v. Deutsches Jugendinstitut. / Dokumentation der Fachtagung des Bundesministeriums für Familie, Senioren, Frauen und Jugend am 28./29. November 2006 in Berlin. Berlin, 76 – 88.

Enzyklika Redemptor Hominis (1979) *: Von Papst Johannes Paul II. An die Verehrten Mitbrüder im Bischofsamt die Priester und Ordensleute, die Söhne und Töchter der Kirche und an alle Menschen Guten Willens zum Beginn seines päpstlichen Amtes* : Rom, 3. April 1979. In: Verlautbarungen des Apostolischen Stuhls Nr. 6, hrsg. v. Sekretariat der Deutschen Bischofskonferenz. Bonn. Zitiert als: RH.

Enzyklika DEUS CARITAS EST (2006) *: von Papst Benedikt XVI. An die Bischöfe, an die Priester und Diakone, an die gottgeweihten Personen und an alle Christgläubigen über die christliche Liebe* : Rom, 25. Dezember 2005. In: Verlautbarungen des Apostolischen Stuhls, Nr. 171, hrsg. v. Sekretariat der Deutschen Bischofskonferenz. Bonn. Zitiert als: DCE.

ERIKSON, Erik Homburger (1970): *Identität und Lebenszyklus: drei Aufsätze*. Frankfurt a. M.

ERIKSON, Erik Homburger (1975): *Dimensionen einer neuen Identität*. Frankfurt a. M.

ESCHWEILER, Christian (1983): Ako-Pro : Die außerschulische Freizeitgestaltung am Jesuitenkolleg in Bad Godesberg. In: *Aus dem Aloisiuskolleg 1982/83*, hrsg. v. Aloisiuskolleg. Bonn, 55 – 59.

ESCHWEILER, Christian (1992): Lernen – mit Kopf, Herz und Händen. In: *Aus dem Aloisiuskolleg 1991/92*, hrsg. v. Aloisiuskolleg. Bonn, 47 – 55.

ERZBISCHÖFLICHES ORDINARIAT, FREIBURG (Hg.) (1998): Schulpastoral in der Erzdiözese Freiburg (= Freiburger Texte 30). Freiburg i. Br.

EXELER, Adolf (1982): *Religiöse Erziehung als Hilfe zur Menschwerdung*. München.

FAILING, Wolf Eckhardt ; HEIMBROCK, Hans-Günter ; LOTZ, Thomas A. (2001): *Religion als Phänomen : Sozialwissenschaftliche, theologische und philosophische Erkundungen in der Lebenswelt* (= Theologische Bibliothek Töpelmann 111). Berlin.

Feifel, Erich (1995): *Religiöse Erziehung im* Umbruch, hrsg. v. Stephan Leimgruber und Michael Langer. München.

Feifel, Erich (1996): Hintergründe. Entstehung und Tendenzen der Erklärung »Schulpastoral« der Kommission für Erziehung und Schule der Deutschen Bischofskonferenz vom 22. Januar 1996. In: KatBl 121, 337 – 341.

Fend, Helmut (1990): *Vom Kind zum Jugendlichen : Entwicklungspsychologie der Adoleszenz in der Moderne*, Bd. 1. Bern.

Fend, Helmut (1991): *Identitätsentwicklung in der Adoleszenz. Lebensentwürfe, Selbstfindung und Weltaneignung in beruflichen, familiären und politisch-weltanschaulichen Bereichen : Entwicklungspsychologie der Adoleszenz in der Moderne*, Bd. 2. Bern.

Fend, Helmut (1994): *Die Entdeckung des Selbst und die Verarbeitung der Pubertät : Entwicklungspsychologie der Adoleszenz in der Moderne*, Bd. 3. Bern.

Fend, Helmut (1996): Schulkultur und Schulqualität. In: ZfP/Beiheft 34 (1996), 85 – 97.

Fend, Helmut (1997): *Der Umgang mit Schule in der Adoleszenz: Aufbau und Verlust von Motivation und Selbstachtung : Entwicklungspsychologie der Adoleszenz in der Moderne*, Bd. 4. Bern.

Fend, Helmut (1998): *Eltern und Freunde. Soziale Entwicklung im Jugendalter : Entwicklungspsychologie der Adoleszenz in der Moderne*, Bd. 5. Bern 1998.

Fend, Helmut (2003): *Entwicklungspsychologie des Jugendalters : ein Lehrbuch für pädagogische und psychologische Berufe* (= Uni-Taschenbücher 8190). 3., durchg. Aufl., Opladen.

Ferchhoff, Wilfried (1999): *Jugend an der Wende vom 20. zum 21. Jahrhundert : Lebensformen und Lebensstile*. 2., überarb. u. erg. Aufl., Opladen.

Fetz, Reto Luzius ; Bucher, Anton Alois (1986): Stufen religiöser Entwicklung? : Eine rekonstruktive Kritik an Fritz Oser ; Paul Gmünder, Der Mensch – Stufen seiner religiösen Entwicklung. Ein strukturgenetischer Ansatz. In: JRPäd 3. Neukirchen, 217 – 230.

Fischer, Ernst Peter (2002): *Die andere Bildung : Was man von den Naturwissenschaften wissen sollte*. 7. Aufl., Berlin.

Fischer, Kurt W. (1980): A theory of cognitive development : the control and construction of hierarchies of skills. Psychological Review 37, 477 – 531

Fischer, Kurt W. ; Coch, Donna ; Dawson, Geraldine (Hgg.) (2007): *Human Behavior, Learning, and the Developing Brain : Typical Development*. New York.

Flammer, August (2002): Psychologische Entwicklungstheorien. In: *Handbuch Kindheits- und Jugendforschung*, hrsg. v. Heinz-Hermann Krüger. Opladen, 43 – 64.

Först, Johannes (2006): Die unbekannte Mehrheit. Sinn- und Handlungsorientierungen »kasualienfrommer« Christ/inn/en. In: *Die unbekannte Mehrheit : Mit Taufe, Trauung und Bestattung durchs Leben?*, hrsg. v. Johannes Först u. Joachim Kügler. Münster (= Werkstatt Theologie – Praxisorientierte Studien und Diskurse 6), 13 – 53.

Fowler, James W. (1991): *Stufen des Glaubens : die Psychologie der menschlichen Entwicklung und die Suche nach Sinn*. Gütersloh. (Im Original: Stages of faith : the psychology of human development and the quest for meaning. San Francisco 1981).

Frick, Rafael (2006): s. Online-Quellen.

FRIEDRICH, Helmut Felix ; MANDL Heinz (1992): Lern- und Denkstrategien : ein Problemaufriss. In: *Lern- und Denkstrategien : Analyse und Intervention*, hrsg. v. Heinz Mandl und Helmut Felix Friedrich. Göttingen, 3 – 54.

FRIES, Marlies (2006): Vom Versuch, einen Kaktus zu umarmen : Ermutigende Tipps für die »Wüstenzeiten« beim Umgang mit Jugendlichen. In: KatBl 131 (2006), 333 – 334.

FROST, Ursula (1994): Bildung, I. Begriffs- und Geistesgeschichte. In: LThK 2, 3., völlig neu bearb. Aufl., hrsg. v. Walter Kasper. Freiburg i. Br., 451f.

FUCHS, Ottmar (1986): Prophetische Kraft der Jugend? Zum theologischen und ekklesiologischen Ort einer Altersgruppe im Horizont des Evangeliums. Freiburg i. Br.

FUCHS, Ottmar (1989): Der Religionsunterricht als Diakonie der Kirche!? In: KatBl 114 (1989), 848 – 855.

FUCHS, Ottmar (1990): *Heilen und befreien : Der Dienst am Nächsten als Ernstfall von Kirche und Pastoral.* Düsseldorf.

FUCHS, Ottmar (2006): Die Identität der Schulpastoral im Spannungsfeld von staatlicher Bildung, kirchlicher Mission und solidarischer Gesellschaft. In: *Schulpastoral an beruflichen Schulen : Religionsunterricht an berufsbildenden Schulen*, hrsg. v. Albert Biesinger ; Joachim Schmidt. Norderstedt, 10 – 29.

FUNIOK, Rüdiger ; SCHÖNDORF, Harald (Hgg.) (2000): *Ignatius von Loyola und die Pädagogik der Jesuiten : ein Modell für Schule und Persönlichkeitsbildung.* Donauwörth.

GABRIEL, Karl ; HOBELSBERGER, Hans (Hgg.) (1994): *Jugend, Religion und Modernisierung : Kirchliche Jugendarbeit als Suchbewegung.* Opladen.

GANDLAU, Thomas ; RÜTTIGER, Gabriele (2002): Schulpastoral an Hauptschulen : Christliche Impulse und Beiträge für den Lebensraum Schule. In: *Schulpastoral an Hauptschulen : Dokumentation und Ergebnisse des Erprobungsversuchs 1998/99 – 2000/01*, hrsg. vom Religionspädagogischen Zentrum in Bayern (= RU Aktuell 1/2002). München, 5-10.

GARCÍA-MATEO, Rogelio (2000): Das Pädagogische in den Geistlichen Übungen. In: *Ignatius von Loyola und die Pädagogik der Jesuiten : ein Modell für Schule und Persönlichkeitsbildung*, hrsg. v. Rüdiger Funiok ; Harald Schöndorf. Donauwörth, 27 – 43.

GAUS, Ralf (2007); *ReligiON AIR : Religiöse Radioarbeit mit Jugendlichen* (= Zeitzeichen 20). Ostfildern.

GEISSLER, Harald (1991): Schulkultur: Lernen in einer und für eine lernende Schulorganisation. In: LoPr 10, 25 – 41.

GEISSLER, Ulrich (1998): Wachsen und wachsen lassen – Einblicke und Ausblicke in das Arbeitsfeld Schulpastoral. In: *Meldezeichen : Der Dienst der Kirche in der Schule*, hrsg. v. Günter Putz. Würzburg, 237 – 266.

GEISSLER, Ulrich (2002): Schule ist mehr : Der Beitrag der Schulpastoral zur Schulentwicklung. In: *Pausenzeichen : Reflexionen über den Dienst der Kirche in der Schule.*, hrsg. v. Günter Putz. Würzburg.

GEISSLER, Ulrich (2003): Spiritualität in der Schulpastoral. In: LS 54/2, 117 – 120.

Gemeinsame Synode der Bistümer in der Bundesrepublik Deutschland (1976) : / Offizielle Gesamtausgabe Bd. 1: Beschlüsse der Vollversammlung. Freiburg i. Br. Zitiert als: Gemeinsame Synode.

GEULEN, Dieter (2002): Sozialisationstheoretische Ansätze. In: *Handbuch Kindheits- und Jugendforschung*, hrsg. v. Heinz-Hermann Krüger. Opladen, 89 – 98.

GILLIGAN, Carol (2000): Moralische Orientierung und moralische Entwickelung. In: *Die religiöse Entwicklung des Menschen : Ein Grundkurs*, hrsg. v. Gerhard Büttner ; Veit-Jakobus Dieterich. Stuttgart, 79 – 100.

GOETHE, Johann Wolfgang von: *Die Wahlverwandtschaften : ein Roman*. U. a. erschienen in: Manesse Bibliothek der Weltliteratur mit einem Nachw. v. Peter von Matt. Zürich 1996.

GÖNNHEIMER, Stefan (2004): Schule als Verantwortungsgemeinschaft. In: PÄDAGOGIK 5/04, 24 – 26.

GÖRTZ, Philipp (2007): »Schule des Betens« : ein Angebot ignatianischer Schulpastoral. In: LS 58, 316 – 319.

GRAF, Pedro (1996): *Konzeptentwicklung*. 2. überarb. Aufl., Bobingen.

GRAF, Pedro ; SPENGLER, Maria (2004): *Leitbild- und Konzeptentwicklung*. 4., überarb. Aufl., Augsburg.

GROM, Bernhard (1992): *Religionspsychologie*. München.

GROM, Bernhard (2000): *Religionspädagogische Psychologie des Kleinkind-, Schul- und Jugendalters*. 5., vollst. überarb. Aufl., Düsseldorf.

GROSS, Engelbert (2003): Schmerz und Sehnsucht von Kindern und Jugendlichen für welltkirchlich interkulturelles Lernen: religionspädagogisch eine Herausforderung und religionsdidaktisch eine Komplikation. In: *Schmerz und Sehnsucht von Kindern und Jugendlichen : Interkuturelles religiöses Lernen in Kirche und Schule*, hrsg. Engelbert Groß und Thomas Schreijäck (= Forum Religionspädagogik interkulturell 4). Münster.

GRUBER, Elmar (2007): s. Online-Quellen.

GRÜN, Anselm (2002): *Eucharistie und Selbstwerdung*. 8. Aufl., Münsterschwarzach.

Grundgesetz für die Bundesrepublik Deutschland (2007) : s. Online-Quellen.

Grundzüge jesuitischer Erziehung (1986) : Rom, 1986. In: Wissen – Gewissen – Gespür : Dokumente zur ignatianischen Pädagogik, hrsg. v. Thomas Neulinger. Thaur 1998.

GUARDINI, Romano (2007): *Vom Geist der Liturgie*. Neuausgabe. Ostfildern.

HAEP, Christopher (2007): *Zeit und Bildung : Elemente einer christlichen Bildungskultur* (= Praktische Theologie heute 83). Stuttgart.

HAHN, Matthias (2002): Religionsunterricht in der Sekundarstufe I. In: NhrG, hrsg. v. Gottfried Bitter ; Rudolf Engel ; Gabriele Miller ; Karl Ernst Nipkow. München, 373 – 376.

HALLENSLEBEN, Barbara (1995): Pädagogik aus dem Geist der Exerzitien : Die Bildungskonzeption des Ignatius von Loyola. In: RoJKG 14, 11 – 24.

HALLERMANN, Heribert (1996): Schulpastoral : Der Dienst der Kirche an den Menschen im Handlungsfeld Schule. In: KatBl 121, 332 – 336.

HAMMERS, Alwin J. (1997): *Christlicher Glaube ... und praktizierter Unglaube : Erfahrungen und Anmerkungen eines Psychotherapeuten*. 2. Aufl., Trier.

HAPPEL, Walter (1995): Grundzüge Ignatianischer Pädagogik und Schritte zu ihrer Anwendung. In: Kollegsbrief St. Blasien 67, hrsg. v. Walter Happel. St. Blasien, 25 – 30.

HÄRDLE, Dorothea ; RÜTTIGER, Gabriele (1999): s. Online-Quellen.

HÄRDLE, Dorothea ; RÜTTIGER, Gabriele (2000): Für Schüler/innen da sein. Schulpastoral und Schulbezogene Jugendarbeit. In: RU 30/1, 26 – 28.

HASLINGER, Herbert (1991): Was ist Mystagogie? Praktisch-theologische Annäherung an einen strapazierten Begriff. In: *Mystagogische Seelsorge : Eine lebensgeschichtlich orientierte Pastoral.* Mainz, 15 – 75.

HASLINGER, Herbert (1996): *Diakonie zwischen Mensch, Kirche und Gesellschaft : Eine praktisch theologische Untersuchung der diakonischen Praxis unter dem Kriterium des Subjektseins des Menschen* (= Studien zur Theologie und Praxis der Seelsorge 18). Würzburg.

HASLINGER, Herbert ; HONECKER, Simone (Hgg.) (2002): *»Na logo!« : Glaubenswissen in der Jugendpastoral.* Kevelaer.

HAUB, Rita (1999): Den Menschen helfen : Über die Anfänge der Jesuitenpädagogik. In: engagement 1999/4, 343 – 351.

HAVIGHURST, Robert James (1948): *Developmental tasks and education.* New York.

HAVIGHURST, Robert James (1965): Research on the developmental-task concept. The School Review 64, 215 – 223.

HAYES, Christopher Xavier (2006): s. Online-Quellen.

HECKHAUSEN, Jutta ; HECKHAUSEN, Heinz (Hgg.) (2006): *Motivation und Handeln.* 3., überarb. und aktualisierte Aufl., Heidelberg.

HEINEN, Daniel (2005): »Aufwachen, die Augen öffnen!« : Kritisches zu Compassion. In: engagement 2005/1, 21 – 30.

HELSPER, Werner ; BÖHME, Jeanette (2002): Jugend und Schule. In: *Handbuch Kindheits- und Jugendforschung*, hrsg. v. Heinz-Hermann Krüger. Opladen, 567 – 596.

HENKE, Thomas (1994): *Seelsorge und Lebenswelt : Auf dem Weg zu einer Seelsorgetheorie in Auseinandersetzung mit soziologischen und sozialphilosophischen Lebensweltkonzeptionen* (= Studien zur Theologie und Praxis der Seelsorge 14). Würzburg.

HERMANUTZ, Leo (1995): Schulpastoral heute. In: KatBl 120, 673 – 677.

HILGER, Georg ; LEIMGRUBER, Stephan ; ZIEBERTZ, Hans-Georg (Hgg.) (2007): *Religionsdidaktik : Ein Leitfaden für Studium, Ausbildung und Beruf.* München.

HOBELSBERGER, Hans (2006): *Jugendpastoral des Engagements : eine praktisch-theologische Reflexion und Konzeption des sozialen Handelns Jugendlicher* (= Studien zur Theologie und Praxis der Seelsorge 67). Würzburg.

HOCHSTAFFL, Johannes (1999): Die Konzeption von Praxis. In: HPTh Bd. 1, hrsg. v. Herbert Haslinger zusammen mit Christiane Bundschuh-Schramm ; Ottmar Fuchs ; Leo Karrer ; Stephanie Klein ; Stefan Knobloch ; Gundelinde Stoltenberg. Mainz, 319 – 332.

HOFMANN, Bernhard F. (1991): *Kognitionspsychologische Stufentheorien und religiöses Lernen : zur (korrelations-)didaktischen Bedeutung der Entwicklungstheorien von J. Piaget, L. Kohlberg und F. Oser/P. Gmünder.* Freiburg i. Br.

HOLTAPPELS, Heinz Günter (2002): Schulische Bildung. In: *Handbuch Bildungsforschung*, hrsg. v. Rudolf Tippelt. Opladen, 293 – 314.

HOLTAPPELS, Heinz Günter ; HEITMEYER, Wilhelm ; MELZER, Wolfgang ; TILLMANN, Klaus-Jürgen (Hgg.) (2006): *Forschung über Gewalt an Schulen : Erscheinungsformen und Ursachen, Konzepte und Prävention.* 4. Aufl., Weinheim.

Homeyer, Josef (1975): *Schwerpunkte kirchlicher Verantwortung im Bildungsbereich : ein Beschluss der Gemeinsamen Synode der Bistümer in der Bundesrepublik Deutschland* (= Heftreihe Synodenbeschlüsse ; Gemeinsame Synode der Bistümer in der Bundesrepublik Deutschland 9). Bonn.

Hurrelmann, Klaus (2007): *Lebensphase Jugend : Eine Einführung in die sozialwissenschaftliche Jugendforschung*. 9. Aufl., Weinheim.

Ignatianische Pädagogik : Ansätze für die Praxis (1993) : Rom, 1993. In: Wissen – Gewissen – Gespür : Dokumente zur ignatianischen Pädagogik, hrsg. v. Thomas Neulinger. Thaur 1998.

Ignatius von Loyola : / Briefe und Unterweisungen. Übers. v. Peter Knauer, (= Deutsche Werkausgabe I.). Würzburg, 1993. Zitiert als: Br nn, BU S.

Ignatius von Loyola : / Die Exerzitien. Aus dem Span. übertr. v. Hans Urs von Balthasar (= Christliche Meister 45). 13. Aufl., Einsiedeln, 2005.

Ignatius von Loyola : / Geistliche Übungen. Übertr. aus dem span. Urtext mit Erkl. der zwanzig Anweisungen v. Adolf Haas. Neuausgabe. Freiburg i. Br, 1999.

Ignatius von Loyola : / Gründungstexte der Gesellschaft Jesu. Übers. v. Peter Knauer (= Deutsche Werkausgabe II.). Würzburg, 1998. Zitiert als: GT.

Ilgner, Rainer (1989): Was macht eine Schule »katholisch«? : Elemente einer nachkonziliaren Theorie der katholischen Schule. In: *Erziehung als Auftrag. Beiträge zur Konzeption katholischer Schulen in freier Trägerschaft*, hrsg. v. Reinhard Schilmöller ; Meinolf Peters ; Joachim Dikow. / FS für Aloysius Regenbrecht. Münster, 41 – 49.

Ilgner, Rainer (Hg.) (1992): *Handbuch katholische Schule*, Bde. 1 und 2. Köln.

Jaschke, Helmut (1999): Wieviel Religion braucht ein Kind? In: LKat 21, 1 – 7.

JIM-Studie 2006 = Medienpädagogischer Forschungsverbund Südwest (Hg.) (2006): s. Studien und Statistiken.

Jugendsexualität 2006 = Bundeszentrale für gesundheitliche Aufklärung (Hg.) (2006): s. Online-Quellen.

Jung, Martina ; Kittel, Joachim (2004): *Schulpastoral konkret : Eine jugendverbandliche Perspektive*. Düsseldorf.

Kamm, Thomas (1994): *Schulseelsorge – Ein Stück Leben begleiten : Konzeptionelle Überlegungen zum Selbstverständnis des Referates für Schulseelsorge im Generalvikariat Essen*. Essen.

Karrer, Leo (2000): Grundvollzüge christlicher Praxis. In: HPTh Bd. 2, hrsg. v. Herbert Haslinger zusammen mit Christiane Bundschuh-Schramm ; Ottmar Fuchs ; Leo Karrer ; Stephanie Klein ; Stefan Knobloch ; Gundelinde Stoltenberg. Mainz, 379 – 395.

Karrer, Leo (1999): Erfahrung als Prinzip der Praktischen Theologie. In: HPTh Bd. 1, hrsg. v. Herbert Haslinger zusammen mit Christiane Bundschuh-Schramm ; Ottmar Fuchs ; Leo Karrer ; Stephanie Klein ; Stefan Knobloch ; Gundelinde Stoltenberg. Mainz, 199 – 219.

Kascholke, Christian (2006): Was ist heute unter Bildung zu verstehen? In: Transformationen 6, 64 – 119.

Kasper, Walter (1967): *Die Methoden der Dogmatik*. Mainz.

Kasper, Walter (1992): *Jesus der Christus*. Freiburg i. Br. (s. *Jesus der Christus*. Neu eingeleitet von Walter Kardinal Kasper. In: Walter Kasper Gesammelte Schriften, Band 3, hrsg. v. George Augustin und Klaus Krämer. Freiburg i. Br. 2008.)

Kaufmann, Franz-Xaver (1989): *Religion und Modernität : sozialwissenschaftliche Perspektiven*. Tübingen.

Kaupp, Angela (2006): Es kommt auf die Brille an : Ein zweiter Blick lohnt sich: Wie Religion im Jugendalter sichtbar wird. In: KatBl 131 (2006), 316 – 319.

Kehl, Medard (1990): Seelsorge für »Kinder und einfache Menschen«. In: *Ignatianisch : Eigenart und Methode der Gesellschaft Jesu*, hrsg. v. Michael Sievernich ; Günter Switek. Freiburg i. Br., 557 – 569.

Kehl, Medard (1993): *Die Kirche : Eine katholische Ekklesiologie*. 2. Aufl., Würzburg.

Kehl, Medard (2006): *Und Gott sah, dass es gut war : eine Theologie der Schöpfung*. Unter Mitwirkung v. Hans-Dieter Mutschler u. Michael Sievernich. Freiburg i. Br.

Keil, Franz ; Thalheimer, Beate (Hgg.) (1995): *echt klasse : Werkstattbuch zur Schulseelsorge*. Ostfildern.

Kentrup, Christoph (1995): Ignatius von Loyola und seine »Erziehungskunst«. In: Kollegsbrief St. Blasien 67, hrsg. v. Walter Happel. St. Blasien, 1 – 34.

Kessler, Stephan(1999): Ratio Studiorum. In: LThK 8, 3., völlig neu bearb. Aufl., hrsg. v. Walter Kasper. Freiburg i. Br., 842f.

Kessler, Stephan (2000): Die »Geistlichen Übungen« des Ignatius von Loyola und die Studienordnung der Jesuiten : Pädagogik aus den Exerzitien. In: *Ignatius von Loyola und die Pädagogik der Jesuiten : ein Modell für Schule und Persönlichkeitsbildung*, hrsg. v. Rüdiger Funiok ; Harald Schöndorf. Donauwörth, 44 – 53.

Keupp, Heiner (Hg.) (2007); *Identitätsarbeit heute : klassische und aktuelle Perspektiven der Identitätsforschung*. Frankfurt a. M.

Kiessling, Klaus (2002a): *Seelsorge bei Seelenfinsterns : depressive Anfechtung als Provokation diakonischer Mystagogie*. Freiburg i. Br.

Kiessling, Klaus (2002b): *»Nützlich und notwendig«: Psychologisches Grundwissen in Theologie und Praxis* (= Praktische Theologie im Dialog 24). Fribourg en Suisse.

Kiessling, Klaus (2003): *Religiöses Lernen : Multidisziplinäre Zugänge zu religionspädagogischer Theorie und Praxis* (= Pastoralpsychologie und Spiritualität 6). Frankfurt a. M.

Kiessling, Klaus (2004): *Zur eigenen Stimme finden : Religiöses Lernen an berufsbildenden Schulen* (= Zeitzeichen 16). Ostfildern.

Kiessling, Klaus (2008a): Jugendliche in Angst : Wie Heranwachsende in Deutschland Entwicklungsaufgaben (nicht) bewältigen, in: rhs 51, 188 – 195.

Kiessling, Klaus (2008b): Seel(en)sorge im Religionsunterricht? In: *Diakonie und Bildung*, hrsg. v. Johannes Eurich ; Christian Oelschlägel. / FS für Heinz Schmidt zum 65. Geburtstag. Stuttgart, 414 – 431.

Kirchliches Schulgesetz des Erzbistum Köln (2006) : s. Online-Quellen.

Kittel, Joachim (2004): Ignatianische Experimente : Zur Grundlegung einer Pädagogik ignatianischer Spiritualität in der Kinder- und Jugendarbeit. In: *Schulpastoral konkret : Eine jugendverbandliche Perspektive*, hrsg. v. Martina Jung und Joachim Kittel. Düsseldorf, 96 – 114.

KITTEL, Joachim (2005): Ignatianische Experimente. In: KatBl 130, 69 – 73.

KITTEL, Joachim ; HÖLL, Viola (2004): *mit gott per du : Exerzitien im Alltag für junge Leute.* Düsseldorf.

KLAPPENECKER, Gabriele (1998): *Glaubensentwicklung und Lebensgeschichte : Eine Auseinandersetzung mit der Ethik James W. Fowlers; zugleich ein Beitrag zur Rezeption von H. Richard Niebuhr, Lawrence Kohlberg und Erik H. Erikson* (= Praktische Theologie heute 36 / Hochschulschrift: Zugl.: Heidelberg, Uni., Diss., 1996). Stuttgart.

KLEIN, Ralph (1999): Wissen – Gewissen – Gespür : Jesuitische Erziehung heute. In: engagement 1999/4, 352 – 360.

KLEIN, Stefanie (1999): Die Zusammenarbeit zwischen TheoretikerInnen und PraktikerInnen. In: HPTh Bd. 1, hrsg. v. Herbert Haslinger zusammen mit Christiane Bundschuh-Schramm ; Ottmar Fuchs ; Leo Karrer ; Stephanie Klein ; Stefan Knobloch ; Gundelinde Stoltenberg. Mainz, 260 – 266.

KLOSINSKI, Gunther (2005): Wann ist religiöse Erziehung gelungen? In: WzM 57/3, 179 – 190.

KLOSINSKI, Gunther (2006): Was bedeutet eigentlich Pubertät? : Welche Auswirkungen die psychische Entwicklung auf religiöse Fragestellungen hat. In: KatBl 131 (2006), 320 – 327.

KMK 2006/7 = SEKRETARIAT DER STÄNDIGEN KONFERENZ DER KULTUSMINISTER DER LÄNDER IN DER BUNDESREPUBLIK DEUTSCHLAND (2006): s. Online-Quellen.

KNAUER, Peter (1990): »Unsere Weise voranzugehen« nach den Satzungen der Gesellschaft Jesu. In: *Ignatianisch : Eigenart und Methode der Gesellschaft Jesu*, hrsg. v. Michael Sievernich ; Günter Switek. Freiburg i. Br., 131 – 148.

KNOBLOCH, Stefan (1996): *Praktische Theologie : ein Lehrbuch für Studium und Pastoral.* Freiburg i. Br.

KNOBLOCH, Stefan (1999): Theorielose Schulpastoral? : Ein Plädoyer zum Erweis des Gegenteils. In: AnzSS 11, 536 – 539.

KNOBLOCH, Stefan (2000): Seelsorge – Sorge um das Menschsein in seiner Ganzheit. In: HPTh Bd. 2, hrsg. v. Herbert Haslinger zusammen mit Christiane Bundschuh-Schramm ; Ottmar Fuchs ; Leo Karrer ; Stephanie Klein ; Stefan Knobloch ; Gundelinde Stoltenberg. Mainz, 35 – 46.

KNÜTTGEN, Klaus-Jürgen (1997): AKO-PRO-Seminar e. V. : Geschichte und Entwicklung. In: *Aus dem Aloisiuskolleg 1996/97*, hrsg. v. Aloisiuskolleg. Bonn, 126 – 130.

KOBER, Ulrich (1999): »Glaube kann auch Spaß machen« : Oase – ein Modell von Schülerbesinnungstagen auf der Grundlage der ignatianischen Exerzitien. In: engagement 1999/4, 401 – 406.

KOHLBERG, Laurence (1964): Development of moral character and moral ideology. In: Review of Child Development Research, Vol. I, hrsg. v. Martin Leon Hoffman ; Lois Wladis Hoffman. New York, 381 – 431.

KOHLBERG, Lawrence ; COLBY, Ann (1986): Das moralische Urteil: Der kognitionszentrierte entwicklungspsychologische Ansatz. In: *Gesellschaftlicher Zwang und moralische Autonomie*, hrsg. v. Hans Bertram. Frankfurt a. M., 130 – 162.

KOLLIG, Manfred (1988): Zur Schulpastoral an Schulen in kirchlicher Trägerschaft. In: KatBl 113, 792 – 797.

KOLLIG, Manfred (1992): Schulseelsorger/in : Überlegungen zum personalen Angebot in der Schulpastoral. In: *Schulpastoral*, hrsg. v. Gabriele Rüttiger (= Benediktbeurer Beiträge zur Jugendpastoral 3) München, 133 – 135.

KOLVENBACH, Peter-Hans (1993): Ignatianische Pädagogik heute (Ansprache in der Villa Cavalletti, 29. April 1993). In: Ignatianische Pädagogik 1993, 116 – 158).

KOLVENBACH, Peter-Hans (1996): Heute für die Zukunft erziehen : Chancen und Möglichkeiten ignatianischer Pädagogik. / Festvortrag anlässlich der Kollegsversammlung Pfingsten 1996. In: Kollegsbrief St. Blasien 68, hrsg. v. Walter Happel. St. Blasien, 128 – 140.

KONGREGATION FÜR DAS KATHOLISCHE BILDUNGSWESEN (Hg.) (1977): Die katholische Schule. Rom. Zitiert als: KKB 1977.

KONGREGATION FÜR DAS KATHOLISCHE BILDUNGSWESEN (Hg.) (1988): Die religiöse Dimension der Erziehung in der katholischen Schule : Grundzüge zur Überlegung und zur Überprüfung. Rom. Zitiert als: KKB 1988.

KONGREGATION FÜR DAS KATHOLISCHE BILDUNGSWESEN (Hg.) (1997): Die katholische Schule an der Schwelle zum dritten Jahrtausend. Rom. Zitiert als: KKB 1997.

KONGREGATION FÜR DAS KATHOLISCHE BILDUNGSWESEN (Hg.) (2002): Personen des geweihten Lebens und ihre Sendung in der Schule. Rom. Zitiert als: KKB 2002.

KÖSTER, Peter (2000): *Zur Freiheit befähigen : Kleiner Kommentar zu den Großen Exerzitien des hl. Ignatius von Loyola*. 2. Aufl. Leipzig.

KÖSTER, Peter (2003): *Beten lernen : konkrete Anleitungen, praktische Übungen, spirituelle Impulse*. Leipzig.

KÖSTLER, Anja (2009): Keine Angst vor Mobbing! In: KatBl 134, 19 – 25.

KRAEMER, Gundolf (2003): Die Suche nach dem eigenen Weg. In: *Aus dem Aloisiuskolleg 2002/03*, hrsg. v. Aloisiuskolleg. Bonn, 76f.

KRAEMER, Gundolf (2007): ProCura : Die neue Jugendgruppe am Aloisiuskolleg. In: *Aus dem Aloisiuskolleg 2006/07*, hrsg. v. Aloisiuskolleg. Bonn, 146.

KRIMINOLOGISCHES FORSCHUNGSINSTITUT NIEDERSACHSEN E. V. (Hg.) (2009): s. Studien und Statistiken.

KRÜGER, Heinz-Hermann ; GRUNERT, Cathleen (2002): Jugend und Bildung. In: *Handbuch Bildungsforschung*, hrsg. v. Rudolf Tippelt. Opladen, 495 – 512.

KUGLER, Susanne (2002): Schulseelsorge auf der Grundlage des personenzentrierten Ansatzes. In: Gesprächspsychotherapie und Personenzentrierte Beratung 33, 289 – 292.

KUHN, Franz (2000): Unterrichtliche Begleitung. In: *Compassion : Weltprogramm des Christentums. Soziale Verantwortung lernen*, hrsg. von Johann Baptist Metz, Lothar Kuld und Adolf Weisbrod. Freiburg i. Br., 109 – 113.

KULD, Lothar (2000): Das Compassion-Projekt : Wie Religion in der Schule vorkommt. In: RU 30/1, 21 – 22.

KULD, Lothar (2005): Die Notwendigkeit von Compassion. In: engagement 2005/1, 16 – 20.

KULD, Lothar ; GÖNNHEIMER, Stefan (2000): *Compassion – Sozialverpflichtetes Lernen und Handeln*. Stuttgart.

KUNZ, Erhard (1992): »Simul in actione contemplativus« : Ein wesentliches Merkmal ignatianischer Spiritualität. In: *Himmlisches mit Irdischem verbinden*, hrsg. v. d. Benediktinerinnenabtei Eibingen. / Für Äbtissin Edeltraud Forster OSB. Eibingen, 208 – 210.

LACHMUND, Hans Georg (1985): Wie den Glauben weitergeben. In: *Aus dem Aloisiuskolleg 1984/85*, hrsg. v. Aloisiuskolleg. Bonn, 48f.

LAMBERT, Willi (2000): *Beten im Pulsschlag des Lebens : Gottsuche mit Ignatius von Loyola*. 3. Aufl., Freiburg i. Br.

LAMBERT, Willi (2004): *Wort das Leben schenkt : Zum Umgang mit der Bibel*. 3. Aufl., Leutesdorf.

LAMBERT, Willi (2006): *Die Kunst der Kommunikation : Entdeckungen mit Ignatius von Loyola*. Neuausg., 3. Aufl. der Gesamtaufl., Freiburg i. Br.

LAMBERT, Willi (2008a): *Aus Liebe zur Wirklichkeit : Grundworte ignatianischer Spiritualität*. 8. Aufl., Mainz.

LAMBERT, Willi (2008b): *Zeit zum Aufatmen : Seelsorge und christliche Lebenskultur*. Ostfildern.

LAMES, Gundo (2000a): Kirche im Kontext des Systems Schule : Zum Ansatz einer Schulpastoral. In: TrThZ 109, 295 – 307.

LAMES, Gundo (2000b): *Schulseelsorge als soziales System : Ein Beitrag zu ihrer praktisch-theologischen Grundlegung* (= Praktische Theologie heute 49). Stuttgart.

LAMES, Gundo (2003): Schulpastoral als soziales System. In: LS 54/2, 134 – 138.

LANGER, Jürgen (2001): *Auf Leben und Tod : Suizidalität bei Jugendlichen als Herausforderung für die Schülerseelsorge* (= Pastoralpsychologie und Spiritualität 4). Frankfurt a. M.

LANGER, Wolfgang (1998): Schulpastoral: Dienst und Zeugnis aus dem Glauben. In: Ordensnachrichten 37/2, 3 – 17.

LANGER, Wolfgang (2005): Die größere Sehnsucht wecken : Anregungen zur Schulpastoral. In: Ordensnachrichten 44/4, 17 – 28.

LECHNER, Martin (1992): *Pastoraltheologie der Jugend : Geschichtliche, theologische und kairologische Bestimmung der Jugendpastoral einer evangelisierenden Kirche* (= Studien zur Jugendpastoral 1). München.

LEIDE, Jürgen (1994): »Komm und sieh – Kurs« : Ein Experiment im Alltag. In: Kollegsbrief St. Blasien 66, hrsg. v. Walter Happel. St. Blasien, 67.

LEIDE, Jürgen (2000): Lebendiger Glaube : »Komm und sieh – Kurs« – Exerzitien für Jugendliche im Alltag. In: Jahrbuch 1999/2000, hrsg. v. St. Benno-Gymnasium Dresden. Dresden, 17.

LEIDE, Jürgen (2008): »Komm und sieh« – Ein Blick hinter die Kulissen. In: Jahrbuch 1999/2000, hrsg. v. St. Benno-Gymnasium Dresden. Dresden, 11 – 13.

LEIMGRUBER, Stephan (2007a): *Interreligiöses Lernen*. München.

LEIMGRUBER, Stephan (2007b): Ökumenisches Lernen. In: *Religionsdidaktik : Ein Leitfaden für Studium, Ausbildung und Beruf*, hrsg. v. Georg Hilger, Stephan Leimgruber und Hans-Georg Ziebertz. München. 420 – 432.

LENTNER, Rudi (2004): Warum Meditation in der Schule so wichtig ist? In: KatBl 129, 429 – 433.

LINSEN, Achim (1991): *Schulkultur als Aufgabe : Der Beitrag von Religionsunterricht und Schulseelsorge*, hrsg. v. d. Hauptabteilung Schule/Hochschule des Bischöflichen Generalvikariats Trier. Trier.

LINSEN, Achim (1995): Schulseelsorge – ein pastorales Arbeitsfeld? In: KatBl 120, 668 – 672.

LINSEN, Achim (1999): Der Beitrag der Schulseelsorge zum Profil einer katholischen Schule in freier Trägerschaft. In: engagement 1999/1, 43 – 52.

LÜTTERFELDS, Wilhelm (1997): »Schulkultur« – Ein neues Paradigma oder eine Schein-Innovation? : Philosophische Bemerkungen zu einem Begriff der Schulpädagogik. In: *Anspruch Schulkultur : Interdisziplinäre Darstellung eines neuzeitlichen schulpädagogischen Begriffs*, hrsg. v. Norbert Seibert. Bad Heilbrunn, 67 – 79.

MANN, Christine (1998): Überlegungen zur Schulpastoral. In: *Jugend und Kirche : Auf der Suche nach einer neuen Begegnung*, hrsg. v. Walter Krieger ; Alois Schwarz. München, 122 – 126.

MANN, Thomas ; KIEFER, Thomas (2004): Sakramentenkatechese in der Ganztagsschule. In: KatBl 129, 67 – 71.

MARCIA, James E. (1980): Identity in adolescence. In: *Handbook of adolescent psychology*, hrsg. v. Joseph Adelson. New York, 159 – 187.

MARQUARDT, Elizabeth (2007): *Kind sein zwischen zwei Welten : Was im Inneren von Kindern geschiedener Eltern vorgeht*. Paderborn (Originaltitel: Between two worlds, New York 2005).

MEISSNER, Joachim Kardinal (2006): *Richtlinie des Erzbischofs zu multireligiösen Feiern in Schulen für das Erzbistum Köln*. Köln.

MELZER, Wolfgang ; LENZ, Karl ; ACKERMANN, Christoph (2002): Gewalt in Familie und Schule. In: *Handbuch Kindheits- und Jugendforschung*, hrsg. v. Heinz-Hermann Krüger. Opladen, 837 – 863.

MENDL, Hans (2000): Religiöses Lernen als Konstruktionsprozess : Schülerinnen und Schüler begegnen der Bibel. In: *Empirische Religionspädagogik : Grundlagen – Zugänge – Aktuelle Projekte*, hrsg. v. Burkard Porzelt ; Ralph Güth, im Auftrag der Ständigen Sektion »Empirische Religionspädagogik« der Arbeitsgemeinschaft Katholischer Katechetikdozent/innen (= Empirische Theologie 7). Münster, 139 – 152.

MENDL, Hans (2001): Schulpastoral – selbstloser Dienst der Kirche am Handlungsort Schule. In: Kontakt 1, 49 – 55.

MENDL, Hans (2003): Religiöses Wissen – was, wie und für wen? In: KatBl 128, 318 – 325.

MENDL, Hans (2004): Schulpastoral : Schulpädagogische, theologische und religionspädagogische Rahmendaten. In: *Schulpastoral konkret : Eine jugendverbandliche Perspektive*, hrsg. v. Martina Jung ; Joachim Kittel. Altenberg, 8 – 34.

MENDL, Hans (2005): Was geschieht, wenn Religion in die Schule geht? : Über die Verlust- und die Gewinnerfahrungen, die Religion in der Schule macht. In: KatBl 130, 376 – 382.

MENDL, Hans (2006): Religion inszenieren : Eine Gratwanderung. In: KuS 139, 3 – 8.

MERTES, Klaus (1999a): Konkrete Anregungen zur Schulpädagogik aus den Exerzitien. In: engagement 1999/4, 361 – 379.

MERTES, Klaus (1999b): Schulseelsorge : Anregungen zur Praxis. In: engagement 1999/1, 18 – 24.

MERTES, Klaus (2000a): s. Online-Quellen.

MERTES, Klaus (2000b): s. Online-Quellen.

MERTES, Klaus (2001): s. Online-Quellen.

MERTES, Klaus (2002): s. Online-Quellen.

MERTES, Klaus (2004): *Verantwortung lernen : Schule im Geist der Exerzitien* (= Ignatianische Impulse 6). Würzburg.

MERTES, Klaus (200Xa): s. Online-Quellen.

MERTES, Klaus (200Xb): s. Online-Quellen.

METTE, Norbert (1989): Sehen – Urteilen – Handeln : Zur Methodik pastoraler Praxis. In: Diak 20, 23 – 29.

METTE, Norbert (2000): Sehen – Urteilen – Handeln. In: LThK 9, 3., völlig neu bearb. Aufl., hrsg. v. Walter Kasper. Freiburg i. Br., 402

METTE, Norbert (2005): *Einführung in die katholische Praktische Theologie*. Darmstadt.

METZ, Johann Baptist (1997): Die Autorität der Leidenden – Compassion : Vorschlag zu einem Weltprogramm des Christentums. In: Süddeutsche Zeitung Nr. 296 vom 24.12.1997.

METZ, Johann Baptist ; KULD, Lothar ; WEISBROD, Adolf (Hgg.) (2000): *Compassion : Weltprogramm des Christentums. Soziale Verantwortung lernen*. Freiburg i. Br.

MEY, Günter (1999): *Adoleszenz, Identität, Erzählung : Theoretische, methodologische und empirische Erkundungen*. Berlin.

Milieuhandbuch 2005 = MEDIEN-DIENSTLEISTUNGS GMBH (Hg.) (2005): s. Studien und Statistiken.

Milieustudie U27 2007 = BUND DER DEUTSCHEN KATHOLISCHEN JUGEND ; MISEREOR (Hg.) (2007): s. Studien und Statistiken.

MINISTERIUM FÜR SCHULE UND WEITERBILDUNG, WISSENSCHAFT UND FORSCHUNG DES LANDES NORDRHEIN-WESTFALEN (Hg.) (1999): *Richtlinien und Lehrpläne für die Sekundarstufe II – Gymnasium/Gesamtschule in Nordrhein-Westfalen : Katholische Religionslehre*. Düsseldorf. Zitiert als: MINISTERIUM FÜR SCHULE – NRW 1999.

MÖNKS, Franz Josef ; KNOERS, Alphons M. P. (1996): *Lehrbuch der Entwicklungspsychologie* (= UTB 8080). München.

MÖRING-PLATH, Burkhard (2005): Das Leben lässt sich nicht in 45 Minuten abhandeln : Thema: Schulseelsorge. In: ReHe 62, 94 – 95.

MÜCKSTEIN, Walter ; WOLF, Christian (1984): Identitätsbildung und Heilung im Exerzitienprozess bei Jugendlichen und jungen Erwachsenen. In: Korrespondenz zur Spiritualität der Exerzitien 49, 34. Jahrgang, 61 – 72.

MÜHLENBROCK, Georg (1961): Über die notwendige Auslese für Jugendexerzitien. In: KatBl 86, 183 – 189.

MÜLLER, Hadwig ; SCHWAB, Norbert ; TZSCHEETZSCH, Werner (Hgg.) (2001): *Une espérance qui parle – une Église en devenier. Proposer la fois dans la société actuelle : Den Glauben vorschlagen in der heutigen Gesellschaft*. Ostfildern.

MÜLLER, Wunibald (1987): *Menschliche Nähe in der Seelsorge : Sich selbst annehmen – den anderen annehmen*. Mainz.

NEUBAUER, Georg (2002): Kindheit, Jugend und Sexualität. In: *Handbuch Kindheits- und Jugendforschung*, hrsg. v. Heinz-Hermann Krüger. Opladen 2002, 865 – 878.

NEULINGER, Thomas (Hg.) (1998): *Wissen – Gewissen – Gespür: Dokumente zur ignatianischen Pädagogik* (Grundzüge jesuitischer Erziehung 1986; Ignatianische Pädagogik. Ansätze für die Praxis 1993). Thaur.

NIPKOW, Karl Ernst (2007): Pädagogik und Religionspädagogik zum neuen Jahrhundert : Bd. 1 Bildungsverständnis im Umbruch, Religionspädagogik im Lebenslauf, Elementarisierung. 2. Aufl., Gütersloh.

NIPKOW, Karl Ernst ; SCHWEIZER, Friedrich ; FOWLER, James W. (Hgg.) (1988): *Glaubensentwicklung und Erziehung*. Gütersloh.

OERTER, Rolf (1978): Zur Dynamik von Entwicklungsaufgaben im menschlichen Lebenslauf. In: *Entwicklung als lebenslanger Prozeß*, hrsg. Rolf Oerter. Hamburg, 66 – 110.

OERTER, Rolf ; MONTADA, Leo (Hgg.) (1995): *Entwicklungspsychologie. Ein Lehrbuch*. 4. Aufl., Weinheim 1995.

OERTER, Rolf ; NOAM, Gil (1999): Der konstruktivistische Ansatz. In: *Klinische Entwicklungspsychologie: Ein Lehrbuch*, hrsg. v. Rolf Oerter ; Cornelia von Hagen ; Gisela Röper. 4. Aufl., Weinheim, 45 – 78.

OERTER, Rolf ; HAGEN, Cornelia von ; RÖPER, Gisela (Hgg.) (1999): *Klinische Entwicklungspsychologie: Ein Lehrbuch*. Weinheim.

OLBRICH, Erhard (1985): Konstruktive Auseinandersetzung im Jugendalter : Entwicklung, Förderung und Verhaltenseffekte. In: *Lebensbewältigung im Jugendalter*, hrsg. v. Rolf Oerter. Weinheim, 7 – 29.

O'MALLEY, John (1995): *Die ersten Jesuiten*, übers. v. Klaus Mertes. Würzburg.

Ordnungen der Schule des Aloisiuskollegs (2007) : / Schulverfassung des Aloisiuskollegs und Hausordnung der Schule des Aloisiuskollegs. Ohne Hg., Bonn.

ORTH, Peter (1995): Anfragen an Theorie und Praxis der Schulpastoral. In: KatBl 120, 678 – 682.

OSER, Fritz (1988): *Wieviel Religion braucht ein Mensch? : Erziehung und Entwicklung zur religiösen Autonomie*. Gütersloh.

OSER, Fritz ; ALTHOF, Wolfgang (1994): *Moralische Selbstbestimmung : Modelle der Entwicklung und Erziehung im Wertebereich. Ein Lehrbuch*. Stuttgart.

OSER, Fritz ; GMÜNDER, Paul (1996): *Der Mensch – Stufen seiner religiösen Entwicklung : Ein strukturgenetischer Ansatz*. 4. Aufl., Gütersloh.

OSER, Fritz ; REICH, K. Helmut (1992): Entwicklung und Religiosität. In: *Religionspsychologie : Eine Bestandsaufnahme des gegenwärtigen Forschungsstandes*, hrsg. v. Edgar Schmitz. Göttingen, 65 – 99.

PALENTIEN, Christian ; LEPPIN, Anja (2002): Kindheit, Jugend und Drogen. In: *Handbuch Kindheits- und Jugendforschung*, hrsg. v. Heinz-Hermann Krüger. Opladen, 879 – 890.

PEKRUN, Reinhard (2002): Psychologische Bildungsforschung. In: *Handbuch Bildungsforschung*, hrsg. v. Rudolf Tippelt. Opladen, 61 – 79.

Pereira, Alfonso (1968): Bericht über religiöse Schülerwochen. In: *Fragen der Unterweisung : Referate der Lehrertagung Essen 1968*, hrsg. v. Arbeitskreis für katholische freie (private) Schulen, Hubert Fischer. München, 229 – 236.

Pereira, Clemente (1960): Religiöse Wochen an höheren Schulen. In: KatBl 85, 226 – 230.

Pestalozzi, Johann Heinrich (1871): *Meine Nachforschungen über den Gang der Natur in der Entwicklung des Menschengeschlechts*. Brandenburg a. H.

Pflüger, Frido (2007): Menschen für andere : Grundzüge Ignatianischer Pädagogik. In: *Aus dem Aloisiuskolleg 2006/07*, hrsg. v. Aloisiuskolleg. Bonn, 38 – 46.

Piaget, Jean (1992): *Biologie und Erkenntnis : Über die Beziehungen zwischen organischen Regulationen und kognitiven Prozessen*, aus dem Franz. v. Angelika Geyer. Frankfurt a. M. (Originaltitel: Biologie et connaissance. Éditions de la Pléïade. Paris, 1967).

Piaget, Jean (2000): Das moralische Urteil beim Kinde. In: *Die religiöse Entwicklung des Menschen : Ein Grundkurs*, hrsg. v. Gerhard Büttner ; Veit-Jakobus Dieterich. Stuttgart, 28 – 49.

Pintrich, Paul R. ; De Groot, Elisabeth V. (1990): Motivational and self-regulated learning components of classroom academic performance. In: Journal of Educational Psychology 82/1, 33 – 40.

PISA-Studie 2003 = Prenzel, Manfred [PISA-Konsortium Deutschland] (Hg.) (2004): s. Studien und Statistiken.

Polanco, Juan Alphonso de: *Brief vom 10. August 1560*. In: MHSJ, M Paed 3, hrsg. v. Ladislaus Lukács. Rom, 1974, 304 – 306.

Rahner, Karl (1966): Frömmigkeit früher und heute. In: Schriften zur Theologie Bd. 7, hrsg. v. Karl Rahner. Einsiedeln.

Rahner, Karl (1968): Rücksicht auf die verschiedenen Altersstufen in der immer erneuten Glaubensmystagogie. In: HPTh 3, hrsg. v. Franz Xaver Arnold ; Ferdinand Klostermann ; Karl Rahner ; Viktor Schurr ; Leonard M. Weber. Freiburg i. Br., 528 – 534.

Rahner, Karl (1970): Gotteserfahrung heute. In: Schriften zur Theologie Bd. 9, hrsg. v. Karl Rahner. Einsiedeln.

Rahner, Karl (1972): Selbsterfahrung und Gotteserfahrung. In: Schriften zur Theologie Bd. 10, hrsg. v. Karl Rahner. Zürich.

Rahner, Karl (1992): *Von der Not und dem Segen des Gebetes*. Unveränderte Neuausgabe, 2. Aufl., Freiburg i. Br.

Rahner, Karl ; Vorgrimler, Herbert (Hgg.) (2007): Kleines Konzilskompendium : Sämtliche Texte des Zweiten Vatikanums. 34. Aufl., Freiburg i. Br.

Raithel, Jürgen (2005): *Die Stilisierung des Geschlechts : Jugendliche Lebensstile, Risikoverhalten und die Konstruktion von Geschlechtlichkeit*. Weinheim.

Ratio atque Institutio Studiorum Societas Jesu : In: MHSJ 129, krit. Ed. d. »Rationes« von 1586, 1591 und 1599 mit lat. Kommentar, hrsg. v. Ladislaus Lukács. Rom, 1965. Dt.: *Die Studienordnung der Gesellschaft Jesu*, übers. u. hrsg. v. Bernhard Duhr (= Bibliothek der katholischen Pädagogik 9), Freiburg i. Br. 1896.

Ratzinger (Benedikt XVI.), Joseph ; Menke, Burkhard (Hgg.) (2006): *Wer glaubt, ist nie allein : Wort der Ermutigung*. 2. Aufl., Freiburg i. Br.

Rebell, Walter (1992): *Psychologisches Grundwissen für Theologen : Ein Handbuch*. 2. Aufl., München.

Reich, K. Helmut (2004): »Aufwärts in Stufen?« – Psychobiographien zum religiösen Urteil. In: *Psychobiographien religiöser Entwicklung : Glaubensprofile zwischen Individualität und Universalität*, hrsg. v. Anton Alois Bucher. Stuttgart, 122 – 147.

Rekus, Jürgen (2000): Compassion – ein erlebnisbezogenes Bildungskonzept. In: *Compassion : Weltprogramm des Christentums. Soziale Verantwortung lernen*, hrsg. von Johann Baptist Metz, Lothar Kuld und Adolf Weisbrod. Freiburg i. Br., 75 – 88.

Renken, Christian (2004): Liturgie in Vollgestalt zumuten – und zutrauen. In: KatBl 129, 424 – 428.

Riegel, Ulrich ; Nickel, Hermann (2001): »Streiten will gelernt sein« : Mediation nach Thomas Gordon und ihre Bedeutung für Unterricht und Schulentwicklung/Schulpastoral. In: Handreichungen für Religionslehrerinnen und Religionslehrer in der Diözese Würzburg 19. Würzburg, 66 – 70.

Rizzuto, Ana-Maria (1979): *The birth of the living god : A psychoanalytic study*. Chicago.

Rittelmeyer, Christian (2007): *Kindheit in Bedrängnis : Zwischen Kulturindustrie und technokratischer Bildungsreform*. Stuttgart.

Rose, Lotte (2000): Warum ist es nur so schwer? Ein Beitrag zum Verständnis der Probleme in der Kooperation zwischen Jugendarbeit und Schule. In: Deutsche Jugend 48 (2000/5), 214 – 224.

Rüttiger, Gabriele (Hg.) (1992): *Schulpastoral* (= Benediktbeurer Beiträge zur Jugendpastoral 3). München.

Rüttiger, Gabriele (1998): Schulpastoral – ein selbstloser Dienst von ChristInnen. In: *Kundschafter des Volkes Gottes*, hrsg. v. Hans Amann ; Gerhard Kruip ; Martin Lechner (= Studien zur Jugendpastoral 4). / FS für P. Roman Bleistein SJ zum 70. Geburtstag. München, 274 – 279.

Rüttiger, Gabriele (2003): Schulpastoral – Wahlpflichtfach im Fachhochschulstudiengang : Religionspädagogik und Kirchlichen Bildungsarbeit an der Katholischen Universität Eichstätt-Ingolstadt. In: LS 54/2, 120 – 123.

Rüttiger, Gabriele (2004): Schulpastoral an kirchlichen Schulen : Christsein leben und erleben. In: *Schulpastoral konkret : Eine jugendverbandliche Perspektive*, hrsg. v. Martina Jung ; Joachim Kittel. Altenberg, 35 – 60.

Rüttiger, Gabriele (2009): Und plötzlich ist alles anders : Umgang mit Tod und Trauer in der Schule. In: KatBl 134, 7 – 13.

Satzungen der Gesellschaft Jesu und Ergänzende Normen : Deutsche Übersetzung der im Auftrag der 34. Generalkongregation herausgegebenen lateinischen Ausgabe, hrsg. v. der Provinzialskonferenz der Zentraleuropäischen Assistenz. München 1997.

Saulek, Martin (1999): Jesuitenpädagogik und Elitebildung. In: engagement 1999/4, 396 – 400.

Sautermeister, Jochen ; Schweitzer, Friedrich (2005): Gute religiöse Erziehung. In: WzM 57/3, 191 – 201.

Schaffner, Bardo (2001): Lehrerinnen- und Lehrer-Seelsorge – wörtlich genommen. In: KuS 117, 13f.

Schambeck, Mirjam (2003): Mit individualisierter Religiosität umgehen : Mystagogisches Lernen als religionsdidaktischer Antwortversuch. In: RPäB 50, 127 – 141.

SCHAMBECK, Mirjam (2005): Wie Kinder Glauben und theologisieren : Religionspädagogische Konsequenzen aus den theologischen Konstruktionen von Kindern. In: *Subjektwerdung und religiöses Lernen : Für eine Religionspädagogik, die den Menschen ernst nimmt*, hrsg. v. Matthias Bahr ; Ulrich Kropač ; Mirjam Schambeck. München.

SCHARER, Matthias (1999): Prinzipien religiöser Erziehung. In: LKat 21, 15 – 21.

SCHARER, Matthias (2000): Spiritualität als Schulkultur. In: ThPQ 148, 169 – 175.

SCHARER, Matthias (2004): Pastoral als Bildungsgeschehen? In: Diak 35, 157 – 164.

SCHEIDLER, Monika (1993): *Christliche Communio und kommunikatives Handeln : Eine Leitperspektive für die Schule* (= Münsteraner Theologische Abhandlungen 27). Altenberge.

SCHEIDLER, Monika (1995): Schule – Ort kommunikativen Handelns und christlicher Communio? In: KatBl 10, 683 – 690.

SCHEIDLER, Monika (1999): Religiöse Erziehung als Lebens- und Wortzeugnis. In: LKat 21, 50 – 54.

SCHEILKE, Christoph Th. (2002): Schule – Schulentwicklung – Schulkultur. In: NhrG, hrsg. v. Gottfried Bitter ; Rudolf Engel ; Gabriele Miller ; Karl Ernst Nipkow. München, 348 – 352.

SCHENKER, Dominik (2006): Pubertierende religiös ansprechen? : Ein paradoxes Feld, das sich aber zu »beackern« lohnen kann. In: KatBl 131 (2006), 328 – 332.

SCHINDLER, Friedemann (2007): Technische Entwicklungen neuer Medien und Möglichkeiten frühzeitiger Prävention zum Schutz von Kindern und Jugendlichen vor sexueller Ausbeutung und Gewalt. In: *Aktuelle Herausforderungen im Kinder- und Jugendschutz – Sexuelle Gewalt durch die neuen Medien*, hrsg. v. Deutsches Jugendinstitut. / Dokumentation der Fachtagung des Bundesministeriums für Familie, Senioren, Frauen und Jugend am 28./29. November 2006 in Berlin. Berlin, 47 – 60.

SCHMÄLZLE, Udo Friedrich (1997): Schüler – Lehrer – Eltern : Beschwörungsformel oder Handlungskonzept! In: LKat 19, 78 – 85.

SCHMÄLZLE, Udo Friedrich (1999): Theologische Grundlagen für den Dienst von Christinnen und Christen in der Schule. In: engagement 1999/1, 60 – 74.

SCHMICKLER, Jan (2001): Die Mentorentätigkeit am AKO im Schuljahr 2000/2001. In: *Aus dem Aloisiuskolleg 2000/01*, hrsg. v. Aloisiuskolleg. Bonn, 126 – 128.

SCHMITZ, Stefan (2004): *Was macht die Kirche in der Schule? : Religionsunterricht und Schulpastoral 30 Jahre nach dem Würzburger Synodenbeschluss* (= Theologie und Praxis: Abteilung 18). Münster.

SCHMITZ, Stefan (2006): *Schulpastoral kontrovers : ein kritischer Blick auf ungeklärte Verhältnisse zwischen Religionsunterricht, Schulseelsorge und Gemeindepastoral* (= Theologie 81). Berlin.

SCHNABEL, Ulrich (Hg.) (1994): *Das hätt' ich nicht gedacht : Religiöse Orientierungstage mit Schülerinnen und Schülern. Ein Werkstattbuch*. Freiburg i. Br.

SCHNEIDER, Jan Heiner (1976): *Schule – Kirche – Seelsorge : Schulbezogene Arbeit der Kirchen im Übergang*. Düsseldorf.

SCHNEIDER, Jan Heiner (Hg.) (1983): *Freie Räume – freie Zeiten : Schülerkurse und Besinnungstage*. München.

SCHNEIDER, Jan Heiner (1990): Lehrer und Lehrerinnen in der Schulseelsorge. In: KatBl 115, 319 – 327.

SCHNEIDER, Jan Heiner (1995): Zur Diskussion der Schulseelsorge. In: KatBl 120, 22 – 28.

SCHNEIDER, Jan Heiner (2001): Schulseelsorge. In: LexRp Bd. 2, hrsg. v. Norbert Mette ; Folkert Rickers. Neukirchen-Vluyn, 1959 – 1961.

SCHNEIDER, Theo (2002): Kann ich ein Heiliger werden ohne Gott? In: *Aus dem Aloisiuskolleg 2001/02*, hrsg. v. Aloisiuskolleg. Bonn, 86 – 98.

SCHNEIDER, Theo (2003): Quantum potes – tantum aude In: *Aus dem Aloisiuskolleg 2002/03*, hrsg. v. Aloisiuskolleg. Bonn, 30 – 44.

SCHNEIDER, Tom ; FUCHS, Ottmar (2007): Atmende Zwischenräume : Schulpastoral als lebensraumorientierte Seelsorge. In: KatBl 132, 132 – 139.

SCHÖNIG, Wolfgang (2005): Die moderne Schule und ihre Heranwachsenden. In: KatBl 130, 242 – 251.

SchülerForum Würzburg (Hg.) (2003): *Praxis Version 4.0 – Tage der Orientierung mit dem SchülerForum Würzburg, Schlüsselqualifikationstraining für Schulklassen : Eine Sammlung praxiserprobter Arbeitsmethoden für »Tage der Orientierung«*, Service-Point der kirchlichen Jugendarbeit kja. 4. Aufl., Würzburg.

Schulgesetz für das Land Nordrhein-Westfalen (2008) : s. Online-Quellen.

Schulpastoral im Erzbistum Köln (2006) : s. Online-Quellen.

Schulpastoral in der Erzdiözese Freiburg (1998) : In: Freiburger Texte, Schriftenreihe des Erzbistums Freiburg 30, hrsg. v. Erzbischöfliches Ordinariat Freiburg. Freiburg i. Br.

SCHWANITZ, Dietrich (1999): *Bildung : Alles was man wissen muß*. Frankfurt a. M.

SCHWEITZER, Friedrich (1995): *Religionsunterricht und Entwicklungspsychologie : Elementarisierung in der Praxis* (= Kaiser-Taschenbücher 138). Gütersloh.

SCHWEITZER, Friedrich (1996): *Die Suche nach eigenem Glauben : Einführung in die Religionspädagogik des Jugendalters*. Gütersloh 1996.

SCHWEITZER, Friedrich (1999): *Lebensgeschichte und Religion : Religiöse Entwicklung und Erziehung im Kindes- und Jugendalter*. 4., überarb. u. erw. Aufl., Gütersloh.

SEEL, Bernd (1998): s. Online-Quellen.

SEELIGER, Magdalena (2004): Schulseelsorge. In: LKStKR 3, hrsg. v. Axel Frhr. von Campenhausen ; Ilona Riedel-Spangenberger ; Reinhold Sebott. Paderborn, 525 – 527.

SEIBERT, Norbert (1996): *Bildung und Erziehung an der Schwelle zum dritten Jahrtausend : Multidisziplinäre Aspekte, Analysen, Positionen, Perspektiven*. Marquartstein.

SEIBT, Markus (2008): *Schulpastoral an berufsbildenden Schulen des dualen Systems : Eine qualitativ-empirische Untersuchung zur Entwicklung von Qualitätskriterien für eine gelingende Schulpastoral an Berufsschulen.* (= Religion und berufliche Bildung 3) Münster.

SEIFFGE-KRENKE, Inge (1984): *Problembewältigung im Jugendalter*. Unveröffentliche Habilitationsschrift des Fachbereichs Psychologie der Justus-Liebig-Universität Gießen. Gießen.

SEIFFGE-KRENKE, Inge (1995): *Stress, Coping, and Relationships in Adolescence*. Mahwah.

SELLMANN, Matthias (2004); *Deutschland Missionsland : zur Überwindung eines pastoralen Tabus*. Freiburg i. Br.

SENECA, Lucius Annaeus: Epistulae morales ad Lucilium. U. a. erschienen in: *Lucius Annaeus Seneca : Dialoge. Briefe an Lucilius. Erster Teil: Brief 1 – 81*. Philosophische Schriften, Bd. 3. Übers. u. eingel. v. Otto Apelt. Hamburg 1993.

Shell-Jugendstudie 2000 = DEUTSCHE SHELL (Hg.) (2000): s. Studien und Statistiken.

Shell-Jugendstudie 2002 = DEUTSCHE SHELL (Hg.) (2002): s. Studien und Statistiken.

Shell-Jugendstudie 2006 = SHELL DEUTSCHLAND HOLDING (Hg.) (2006): s. Studien und Statistiken.

SIEVERNICH, Michael ; SWITEK, Günter (1990): *Ignatianisch : Eigenart und Methode der Gesellschaft Jesu*. Freiburg i. Br.

SIEVERNICH, Michael (2006): s. Online-Quellen.

SLEE, Nicola (1988): Kognitiv-strukturelle Untersuchungen zum religiösen Denken : Überblick und Diskussion unter besonderer Berücksichtigung der Forschung im Anschluß an Goldman in Großbritannien. In: *Glaubensentwicklung und Erziehung*, hrsg. v. Karl Ernst Nipkow ; Friedrich Schweitzer ; James W. Fowler. Gütersloh, 124 – 143.

SPECKER, Tobias (2004): Ist »immer mehr« immer mehr? : Zum Verständnis des ignatianischen »magis«. In: GuL 77/2, 140 – 153.

SPECKER, Tobias (2005): Das *magis* bei Ignatius. In: ['magis] – Ignatianische Experimente zum Weltjugendtag : Leitfaden – Handbuch zur Experimentgruppenleitung bei ['magis] 2005, hrsg. v. d. Deutschen Provinz der Jesuiten K.d.ö.R. Frankfurt a. M., 14 – 15.

Spontan – spirituell – sozial = EBERTZ/FISCHER (Hgg.) (2006): s. Studien und Statistiken.

StÄBL 2007 = STATISTISCHE ÄMTER DES BUNDES UND DER LÄNDER (Hg.) (2007): s. Studien und Statistiken.

STANGL, Werner (2006): s. Online-Quellen.

STARK, Jürgen ; WICHTERICH, Pern (1987): Überlegungen zur Einführung des Sozialpraktikums (im Anschluss daran: Auszüge aus Praktikantenberichten von den Schülern C. Zerressen, G. Greitemann und P. Schaede). In: *Aus dem Aloisiuskolleg 1986*/87, hrsg. v. Aloisiuskolleg. Bonn, 38 – 54.

STEINKE, Johannes Maria (2004): *Wie Beten geht*. Freiburg i. Br.

Studieneinheiten Fort- und Weiterbildung Schulpastoral, StE I. – X. (1997ff) : Hrsg. v. d. Kirchlichen Arbeitsstelle für Fernstudien/Theologie im Fernkurs. Würzburg. Zitiert als: StE nn.

StE Das Programm – Aufbau und Verwendung. Kursplanungsmappe für Kursveranstalter und -leiter/innen. Autor: Joachim DEITERT. 3., überarb. Aufl., Würzburg 2001.

StE I. Lebenswelt Schule – Religionsunterricht – Schulpastoral. Grundlegung und Übersicht. Autor: Jan Heiner SCHNEIDER. Würzburg 1997.

StE II. Kinder und Jugendliche – ihre Kulturen und ihre Religiosität. Autor: Werner TZSCHEETZSCH. Würzburg 1998.

StE III. Schule als System, Institution, Lernort, Lebenswelt. Autor: Manfred BÖNSCH. Würzburg 1999.

StE IV. Gestaltungsprinzipien und Arbeitsformen von Schulpastoral. Autor: Thomas

KAMM. Würzburg 1998.

StE V. Kommunikation und ihre Störungen in der Schule – Wahrnehmung, Beratung, Begleitung. Autoren: Reinhold MILLER ; Hermann NICKEL. Würzburg 2003.

StE VI. Theologische Grundlagen für den Dienst von Christinnen und Christen in der Schule. Autor: Udo Friedrich SCHMÄLZLE. Würzburg 2000.

StE VII. Schulpastoral – Konzepte und Profile. Autorin: Gabriele RÜTTIGER. Würzburg 2002.

StE VIII. Aufbau von Schulpastoral vor Ort – Konzeptentwicklung. Autorin: Beate THALHEIMER. Würzburg 1998.

StE IX. Schulkultur und Gestaltung des Schullebens. Autor: Achim LINSEN. Würzburg 1998.

StE X. Christinnen und Christen im Dienst in der Schule. Selbstverständnis und Spiritualität. Autor: Herbert A. ZWERGEL. Würzburg 1999.

STÜPER, Ludger (1986): Elitebildung an Internatsschulen : ein verdrängtes Thema. In: *Aus dem Aloisiuskolleg 1982/83*, hrsg. v. Aloisiuskolleg. Bonn, 79 – 83.

STÜPER, Ludger (1990): Jesuitische Erziehung als Aufgabe und Chance : Erfahrungen am Aloisiuskolleg Bad Godesberg. In: *Ignatianisch : Eigenart und Methode der Gesellschaft Jesu*, hrsg. v. Michael Sievernich ; Günter Switek. Freiburg i. Br., 543 – 556.

TAMMINEN, Kalevi (1993): *Religiöse Entwicklung in Kindheit und Jugend* (= Forschung zur Praktischen Theologie 13). Frankfurt a. M.

TAMMINEN, Kalevi (1994): Comparing Oser's an Fowler's Developmental Stages – on the basis of empirical studies among Finnish young adults and adults. In: Journal of Empirical Theology 7, 75 – 112.

THALHEIMER, Beate (2003): Schulpastoral: Blick zurück – Blick nach vorne. In: LS 54/2, 77 – 81.

THALHEIMER, Beate (2004): Bildungsstandards : Neue Herausforderungen für Schulpastoral und Religionsunterricht. In: KatBl 129, 297 – 302.

THAUREN, Florentine (1992): Mitarbeiterinnen und Mitarbeiter in Handlungsfeldern der Schulseelsorge : Gewinnung, Befähigung und Begleitung. In: BPr 72, 139 – 146.

THOLE, Werner (2002): Jugend, Freizeit, Medien und Kultur. In: *Handbuch Kindheits- und Jugendforschung*, hrsg. v. Heinz-Hermann Krüger. Opladen, 653 – 684.

THOLEN, Toni (2006): Elite – was bedeutet das eigentlich? : Eine begriffliche Problematisierung in gesellschafts- und kulturpolitischer Absicht. In: Universitas 61, 1043 – 1054.

THOMAE, Hans (1983): Formen der Auseinandersetzung mit Konflikt und Belastung im Jugendalter. In: *Probleme des Jugendalters*, hrsg. v. Erhard Olbrich ; Eberhard Todt. Heidelberg, 89 – 110.

TIPPELT, Rudolf (Hg.) (2002): *Handbuch Bildungsforschung*. Opladen.

TOMAN, Walter (2002): *Familienkonstellationen : Ihr Einfluss auf den Menschen*. 7., durchg. Aufl., München.

TRAUTNER, Francesca (1996): Die Entwicklung des Glaubens im Rahmen der Persönlichkeitsentfaltung : James Fowlers Stufentheorie zur Glaubensentwicklung. In: *Entfaltung der Persönlichkeit im Glauben*, hrsg. v. Karl Frielingsdorf. Mainz, 41 – 55.

TRAUTNER, Hanns Martin (2003): *Allgemeine Entwicklungspsychologie.* 2., überarb. u. erw. Aufl., Stuttgart.

TREUMANN/MEISTER/u. a. (2007): s. Studien und Statistiken.

TROLL, Christian (2008): Gemeinsames Beten von Christen und Muslimen? In: StZ 2008/6, 363 – 376.

TÜCKE, Manfred (1999): *Entwicklungspsychologie des Kindes- und Jugendalters für (zukünftige) Lehrer.* Münster.

TZSCHEETZSCH, Werner ; ZIEBERTZ, Hans-Georg (1996): *Religionsstile Jugendlicher und moderne Lebenswelt* (= Studien zur Jugendpastoral 2). München.

ULONSKA, Herbert ; RAINER, Michael J. [Hgg] (2007): Sexualisierte Gewalt im Schutz von Kirchenmauern : Anstöße zur differenzierten (Selbst-)Wahrnehmung (= Theologie: Forschung und Wissenschaft6). 2. erw. Aufl.; Münster.

VAN DEN BERK, Tjeu (1996): Die mystagogische Dimension religiöser Bildung. In: *Religionsstile Jugendlicher und moderne Lebenswelt*, hrsg. v. Werner Tzscheetzsch ; Hans-Georg Ziebertz. München, 211 – 229.

VAN DER LINDEN, Frans J. (1991): *Adolescent Lifeworld : Theoretical and Empirical Orientations in Socialization Processes of Dutch Youth.* Amsterdam.

VAN DER VEN, Johannes, A. (1999): Der Modus der Kooperation. In: HPTh Bd. 1, hrsg. v. Herbert Haslinger zusammen mit Christiane Bundschuh-Schramm ; Ottmar Fuchs ; Leo Karrer ; Stephanie Klein ; Stefan Knobloch ; Gundelinde Stoltenberg. Mainz, 267 – 278.

VAN HOOFF, Anton (2006): Zur theologischen Grundlegung der Schulpastoral. In: RU-Kurier 28. Informationen zum Religionsunterricht, 17 – 22.

Verbindlicher Rahmen für die Schulpastoral in der Erzdiözese Freiburg (2006) : s. Online-Quellen.

VEREINIGUNG DEUTSCHER ORDENSOBERN (Hg.) (1990): *Schulpastoral in katholischen Schulen in freier Trägerschaft (Orden) in der Bundesrepublik Deutschland : Grundlagentext* . In: OrdKor 31, 426 – 432.

VEREINIGUNG KATHOLISCHER SCHULEN IN ORDENSTRADITION, ARBEITSKREIS KATHOLISCHE SCHULEN IN FREIER TRÄGERSCHAFT (1998): *Konfessionelle Identität und ökumenische Offenheit unserer Schulen.* / Tagung vom 24. – 26. Oktober 1994 in Würzburg-Himmelspforten. Bonn. Zitiert als: VEREINIGUNG KATHOLISCHER SCHULEN IN ORDENSTRADITION 1998.

Verfassung für das Land Nordrhein-Westfalen (2008) : s. Online-Quellen.

WEIDEMANN, Katrin ; HEIDER, M. Christine (2003): s. Online-Quellen.

WEIDMANN, Fritz (1997): Schulseelsorge. In: *Didaktik des Religionsunterrichts : Ein Leitfaden*, hrsg. v. Fritz Weidmann. Neuausgabe, 7., völlig neu bearb. und erw. Aufl. Donauwörth, 409 – 420.

WEISBROD, Adolf ; KUHN, Franz ; HIRSCH, Friedrich (1994): Compassion – Ein Praxis- und Unterrichtsprojekt sozialen Lernens : Menschsein für andere : Für Katholische Freie Schulen, konzipiert von der Arbeitsgruppe »Innovation« der Zentralstelle Bildung der Deutschen Bischofskonferenz, Bonn. In: engagement 1994/2 – 3, 268 – 307.

WEISSENBERGER, Clemens (2007): Schulseelsorge und Schulpastoral – unterschiedliche Begriffe für denselben Inhalt? In: WzM 59/3, 235 – 250.

WELTER, Bruno (2003): »Schulseelsorger sein ohne zu unterrichten«. In: LS 54/2, 131 – 134.

WIATER, Werner (1997): Schulkultur – Ein Integrationsbegriff für die Schulpädagogik? In: *Anspruch Schulkultur : Interdisziplinäre Darstellung eines neuzeitlichen schulpädagogischen Begriffs*, hrsg. v. Norbert Seibert. Bad Heilbrunn, 21 – 43.

WINTERHOFF, Michael (2008): *Warum unsere Kinder Tyrannen werden : Oder: Die Abschaffung der Kindheit*. Gütersloh.

WINTERHOFF, Michael (2009): *Tyrannen müssen nicht sein: Warum Erziehung nicht reicht : Auswege*. Gütersloh.

WIPPERMANN, Carsten (1998): *Religion, Identität und Lebensführung : Typische Konfigurationen in der fortgeschrittenen Moderne. Mit einer empirischen Analyse zu Jugendlichen und jungen Erwachsenen*. Opladen.

WITTENBRUCH, Wilhelm (1989): Schulleben – ein pädagogisches Programm : Anmerkungen zu einem schulpädagogischen Begriff und Handlungsfeld. In: *Erziehung als Auftrag. Beiträge zur Konzeption katholischer Schulen in freier Trägerschaft*, hrsg. v. Reinhard Schilmöller ; Meinolf Peters ; Joachim Dikow. / FS für Aloysius Regenbrecht. Münster, 78 – 105.

WITTENBRUCH, Wilhelm (2002): Schulen in kirchlicher Trägerschaft – Katholische Schulen. In: NhrG, hrsg. v. Gottfried Bitter ; Rudolf Engel ; Gabriele Miller ; Karl Ernst Nipkow. München, 355 – 358.

WITTENBRUCH, Wilhelm (2003): Was erwartet die Schule von der Seelsorge? In: LS 54/2, 84 – 88.

WITTRAHM, Andreas (2001): *Seelsorge, Pastoralpsychologie und Postmoderne : Eine pastoralpsychologische Grundlegung lebensfördernder Begegnungen angesichts radikaler postmoderner Pluralität* (= Praktische Theologie heute 53). Stuttgart.

WMJSJ 2007 = JESUIT CONFERENCE (2007): s. Online-Quellen.

WUCKELT, Agnes (1999): *Religiöse Erziehung in der Schule*. In: LKat 21, 21 – 26.

ZERFASS, Rolf (1994): Die kirchlichen Grundvollzüge – im Horizont der Gottesherrschaft. In: *Das Handeln der Kirche in der Welt von heute : ein pastoraltheologischer Grundriss*, hrsg. v. der Konferenz der Bayerischen Pastoraltheologen. München, 32 – 50.

ZIEBERTZ, Hans-Georg (2001): Warum die religiöse Dimension der Wirklichkeit erschliessen? In: *Religionsdidaktik : Ein Leitfaden für Studium, Ausbildung und Beruf*, hrsg. v. Georg Hilger ; Stefan Leimgruber ; Hans-Georg Ziebertz. München, 107 – 122.

ZIEBERTZ, Hans-Georg ; KALBHEIM Boris ; RIEGEL Ulrich (2003): *Religiöse Signaturen heute : Ein religionspädagogischer Beitrag zur empirischen Jugendforschung* (= Religionspädagogik in pluraler Gesellschaft 3). Gütersloh.

ZIMMERMANN, Tobias (1999): Schritte zu mündigem Engagement : Ignatianische Pädagogik in der verbandlichen Jugendarbeit. In: engagement 1999/4, 388 – 390.

ZWIEFELHOFER , Hans (Hg.) (1987): *Im Dienst des Evangeliums : Ausgewählte Schriften von P. Pedro Arrupe SJ, Generaloberer der Gesellschaft Jesu (1965 – 1983)*, hrsg. u. eingel. v. Hans Zwiefelhofer. München.

ZWINZ, Hans (1997): Wieviel Religion braucht die Gesellschaft? In: LKat 19, 85 – 88.

Studien und Statistiken

Studien und Statistiken werden meist unter Zuhilfenahme von Abkürzungen zitiert. Diese finden sich am Ende der jeweiligen Literaturangabe.

Bund der deutschen katholischen Jugend ; Misereor (Hg.) (2007): *Wie ticken Jugendliche : Sinus-Milieustudie U27*. Im Auftrag des BDKJs und von Misereor. Durchführendes Institut: Sinus Sociovision GmbH, Heidelberg. Projektleitung: Carsten Wippermann. Düsseldorf. Zitiert als: Milieustudie U27 2007.

Bundeszentrale für gesundheitliche Aufklärung (Hg.) (2004): Die Drogenaffinität Jugendlicher in der Bundesrepublik Deutschland2004. Eine Wiederholungsbefragung. Teilband Illegale Drogen. Köln. Zitiert als: BzgA 2004.

Bundeszentrale für gesundheitliche Aufklärung (Hg.) (2007a): Förderung des Nichtrauchens bei Jugendlichen. Eine Repräsentativbefragung. Kurzbericht. Köln. Zitiert als: BzgA 2007a.

Bundeszentrale für gesundheitliche Aufklärung (Hg.) (2007b): Alkoholkonsum der Jugendlichen in Deutschland 2004 bis 2007. Ergebnisse Eine Repräsentativbefragung. Kurzbericht. Köln. Zitiert als: BzgA 2007b.

Deutsche Shell (Hg.) (2000): *Jugend 2000*. Gesamtkonzeption und Koordination: Arthur Fischer ; Yvonne Fritzsche ; Werner Fuchs-Heinritz (= Shell Jugendstudie 13) Opladen. Zitiert als: Shell-Jugendstudie 2000.

Deutsche Shell (Hg.) (2002): *Jugend 2002*: zwischen pragmatischem Idealismus und robustem Materialismus. Konzeption & Koordination: Klaus Hurrelmann ; Mathias Albert (= Shell Jugendstudie 14). Frankfurt a. M. Zitiert als: Shell-Jugendstudie 2002.

Ebertz, Michael ; Fischer, Martin (Hgg.) (2006): Spontan – spirituell – sozial. Eine explorative Studie zur kirchlichen Jugendarbeit in der Diözese Rottenburg-Stuttgart. Ostfildern.

Kriminologisches Forschungsinstitut Niedersachsen e. V. (Hg.) (2009): Jugendliche in Deutschland als Opfer und Täter von Gewalt : Erster Forschungsbericht zum gemeinsamen Forschungsprojekt des Bundesministeriums des Inneren und des KFN. Autoren der Studie: Dirk Baier ; Christian Pfeiffer ; Julia Simonson ; Susann Rabold (= Forschungsbericht 107). Hannover. Internetaufruf 03/2009:
(http://www.bmi.bund.de/cae/servlet/contentblob/375766/publicationFile/1795/Studie_lf.pdf)
Zitiert als: KFN 2009.

Medien-Dienstleistungs GmbH (Hg.) (2005): *Milieuhandbuch : »Religiöse und kirchliche Orientierungen in den Sinus-Milieus 2005«*. Im Auftrag der Medien-Dienstleistung GmbH in Kooperation mit der Katholischen Sozialethischen Arbeitsstelle e.V. Durchführendes Institut: Sinus Sociovision, Sinus-Milieus 2005, Heidelberg. Projektleitung: Carsten Wippermann ; Isabel Magalhaes. München. Zitiert als: Milieuhandbuch 2005.

Medienpädagogischer Forschungsverbund Südwest (Hg.) (2006): *JIM 2006. Jugend, Information, (Multi-)Media. Basisstudie zum Medienumgang 12- bis 19-Jähriger in Deutschland*. Stuttgart. Zitiert als: JIM-Studie 2006.

Prenzel, Manfred [PISA-Konsortium Deutschland] (Hg.) (2004): *PISA 2003. Der Bildungsstand der Jugendlichen in Deutschland. Ergebnisse des zweiten internationalen Vergleichs*. Münster. Zitiert als: PISA-Studie 2003.

SHELL DEUTSCHLAND HOLDING (Hg.) (2006): *Jugend 2006: eine pragmatische Generation unter Druck.* Konzeption & Koordination: Klaus Hurrelmann ; Mathias Albert (= Shell Jugendstudie 15). Frankfurt a. M. Zitiert als: Shell-Jugendstudie 2006.

STATISTISCHE ÄMTER DES BUNDES UND DER LÄNDER (Hg.) (2007): *Internationale Bildungsindikatoren im Ländervergleich 2007.* Wiesbaden. Zitiert als: StÄBL 2007.

STATISTISCHES BUNDESAMT DEUTSCHLAND (Hg.) (2004): Kinder nach Alter und Familientyp, 2003. Wiesbaden. In: Aktualisierte Tabellen zum Datenreport »Die Familie im Spiegel der amtlichen Statistik«, zusammengestellt und veröffentlicht durch das Institut für Soziologie an der Universität Duisburg-Essen. Internetaufruf: 04/2008:
(http://www.sozialpolitik-aktuell.de/datensammlung/7/tab/tabVII10.pdf)
[http://www.sozialpolitik-aktuell.de/datensammlunguebersicht.shtml].
Zitiert als: DESTATIS 2003.

STATISTISCHES BUNDESAMT DEUTSCHLAND (Hg.) (2004): Kinder in Familien nach Alter und Geschwisterzahl im Haushalt, 2003. Wiesbaden. In: Aktualisierte Tabellen zum Datenreport »Die Familie im Spiegel der amtlichen Statistik«, zusammengestellt und veröffentlicht durch das Institut für Soziologie an der Universität Duisburg-Essen. Internetaufruf: 04/2007:
(http://www.sozialpolitik-aktuell.de/datensammlung/7/tab/tabVII9.pdf)
[http://www.sozialpolitik-aktuell.de/datensammlunguebersicht.shtml].
Zitiert als: DESTATIS 2004.

STATISTISCHES BUNDESAMT DEUTSCHLAND (Hg.) (2005): Allein erziehende Elternteile minderjähriger Kindern 2005. Wiesbaden. In: Aktualisierte Tabellen zum Datenreport »«Die Familie im Spiegel der amtlichen Statistik«, zusammengestellt und veröffentlicht durch das Institut für Soziologie an der Universität Duisburg-Essen. Internetaufruf: 04/2008:

(http://www.sozialpolitik-aktuell.de/datensammlung/7/tab/tabVII20.pdf)
[http://www.sozialpolitik-aktuell.de/datensammlunguebersicht.shtml].
Zitiert als: DESTATIS 2005.

STATISTISCHES BUNDESAMTES DEUTSCHLAND (Hg.) (2006): Allgemeinbildende Schulen, Anteil Unterrichtsstunden von weiblichen Lehrkräften. Wiesbaden. Internetaufruf: 04/2007:
(http://www.destatis.de/basis/d/biwiku/schultab18.php)
[http://www.destatis.de/themen/d/thm_bildung.php].
Zitiert als: DESTATIS 2006a.

STATISTISCHES BUNDESAMTES DEUTSCHLAND (Hg.) (2006): Allgemeinbildende Schulen, Schulen und Klassen. Wiesbaden. Internetaufruf: 04/2007:
(http://www.destatis.de/basis/d/biwiku/schultab1.php)
[http://www.destatis.de/themen/d/thm_bildung.php].
Zitiert als: DESTATIS 2006b.

STATISTISCHES BUNDESAMTES DEUTSCHLAND (Hg.) (2006): Allgemeinbildende Schulen, Schüler/innen nach Schularten. Wiesbaden. Internetaufruf: 04/2007:
(http://www.destatis.de/basis/d/biwiku/schultab5.php)
[http://www.destatis.de/themen/d/thm_bildung.php].
Zitiert als: DESTATIS 2006c.

STATISTISCHES BUNDESAMTES DEUTSCHLAND (Hg.) (2006): Lange Reihen – Eheschließungen, Ehescheidungungen. Wiesbaden. Internetaufruf: 04/2007:
(http://www.destatis.de/indicators/d/lrbev06ad.htm).
Zitiert als: DESTATIS 2006d.

Treumann, Klaus Peter ; Meister, Dorothee M. ; Sander, Uwe ; Burkatzki, Eckhard ; Hagedorn, Jörg ; Kämmerer, Manuela ; Strotmann, Mareike ; Wegener, Claudia (2007): Medienhandeln Jugendlicher : Eine empirische Studie zu Mediennutzungsverhalten und Medienkompetenz von Heranwachsenden. Wiesbaden.

Online-Quellen

Die Online-Adressen in runden Klammern () bezeichnen den direkten Fundort im Internet, diejenigen in eckigen Klammern [] führen ggfs. zu einer übergeordneten Seite. Stand aller angegebenen URL: Monat/Jahr.

Arrupe, Pedro (1973): *Men for others : Education for social justice and social action today* (Ansprache vor dem 10. Internationalen Kongress europäischer Jesuitenschüler in Valencia am 31. Juli 1973), hrsg. v. Jesuit Secondary Education Association, Washington, D.C., 1974. Internetaufruf: 07/2008:
(http://www.loyno.edu/jesuitcenter/documents/MENANDWOMENFOROTHERS.pdf)

Bischöfliches Ordinariat Augsburg (Hg.) (2006): *Christ sein in der Schule : Schulpastoral in der Diözese Augsburg*. 2., überarb. Aufl., Augsburg. Internetaufruf: 07/2008:
(http://downloads.bistum-augsburg.de/18/1739/1/11604094444840620.pdf)

Bundesministerium für Familie, Senioren, Frauen und Jugend (Hg.) (2003): Allein erziehende Elternteile, nach Geschlecht und Familienstand, Deutschland. Zusammengestellt und veröffentlicht durch das Institut für Soziologie an der Universität Duisburg-Essen. Internetaufruf: 04/2007:
(http://www.sozialpolitik-aktuell.de/datensammlung/7/ab/abbVII20.pdf)
[http://www.sozialpolitik-aktuell.de/datensammlunguebersicht.shtml].
Zitiert als: BMFSFJ 2003.

Bundeszentrale für gesundheitliche Aufklärung (Hg.) (2006): Jugendsexualität: Wiederholungsbefragung von 14- bis 17jährigen und ihren Eltern. Ergebnisse der Repräsentativbefragung aus 2005. Köln. Internetaufruf: 04/2007:
(http://www.sexualaufklaerung.de/cgi-sub/fetch.php?id=473)
[http://www.sexualaufklaerung.de].
Diese Studie steht in einer Reihe von Befragungen aus den Jahren 1980, 1994, 1996, 1998 und 2001 und basiert auf knapp 5000 Interviews mit 2500 Jugendlichen plus deren Eltern, die Ende 2005 gemacht wurden.
Zitiert als: Jugendsexualität 2006.

Burkard, Joachim (2002): *Schulpastoral als Beitrag zur Schulkultur : eine theologisch-pneumatologische Handlungsorientierung*. Internetaufruf: 08/2007:
URN: urn:nbn:de:bsz:25-opus-4848
(http://www.freidok.uni-freiburg.de/volltexte/484/)

Deutsches Jugendinstitut (Hg.) (2007): *Aktuelle Herausforderungen im Kinder- und Jugendschutz – Sexuelle Gewalt durch die neuen Medien.* / Dokumentation der Fachtagung des Bundesministeriums für Familie, Senioren, Frauen und Jugend am 28./29. November 2006 in Berlin. Berlin. Internetaufruf: 04/2008.
(http://www.dji.de/bibs/DokumentationTagungIzKK.pdf)
Zitiert als: dji 2006.

DRESSLER, Bernhard (2005): Religiöse Bildung zwischen Standardisierung und Entstandardisierung : Zur bildungstheoretischen Rahmung religiösen Kompetenzerwerbs. In: Internetmagazin www.theo-web.de – Zeitschrift für Religionspädagogik (1/2005), 50 – 63. Internetaufruf: 03/2009:
(http://www.theo-web.de/zeitschrift/ausgabe-2005-01/dressler.pdf)

EICH, Klaus-Gerd (2003): *Der Einsatz Pastoraler Mitarbeiter des Bistums Trier in der Schule : Ein religionspädagogischer Entwurf und ein empirischer Beitrag zur Rezeption und Evaluation von Qualitätsmanagementsystemen für Religionsunterricht und Schulseelsorge*. Internetaufruf: 08/2008:
URN: urn:nbn:de:bsz:25-opus-7156
(http://www.freidok.uni-freiburg.de/volltexte/715/)

FRICK, Rafael (2006): *Dokumentation der Grundlagen Katholischer Schule : Inhaltsanalytischer Untersuchungsraster zu schul- und erziehungsorientierten vatikanischen Verlautbarungen des 20. Jahrhunderts*. Internetaufruf: 08/2007:
URN: urn:nbn:de:bsz:frei129-opus-208
(http://opus.bsz-bw.de/phfr/volltexte/2007/20/)

Grundgesetz für die Bundesrepublik Deutschland (2007): / Vom 23. Mai 1949. Textbestand vom Januar 2007, hrsg. v. Deutscher Bundestag – Verwaltung – Referat Öffentlichkeitsarbeit. Berlin. Internetaufruf: 01/2009:
(http://www.bundestag.de/parlament/funktion/gesetze/gg_jan2007.pdf)

GRUBER, Elmar (2007): Beten können – leben können : Sich und Gott zur Sprache bringen. In: BuG 148 (Online-Ausgabe). Internetaufruf: 03/2009:
(http://lbib.de/pdf_dateien/bug148online.pdf)

HÄRDLE, Dorothea ; RÜTTIGER, Gabriele (1999): Lebensraum Schule : Schulpastoral (kath.) und Schulbezogene Jugendarbeit (evang.). Ansätze eines neuen Engagements und Miteinanders von Kirchen und Schule. In: BuG 120 (Online-Ausgabe). Internetaufruf: 03/2009:
(http://www.religionsunterricht.de/bug/bug120.htm)

HAYES, Christopher Xavier (2006): *Paradoxes, Parallels and Pedagogy : A case study of Ignatian Pedagogy and of teachers' perception of its implementaion in Australian Jesuit Schools*. Internetaufruf: 08/2007:
(http://dlibrary.acu.edu.au/digitaltheses/public/adt-acuvp100.04092006/01front.pdf)

JESUIT CONFERENCE (2007): *What makes a Jesuit School jesuit? The Relationship between Jesuit Schools and the Society of Jesus : Distinguishing Criteria for Verifying the Jesuit Nature of Contemporary Schools*, hrsg. v. The Society of Jesus in the United States. 2. Version, Washington, DC. Internetaufruf: 08/2007:
(http://www.jesuit.org/JesuitSchools/WhatMakesAJesuitSchoolJesuit/Download+WMSJS/default.aspx)
Zitiert als: WMJSJ 2007.

Kirchliches Schulgesetz des Erzbistum Köln (2006) : In Kraft gesetzt durch Joachim Kardinal Meisner, Erzbischof von Köln am 1. August 2006. Köln. Internetaufruf: 04/2008:
(http://www.berufskolleg-marienberg.de/Schulgesetz.pdf)
Zitiert als: SchulG-EBK.

Kriminologisches Forschungsinstitut Niedersachsen e. V. (Hg.) (2009): Jugendliche in Deutschland als Opfer und Täter von Gewalt : Erster Forschungsbericht zum gemeinsamen Forschungsprojekt des Bundesministeriums des Inneren und des KFN. Autoren der Studie: Dirk Baier ; Christian Pfeiffer ; Julia Simonson ; Susann Rabold (= Forschungsbericht 107). Hannover. Internetaufruf 03/2009:
(http://www.bmi.bund.de/cae/servlet/contentblob/375766/publicationFile/1795/Studie_lf.pdf)
Zitiert als: KFN 2009.

Mertes, Klaus (2000a): *Seelsorge und Schulprofil.* / Vortrag in Berlin, gehalten am 05. Mai 2000. Internetaufruf: 05/2008:
(http://www.canisius-kolleg.de/schulprofil/paedagogik/vortraege/vortraege/vortragseelsorge.html).

Mertes, Klaus (2000b): *Wertevermittlung, Strafe und Vergebung.* / Vortrag in Berlin, gehalten 2000. Erschienen auch in: engagement 2000/4. Internetaufruf: 05/2008:
(http://www.canisius-kolleg.de/schulprofil/paedagogik/vortraege/vortraege/vortragstrafe.html).

Mertes, Klaus (2001): *Religion und Schule.* / Vortrag in Berlin, gehalten im September 2001. Internetaufruf: 05/2008:
(http://www.canisius-kolleg.de/schulprofil/paedagogik/vortraege/vortraege/vortragrelischule.html).

Mertes, Klaus (2002): *Reflexion – Über die Bedeutung des Gelernten nachdenken : Zum Lernbegriff aus der Perspektive ignatianischer Pädagogik.* / Vortrag in Berlin, gehalten am 31. Mai 2002. Internetaufruf: 05/2008:
(http://www.canisius-kolleg.de/schulprofil/paedagogik/vortraege/vortraege/vortragreflexion.html).

Mertes, Klaus (200Xa): *Der Ort des Religiösen an der Schule.* / Es lässt sich nicht mehr genau rekonstruieren, wann dieser Vortrag gehalten wurde. Internetaufruf: 05/2008:
(http://www.canisius-kolleg.de/schulprofil/paedagogik/vortraege/vortraege/vortragort.html).

Mertes, Klaus (200Xb): *Jesuiten und Schule.* / Es lässt sich nicht mehr genau rekonstruieren, wann dieser Vortrag gehalten wurde. Internetaufruf: 05/2008:
(http://www.canisius-kolleg.de/schulprofil/paedagogik/vortraege/vortraege/jes_schule.html).

Schulgesetz für das Land Nordrhein-Westfalen (2008) : / Vom 15. Februar 2005 (GV. NRW. S. 102) zuletzt geändert durch Gesetz vom 24. Juni 2008 (GV. NRW. S. 486). Internetaufruf: 11/2008:
(http://www.schulministerium.nrw.de/BP/Schulrecht/Gesetze/SchulG_Info/Schulgesetz.pdf)

Schulpastoral im Erzbistum Köln (2006) : / Grundlagen – Ziele – Impulse. Von Joachim Kardinal Meisner, Erzbischof von Köln für die Dauer von 5 Jahren am 01.09.2006 in Kraft gesetzt. Internetaufruf: 08/2007:
(http://www.erzbistum-koeln.de/bildung/schule-hochschule/pastoral/allgemein/pdf-was_ist_schulpastoral/Rahmenkonzept_A5.pdf)

Seel, Bernd (1998): *Die Entwicklung von Religiosität : Einblick in die religionspsychologische Theoriediskussion und Grundlinien religionspädagogischer und pastoraltheologischer Relevanz.* Unveröffentlichte Magisterarbeit im Hauptfach Erziehungswissenschaft. Heidelberg 1998. Internetaufruf: 05/2007:
(http://www.hausarbeiten.de/faecher/hausarbeit/thr/3484.html).

SEKRETARIAT DER STÄNDIGEN KONFERENZ DER KULTUSMINISTER DER LÄNDER IN DER BUNDESREPUBLIK DEUTSCHLAND (2006): *Vorgaben für die Klassenbildung, Schuljahr 2006/2007*. Bonn. Internetaufruf: 03/2007:
(http://www.kmk.org/statist/Klassenbildung_2006.pdf)
[http://www.kmk.org/statist/home1.htm].
Zitiert als: KMK 2006/7.

SIEVERNICH, Michael (2006): *Missionarische Seelsorge in Deutschland : Von der Weltkirche lernen?* Vortrag auf dem Internationalen Kongress Welt-Mission der Katholischen Kirche in Freising, 2. – 4. Mai 2006. Internetaufruf: 04/2008:
(http://www.dbk.de/die-mission-der-weltkirche/Missionskongress_2006/Sievernich.pdf)

STANGL, Werner (2007): *Arbeitsblätter zur Einführung in die Psychologie*. Fernuniversität Hagen, Kurs 03250. Linz. Internetaufruf: 01/2007:
(http://arbeitsblaetter.stangl-taller.at/PSYCHOLOGIEENTWICKLUNG/).

STATISTISCHES BUNDESAMT DEUTSCHLAND (Hg.) (2004): Kinder nach Alter und Familientyp, 2003. Wiesbaden. In: Aktualisierte Tabellen zum Datenreport »Die Familie im Spiegel der amtlichen Statistik«, zusammengestellt und veröffentlicht durch das Institut für Soziologie an der Universität Duisburg-Essen. Internetaufruf: 04/2008:
(http://www.sozialpolitik-aktuell.de/datensammlung/7/tab/tabVII10.pdf)
[http://www.sozialpolitik-aktuell.de/datensammlunguebersicht.shtml].
Zitiert als: DESTATIS 2003.

STATISTISCHES BUNDESAMT DEUTSCHLAND (Hg.) (2004): Kinder in Familien nach Alter und Geschwisterzahl im Haushalt, 2003. Wiesbaden. In: Aktualisierte Tabellen zum Datenreport »Die Familie im Spiegel der amtlichen Statistik«, zusammengestellt und veröffentlicht durch das Institut für Soziologie an der Universität Duisburg-Essen. Internetaufruf: 04/2007:
(http://www.sozialpolitik-aktuell.de/datensammlung/7/tab/tabVII9.pdf)
[http://www.sozialpolitik-aktuell.de/datensammlunguebersicht.shtml].
Zitiert als: DESTATIS 2004.

STATISTISCHES BUNDESAMT DEUTSCHLAND (Hg.) (2005): Allein erziehende Elternteile minderjähriger Kindern 2005. Wiesbaden. In: Aktualisierte Tabellen zum Datenreport »«Die Familie im Spiegel der amtlichen Statistik«, zusammengestellt und veröffentlicht durch das Institut für Soziologie an der Universität Duisburg-Essen. Internetaufruf: 04/2008:
(http://www.sozialpolitik-aktuell.de/datensammlung/7/tab/tabVII20.pdf)
[http://www.sozialpolitik-aktuell.de/datensammlunguebersicht.shtml].
Zitiert als: DESTATIS 2005.

STATISTISCHES BUNDESAMTES DEUTSCHLAND (Hg.) (2006): Allgemeinbildende Schulen, Anteil Unterrichtsstunden von weiblichen Lehrkräften. Wiesbaden. Internetaufruf: 04/2007:
(http://www.destatis.de/basis/d/biwiku/schultab18.php)
[http://www.destatis.de/themen/d/thm_bildung.php].
Zitiert als: DESTATIS 2006a.

STATISTISCHES BUNDESAMTES DEUTSCHLAND (Hg.) (2006): Allgemeinbildende Schulen, Schulen und Klassen. Wiesbaden. Internetaufruf: 04/2007:
(http://www.destatis.de/basis/d/biwiku/schultab1.php)
[http://www.destatis.de/themen/d/thm_bildung.php].
Zitiert als: DESTATIS 2006b.

STATISTISCHES BUNDESAMTES DEUTSCHLAND (Hg.) (2006): Allgemeinbildende Schulen, Schüler/innen nach Schularten. Wiesbaden. Internetaufruf: 04/2007: (http://www.destatis.de/basis/d/biwiku/schultab5.php) [http://www.destatis.de/themen/d/thm_bildung.php]. Zitiert als: DESTATIS 2006c.

STATISTISCHES BUNDESAMTES DEUTSCHLAND (Hg.) (2006): Lange Reihen – Eheschließungen, Ehescheidungungen. Wiesbaden. Internetaufruf: 04/2007: (http://www.destatis.de/indicators/d/lrbev06ad.htm). Zitiert als: DESTATIS 2006d.

Verbindlicher Rahmen für die Schulpastoral in der Erzdiözese Freiburg (2006) : Von Fridolin Keck, Generalvikar der Erzdiözese Freiburg, zur Erprobung für vier Jahre am 07.02.2006 in Kraft gesetzt. Internetaufruf: 04/2008: (http://www.ordinariat-freiburg.de/fileadmin/gemeinsam/schule/dokumente/Verbindl_Rahmen_Schulpastoral_neu.pdf)

Verfassung für das Land Nordrhein-Westfalen (2008) : / Vom 28. Juni 1950. Textbestand vom April 2008. Internetaufruf: 04/2008: (http://www.landtag.nrw.de/portal/WWW/GB_II/II.2/Gesetze/Verfassung_NRW.jsp)

WEIDEMANN, Katrin ; HEIDER, M. Christine (2003): Krisenseelsorge im Schulbereich : Orientierungshilfen für den Umgang mit traumatischen Ereignissen. In: BuG 137 (Online-Ausgabe). Internetaufruf: 03/2009: (http://lbib.de/pdf_dateien/bug137online.pdf)